시대를 초월한 성자, 한암

시대를 초월한 성자, 한암

조계종의 초석을 정립하다

자현 지음

불광출판사

머
리
말

어른이 사라진 한국불교 속에서,
영원한 어른으로 기억되는 성자^{聖者}

우리는 언제부터인가 어른이 없는 시대를 살고 있다.

현대의 젊은 세대는 멘토는 필요로 하는데, 꼰대는 극도로 싫어한다. 그렇다면 멘토와 꼰대의 차이는 무엇일까? 그것은 '상대를 배려하는 깊은 존중'과 '자신의 경험에 대한 강요'의 차이가 아닐까! 즉 기성세대에게 요구되는 것은 '성공한 삶'의 여부보다, 상대에 대한 배려가 밑바탕에 흐르는 '존중의 조언과 낮은 리더십'이다.

우리 문화의 전통에는 '어른'이라는 개념이 있다. 어른은 단순히 나이가 많은 사람이 아니라, 묵묵히 자신의 위치에서 솔선수범하며 모범이 되는 사람을 의미한다. 진정한 어른은 말이 아닌 행동으로 집단을 리드하며, 올바른 삶의 모습을 몸소 실천으로 보여준다. 마치 기러기 떼의 리더가 맨 앞에서 거센 바람을 맞으며, 묵묵히 좌표를 설정하며 나아가듯이…. 이 때문에 집단의 구성원들은 어른을 깊이 존중하며, 어른의 무게감을 느끼면서 닮아가려고 노력하곤 했었다.

그러나 언제부터인가 어른이 사라지면서, 꼰대만 가득한 세상이 되었다. 한국불교 역시 예외는 아니다. 스승의 발밑이 시원하고 가르침의 그림자가 포근한, 그런 어른이 실종된 것이다.

존경할 만한 어른과 사표^{師表}가 없는 집단은 슬프다. 이들은 목적과 가치를 상실할 수밖에 없기 때문이다. 그래서 우리는 시대를 초월해서라도 어른으로서의 스승을 요청하게 된다. 이런 어른이 바로 일제강점기 한국불교를 이끌었던 한암중원이다.

한암 스님은 선불교의 중흥조로 평가받는 경허 선사의 마지막 제자이다. 그러나 두 스님이 살아온 삶의 방식은 완전히 달랐다. 경허가 자유로운 초탈을 추구했다면, 한암은 엄숙한 성자로서의 삶을 견지했다. 한암은 「경허행장鏡虛行狀」에서 "경허의 가르침은 배우되 행실은 답습하면 안 된다."고 스승인 경허를 비판한다. 경허와 같은 방식으로는 한국불교의 미래가 존재할 수 없다고 판단했기 때문이다.

경허는 원효와 같은 아웃사이더나 멋들어진 비판자일 수는 있어도, 이런 방식이 결코 불교의 주류가 될 수는 없다. 한암은 '종교는 사회를 계몽하고 맑혀야 한다'는 불교의 본질에서 경허를 비판하고 있는 것이다. 이런 점에서 한암은 깨침에서는 경허를 계승하지만, 삶의 방식은 붓다나 지눌과 닮아 있다.

일제강점기는 왜색불교의 영향으로 본사 주지까지도 결혼을 하는 상황이었다. 그러나 이들 역시 불교의 최고 어른인 종정(혹 교정)만큼은 청정한 사표로서의 비구승이 되어야 한다고 판단했다. 이것이 일제강점기를 전후해서 한암이 총 4차례나 압도적으로 종정(혹 교정)으로 추대되는 이유이다. 이런 점에서 본다면, 당시의 대처승들은 스스로의 문제와 부끄러움을 아는 이들이었다. 즉 일말의 양심과 낭만이 흐르던 때였던 것이다.

한암에게는 많은 일화가 있다. 몇 가지만 소개하면 다음과 같다.
① 1926년 강남 봉은사의 조실로 있을 당시 시류의 번잡함을 싫

어해, "내 차라리 천고千古에 자취를 감춘 학鶴이 될지언정, 춘삼월春三月에 말 잘하는 앵무새의 재주는 배우지 않겠다."라는 게송을 남기고 오대산으로 은거한 일화.

② 태평양전쟁이 한창이던 1942년 초, 일본 총독 미나미(南次郎)의 총독부 초청 요구를 '산문을 나서지 않는다'는 수행 원칙으로 단번에 거절한 사건. 이후 미나미가 부총독격인 정무총감 오노로구이치로(大野祿一郎)를 보내, "이번 태평양전쟁에서 어느 나라가 이길 것인가?"를 묻자, 한암은 묵연히 "덕 있는 나라가 이긴다(덕자승德者勝)."라고 답한다. 이 말에 감복한 정무총감이 일생의 지침 글을 적어달라고 하자, 즉석에서 "마음을 바르게 하라(정심正心)."고 써주었다. 이는 현실을 넘어서 있는 담대한 산승의 기개를 잘 나타내 준다.

③ 1951년 1·4후퇴 과정에서 국군이 오대산의 모든 사암寺庵을 소각하고 상원사를 불태우려고 찾아온다. 이때 한암은 가사·장삼을 수하고 법당에 정좌한 후, "군인은 명령을 따르면 되고, 승려는 죽은 후 화장하는 것이니 어서 불을 지르라."고 했다. 이 높은 기상은 이후 고등학교 교과서에까지 수록된다.

④ 한암은 1926년 오대산 상원사 선원에 주석하였는데, 이후 입적하는 1951년까지 26년간 산문 밖을 나서지 않고 오직 참선과 후학 양성에 주력하였다. 그러다 한국전쟁이 발발하기 전 제자들이 피난을 종용하자, "앉아서 생사를 맞을 뿐(좌당생사坐當生死)"이라고 하며, 제자들만 피난 보낸 후 1951년 3월 22일 오전 8시에 단정히 앉아서 영원한 선정에 든다.

이러한 일화들은 단 한 가지도 일반인들이 따라 하기 어려운 거룩

한 성자의 자취이다. 그러나 나는 이러한 한암 스님의 모습보다도, 매일 아침 새벽예불에 빠지지 않고 이후 2시간의 관음 정근을 올곧게 서서 참여했다는 사실이 더 놀랍다. 또 잠자는 시간 외에는 선원의 대중방에서 언제나 반듯하게 앉아서 지내며, 일생을 계율에 맞춰 오후불식午後不食을 했다는 기록도 감동적이다.

승려인 나로서는, 한암 스님이 보여준 이러한 삶의 자세와 역정이 얼마나 어려운 것인지를 잘 알고 있다. 한때의 기이한 행적이나 기발한 발상으로 세상을 놀라게 하는 것은, 수승한 이들이라면 누구나 할 수 있는 특별함이다. 그러나 평생을 한결같이 기본에 충실하다는 것은, 진정한 수행인이자 성자가 아니라면 이룩할 수 없는 일이다.

이런 점에서 한암은 시대의 성자이며, 시대를 초월하는 한국불교의 진정한 사표가 된다. 총무원장을 두 차례나 역임한 월주 스님이 한암 스님에게만은 유독 '성자'라는 칭호를 사용한 것 역시, 바로 이와 같은 모습을 보았기 때문이리라.

이제 끝으로 감사의 말을 전할 때다. 먼저 이 책은 오대산 한암문도회의 적극적인 노력과 후원이 없었다면 이루어질 수 없었음을 밝혀둔다. 나는 그저 한암 스님을 존중하는 한암문도회 스님들의 깊은 열정을 하나로 모아 냈을 뿐이다. 그러므로 본 연구에 대한 영광은 온전히 한암문도회 스님들께 돌아가는 것이 맞다. 또 한암 스님에 대한 연구가 완성될 수 있도록 아낌없는 지도를 베풀어준 동국대 국어교육학과의 윤재웅 선생님과 오랜 학형인 이원석 선생님께도 깊은 사은의 인사를 올리는 바이다.

이 책을 통해서, 한국불교에 북극성과 같은 밝은 좌표가 보다 뚜렷해지기를 기원해본다. 이것이야말로 한암 스님의 일생을 오늘에 되살리는 후학의 도리이자, 그분에 대한 진정한 완성의 가치이기 때문이다.

잔잔한 비가 내리는 오대산 월정사의
'설청구민說聽俱泯' 편액 아래에서
교무 일우자현 필筆

차례

제1장 – 서론

제1절. 연구 목적과 선행연구 검토

한암중원漢巖[1]重遠(1876~1951)은 조선이 붕괴되던 서세동점西勢東漸의 시기에 한국선의 중흥을 이루어 낸 경허성우鏡虛惺牛(1849~1912)의 마지막 제자로, 일제강점기 한국 선불교를 대표하는 최고의 선승이다. 1912년에 입적한 경허가 조선말과 대한제국 시대에 주로 활동한 선승이라면, 경허의 사법제자인 한암과 만공滿空(1871~1946) 등은 일제강점기에 주된 삶을 살았던 승려들이다.

　일제강점기는 한민족이 역사상 최초로 완전한 식민지배 상태를 맞이하는 치욕의 시기이다. 이로 인해 일제에 의해 우리의 전통사상과 문화 등이 심각한 왜곡을 맞는 위기에 봉착하게 된다. 이는 한국불교 역시 예외일 수 없었다.

　그런데 한국불교는 조선이라는 오랜 숭유억불의 환경 속에 처해 있다가 일제에 의해 억압이 풀리는 상황을 맞이한다. 이 과정에서 승려들의 판단이 흐려지는 결과가 초래된다. 숭유억불의 조선과 불교에 관대한 일본의 모습은 국가와 종교 사이에서 이들을 갈등하게 만들었기 때문이다. 또 여기에는 일제의 유화책 및 일본불교의 발전상 등에

1_　漢巖의 명칭은 漢岩, 寒巖, 寒岩으로도 표기된다. '寒'과 '漢'의 차이는 시기에 따른 변화이다. 그러나 '巖'과 '岩'은 차이 없이 혼용된 모습을 보인다. 본 연구에서는 '漢巖' 사용을 원칙으로 하였으나, 이미 발행된 單行本과 論文 등에서 사용된 명칭은 연구자의 판단을 존중해서 수정하지 않고 그대로 표기하였다.

의한 가치관의 혼란도 존재한다. 이로 인해 일제강점기 한국불교는 내우외환의 다양하고 극심한 혼돈양상을 겪게 된다.

이와 같은 상황에서 한국불교의 등대와 같은 승려들이 등장하는데, 선수행의 한암과 교학의 박한영朴漢永(1870~1948) 그리고 신불교新佛教(대각교大覺教)와 독립운동의 백용성白龍城(1863~1940) 및 독립운동과 문학에서의 한용운韓龍雲(1879~1944) 같은 승려들이다. 이들은 일제강점기라는 특수한 시대 상황 속에서 각기 독특한 입각점을 가지고 활동한 승려들이다. 그러나 이들 중에서도 불교의 본질인 종교와 수행및 승가교육이라는 측면에 있어서, 단연 두드러지는 인물은 한암이라고 할 수 있다.

물론 일제강점기 선수행의 고승으로는 만공 역시 중요한 인물이다. 그러나 만공은 선禪 일변도의 인물로,[2] 이와 같은 격외格外만을 강조하는 방식으로는 한국불교 전체의 안정과 발전 그리고 왜색화에 대항하기 어려운 측면이 존재한다.

이런 점에서, 일제강점기를 전후해 총 4차례나 교정과 종정을 역임한 한암의 선禪·교教·율律을 아우르는 행동 양식과 수행력, 그리고승가교육에 대한 열정은 매우 특징적이면서도 주목된다고 하겠다. 즉한암에게는 당시 한국불교의 핵심인 선불교를 중심으로 교학과 계율이라는 두 날개를 가지고, 한국불교 전체를 위해 깊이 고민한 흔적이목도되는 것이다. 이는 한암이 '장종학藏蹤鶴'을 표방하는 청정한 기질

2_ 金光植,「漢岩과 滿空의 同異, 그 행적에 나타난 불교관」,『漢岩思想』제4집(2009), 82-84쪽.

을 가진 수행자라는 점, 그리고 총 4차례나 교정教正과 종정宗正을 역임하면서 시대적인 문제를 고민할 수밖에 없었던 위치에 있었기 때문으로 판단된다. 이로 인해 한암은 '도의道義-보조종조론普照宗祖論'을 제기하고 '해동조계종海東曹溪宗'을 제창해서, 시대의 문제에 대응하는 한국불교적인 모습을 보인다. 또 불출산不出山의 종정이라는 청정한 위상을 유지함과 동시에, 불교 잡지 등에 다양한 기고 글을 수록하여 한국불교의 계몽과 더불어 그 지향점을 분명히 제시하였다.

이외에도 한암은 선수행의 차제를 정리하고 〈승가오칙〉을 제정하는 등 불교의 외연 확대와 교육적인 측면을 강조하는 모습을 보인다. 이와 같은 한암의 교육적인 역량이 분명해지는 사건이, 일제의 심전개발정책心田開發政策을 이용해서 상원사 선원에 삼본사승려연합수련소三本寺僧侶聯合修練所를 설치하는 일이다. 이때 한암은 직접 교재를 재편하고 현토를 달며, 직접 지도하는 교육자적인 면모를 여실하게 보여준다.

이와 같은 한국불교 전체에 대한 깊은 고민과 관점은 동시대 다른 고승들과 변별되는 한암만의 특징이라고 하겠다. 특히 이러한 한암 특징은 1962년 4월 11일에 창종創宗되는 현대의 대한불교조계종으로까지 일정 부분 이상 계승되는 모습을 보이고 있다는 점에서 주의가 요구된다. 이런 점에서 한암에 대한 연구는 일제강점기 한국불교에 대한 이해와 더불어 이후의 현대불교에 대한 검토에 있어 매우 중요한 의의를 내포한다고 하겠다.

그런데 독립운동가로서의 색깔이 분명한 한용운이나 독립운동에 대각교라는 특징까지 겸비하고 있는 백용성에 비해, 한암에 대한 학계의 연구는 상대적으로 주목받지 못하였다. 일제강점기를 대표하는 선승으로 종정을 3차례(4번째는 해방 후임)나 역임한 고승임에도 불구하고, 한암에 대한 연구가 제대로 이루어지지 못한 것은 다음의 두 가지 이유 때문이다.

첫째, 1947년 동안거 이후의 상원사 화재로 인해 한암의 자필 원고 묶음인 『일발록一鉢錄』이 소실된 점. 과거의 전통문화에서는 문서를 작성할 때, 동일한 글을 1부 더 베껴서 남겨 두었다가[3] 사후에 문도들이 이를 가지고 문집文集을 만들고는 했다. 한암 역시 이와 같은 전통 속에서, 자신의 글을 모아 놓았던 것이 그만 화재로 소실된 것이다. 이로 인해 1차 자료가 사라졌으니, 한암에 대한 연구 역시 필연적으로 어려움이 따를 수밖에 없게 된다.

둘째, 1·4후퇴 때인 1950년 국군에 의해 월정사를 포함한 오대산 사찰들이 소각되었다는 점. 한암은 금강산金剛山 장안사長安寺에서 출가하고 통도사通度寺와 인연이 깊지만, 가장 오래 기간인 26년을 주석하며 가르침을 편 곳은 다름 아닌 오대산五臺山 상원사上院寺이다. 그런데 한국전쟁 과정에서 38선의 접경지대인 오대산이 심각한 타격을 입게 되면서, 이후 한암의 문도들은 한암에 대한 정리나 현양顯揚보다는 오대산의 재건에 보다 치중할 수밖에 없게 된다.

실제로 한암에 관한 최초의 자료 모음집인 『한암집漢岩集』은 아이러니하게도 1990년 통도사 극락암極樂庵의 경봉鏡峰(1892~1982) 제

3_ 漢巖門徒會·金光植 編, 「寶鏡」, 『그리운 스승 漢巖 스님(韓國佛敎 25人의 證言錄)』(서울: 民族社, 2006), 85쪽, "漢岩 스님 『一鉢錄』도 당신이 평생을 두고 쓴 편지, 누구에게 偈頌 주시고, 懸板 같은 것을 써 주시고 그런 것을 韓紙에 적어 놓고 묶어 놓으셨거든요."

자인 명정明正(1943~2019)에 의해 발행된다.[4] 오대산의 한암문도회가
중심이 되어 제작되는『한암일발록漢岩一鉢錄』의 편찬은 이보다도 5
년이나 늦은 1995년이 되어서야 비로소 이루어진다. 한암의 입적이
1951년이라는 점을 고려한다면 무려 44년이나 지난 뒤의 일이다. 물
론 이 공백기 안에는 오대산의 재건이라는 문제 외에도 이승만李承晚
의 유시諭示에 의한 불교정화佛敎淨化의 여파도 존재했음은 재론의 여
지가 없다.

　　한암의 저술이 발행되는 것은 매우 이른 시기로, 1922년의『한암
선사법어寒岩禪師法語』로까지 소급된다.[5]『한암선사법어』가 현대에 대
두한 것은 동국대학교에서『한국불교전서韓國佛敎全書』의 발행을 위
해 자료를 수집하는 과정과 관련된다. 이때 동국대 도서관의 이철교가
1984년 7월 14일에 전남 담양潭陽 용화사龍華寺에서『한암선사법어』
를 발견했기 때문이다.[6]『한암선사법어』의 원소장자는 불교 정화과정
에서 새롭게 창종되는 한국불교조계종韓國佛敎曹溪宗(혹 조계종)과[7] 이
후 태고종太古宗의 종정을 역임한 국묵담鞠默潭(성우聲祐, 1896~1981)이
었다. 이 국묵담의 책이 용화사에 계승된 것이다.

　　『한암선사법어』에 대한 연구는 1993년 12월부터 1994년 3월에

4_　　釋明正 編譯,『漢岩集』(梁山: 通度寺 極樂禪院, 1990).

5_　　寒岩 撰, 尾友 李礫 編,『寒岩禪師法語』(1922, 프린트본).

6_　　金浩星,「『바가바드기타』와 관련해서 본 漢岩의 念佛參禪無二論」,『漢岩思想』제1집
(2006), 63쪽 ; 金鍾眞,「寒巖禪師의〈參禪曲〉」,『漢岩思想』제2집(2007), 115쪽.

7_　　金光植,「大韓佛敎曹溪宗의 成立과 性格-1941~1962년의 曹溪宗」,『禪學』제34호(2013),
14-25쪽 ; 辛奎卓,「漢岩禪師의 僧家五則과 曹溪宗의 信行」,『漢岩思想』제3집(2008), 49-50쪽.

걸쳐 『대중불교大衆佛教』에 발표된 김두재金斗再의 번역,[8] 이와 관련된 부분 연구로 김호성(2006)·김종진(2007)·전재강(2010)의 논문이 발표된 것이 있다.[9] 『한암선사법어』가 발행될 때 한암의 나이는 47세로, 생전에 어록이 발행되는 것은 당시만 해도 매우 특이한 일에 속한다.

　이후 1982년에는 김지견金知見이 원담에게 한문본 「선사경허화상행장先師鏡虛和尙行狀」을 입수해 대한전통불교연구원출판부에서 출간한다.[10] 이는 한암이 1932년 『불교佛教』 제95호(5월)에 기고하여 수록한 「경허화상행장鏡虛和尙行狀」이 번역본인 것과 차별되는 것이었으므로 단행본의 발간이 이루어진 것이다. 한암이 편찬한 『경허집』의 원본은 2009년 당시 부산저축은행장이었던 김민영이 월정사에 기증하면서, 같은 해 영인본이 발행되기에까지 이른다.[11]

　여기까지는 한암의 찬술과 관련된 1차 자료에 대한 재발견과 이의 연구이다. 즉 한암에 대한 종합적인 정리와 같은 성격은 아닌 것이다.

　한암에 대한 자료정리는 먼저 한암이 찬술한 글들을 모아서 집대성하는 작업으로 시작된다. 이는 한암이 일제강점기에 많은 글을 불교 잡지에 기고했기 때문에 가능한 일이었다.[12] 이렇게 해서 탄생하는 1

8_　『大衆佛教』 제133호(1993. 12.)~제136호(1994. 3.).

9_　金浩星, 「『바가바드기타』와 관련해서 본 漢岩의 念佛參禪無二論」, 『漢岩思想』 제1집(2006) ; 金鍾眞, 「寒巖禪師의 〈參禪曲〉」, 『漢岩思想』 제2집(2007) ; 金鍾眞, 「寒巖禪師의 〈參禪曲〉 연구」, 『國際語文』 제39집(2007) ; 전재강, 「寒巖 禪師 參禪曲 구조의 역동성」, 『우리말글』 제48권(2010).

10_　漢巖重遠 撰, 金知見 校勘, 延南居士 編著, 『先師鏡虛和尙行狀』(서울: 大韓傳統佛教研究院出版部, 1982).

11_　漢岩 編著, 『(影印本) 漢岩禪師肉筆本 鏡虛集(全)』(서울: 民族社, 2009).

12_　여기에는 呑虛가 暗記해서 전해진 부분도 존재한다.
漢巖門徒會·金光植 編, 『寶鏡』, 『그리운 스승 漢巖 스님(韓國佛教 25人의 證言錄)』(서울: 民族社,

차 자료들은 명정의『한암집』(1990)을 필두로 해서, 오대산의 한암문도회漢巖門徒會에 의해 1995년부터 2013년까지 총 4차례에 걸쳐 5권으로 발간된다.[13]

한암 문집의 명칭을『한암일발록』이라고 한 것은, 이 책이 1947년에 소실된『일발록』을 계승하고자 하는 한암문도의 노력이 서려 있기 때문이다. 한암문도회는 또 한암의 찬술 자료를 모아서 집대성하는 작업을 진행하는 과정에서, 더는 늦출 수 없다는 판단하에 2006년에는 김광식에게 의뢰해 한암을 기억하는 인물 총 25인의 증언집인『그리운 스승 한암 스님』을 발행한다.[14] 그리고 2013년에는 한암의 수제자인 탄허吞虛(택성宅成, 1913~1983)의 탄생 100주년을 맞아, 승려로는 최초로 한암과 탄허의 글들을 용산 국립중앙박물관에서 특별전으로 전시하고 이들 자료를 도록과 책으로 발간한다.[15]

이상과 같은 측면들이 한암에 관한 1차 자료의 정리에 해당한다. 이를 보면 한암 자료의 핵심이 집취되는 기간은 1995년부터 2010년 사이라는 것을 알 수 있다. 또 이와 같은 과정 속에서 한암에 대한 본격적인 연구 역시 점차 활기를 띠기 시작한다.

///////////

2006), 85쪽, "불이 난 이후, 吞虛 스님이 그 내용을 대강 외우고 계셔서 그래도 좀 전해진 게지."

13_   漢岩門徒會 編,『漢岩一鉢錄』(平昌: 漢岩門徒會, 1995) ; 漢岩門徒會 編,『修訂增補版 漢岩一鉢錄』(平昌: 漢岩門徒會, 1996) ; 漢岩門徒會·五臺山 月精寺 編,『定本-漢岩一鉢錄 上·下』(平昌: 漢岩門徒會·五臺山 月精寺, 2010) ; 漢岩門徒會 編,『精選 漢岩一鉢錄』(平昌: 五臺山 月精寺, 2013).

14_   漢巖門徒會·金光植 編,『그리운 스승 漢巖 스님(韓國佛教 25人의 證言錄)』(서울: 民族社, 2006).

15_   國立中央博物館 編,『月精寺의 漢岩과 吞虛』(서울: 國立中央博物館, 2013) ; 五臺山 月精寺 編,『漢岩·吞虛禪師 書簡文 上·下』(서울: 民族社, 2014).

이 시기에 괄목할 만한 연구는, 오대산 문손門孫으로 대표적인 불교출판사인 민족사民族社를 운영하고 있는 윤창화尹暢和가 한암문도회의 후원을 통해서 진행한 2006~2009년까지 총 4차례에 걸친『한암사상漢岩思想』세미나이다.[16] 이때 한암과 관련된 기본적인 연구 담론들이 확립되는데, 여기에 발표된 논문 중 우수한 것은 2015년 논문집인『한암선사연구』로 묶여 재발행된다.[17]

2009년 이후 한암에 대한 연구는, 한암문도회의 후원하에 필자의 주관으로 KCI 등재학술지를 가진 불교학회들과 함께 진행된다. 이는 기존의『한암사상』을 바탕으로 연구의 수준을 한 단계 더 끌어올리고, 보다 폭넓은 연구 외연을 확보하려는 노력이었다. 실제로 이후의 한암 연구는 비단 한암에서만 그치는 것이 아니라, 동시대의 고승이었던 석

///////////

16_ 『漢岩思想』에 수록된 漢巖에 관한 研究는 다음과 같다.
제1집(2006): ①宗梵,「漢岩禪師의 禪思想」·②金浩星,「『바가바드기타』와 관련해서 본 漢岩의 念佛參禪無二論」·③金光植,「方漢岩과 曹溪宗團」·④尹暢和,「漢岩의 自傳的 求道記〈一生敗闕〉」.
제2집(2007): ①辛奎卓,「南宗禪의 地平에서 본 方漢巖 禪師의 禪思想-返照와 看話」·②高榮燮,「漢巖의 一鉢禪-胸襟(藏蹤)과 把拽(巧語)의 凝縮과 擴散」·③金鍾眞,「寒巖禪師의〈參禪曲〉」·④尹暢和,「漢岩禪師의 書簡文 考察」.
제3집(2008): ①金炯錄(印鏡),「漢巖禪師의 看話禪-禪問答 21조를 중심으로」·②辛奎卓,「漢岩 禪師의 僧家五則과 曹溪宗의 信行」·③金光植,「漢巖의 宗祖觀과 道義國師」·④尹暢和,「附錄-漢岩禪師 年譜」.제4집(2009): ①尹暢和,「鏡虛의 知音者 漢岩」·②변희욱,「漢岩의 格外關門과 看話」·③金光植,「漢岩과 滿空의 同異, 그 행적에 나타난 불교관」·④이상하,「『鏡虛集』編纂, 刊行의 경위와 변모 양상」.

17_ 漢岩思想研究院 編,『漢岩禪師研究』(서울: 民族社, 2015), "收錄論文: ①尹暢和,「漢岩의 自傳的 求道記〈一生敗闕〉」·②金光植,「方漢岩과 曹溪宗團」·③金浩星,「漢岩의 乾鳳寺結社와 念佛參禪無二論」·④高榮燮,「漢巖의 一鉢禪」·⑤尹暢和,「漢岩禪師의 書簡文 考察」·⑥金鍾眞,「寒巖禪師의〈參禪曲〉·⑦金炯錄(印鏡),「漢巖禪師의 看話禪思想」·⑧金光植,「漢巖의 宗祖觀과 道義國師」·⑨尹暢和,「鏡虛의 知音者 漢岩」·⑩변희욱,「漢岩의 格外關門과 看話」·⑪尹暢和,「漢岩 禪師의 禪問答과 公案」·⑫金光植,「漢岩과 滿空의 同異, 그 행적에 나타난 불교관」·⑬이상하,「『鏡虛集』編纂, 刊行의 경위와 변모 양상」·⑭高榮燮,「漢巖과 呑虛의 佛敎觀」"

전石顚 박한영 및 백용성과 한암을 함께 조명하는 등 다양한 시도가 이루어지게 된다.

이들 연구성과 중 중요한 것은 또 단행본으로도 묶인다. 먼저 2015년에 발행된『석전石顚과 한암, 한국불교의 시대정신을 말하다』에는 총 9편의 논문이 수록되었으며,[18] 2016년 발행의『한암과 용성龍城, 현대불교의 새벽을 비추다』에도 총 9편의 논문이 수록되었다.[19] 그리고 2017년에 발행된『한암의 선사상과 제자들』에는 총 9편이 수록되었고,[20] 2020년 발행의『한암·탄허 연구 논집』에도 역시 총 9편의 발표자료가 수록되어 있다.[21]

///////////

18_ 玆玄 外 著, 『石顚과 漢岩, 韓國佛教의 時代精神을 말하다』(서울: 曹溪宗出版社, 2015), "收錄論文: ①玆玄, 「石顚과 漢巖을 통해 본 佛教와 時代精神」·②趙性澤, 「近代 韓國佛教에서 漢巖의 役割과 佛教史的 의의」·③李德辰, 「漢巖의 禪思想과 戒律精神」·④정도, 「韓國佛教와 石顚 映湖의 위상」·⑤법상, 「石顚의 戒律觀과 『戒學約詮』」·⑥金光植, 「石顚과 漢巖의 問題意識」·⑦高榮燮, 「映湖 鼎鎬와 中央佛教專門學校」·⑧尹暢和, 「漢岩 禪師의 禪問答과 公案」·⑨혜명, 「天台에서 본 漢巖 스님의 禪思想」"

19_ 玆玄 外 著, 『漢岩과 龍城, 현대불교의 새벽을 비추다』(서울: 쿠담북스, 2016), "收錄論文: ①廉仲燮(玆玄), 〈戒箴〉의 분석을 통한 漢岩의 禪戒一致적 관점」·②白道守, 「漢岩의 戒律認識 考察」·③尹暢和, 「話頭參句의 두 가지 방법과 漢岩禪」·④이상하, 「漢巖 重遠의 普照·鏡虛 계승과 그 의미」·⑤金光植, 「龍城과 漢岩의 행적에 나타난 정체성」·⑥李慈郎, 「白龍城 律脈의 성격 및 전개」·⑦摩聖(이수창), 「白龍城의 禪農佛教에 대한 再照明」·⑧김호귀, 『龍城禪師語錄』의 構成 및 禪思想史的 의의」·⑨김종인, 「白龍城의 近代와의 만남과 佛教改革 運動」"

20_ 玆玄 外 著, 『漢岩의 禪思想과 제자들』(서울: 쿠담북스, 2017), "收錄論文: ①玆玄, 「懶翁의 功夫十節目에 대한 漢岩의 답변과 관점」·②尹暢和, 「漢岩禪師와 奉恩寺」·③李元錫, 「漢巖 重遠과 呑虛 宅成의 佛緣」·④文光(權奇完), 「呑虛宅成과 東洋思想」·⑤김방룡, 「玄則과『山中日誌』」·⑥원영상, 「暖庵 柳宗默의 修行教化와 日本行蹟에 대한 試論적 고찰」·⑦金光植, 「普門禪師의 삶과 修行者의 正體性」·⑧高榮燮, 「萬化 喜贊과 五臺山 叢林化」·⑨이성운, 「漢岩과 智庵의 護法觀」"

21_ 玆玄 外 著, 『漢岩·呑虛 研究 論集』(서울: 民族社, 2020), "收錄論文: ①李元錫, 「漢巖의 出家 過程과 求道적 出家觀」·②李元錫, 「漢巖의 上院寺 移居와 시기 검토」·③尹暢和, 「呑虛 懸吐 譯解本의 의의와 가치」·④이상하, 「朝鮮朝 佛書 諺解·私記와 呑虛 懸吐 譯解의 비교 고찰」·⑤玆玄, 「漢岩과 呑虛의 僧伽教育 방향과 실천양상」·⑥文光(權奇完), 「呑虛宅成의 經世觀과 饒益

한암에 대한 학술연구와는 별개로 한암의 생애와 관련된 단행본도 다수가 발행된다. 한암의 생애는 일찍부터 주목되었는데, 이와 같은 배경에는 한암의 입적을 다룬 손명현孫明鉉(1914~1976)의 수필 「어떻게 살 것인가」가 1975년 고등학교 국어 교과서에 수록되기 때문이다.[22] 한암의 생애를 본격으로 다룬 단행본은 김호성의 1995년『방한암 선사』를 필두로 2016년 소설가 남지심에 의한『(소설) 한암』까지 대략 4종류가 간행되었다.[23]

한암 연구와 관련해서 가장 먼저 체계적인 시원을 연 인물은 김호성이다. 김호성은 1988년『보조사상』제2집에 「한암의 도의道義-보조普照 법통설法統說-〈해동초조에 대하야〉를 중심으로」를 발표했으며, 또 위에서 언급한 것과 같이 1995년에는 한암의 생애를 정리한『방한암 선사』를 단행본으로 발간한다. 이는 한암문도회가 주도한『한암일발록』의 간행이 1995년이라는 점에 비추어본다면, 김호성은 한암과 관련된 가장 빠른 본격적인 연구자라고 할 수 있다.

김호성을 필두로 한암에 대한 연구는 근현대사의 김광식(7편)과 생애의 이원석(5편) 그리고 선사상 등과 관련해서 윤창화(6편)와 고영섭(3편) 등의 연구가 활발하게 진행되었다. 이와 같은 한암에 대한 연구

///////////

行」·⑦文光(權奇完),「華嚴學과 易學을 통해 본 呑虛의 艮山思想」·⑧李元錫,「呑虛의 學術과 會通論」·⑨金光植,「五臺聖地의 중창주, 萬化 喜贊-僧伽五則의 계승과 실천」

22_   孫明鉉 著,「隨筆-어떻게 살 것인가」,『(人文系) 高等學校 國語 1』[서울: 文教部, 1982(1975년 初版)], 234-238쪽.

23_   金浩星 著,『方漢岩禪師』(서울: 民族社, 1995) ; 임혜봉 著,『宗正列傳 2-千古에 자취를 감춘 鶴처럼』(서울: 가람기획, 1999) ; 漢岩大宗師 著, 홍신선 註解,『할』(서울: 휴먼앤북스, 2003) ; 남지심 著,『(小說) 漢岩』(서울: 民族社, 2016).

를 범주별로 구분해 보면, 다음과 같이 직접적인 연구 6종과 간접적인 연구 2종의 총 8종으로 분류해 보는 것이 가능하다.

○ 직접적인 연구
　① 선사상 연구(17편)[24]
　② 생애 연구(7편)[25]
　③ 종단 및 시대 인식 연구(10편)[26]

////////////

24　慧炬,「三學兼修와 禪敎融會의 漢巖思想」,『淨土學研究』제8집(2005) ; 宗梵,「漢岩禪師의 禪思想」,『漢岩思想』제1집(2006) ; 金浩星,「『바가바드기타』와 관련해서 본 漢岩의 念佛參禪無二論」,『漢岩思想』제1집(2006) ; 辛奎卓,「南宗禪의 地平에서 본 方漢巖 禪師의 禪思想-返照와 看話」,『漢岩思想』제2집(2007) ; 高榮燮,「漢巖의 一鉢禪-胸襟(藏蹤)과 把拽(巧語)의 凝縮과 擴散」,『漢岩思想』제2집(2007) ; 金炯錄(印鏡),「漢巖禪師의 看話禪-禪問答 21조를 중심으로」,『漢岩思想』제3집(2008) ; 尹暢和,「鏡虛의 知音者 漢岩」,『漢岩思想』제4집(2009) ; 변희욱,「漢岩의 格外關門과 看話」,『漢岩思想』제4집(2009) ; 박재현,「方漢岩의 禪的 지향점과 역할 인식에 대한 연구」,『哲學思想』제23호(2006) ; 서왕모(정도),「漢岩과 鏡峰의 悟後保任에 대한 연구」,『禪學』제39호(2014) ; 김종두(혜명),「天台에서 본 漢岩 스님의 禪思想」,『韓國佛敎學』제71집(2014) ; 尹暢和,「漢岩 禪師의 公案과 禪問答」,『2014 韓國佛敎學 春季세미나 資料集』(2014) ; 尹暢和,「話頭參句의 두 가지 방법과 漢岩禪」,『大覺思想』제23집(2015) ; 오용석,「看話와 返照에 대한 일고찰-大慧와 漢巖을 중심으로」,『禪學』제41호(2015) ; 廉仲燮,「懶翁의 功夫十節目에 대한 漢巖의 답변과 관점」,『韓國佛敎學』제78집(2016) ; 이상하,「漢巖 重遠의 普照·鏡虛 계승과 그 의미」,『大覺思想』제23집(2015) ; 박재현,「漢岩을 통해 본 한국 근대불교에서 知訥의 위상」,『普照思想』제55집(2019).

25　尹暢和,「漢岩의 自傳的 求道記〈一生敗闕〉」,『漢岩思想』제1집(2006) ; 안효순,「千古의 말 없는 鶴-方漢巖 禪師」,『文學·史學·哲學』제4호(2006) ; 尹暢和,「漢岩禪師와 奉恩寺」,『文學·史學·哲學』제47호(2016) ; 李元錫,「漢巖 重遠과 呑虛 宅成의 佛緣-呑虛의 出家 背景」,『韓國佛敎學』제79집(2016) ; 李元錫,「漢巖의 上院寺 移居와 시기 검토」,『淨土學研究』제28집(2017) ; 李元錫,「漢巖의 出家 過程과 求道적 出家觀」,『禪學』제50호(2018) ; 李元錫,「漢巖 스님의 不出洞口와 現實觀」,『韓國佛敎學』제92집(2019).

26　金浩星,「漢岩의 道義-普照 法統說-〈海東初祖에 對하야〉를 중심으로」,『普照思想』제2집(1988) ; 박희승,「朝鮮佛敎曹溪宗의 主役 연구-宗正과 宗務總長을 중심으로」,『淨土學研究』제4집(2001) ; 金光植,「方漢岩과 曹溪宗團」,『漢岩思想』제1집(2006) ; 辛奎卓,「漢岩禪師의 僧家五則과 曹溪宗의 信行」,『漢岩思想』제3집(2008) ; 金光植,「漢巖의 宗祖觀과 道義國師」,『漢岩思想』제3집(2008) ; 金光植,「石顚과 漢岩의 문제의식」,『韓國佛敎學』제70집(2014) ; 廉仲燮,「石顚

④ 계율 연구(4편)[27]

⑤ 문학 연구(3편)[28]

⑥ 기타(10편)[29]

○ 간접적인 연구

⑦ 제자와 주변인 연구에서 드러나는 한암(8편)[30]

////////////

과 漢岩을 통해 본 불교와 시대정신」, 『韓國佛敎學』 제71집(2014) ; 趙性澤, 「近代韓國佛敎에서 漢岩의 역할과 불교사적 의의-萬海 그리고 鏡虛와의 비교를 통해」, 『韓國佛敎學』 제71집(2014) ; 金光植, 「龍城과 漢岩의 행적에 나타난 정체성」, 『大覺思想』 제23집(2015) ; 이성운, 「漢岩과 智庵의 護法 觀」, 『2016韓國佛敎學 春季세미나 資料集』(2016).

27_ 李德辰, 「漢岩의 禪思想과 戒律精神」, 『韓國佛敎學』 제71집(2014) ; 廉仲燮, 「〈戒箴〉의 분석을 통한 漢岩의 禪戒一致적 관점」, 『大覺思想』 제23집(2015) ; 白道守, 「漢岩의 戒律認識 考察」, 『大覺思想』 제23집(2015) ; 高榮燮, 「曹溪宗의 戒定慧 三學 修行 전통-龍城·映湖·漢巖·慈雲을 중심으로」, 『佛敎學報』 제70집(2015).

28_ 金鍾眞, 「寒巖禪師의 〈參禪曲〉」, 『漢岩思想』 제2집(2007) ; 金鍾眞, 「寒巖禪師의 〈參禪曲〉 연구」, 『國際語文』 제39집(2007) ; 전재강, 「寒巖 禪師 參禪曲 구조의 역동성」, 『우리말글』 제48권(2010).

29_ 金浩星, 〈(2) 漢岩의 結社〉, 「結社의 近代的 展開樣相」, 『普照思想』 제8집(1994) ; 尹暢和, 「漢岩禪師의 書簡文 考察」, 『漢岩思想』 제2집(2007) ; 尹暢和, 「附錄-漢岩禪師 年譜」, 『漢岩思想』 제3집(2008) ; 金光植, 「漢岩과 滿空의 同異, 그 행적에 나타난 불교관」, 『漢岩思想』 제4집(2009) ; 이상하, 『鏡虛集』 編纂, 刊行의 경위와 변모 양상」, 『漢岩思想』 제4집(2009) ; 高榮燮, 「漢巖과 呑虛의 佛敎觀-解脫觀과 生死觀의 同處와 不同處」, 『宗敎敎育學硏究』 제26권(2008) ; 이상하, 「『鏡虛集』 編纂, 刊行의 경위와 변모 양상」, 『東洋學』 제50집(2011) ; 尹暢和, 「漢岩과 呑虛의 同異點 고찰」, 『韓國佛敎學』 제63집(2012) ; 金浩星, 「師孝의 윤리와 출가정신의 딜레마 漢岩의 『先師鏡虛和尙行狀』을 중심으로」, 『佛敎硏究』 제38집(2013) ; 廉仲燮, 「漢岩과 呑虛의 僧伽敎育 방향과 실천양상」, 『國學硏究』 제39호(2019).

30_ 金光植, 「金呑虛의 교육과 그 성격」, 『淨土學硏究』 제6집(2003) ; 서왕모(정도), 「鏡峰禪師의 사상적 교류 고찰-普照國師, 漢岩禪師와 龍城禪師를 중심으로」, 『普照思想』 제32집(2009) ; 金光植, 「呑虛의 時代認識과 宗敎觀」, 『韓國佛敎學』 제63집(2012) ; 尹善泰, 「呑虛 스님의 求道過程과 人材養成」, 『韓國佛敎學』 제66집(2013) ; 李元錫, 「출가 이전 呑虛의 傳統學術 修學과 求道入山의 軌迹」, 『韓國佛敎學』 제66집(2013) ; 강석근, 「鏡峰 靖錫 禪師의 悟道頌과 僧侶 交遊詩」, 『韓國詩歌硏究』 제42권(2017) ; 金光植, 「五臺聖地의 중창주, 萬化 喜贊-僧伽五則의 계승과 실천」, 『淨土學硏究』 제28집(2017) ; 權奇完(文光), 「呑虛 宅成의 四敎會通思想 硏究」(城南: 韓國學中央硏究院 博士學位論文, 2018).

⑧ 간접적인 연구에서 드러나는 한암(5편)[31]

　이상을 통해서 지금까지 발행된 한암과 관련된 단행본은 총 20종
이며, 학술논문은 직접적인 연구 51편과 간접적인 연구 13편이 존재
하는 것을 알 수 있다. 그리고 연구 범위는 선사상과 생애 및 종단과 관
련된 부분이 다수를 차지하며, 이외에도 계율과 문학에서의 연구 등도
존재하는 모습이 확인된다. 이는 한암이 선禪·교敎·율律의 모든 부분
을 두루 섭렵하고, 몸소 실천궁행實踐躬行한 인물임을 잘 나타내 준다.

　그러나 한암이 일제강점기 교정과 종정의 위치라는 당시 한국
불교를 대표하는 선승이라는 측면에 입각한 깊은 고민에 대한 접근,
그리고 이의 해법으로 제시되는 교육적인 모색에 대한 연구는 부족
한 실정이다. 그러므로 본 연구에서는 한암의 선사상을 중심으로 해
서 확립되는 교육관과 교육론에 대한 검토를 진행해 보고자 한다. 이
를 위해서 교육론의 배경이 되는 선사상에 대한 정리는 필연적이다.
한암이 선사라는 점에서, 위에 검토한 바와 같이 한암의 선사상과 관
련된 연구는 상대적으로 많다. 그러나 이것이 세미나와 학회의 소논
문이라는 점은 단편적인 연구에 따른 분절 문제를 해소할 수 없다. 그
러므로 본 연구에서는 한암 선사상의 핵심을 집취하고 그 특징을 도
출해서, 이와 같은 측면들이 어떻게 교육사상으로 연결되어 현실에서

31_　김경집, 「한국 近現代佛敎와 普照의 영향」, 『普照思想』 제27집(2007) ; 이병욱, 「韓國近代
佛敎思想의 세 가지 유형-근대적 종교상황에 대응하는 새로운 종교활동이라는 관점에서」, 『新宗敎
硏究』 제20집(2009) ; 김방룡, 「한국 근·현대 看話禪師들의 普照禪에 대한 인식」, 『佛敎學報』 제
58집(2011) ; 金光植, 「大韓佛敎曹溪宗의 成立과 性格-1941~1962년의 曹溪宗」, 『禪學』 제34호
(2013) ; 金光植, 「曹溪宗團 宗正의 歷史像」, 『大覺思想』 제19집(2013).

구현되는지를 밝혀 보았다. 이는 내적인 선과 깨달음의 성취가 어떻게 교육과 연결되어 외적으로 확대되는지를 알 수 있게 해준다는 점에서 주목된다. 또한 한암이 일제강점기라는 시대적인 질곡 속에서, 어떻게 당시 한국불교에 산적한 문제들을 해소하고자 했던 것인지도 파악해 볼 수 있다.

한암은 시대를 대표하는 선사인 동시에 특징적인 교육관을 토대로 선을 중심으로 하는 교육을 직접 주도하며 실천에 옮긴 인물이다. 이런 점에서 그의 선사상과 더불어 실천을 동반하는 교육사상에 대한 검토는 한암을 이해하는 데 있어서 반드시 필요한 불가결의 요소이다. 특히 이와 같은 체계적인 교육자로서의 위상이 동시대의 다른 선사들에게서는 발견되지 않는다는 점에서, 한암의 선사상과 연관된 교육사상에 대한 검토는 한암을 이해하는 핵심이 된다고 하겠다.

종교는 시대와 함께 고민하고 변화하며 시대를 계몽해야 할 의무가 있다. 이런 점에서 일제강점기 한국불교의 교정과 종정이라는 최고의 위치에 있었던 선승인 한암이 제시한 해법은 충분한 연구의 타당성을 확보한다. 또 한암이 제시한 초조론(종조론)과 종단관 등이 현대의 대한불교조계종의 형성과 연관되고 계승된다는 점, 그리고 한암만의 선계일치禪戒一致적인 측면이나 전선후교前禪後教의 독특한 교육론은 오늘날까지 유효한 연구의의를 충분히 내포한다는 점에서 더욱 그렇다.

제2절. 연구 범위와 서술 방향

한암에 대해서는 앞선 선행연구에서 언급한 바와 같이 2000년대 중반부터 한암문도회를 주축으로 한 많은 연구가 순차적으로 진행되었다. 여기에서 가장 중요한 기본 자료는 『정본-한암일발록 상·하』와 『그리운 스승 한암 스님』이다. 본 연구 역시 이 두 종류의 자료를 바탕으로, 중요하면서도 상대적으로 검토가 부족한 부분에 집중해서 연구를 진행해 보고자 한다.

먼저 한암은 일제강점기를 전후해서, 종정에 4차례나 추대되는 가장 위계가 높은 선승이다. 그런데도 불구하고 생애의 많은 부분이 명확하지 못한 문제를 내포하고 있다. 이는 한암만의 문제라기보다는 당시 국가시스템 및 불교의 체제 문제이기도 하다.

한암의 생애와 관련해서는 이원석에 의해서 2016년부터 2019년까지 총 4편의 소논문이 발표되며 많은 불명확성이 제거되었다. 그럼에도 불구하고 자료의 제한과 부족으로 인한 한계는 어찌할 수 없는 측면이 존재한다.

본 연구는 한암에 대한 최초의 박사논문이라는 점에서, 이원석의 선행연구를 토대로 생애의 투명도를 보다 높게 확보해 보고자 하였다. 이를 위해서 제2장에서는 한암의 생애를 종합적으로 정리해 보았다. 한암의 생애와 관련해서 문제점을 내포하는 측면은 속명이 중원重遠일 수 있는가에 대한 부분. 또 한암이라는 법호法號가 사법嗣法스승에게 받은 것인지, 또는 자호自號인지에 대한 부분. 그리고 출가 나이와 관련해서 19세 출가설과 22세 출가설이 존재하는 부분. 또 한암의 개오開悟를 몇 단계로 이해할 것인지에 관한 부분 등 다양하다.

본 연구에서는 기존의 연구토대 위에서, 자료들의 면밀한 분석과 이증理證을 통해 본 논문의 전제로서의 한암 생애를 타당성에 입각해서 요약·정리해 본다. 이는 한암의 생애가 안정되어야만, 이후에 전개되는 제3장의 선사상과 제4장의 교육관에 대한 이해와 논의가 보다 분명해질 수 있기 때문이다.

제3장에서는 한암의 선사상에 대해서 다루게 된다. 한암이 일제 강점기를 대표하는 선승이라는 점은 이 부분에 가장 많은 선행연구가 존재하도록 한다. 이와 같은 선행연구를 바탕으로, 먼저 제3장에서는 한암의 자전적自傳的 구도기求道記인 「일생패궐一生敗闕」을 통해서 한암이 깨달음을 얻게 되는 계기와 과정을 종합적으로 점검해 보고 그 특징을 도출해 보고자 하였다.

「일생패궐」은 선사인 한암에게 있어서, 가장 중요하다고 할 수 있는 깨달음에 이르는 13년간의 과정을 한암 스스로가 기록하고 있는 자료이다. 이런 점에서, 이는 한암을 이해하는 가장 핵심적이면서도 중요한 문건이 된다. 또 「일생패궐」은 한암의 다른 자료들이 당시의 불교 잡지에 수록되어 있는 것과 달리 2001년에 새롭게 발견된 최근의 자료이다. 이로 인해 당시 주목받기는 했지만, 2006년 윤창화의 「일생패궐」에 대한 기본적인 검토 외에는 별다른 연구검토가 진행되지 않았다. 이런 점에서 본 연구에서는 「일생패궐」의 내용 분석을 통해, 한암의 깨달음 과정과 대오大悟 및 사법嗣法과 인가印可 문제 등의 특징을 도출해 보고자 한다. 이렇게 하는 것이야말로 한암의 선사상을 이해하는 최고의 첩경捷徑이라고 판단되기 때문이다.

「일생패궐」에 관한 정리 다음으로는, 한암의 선禪 관련 문헌 중 분량이나 내용 면에서 단연 압권이라고 할 수 있는 「선문답 21조」에 대한 검토를 진행한다. 「선문답 21조」는 1922년 한암이 건봉사乾鳳寺 만일원萬日院 선원禪院의 주실籌室(조실祖室)로 초빙되어 동안거冬安居를 날 때, 열중悅衆이었던 미우尾友 이력李礫과 문답한 내용이다. 이 문건이 중요한 것은, 21조 중 전10조에서 선수행과 관련된 체계를 정립하려는 양상이 존재하기 때문이다. 이와 같은 선수행의 체계 정립 시도는 선불교의 교육과 외연 확대라는 점에서 중요한 의미가 된다는 점에서도 주목된다.

또 후10조에서는 여말麗末 나옹혜근懶翁惠勤(1320~1376)의 〈공부십절목功夫十節目〉이라는 선수행의 체계에 대한 물음에 한암이 답변하는 구조로 되어 있다. 〈공부십절목〉은 1307년 공민왕의 친임시親臨試로 개최되었던 공부선功夫選의 시제試題에 대한 필연성에서 나옹에 의해 고안된 것이다. 그런데 여기에는 선수행의 차제次第를 제시하는 특징이 존재한다. 즉 「선문답 21조」는 전체가 '선수행의 차제'라는 주제로 구성된 선禪의 공부법과 교육 및 점검에 관한 문답인 것이다.

한암은 「선문답 21조」를 통해서, 선수행의 단계적인 체계 정립을 통한 일반화를 시도하려고 했던 것으로 판단된다. 이는 남종선의 기존 관념인 초절超絶(경절徑截)을 통한 일상긍정日常肯定의 입장에서는 문제가 될 수 있는 선수행의 입각점이라는 점에서 주의가 요구된다. 즉 여기에는 '선의 표준화가 가능한가?'에 대한 문제가 내포되는 것이다.

그런데도 한암은 이와 같은 우려가 존재함에도, 선수행의 체계 정립을 통해 외연을 확대하고 수행의 보편성을 확보하려고 한 것으로 판단된다. 또 이러한 과정에서 필연적으로 선수행과 관련된 교육적인 측면이 발생하는 점에 관해서 주목해 볼 수 있다.

선수행의 체계화는 한국불교의 선종 전통과 현대 한국불교의 장자長子 종단宗團 역시 선수행을 표방하는 조계종이라는 점에서도 시사하는 바가 크다. 특히 현대사회에서는 명상이 크게 부각됨에도, 조계종과 한국불교는 초심자가 쉽게 접근해서 명상할 수 있는 체계적인 선수행법을 제시하지 못하고 있다는 점에서 더욱 그렇다. 이런 점에서 한암의 시도는 왜색불교의 영향이 강한 일제강점기 속에서 한국불교를 지켜내고 선수행의 외연을 확대하기 위해서 제시된 것이지만, 그럼에도 현대의 한국불교와 한국 사회에 필요한 적실한 시대적 요청을 관통하는 코드라고 할 수 있다.

「선문답 21조」는 한암의 주도적인 관점이 목도되는 전10조와 나옹의 〈공부십절목〉에 맞추어 한암이 답변하는 후10조로 나누어서 연구를 진행하게 된다. 또 한암의 관점이 제한적일 수밖에 없는 후10조에 대해서는, 이의 보완으로 마지막 제11조(총 21조)를 통한 의미 환기를 통해 나옹의 문제의식을 한암 당시로 환원시키는 관점에 대해서 검토해 보고자 하였다. 이와 같은 연구 접근을 통해서, 한암의 특징적인 선관禪觀과 시대적인 요청에 부응하는 선수행의 해법 인식 및 교육적인 관점을 도출해 보는 것이 가능하기 때문이다.

제3장의 마무리는 한암의 계율 관련 문건인 〈계잠戒箴〉에 대한 검토이다. 〈계잠〉에서의 '잠箴'이란, 유교의 선비들이 스스로를 경계하기

위해 생활공간에 붙여 놓는 잠언과 같은 문건이다. 한암은 이를 〈계잠〉이라고 명명했는데, 이는 한암의 청정한 율행律行 및 이의 지향을 알수 있는 부분이다. 또 한암은 〈계잠〉을 단순히 스스로만을 경계하는 것을 넘어, 『불교佛教(신新)』와 『불교시보佛教時報』에 각각 1942년과 1943년의 두 차례나 게재하는 모습을 보인다. 당시 한암은 1941년부터 총독부에 인가받은 최초의 종단인 조선불교조계종의 초대 종정이자 1인 종정의 위치에 있었다. 이런 점에서 본다면 〈계잠〉을 두 차례나 불교 잡지에 게재한 것은, 당시 왜색화되어 혼탁한 불교에 경종을 울리고 한국불교의 청정성을 재고하기 위한 실천 노력으로 이해된다.

또 종교는 윤리학에 바탕을 둔 동기론을 전개할 수밖에 없다. 이런 점에서 한암의 윤리의 청정성을 강조하는 〈계잠〉은 불교의 윤리학적인 이해에 있어서도 중요한 의미를 확보한다. 특히 〈계잠〉이 계율 자체에 매몰되는 것이 아니라, 계율을 바탕으로 선수행의 완성인 깨달음과 득청정得淸淨을 지향하고 있다는 점에서 더욱 그렇다.

한국불교는 1926년부터는 일본불교의 영향으로 본사本寺 주지까지도 공식적인 대처가 용인되는 상황에 직면한다. 이는 한국불교 전통의 독신승단이라는 청정한 기반이 완전히 붕괴했다는 것을 의미한다. 이런 상황에서 종단의 수장인 한암의 〈계잠〉을 통한 의식 환기는, 한국불교의 정체성을 재확인하고 왜색화에 대한 종도의 참괴심慙愧心을 발하게 한다는 점에서 상징적이며 의미 깊은 일로 판단된다. 특히 한암의 종조론宗祖論과 종명宗名의 주장에서도 확인되는 것과 같이, 한암은 일본불교와 변별되는 한국불교만의 독자성을 유지하고 이를 천명하려고 했다는 점에서 더욱 그렇다.

또한 〈계잠〉의 계율적인 측면은 동아시아 선불교의 문제점 중 하나인 깨달음에 경도되어 윤리가 함몰되는 문제에 대한 해법과 경종을 울린다는 점에서도 의미가 크다. 즉 선과 계율은 상호 충돌하는 것이 아니라 계율을 바탕으로 선이 완성되며, 이렇게 되면 깨달음 이후에도 계율에 어긋나지 않는 삶을 살게 된다는 선계일치禪戒一致적인 관점인 셈이다. 이 부분은 경허나 만공 등의 선사들과는 다른 한암만의 특징적인 측면이며, 고려 후기의 지공선현指空禪賢(1300~1361) 이후에는 잘 확인되지 않는 선의 인식이라는 점에서 주목된다.

사실 선계일치는 계戒·정定·혜慧의 삼학 수학론이나 붓다의 천연득天然得의 계율 구조와 정확하게 맞닿아 있다. 그럼에도 동아시아에서는 이 부분에 대한 명료한 대안이 갖추어지지 않은 가운데 혼란상이 존재하고 있었다. 이런 점에서 한암의 선계일치적인 관점은 동아시아 불교의 전통적인 문제에 대한 해법인 동시에, 다종교사회인 현대에서 한국불교가 처해야 할 하나의 정당한 방법 모색이라는 점에서 다양한 연구 접근이 가능하다.

마지막 제4장에서는 한암의 교육론과 관련된 내용을 다루게 된다. 이 부분은 동시대의 다른 고승들과 변별되는 한암만의 특징인 동시에, 본 연구가 교육학 논문이라는 점에서 필연성을 내포하는 측면이다.

붓다는 6년 동안 수행하고, 이후 연기緣起와 중도中道의 실상을 통찰하여 정각正覺을 성취한다. 그러나 이는 붓다의 시작이며, 이후 80세로 열반에 드는 45년간 교화 즉 교육자의 삶을 살았다. 바로 이 교화 부분이 종교라는 불교의 또 다른 시작이 된다. 이런 점에서 수행도 중요하지만, 이를 어떻게 사회적으로 전개하고 포교·교육할 것인가 하는 부분은 불교라는 종교에 있어서 가장 핵심적인 측면이 된다.[32]

한암의 교육관과 관련해서는 먼저 그 배경이 되는 초조론(종조론)의 주장에 대한 측면이 존재한다. 한암은 홍주종洪州宗을 주장하지만, 한국 선불교 안에서는 사굴산문闍崛山門의 지눌의 영향을 강하게 받고 있다. 이는 한암이 종조론을 주장하는 것과 더불어『육조단경』및 이통현李通玄(635~730)의『신화엄경론新華嚴經論』강조 등에서 명확하게 확인된다. 한암은 대혜종고大慧宗杲(보각普覺, 1089~1163)와 지눌의 돈오점수頓悟漸修 영향과 관련해, 선수행 이후의 선어록과 화엄 등의 수학이라는 교육관을 확립한다. 즉 한암에게 있어서 지눌의 영향은 단순히 수행론과의 관련을 넘어, 선을 중심으로 하는 교육적인 타당성을 변증받고 있는 것이다. 이런 점에서 한암의 교육관과 교육론의 이해에 있어서 초조론과 함께 드러나는 지눌의 영향에 대한 검토는 가장 근본적인 이론적 측면이 된다고 하겠다.

다음으로 한암의 교육관 형성 및 이의 현실적인 구체화와 관련해서, 한암의 내원선원 주석과 〈승가오칙〉에 대해서 검토해 보게 된다. 한암의 내원선원 주석과 관련해서는 조사설과 강사설이 존재하는데, 이를 〈한암비문〉의 '방장'이라는 명칭에 근거해 통합적으로 이해하는 것이 가능하기 때문이다. 이렇게 될 경우 한암은 내원선원 주석 기간에 선주교보禪主教補에 입각한 반선반강半禪半講의 대중 지도를 하면

///////////

32_　金容彪 著,「제8장 붓다의 教育原理와 教授法」,『포스트모던시대의 佛教와 宗教教育』(서울: 정우서적, 2010), 191~222쪽.

서 산 것이 된다. 이와 같은 한암의 선을 중심으로 하는 선교겸전의 교육관은 이후 상원사 선원에서 선어록 등의 교학이 병진될 수 있는 토대로 작용한다. 또 이로 인해서 후일 상원사 선원에는 한암의 의지에 의한 삼본사수련소가 설립되는 모습을 보이게 된다.

또〈승가오칙〉은 한암이 1926년 오대산으로 이거한 직후부터 강조되어 1935~1936년 무렵에 완성되는 승려의 기본적인 실천 덕목에 대한 강조이다. 이〈승가오칙〉의 5가지는 수기치인과 같은 내외적인 항목으로 나뉜다는 점에서, 이를 오대산 승가교육의 근간이 되는 보편에 대한 이해로 판단해 볼 수 있다. 실제로〈승가오칙〉은 이후 오대산의 한암가풍漢巖家風을 형성한다는 점에서 더욱 그렇다.

제4장의 마무리는 한암의 일생에서 가장 뚜렷한 교육자의 모습과 교육적인 형태를 통해서 교육사상을 알 수 있는 삼본사승려연합수련소三本寺僧侶聯合修練所이다. 일제의 심전개발운동心田開發運動의 일환으로 제기되어 강원도 불교와 관련해서 전개되는 것이 바로 삼본사승려연합수련소 즉 삼본사수련소이다. 그런데 한암은 이를 승려안거법회僧侶安居法會로 재규정하고, 상원사 선원에 삼본사수련소를 설치한다. 이를 통해서 드러나는 한암의 교육관은 선禪을 중심으로 하는 선수행의 확충을 위한 방식으로서의 교학이다. 즉 대혜와 지눌의 돈오점수 영향과 더불어 혜능에 입각한 전선후교前禪後敎의 교육론인 셈이다. 전선후교의 교육론은 선을 통한 영지靈智에 입각해서 교를 이해하는 방식으로 혜능의 생애에서 확인되는 방식이다.

한암은 비단 여기에서 그치지 않고, 선교의 선순환적인 병진구조에 입각한 선수행의 완성을 촉구한다. 이 역시 한암만의 특징적인 방식으로, 당시 상원사 선원은 한암의 이와 같은 교육방식 때문에 수좌首座들과 갈등이 빚어지는 모습까지도 확인된다. 즉 한암의 전선후교에 입각한 교육방식은 지눌과 혜능의 영향에 의한 것으로, 이전의 선원에는 존재하지 않았던 한암만의 특징적인 교육철학의 결과물인 셈이다.

이상을 통해 한암의 생애를 바탕으로 선사로서 가장 중요하다고 할 수 있는 선사상을 검토하고, 이의 확장적인 실천으로서의 교육론에 대해서 살펴보았다. 이렇게 해서 도출되는 결과는 한암이 선수행과 더불어 선계일치禪戒一致와 전선후교의 관점을 통해 한국불교의 청정성과 선불교의 외연을 확대하고자 하였으며, 선사임에도 불구하고 체계적인 교육관과 교육자로서의 위상을 확립하고 있다는 점이다.

한암은 일제강점기라는 특수한 시대를 대표하는 당대 한국불교의 최고 선사이다. 이런 위치적인 특수성으로 인해, 한암은 선사임에도 불구하고 교육과 계몽에 대한 깊은 고민과 부단한 노력을 경주하게 된다. 이는 한암만의 선사상과 교육철학을 확립하도록 한다. 특히 이와 같은 한암의 관점들이, 1941년에 창종되는 조선불교조계종에 반영되고 이것이 오늘날의 대한불교조계종으로까지 일정 부분 연결되고 있다. 이런 점에서 한암에 대한 검토는 곧 일제강점기와 현대불교를 올바르게 이해하기 위한 측면에서의 높은 연구 의의를 확보한다고 하겠다.

제 2 장 ─ 한암의 생애와 활동

제1절. 한암의 출가와 오도悟道

1. 한암의 가계家系와 출가

1) 가계와 생활환경

한암漢巖(혹 한암寒巖, 1876~1951)은 일본과 강화도 조약이 체결되어 문호가 개방되던 1876(고종 13)년 음력 3월 27일 묘시卯時(오전 5~7시)에 강원도 화천華川에서 탄생한다. 부친은 온양溫陽 방공方公 기순箕淳이며, 모친은 2살 연상의 선산善山 길씨吉氏 해성으로[33] 슬하의 3남[34] 중 장남이었다.[35]

부:방기순 · 모:길해성 ─┬─ 방한암(중원)
                    ├─ 방우직(방인주)
                    └─ 방우일(방덕주)

33_ 漢巖의 모친 이름이 '길해성'이라는 것은 조카인 方文聖의 진술에서 확인된다. 그러나 애석하게도 한자는 기록되어 있지 않다.
漢巖門徒會·金光植 編,「方文聖」,『그리운 스승 漢巖 스님(韓國佛教 25人의 證言錄)』(서울: 民族社, 2006), 366쪽.

34_ 漢巖의 조카인 方文聖과 方眞聖의 진술에 의하면, 漢巖의 삼형제 이름은 族譜에는 方重遠·방인주·방덕주로 되어 있고, 戶籍에는 方重遠·방우직·방우일로 기록되어 있었다(같은 책, 356·366쪽). 이 중 방우일은 漢巖의 권유로 晩年에 출가했다(같은 책, 373-374쪽).

35_ 呑虛宅成 撰,「附錄-漢岩大宗師浮屠碑銘幷序」,『定本-漢岩一鉢錄 上』(平昌: 漢巖門徒會·五臺山 月精寺, 2010), 491쪽, "先師의 俗姓은 方氏요, 溫陽人也라. 諱는 重遠이요, 漢岩은 其號也라. 考諱는 箕淳이요, 妣는 善山吉氏니 丙子 三月 二十七日 卯時에 誕師於江原道華川하시다.";漢岩大宗師法語集 編纂委員會 編,「附錄-年譜」,『定本-漢岩一鉢錄 上』(平昌: 漢巖門徒會·五臺山 月精寺, 2010), 496쪽 ; 李元錫,「漢巖의 出家 過程과 求道적 出家觀」,『禪學』제50호(2018), 80쪽.

한암의 선향先鄕은 평안남도 맹산군孟山郡 애전면藹田面 평풍동坪豊洞(1914년 서림동과 합하여 풍림리로 개편됨)이었는데, 한암의 증조부가 강원도로 터전을 옮겼고 조부가 재차 화천으로 이주했다. 조부가 화천으로 옮긴 이유는 전란을 피해서라고 하는데,[36] 일부 진술에서는 과거시험에 응시하기 위함이었다고도 한다. 이런 영향 때문인지 부친 역시 한양의 남산 선비들과 교류가 있었다.[37] 이는 한암이 어려서부터 한학과 유교적인 교육을 받게 되는 배경이 된다.

그러나 부친은 유교 공부 외에 특별한 생업이 없었고, 당시는 조선이 붕괴하던 일대 변혁의 시기였다. 그러므로 유학만으로는 돌파구 마련이 쉽지 않은 현실이었다. 결국 가산을 탕진한 부친은 한암이 10대일 때 가족과 함께 본향인 맹산으로 돌아가게 된다.[38]

한암의 조부 및 부친과 관련해서는 초시初試에 합격했다는 진술이 있다. 전후 상황으로 봐서 조부의 가능성이 크며,[39] 부친은 조부의 가산을 유지하지 못한 채 본향으로 돌아온 것으로 판단된다. 부친의 맹산행孟山行은 한암의 유년 시절이 빈곤했음을 의미한다. 이는 후에 한암이 금강산 장안사長安寺에서 출가하게 되는 한 배경이 된다.

한암의 자전적 전기인 「일생패궐一生敗闕」을 보면, 그는 36세 때

///////////

36_ 金呑虛 撰, 「現代佛敎의 巨人, 方漢岩」, 『定本-漢岩一鉢錄 下』(平昌: 漢巖門徒會·五臺山 月精寺, 2010), 157쪽[金呑虛의 글은 新丘文化社 編, 『韓國의 人間像3-宗敎家·社會奉仕篇』(서울: 新丘文化社, 1965)에 수록되어 있음].

37_ 漢巖門徒會·金光植 編, 「方文聖」, 『그리운 스승 漢巖 스님(韓國佛敎 25人의 證言錄)』(서울: 民族社, 2006), 366쪽.

38_ 같은 책, 「方眞聖」, 356쪽.

39_ 같은 책, 「方眞聖」, 356쪽; 「方文聖」, 366쪽.

인 1911년 가을부터 맹산군 영운리의 서쪽 소머리등 기슭에 위치한 우두암牛頭庵에 주석한다.[40] 그리고 이듬해인 1912년에 3차이자 마지막 깨달음인 확철대오廓徹大悟를 증득한다. 이와 같은 우두암과의 깊은 인연은 부친의 이사에 따른 성장기의 친연성 때문으로 이해된다.

2) 한암의 법명法名과 법호法號

한암의 출가 전 속명俗名은 확인되지 않는데, 이로 인해 일부에서는 '중원重遠'이 속명으로 인식되기도 한다.[41] 이와 같은 판단은 크게 두 가지 이유 때문이다. 첫째는 온양 방씨의 족보에 한암이 중원으로 기록되어 있다는 점.[42] 둘째는 중원이라는 이름이 『논어』 「태백泰伯」에 수록되어 있는 증자曾子(증삼曾參)의 말인, "임중이도원任重而道遠"의 축약으로 이해될 수 있기 때문이다. 『논어』의 해당 구절을 전체적으로 해석하면, "선비는 (뜻이) 넓고 굳세지 않으면 안 된다. 책임이 '중重'하고 (갈) 길이 '원遠'하기 때문이다. 인仁으로써 자신의 책임을 삼으니, '중重'하지 않은가! 죽은 뒤에야 끝마치니, '원遠'하지 않은가!"가 된다.[43] 여기에서 중원의 뜻은 '선비는 인仁을 담당해서 죽음에 이르도록 한결같아

40_　漢岩 撰, 「1. 一生敗闕」, 『定本-漢岩一鉢錄 上』(平昌: 漢巖門徒會·五臺山 月精寺, 2010), 269쪽, "而秋來孟山牛頭庵하야"

41_　呑虛宅成 撰, 「附錄-漢岩大宗師浮屠碑銘幷序」, 『定本-漢岩一鉢錄 上』(平昌: 漢巖門徒會·五臺山 月精寺, 2010), 491쪽, "諱은 重遠이요, 漢岩은 其號也라."; 漢巖門徒會·金光植 編, 「方文聖」, 『그리운 스승 漢巖 스님(韓國佛敎 25人의 證言錄)』(서울: 民族社, 2006), 366쪽.

42_　漢巖門徒會·金光植 編, 「方文聖」, 『그리운 스승 漢巖 스님(韓國佛敎 25人의 證言錄)』(서울: 民族社, 2006), 366쪽.

43_　『論語』, 「泰伯第八」, "LY0807 曾子曰, '士不可以不弘毅, 任重而道遠. 仁以爲己任, 不亦重乎? 死而後已, 不亦遠乎?'"

야 한다.'는 의미이다. 이런 점에서 본다면, 중원은 유교적인 관점에서 지어진 속명이라는 판단이 가능하게 된다.

그러나 중원이 속명이 아닌 법명일 수 있는 타당성 역시 다음과 같은 다섯 가지가 존재한다. 첫째, 족보에 기재된 중원이라는 명칭과 관련해서 이원석은 족보에 법명이 기재되는 문제가 탄허에서도 발견되고 있는 점을 들어 이를 부정하고 있다는 점.[44] 둘째, 위에 언급한 한암의 형제들 이름을 살펴보면 중원이라는 이름으로는 돌림자가 성립하지 않는다는 점. 즉 중원은 다른 형제들의 이름과는 다른 이질성을 내포하고 있는 것이다. 셋째, 같은 돌림자 문화와 관련해서 부친의 이름을 보면 기순箕淳의 뒷자에 '물 수水'자가 들어가 있는 것이 확인된다. 유교적인 돌림자 사용 원칙인 음양오행陰陽五行의 배치에 따르면, 이런 경우 한암 항렬은 이름의 앞글자에 '나무 목木'자가 들어가야 한다. 그러나 중원이라는 이름에는 이런 전통적인 성명학의 원리가 살펴지지 않는다. 넷째, 유교에는 피휘避諱 즉 경명문화敬名文化가 존재하기 때문에 이름을 부를 일이 적어서 이름에 뜻을 부여하는 경우가 적다는 점. 즉 이름에 의미를 부여하기보다는 음양오행의 성명학적 원리를 우선시하다 보니, 이름에 특별한 뜻이 들어가지 않는 것이다. 이는 이름 대신에 불려지는 자字나 호號에 뜻이 부여되기 때문이기도 하다. 마지막 다섯째, 해인사 퇴설선원堆雪禪院의 방함록芳啣錄에 누차 중원으로 기록되어 있다는 점.[45] 이는 「일생패궐一生敗闕」에서 경허鏡虛가 한

44_   李元錫, 「漢巖의 出家 過程과 求道的 出家觀」, 『禪學』 제50호(2018), 80쪽.

45_   佛學研究所 編, 『近代 禪院 芳啣錄』(서울: 大韓佛教曹溪宗 教育院, 2006), 40·41·46쪽.

암을 "원선화遠禪和"라고 부르는 측면을 통해서도 확인해 볼 수 있다.[46] 이는 중원이 한암 이전에 사용된 사찰에서 사용되는 법명이라는 점을 분명히 해준다.

이상과 같은 총 다섯 가지의 정황과 이증理證에 입각해 볼 때, 중원은 속명이 아닌 법명으로 이해하는 것이 타당하다. 그리고 중원의 의미는 당시의 시대 상황상 『논어』의 영향을 일정 부분 받고 있는 정도에서의, '깊어서 요원하다'거나 '거듭 심원하다'는 현학玄學적인 의미라고 하겠다. 이렇게 놓고 본다면, 한암의 속명은 현재로는 망실되어 판단이 불가능하다고 하겠다.

다음으로 중원과 함께 사용되는 한암은 법호法號이다. 동아시아 불교에서 법명은 출가 때 은사恩師(화상和尙)가 지어주며, 법호는 가르침을 전수해준 법사法師가 부여하는 것이 일반적이다. 즉 법호는 스승의 사법嗣法 및 깨달음의 상속과 관련되는 것이다. 이런 점에서 법호는 법명에 우선하며, '한암중원漢巖重遠'에서와 같이 전후로 병렬되어 사용되는 구조를 갖는다. 그러나 법호 역시 때에 따라서는 동아시아의 자호自號 전통에 입각해 스스로 짓는 경우도 존재한다.

한암이 사법한 스승은 구한말 선불교의 중흥조로 평가되는 경허

46_   위의 책, 「1. 一生敗闕」, 269쪽 ; 漢岩大宗師法語集 編纂委員會 編, 「附錄-年譜」, 『定本-漢岩一鉢錄 上』(平昌 : 漢巖門徒會·五臺山 月精寺, 2010), 497쪽, "지금까지 나온 傳記書에서는 대부분 '重遠'을 '俗名' 또는 '兒名'으로 표기해 왔으나 '重遠'은 受戒 당시에 받은 戒名, 法名이다. … 云云 … '重遠'이 法名임은 아래의 몇 가지 자료에서도 확인된다. 첫째 1899년 己亥年 海印寺 堆雪禪院 冬安居 芳啣錄을 보면 所任者 名單에 '書記'―'重遠'으로 되어 있고, (둘째)「一生敗闕」에는 1903년 28세 때 海印寺에서 祖室 鏡虛和尙으로부터 印可를 받는 부분이 나오는데, 鏡虛和尙은 "遠禪和, 工夫, 過於開心"이라고 하여 '重遠(遠禪和)'으로 부르고 있다."

성우鏡虛惺牛이다. 이는 한암이 1931년 찬술한 「경허행장鏡虛行狀」에서 "선사先師"라고 적시한 것과[47] 말미에 "문인門人 한암중원漢巖重遠 근찬謹撰"이라고 수서手書한 것,[48] 그리고 한암이 직접 찬술한 「일생패궐」을 통해서 확인해 볼 수 있다.[49] 그러나 「일생패궐」에도 적시되어 있는 것처럼, 1912년 봄에 한암이 완전한 깨달음인 확철대오廓徹大悟를 증득한 뒤에는 경허를 친견해 인가를 받을 수 없었다.[50] 즉 한암이라는 법호는 경허에게 받은 것이 아니라는 말이다.

'한암寒巖'이라는 법호와 관련해서 동성東星은 이것이 경허에게 받은 것이라는 진술을 하고 있다. 그리고 한寒을 한漢으로 바꾼 이유를

///////////

47_ 漢岩 筆寫, 『漢岩禪師肉筆本 鏡虛集(全)』(平昌: 五臺山 月精寺, 2009), 1쪽 ; 이상하, 「『鏡虛集』編纂, 간행의 경위와 변모 양상」, 『漢岩思想』 제4집(2011), 32쪽, "漢岩은 鏡虛和尙의 行狀을 撰述하면서 題目 첫머리에 '先師'라는 용어를 사용하여 鏡虛가 자신의 法師임을 분명히 하고 있다." 漢岩의 「先師鏡虛和尙行狀」은 1932년 『佛教』 제95호(1932. 5.)에 '方漢岩, 「鏡虛和尙行狀」'이라는 題目으로 飜譯되어 21–26쪽에 걸쳐 수록되었다. 이 중 26쪽 末尾에 雜誌 수록과 관련된 飜譯者의 "이 글의 原本은 純漢文으로 된 것인대, … 云云 … 飜譯의 未洽함을 附하나니다. 譯者"라는 기록이 있는 것으로 보아, 飜譯은 雜誌社에게 자체적으로 진행한 것으로 판단된다. 이 과정에서 題目의 '先師'라는 부분이 번잡함으로 생략된 것이 아닌가 추정된다. 漢文 原本은 筆寫本을 원담으로부터 입수한 金知見이 校勘하고 延南居士가 飜譯하여 1982년 『先師鏡虛和尙行狀』(서울: 大韓傳統佛教研究院出版部)으로 출판된다. 그러던 것이 釜山貯蓄銀行長이었던 김민영이 2009년 原本을 五臺山 月精寺에 寄贈하여, 동년 影印本 『漢岩禪師肉筆本 鏡虛集(全)』(서울: 民族社, 2009)이 刊行됨으로 인해 「先師鏡虛和尙行狀」 및 『鏡虛集』과 관련된 顚末이 분명해지게 되었다. 『漢岩禪師肉筆本 鏡虛集(全)』의 「先師鏡虛和尙行狀」은 이후 2010년 刊行되는 『定本-漢岩一鉢錄 上』(平昌: 漢巖門徒會·五臺山 月精寺, 2010)에 懸吐와 飜譯되어 453–499쪽에 수록된다.

48_ 漢岩 筆寫, 『漢岩禪師肉筆本 鏡虛集(全)』(平昌: 五臺山 月精寺, 2009), 16쪽.

49_ 現存하는 月精寺聖寶博物館 所藏 「一生敗闕」은, 漢巖이 撰述한 것을 呑虛가 옮겨적은 것으로 추정되고 있다.
尹暢和, 「漢岩의 自傳的 求道記〈一生敗闕〉」, 『漢岩思想』 제1집(2006), 205–209쪽.

50_ 漢岩 撰, 「1. 一生敗闕」, 『定本-漢岩一鉢錄 上』(平昌: 漢巖門徒會·五臺山 月精寺, 2010), 269쪽.

찬 느낌이 너무 강해서라고 했다.[51] 「일생패궐」에서 한암은 경허와의 관계를 최대한 부각하는 서술로 일관하는 모습을 보이고 있다. 이런 점에서 볼 때, 만일 한암寒巖이라는 법호가 경허에게서 받은 것이라면, 이는 도저히 생략될 수 있는 내용이 아니다. 그러나 이와 관련된 기록은 「일생패궐」에 존재하지 않는다.

또 법사에게 받은 법호를 제아무리 음가音價가 같은 글자라 해도 임의로 수정한다는 것은 상식적으로 있을 수 없는 일이다. 즉 동성의 언급은 이치적으로 봤을 때 신뢰하기 어려운 진술이다. 아마도 동성은 '법호이니 당연히 사법 스승인 경허에게 받았으려니' 생각한 것이 아닌가 한다. 임의적인 법호의 변화는 경허와 한암의 연결보다는, 오히려 한암이라는 법호가 한암이 스스로 지은 자호自號일 개연성을 환기한다고 하겠다.

한암은 25세 때인 1900년, 통도사 백운암白雲庵에서 주석하는 것을 시작으로 통도사와 인연을 맺게 된다.[52] 이로 인해 1904년부터 1910년까지는 통도사 내원선원內院禪院(혹 내원암內院庵)의 조실祖室(혹 강사講師)로 추대된다.[53]

///////////

51_ 漢巖門徒會·金光植 編, 「東星」, 『그리운 스승 漢巖 스님(韓國佛教 25人의 證言錄)』(서울: 民族社, 2006), 162쪽, "鏡虛 스님이 준 漢巖이라는 이름도 '찰 寒', '바위 巖'字인데, 너무 차다고 해서 그 뒤에 당신이 '漢水 漢'字로 고쳤거든."; 高榮燮, 「漢巖의 一鉢禪-胸襟(藏蹤)과 把拽(巧語)의 凝縮과 擴散」, 『漢岩思想』 제2집(2007), 55쪽.

52_ 漢岩 撰, 「1. 一生敗闕」, 『定本-漢岩一鉢錄 上』(平昌: 漢巖門徒會·五臺山 月精寺, 2010), 268쪽, "過夏後에 卽發程하야 到通度寺白雲庵하야 留數朔이라가, 一日 入禪次에 打竹箆에 又有開悟處하다."

53_ 金吞虛 撰, 「現代佛教의 巨人, 方漢岩」, 『定本-漢岩一鉢錄 下』(平昌: 漢巖門徒會·五臺山 月精寺, 2010), 164쪽; 李載昌 撰, 「五臺山의 맑은 연꽃, 漢岩 스님」, 『定本-漢岩一鉢錄 下』(平昌: 漢巖門徒會·五臺山 月精寺, 2010), 239쪽[李載昌의 글은 법정·서경수 外 著, 『늘 깨어 있는 사람

통도사와의 인연 과정에서 한암은 김구하金九河(천보天輔, 축산鷲山, 1872~1965)의 은사恩師인 성해남거聖海南居(1854~1927)의 사제인 석담 유성石潭有性(출생: 1858~1863, 입적: 1934)에게 1904년 무렵에 입실건당入室建幢한다.[54] 이로 인해 한암은 통도사에도 승적이 있었으며,[55] 스스로 '통도사를 고향 같은 곳'이라고 언급하기도 했다.[56] 그러므로 이때 한암이라는 법호를 받았을 가능성도 존재한다. 그러나 한암이 자신의 깨침과 관련된 내용을 스스로 기록한 「일생패궐」에는 경허를 사법 스승으로 강조하는 내용만 확인될 뿐, 손석담에 대한 부분은 전혀 없다. 이는 한암의 석담에 대한 인식과 비중이 크지 않았다는 것을 의미한다. 이런 점에서 본다면, 한암이라는 법호가 석담에게 받은 것이라는 판단 역시 석연치 않다.

들』(서울: 홍사단출판부, 1984)에 수록되어 있음].

54_ 李載昌 著, 「14. 五臺山의 맑은 연꽃, 漢巖 스님」,『定本-漢巖一鉢錄 下』(平昌: 漢巖門徒會·五臺山 月精寺, 2010), 239쪽, "그때 (漢巖은) 通度寺의 石潭스님에게도 法을 받은 바가 있었다."; 曹龍溟 口述, 善友道場 韓國佛教近現代史硏究會 編,『22人의 證言을 통해 본 近現代佛教史』, 서울: 善友道場出版部, 2002, 65쪽; 漢巖門徒會·金光植 編, 「東星」,『그리운 스승 漢巖 스님(韓國佛教 25人의 證言錄)』(서울: 民族社, 2006), 162쪽.

55_ 漢巖이 通度寺에 僧籍이 있었기 때문에 1925년 通度寺 住持 選擧와 관련해서 漢巖이 住持 候補로 擧論되는 모습이 확인된다(徐南賢 編輯,『鷲山 九河大宗師 民族佛教運動 史料集 下』, 梁山: 通度寺, 2008), 196-197쪽).漢巖門徒會·金光植 編,『寶鏡』,『그리운 스승 漢巖 스님(韓國佛教 25人의 證言錄)』(서울: 民族社, 2006), 86쪽, "노스님은 通度寺 僧籍이 있었거든요. 僧籍이 日政 때 두 군데 있었어요. 入山 本寺인 長安寺에 있으시고 通度寺도 있으셨지요. 長安寺는 入山 本寺이고, 通度寺는 法畓이 있으셨어요."

56_ 같은 책,「東星」, 170쪽, "가면 通度寺로 가야지. 거기가 내 고향 같으니 그리 가야지."

```
                    ┌─  은사: 금강산 장안사의 금월행름(한암은 둘째 상좌임)
      한암중원  ─────┼─  법사: 영축산 통도사 취룡태일鷲龍泰逸의 제자인 석담유성
                    └─  사법: 청계산 청계사의 경허성우(마지막 사법제자임)
```

그런데 한암의 법호 사용은 초기에는 '한암寒巖(암巖은 암岩과 혼용
됨)'으로 사용되던 것이, 1923년부터는 한암漢巖으로 바뀌기 시작하여
[57] 1930년 후반부터는 한암漢巖이 일반화되는 모습을 보이고 있다.[58]
'한寒'에서 '한漢'으로의 변화가 1923년에 발생했다는 것은 이 무렵 심
경에 변화가 있었음을 추론케 한다.

　　1921년 말부터 1922년 초의 동안거冬安居 기간에 한암은 고성高
城 건봉사乾鳳寺(당시 주지 이대련李大蓮)에 최초로 개설된 만일원萬日院
선원禪院에서 초대 주실籌室(조실)로 후학을 지도하고 있었다. 이때의
가르침이 해제 직후에 프린트본으로 묶인 것이 『한암선사법어寒岩禪
師法語』이다.[59] 그리고 이듬해인 1923년 한암은 경기도 광주廣州 봉은

///////////

57　李元錫, 「漢巖의 出家 過程과 求道적 出家觀」, 『禪學』 제50호(2018), 80-81쪽 ; 漢岩大宗
師法語集 編纂委員會 編, 「附錄-年譜」, 『定本-漢岩一鉢錄 上』(平昌: 漢巖門徒會·五臺山 月精
寺, 2010), 496쪽.

58　현존하는 寒巖과 漢巖의 혼용은 1935년 10월에 刊行된 『禪苑』 제4호에 寄稿한 「年年更有
新條在하여 惱亂春風卒未休라」에서까지이다. 특기할만한 것은 이 寄稿文의 목차에는 "宗正 方寒
岩"으로 표기되어 있는 반면, 안의 本文에서는 著者로 "宗正 方漢岩"으로 되어 있다는 점이다. 이는
1935년까지도 寒巖이 漢巖과 혼용되었으며, 양자의 차이가 두드러지지 않았을 개연성을 환기한다.

59　漢岩 撰, 「4部 資料編-寒岩禪師法語」, 『定本-漢岩一鉢錄 下』(平昌: 漢巖門徒會·五臺山
月精寺, 2010), 5-47쪽.
『寒岩禪師法語』의 構成과 著者 관계는 다음과 같은 총 13가지로 되어 있다.
金鍾眞, 「寒巖禪師의 〈參禪曲〉 연구」, 『國際語文』 제39집(2007), 10쪽, "①佛紀二九四八年冬十
月十五日 禪敎兩宗大本山金剛山乾鳳寺禪院安居(錦菴宜勳)·②金剛山乾鳳寺萬日院新設禪會
後禪衆芳啣錄序(寒岩)·③禪院規例幷引(寒岩)·④二十一問(寒岩/尾友 李礫의 發問)·⑤參禪曲

사奉恩寺의 주지 김상숙金相淑에 의해 판전선원板殿禪院의[60] 조실祖室로 모셔진다.[61] 이렇게 놓고 본다면, 한寒이 한漢으로 바뀌는 것은 한강漢江(한수漢水)의 남쪽인 한음漢陰의 한漢에 따른 변화가[62] 아닌가 추정된다. 또 여기에서 한 가지 첨언하면, 한암寒巖의 한寒은 동성의 진술처럼 차다는 의미보다는 한암이 즐겨 읊었던 『한산시집寒山詩集』의 영향에 따른 것일 수도 있다는 점이다. 실제로 한암은 1943년 음력 5월에 국묵담이 실참법문實參法門을 청해오자 한산시寒山詩 24수를 초사抄寫하여 『직절법문直截法門』을 삼도록 하는 모습이 확인되기 때문이다.[63] 물론 이는 1943년의 일이라는 점에서, 한암寒巖에 대한 직접적인 전거가 될 수는 없다. 그러므로 여기에서는 그 가능성을 제시하는 정도에서 그치고자 한다.

1923년부터 한암漢巖이 사용되는 것은 맞지만, 이후에도 한암寒巖의 표현은 1930년대 후반까지 혼용되는 모습이 살펴진다.[64] 이는 법

(寒岩/發起人 河淡)·⑥第一回冬安居禪衆芳啣幷任員·⑦擧話方便(七日加行精進中 小參)(寒岩)·⑧軏靑庵和尙(寒岩)·⑨答蔚山林火蓮居士(寒岩)·⑩達摩大師折蘆渡江圖贊(寒岩)·⑪書信問答(寒岩)·⑫編者의 一言(尾友 李礫)·⑬紀念할 今冬의 安居(咸東)"; 金浩星,「『바가바드기타』와 관련해서 본 漢岩의 念佛參禪無二論」,『漢岩思想』 제1집(2006), 64-67쪽.

60   現在의 板殿을 당시에는 禪院으로 사용했기 때문에 板殿禪院이라는 명칭이 붙게 된 것이다. 尹暢和,「漢岩禪師와 奉恩寺」,『文學·史學·哲學』 제47호(2016), 76쪽.

61   李元錫,「漢巖의 上院寺 移居와 시기 검토」,『淨土學硏究』 제28집(2017), 158쪽.

62   廉仲燮,「漢江의 시원 정립에 관한 불교적인 영향 고찰」,『禪學』 제25호(2010), 191-192쪽.

63   漢岩禪師 抄,「2. 直截法門-寒山詩抄」,『定本-漢巖一鉢錄 下』(平昌: 漢巖門徒會·五臺山月精寺, 2010), 13-64쪽.

64   1930년대 漢巖이 글의 저자를 寒巖으로 표기한 예로는 1930년 4월의 『佛敎』 제70호「海東初祖에 對하야」의 목차 "方寒巖", 1932년 12월의 『金剛杵』 제20호「頌金剛杵」의 "方寒岩", 1935년 10월 『禪苑』 제4호「年年更有新條在하여 惱亂春風卒未休라」의 목차 "宗正 方寒岩"이 있다.

호의 글자를 바꾸는 심경의 변화 이후에도, 처음에 호를 지었던 한寒에 대한 생각 역시 일정 부분 유전했다는 것을 의미한다. 그러나 이와 같은 법호의 변화를 통해서, 한암을 자호로 보는 것이 타당하다는 판단은 수립될 수 있다.

3) 한암의 유교 학습과 철학적 의문

한암의 유년 시절 교육은 5세 때 한학자였던 부친에게서부터 시작된다.[65] 이는 한암의 가세가 기울어 맹산으로 이사했다는 내용과 연관해서 생각해 볼 때, 자연스러운 학습 전개라고 하겠다.

한암은 9세 때 본격적으로 서당에 가서 『사략史略』을 공부했다는 기록이 있다.[66] 이와 관련해서는 탄허의 〈한암비문漢岩碑文(1959)〉과 「현대불교의 거인, 방한암(1965)」에 수록되어 있을 뿐, 한암의 자전自傳인 「일생패궐」에는 이 부분이 확인되지 않는다. 「일생패궐」은 한암의 깨달음과 관련된 계기 및 과정을 중심으로 서술되어 있으므로 그 이전의 사건들은 적시되어 있지 않기 때문이다. 즉 이 부분은 한암이 아닌 탄허의 기술이 1차 자료가 되는 셈이다. 탄허의 기록 중 25년 앞선[67]

65_　安德庵 撰, 「現代佛教의 龜鑑이신 漢岩 大宗師의 一生」, 『定本-漢岩一鉢錄 下』(平昌: 漢巖門徒會·五臺山 月精寺, 2010), 133쪽[安德庵의 글은 『現代佛教』 제4호(1960. 3. 1.)에 수록되어 있음]; 漢巖門徒會·金光植 編, 『方眞聖』 『그리운 스승 漢巖 스님(韓國佛教 25人의 證言錄)』(서울: 民族社, 2006), 356쪽.

66_　呑虛宅成 撰, 「附錄-漢岩大宗師浮屠碑銘幷序」, 『定本-漢岩一鉢錄 上』(平昌: 漢巖門徒會·五臺山 月精寺, 2010), 492쪽, "始覩得盤古以前之面目하야 更無餘疑하니, 而時即師之二十四歲己亥秋也라."; 金呑虛 撰, 「現代佛教의 巨人, 方漢岩」, 『定本-漢岩一鉢錄 下』(平昌: 漢巖門徒會·五臺山 月精寺, 2010), 156-157·160·171쪽.

67_　呑虛가 撰述한 〈漢岩碑文〉은 1959년의 것으로, 漢巖이 入寂한 1951년보다 8년 늦게 작성되

〈한암비문(1959)〉의 내용을 살펴보면 다음과 같다.

> 날 때부터 영오穎悟가 절륜絕倫하였는데, 9세에 처음으로 글
> 방에 나가 『사략』을 배우다가 선생에게 물었다. "천황씨天皇
> 氏 이전에는 누가 있었습니까?"
> (선생이) 말하기를, "반고씨盤古氏가 있었다."
> 또 묻기를, "반고씨 이전에는 누가 있었습니까?"
> 선생이 능히 답하지 못했다.
> 자시自是 이후로 널리 경사經史를 섭렵하다가 왕왕 반고 이전
> 의 면목面目이 의문 되었으나(반고이전지면목盤古以前之面目), 끝
> 내 해결하지 못했다.[68]

『사략』은 북송 말의 고사손高似孫(?~1231)이 찬술한 역사서 등 다
양한 것이 있다. 그러나 인용문에 등장하는 『사략』은 남송 말에서 원나
라 시기를 살았던 증선지曾先之가 찬술한 『십팔사략十八史略』이다.[69] 이
와 같은 추론이 가능한 것은 인용문에 천황씨天皇氏에 대한 언급이 있
는데, 이는 『십팔사략』의 「태고太古」에 지황씨地皇氏·인황씨人皇氏와

///////////

있다. 또 呑虛의 「現代佛教의 巨人, 方漢岩」이 1965년에 刊行된 新丘文化社 編, 『韓國의 人間像
3-宗教家·社會奉仕篇』(서울: 新丘文化社)에 수록되어 있는 것을 감안하면, 〈碑文〉보다도 6년 늦
는 것을 알 수 있다.

68_　呑虛宅成 撰, 「附錄-漢岩大宗師浮屠碑銘幷序」, 『定本-漢岩一鉢錄 上』(平昌: 漢巖門徒
會·五臺山 月精寺, 2010), 492쪽, "生而穎悟絕倫하야 甫九歲에 始就私塾하야 學史略이라가 遂
問於先生曰, 天皇氏以前에 有什麼오? 曰有盤古氏니라. 又問曰, 盤古氏以前에 有什麼오? 先生
不能答이라. 自是以後로 博涉經史호대 往往疑着於盤古以前之面目이로대 而終不能決이러니."

69_　李元錫, 「漢巖의 出家 過程과 求道的 出家觀」, 『禪學』 제50호(2018), 82-83쪽.

함께 삼황三皇을 형성하면서 등장하는 내용이기 때문이다.[70] 그러므로 여기에서의 『사략』은 『십팔사략』에 대한 축약 명칭임을 알 수 있다.

　인용문에서, 한암은 『십팔사략』에서 가장 먼저 등장하는 천황씨 이전에 대해서 묻고 있다. 이런 점에서 한암의 물음은 보다 본질적인 시작에 관한 철학적 물음이라고 하겠다. 이는 한암이 "날 때부터 영오穎悟가 절륜絶倫하였다."는 구절과 함께, 일찍부터 영민하고 사색적인 면모를 보이는 대목이라고 하겠다.

　그런데 흥미로운 것은 한암의 의문이 "반고이전지면목盤古以前之面目"이라고 되어 있다는 점이다. 이는 선불교의 대표적인 화두 중 하나인 "부모미생전본래면목父母未生前本來面目"이나 원오극근圜悟克勤 (1063~1135)의 "부모미생전비공재십마처父母未生前鼻孔在什麼處"라는[71] 근원(본성)에 대한 추구를 환기한다. 이 부분이 제자인 탄허의 의도적인 기술에 따른 것인지, 또는 원래 한암의 추구가 깊어진 것인지는 분명하지 않다. 그러나 반고씨 이전에 대한 의문이, "반고이전지면목"으로 심화되면서 결국 한암은 출가의 길로 접어들게 되는 전기傳記의 자연스러운 구조를 띠게 된다는 점만은 분명하다.[72]

///////////

70_　林秀一 譯, 『新譯漢文大系 第20卷－十八史略 上』(東京: 明治書院, 東京, 1967), 1-4쪽.

71_　『圜悟佛果禪師語錄』12, 「小參五」(『大正藏』47, 769a).

72_　呑虛는 〈漢岩碑文〉에서 1899년 靑岩寺 修道庵에서 1차 開悟했을 때, "盤古氏 以前의 面目을 깨달았다."고 기록하고 있다. 또 「現代佛敎의 巨人, 方漢岩」에서는 아예 글의 冒頭에서부터 9살 소년이 "天皇氏 이전엔 누가 있었습니까?"라는 물음으로부터 傳記를 시작하는 모습을 보인다. 이후에 또다시 書堂에서의 수학 과정 중에 "盤古氏 이전에 누가 있었을까?"라는 의문이 재차 등장한다. 그리고 1차 開悟와 관련해서는, "9살 때 書堂에서 처음 가진 懷疑(盤古 이전에 누가 있었느냐?)는 비로소 아침 안개 걷히듯이 풀렸다. 盤古 이전의 面目이 환히 드러났다."라고 하였으며, 涅槃 後에는 "9살에 '盤古氏 이전에 무엇이 있었느냐?'고 '窮極'을 캐묻던 어린 소년은 76세 때에 바로 그 盤古 이

한암은 이후 출가에 이르기까지 경사經史를 두루 섭렵한 것으로
되어 있다.[73] 한암의 출가 후의 기록을 보면, 유교적인 소양이 상당하다
는 것을 알 수 있다. 이런 점에서 윤창화가 사서四書·삼경三經의 칠서七
書를 익혔다는 것이나,[74] 이원석이 칠서七書와 사서史書 및 제자백가諸
子百家와 한시漢詩 등을 수학했다는 판단은 충분히 타당하다.[75]

한암이 『사략』 수학 때 보인 문제의식은 유교 안에서는 근원적으
로 해소될 방법이 없다. 즉 한암의 어린 시절 문제의식은 유교를 넘어
서 불교로 이어질 수밖에 없는 필연의 개연성을 내포하고 있는 셈이
다.[76]

///////////
전의 窮極의 세계로 조용히 사라져 갔다."라고 하여 "盤古以前之面目"이라는 문제의식을 漢巖의 일
생을 관통하는 疑問으로 끌고 가는 모습을 보이고 있어 주목된다.
吞虛宅成 撰, 「附錄-漢巖大宗師浮屠碑銘幷序」, 『定本-漢岩一鉢錄 上』(平昌: 漢巖門徒會·五臺
山 月精寺, 2010), 492쪽, "始覰得盤古以前之面目하야 更無餘疑하니, 而時卽師之二十四歲己亥
秋也라."; 金吞虛 撰, 「現代佛教의 巨人, 方漢岩」, 『定本-漢岩一鉢錄 下』(平昌: 漢巖門徒會·五
臺山 月精寺, 2010), 156-157·160·171쪽.

73_　安德庵 撰, 「現代佛教의 龜鑑이신 漢岩 大宗師의 一生」, 『定本-漢岩一鉢錄 下』(平昌: 漢
巖門徒會·五臺山 月精寺, 2010), 133쪽, "10년 동안 四書三經의 元·亨·利·貞(『周易』의 修學이
라는 의미임), 仁義之道를 涉獵한 뒤"; 鄭珖鎬 著, 「現代佛教人列傳 方漢岩」, 『定本-漢岩一鉢錄
下』(平昌: 漢巖門徒會·五臺山 月精寺, 2010), 196쪽(陸山 鄭珖鎬의 글은《佛教新聞》에 1972년
9월 17일부터 매주 1회씩 총 14회에 걸쳐서 연재된 것임), "우선 글방에 들어가 '千字'를 배우고 『史
略』을 배우고 하는 전통적 교육으로부터 시작이 되는 것은 말할 것이 없다."

74_　尹暢和, 「漢岩의 自傳的 求道記〈一生敗闕〉」, 『漢岩思想』 제1집(2006), 225쪽.

75_　李元錫, 「漢巖 重遠과 吞虛 宅成의 佛緣」, 『韓國佛教學』 제79집(2016), 309-310쪽 ; 李元
錫, 「漢巖의 出家 過程과 求道的 出家觀」, 『禪學』 제50호(2018), 83쪽.

76_　高榮燮, 「漢巖의 一鉢禪-胸襟(藏蹤)과 把捉(巧語)의 凝縮과 擴散」, 『漢岩思想』 제2집
(2007), 61-62쪽.

4) 한암의 입산入山 동기와 출가

한암이 출가하는 구한말이 시작될 무렵은 조선의 전통 질서가 안 팎에서 붕괴하던 격변의 시기였다. 그럼에도 유교적인 관념은 사회 중·하층에서는 절대적인 지배력을 행사하고 있었다. 이런 환경에서 한암이 출가를 결심했다는 것은 심리적인 커다란 변화가 존재했다는 것을 의미한다.

한암의 출가로 이어지는 금강산행金剛山行과 관련해서, 조카 방진 성과 방문성은 흥미로운 증언을 남기고 있다.[77] 한암은 결혼 과정에서 가난 문제가 대두하여 혼인이 성사되지 못하자, 이 상황을 환기하기 위해 금강산을 찾게 되었다는 것이다. 이와 같은 내용은 한암이 "돈이 없는 세상은 살기 어렵구나.' 생각하고 금강산 구경 갔다가 그만 입산, 출가하였다."는 방진성의 증언을 통해서 분명해진다.[78]

그러나 당시의 시대 인식에서 출가가 긍정적이 아니라는 점은, 가 난과 파혼이라는 현실적인 측면 이외에도 내적인 인식의 전환이 존재 했다는 것을 의미한다. 그러나 이와 같은 내용은 구체적으로 전해지는 것이 없다. 다만 앞서 언급한 어린 시절 보였던 문제의식과 관련해서, 한암에게 존재의 본질을 추구하는 철학적 경향이 존재했음을 인지해 볼 수 있을 뿐이다.

한암은 위에서 언급한 금강산행과 관련해서, 금강산 장안사長安寺

77_ 漢巖門徒會·金光植 編, 「方眞聖」, 『그리운 스승 漢巖 스님(韓國佛敎 25人의 證言錄)』(서울: 民族社, 2006), 356~357쪽 ; 「方文聖」, 366쪽.

78_ 같은 책, 「方眞聖」, 356~357쪽.

에서 만송세화萬松世和의 상좌인 금월행름錦月幸(혹 行)凜을[79] 은사恩師로 출가한다.[80]『율봉문보栗峯門譜』의 수필手筆 부기附記에 따르면, 당시 한암은 행름의 둘째 상좌였다.[81]

한암의 출가 나이와 관련해서는 크게 두 가지 주장이 있다.[82] 첫째는 탄허가 1959년에 찬술한 〈한암비문〉에 입각한 것으로 22세 기록이다. 둘째는 1925년 한암을 봉은사에서 상원사로 이거移居(1926)토록 하고,[83] 또 1930년 7월부터 해방 후에 이르기까지 월정사 주지로 한암을 오랫동안 모신 지암智庵 이종욱李鍾郁(1884~1969)의 19세 기록이다. 탄허와 지암은 모두 한암을 지근至近에서 모신 중요한 인물이다. 그런데 왜 이와 같은 차이를 존재하는 것인지는 분명하지 않다.

////////////

79_ 본 硏究에서는 幸凜의 행은『栗峯門譜』에 기초하여 '幸'으로 표기한다. 그러나 呑虛의 〈漢巖碑文(1959)〉 등에는 '行'으로 되어 있어 차이가 있다(「附錄-漢岩大宗師浮屠碑銘幷序」,『定本-漢岩一鉢錄 上』, 491쪽). 그러므로 〈漢巖碑文〉의 내용을 기록할 때는 원자료에 입각해서 行凜으로 표기했다.
漢岩大宗師法語集 編纂委員會 編,「栗峯門譜」,『定本-漢岩一鉢錄 下』(平昌: 漢巖門徒會·五臺山 月精寺, 2010), 104쪽.

80_ 呑虛宅成 撰,「附錄-漢岩大宗師浮屠碑銘幷序」,『定本-漢岩一鉢錄 上』(平昌: 漢巖門徒會·五臺山 月精寺, 2010), 491쪽, "至二十二歲丁酉에 入金剛山長安寺하야, 依行凜老師祝髮하고"; 金呑虛 撰,「現代佛教의 巨人, 方漢岩」,『定本-漢岩一鉢錄 下』(平昌: 漢巖門徒會·五臺山 月精寺, 2010), 158쪽.錦月行凜은 削髮 恩師지만, 이후 漢巖과 이렇다 할 특별한 관계는 전혀 살펴지는 것이 없다.
漢巖門徒會·金光植 編,「寶鏡」,『그리운 스승 漢巖 스님(韓國佛教 25人의 證言錄)』(서울: 民族社, 2006), 86쪽, "上院寺에서 出家 恩師인 行凜 스님에 대한 祭祀를 모셨다는 記憶은 없어요."

81_ 漢岩大宗師法語集 編纂委員會 編,「栗峯門譜」,『定本-漢岩一鉢錄 下』(平昌: 漢巖門徒會·五臺山 月精寺, 2010), 104쪽, "參考, 漢巖 스님은 錦月幸凜의 2번째 제자임. 첫째는 運虛錦鉉임."

82_ 李元錫, 〈Ⅲ. 出家 時期에 대한 검토〉,「漢巖의 出家 過程과 求道的 出家觀」,『禪學』 제50호(2018), 87-95쪽.

83_ 李元錫,「漢巖의 上院寺 移居와 시기 검토」,『淨土學硏究』 제28집(2017), 162-165쪽.

한암의 자술인 「일생패궐」을 제외하고, 한암에 대한 가장 구체적인 전기를 남긴 것은 학문을 계승한 제자 탄허로, 〈한암비문(1959)〉과 「현대불교의 거인, 방한암(1965)」이 대표적이다.[84] 그런데 이곳에는 공히 22세로 되어 있다. 이에 반해 1941년 한암이 조선불교조계종의 종정이 되는데 함께 했으며, 1951년 음력 2월 15일(양력 3월 22일)에 한암이 전란 중 입적하자 부산 토성동 묘심사妙心寺에서 5월 8일(음력 4월 3일)에 49재 겸 봉도법회奉悼法會를 주관한 인물이 지암이다. 그런데 지암이 주도한 봉도법회의 보도자료 문건을 보면 한암이 19세 득도得度로 되어 있다.[85] 지암이 19세설을 제시하는 이유는 1941년 한암이 조선불교조계종의 종정 취임과 관련해서 19세 득도 기사를 싣고 있는 것

////////////

84_　吞虛宅成 撰,「附錄-漢岩大宗師浮屠碑銘幷序」,『定本-漢岩一鉢錄 上』(平昌: 漢巖門徒會·五臺山 月精寺, 2010), 491쪽, "至二十二歲丁酉에 入金剛山長安寺하야, 依行凜老禪師祝髮하고"; 金吞虛 撰,「現代佛敎의 巨人, 方漢岩」,『定本-漢岩一鉢錄 下』(平昌: 漢巖門徒會·五臺山 月精寺, 2010), 158쪽.

85_　〈嗚呼! 敎正 方漢巖大宗師 涅槃〉,《佛敎新聞(續)》제1호, 1951년 5월 15일자, "故 敎正 方漢岩大宗師는 檀紀 四二〇九年(1876) 江原道 金化 出生으로서, 十九歲 時에 金剛山 長安寺에서 錦月和尙에게 得度하고"
漢巖의 釜山 妙心寺에서 진행된 49齋 겸 追悼式을 주관한 분은 당시 月精寺 住持였던 李鍾郁이었다. 이런 점에서《佛敎新聞(續)》의 기사 등 公式 입장은 李鍾郁에 의한 것으로 판단된다. 실제로 이 기사에는 "上院寺서 七日精進 마치시고 端身正坐 後"라고 되어 있는데, 이는 李鍾郁의 〈弔辭〉에서만 확인되는 "偉大하신 스님의 涅槃相이시여, 七日七夜를 不臥不飮하시고 앉으셔서 病魔를 降服 받으시고 涅槃에 드시었으니 이는 곧 諸佛諸祖의 涅槃이십니다[李鍾郁 撰,「17. 涅槃 追悼式 奉悼文 및 弔辭」,『定本-漢岩一鉢錄 下』(平昌: 漢巖門徒會·五臺山 月精寺, 2010), 298쪽)."라는 내용과 일치한다. 또 전후 상황을 고려해 봤을 때, 吞虛는 당시 追悼式에 參席해 있지 않았다. 즉 19세는 宗團과 관련된 李鍾郁의 公式 입장인 셈이다.
李鍾郁의 19세설과 관련해서 注目되는 것이 漢巖의 9세(19세의 誤記로 판단됨) 出家 陳述이다.
漢岩大宗師法語集 編纂委員會 編,「12. 與池田淸警務局長對話」,『定本-漢岩一鉢錄 上』(平昌: 漢巖門徒會·五臺山 月精寺, 2010), 214-215쪽[이 글은 『朝鮮佛敎』제101호(1934. 8. 1.)에 수록되어 있음], "漢岩 : 9세 때 金剛山 長安寺에서 削髮하고 그로부터 海印寺·通度寺·平北의 妙香山 등에 있었고, 다시 通度寺·奉恩寺 등지에서 10년 가량 있다가 이곳에 왔습니다(편집자 註: 여기 9세는 19세의 誤字라고 생각됨)."

과 관련된다.[86] 즉 19세설은 1941년에 확정되어 1951년 재고지되고 있는 것이다. 이렇게 대두 시기로만 놓고 본다면, 지암의 19세 기록이 더욱 타당한 것을 알 수 있다. 이 때문에 이원석 역시 양설을 검토한 후 19세설을 지지하는 모습을 보인다.[87]

그러나 탄허는 상원사에서 직접 한암에게 선교禪敎를 사사 받은 상좌로, 한암의 입적 후에는 문도의 문장門長과 같은 위치에서 〈비문碑文〉을 찬술하고 있다. 이 말은 당시의 다른 상좌들도 탄허의 주장에 두드러진 이견異見이 없었다는 의미가 된다. 이런 점에서, 이 문제를 단지 시기의 선후만으로 결론 내리는 것은 쉽지 않다. 특히 탄허의 〈한암비문〉이 시기적으로 늦다는 점은 역으로 탄허 역시 지암의 19세설을 분명하게 인지하고 있었다는 의미가 된다. 즉 탄허의 22세 주장은 지암 등의 앞선 잘못을 바로 잡으려는 관점도 내포하고 있다는 말이다.

그러나 지암 역시 1941년부터 조계종 전체를 주관하던 종무총장宗務總長의 위치에서, 당시에 존재하던 공적인 문건을 바탕으로 봉도 법회에서 19세설을 주장하고 있다. 즉 지금은 남아 있지 않지만, 한암이 종정으로 취임하는 종단의 공식문건에 19세설이 적시되어 있었던 것이다. 이런 점에서 두 가지 주장은 첨예하게 대립하고 있으며, 19세

86_ 〈宗正에 方漢岩老師(衆望 높으신 분, 月精寺 李鍾郁氏 談)〉,《每日新報》,1941년 6월 6일자, "宗正에 選任된 方漢岩老師의 愛弟 月精寺 住持 李鍾郁씨는 기쁨에 넘치는 얼굴로 다음과 가티 말한다. … 云云 … 그전에는 平南 孟山의 牛頭庵에서 修道하시엿고, 十九歲 時의 得度하신 분으로 정말 道人이십니다."; 金素荷, 「大導師 方漢岩禪師를 宗正으로 마지며」, 『佛敎時報』 제72호 (1941.7.15.), "方漢岩禪師는 平南 孟山郡의 出生으로 일즉이 儒學에 精進하시드니, 人世의 無常을 늣기고 十九歲時에 金剛山 長安寺에 가서 朴錦月禪師를 恩師로 하여 得度하고"

87_ 李元錫, 〈Ⅲ. 出家 時期에 대한 검토〉, 「漢巖의 出家 過程과 求道적 出家觀」, 『禪學』 제50호 (2018), 91-95쪽.

설과 22세설의 결론을 내리는 일은 쉽지 않게 된다.

그러나 두 주장을 동시에 만족시키는 합리적인 방법이 전혀 없는 것은 아니다. 당시 행자 생활이 대략 3년 정도였다는 점을 감안한다면, 19세에 입산한 뒤 22세에 정식으로 출가(득도得度)했다는 판단이 가능하기 때문이다. 물론 이 또한 탄허가 〈한암비문〉에서, "22세 정유丁酉(1897)에 이르러 금강산 장안사長安寺에 들어가 행름노사行凜老師에 의지하여 축발祝髮하였다."라고 적고 있다는 점. 또 한암의 종정 추대 문건과 지암의 봉도법회 문건에 모두 19세에 득도로 명시되어 있다는 점을 감안한다면, 이 역시 매끄럽지는 않다. 그러나 현재 두 설이 모두 나름의 확고한 위치를 가진다는 점에서, 양자적인 타당성을 동시에 확보하는 방법은 3년 행자를 통한 '19세 입산'과 '22세 출가(득도)' 외에 다른 가능성은 없다고 판단된다.

2. 출가 후 수행과 오도

1) 한암의 출가서원出家誓願 검토

한암의 출가와 관련해서 출가서원을 알 수 있는 〈출가서원시出家誓願詩〉가 전해진다. 이를 살펴보면 다음과 같다.

> 이미 살발削髮·염의染衣하고 산중에 들었으니, 진성眞性을 보고(견진성見眞性) 친은親恩을 갚으며(보친은報親恩) 극락極樂에 왕생하리라(왕극락往極樂).[88]

이 〈출가서원시〉에는 시점을 '입산으로 볼 것이냐?'와 '득도로 볼 것이냐?'의 문제가 존재한다. 그러나 이런 시를 행자로 들어오는 입산 때 읊었다는 것은 무리가 있다. 또 견진성見眞性은 선불교의 이상이라는 점을 고려한다면, 득도 때로 보는 것이 타당하다고 판단된다.

한암의 〈출가서원시〉에서 강조되는 것은 ①견진성見眞性·②보친은報親恩·③왕극락往極樂의 세 가지이다. 이 중 가장 눈에 띄는 것은 ②보친은이다. 보친은은 유교의 조상숭배인 매니즘manism과 효 문화에

---

88 漢岩 撰, 〈出家誓願詩〉, 『定本-漢岩一鉢錄 上』(平昌: 漢巖門徒會·五臺山 月精寺, 2010), 28쪽, "旣爲削髮染衣入山中, 見眞性報親恩往極樂."

64

입각한 인식으로,[89] 유교의 마지막 시대를 산 한암 역시 효를 강조하는 모습으로 이해해 볼 수 있기 때문이다.[90] 또 이는 한암에게 당시 부모가 생존해 있었다면, 금강산에 구경 왔다가 출가한다는 것이 쉽지 않았을 것이라는 판단을 가능하게 한다. 특히 한암이 3형제 중 장남이라는 점에서 더욱 그렇다. 이런 점에서 볼 때, 한암의 출가 시점에 양친은 이미 사망했다고 보는 것이 타당하다.

물론 동아시아 불교 전통에서 보친은은 단순히 유교적인 관점만은 아니다. 불교의 동아시아 전래와 관련해서 유교적인 효의 문제가 강하게 영향을 미치면서 불교를 변모시키기 때문이다. 이로 인해『부모은중경父母恩重經』·『우란분경盂蘭盆經』·『목련경目蓮經』 등이 찬술되고 개변되면서 널리 유포된다.[91] 이와 같은 결과가 바로 조상천도와 직결되는 우란분절盂蘭盆節(백중百中·백종百種)의 확립이다. 이는 조선불교에서 암송하는 〈오종대은명심불망五種大恩銘心不忘〉 속에 두 번째로 "생양구로부모지은生養劬勞父母之恩"이 존재하는 것을 통해서도 확인해 볼 수 있다. 그러나 유교 수학의 배경을 가진 출가 직후 한암에게

89＿ manism은 殷나라 第19代 (下)帝인 般庚에 의해 제기된 것으로 당시로서는 새로운 종교적 가치였다.
申採湜 著,『東洋史槪論』(서울: 三英社, 2004), 24쪽.

90＿ 漢巖門徒會·金光植 編,「雪山」,『그리운 스승 漢巖 스님(韓國佛敎 25人의 證言錄)』(서울: 民族社, 2006), 131쪽, "(漢巖의 法門 내용임) - 孝行은 佛弟子의 安心立命處이니라."

91＿ 筆者는『父母恩重經』·『盂蘭盆經』·『目蓮經』 등이 中國에서 대폭 改變된 것은 인정하지만, 중국적인 父系孝가 아닌 인도적인 母系孝를 강조하고 있다는 점에서, 이의 인도적인 기원이 존재할 것으로 추정하고 있다.
廉仲燮,「『地藏經』의 중국 유행 시기와 인도문화권 撰述의 타당성 검토」,『東아시아佛敎文化』제37호(2019), 179쪽.

있어서 보친은이란 불교보다는 유교적인 인식이 강했다고 할 수 있다. 즉 한암의 보친은은 불교적인 용인과 권장 구조 속에서 유교적인 관점이 작동한 결과라고 하겠다.

②보친은이 유교적인 문화 전통과 관련된 부분이라면, ①견진성과 ③왕극락은 불교적인 내용을 담고 있다. 즉 보친은과 견진성·왕극락 간에는 논리적인 충위가 존재하는 셈이다. 그러나 견진성과 왕극락 간에도, 다시금 불교 안에서의 논리 충위는 존재한다. 즉 견진성이 선불교적이라면, 왕극락은 정토적인 관점이기 때문이다. 그러나 이는 동아시아의 원융적인 불교 전통 안에서는 그리 문제가 되지는 않는다. 특히 정토신앙은 종파를 초월해서 수용되는 면모가 존재하며, 명나라 때부터는 불교를 넘어 유·불·도의 삼교회통三敎會通적인 인식이 중국에서 크게 유행하기 때문이다.[92] 물론 한국불교는 조선 초에 국가권력에 의해서 강제로 종파들이 통폐합된다는 점을 고려한다면, 이 부분은 더욱 문제될 것이 없다.[93]

또 왕극락과 관련해서는 바로 앞의 보친은과 연결된 관점에서의 이해도 가능하다. 시묘살이 등의 부모에 대한 효를 극단적으로 강조하는 유교 문화 속에서, 선망부모에 대한 왕극락 발원은 출가와 불효의 충돌을 완화시키는 방어기제의 역할을 충분히 해낼 수 있기 때문이다. 즉 왕극락은 한암의 사후에 대한 발원일 수 있는 동시에, 부모님에 대

92_ 廉仲燮, 「淸代의 학문 특징과 呑虛의 圓融論적 가치」, 『韓國佛敎學』 제93집(2020), 11-14쪽.

93_ 『太宗實錄』 11, 太宗 6(1406)年 3月 27日 丁巳 1번째 記事 ; 『世宗實錄』 24, 世宗 6(1424)年 4月 5日 庚戌 2번째 記事.

한 효의 완성이자 스스로의 출가 당위성에 대한 확보의 관점에서도 이해되는 측면인 셈이다.

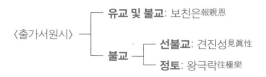

    이상의 〈출가서원시〉의 내용을 통해서, '한암은 선불교적인 추구'와 '출가와 충돌하는 유교의 효에 대한 방어기제' 그리고 '사후세계와 관련된 극락왕생'을 발원한 것으로 정리할 수 있다.

2) 선불교로의 경도와 1차 개오開悟

    한암은 득도得度 후에는 금강산 신계사神溪寺의 보운강회普雲講會(강원講院)에 들어간다.[94] 신계사는 유점사楡岾寺·표훈사表訓寺·장안사長安寺와 더불어 금강산의 4대 사찰로 꼽히는 대찰大刹이다. 즉 한암은 출가 초기에는 계속 금강산 일원에 머물렀던 것이다.

    「일생패궐」에는 보운강회에서 수학하던 24세 때인 1899년 7월, 보조지눌普照知訥(1158~1210)의 『수심결修心訣』을 읽다가 "마음 밖에 붓다가 없고 성품 밖에 법法이 있는 것이 아니다."라는 대목에 이르러 온몸이 떨리며 죽음을 맞이한 듯한 전율을 경험했다고 기록되어 있

94_ 　漢岩 撰,「1. 一生敗闕」,『定本-漢岩一鉢錄 上』(平昌: 漢巖門徒會·五臺山 月精寺, 2010), 267쪽.

다.[95] 또 직후에 장안사 해은암海恩庵[96]의 전소 소식을 듣고, 한암은 강원의 수학을 등지고 선불교로 전환하게 된다.[97] 즉 내적으로는 지눌에 의해서 계발된 본성론本性論에 입각한 유심주의, 그리고 외적으로는 해은암의 전소를 통한 무상의 반조返照로 인해 선불교로의 전환이 이루어진 것이다.

이후 한암은 하안거夏安居를 마친 뒤, 함해含海 선사와 운수雲水하는 도중 김천 청암사靑岩寺 수도암修道庵에서 한국 선불교의 중흥조中興祖로 평가되는 경허를 친견하게 된다. 이곳에서 한암은 경허의 『금강경』 4구게四句偈 법문을 듣고 안광眼光이 열리는 1차 개오開悟를 경험한다. 이때 한암은 "안광이 홀연히 열려 3천계三千界의 덮개가 사라지니 염래물물拈來物物이 (모두) 나 아님이 없었다."라고 자술하고 있다.[98]

이후 한암은 경허와 함께 합천 해인사로 가는 도중 화두 수행의 망녕됨을 극복할 수 있는 것으로 무자화두無字話頭를 받게 된다.[99] 조주종심趙州從諗(778~897)의 무자화두는 무문혜개無門慧開(1183~1260)의 『무문관無門關』 제1칙에 등장한[100] 이후 화두의 병폐를 끊는 화두 중의

////////////

95_ 같은 책, 267-268쪽.

96_ 海恩庵은 「4部 資料編―一生敗闕」의 原文에는 海雲庵으로 되어 있다[『定本-漢岩一鉢錄 下』(平昌: 漢巖門徒會·五臺山 月精寺, 2010), 41쪽]. 그러나 이는 '恩'의 誤記이다.

97_ 위의 책, 「1. 一生敗闕」, 267-268쪽.

98_ 같은 책, 268쪽, "眼光忽開하여 盖盡三千界하니, 拈來物物이 無非自己라."

99_ 당시 漢巖이 鏡虛에게서 받은 無字話頭는 跳躍을 위한 디딤판이자, 落書를 막는 落書禁止와 같은 것으로 本質을 직접 가리키기 위한 최고의 假設的인 수단이었다.
같은 책.

100_ 『無門關』 全1卷, 「趙州狗子」(『大正藏』 47, 292c-293a) ; 야나기다 세이잔 著, 추만호·안영길 譯, 「11장. '無字'의 發見」, 『禪의 思想과 歷史』(서울: 民族社, 1992), 150-156쪽.

화두로 크게 유행한다. 이 무자화두를 한암 역시 경허에게 받고 있는 것이다.

한암은 경허와 해인사 선원에서 동안거를 지낸 뒤, 경허와 결별하고 다시금 해인사에서 하안거를 마친다. 그리고 해제 후인 1900년에는 통도사 백운암白雲庵으로 옮겨와 산散철(중간철)에 정진하다가 입선入禪의 죽비소리를 듣고 다시금 개오한다.[101] 그러나 여기에는 본질적인 오도로 보기에는 부족한 제한적인 서술 구조가 존재한다.[102] 즉 당시 한암은 지속적인 노력을 통해 다양한 깨달음의 상황들과 마주했던 것이다.

3) 경허의 인정認定과 2차 개오

한암은 범어사 안양암安養庵과 통도사 백운암 그리고 청암사 선원에서 수행한 후, 28세가 되는 1903년 해인사 선원에서 경허를 조실로 모시고 하안거에 들게 된다. 안거 과정에서 하루는 한 수좌가 고봉원묘高峰原妙(1238~1295)의 『선요禪要』 구절로 경허에게 묻는 과정에서, 한암은 경허의 물음에 "창문을 열고 앉으니 담장이 앞에 있습니다."라고 대답한다. 다음 날 경허는 법상에 올라 대중을 돌아보며, "원선화遠禪和(중원 수좌)의 공부工夫가 개심開心을 넘었도다."라는[103] 한암의 공부

////////////

101_ 위의 책, 「1. 一生敗闕」, 268쪽.

102_ 白雲庵 開悟의 敍述 구조적인 문제는 '제3장 – 제1절 「一生敗闕」의 悟道 과정 검토'를 통해서 論究된다.

103_ 위의 책, 「1. 一生敗闕」, 269쪽. "一日喫茶次에 有僧이 擧『禪要』云호대, 如何是實參實悟底消息이닛고? 答호대, 南山起雲北山下雨니라. (有僧이) 問호대, 是甚麼意旨오? 和尙이 答호대, 譬如尺蠖虫一尺之行一轉이라하시고, 仍問大衆호대 此是甚麼道理오하시다. 余答호대, 開軒而騙坐

를 인정하는 말을 하게 된다.

한암 역시 「일생패궐」에서 이 대목을 비중 있게 기록하고 있다. 즉 자신에 대한 경허의 인정을 매우 중요하게 생각하고 있는 것이다. 한암은 해제 후에도 질병으로 해인사에 머물다가 하루는 『(경덕)전등록(景德)傳燈錄』의 "한 물건도 짓지 않는다(일물불위一物不爲)."는 구절을 보고 2차로 개오(1903년, 28세)한다. 이때의 상황을 한암은 "맥연驀然이 심로心路가 홀연히 끊겨, 마치 물통 밑이 확 빠지는 것 같았다."라고 자술하고 있다.[104]

같은 해 가을에 해인사에서 경허는 한암에게 마지막으로 함께 갈 것을 종용하는 〈전별사餞別辭〉와 〈전별시餞別詩〉를 준다. 〈전별사〉에는 한암을 '참다운 지기知己'이자 '원개사遠開士' 즉 중원보살重遠菩薩이라 존중하고, '지음知音'이라 극찬하는 내용이 수록되어 있다.[105] 개사開士는 범어 bodhi-sattva의 의역이며, 지음은 『열자列子』 「탕문湯問」에 등장하는 백아伯牙와 종자기鍾子期의 고사로 이심전심의 의미이다.[106] 이

///////////

하니 瓦墻在前이니다. 和尚이 翌日에 陞座하야 顧大衆曰, 遠禪和의 工夫가 過於開心이라. 然雖如是나 尚未知何者爲體하고 何者爲用이니라."

104_ 같은 책, 269쪽, "一日에 看傳燈錄타가 至藥山對石寶(頭)云, 一物不爲處라하야는 驀然心路忽絶이 如桶底脫相似라."

105_ 漢巖門徒會·五臺山 月精寺 編, 「1. 和鏡虛和尚餞別詩·2. 鏡虛和尚餞別辭(詩)」, 『定本-漢岩一鉢錄 上』(平昌: 漢巖門徒會·五臺山 月精寺, 2010), 221-223쪽 ; 金呑虛 撰, 「現代佛敎의 巨人, 方漢岩」, 『定本-漢岩一鉢錄 下』(平昌: 漢巖門徒會·五臺山 月精寺, 2010), 161-164쪽 ; 尹暢和, 「鏡虛의 知音者 漢岩」, 『漢岩思想』 제4집(2009), 21-25쪽.

106_ 『列子』, 「湯問 第五」, "伯牙善鼓琴, 鍾子期善聽. 伯牙鼓琴, 志在登高山. 鍾子期曰: '善哉峩峩兮若泰山志在流水.' 鍾子期曰: '善哉洋洋兮若江河!' 伯牙所念, 鍾子期必得之. 伯牙遊於泰山之陰, 卒逢暴雨, 止於岩下心悲, 乃援琴而鼓之. 初爲霖雨之操, 更造崩山之音, 曲每奏, 鍾子期輒窮其趣. 伯牙乃舍琴而歎曰: '善哉善哉! 子之聽夫志, 想象猶吾心也. 吾於何逃聲哉?'"

런 점에서 본다면, 경허는 한암을 매우 높게 평가했다는 것을 알 수 있다.[107] 그러나 이때 한암은 함께하지 못하는 〈이별시離別詩〉를 올리는데,[108] 전후 관계로 봤을 때 지병 때문으로 추정된다. 이때의 해인사 선원에서의 인연이 한암과 경허의 마지막이다. 이후 경허는 범어사와 송광사 등을 거쳐 삼수갑산三水甲山으로 잠적해서 1912년 4월 25일에 입적하기 때문이다.[109]

한암의 선수행이 4년째에 이르러 경허의 인정을 받고 또 2차 개오를 경험한 시점이 되면, 점차 제방에 명성이 떨치게 된다. 이는 29세 때인 1904년, 통도사 내원선원內院禪院(혹 내원암內院庵)의 조실(혹 강사)로 추대되는 것을 통해서 인지해 볼 수 있다.[110] 이후로 한암은 35세가 되는 1910년까지 만 6년 동안 내원선원에 주석하면서 후학들을 지도했다.[111] 이를 통해서 본다면, 29세 때 경허의 인정과 2차 개오 시점에는

////////////

107_ 尹暢和,「鏡虛의 知音者 漢岩」,『漢岩思想』제4집(2009), 21-25쪽, "鏡虛에게 漢岩은 평생 처음 만났던 知己之友였다. 게다가 漢岩이 갖고 있는 文翰과 學問, 修行精神은 餘生을 그와 함께 詩作과 談論, 切磋琢磨로서 보내고 싶은 마음이었다고 할 수 있다."

108_ 鏡虛의 〈餞別辭〉와 〈餞別詩〉 그리고 漢巖의 〈離別詩〉와 관련해서는 왠일인지 「一生敗闕」에 수록된 내용이 전혀 없다.『鏡虛集』에 등장하는 것도 「與法子漢巖」이라는 제목으로 1981년 鏡虛惺牛禪師法語集刊行會에서 발행한 것이 가장 빠르다. 여기에 이 〈辭〉와 〈詩〉를 呑虛가 暗誦해서 전했다는 측면도 있어 박재현은 이의 신뢰성을 의심하는 입장을 보이기도 하였다.
박재현,〈IV. 鏡虛和尚 餞別辭 檢討〉,「鏡虛 法脈의 傳承에 관한 書誌學적 검토」,『普照思想』제37집(2012), 321-323쪽.

109_ 홍현지,「鏡虛의 三水甲山과 償債」,『大覺思想』제18집(2012), 321-323쪽.

110_ 金呑虛 撰,「現代佛敎의 巨人, 方漢岩」,『定本-漢岩一鉢錄 下』(平昌: 漢巖門徒會·五臺山 月精寺, 2010), 164쪽 ; 李載昌 撰,「五臺山의 맑은 연꽃, 漢岩 스님」,『定本-漢岩一鉢錄 下』(平昌: 漢巖門徒會·五臺山 月精寺, 2010), 239쪽.

111_ 佛學硏究所 編,『禪院總覽』(서울: 大韓佛敎曹溪宗 敎育院, 2000), 209쪽.
박재현은「方漢岩의 禪의 지향점과 역할 인식에 대한 연구」,『哲學思想』제23호(2006), 312쪽에서, 祖室이 아니라 講師였다는 '講師說'을 제기하고 있으며, 呑虛 역시 〈漢岩碑文〉에서는 '方丈'으로 기

한암의 지견知見이 어느 정도 이상 확립되었다는 것을 알게 된다.

한암은 1910년 봄에 통도사를 나와 여름의 하안거를 묘향산妙香山 내원암內院庵에서 보낸다. 이는 한암이 2차 개오 이후에 교학상장의 입장에서 선교를 확충한 다음 3차 개오를 위한 수행에 재돌입했다는 것을 의미한다. 물론 여기에는 내원선원에서 대중을 지도하는 과정 속에, 자신의 견처見處가 완전하지 않다는 내적인 자각이 존재했을 가능성도 충분하다. 즉 2차 개오 이후 자신감이 붙었지만, 직접적인 지도와 선어록을 중심으로 하는 교학적인 검토를 거치는 동안 스스로의 부족함을 인지했고, 다시금 선수행자로서의 길을 가게 되는 것이다.

한암은 조실 혹은 강사에서 다시금 초심의 선객禪客로 되돌아간다. 그리고 가을부터는 같은 묘향산 금선대金仙臺로 옮겨가 1911년 여름까지 그곳에 머물게 된다.[112] 이후 겨울에 한암은 다시금 맹산孟山 우두암牛頭庵으로 이거移居한다.

4) 확철대오廓徹大悟로서의 3차 개오

한암의 마지막 3차 개오는 37세 때인 1912년 맹산 우두암에서 이루어진다. 한암은 1910년 묘향산 내원암에서 하안거를 마친 후, 겨울과 이듬해(1911)의 여름 안거는 같은 묘향산 금선대에서 보낸다. 이후 가을에 맹산 우두암으로 옮겨 겨울을 나고, 다음 해(1912) 봄에 혼자 부

///////////

술하고 있어 주목된다[「附錄-漢岩大宗師浮屠碑銘并序」, 『定本-漢岩一鉢錄 上』(平昌: 漢巖門徒會·五臺山 月精寺, 2010), 492쪽, "甲辰春에 赴通度寺內院方丈之請하야 隨緣度了六年光陰."].

112_ 漢岩大宗師法語集 編纂委員會 編, 「附錄-年譜」, 『定本-漢岩一鉢錄 上』(平昌: 漢巖門徒會·五臺山 月精寺, 2010), 503쪽.

엌에서 불을 지피는 도중 홀연히 발오發悟한다. 이때의 상황을 한암은 "처음 (청암사) 수도암修道庵의 개오 때와 조금의 차이도 없었다. 한 줄기 활로活路가 부딪치는 곳마다 분명했다."고 적고 있다.[113] 즉 24세(1899) 때 수도암에서의 경험과 부절符節이 상통하는 상황 속에서, 13년 만에 일체의 의혹이 눈 녹듯이 사라진 것이다. 이를 한암의 3차 개오이자 최종적인 깨달음인 확철대오로 판단한다.

한암은 이때 본래 갖추어진 항상한 깨달음을 얻어 다시는 미혹되지 않는다는 의미의 "만고광명萬古光明의 심상월心上月이, 일조一朝에 세간풍世間風을 쓸어버리네."라는 〈오도송悟道頌〉을 남긴다. 〈오도송〉의 존재는 이때가 한암이 확철대오한 최종 오도임을 분명히 해 준다.[114]

한암이 확철대오에 이르는 과정은 보조의 『수심결』을 통해 선불교로 전환하고, 경허에 의해서 『금강경』으로 개발되어 『전등록』을 거쳐 마침내 우두암에서 독오獨悟하는 것으로 완성된다. 또 1차 오도와 3차 오도의 체험이 같았다는 점에서, 경허를 사법嗣法했다는 판단을 가능하게 한다.

한암은 3차의 깨달음에서 큰 자신감을 드러낸다. 이는 「일생패궐」의 "말엽末葉(말세)을 당하여 불법의 쇠폐衰廢가 심하여 명사明師의 인증印證(인가印可)을 얻기가 어려웠다. (경허) 화상은 장발에 유복儒服으로 갑산甲山 강계江界 등지를 왕래하다가 이 해(1912)에 입적하시니

///////////

113_ 위의 책, 「1. 一生敗闕」, 269쪽, "而翌年春에 同居▨梨가 包粮次出去로대, 余獨在廚中着火타가 忽然發悟하니 與修道開悟時와 少無差異라. 而一條活路가 觸處分明이라."
114_ 같은 책, 270쪽, "萬古光明心上月, 一朝掃盡世間風."

여한가기餘恨可旣로다!"라는 언급을 통해서 분명해진다.[115] 그러나 이를 통해서 한암은 경허를 사법한 것은 맞지만, 뚜렷한 인가제자印可弟子는 아니었다는 점 역시 분명해진다.

● 소결小結과 전환轉換

한암은 유학자 집안에서 1876년, 부 방기순과 모 길해성 슬하의 3남 중 장남으로 강원도 화천에서 태어났다. 그러나 족보에 기록되어 있는 '중원'은 출가 후에 받은 법명으로 속명은 잊혀져 현재로서는 살필 수 없다.

한암은 5세 때부터 한학자였던 부친에게서 한자와 유교적인 기초를 학습 받게 된다. 이후 9세에는 서당으로 가서 수학했는데, 이때 『십팔사략』「태고」를 배우는 과정에서 반고씨 이전에 대한 철학적인 의문을 가진다. 이는 한암이 이후 출가로까지 연결되는 근원의 본질에 대한 추구라는 점에서 주목된다.

그러나 한암의 부친에게는 별도의 다른 직업이 없던 관계로, 가세가 기울어 10대 때 선향인 평안남도 맹산으로 이사한다. 이후 결혼을 추진하는 과정에서 가난으로 인해 성사되지 못하자 금강산을 찾게 되는데, 이때 장안사에서 19세(1894)에 출가하여 22세(1897)에 득도하게 된다.

115_ 같은 책, 269쪽, "時當末葉하야 佛法衰廢之甚하야 難得明師印證이라. 而和尙은 長髮服儒하야 來往於甲山江界等地라가, 是歲入寂하시니 餘恨可旣로다."

한암의 은사는 금월행름인데, 한암은 출가 때 깨달음의 추구와 부모에 대한 보은 그리고 사후의 극락왕생에 대한 〈출가서원시〉를 짓게 된다. 이후 신계사 보운강회에서 수학하던 중 24세(1899) 때 지눌의 『수심결』을 읽다가 격발되어, 강원 수학을 포기하고 선불교에 매진한다. 이렇게 해서 찾은 스승이 바로 청암사 수도암의 경허이다.

한암은 수도암에서 경허의 『금강경』 4구게 법문을 듣다가 1차 개오한다. 그리고 25세(1900) 때인 통도사 백운암에서 중간 개오를 하게 된다. 이후에 28세(1903)에 해인사 선원에서 경허에게 인정을 받고, 가을에 『전등록』을 보는 과정에서 2차 개오한다. 이후 경허를 만나 같이 길 떠남에 함께 할 것을 종용받지만, 건강상의 이유로 따르지 못하고 〈전별시〉와 〈이별시〉 등을 주고받으며 헤어진다.

이듬해인 1904년(29세)부터 1910년(35세)까지 만 6년 동안 통도사 내원선원에서 후학을 지도한다. 이후 선수행에 매진하기 위해서 북방으로 떠나 묘향산 내원암과 금선대에서 지내다가, 36세(1911) 겨울에 맹산 우두암으로 이거하여 이듬해 봄에 혼자 부엌에서 불을 지피는 과정에서 홀연히 확철대오하게 된다.

여기까지가 한암의 깨달음에 이르는 과정이며, 이후 8년간 오후보림 기간을 거쳐 본격적인 교화와 선禪지도의 행보를 보인다. 이 확철대오 후에 중요한 사찰이 바로 건봉사와 봉은사이다. 그리고 1926년부터는 오대산 상원사로 이거해 26년간 동구불출하다가, 한국전쟁 과정에서 상원사를 지켜낸 후 1951년 3월 15일 좌탈입적한다.

제2절. 한암의 교화와 상원사 입적

1. 건봉사乾鳳寺와 봉은사奉恩寺 주석

1) 오후보림悟後保任과 건봉사 선원의 주실籌室

한암은 이듬해인 38세가 되는 1913년까지 맹산 우두암에 머물고 있었다. 이후 46세가 되어 금강산 장안사 지장암地藏庵에 주석하게 되는 1921년까지 8년간의 행적은 불분명하다. 29~35세까지 통도사 내원선원의 조실(혹 강사)을 했었다는 점을 고려한다면, 이와 같은 은거는 혜능慧能(혹 혜능惠能, 638~713) 이후 선사들에게서 흔히 목도되는 오후보림으로 이해된다.[116]

한암은 1913년 동산혜일東山慧日(1890~1965)에게 사교四教를 가르치는 것이 확인되는데,[117] 이는 삶의 태도에 변화가 존재한 것을 인지케 하는 대목이다. 즉 1910년 내원선원을 떠난 후 선수행에 매진했던 것과는 다른 교학에 대한 인식 환기가 추론되는 측면이기 때문이다. 이는 교학을 기초로 해서 선수행으로 들어가는 사교입선과는 다른 '선수행을 통한 개오 이후의 교학' 즉 전선후교前禪後教라는 한암만의 교육관이 가장 먼저 드러나는 대목이기도 하다.[118] 24세 때 보운강회에서

116_ 『六祖大師法寶壇經』全1卷,「行由第一」(『大正藏』48, 349c) ; 서왕모(정도),「漢岩과 鏡峰의 悟後保任에 대한 연구」,『禪學』제39호(2014), 47-61쪽 ; 후루타 쇼킨·다나카 료쇼 著, 남동신·안지원 譯,『中國禪宗의 六祖, 혜능』(서울: 玄音社, 1993), 118-123쪽.

117_ 漢岩大宗師法語集 編纂委員會 編,「附錄-年譜」,『定本-漢岩一鉢錄 上』(平昌: 漢巖門徒會·五臺山 月精寺, 2010), 504쪽.

118_ 前禪後教의 教育論은 南宗禪의 見(佛)性에 대한 인식에서 발생하는 가치이다.

『수심결』을 통해 전회된 선을 중심으로 해서 교를 보충하는 선주교보
禪主教補적인 관점이, 개오 이후 전선후교의 인식을 통해 한암의 교육
관으로 확립되고 있는 것이다.

　　실제로 만년의 한암은 투철한 선사이면서도 혜능과 지눌 및 나옹
[119] 등의 선어록, 그리고 이통현의『신화엄경론新華嚴經論』같은 선과 통
하는 교학적인 측면에 주목하는 모습을 보인다.[120] 이와 같은 한암의 경
향은 크게 4가지로 확인해 볼 수 있다. 첫째, 한암이 교정教正과 종정宗
正이 된 이후에『불교』등의 잡지에「해동초조에 대하야」등 다양한 관
점과 견해를 피력하는 것.[121] 둘째, 오대산 상원사 선원에서 납자衲子들
에게 선어록과 화엄학 등의 교학을 지도한 것. 셋째, 상원사에 삼본사

////////////

朴先榮 著,『佛教와 教育』(서울: 東國大學校附設譯經院, 1982), 47-52쪽.

119　『漢巖一鉢錄에는 懶翁에 대한 언급이 총 4차례나 있으며, 이외「禪問答 21條」에는 懶翁의
〈功夫十節目〉과「示覺悟禪人」(『懶翁和尙語錄』,「示覺悟禪人」,『韓佛全』6, 772a)이 고스란히 들
어 있다. 또 1940년 5월에 간행된 月精寺版에는「懶翁錄(全)」과 懶翁에 傾倒된 高僧인 己和의『涵
虛語錄(全)』이 존재한다 廉仲燮,「懶翁의 功夫十節目에 대한 漢巖의 답변과 관점」,『韓國佛教學』
제78집(2016), 198-200쪽.

120　漢巖門徒會・金光植 編,「梵龍」,『그리운 스승 漢巖 스님(韓國佛教 25人의 證言錄)』(서울:
民族社, 2006), 35쪽, "우리는『金剛經三家解』라고 해서 漢巖 스님이 직접 吐를 단 것을 보았어요.
『普照法語』,『六祖壇經』도 배웠지요. 그때 李通玄 長子의『華嚴經論』을 구하였는데, 中國 北京에
서 구하려다 못 구해 南京에서 구했다고 하였지."; 62쪽, "五臺山 上院寺에서는 李通玄의『華嚴論』
으로 教材를 삼아 전 대중이 배웠지. 주로 呑虛 스님이 講義하고 釋辭하셨지. 나는 呑虛 스님에게
『華嚴經』을 섭렵하였지만, 내가 들어가기 이전 首座스님인 고암, 탄옹, 석호, 석주, 고송 스님들도 이
미 그 과정을 마쳤지. 祖室스님은 祖師語錄를 많이 강의하였어.『普照法語』,『書狀』,『禪要』등을 많
이 강의하셨는데 '내가 아무리 法門을 잘해도 古 祖師나 부처님만 하겠느냐? 법문을 따로 들으려고
하지 말고 經典이나 語錄 속에 담겨 있으니, 내 말보다도 부처님 말씀과 經典을 잘 배워야 한다.'고
하셨지. 五臺山에서는 주로『金剛經三家解』를 공부했지, 과정은 2년이었지." 等.

121　漢岩 撰,「12. 海東初祖에 對하야」,『定本-漢岩一鉢錄 上』(平昌: 漢巖門徒會・五臺山 月
精寺, 2010), 118-124쪽 ; 金浩星,「漢岩의 道義-普照 法統說-〈海東初祖에 對하야〉를 중심으로」,
『普照思想』제2집(1988), 403-416쪽 ; 金光植,「漢巖의 宗祖觀과 道義國師」,『漢岩思想』제3집
(2008), 104-114쪽.

수련소가 자리 잡도록 하는 것.[122] 넷째, 탄허의 교육과정에서 교학을 인정해 이후 탄허가 화엄학의 대종장大宗匠으로 거듭날 수 있도록 하는 측면이 그것이다.[123]

그러나 한암의 본류가 선禪을 중심으로 하는 선사임은 재론의 여지가 없다.[124] 즉 선의 관점에서 교학과 제도를 수용하는 전선후교의 선을 중심으로, 교학을 아우르는 선교겸전禪敎兼全의 방식인 것이다. 이는 정혜쌍수定慧雙修와 돈오점수頓悟漸修의 관점을 견지한 지눌에 의해서 한암이 계발된 측면, 그리고 일제강점기라는 대처帶妻 · 육식肉食 등에 의한 한국불교의 혼탁상에 따른 문제의식의 결과로 이해된다. 즉 내적인 지눌의 영향과 외적인 환경의 혼탁에 따른 극복 필연성이 한암으로 하여금 전선후교라는 독특한 교육관을 구축하게 했다는 말이다. 이러한 한암의 교육관은 조선 후기 불교의 주된 교육방식인 사교입선捨敎入禪과 변별되는 특징을 보인다는 점에서 주목된다.

한암은 46세 때인 1921년 금강산 지장암에 주석하다가, 음력 9월 이대련李大蓮이 주지로 있던 강원도 고성高城에 위치한 본사인 건봉사乾鳳寺에 만일원 선원이 개원되는 것을 기점으로 주실籌室(조실)로 추

<hr/>

122_ 廉仲燮,「漢岩과 呑虛의 僧伽敎育 방향과 실천양상」,『國學硏究』 제39호(2019), 532-541쪽.

123_ 呑虛 口述,〈華嚴經의 信仰世界(中)〉,『佛光』 통권 72호(1980. 10.), 52쪽 ; 金光植,「呑虛 스님의 生涯와 敎化活動」,『呑虛禪師의 禪敎觀』(平昌: 五臺山月精寺, 2004), 25-26쪽 ; 金光植,「金呑虛의 교육과 그 성격」,『淨土學硏究』 제6집(2003), 225-226쪽.

124_ 曹龍溪 撰,「10. 우리 스님, 寒巖 스님」,『定本-漢岩一鉢錄 下』(平昌: 漢巖門徒會 · 五臺山月精寺, 2010), 142쪽(曹龍溪의 글은 月刊『佛光』 제67~71호, 1980년 5~9월에「老師의 雲水시절, 우리 스님 寒巖 스님 1~5」이라는 제목으로 수록되어 있음), "우리 스님 會上인 五臺山 上院寺 禪院은 오직 禪만을 할 뿐, 다른 것이 없는 순수한 禪 道場이었지만."

대된다.[125] 이후 동안거 결제에 들어가게 되는데, 이때 〈선원규례禪院規例〉를 제정·공포한다.[126] 바로 이 시기에 열중悅衆이었던 미우尾友 이력李礫의 질문에 답하는 형식으로 「선문답 21조」가 설해지는데, 이는 한암의 선관념과 선수행 체계화의 노력을 알 수 있는 매우 귀중한 자료이다. 이런 일련의 법문들이 모아져, 해제 후인 1922년에 프린트본『한암선사법어寒岩禪師法語』로 간행된다.[127] 이는 한암의 첫 번째 대중을 위한 결과물이라는 점에서 크게 주목된다.

2) 봉은사 조실과 을축년乙丑年 대홍수의 구제

한암은 48세 때인 1923년에는 경기도 광주(현 강남)의 본사인 봉은사의 주지 김상숙金相淑에 의해 판전선원板殿禪院의 조실로 추대된다. 한암의 봉은사 조실로서의 주석은 1925년까지 계속되는데,[128] 이 기간에 석전石顚 박한영朴漢永을 필두로 육당六堂 최남선崔南善(1890~1957)·위창葦滄 오세창吳世昌(1864~1953)·위당爲堂 정인보鄭寅普(1893~1950)·곡명穀明(혹 곡명曲明) 변영만卞榮晚(1889~1954) 등의 명사

///////////

125_ 漢岩 撰, 「第一回 冬安居 禪衆芳啣 幷任員(橫順)」,『定本-漢岩一鉢錄 上』(平昌:漢巖門徒會·五臺山 月精寺, 2010), 185-186쪽;漢岩 撰, 「4部 資料編-寒巖禪師法語」,『定本-漢岩一鉢錄 下』(平昌:漢巖門徒會·五臺山 月精寺, 2010), 8·34-35쪽.

126_ 漢岩 撰, 「2. 禪院規例」,『定本-漢岩一鉢錄 上』(平昌:漢巖門徒會·五臺山 月精寺, 2010), 185-186쪽.

127_ 現存하는『寒岩禪師法語』는 鞠默潭 所藏本으로, 현재 潭陽 龍華寺에 所藏되어 있다. 複寫本은 東國大學校 圖書館과『定本 漢岩一鉢錄』卷下의 「4部 資料編」(平昌:漢巖門徒會·五臺山 月精寺, 2010, 5-47쪽)에 수록되어 있다.

128_ 大韓佛教曹溪宗教育院·不學研究所 編,『禪院總覽』(서울: 大韓佛教曹溪宗教育院, 2000), 974쪽.

들과의 교류가 발생하면서 한암의 명망이 널리 알려진다.[129]

봉은사는 이듬해인 1924년 6월에 나청호羅晴湖로 주지가 바뀌게 된다.[130] 이후 1925년 7월 을축년에 대홍수가 발생하는데,[131] 이때 한암은 주지인 나청호에게 지시하여 인명 구제에 10원씩의 상금을 내걸고 총 708명을 구출하여 숙식을 제공하도록 한다. 이로 인해 한암은 대중에게 '활불活佛'이라는 최고의 찬사를 듣게 된다.[132] 이는 근현대 한국불교가 보여준 가장 큰 규모의 보살행이라는 점에서 시사하는 바가 크다.

실제로 을축년 대홍수의 인명 구제는 당시 최고의 사건으로 30본사本寺(혹 본산本山) 주지들이 나청호의 〈송덕문頌德文〉을 발표할 정도였다. 또 이듬해에는 1주년을 기념해 이능화李能和(1869~1943) 등을 발기인으로 해서, 예술가와 종교인 등 총 108명의 시화詩畵를 모은 『불괴비첩不壞碑帖』이 증정된다.[133] 그리고 4년 후인 1929년에는 당시 수재민을 대표해 이준식李俊植 등에 의해 수해구제의 공덕을 치하하는 〈수

129_ 曹龍溟 口述, 善友道場 韓國佛敎近現代史硏究會 編, 『22人의 證言을 통해 본 近現代佛敎史』(서울: 善友道場出版部, 2002), 60쪽 ; 尹暢和, 〈3. 漢岩重遠과 乙丑年 大洪水〉, 「漢岩禪師와 奉恩寺」, 『文學·史學·哲學』 제47호(2016), 74-75쪽.

130_ 大韓佛敎曹溪宗 總務院 總務部 編, 『日帝時代 佛敎政策과 現況(上)』(서울: 大韓佛敎曹溪宗 總務院, 2001), 147-162쪽 ; 李元錫, 「漢巖의 上院寺 移居와 시기 검토」, 『淨土學硏究』 제28집(2017), 158쪽.

131_ 尹暢和, 〈3. 漢岩重遠과 乙丑年 大洪水〉, 「漢岩禪師와 奉恩寺」, 『文學·史學·哲學』 제47호(2016), 72-74쪽.

132_ 〈奉恩寺 7백 8명 人命救濟〉, 《佛敎新聞》, 1987년 7월 12일자 ; 李元錫, 「漢巖의 上院寺 移居와 시기 검토」, 『淨土學硏究』 제28집(2017), 160쪽.

133_ 不壞碑帖刊行會 編, 『不壞碑帖』(서울: 三藏苑, 1985), 269쪽 ; 〈不壞碑帖〉, 『佛敎』 제26호(1926.8).

해구제공덕비水害救濟功德碑〉가 건립되어 오늘날까지 봉은사 입구에 전해지고 있다.[134]

한암은 1926년 2월이 되면, 강릉포교당의 건립으로 위기에 처한 오대산 월정사를 안정시키고 도와 달라는 지암 이종욱의 간청에 의해 오대산 상원사로의 이거移居를 단행한다.[135] 한암의 이거 판단에는 '태생적으로 병약한 육체를 물이 좋은 오대산에서 다스리고자 했던 점'과 '오대산이 통도사와 더불어 자장慈藏 율사律師에 의한 율종律宗의 전통이 계승된 사찰이라는 점' 역시 하나의 배경이 된다.[136]

그러나 당시 한암이 남긴 "내 차라리 천고千古에 자취를 감춘 학鶴이 될지언정, 춘삼월春三月에 말 잘하는 앵무새의 재주는 배우지 않겠다."는 〈귀산시歸山詩〉는[137] 수행자의 현실에 타협하지 않는 서릿발 같

134_ 寺刹文化研究院 編,『奉恩寺』(서울: 寺刹文化研究院, 1997), 94-97쪽 ; 大韓佛教曹溪宗 奉恩寺 編,『奉恩寺』(서울: 大韓佛教曹溪宗 奉恩寺, 2018), 189-191쪽 ; 三寶學會 編,『韓國近世 佛教百年史 2』(서울: 民族社, 1994), 2-10쪽.

135_ 曹龍溟 口述, 善友道場 韓國佛教近現代史研究會 編,『22人의 證言을 통해 본 近現代佛教 史』(서울: 善友道場出版部, 2002), 60쪽 ; 李元錫,「漢巖의 上院寺 移居와 시기 검토」,『淨土學研 究』제28집(2017), 160-165쪽 ; 尹暢和,「漢岩禪師와 奉恩寺」,『文學·史學·哲學』제47호(2016), 72-74쪽.

136_ 李元錫,「漢巖의 上院寺 移居와 시기 검토」,『淨土學研究』제28집(2017), 162-163쪽, "五臺 山門이 通度寺와 함께 律宗의 聖域으로 인식된 점도 漢巖의 五臺山行에 영향을 미쳤을 것으로 추정된다. 四佛山人은「朝鮮佛教의 朝鮮律宗」에서「月精寺戒牒」에 근거하여 백년 사이에 적막해진 朝鮮律宗의 부흥을 月精寺와 洪莆龍에게 기대하였다. 慈藏律師가 月精寺에 金剛戒壇을 설치하여 煩支律師에게 傳戒한 이래 이어지던 戒脈은 蓮坡永住에 이르러 거의 실전되었다. 그를 계승한 萬愚裕奎는 1916년 孤雲寺에서 올라와 寂滅寶宮守護院長으로 細行과 威儀를 嚴守하였다. … 云云 … 慈藏과 五臺山門·通度寺의 인연이나 漢巖의 律師적 성격을 고려하면 五臺山은 朝鮮 戒律의 正宗을 계승하는 聖地로 인식되기에 충분하였다. 漢巖은 月精寺의 부채 문제로 戒律의 宗脈을 잇지 못하는 洪莆龍을 대신하려 歸山하였을 것이다."

137_ 漢岩 撰,「入五臺山上院寺詩」,『定本-漢岩一鉢錄 上』(平昌: 漢巖門徒會·五臺山 月精寺, 2010), 492쪽, "寧爲千古藏蹤鶴, 不學三春巧語鸚." ; 呑虛宅成 撰,「附錄-漢岩大宗師浮屠碑銘并

은 맑은 기상을 표현하고 있어 주목된다. 일제강점기와 왜색불교에 의해 대처 · 육식이 일반화되는 상황 속에서,[138] 한암은 번잡함을 벗어나 수행자의 본분으로 되돌아가고자 한 것이다. 이는 한암이 1925년 개성의 포은 정몽주의 〈비碑〉를 참배하고 지은 〈조포은비弔圃隱碑(포은 선생 비를 조상弔喪하며)〉에서 "임금 없고 나라 없는 우리 같은 무리, 인간 세상 살아가는 것 슬프지 않겠는가!"[139]라고 언급하는 것을 통해서도 분명해진다. 즉 한암의 상원사행上院寺行은 수행자의 본분을 지키고, 한국불교를 맑히고자 노력한 또 다른 시대정신에 입각한 실천행이었던 것이다.[140]

실제로 한암은 이후 26년[141] 불출동구不出洞口라는[142] 산승山僧의

序」,『定本-漢岩一鉢錄 上』(平昌: 漢巖門徒會 · 五臺山 月精寺, 2010), 492쪽, "又自誓曰: 寧爲千古藏蹤鶴, 不學三春巧語鸚, 入于五臺山, 二十七年, 不出洞口而終焉, 享年七十六, 法臘五十四也."

138_ 廉仲燮, 「韓國佛敎의 戒律的인 특징과 현대사회-日帝强占期와 曹溪宗을 중심으로」,『佛敎學硏究』제35호(2013), 162-174쪽; 廉仲燮, 「石顚과 漢岩을 통해 본 불교와 시대정신」,『韓國佛敎學』제71집(2014), 68-88쪽; 廉仲燮, 「韓龍雲과 白龍城의 帶妻에 관한 관점 차이 검토」,『東아시아佛敎文化』제36호(2018), 359-375쪽.

139_ 漢岩 撰, 「15. 弔圃隱碑」,『定本-漢岩一鉢錄 上』(平昌: 漢巖門徒會 · 五臺山 月精寺, 2010), 245쪽, "斜陽停杖弔忠碑하니, 高節男兒死節時라. 無君無國如吾輩가 生長人間可不悲아." ; 尹暢和, 「3. 漢岩重遠과 乙丑年 大洪水」,『漢岩禪師와 奉恩寺』,『文學 · 史學 · 哲學』제47호(2016), 74-75쪽.

140_ 漢巖門徒會 · 金光植 編, 「慧炬」,『그리운 스승 漢巖 스님(韓國佛敎 25人의 證言錄)』(서울: 民族社, 2006), 211쪽, "그때 漢巖 스님은 善竹橋를 한 바퀴 돌고, 上院寺로 들어가셨어요."

141_ 지금까지의 일반론은 呑虛가 〈漢岩碑文〉에서 제시한 27년 不出洞口였지만[『定本-漢岩一鉢錄 上』(平昌: 漢巖門徒會 · 五臺山 月精寺, 2010), 492쪽, "入于五臺山, 二十七年, 不出洞口而終焉, 享年七十六, 法臘五十四也.], 이는 2017년 李元錫의 연구로 수정된다.
李元錫, 「漢巖의 上院寺 移居와 시기 검토」,『淨土學硏究』제28집(2017), 178쪽.

142_ 漢巖이 26년간 전혀 山門 밖을 나가지 않은 것은 아니다. 최소한 2번 出他한 것이 확인된다. 첫째는 1931년 음력 10월에 佛國寺를 참배하고 通度寺를 거쳐 온 것이며, 둘째는 1933년 齒牙 치료를 위한 서울행이다[山下眞一, 「池田警務局長方漢巖禪師訪ふ」,『朝鮮佛敎』제101호(1934.

기개를 세우는 한편, 이와 동시에 다양한 기고를 통한 사회참여로 불교의 안정과 사회적 역할을 고취하고 있다.[143] 즉 한암에게는 일본불교의 영향하에 무너지는 한국불교의 정체성을 환기해야만 하는 중대한 시대적 과제가 부여되어 있었던 것이다.

///////////

8.), 5쪽]. 이외에 玄海는 한암의 出他를 2번을 더 제시하고 있어 주목된다. 첫째는 1941년 朝鮮佛教 曹溪宗의 創宗과 관련해서이며, 둘째는 惠化專門學校의 東國大 昇格을 위해서 通度寺 住持 金九河를 만났다는 것이다[漢巖門徒會·金光植 編, 「玄海」, 『그리운 스승 漢巖 스님(韓國佛教 25人의 證言錄)』(서울: 民族社, 2006), 194-195쪽 ; 李元錫, 「漢巖 스님의 不出洞口와 現實觀」, 『韓國佛教學』 제92집(2019), 259-264쪽].

143_ 李元錫, 〈V. 文筆과 禪思想에서 보이는 現實觀〉, 「漢巖 스님의 不出洞口와 現實觀」, 『韓國佛教學』 제92집(2019), 276-282쪽.

2. 오대산 상원사의 주석과 입적

1) 〈승가오칙僧伽五則〉 제정과
오대산석존정골탑묘찬앙회五臺山釋尊頂骨塔廟讚仰會

한암은 1926년 3월 중순에 봉은사를 출발해, 약 40일 만인 5월 초 오대산 월정사에 도착한다.[144] 거리에 비해 시간 소요가 많았던 것은 한암이 차를 타지 않고 도보로만 그것도 사찰에 유숙하며 이동했기 때문이다.[145] 오대산에 도착한 한암은 당시 부처님오신날인 5월 19일(음력 4월 8일)에 월정사의 조실로 취임하고 이후 상원사에 주석하게 된다.[146]

그러나 한암이 조실로 취임한 월정사와 오대산은 당시 매우 열악한 상황이었다. 홍보룡洪莆龍의 상좌로 월정사의 후원하에 일본 와세

---

144   曹龍溪,「老師의 雲水時節 沒絃琴을 들어라」,『佛光』제60호(1979. 12.), 57쪽, "서울 奉恩寺를 출발한 것이 그해 2월 초인데, 五臺山에 도착한 것은 3월 중순이었다. 꼭 40여 일 만에 五臺山에 당도한 것이었다." ; 曹龍溪 口述, 善友道場 韓國佛敎近現代史硏究會 編,『22人의 證言을 통해 본 近現代佛敎史』(서울: 善友道場出版部, 2002), 61쪽, "서울에서 오대산을 가는 데 한 달 열흘이 걸렸어."

145   曹龍溪 口述, 善友道場 韓國佛敎近現代史硏究會 編,『22人의 證言을 통해 본 近現代佛敎史』(서울: 善友道場出版部, 2002), 61쪽, "스님은 절대로 차를 타지 않으셨고 여관에서도 주무시지 않았지. 꼭 절만 찾으셨어. 몇 십리를 절을 찾아 왔다갔다 했지." ; 曹龍溪,「老師의 雲水時節 沒絃琴을 들어라」,『佛光』제60호(1979. 12.), 56-57쪽, "그것을 寺站이라 하여서 하룻길을 절에서 출발하여 절에 당도해서 쉬었고, 다음 새벽 출발할 때는 도시락을 싸 들고 또 다음 寺站을 대어 갔었다. … 云云 … 도중에 해가 저물게 되면 절을 찾아가는데, 그 절은 20리나 30리를 들어가는 곳이 예사였다. 심지어 50리나 되는 길도 있었다."

146   曹龍溪 口述, 善友道場 韓國佛敎近現代史硏究會 編,『22人의 證言을 통해 본 近現代佛敎史』(서울: 善友道場出版部, 2002), 61쪽, "月精寺 住持 晉山式하고 나중에 上院寺에 올라왔는데, … 云云 … 내가 직접 들었어. 丙寅年 4월 8일에 晉山式을 했으니까, 한 5월쯤의 일이야."

다(早稻田)대학 정경과政經科에서 유학하고 온 용창은龍昌恩이 현대적인 포교를 위해 무리한 확장을 추진하다가 문제가 발생했기 때문이다.

한암의 이거 4년 전인 1922년 8월에 용창은의 주도로 월정사의 포교를 위해 강릉에 포교당을 신설하는 설치계設置計가 제출된다. 이후 1924년에는 금천유치원錦天幼稚園을 포함한 강릉포교당이 완공되기에 이른다.[147] 이 과정에서 용창은은 월정사의 사중 재산 및 본말사 자금 10만여 엔으로 관동권업주식회사關東勸業株式會社를 설립한다. 그러나 물산유통업이 실패하면서, 총독부와 관련된 특수은행인 식산은행殖産銀行에 월정사 토지를 담보로 대출한 3만 엔이 고스란히 빚으로 남게 된다. 여기에 설상가상으로 홍보룡이 빚을 갚기 위한 과정에서 체결한 오대산의 목재 판매가 잘못되면서, 월정사는 추가로 8만 엔과 소송비용까지도 배상해 줘야 하는 최악의 상황에 직면한다. 이렇게 해서 약 12만 엔 정도의 부채가 발생했는데, 그 사이에 이자가 눈덩이처럼 불어 부채 규모가 무려 30만 엔에 이르렀다. 이로 인해 식산은행에 담보로 잡힌 토지와 산림은 물론이거니와 법당과 불상 및 중대 적멸보궁寂滅寶宮에조차 법원의 경매 딱지가 붙는 초유의 사건이 발생한다.[148]

오대산의 위기 속에서 당시 투철한 독립운동가로[149] 백월병조白月

<hr />

147_ 李元錫,「漢巖의 上院寺 移居와 시기 검토」,『淨土學研究』제28집(2017), 153쪽.

148_ 박희승 著,『曹溪宗의 産婆-智庵 李鍾郁』(서울: 曹溪宗出版社, 2011), 102-105쪽 ; 임혜봉 著,『親日佛教論 上』(서울: 民族社, 1993), 136-139쪽 ; 강석주·박경훈 共著,『佛教近世百年』(서울: 民族社, 2002), 153-156쪽 ; 三寶學會 編,「經濟本山」,『韓國近世佛教百年史 3』(서울: 民族社, 1994), 17-19쪽 ; 李元錫,「漢巖의 上院寺 移居와 시기 검토」,『淨土學研究』제28집(2017), 156쪽.

149_ 李鍾郁은 獨立運動의 공로를 인정받아 1977년에는 '獨立勳章 獨立章(3등급)'을 追敍받았

炳肇의 상좌였던 이종욱은[150] 1925년에 출소하여 월정사에 머물고 있었다.[151] 이때 일제는 이종욱이 친일에 협조하는 것을 조건으로 월정사의 부도를 막아준다. 그러나 그럼에도 빚은 처리해야 했기 때문에, 이종욱은 선승禪僧을 넘어 활불活佛로까지 명성을 떨치던 한암을 모셔오게 되는 것이다.[152]

한암은 당시 부채 문제로 어수선하던 오대산을 일신하고자, 승려의 본분인 기본 덕목들을 강조하기 시작한다.[153] 이것이 후일 묶여서 한암의 오대산 가풍을 형성하게 되는데, 이것이 바로 〈승가오칙僧伽五則〉이다.[154] 〈승가오칙〉은 ①참선參禪·②염불念佛·③간경看經·④(불교)의

다. 그러나 이후의 親日行蹟으로 인해, 2009년 발행된 民族問題研究所에서 3권으로 발행한『親日人名事典』에 登載되었으며, 勳章 역시 2018년에 敍勳이 取消되었다.
安厚相,「韓國佛教 總本寺 建設과 李鍾郁」,『大覺思想』제10집(2007), 566-567쪽.

150_ 1896년 13세에 月精寺의 末寺인 明珠寺에서 白月炳肇를 恩師로 出家할 때 받은 法名이 鍾郁이다. 智庵은 法號로 1908년 月精寺에서 雪岳山 百潭寺 五歲庵의 雪耘奉忍에게 嗣法 建幢하고 받은 幢號이다. 박희승,「朝鮮佛教曹溪宗의 主役 연구-宗正과 宗務總長을 중심으로」,『淨土學研究』제4집(2001), 253쪽.

151_ 四佛山人,「朝鮮佛教의 朝鮮律宗」,『朝鮮佛教叢報』제3호(1917.5.), 10-16쪽.

152_ 曺龍溟 口述, 善友道場 韓國佛教近現代史研究會 編,『22人의 證言을 통해 본 近現代佛教史』(서울: 善友道場出版部, 2002), 61쪽, "智庵 스님이 月精寺 住持로 가기 전 明珠寺에 있으면서 丙寅年에 漢岩 스님을 찾아와서 月精寺를 건져주시라고 부탁했지."

153_ 『定本-漢岩一鉢錄』에는 〈僧伽五則〉이 1926년 制定·頒布된 것으로 되어 있지만, 이는 명확한 것은 아니다.
漢岩 撰,「13. 僧伽五則」,『定本-漢岩一鉢錄 上』(平昌: 漢巖門徒會·五臺山 月精寺, 2010), 127쪽 ; 같은 책,「附錄-年譜」, 506쪽.

154_ 漢巖이 제시한 것은 5가지의 原則이었을 뿐, 이를 〈僧伽五則〉이라고 命名한 것은 아니다. 〈僧伽五則〉이라는 명칭은 1995년에 1차『漢巖一鉢錄』이 刊行되는 과정에서, 당시 책임 편집자였던 金剛禪院의 慧炬가 붙인 것이다.
漢巖門徒會·金光植 編,「慧炬」,『그리운 스승 漢巖 스님(韓國佛教 25人의 證言錄)』(서울: 民族社, 2006), 209쪽.

식의식式·⑤수호가람守護伽藍의[155] 총 5가지로, 오대산 승려들의 혼란을
바로 잡고 기본을 충실히 해 오대산을 발전시키려는 필수적인 교육방
안이었다. 이후 〈승가오칙〉은 「불교는 실행에 있다(1935)」에 좌선·간
경·염불의 3가지가 확인되며,[156] 「오인수행吾人修行이 전재어결심성판
專在於決心成辦(1944)」을 통해서 5가지 항목이 구체화되면서,[157] 오대산
한암가풍漢巖家風의 특징으로 완성된다.[158]

한암은 상원사로 이거한 4년 후인 1930년 5월, 오대산불교의 발
전을 도모하며 새롭게 발족하는 '오대산석존정골탑묘찬앙회五臺山釋
尊頂骨塔廟讚仰會(혹 봉찬회奉讚會)'의 법주法主로 추대된다.[159] 실제로 찬
앙회의 취지서인 〈오대산석존정골탑묘찬앙회취지서五臺山釋尊頂骨塔
廟讚仰會趣旨書(1931)〉(이하 〈취지서〉)를 보면,[160] 동참자와 발기인으로 조

155_ 漢岩 撰,「13. 僧伽五則」,『定本-漢岩一鉢錄 上』(平昌: 漢巖門徒會·五臺山 月精寺, 2010),
127쪽.

156_ 漢岩 撰,「18. 佛教는 實行에 있다」,『定本-漢岩一鉢錄 上』(平昌: 漢巖門徒會·五臺山 月精
寺, 2010), 143쪽[이 글은 金光植 解題, 李哲教 資料收集,「佛教는 實行에 있다」,『韓國近現代佛教
資料全集』64(서울: 民族社, 1996), 233-235쪽에 수록되어 있음].

157_ 漢岩 撰,「11. 吾人修行이 專在於決心成辦」,『定本-漢岩一鉢錄 上』(平昌: 漢巖門徒會·五
臺山 月精寺, 2010), 108-109쪽[이 글은『佛教(新)』제56호(1944. 1. 1.)에 수록되어 있음].", "參禪者
는 疑團獨露, 惺寂等持. 念佛者는 心口相應, 一心不亂. 看經者는 照了本性, 超脫文字. 守護伽藍
者는 善知因果, 深達事理, 供養禮敬. 祈願持呪者는 至心懺悔, 消磨業障. 乃至 爲人小使인 任務
라도 盡其誠心하여 不爲失敗케 함이 賜天의 任을 다하고 佛陀의 命囑을 全悉하는 것입니다."

158_ 金光植,「五臺聖地의 중창주, 萬化 喜贊-僧伽五則의 계승과 실천」,『淨土學研究』제28집
(2017), 192-194쪽.

159_ 「五臺山釋尊頂骨塔廟讚仰會 趣旨書·五臺山釋尊頂骨塔廟讚仰會 規約」,『佛教』제81호
(1931. 3.), 10-19쪽.

160_ 〈五臺山釋尊頂骨塔廟讚仰會 趣旨書·五臺山釋尊頂骨塔廟讚仰會 規約〉의 전체 原文은
論文의 맨 마지막 '參考資料'의 '7.〈五臺山釋尊頂骨塔廟讚仰會 趣旨書·五臺山釋尊頂骨塔廟讚
仰會 規約〉' 부분을 參照하라.

선총독朝鮮總督·정무총감政務總監·중추원고문中樞院顧問·중추원부의
장中樞院副議長 등의 주요 인사 158명과 당시 교정教正이었던 김경운金
擎雲·김동선金東宣·박한영朴漢永·서해담徐海曇·이용허李龍虛 및 31 본
사 주지 모두가 동참하는 모습이 확인된다. 이는 당시 오대산 중대 적
멸보궁의 위상과 찬앙회의 발족이 범불교적인 관심사였음을 알게 하
기에 충분하다.[161]

　　한암은 한 해 전인 1929년 1월 5일, 조선불교선교양종朝鮮佛教禪
教兩宗의 승려대회에서 교정教正 7명 중 1명으로 추대된 바 있다.[162] 54
세의 한암이 비로소 한국불교 최고 선승의 위상을 확보하게 된 것이
다. 또 이를 통해서 1930년에는 찬앙회의 법주로 정신적인 지주가 됨
으로써, 월정사의 부채 청산과 오대산불교의 정상화 노력에 박차를 가
하게 된다.[163]

　　당시 월정사 주지는 1927년 10월에 인가를 받은 김일운金一雲이
었다.[164] 그러나 1930년 7월에 이종욱이 47세의 나이로 월정사 주지가
된다는 점에서,[165] 부채 문제의 해결에 주도적으로 매진했던 이종욱과

161_　「五臺山釋尊頂骨塔廟讚仰會 趣旨書·五臺山釋尊頂骨塔廟讚仰會 規約」, 『佛教』 제81호
(1931.3.), 10-19쪽.

162_　金光植, 「方漢岩과 曹溪宗團」, 『漢岩思想』 제1집 (2006), 160쪽.

163_　李元錫, 「漢巖 스님의 不出洞口와 現實觀」, 『韓國佛教學』 제92집 (2019), 270-271쪽, "讚仰
會의 趣旨는 寂滅寶宮을 保存하고 月精寺를 復興하기 위한 것이었고, 그 目的은 '佛教徒의 信仰
을 集中하야 釋迦如來의 頂骨을 奉安하신 五臺山 寂滅寶宮을 永遠히 信護하여 人天의 福田'으로
만드는 것이다. 그러나 그 核心은 月精寺 負債의 完全한 淸算이었다."

164_　大韓佛教曹溪宗 總務院 總務部 編, 『日帝時代 佛教政策과 現況(上)』 (서울: 大韓佛教曹溪
宗 總務院, 2001), 169-173쪽.

165_　1930년 李鍾郁이 月精寺 住持가 되는 것은, 당시 月精寺의 負債 문제를 처리할 적임자로 인
식되었기 때문이었다.

함께 찬앙회를 통한 노력이 함께 진행되었음을 알 수 있다. 실제로 찬
앙회의 〈취지서〉를 보면, 일자가 "소화昭和 6년 1월 ○일"로 되어 있다.
즉 1931년 1월인 셈이다.[166] 또 월정사와 관련해서는 전 주지 김일운과
주지 이종욱이 모두 수록되어 있는 것이 확인된다. 이는 찬앙회가 오
대산 부채 문제해결을 위해서 이종욱과 함께 진행된 일이었음을 명확
히 해준다. 찬앙회 이후 통도사와 더불어 남북보궁南北寶宮으로서[167] 최
고의 위상을 가지고 있던 오대산의 부채는, 1932년 12월까지로 신속
히 정리되고 1936년 9월에 최종적으로 마무리된다.[168]

2) 4차례의 교정敎正 · 종정宗正과 불교개혁 노력

한암의 청정한 선수행 가풍은 한국 선불교의 중흥조로 평가되는
경허를 계승했음에도 경허와는 변별되는 계율적인 특징을 가진다.[169]
실제로 한암은 만공월면滿空月面(1871~1946)이 의뢰한『경허집鏡虛集』
의「경허행장鏡虛行狀」에서, "후대에 배우는 이는 화상의 법화法化(가르

漢巖門徒會 · 金光植 編,「天雲」,『그리운 스승 漢巖 스님(韓國佛教 25人의 證言錄)』(서울: 民族社,
2006), 142쪽.

166_ 「五臺山釋尊頂骨塔廟讚仰會 趣旨書 · 五臺山釋尊頂骨塔廟讚仰會 規約」,『佛教』제81호
(1931. 3.), 10-19쪽.

167_ 韓國佛教研究院 編,『通度寺』(서울: 一志社, 1999), 25쪽, "寺中에 전하는 말로는 高山 第一
의 寺刹은 月精寺요, 野山 第一의 寺刹은 通度寺라고 했다(高山第一月精寺, 野山第一通度寺)."

168_ 安厚相,「韓國佛教 總本寺 建設과 李鍾郁」,『大覺思想』제10집(2007), 570-571쪽 ; 李元
錫,「漢巖 스님의 不出洞口와 現實觀」,『韓國佛教學』제92집(2019), 271쪽, "1928년 5월 江原道에
設立된 月精寺私有財産整理委員會는 總督府 月精寺監理委員會의 處理結果에 따라 10년 계획
에 依據, 月精寺 負債를 解消해 갔다. … 云云"

169_ 趙性澤,「近代韓國佛教에서 漢岩의 역할과 불교사적 의의-萬海 그리고 鏡虛 와의 비교를 통
해」,『韓國佛教學』제71집(2014), 25-26쪽.

침)를 배우는 것은 옳으나, 화상의 행리行履(행동 방식)를 배우는 것은 옳지 못하다. 사람들이 믿어 이해할 수 없기 때문이다."라고 2차례나 적시하고 있다.[170] 또 경허를 평하여 "선善도 끝까지 이르고, 악惡도 끝까지 이르렀다."라고[171] 하여, 관점에 따라서는 비판의 여지를 남기고 있다.[172] 즉 주관에 매몰되어 자칫 문제가 될 수 있는 윤리적인 측면을 정면으로 제기하고 있는 것이다.[173] 이 때문에 만공은 이를 탐탁지 않게 여겨 폐기하고, 대처불교帶妻佛敎를 주장한 만해 한용운(1879~1944)에게 의뢰해 1943년 『경허집』을 새로 발행하게 된다.[174]

일제강점기는 왜색불교의 영향으로 대처·육식이 한국불교를 강하게 파고든 시기였다.[175] 이는 한용운조차 승려의 대처 허용을 3차례

///////////

170_ 漢岩 撰, 「1. 先師鏡虛和尙行狀」, 『定本-漢岩一鉢錄 上』(平昌: 漢巖門徒會·五臺山 月精寺, 2010), 478쪽[「鏡虛和尙行狀」는 『佛敎』 제95권(1932. 5.)의 21-26쪽에 飜譯되어 수록되어 있음], "後之學者가 學和尙之法化則可어니와 學和尙之行履則不可니 人信而不解也라."; 479쪽, "故曰 學和尙之法化則可어니와 學和尙之行履則不可니"; 漢岩 筆寫, 『漢岩禪師肉筆本 鏡虛集(全)』(平昌: 五臺山 月精寺, 2009), 15쪽.

171_ 같은 책, 478쪽, "可謂善到底惡到底하야".

172_ 鏡虛와 관련된 法化와 行履의 문제는 이해의 관점이 다층적이다. 이에 대한 심도 있는 모색은 金浩星, 「師孝의 윤리와 출가정신의 딜레마 漢岩의 『先師鏡虛和尙行狀』을 중심으로」, 『佛敎硏究』 제38집(2013), 309-344쪽을 參照하라.

173_ 박재현, 「方漢岩의 禪的 지향점과 역할 인식에 대한 연구」, 『哲學思想』 제23호(2006), 327쪽.

174_ 이상하, 「『鏡虛集』 編纂, 간행의 경위와 변모 양상」, 『漢岩思想』 제4집(2011), 132-133쪽; 135쪽, "여기서 의아한 것은 禪學院本에는 滿空이 일찍 漢岩에게 부탁하여 쓴 「先師鏡虛和尙行狀」도 싣지 않고 萬海가 찬술한 略譜, 즉 간략한 年譜로 대치하였다. 게다가 萬海의 「序文」에서도 漢岩이 「行狀」을 쓰고 鏡虛의 文集을 편찬했다는 사실조차 전혀 언급하지 않았으며, 뒤에서 詳論하겠지만, 먼저 編纂된 漢岩筆寫本의 詩文 중 일부가 禪學院本에 실려 있지 않다. 저간의 사정을 지금 와서 다 알 수는 없지만, 漢岩이 쓴 「先師鏡虛和尙行狀」을 滿空이 탐탁찮게 여겨 刊行하지 않았을 것임은 분명한 듯하다."; 金昌淑(曉呑), 「鏡虛惺牛 法脈의 재검토」, 『韓國佛敎學』 제65집(2013), 237쪽.

175_ 廉仲燮, 「韓國佛敎의 戒律적인 특징과 현대사회-日帝强占期와 曹溪宗을 중심으로」, 『佛敎學硏究』 제35호(2013), 162-174쪽; 廉仲燮, 「石顚과 漢岩을 통해 본 불교와 시대정신」, 『韓國佛敎

나 조선총독부에 건의하는 양상을 통해서 확인해 볼 수 있다.[176] 이런 점에서 청정한 수행을 강조하던 한암은 당시 한국불교의 사표가 되기에 충분했다. 이와 같은 결과가 일제강점기를 전후해서, 한암이 총 4차례나 교정과 종정으로 추대되는 기념비적인 상황을 연출해 내게 된다.

한암이 4차례에 걸쳐 교정과 종정이 되는 내용을 간략히 정리해 보면 다음과 같다.

① 1929년 1월 5일, 조선불교선교양종朝鮮佛敎禪敎兩宗에서 일제강점기 최초로[177] 진행된 7명의 교정敎正 중 1명으로 선출됨.

이때는 교정 전형위원 11명을 무기명 투표로 선정해서, 이들 전형위원이 교정을 복수로 선출하는 방식이었다. 이렇게 선출된 분은 김환응金幻應, 서해담徐海曇, 방한암方漢岩(54세), 김경운金擎雲, 박한영朴漢永, 이용허李龍虛, 김동선金東宣의 총 7명으로 모두 조선불교선교양종의 교정이 된다.[178]

② 1935년 3월 7~8일에 걸쳐 진행된 선학원禪學院의 수좌대회首座大會 결과로 3명의 종정宗正이 선출됨.

////////////
學』 제71집(2014), 68-72쪽.

176_ 廉仲燮,「韓龍雲과 白龍城의 帶妻에 관한 관점 차이 검토」,『東아시아佛教文化』 제36호 (2018), 367-372쪽.

177_ 韓國佛教의 宗正 制度는 1902년 寺刹管理署인 大法山 元興寺의 左教正과 友教正으로 시작되지만, 이때는 제도만 있었지 해당직에 대한 실질적인 僧侶가 존재하지는 않았다. 이후 1908년 圓宗이 創宗되면서 李晦光이 大宗正으로 선출된다. 1910년에는 圓宗에 對抗하는 臨齊宗이 創宗되며, 1911년 金擎雲(1858~1936)이 臨齊宗의 館長으로 추대된다. 그러나 실질적인 활동은 없었다. 그러므로 1929년이 실질적인 日帝强占期 最初라는 판단이 가능하다. 金光植,「曹溪宗團 宗正의 歷史像」,『大覺思想』 제19집(2013), 128-132쪽.

178_ 같은 論文, 132-135쪽.

선학원의 종정 선출은 1929년의 교정제도에서 영향을 받은 것으로, 전형위원 7명에 의해서 신혜월申慧月, 송만공宋滿空, 방한암方漢岩 (60세) 3명이 조선불교선종朝鮮佛敎禪宗의 종정으로 추대된다.[179]

③ 1941년 4월 23일 조선불교조계종의 창종創宗으로 인해,[180] 1941년 6월 15일 31본사 주지가 1938년 10월 25일에[181] 완공된 태고사太古寺(현 조계사曹溪寺)에 모여 1명의 종정을 선출함. 이 결과 한암이 종정으로 선출됨.

이때는 종정이 총본산總本山(혹 총본사總本寺)인 태고사 주지를 겸하는 동시에, 일제의 인정을 받는 최초 종단의 대표권자이자 1인 종정으로 모셔졌다는 점에서 의의가 크다. 현대의 종정과 같은 양상이 이때에야 비로소 확인되는데, 특히 처음으로 '조선불교조계종朝鮮佛敎曹溪宗' 즉 '조계종'이라는 종단 명칭이 사용된다는 점에서 주목된다. 이는 일본불교의 조동종曹洞宗과 임제종臨濟宗 등이 한국불교를 병합하려고 시도했던 바가 있었으므로, 일본의 종파와는 변별되는 종단으로 한국불교에만 존재하던 조계종을 1920년부터 대두시킨 결과이다.[182]

////////////

179_ 〈佛敎首座大會〉,《東亞日報》, 1935년 3월 13일자 ; 〈中央宗務員〉, 『禪苑』 제4호(1935. 10), 29-30쪽 ; 金光植, 「曹溪宗團 宗正의 歷史像」, 『大覺思想』 제19집(2013), 135-137쪽.

180_ 김용태, 「曹溪宗 宗統의 역사적 이해-近·現代 宗名, 宗祖, 宗旨 논의를 중심으로」, 『禪學』 제35호(2013), 152쪽.

181_ 安厚相, 「韓國佛敎 總本寺 建設과 李鍾郁」, 『大覺思想』 제10집(2007), 557-564쪽.

182_ 漢巖門徒會·金光植 編, 「天雲」, 『그리운 스승 漢巖 스님(韓國佛敎 25人의 證言錄)』(서울: 民族社, 2006), 144쪽, "曹溪宗을 만들 때 漢巖, 智庵스님에게 助言을 해 준 사람으로는 退耕 權相老 博士, 金包光 博士, 元寶山 스님 등입니다. 이 분들이 曹溪宗을 만들어 놓은 것이에요. 그때 漢巖 스님의 지침은 中國과 日本에 없던 宗을 찾아내라는 것인데, 그것이 曹溪宗이라고 결정을 한 것이지." ; 김용태, 「曹溪宗 宗統의 역사적 이해-近·現代 宗名, 宗祖, 宗旨 논의를 중심으로」, 『禪學』 제35호(2013), 154-156쪽.

이 조계종의 명칭은 1954년의 '조선불교'와[183] 이후 정화운동淨化運動 과정에서 대두한 '한국불교조계종(혹 조계종)'을 넘어[184] 1962년 창종되는 현대의 '대한불교조계종'으로까지 계승된다.[185] 즉 1941년에 현재 조계종의 기원을 확립되는 모습이 존재하는 것이다.

1941년 4월 23일, 이종욱의 발의로 조선불교조계종이 창종됨으로 인해, 종단을 대표할 만한 종정의 필연성이 새롭게 대두한다. 이는 당시 일제가 서울 남산의 박문사博文寺[조선의 초대총감인 이토 히로부미(伊藤博文)를 기리는 조동종 사찰임]를 중심으로 한국불교를 병탄하려는 움직임을 보이고 있었기 때문이다.[186] 이로 인해 종정 추대를 위한 본사 주지 투표가 진행된다. 투표 결과는 1941년 6월 15일자 『불교시보佛敎時報』 제71호 등에 따르면, "방한암方漢巖 19점點, 장석상張石霜 6점, 박한영朴漢永 1점, 위원형일渭原馨一(강대련姜大蓮) 1점, 광전종욱廣田鍾郁(이종욱李鍾郁) 1점"으로 한암(66세)이 압도적이었다.[187] 당시는 왜색불교

183_ 金光植,「曹溪宗團 宗正의 歷史像」,『大覺思想』제19집(2013), 145쪽.

184_ 金光植,〈Ⅲ. 정화공간의 曹溪宗(1954, 1955)〉,「大韓佛敎曹溪宗의 成立과 性格 -1941~1962년의 曹溪宗」,『禪學』제34호(2013), 14-25쪽.

185_ 김방룡,「한국 근·현대 看話禪師들의 普照禪에 대한 인식」,『佛敎學報』제58집(2011), 191-192쪽.

186_ 박희승,「朝鮮佛敎曹溪宗의 主役 연구-宗正과 宗務總長을 중심으로」,『淨土學硏究』제4집(2001), 259-260쪽 ; 慧炬,「三學兼修와 禪敎融會의 漢巖思想」,『淨土學硏究』제8집(2005), 325쪽.

187_ 〈總本寺太古寺住持選擧會〉,『佛敎時報』제71호(1941. 6. 15.) ;〈宗正에 方漢岩老師〉,《每日新報》1941년 6월 6일자 ; 金光植,「方漢岩과 曹溪宗團」,『漢岩思想』제1집(2006), 163쪽 ; 金光植,「曹溪宗團 宗正의 歷史像」,『大覺思想』제19집(2013), 135-137쪽 ; 金光植,「朝鮮佛敎曹溪宗의 成立과 歷史的 意義」,『曹溪宗史 硏究論集』(서울: 中道, 2013), 589쪽.

의 영향으로 본사 주지 또한 대처승이 일반적이었다.[188] 그럼에도 이들 역시 자신들의 문제점을 정확하게 인지하고 있었으므로, 종단의 대표성을 가진 종정만큼은 청정한 수행승을 모시고자 했기 때문이다. 이런 기준에 가장 적합한 선승이 바로 한암이었던 셈이다.

그런데 새롭게 제정된 태고사법太古寺法에 의하면, 종정은 태고사에 주석하면서 사무를 보아야만 했다. 그런데 한암은 상원사에서 나가지 않는다는 것을 전제로 종정을 수락한다. 이 때문에 '불출산不出山의 종정'이라는 수행자상을 통해, 한암의 위상은 더 한층 높아지게 된다.[189]

한암은 비록 상원사에서 내려오지는 않았지만, 세상을 도외시한

////////////

188_ 廉仲燮, 「石顚과 漢岩을 통해 본 불교와 시대정신」, 『韓國佛教學』 제71집(2014), 70쪽.

189_ 〈方漢岩大禪師 宗正 推戴의 承諾〉, 『佛教時報』 제69호(1941. 5. 15.), "나의 曲解인지는 모르나 나의 影子를 五臺山 洞口밖에 내보내지 않고 餘年을 마치자는 것이 나의 信條요. 내가 그렇게 心約한 바이라 절대로 赴任할 수 없다고 固辭하시는 것을 安香德和尙과 元寶山和尙이 지극히 말씀드려 內諾을 하시게 된 바, 京城 總本寺 太古寺에는 赴任치 않으시고, 上院寺에 계시면서 朝鮮佛教의 일체 宗務를 監察하실 것으로써 條件附로 하시고 快諾하셨는데, 交涉委員이 사루기를 認可되신 후에 一次는 京城까지 上城하셔서 晉山式을 보시고 歸山하심이 어떠하시냐고 한즉 一次를 나가면 二次 나갈 일이 생기고, 三次 나갈 일이 생기는 고로 當初부터 一次도 아니 나가야 本願을 이룬다고 하셔서 그대로 承諾받고 와서 인가수속의 서류를 당국에 제출하였다."; 〈大導師方漢巖禪師를 宗正으로 마지며〉, 『佛教時報』 제71호(1941. 7. 15.), "그런데 余(李能和임)의 들은 바에 의하면, 大本山 麻谷寺 住持 安香德, 大本山 月精寺 住持 李鍾郁, 京城 禪學院 理事 元寶山 등 세 和尙이, 上院寺에 가서 方漢岩禪師에게 宗正 就任을 공식으로 요청하는 데 대하여, 漢岩禪師는 不出山의 결심을 설명하고 취임을 거절하였다 한다. 香德和尙 등 3인은 할 수 없이 不出山을 조건부로 宗正 承諾을 받아가지고 歸京하여 總督府 當局에 이 뜻을 上申하였던 바 '不出山하여도 좋다'라는 當局의 內命을 承受하였다."; 李能和 著, 「朝鮮佛教曹溪宗과 初代 宗正 方漢岩禪師」, 『定本-漢岩一鉢錄 下』(平昌: 漢巖門徒會·五臺山 月精寺, 2010), 94-95쪽; 鄭珖鎬, 「現代佛教人列傳-方漢岩」, 『定本-漢岩一鉢錄 下』(平昌: 漢巖門徒會·五臺山 月精寺, 2010), 237쪽, "漢岩은 이 '공부'를 위해 실로 '教正'이라고 하는 최고 지위도 무시해 버릴 만큼 철저한 修道人이기도 했다. 즉 한번은 이 疊疊山中 上院寺에서 공부를 하는데, 중앙으로부터 난데없이 教正 就任式이 있으니 서울로 좀 와달라는 통첩을 받은 일이 있었다. 이에 대해 漢岩은 '내 教正 노릇을 못하면 못했지, 공부하다 말고 서울엘 갈 수는 없노라.'고 한마디로 그냥 거절해 버렸다는 것이다."

채 산속의 수행승만을 표방한 것은 결코 아니었다. 실제로 한암은 첫 번째 교정이 된 직후인 1930년부터 1944년까지 지속적으로 장문의 글을 불교계 잡지 등에 기고하며, 종조론宗祖論과 선수행 그리고 계율의 진작에 앞장서는 모습들을 활발히 보인다.[190] 이는 한국불교의 최고 수장으로서는 상당히 이례적인 것으로, 이들 글을 통해 당시 한암의 문제의식과 지향점을 확인해 볼 수 있다는 점에서 주목된다. 즉 한암은 왜색불교의 영향으로 변질된 한국불교에 청정 수행승의 표상이 되는 동시에, 논설을 통해 불교를 바로 세우고 개혁하고자 시도했던 것이다.

또 종무는 종무총장인 이종욱에게 위임했지만, 결재권은 상원사에서 한암이 직접 행사하였다. 이로 인해 한 달에 한 번은 총무원에서 두 부장이 상원사까지 서류를 가지고 왔으며, 한암은 밤에 잠을 자지 못하더라도 서류를 일일이 살피며 직접 꼼꼼하게 결재했다. 즉 한암은 명예만을 취하고 책임을 방기한 것이 아니라, 수행자의 본분을 잃지 않으면서 종정으로서의 역할에 최선을 다했던 것이다.[191]

///////////

190_ 1947년 冬安居 解制 후에 上院寺는 그만 火災로 燒失된다. 이때 漢巖의 自筆敍述인 『一鉢錄』 또한 잿더미 속으로 사라진다. 그럼에도 漢巖에 대한 研究가 活潑히 전개될 수 있는 것은 그가 當代에 많은 글을 佛教 雜誌에 投稿했기 때문이다. 參考로 漢巖의 著述과 社會參與가 가장 旺盛했던 時期는 1930년대이다. 李元錫,〈V. 文筆과 禪思想에서 보이는 現實觀〉,「漢巖 스님의 不出洞口와 現實觀」,『韓國佛教學』제92집(2019), 276-282쪽.

191_ 漢巖門徒會·金光植 編,「寶鏡」,『그리운 스승 漢巖 스님(韓國佛教 25人의 證言錄)』(서울: 民族社, 2006), 80쪽, "宗正이 되시고 한 달에 한 번 總務院에서 두 부장이 한 보따리씩 서류를 갖고 오면 결재를 꼬박꼬박 하셨어요. 밤새 검토하셔서 아주 제쳐 놓은 것도 있고, 手決을 하신 것도 있고, 이것은 수정해 가지고 오라고 하시면 다음 달에 가지고 와서 決裁받고 그랬지요." ; 박희승,「朝鮮佛教曹溪宗의 主役 연구-宗正과 宗務總長을 중심으로」,『淨土學研究』제4집(2001), 263쪽, "漢巖宗正은 山中에서 修行과 衲子 제접에 전념하고 宗務는 宗務總長에 위임하되, 결재권은 직접 행사하였다. 결재는 한 달에 한번씩 정기적으로 2부장이 한 보따리의 서류를 갖고 와서 上院寺 漢巖宗正에

④ 1948년 6월 30일에 조선불교朝鮮佛敎의 2대 교정으로 추대됨.

1946년 3월이 되면 해방 이후 새롭게 정비된 중앙교무회에서, 새로운 국호인 대한민국에 맞춰 종단의 명칭을 '조선불교조계종'에서 '조선불교'로 변경한다. 그리고 이에 맞춰 새로운 교정 1인을 추대하게 된다.

1945년 8월 15일에 광복이 이루어지면서, 한국불교 역시 일제하의 모든 구성원이 총사퇴한다. 이때 한암 역시 종정에서 물러난다. 이를 수습하는 과정에서 1945년 9월 22~23일에 걸쳐 승려대회가 개최되는데, 그 결과 1946년 3월에 석전 박한영이 광복 후 초대 교정으로 추대된다.[192] 당시 한암이 아닌 박한영이 교정이 된 것은, 한암이 일제강점기 한국불교를 지켜냈음에도 해방 후 사퇴한 상황이므로 새로운 인물을 추대할 필요가 있었기 때문이다.

그러나 박한영은 1948년 4월 8일에 정읍 내장사內藏寺에서 77세를 일기로 입적한다.[193] 이로 인해 1948년 6월 30일에 한암(73세)이 조선불교의 제2대 교정으로 다시금 재추대되기에 이른다.[194]

한암은 일제강점기에 종정으로 있었던 승려로, 광복 직후는 반일

///////////

게 전하면, 밤 동안 자지 않고 서류를 검토하여 결재와 부결을 표하고 그 이유를 꼼꼼히 설명하였다고 한다.";〈大導師方漢巖禪師를 宗正으로 마지며〉,『佛敎時報』제71호(1941.7.15.).

192_　廉仲燮,「石顚과 漢岩을 통해 본 불교와 시대정신」,『韓國佛敎學』제71집(2014), 78쪽 ; 禪雲寺 編,「第1章 石顚鼎鎬 스님의 生涯와 行蹟」,『石顚鼎鎬 스님 行狀과 資料集』(高敞: 禪雲寺, 2009), 23쪽;金光植,「曹溪宗團 宗正의 歷史像」,『大覺思想』제19집(2013), 143쪽.

193_　〈明星落地! 朴漢永老師 入寂〉,《佛敎新報》, 1948년, 6월, 17일자 ; 禪雲寺 編,「第1章 石顚鼎鎬 스님의 生涯와 行蹟」,『石顚鼎鎬 스님 行狀과 資料集』(高敞: 禪雲寺, 2009), 99쪽.

194_　金光植,「曹溪宗團 宗正의 歷史像」,『大覺思想』제19집(2013), 143쪽.

에 대한 논의가 거셀 때이다. 그러므로 한암에게 일제와 관련해서 종도들의 신망에 문제가 있었다면, 박한영을 이어 2대 교정이 되는 것은 불가능했다.[195] 이런 점에서 본다면, 한암의 수행자로서의 위상은 단순히 불교의 지도층을 넘어 종도들의 폭넓은 신망을 받고 있었다는 것을 알게 한다.

실제로 한암은 태평양전쟁이 한창이던 1942년(67세) 초, 일본 총독 미나미(南次郎)의 총독부로의 초청 요구를 받게 된다. 이때 한암이 불출산不出山의 서원으로 거절하자, 미나미는 부총독격인 정무총감 오노로구이치로(大野祿一郎)를 상원사로 파견해 음력 8월 3일 한암을 예방케 한다. 이는 한암을 통해서 불교의 지원과 전쟁 승리의 기원을 독려하기 위한 목적이었다.

이때 정무총감이 한암을 배알하고 "이번 전쟁(태평양전쟁)에서 어느 나라가 이길 것 같습니까?"를 묻자, 한암은 묵연히 "덕 있는 나라가 이긴다(덕자승德者勝)."라고 답한다. 한암의 의연한 태도에 감복한 정무총감이 일생에 지침이 될만한 가르침을 청하자, 한암은 즉석에서 "정심正心"이라고 써 주었다.[196] 실로 외압과 무력에 타협하지 않는 고승

195_ 金浩星과 임혜봉은 漢巖의 글 중에 日帝와 관련된 5편, 즉 ①「吾人修行이 專在於決心成辦」·②「宣傳御大詔의 渙發에 際하야 宗徒一般에 告함」·③「大東亞戰爭一周年紀念을 際하야」·④「不落險曲履踐正路」·⑤「諭示」를 漢巖의 직접 撰述이 아니라고 판단하였다. 그러나 李元錫은 ①「吾人修行이 專在於決心成辦」은 漢巖의 글로 타인에 의한 일부 改變으로 보고 있으며, 筆者 또한 이와 같은 관점이다. 왜냐하면 ①「吾人修行이 專在於決心成辦」에 수록되어 있는 〈僧家五則〉에 대한 내용 등은 다른 이의 改變이나 撰述이 불가능한 측면이기 때문이다. 金浩星 著, 『方漢岩禪師』(서울: 民族社, 1995), 57-59쪽 ; 임혜봉 著, 『宗正列傳』 1(서울: 文化文庫, 2010), 304-306쪽 ; 李元錫, 「漢巖 스님의 不出洞口와 現實觀」, 『韓國佛敎學』 제92집(2019), 285쪽.

196_ 漢岩大宗師法語集 編纂委員會 編, 「13. 與政務總監大野綠一郎對話」, 『定本-漢岩一鉢錄 上』(平昌: 漢巖門徒會·五臺山 月精寺, 2010), 216-217쪽, "상대가 韓國佛敎를 대표하는 宗正이

의 기개가 엿보이는 일화라 아니할 수 없다. 이와 같은 일들로 인해 한
암의 명성이 일본인들에게 크게 떨치면서, 이후 고관과 일본 승려들이
한암을 찾는 일이 다수 발생하게 된다.[197]

　한암은 청정한 계율과 치열한 선수행 및 깊은 덕망으로 인해, 일
제강점기를 전후해서 총 4차례의 교정과 종정을 역임했다. 이로 인해
대처·육식이라는 왜색불교의 영향에서 한국불교를 지켜낸 등대와 같
은 역할을 한다. 또 조선불교조계종의 초대 종정이 됨으로써, 현대불
교로 연결되는 가장 영향력 있는 사표師表로 길이 자리매김하기에 이
른다.

////////////

니 강제로 서울로 오게 할 수도 없고, 그렇다고 總督 자신이 五臺山으로 간다는 것도 체면상 어렵게
되었다. 그리하여 窮餘之策으로 副總督격인 政務總監 오오노(大野綠一郞)를 대신 보냈다. 오오노
는 上院寺에 도착하여 宗正인 漢岩禪師와 인사말을 나눈 후 다음과 같이 물었다. '이번 전쟁(태평양
전쟁)은 어느 나라가 이기겠습니까?' 日本의 진주만 공격으로 태평양전쟁이 발발한 직후인지라, 주
위 사람들은 아연 긴장하지 않을 수 없었다. 모두 숨을 죽인 채 漢岩禪師를 바라보고 있었다. 日本이
이긴다고 하면 그것은 아첨하는 말이 될 것이고, 그렇다고 日本이 진다고 할 수도 없는 일이었다. 漢
岩禪師는 즉시 다음과 같이 대답했다. '德이 있는 나라가 이기지요(德者勝).' 漢岩禪師의 名答에 오
오노로구이치로(大野綠一郞)는 더 이상 무어라 물을 수가 없었다. 너무나 당연한 말이었다. 감동
한 그는 '평생 지침이 될 수 있는 法門'을 청했다. 이에 漢岩 선사께서는 묵묵히 白紙 위에다 다음과
같은 글을 적어 주었다. '正心.'"
李載昌의 글인 「14. 五臺山의 맑은 연꽃, 漢巖 스님」,『定本-漢巖一鉢錄 下』(平昌: 漢巖門徒會·五臺
山 月精寺, 2010), 241-242쪽에는 '德者勝은 警務局長-이케다(池田淸)' '正心은 政務總監-오
오노'로, 두 사건이 분절된 것으로 기록되어 있어 위의 연속된 서술과는 차이가 있다.

197　金呑虛 撰, 「現代佛敎의 巨人, 方漢岩」, 『定本-漢岩一鉢錄 下』(平昌: 漢巖門徒會·五臺山
月精寺, 2010), 168쪽, "사또오(佐藤泰舜)는 (1930년대에) 3일 동안 留宿하고 漢岩이 살던 上院寺
를 떠났다. 뒷날 여러 사람이 모인 어느 講演席上에서 사또오 教授는, '漢岩 스님은 日本 天地에서
도 볼 수 없는 인물임은 물론이고 世界的으로도 둘도 없는 존재다.'라고 漢岩을 評한 일이 있다. 이 일
이 있은 다음부터 朝鮮總督府의 日人 高官들과 우리나라를 방문한 일인 著名 인사들이 上院寺로
漢岩을 찾아오는 일이 잦았다. 그들은 漢岩과 法談을 몇 마디 주고 받고서는 반드시 깊은 感銘을 받
고 그의 곁을 떠났다. 漢岩과 그들 사이에는 여러 가지 기발하고도 神妙한 禪理 問答이 벌어졌다."

3) 삼본사연합승려수련소三本寺聯合僧侶修練所와 불교 교육의 강조

일제는 1930년대에 접어들면서 다양한 문제들을 겪게 된다. 1929년의 세계적인 대공항의 영향을 시작으로 1931년의 만주사변滿洲事變 그리고 1932년에는 상해사변上海事變이 발생한다. 또 1934~1935년에 확대되는 덴노키칸세쓰(天皇機関說) 등은 1930년대의 일본이 해결해야 할 다양한 사건들이었다.[198] 이런 문제들을 해결하기 위해 일제는 정신교육을 강화하려고 시도하는데, 이렇게 해서 시행되는 것이 바로 '심전개발운동心田開發運動'이다.

심전개발정책은 1933년 하반기에 계획되어 1935년에 구체화된다. 그리고 이것이 본격적으로 시작되는 것은 1936년부터이다.[199] 일제의 심전개발운동은 정신교육을 통해서 식민지지배의 정당성을 공고히 하는 것에 주안점이 맞추어져 있다. 이런 점에서 심전개발운동에 따른 시행이 당시 최대 종교인 불교에 하달되는 것은 당연하다. 이로 인해 1935년이 되면, 본사 주지회의의 안건으로 심전개발사업에 따른 대표기관 설치가 일단락된다.[200]

강원도의 심전개발사업은 유점사楡岵寺 · 건봉사乾鳳寺 · 월정사月

198_ 김순석,「朝鮮總督府의 佛教政策과 佛教界의 對應」(서울: 高麗大 博士學位論文, 2001), 123쪽 ; 조성운,「『佛教時報』를 통해 본 心田開發運動」,『韓國民族運動史研究』 제67호(2011), 111-112쪽 ; 孝本貢編,「大正 · 昭和期의 國家 · 旣成佛教教團 · 宗教運動」,『論集日本佛教史』(東京: 雄山閣出版株式會社, 1988), 31-32쪽.

199_ 한긍희,「1935~37年 日帝의 '心田開發' 정책과 그 성격」,『韓國史論』 제35권(1996), 160-163쪽.

200_ 金光植,「金吞虛의 교육과 그 성격」,『淨土學研究』 제6집(2003), 216쪽.

精寺의 삼본사三本寺 주지의 주도로 구체화된다.[201] 그러나 강원불교와 한암은 이러한 일제의 국민의식 계몽사업을 변모시켜, 승려교육을 위한 삼본사수련소三本寺修練所를 설립하는 것으로 대체한다. 또 그 위치 역시 본사 중 한 곳이 아닌, 한암이 주석하는 상원사에 설치하였다.

　　당시 한암은 1935년 3월, 선학원에 의해서 종정으로 추대된 상태였다. 그런데 1936년 1월에 종정이 주석하는 곳에 삼본사수련소가 설치되고, 6월에는 입소식이 이루어지는 것이다.[202] 이는 한암의 의지가 아니고서는 불가능한 일이다. 즉 한암은 일제의 심전개발을 효율적으로 극복하는 방법으로, 이를 삼본사수련소로 변경해서 자신이 주관할 수 있는 장소와 방식으로 변모시킨 것이다. 이는 삼본사수련소의 내부적인 명칭이 '승려안거법회僧侶安居法會'였다는 점을 통해서도 분명해진다.[203]

　　삼본사수련소는 1936년부터 1940년까지 약 4년간에 걸쳐 진행된다. 이때 동참자는 강원도 삼본사의 승려들 15~17명이었으며, 이들은 참선과 더불어 선어록 및 교학을 수학했다. 즉 일제에 의해서 시행되었음에도 결과는 이들의 의도와는 전혀 다른 방향으로 흘러간 셈이다.

　　삼본사수련소가 상원사 선원에 개설된 이유 중에는 한암의 선불

<hr />

201_　廉仲燮, 「漢岩과 呑虛의 僧伽教育 방향과 실천양상」, 『國學研究』 제39호(2019), 534-535쪽 ; 金光植, 「金呑虛의 교육과 그 성격」, 『淨土學研究』 제6집(2003), 217쪽.

202_　〈彙報-五臺山 上院寺의 僧侶修練所 入所式〉, 『佛教時報』 제12호(1936. 7. 15.) ; 〈僧侶修練所가 一日에 入所式〉, 《每日新報》, 1936년 6월 7일자.

203_　〈彙報-江原都廳이 積極的인 心田開發運動計劃〉, 『佛教時報』 제8호(1936. 3. 15.).

교에 대한 관점인 선수행 후에 교학과 선어록을 수학해야 한다는 전선후교前禪後教의 교육관이 존재한다.[204] 한암은 기존의 교학을 수학한 후에 선불교로 전향하는 사교입선捨教入禪의 방식과 달리, 선수행을 직접 경험한 후에 이와 같은 경험을 토대로 선어록과 교학을 이룩하는 교육방식을 강조했다. 이러한 한암의 교육론이 상원사에서 구체화되는 것이 바로 심전개발에 따른 승려안거법회였던 것이다.

승려안거법회라는 명칭은 승려들을 대상으로 하는 '안거安居' 즉 선수행과 더불어, '법회法會'라는 교학적인 교육을 한다는 점을 분명히 한다. 또 이는 교육이 안거 기간에 주로 이루어졌다는 점도 알게 해준다.[205] 즉 선불교를 중심으로 하는 한암의 교육론이 잘 나타나는 측면인 셈이다.[206] 이런 점에서 본다면, 이 명칭 역시 한암이 직접 지었을 것이라는 추정을 가능하게 한다.

삼본사수련소에서 학습하는 교과목은 남종선南宗禪의 소의경전所依經典인 『금강경삼가해金剛經三家解(정확히는 4가해임)』를 주된 교재로

204_ 曺龍溟 撰, 「10. 우리 스님, 寒巖 스님」, 『定本-漢巖一鉢錄 下』(平昌: 漢巖門徒會·五臺山 月精寺, 2010), 144쪽.

205_ 修練生은 解制 후에는 소속 사찰로 돌아가는 것이 일반적이었으며, 특별한 경우에는 남아 있어도 큰 문제는 없었던 것으로 이해된다.
漢巖門徒會·金光植 編, 「雪山」, 『그리운 스승 漢巖 스님(韓國佛教 25人의 證言錄)』(서울: 民族社, 2006), 127쪽, "解制를 하면 전부 자기 절로 돌아가요. 安居가 시작되면 다시 오지요. 저는 乾鳳寺로 가지 않고 큰절인 月精寺에 가서 解制 기간에 四教를 보았어요. 그 당시에는 쌀을 가지고 가야 했지요."

206_ 실제로 三本寺修練所 이전에도 上院寺 禪院은 이와 같은 방식으로 운영되었던 것 같다. 즉 기본적인 토대 위에 教育時間과 教科가 증가한 정도로 판단된다.
전재강 譯註, 「金剛般若波羅密經重刊緣起序」, 『金剛經三家解』(서울: 운주사, 2019), "坐禪之暇에 爲日課講誦하야, 送過了熱寒二際矣러니".

해서, 『화엄경華嚴經』·『범망경梵網經』·『보조법어普照法語』·『육조단경六祖壇經』·『경덕전등록景德傳燈錄』·『선문염송禪門拈頌』 등이었다.[207] 이는 남종선을 기본으로 교학과 선어록이 갖추어져 있는 것을 알게 한다. 1년이라는 수학 기간상 이들 과목 전체를 다 배운 것은 아니며, 『금강경삼가해』만 필수 암송이었고[208] 나머지 교과들은 상황에 따라 탄력적인 교육이 진행되었다.[209]

이 중 『보조법어』는 한암이 신계사 보운강회에서 선수행으로 전환되는 계기가 된 지눌 관련 총서로, 수록내용과 순서는 '「정혜결사문定慧結社文」 → 『수심결修心訣』 → 『진심직설眞心直說』[210] → 『원돈성불론圓頓成佛論』 → 『간화결의론看話決疑論』 → 부록: 〈보조국사비문普照國師碑文〉'의 체계이다.[211] 한암은 1937년 음력 8월 28일 이전에 『보

///////////

207_ 金光植, 「金呑虛의 교육과 그 성격」, 『淨土學研究』 제6집(2003), 226쪽, "당시 배운 경전은 주로 『金剛經』, 『華嚴經』, 『梵網經』이었지만, 간혹 수련생들의 요청으로 『普照語錄』, 『六祖壇經』도 배웠다고 한다."

208_ 漢巖門徒會·金光植 編, 「奉爽」, 『그리운 스승 漢巖 스님(韓國佛敎 25人의 證言錄)』(서울: 民族社, 2006), 237쪽.

209_ 같은 책, 「梵龍」, 35쪽, "우리가 갔을 때에는 이미 『華嚴經』도 끝나가고, 『傳燈錄』도 끝나가고, 『拈頌』을 보고 있었지요. … 云云 … 우리가 가기 전에 1기생들이 『梵網經』을 보았고, 우리는 『金剛經三家解』라고 해서 漢巖 스님이 직접 吐를 단 것을 보았어요. 『普照法語』, 『六祖壇經』도 배웠지요. 그때 李通玄 長子의 『華嚴經論』을 구하였는데, 中國 北京에서 구하려다 못 구해 南京에서 구했다고 하였지."

210_ 『眞心直說』의 著者와 관련해서는 知訥이 아니라, 金나라 때의 禪僧 政言의 撰述이라는 주장이 최근에 제기된 바 있다. 물론 漢巖 당시로서 이것은 인지될 수 있는 내용이 아니다.
崔鈆植, 「『眞心直說』의 著者에 대한 새로운 이해」, 『震檀學報』 제94호(2002) ; 손성필, 「『眞心直說』 판본 계통과 普照知訥 撰述說의 출현 배경」, 『韓國思想史學』 제38집(2011), 參照.

211_ 이상하, 「漢巖 重遠의 普照·鏡虛 계승과 그 의미」, 『大覺思想』 제23집(2015), 273쪽, "普照의 著述을 묶어서 간행한 것은 鏡虛의 『禪門撮要』가 거의 처음이다. 그리고 漢巖이 1937년에 懸吐하여 刊行한 『普照法語』의 내용은 『禪門撮要』에 실린 普照의 著述과 一致한다.

조법어」을 현토懸吐한다. 이는 「보조선사어록찬집중간서普照禪師語錄纂集重刊序」의 찬술이 음력 8월 28일이라는 점을 통해서 분명해진다. 1936년 1월에 삼본사수련소가 설립되었다는 점을 고려한다면, 이는 교육교재의 필요성에 의해서 한암이 작업한 것임을 알 수 있다.

또 『금강경』은 혜능이 깨달음으로 인도된 경전인 동시에 한암의 청암사 수도암 1차 개오와 관련된 전적이다. 한암은 강원교재인 『금강경오가해金剛經五家解』가 아닌 『금강경삼가해』를 교육했는데, 이 역시 1937년에 수련생의 교재를 삼기 위해 현토를 달아 편찬했다.[212]

한암의 『금강경삼가해』는 『금강경오가해』에서 규봉종밀圭峰宗密(780~841)의 「찬요纂要」와 부대사傅大士 부흡傅翕(497~569)의 「송頌」을 제외한 육조 혜능의 「구결口訣」·야보도천冶父道川의 「송頌」·예장종경豫章宗鏡의 「제강提綱」을 남기고, 여기에 함허득통涵虛得通(1376~1433)의 『금강경』 주석인 「설의說誼」를 합본한 것이다. 이런 편찬기준은 한암이 찬술한 「금강반야바라밀경중간연기서金剛般若波羅密經重刊緣起序」의 내용, 그리고 이 글이 1937년 음력 1월 29일이라는 시점을 기록하고 있는 것을 통해서 분명해진다. 「연기서」를 보면 선禪적인 관점을 보다 분명히 하기 위해서, 번잡한 2가지는 빼고 필요에 의해 1가지는 추가했다는 내용이 수록되어 있다.[213]

212_ 金光植, 「金呑虛의 교육과 그 성격」, 『淨土學硏究』 제6집(2003), 226쪽 ; 漢巖門徒會·金光植 編, 「漢岩禪師의 生涯와 思想」, 『그리운 스승 漢巖 스님(韓國佛教 25人의 證言錄)』(서울: 民族社, 2006), 24쪽.

213_ 전재강 譯註, 「金剛般若波羅密經重刊緣起序」, 『金剛經三家解』(서울: 운주사, 2019), 24-27쪽, "諸友ㅣ請余懸吐於經與解하야 以便於看讀故로 余嘉其誠意하야 自不顧文理之未充하고, 輒許之而五家解中에 六祖冶父宗鏡三家는 即說盡於義理之微妙하사, 使覽者聽者로 洒然若換骨

『금강경』의 현토 완료는 1월인 데 반해, 『보조법어』의 완료는 8월로 나타난다. 이는 한암이 주교재인 『금강경』을 먼저 현토하고, 막바로 이어서 『보조법어』의 현토에 착수한 정황을 알게 한다. 다음으로 『육조단경』은 남종선의 종지 파악을 위한 교재에 해당한다. 또 『범망경』은 일제강점기라는 계율이 무너지는 상황에서, 계경戒經을 통해 승려들의 계율 의식을 고취시키려는 목적으로 이해된다.

그리고 『화엄경』은 단연 동아시아 대승불교의 최고 경전이다. 그러나 삼본사수련소의 수학 과정이 1년이라는 점을 감안한다면, 여기에서 『화엄경』은 대경大經이라기보다는 화엄사상과 관련된 주석서 중심이었다고 할 수 있다. 한암은 특징적이게도 화엄사상가 중 방계傍系로 치부되는 이통현의 관점에 주목했다. 이통현에 대한 긍정은 지눌의 영향으로 추정된다.[214] 지눌의 저작에는 이통현의 영향과 『신화엄경론』 40권을 3권으로 간취한 『화엄론절요華嚴論節要』가 존재하기 때문이다.[215]

洗腸하고, 又擧揚於擊石火閃電光底消息하야 直超乎千聖不傳之向上一路케하시니 可謂光前絶後에 億劫難逢이라. … 云云 … 故로 三家解와 涵盖說誼를 全取之而未及於圭峰纂要와 傅大士頌者는 非徒後學이 浩大難持라. 已上四解를 玩味通曉則兩家解는 自在其中故也라. … 云云 … 佛紀二千九百六十四年(丁丑: 1937) 元月 二十九日에 漢岩重遠은 焚香謹識하노라."

214_ 漢巖門徒會·金光植 編, 「道源」, 『그리운 스승 漢巖 스님(韓國佛敎 25人의 證言錄)』(서울: 民族社, 2006), 61-62쪽, "스님은 『普照法語』를 매우 귀중히 여겼어. 普照國師는 『書狀』으로 벗을 삼고, 『華嚴論』으로 스승을 삼았다고 하였으므로, 五臺山 上院寺에서는 李通玄의 『華嚴論』으로 敎材를 삼아 전 大衆이 배웠지."; 尹暢和, 「漢岩과 呑虛의 同異점 고찰」, 『韓國佛敎學』 제63집(2012), 96쪽.

215_ 박재현, 「普照知訥의 『華嚴論節要』 연구-믿음[信]과 바람[願]을 중심으로」, 『哲學』 제70권(2002), 6-7쪽; 정희경, 「知訥의 『華嚴論節要』에 대한 연구 현황 및 과제」, 『南道文化硏究』 제29집(2015), 322-323쪽.

끝으로『경덕전등록景德傳燈錄』은 북송 제3대 진종眞宗의 경덕景德 원년元年(1004)에, 도원道原이 그때까지의 선승 1,701명의 일화와 깨침 등의 기연을 모아 편찬한 중국 선불교를 대표하는 30권으로 이루어진 선문禪門의 총서이다. 선문의 '1,700공안公案'이라는 말은 이러한『전 등록』의 승려 수에서 기인한다. 그리고 마지막『선문염송禪門拈頌』은 지눌을 계승한 수선사修禪社(길상사吉祥寺 이후 송광사로 변경됨)의 제2세인 진각혜심眞覺慧諶(1178~1234)이, 고려 선불교의 통일적인 정체성을 확 보하며 지눌계의 정당성을 강조하기 위해 편찬한 총 20권으로 구성된 고려 선불교를 대변하는 총서이다.

이런 점에서 본다면, 한암의 삼본사수련소의 교과는 혜능과 지눌 을 중심으로 하는 선어록 및 화엄사상과 계율 의식의 고취로 간취된 다고 하겠다. 또 한암이 교재를 선정함은 물론이거니와 현토 재편하는 모습은 한암의 교육자로서의 역량과 열정이 잘 드러나는 측면이라고 하겠다.

삼본사수련소와 관련해서 주목되는 점 중 하나는, 당시 중강中講 (강사)의 필연성에 의해 제자인 탄허가 급부상하게 되는 부분이다. 탄 허는 1934년 음력 9월 5일 오대산에 입산한다. 이후 1934년 음력 10 월 15일 하원下元에 사미계沙彌戒를 수지하는데, 이는 행자 기간을 제 대로 거치지 않은 매우 빠른 득도得度였다.[216] 이렇게 되는 이유는 탄허

216_ 吞虛門徒會 編,「吞虛大宗師 年譜」,『(增補版)方山窟法語-吞虛大禪師法語集』(平昌: 五臺山月精寺, 2013), 618쪽; 月精寺·金光植 編,『方山窟의 無影樹(上)』(서울: 民族社, 2013), 467 쪽; 金光植,「吞虛 스님의 生涯와 敎化活動」,『吞虛禪師의 禪敎觀』(平昌: 五臺山月精寺, 2004), 27쪽.

가 출가 이전부터 한암과 약 3년에 걸쳐 20여 통의 서신 교환을 통해 깊은 둘 사이에 유대관계가 성립되어 있었기 때문이다.[217]

　　한암은 탄허의 탁월한 한학적인 능력을 높이 평가했다. 이로 인해 삼본사수련소가 시작되는 1936년 6월에, 출가 후 불과 1년 8개월 만에 중강으로 발탁하는 모습을 보인다.[218] 삼본사수련소의 강의는 주로 탄허가 석사釋辭하고 한암이 첨언添言하는 방식으로 진행되었다.[219] 이와 같은 방식은 한암의 선불교와 교학적인 관점들이 탄허에게 고스란히 전해지는 결과를 초래한다.[220] 이는 이후 탄허가 이통현의 『신화엄경론』을 중심으로 하는 『신화엄경합론新華嚴經合論』 120권(출판은 한장본 47권, 양장본 23권)을 현토 완역하는 결과로까지 연결된다.[221] 또 삼본사수련소에서 탄허가 중강이 되는 것으로 인해, 한암의 계승자가 탄허라는 인식이 점차 구체화되기 시작한다. 즉 삼본사수련소는 한암의 불교교육관과 탄허의 한암 계승이라는 측면에서도 주목되는 사건

217_ 李元錫, 「漢巖 重遠과 吞虛 宅成의 佛緣」, 『韓國佛敎學』 제79집(2016), 310-314쪽 ; 金光植, 「吞虛 스님의 생애와 교화활동」, 『吞虛禪師의 禪敎觀』(平昌: 五臺山 月精寺, 2004), 263쪽 ; 尹善泰, 「吞虛 스님의 求道過程과 人材養成」, 『韓國佛敎學』 제66집(2013), 263쪽.

218_ 吞虛 口述, 〈華嚴經의 信仰世界(中)〉, 『佛光』 통권 72호(1980. 10.), 53쪽 ; 金光植, 「金吞虛의 교육과 그 성격」, 『淨土學硏究』 제6집(2003), 224쪽.

219_ 李元錫, 〈Ⅴ. 文筆과 禪思想에서 보이는 現實觀〉, 「漢巖 스님의 不出洞口와 現實觀」, 『韓國佛敎學』 제92집(2019), 276-282쪽.

220_ 廉仲燮, 「漢岩과 吞虛의 僧伽敎育 방향과 실천양상」, 『國學硏究』 제39호(2019), 541쪽 ; 高榮燮, 「漢巖과 吞虛의 佛敎觀−解脫觀과 生死觀의 同處와 不同處」, 『宗敎敎育學硏究』 제26권(2008), 89쪽.

221_ 吞虛 口述, 〈華嚴經의 信仰世界(上)〉, 『佛光』 통권 71호(1980. 9.), 55쪽. 『華嚴經合論』의 飜譯은 준비 기간까지 총 17년에, 작업만 10년이나 걸린 大長程이었다. 직접적인 출판은 1975년 8월 『新華嚴經合論』 47권으로 완성된다[吞虛門徒會 編, 「華嚴經의 世界」, 『(增補版)方山窟法語−吞虛大禪師法語集』(平昌: 五臺山月精寺, 2013), 78쪽].

인 것이다.

4) 한국전쟁 속의 한암과 좌탈입적坐脫入寂

한암은 일제강점기의 거의 모든 본사 주지와 한국불교를 대표하는 승려들이 일본불교의 영향에 의해 대처·육식으로 변모한 상황에서, 한국불교의 정체성을 유지하는 사표의 역할을 굳건히 담당해 왔다. 이와 같은 한암의 청정하고 올곧은 자세로 인해, 한암은 일제강점기에만 총 3차례나 교정과 종정으로 추대될 수 있었다.

그러나 1945년 8월 15일 일제의 패망으로 한반도가 광복되자, 닷새 후인 8월 20일에 종정인 한암과 종무총장宗務總長 이종욱 이하 조선불교조계종 집행부는 전원 총사퇴한다. 이로 인해 1946년 3월에 조선불교조계종이 조선불교로 변경되고, 새로운 교정에 박한영이 추대되며 종무총장에는 김법린金法麟(1899~1964)이 선출된다.

한암은 비로소 4년간에 걸친 종정이라는 무거운 짐을 내려놓을 수 있었다. 그러나 이듬해인 1947년(72세) 음력 2월 2일 석양夕陽에, 상원사에 새로 지은 건물에서 화재가 발생해 상원사의 두 법당과 요사 2동이 전소되는 비극을 맞게 된다.[222] 이때 국보 제221호인 〈평창平昌 상원사上院寺 목조문수동자좌상木彫文殊童子坐像〉과 보물 제1811호인 〈평창 상원사 목조문수보살좌상木彫文殊菩薩坐像〉 그리고 강원도 유형

222_ 漢岩 撰, 〈書簡20〉,「1. 鏡峰 스님에게 보내는 書簡文(24편)」,『定本-漢岩一鉢錄 上』(平昌: 漢巖門徒會·五臺山 月精寺, 2010), 324쪽, "鄙院은 居僧德薄하고 寺運不吉하야 陰二月初二日 夕陽에, 飄風大起하야 新屋火生하야 兩法堂與東西寮舍 盡入灰燼이요. … 丁亥(1947년) 三月 七日."

문화재 제160호인 〈평창 상원사 문수전文殊殿 목조제석천왕상木彫帝釋天王像〉과 국보 제36호인 〈상원사 동종〉 등 존상尊像과 경전 등의 성물聖物들을 먼저 구하는 과정에서,[223] 한암의 자필自筆 서술敍述인 『일발록一鉢錄』은 그만 소실되고 만다.[224]

한암은 화재 이후에 월정사와 함께 즉시 상원사 중건重建을 단행하고,[225] 노구임에도 기왓장을 나르는 등 운력에 적극 동참하는 솔선수범의 자세를 견지한다.[226] 이로 인해 늦가을에는 상원사가 대략적으로

//////////

223_ 漢巖門徒會·金光植 編,「道源」,『그리운 스승 漢巖 스님(韓國佛敎 25人의 證言錄)』(서울: 民族社, 2006), 54쪽, "法堂에 있는 부처님과 經典 등을 밖으로 끄집어냈다.『華嚴經』과 서너 함의 經典은 타 버렸어." 「道堅」, 114쪽 ; 漢巖 撰, 〈書簡20〉,「1. 鏡峰 스님에게 보내는 書簡文(24편)」, 『定本-漢岩一鉢錄 上』(平昌: 漢巖門徒會·五臺山 月精寺, 2010), 324쪽, "而所救者는 佛像與經櫃와 釜鼎客室與鍾閣而已라. … 丁亥(1947년) 三月 七日."

224_ 呑虛宅成 撰,「附錄-漢岩大宗師浮屠碑銘幷序」,『定本-漢岩一鉢錄 上』(平昌: 漢巖門徒會·五臺山 月精寺, 2010), 493쪽, "所著者 有一鉢錄一卷이어늘, 而上院寺丁亥回祿時에 幷入灰燼하니, 恨何可旣리오?"
『一鉢錄』의 燒失과 관련해서는 1947년 上院寺 火災 때 燒失되었다는 주장이 일반적이다. 그러나 萬化喜讚(1919~1983)은 1961년 上院寺의 小林草堂 화재 때 燒失되었다는 주장을 제기하고 있어 주목된다[漢巖門徒會·金光植 編,「玄海」,『그리운 스승 漢巖 스님(韓國佛敎 25人의 證言錄)』(서울: 民族社, 2006, 54쪽), 200쪽]. 前者는 上佐인 呑虛의 記錄과 寶鏡 등의 陳述이고(같은 책, 85쪽), 後者는 오랫동안 시봉한 萬化의 陳述이라는 점에서 사실관계를 판단하기가 쉽지 않다. 다만 1961년에 燒失되었다면, 呑虛가 1959년에 作成한 〈漢岩碑文〉에서 『一鉢錄』의 燒失 내용을 적시할 필요가 없다는 점에서, 萬化의 『一鉢錄』 燒失 陳述은 漢巖의 殘本과 같은 다른 遺稿 묶음이 아니었을까 판단된다. 특히 寶鏡은 『一鉢錄』의 燒失과 관련해서, "그때 呑虛 스님이 보신다고 가져와 院主室에 나뒀다가 불에 타버렸지요(85쪽)."라고 해서 呑虛와 燒失의 관련성을 언급하고 있다. 만일 이렇다면 呑虛로서『一鉢錄』燒失은 더욱 悔恨이 남는 일일 수밖에 없다. 그런데 이는 〈漢岩碑文〉의 "恨何可旣리오?"라는 감정적인 측면과 符節이 상응한다. 이런 점에서『一鉢錄』소실은 1947년설이 타당하다고 판단된다.

225_ 漢岩 撰, 〈書簡20〉,「1. 鏡峰 스님에게 보내는 書簡文(24편)」,『定本-漢岩一鉢錄 上』(平昌: 漢巖門徒會·五臺山 月精寺, 2010), 324쪽, "現住持和尙願力과 與一山公議로 召匠伐木하야, 今年內에 一新重創計劃이라. … 丁亥(1947년) 三月 七日."

226_ 漢巖門徒會·金光植 編,「道源」,『그리운 스승 漢巖 스님(韓國佛敎 25人의 證言錄)』(서울: 民族社, 2006), 55쪽, "절이 全燒되었으니 復舊해야하므로 대중 운력으로 기왓장을 날랐다. 대중들이 '한암 스님께서는 나오시지 말라.'고 해도 기어이 나오셔서 기왓일을 하시다가 그만 病患이 나서

추슬러져 동안거 결제에 들어갈 수 있게 되었다.[227] 즉 1947년 1년은 상원사의 중창으로 점철된 한 해였던 셈이다. 그런데 상원사 중창이 일단락되자, 이번에는 1948년 2월 29일에 조선불교 1대 교정인 박한 영이 정읍 내장사内藏寺에서 79세(法臘 61세)를 일기로 입적하는 사건을 맞게 된다.[228] 이로 인해 6월 30일에 73세의 한암이 다시금 제2대 교정으로 추대되기에 이른다.[229]

　　1945년의 광복은 한국민의 주체적인 노력보다는 미국이 주도한 연합군에게 일본이 무조건 항복하면서 이루어진 결과이다. 이로 인해 이후 한반도는 좌·우익의 대립과 미군정 등에 따른 극심한 혼란 상태에 빠지게 된다. 이것이 첨예화되는 것이 바로 동족상잔의 비극인 한국전쟁이다.

　　한국전쟁은 1950년 6월 25일에 시작되지만, 그 이전부터 여러 가지 전쟁의 조짐들이 존재했었다. 한암의 통도사 시절 인연으로 관계가 두터웠던 경봉정석鏡峰靖錫(1892~1982)이 1949년 음력 8월 15일 이전에 한암을 통도사 해동수도원海東修道院의 종주宗主로 청한 것도, 전방에 인접한 오대산이 위험하다는 정보와 판단 때문이었다.[230] 이와 관련

돌아가실 뻔하였지.";曹龍溟 撰,「10. 우리 스님, 寒巖 스님」,『定本-漢岩一鉢錄 下』(平昌: 漢巖門徒會·五臺山 月精寺, 2010), 141쪽.

227_　漢岩大宗師法語集 編纂委員會 編,「附錄-年譜」,『定本-漢岩一鉢錄 上』(平昌: 漢巖門徒會·五臺山 月精寺, 2010), 511쪽.

228_　〈明星落地! 朴漢永老師 入寂〉,《佛敎新報》, 1948년, 6월, 17일자 ; 禪雲寺 編,「第1章 石顚鼎鎬 스님의 生涯와 行蹟」,『石顚鼎鎬 스님 行狀과 資料集』(高敞: 禪雲寺, 2009), 99쪽.

229_　韓國佛敎總覽 編纂委員會 編,「韓國佛敎史 年表」,『韓國佛敎總覽』(서울: 大韓佛敎振興阮, 1998), 1360쪽 ; 金光植,「曹溪宗團 宗正의 歷史像」,『大覺思想』제19집(2013), 143-144쪽.

230_　이와 관련해서는 1950년 陰曆 1월 15일의 대보름 때 韓國戰爭을 예견하고, 漢巖이 五臺山

해서는 전쟁을 직감한 탄허가 곡천谷泉과 함께 먼저 통도사 극락암으로 가서 경봉에게 당시의 상황을 말했다는 『삼소굴일지三笑窟日誌』의 7월 27일자 기록이 있어 주목된다.[231] 즉 탄허가 당시 교정이자 연로(74세)한 스승인 한암의 안위를 염려해서, 먼 길의 수고로움을 마다치 않고 평소 한암을 잘 따른 경봉에게[232] 도움을 요청했던 것이다.[233]

실제로 위의 『삼소굴일지』 기록에는, 바로 "그 날로 곡천谷泉과 대야大冶를 상원사로 보내 한암을 해동수도원의 종주로 청했다."고 되어 있다. 이는 경봉이 한암을 얼마나 신뢰하고 존중했는지를 단적으로 나타내준다. 왜냐하면 제아무리 가까운 사이라도, 위급한 내용을 듣자마자 자신의 자리를 선뜻 양보한다는 것은 쉽지 않은 일이기 때문이다. 게다가 한암은 경봉보다 16세 위인 선배이자, 당시 한국불교를 대표하

스님들을 피난 보내기 위해 먼저 鏡峰에게 요청했다는 진술도 있다.

漢巖門徒會·金光植 編, 「東星」, 『그리운 스승 漢巖 스님(韓國佛教 25人의 證言錄)』(서울: 民族社, 2006), 170쪽, "6·25 난리 나던 해(1950), 正月 보름날 解制를 하고 아침 供養 후에 그러셨어, '내가 南方으로 갈란다.'고. 漢巖 스님은 五臺山에 오신지 30년이 넘도록 月精寺를 나가시지 않았는데 갑자기 山門을 나가신다고 하시니 '왜 나가시려고 하십니까?' 하고 여쭈었지. '어디로 가시렵니까?' 하니, '금년도에는 나갈 일이 있어 나가야 하겠다. 가면 通度寺로 가야. 거기가 내 고향 같으니 그리 가야.' 하셨어. 그래서 漢巖 스님이 親筆로 鏡峰 스님에게 편지를 보내셨어. 鏡峰 스님에게 편지가 오기를, '漢巖 스님이 오신다면 우리는 大歡迎이다.'는 취지로 답이 왔어. '언제쯤 가시렵니까?' 하니, '내가 먼저 가면 되겠느냐, 너희들이 먼저 가서 자리를 잡고 있으면 뒤따라 갈 거다.'고 하셨지. 그래서 吞虛 스님과 나, 寶鏡스님이 通度寺로 갔고. 그리고 喜贊이, 喜燮이에게는 '너희들은 여기서 있다가 나중에 같이 가자.'고 하였지."

231_ 鏡峰 著, 明正 編, 『三笑窟日誌』[서울: 맑은소리 맑은나라, 2014(1985년 초판)], 348쪽, "(1949년) 7월 27일 금요일 맑음. 며칠 전 吞虛·谷泉 두 스님이 와서 五臺山 사정을 말하므로, 谷泉과 大冶를 教正 方漢岩 禪師를 海東修道院 宗主로 청하러 이날 보내다."

232_ 강석근, 「鏡峰 靖錫 禪師의 悟道頌과 僧侶 交遊詩」, 『韓國詩歌研究』 제42권(2017), 296-297쪽.

233_ 尹暢和, 「漢岩禪師의 書簡文 考察」, 『漢岩思想』 제2집(2007), 94-95쪽.

는 교정으로 생불生佛로까지 칭해지기도 했었던 선승이다.[234] 이런 상황에서 한암이 이거하면, 경봉의 위치는 크게 흔들릴 수밖에 없었다는 점에서 더욱 그렇다.

그러나 한암은 불출동구의 신념 속에서 살았으므로 경봉의 초청을 완곡하게 거절한다.[235] 또 한암이 내원선원 주석 때 받아들인 만상좌인 통도사 강주 오해련吳海蓮[236] 역시 1949년 음력 8월 12일 이전에, 한암의 이거를 종용했던 내용이 한암의 답서를 통해서 확인된다.[237] 이외에 오대산 안에서도 선禪적인 영지靈知가 탁월했던 탄허는 한국전쟁을 미리 예견하고, 스승 한암이 계룡산 갑사甲寺나 통도사로 이석移席할 것을 종용하기도 했다.[238] 그러나 한암은 이들 요청을 모두 거절한

234_ 李德辰, 〈2. 漢岩의 戒律精神〉, 「漢岩의 禪思想과 戒律精神」, 『韓國佛教學』 제71집(2014), 50쪽.

235_ 漢岩 撰, 「1. 答鏡峰和尚書12)」, 『定本-漢岩一鉢錄 上』(平昌: 漢巖門徒會·五臺山 月精寺, 2010), 307쪽, "而況以近八十老漢이 宗主請狀을 바다 간다면, 너무나 妄動妄行 大羞恥오니 … 云云 … 己丑(1949年) 八月 十五日 第 重遠 謝上."

236_ 『定本-漢岩一鉢錄 上』의 「附錄」에 수록되어 있는 〈4. 門譜〉 516쪽에 따르면 曺龍溟(聲觀)이 만상좌인 것처럼 기록되어 있고, 「제6장 書簡文」에는 〈7. 答吳海蓮 禪榻(2편)〉에 대한 346쪽의 註釋에는 吳海蓮이 漢巖의 通度寺 師弟 뻴 즉 四寸 師弟로 표기되어 있다. 그러나 이는 사실이 아니다.
曺龍溟 口述, 善友道場 韓國佛教近現代史研究會 編, 『22人의 證言을 통해 본 近現代佛教史』(서울: 善友道場出版部, 2002), 65쪽.

237_ 漢岩 撰, 「7. 答吳海蓮 禪榻2)」, 『定本-漢岩一鉢錄 上』(平昌: 漢巖門徒會·五臺山 月精寺, 2010), 349쪽, "師衰狀漸深耳라. 壁眼花 更加舊崇하야 添谷+尤道場出入尙難이어늘 況遠行乎리오. 由此不去요, 非他故也니 以此知之焉하소서. … 云云 … 己丑(1949年) 八月 十二日 漢岩 謝."

238_ 漢岩大宗師法語集 編纂委員會 編, 「坐當生死」, 『定本-漢岩一鉢錄 上』(平昌: 漢巖門徒會·五臺山 月精寺, 2010), 30-31쪽, "1949년(檀紀 4282) 가을, 6·25동란이 발발하기 7~8개월 전 제자 呑虛 스님 등 門徒들이 南北으로 갈라진 時局이 점차 긴박하게 돌아감을 말씀드리고, 잠시 38선 가까운 五臺山을 떠나서 鷄龍山 甲寺나 梁山 通度寺로 移錫하실 것을 懇請하였다. 이에 漢岩禪師께서는 一言之下에 다음과 같이 말씀하셨다. '生死坐當이라. 經에 曰 [一念으로 念觀世音菩薩하면, 一切 困厄을 皆可回避]라 하였으니, 聖人이 豈欺人哉시오. 只在病納之一念契合與否而已

다. 그리고 1950년 75세의 한암은 제자들의 피난을 지시한 후, 끝까지 모시기를 희망한 손상좌 희찬喜贊(혹 희찬喜燦, 탄허의 상좌임)과 피난 도중 돌아온 희섭喜燮(보문普門의 상좌임) 등과 함께 불출동구의 서원을 이어 나간다.[239]

한국전쟁은 1950년 9월 15일에 감행된 인천상륙작전으로 상황이 반전되면서, 국군과 연합군의 북진이 시작되어 한반도가 거의 수복된다. 그러나 자유민주주의 국가가 들어서는 것을 우려한 중국(중공)이 10월 25일 대규모로 개입하면서, 1951년 1월 4일에는 서울이 재점령되는 상황을 맞이한다. 소위 1·4후퇴이다. 1·4후퇴 과정에서 국군은 오대산의 사찰들이 북한군의 진지와 같은 역할을 할 수 있다는 판단하에, 오대산의 사찰 전부에 대한 소각 결정을 내리게 된다.

그런데 여기에서 문제가 되는 것은 당시 오대산에 남아 있던 승려들에게 사찰이 처음부터 소각 대상임을 고지하지 않고, 사찰을 비우고 피난하되 북한군이 사용할 수 없도록 문짝을 뜯어서 태우고 방구들을

///////////

라.' 하시고, 山立不動하시다.";高榮燮,「漢巖과 呑虛의 佛教觀-解脫觀과 生死觀의 同處와 不同處」,『宗教教育學研究』제26권(2008), 92쪽.

239＿ 당시 피난 가지 않은 사람은 漢巖의 侍者였던 喜贊과 喜燮 및 中臺의 梵龍 그리고 인근에 살던 平等性 보살이다. 喜贊은 漢巖이 피난을 가지 않겠다고 하자 자원해서 모시기를 희망해서 남았고, 喜燮과 梵龍은 피난 도중 길이 막혀 되돌아 왔다[漢巖門徒會·金光植 編,「玄海」,『그리운 스승 漢巖 스님(韓國佛教 25人의 證言錄)』(서울: 民族社, 2006), 185쪽]. 喜贊의 행동은 이후 呑虛에게 "喜贊이 너 때문에 성공 못 했다. 너까지 떠났으면 스님이 따라가시는데, 네가 안 가서 그랬다."라는 원망을 듣게 되기도 한다(같은 책,「寶鏡」, 88쪽).
漢巖의 臨終을 지킨 것은 喜燮과 平等性菩薩이었고, 茶毘는 喜贊과 喜燮이 주도했다.
〈嗚呼! 教正 方漢巖大宗師 涅槃〉,《佛教新聞(續)》제1호, 1951년 5월 15일자, "膝下에 沙彌 張喜燦(贊의 誤) 등 2인의 侍者를 두시고 어렵게 지내시다가";漢巖門徒會·金光植 編,「玄海」,『그리운 스승 漢巖 스님(韓國佛教 25人의 證言錄)』(서울: 民族社, 2006), 184-186쪽 ; 呑虛宅成 撰,「附錄-漢岩大宗師浮屠碑銘幷序」,『定本-漢岩一鉢錄 上』(平昌: 漢巖門徒會·五臺山 月精寺, 2010), 493쪽, "而侍者喜贊喜燮等이"

뒤엎도록 했다는 점이다.[240] 즉 북한군이 사용하기 어렵게만 하면, 사찰이 존치될 수 있는 것처럼 오도誤導했던 것이다. 이로 인해 소수의 사찰을 지키던 승려들마저 피난한 상황에서, 대한민국 국군의 주도로 오대산의 본찰인 월정사를 비롯한 모든 산내 암자가 소각된다. 천년고찰은 물론이거니와 그 속에 존치되던 가치를 따질 수 없는 성보聖寶와 문화유산들이 일순간에 소실되는 초유의 비극이 발생한 것이다.

이 과정에서 상원사 역시 중건 후 4년 만에 재차 소실될 위기에 봉착하게 된다. 그러나 이때 한암은 소각하기 위해 온 군인들에게 잠시 기다리라고 한 후, 문수전文殊殿 법당에서 가사袈裟·장삼長衫을 수垂(착용)한 상태로 정좌한다. 군인들이 "스님께서 나오셔야 소각할 것이 아니냐?"고 하자, 한암은 "군인은 명령을 따르면 되고, 승려는 죽으면 화장하는 것이니 부담 갖지 말고 소각할 것"을 지시했다. 국군은 한암의 의연한 태도에 감복한 장교의 지시로 결국 문짝만을 불태우고 철수하기에 이른다.[241]

240_ 漢巖門徒會·金光植 編, 「雷默」, 『그리운 스승 漢巖 스님(韓國佛敎 25人의 證言錄)』(서울: 民族社, 2006), 274쪽, "그때 國軍이 月精寺 大雄殿(七佛寶殿)은 안 태우겠다고 약속을 하고서는 불을 지른 것 아닙니까? 地藏庵 부처님도 月精寺 法堂에 옮겨 놓았는데, 그 약속을 지키지 않고서 불을 놓았지요."; 「方文聖」, 372쪽, "원래 月精寺는 태우지 않기로 하였답니다. 제가 듣기로는 軍 작전상 國寶 寺刹은 태우지 않기로 하였는데"; 「정희도(鐘賢)」, 391쪽, "그때 정부에서 절의 구들장을 파놓고 문짝을 뜯으면, 불을 안 놓는다고 해서 우리들이 그런 일을 며칠 했어요. 구들장 파고 문짝 뜯은 후에 피난을 나갔거든요."

241_ 鄭珖鎬, 「現代佛敎人列傳-方漢岩」, 『定本-漢岩一鉢錄 下』(平昌: 漢巖門徒會·五臺山 月精寺, 2010), 232-233쪽, "이와 같은 騷亂 속에 漢岩이 있던 上院寺 또한 예외가 아니었던 것은 말할 것이 없다. 즉 그때 이 지구를 맡았던 제1군단장 金白一 將軍의 命令에 따라, 12월 어느 날 上院寺에도 수십 명의 장병들이 들이닥쳤다. 물을 것도 없이 이 절에다 불을 놓기 위함이었다. 漢岩은 이때 몇 사람의 侍者와 함께 將兵들을 맞았다. '이 절에다 불을 놔야겠는데, 방들을 좀 비워주시지요.' '불을? 놀테면 놔야지. 허지만 난 여기서 그냥 죽겠소. 뭐 나오라, 말라, 할 것 없이 그냥 놓으시오.' … 云云 … 그들은 거듭 간곡히 방에서 나와 달라고 당부를 하였다. 그러나 漢岩의 態度는 조금도 누그

114

1947년의 상원사 화재 때는 사찰에 승려들이 다수 있었기 때문에, 그나마 예배 대상인 존상尊像들이 구해질 수 있었다. 그러나 이때는 대다수의 승려들이 피난 간 상태이므로 화재에 의한 존상의 전소마저 불가피한 상황이었다. 이런 점에서 본다면, 국내에서 가장 오래된 동종인 국보 제36호 〈상원사 동종〉과 세조世祖의 전설이 간직된 국보 제221호 〈평창 상원사 목조문수동자좌상〉 그리고 1984년 7월에 〈목조문수동자좌상〉 안에서 새롭게 발견된 보물 제793호 〈상원사 목조문수동자좌상 복장유물腹藏遺物〉 및 보물 제1811호 〈평창 상원사 목조문수보살좌상〉 등의 성보聖寶를 지켜낸 것은 단연 한암 1인이었다고 하겠다.[242]

이 일화는 이후 그의 좌탈입적坐脫入寂과 함께 많은 사람에게

러짐이 없는 것이었다. '난 이미 70이 훨씬 넘은 늙은이오. 이 추운 겨울철에 가면 어딜 가요. 어차피 죽는 거 아니겠소? … 또 중이란 기왕에 죽으면 火葬을 하도록 돼 있는 거 … 이왕 죽을 때도 됐고 하니, 여기 앉은 채 그냥 불을 질러버리면 힘 안 들고 火葬하는 셈이 되겠소 … 또 당신들 立場에서 보면 軍命을 잘 지키는 結果도 될 게고 … 결국 一擧兩得의 效果가 있는 셈 아니요. 더구나 난 중의 本分을 잘 지켜 제대로 끝을 맺게 되는 結果도 되는 것이니, 더 바랄 것이 없을 것 같기도 하오. 억지로 끌어내려 애쓰지 말고 그냥 불을 놔요.' 論理井然한 얘기였다. 論理뿐만 아니라, 사실에 있어서 漢巖은 이때 法堂에 앉은 채 그냥 죽기를 바라고 있었던 것인지도 모른다. … 云云 … 결국 그들은 上院寺의 문짝을 모두 뜯어다 불을 놓고, 또 방 구들을 죄다 헐어버린 뒤에 그냥 下山하고 말았다. 中共軍이 만약 이곳에 불집을 하고자 해도, 구들이 무너지고 문짝이 없은즉 집은 물론 없는 거나 마찬가지 효과를 내고자 함에서였던 것이다."; 漢巖門徒會·金光植 編, 「玄海」, 『그리운 스승 漢巖 스님(韓國佛敎 25人의 證言錄)』(서울: 民族社, 2006), 188-189쪽, "將校가 자기가 온 목적을 말씀드리니, 漢巖 스님은 '그러면 잠시 기다려라,' 하시고는 그 길로 法堂으로 올라가서는 袈裟와 長衫을 입으시고, 부처님 앞에 딱 앉아서는 다 준비되었으니 이제는 불을 놓으라고 하셨답니다. … 云云."; 같은 책, 「梵龍」, 42쪽.

242_ 당시 中臺의 寂滅寶宮은 梵龍이 주석하고 있었는데, 이곳은 어떤 이유에선지 燒却對象에서 제외된 듯하다.
漢巖門徒會·金光植 編, 「梵龍」, 『그리운 스승 漢巖 스님(韓國佛敎 25人의 證言錄)』(서울: 民族社, 2006), 42-43쪽; 「玄海」, 185-186쪽.

회자膾炙된다. 이 과정에서 고려대 철학과 교수였던 손명현孫明鉉 (1914~1976)의 수필 「어떻게 살 것인가」를 통해 재구성된다. 그런데 이 글이 고등학교 국어 교과서에 수록되면서, 한암은 이제 불교를 넘어서 국민적으로까지 알려지기에 이른다.[243]

한암은 이듬해인 1951년 음력 2월 8일(양력 3월 15일)에 미질微疾을 보인다. 한국전쟁 과정에서의 혼란과 오대산의 천년고찰인 월정사의 소실 등의 심리적인 요인들이[244] 76세의 노사老師에게 깊은 충격과 지켜내지 못한 자책으로 남았을 것이다. 한암은 미질이 발생한 지 7일 되던 날인 음력 2월 15일(양력 3월 22일) 오전, 죽 한 그릇과 차 한 잔을 먹고 8시에 단정히 앉아서 입적한다.[245] 입적한 후 중대中臺의 범룡梵龍에 의해 가사袈裟·장삼長衫이 수수垂해졌고, 마침 상원사를 찾은 정훈부장 政訓副將(정훈장교政訓將校의 착오임) 김현기에 의해 사진이 촬영되어 이 사실이 외부에 알려지게 된다.[246]

///////////////

243_ 孫明鉉 著, 「隨筆-어떻게 살 것인가」, 『(人文系) 高等學校 國語1』[서울: 文敎部, 1982(1975 년 初版)], 234-238쪽.

244_ 李鍾郁 撰, 「17. 涅槃 追悼式 奉悼文 및 弔辭」, 『定本-漢巖一鉢錄 下』(平昌: 漢巖門徒會·五臺山 月精寺, 2010), 297쪽, "如來의 頂骨塔廟인 寂滅寶宮을 위시하여 獅子庵, 象王庵, 念佛庵, 觀音庵, 地藏庵, 靈鑑庵, 月精寺, 上院寺 등 千數百間의 千年古刹이 一朝에 全燒의 조運을 당하는 것을 보실 때에 스님의 마음이 얼마나 아프셨으리까!"

245_ 呑虛宅成 撰, 「附錄-漢巖大宗師浮屠碑銘幷序」, 『定本-漢巖一鉢錄 上』(平昌: 漢巖門徒會·五臺山 月精寺, 2010), 493쪽, "而往在庚寅에 因南北之事變으로 引去于南方等地라가, 翌年 春에 示有微疾하사 到第七日朝에 喫飮一器粥一椀茶而屈指曰, '辛卯二月十四日也'라'하고 至于 巳時에 着袈裟端坐而逝하니".

246_ 漢巖門徒會·金光植 編, 「梵龍」, 『그리운 스승 漢巖 스님(韓國佛敎 25人의 證言錄)』(서울: 民族社, 2006), 42-43쪽, "나는 그때 中臺에 있었는데, … 云云 … 내려가 보니 座服에 앉아 돌아가시고 말았어요. 옆에 있는 '袈裟 長衫은 두었다 뭐 하냐.' 하는 생각으로 입혀 드렸지요. 처음에는 고개가 안 넘어갔지만 조금 있으니 머리가 뒤로 넘어갔어요. 그때 마침 김현기라는 사람이 軍部隊의 政訓副將인데, 사진을 찍어 釜山으로 가서 總務院에 주어서 漢巖 스님이 돌아가신 것을 알게 된 것이

한암은 한국불교를 대표하는 교정教正이었음에도 불구하고, 한국 전쟁 중 입적入寂이 이루어졌으므로 추모追慕가 쉽지 않았다. 그래서 피난지인 부산 토성동의 묘심사妙心寺에서, 양력 5월 8일(음력 4월 3일) 에 49재 겸 '고교정방한암대종사추도법회故教正方漢岩大宗師奉悼法會' 가 봉행된다.[247] 이때 봉도법회의 주관자는 당시 종무총장總務院長인 통도사의 김구하金九河였고, 월정사 주지인 이종욱이 실질적인 행사를 주도했다.[248] 당시 탄허는 전란 과정에서 묘심사의 봉도법회에는 참석 하지 못한 상황이었다.

이종욱은 백월 명조白月炳肇의 상좌여서 한암의 직접적인 문도는 아니다. 그러므로 이후 탄허가 한암 문도의 문장門長 역할을 하게 되는 데,[249] 이런 상황에서 8년 후인 1959년 3월 27일 한암의 부도浮屠와 비 碑가 탄허의 주도로 상원사 입구에 건립된다. 부도와 비의 건립이 늦 어진 것은 1953년 7월 27일이 되어서야 판문점의 휴정협정 조인으로 인해 한국전쟁이 일단락된다는 점. 또 한국을 개신교 국가로 만들기를

///////////

지요.": 김현기, 〈坐脫의 生氣 아직도 生生〉, 《佛教新聞》 제1340호, 1981년 3월 18일자.

247_ 漢岩大宗師法語集 編纂委員會 編, 「17. 涅槃 追悼式 奉悼文 및 弔辭」, 『定本-漢岩一鉢錄 下』(平昌: 漢巖門徒會·五臺山 月精寺, 2010), 287-305쪽.

248_ 〈故 教正 方漢岩大宗師의 奉悼式과 49齋 嚴修〉, 《佛教新聞(續)》 제1호, 1951년 5월 15일 자, "특히 月精寺 住持 李鍾郁 師의 弔辭는 마이크의 電波를 따라 나오는 마디마디의 애끓는 句節 과 두 눈에서 暴注하는 悲淚와 함께 말끝을 맺지 못하는 鍾郁 師의 울음소리에 全員 弔客은 누구나 다 落淚치 않는 분이 없었다."

249_ 吳海蓮과 曹龍溟(聲觀)이 漢巖의 맏상좌와 둘째 상좌였지만[曹龍溟 撰, 「老師의 雲水時節 沒絃琴을 들어라」, 『佛光』 제62호(1979. 12.), 42쪽.] 奇才나 門徒의 支持가 呑虛만 못했다. 또 吳海 蓮과 曹龍溟의 行步에는 무언가 탐탁지 않은 부분들이 있었던 것이 아닌가 추정되는데, 이는 呑虛 가 〈漢岩碑文〉에서 吳海蓮과 曹龍溟을 언급조차 하지 않고 있다는 점을 통해서 유추해 볼 수 있다.

서원한 이승만에 의해,[250] 1954년 5월 20일부터 1955년 12월 8일까지 총 7차례에 걸쳐 왜색불교를 몰아내야 한다는 불교정화유시佛教淨化諭 示가 발표되면서, 이후 한국불교가 비구와 대처로 양분되어 극심한 갈 등을 겪기 때문이다.[251] 즉 말 그대로 내우외환의 상황이 연출되었던 것 이다.

탄허는 〈한암비문漢岩碑文〉에서 "오직 보문普門(현로玄路)과 난암暖 庵은[252] 지행志行이 초절超絶하여 자못 종풍宗風을 떨쳤으나, 보문은 불 행히도 일찍 별세하였다."라고 하였다.[253] 즉 한암의 고제高弟로서 보문 과 난암을 든 것이다. 그러나 시절이 어수상하여 보문은 뜻을 펴지 못 한 채 일찍 입적하였고, 난암은 일본으로 건너간 뒤 소식을 알 수 없었 다.[254] 또 탄허는 "나는 비록 20여 년이나 시참侍參하였으나 오히려 그 문門에 들지 못하였다."라고 적고 있다.[255] 그러나 이는 겸사로 한암의

///////////

250_ 김명배, 「李承晩의 民族運動에 나타난 基督教 國家建設論과 社會倫理」, 『基督教社會倫 理』 제32집(2015), 228-231쪽 ; 이덕주, 「李承晩의 基督教 信仰과 國家建設論」, 『韓國基督教와 歷史』 제30호(2009), 79-80쪽.

251_ 이재헌, 「李承晩 大統領의 諭示와 佛教淨化 운동의 전개」, 『大覺思想』 제22집(2014), 282- 321쪽 ; 김진흠, 「1950년대 李承晩 大統領의 '佛教 淨化' 諭示와 불교계의 정치 개입」, 『士林(成大 士林)』 제53권(2015), 308-333쪽.

252_ 普門玄路(1906~1956)는 吞虛의 師弟며, 暖庵 柳宗默(1893~1983)은 師兄이다. 그러나 韓 國佛教 안에서 普門의 영향이 더 컸기 때문에 暖庵에 앞서 普門을 먼저 擧論한 것으로 판단된다.

253_ 吞虛宅成 撰, 「附錄-漢岩大宗師浮屠碑銘幷序」, 『定本-漢岩一鉢錄 上』(平昌: 漢巖門徒 會·五臺山 月精寺, 2010), 493쪽, "師有得法弟子幾人而唯普門與暖庵은 志行超絶하야 頗振宗 風이라가 普門不幸早世요."

254_ 元永常, 「暖庵 柳宗默의 修行教化와 日本行蹟에 대한 試論的 考察」, 『韓國佛教學』 제79집 (2016), 326-335쪽 ; 金光植, 「普門禪師의 삶과 修行者의 正體性」, 『韓國佛教學』 제79집(2016), 211-250쪽 ; 金光植 著, 「普門禪師의 生涯와 思想」, 『普門禪師-神話 속으로 사라진 禪僧』(서울: 民族社, 2012), 28-29쪽.

255_ 吞虛宅成 撰, 「附錄-漢岩大宗師浮屠碑銘幷序」, 『定本-漢岩一鉢錄 上』(平昌: 漢巖門徒

고제들 중 단연 빛나는 인물은, 화엄과 선불교를 통합하고 여기에 모든 동양학을 회통會通했던 탄허라고 할 것이다.

● 소결小結과 전환轉換

한암은 1912년(37세) 맹산 우두암에서 확철대오를 하게 되고, 이후 1913년부터 1921년(46세)까지 8년간 행적을 숨기는 오후보림에 들어간다. 이때 한암이 맹산 쪽에 있었는지, 금강산 쪽에 있었는지는 불분명하다. 그러나 1921년 장안사 지장암에 주석하다가 강원도 삼본사 중 한 곳인 건봉사에 새로 개설된 만일원 선원의 주실로 가게 된다. 깨달음을 완성한 한암의 본격적인 행보가 시작되는 것이다.

만일원 선원의 안거 중에 열중이었던 이력과 「선문답 21조」를 주고 받는데, 이는 선수행과 관련된 차제론을 제기하고 있다는 점에서 주목된다. 왜냐하면 선의 차제론 구상은 경허에 새롭게 부흥하기 시작한 선불교의 체계를 확립하고, 외연을 확장하는 선수행의 교육방법론이라고 할 수 있기 때문이다. 「선문답 21조」를 포함한 만일원 선원 관련 문건은 해제 후인 1922년 『한암선사법어』로 간행된다.

한암은 1923년에는 서울 남부의 사찰들을 관리하던 본사인 봉은사 판전선원의 조실로 초빙된다. 이후 1924년 새롭게 임명받은 주지 나청호와 함께 1925년(50세) '을축년 대홍수'로 기록되는 최악의 홍수 때, 708명의 생명을 구하는 기념비적인 인명 구호사업을 진행한다. 이

///////////

會·五臺山 月精寺, 2010), 493쪽, "余雖侍參二十餘祀나 尙不得其門以入焉이니".

는 한암이 활불로 칭해지는 계기가 된다.

1926년 한암은 지암의 요청으로 용창은에 의해서 부채 문제로 위기에 빠진 월정사를 구하기 위해 오대산행을 감행한다. 부처님오신날인 5월 19일에 조실로 취임한 한암은 승려의 기본을 충실하게 하는 측면을 강조하는데, 이것이 점차 정례화된 것이 후일의 〈승가오칙〉이다. 이 〈승가오칙〉은 한암의 가풍을 상징하는 동시에, 한암이 제기하는 승가교육의 바탕이 된다는 점에서 주목된다.

한암은 1930년(55세)에는 '오대산석존정골탑묘찬앙회'의 법주로 추대되어, 이종욱과 함께 오대산 부채 문제해결에 진력한다. 이로 인해 오대산의 부채는 1936년까지로 최종 정리된다. 그리고 한암의 상원사 주석 이후로 한암의 선사로서의 명망이 널리 알려지게 되면서, 한암은 다음과 같이 총 4차례나 교정과 종정에 추대되기에 이른다.

NO	연도	추대 기관	명칭	인원
1	1929	조선불교선교양종	교정	7인 중 1
2	1935	선학원	종정	3인 중 1
3	1941	조선불교조계종	종정	단독
4	1948	조선불교	교정	단독

1930년대 중반이 되면, 일제는 심전개발운동의 일환으로 종교계를 이용하여 국민의 정신교육을 강화하려는 시도를 한다. 이때 한암은 이와 같은 상황을 이용해서, 1936년부터 1940년까지 만 4년간 상원사 선원에 삼본사수련소, 즉 승려안거법회를 통한 교육시설을 개설한다.

이를 통해서 한암은 자신의 교육관을 구체적으로 구현하게 된다. 이는 선원이라는 장소 속에서 이루어진 안거와 법회가 결합된 전선후교前禪後敎의 선을 중심으로 하는 교학적인 보충구조를 갖추는 선교겸전의 방식이다. 또 이때 한암은 교과 체재를 정비하고 현토를 다는 등 교재까지 편찬하는 모습을 보이는데, 이는 교육자로서 한암의 위상을 잘 나타내준다는 점에서 주목된다.

한암의 교육은 삼본사수련소가 끝나고 난 후에도 상원사수련원을 통해서 계속 진행된다. 그러다가 한국전쟁 과정에서 피난하지 않는 불출동구의 서원에 입각한 수행에 매진하다가, 1950년 1·4후퇴 때 발생한 국군에 의한 상원사 소각을 온몸으로 저지한다. 이듬해인 1951년 봄에 한암은 7일간의 미질을 보이다가 음력 2월 15일(양력 3월 22일) 8시에 단정히 정좌한 상태로 좌탈입적하게 된다.

제2장의 한암의 생애를 배경으로 해서 제3장에서는 한암의 선사로서의 핵심인 선사상에 대해서 검토해 보게 된다. 이를 위해서 먼저, 제1절에서는 한암이 스스로 작성한 깨침의 기록인 「일생패궐」을 통해 경허와의 인연과 구도 과정 및 확철대오에 관해서 정리해 본다. 그리고 제2절에서는 이러한 확철대오를 바탕으로 하는 선수행의 체계화 노력을 「선문답 21조」를 통해서 파악한다. 이는 한암이 선수행의 체계화를 통해서 선불교의 대중화와 교육적인 방법을 고민한 결과로, 고려 말 나옹 이후 한암에게서 새롭게 대두되는 가치라는 점에서 주목된다.

끝으로 제3절에서는 선의 강력한 주관주의에서 문제로 대두되는 윤리가 가설되기 어려운 측면을, 〈계잠戒箴〉의 선계일치禪戒一致적인 관점을 통해서 극복하려는 시도를 검토해 본다. 이 역시 고려 후기 지 공指空 이후에 새롭게 대두되는 한암의 해법이자, 선의 현실적 구현의 문제를 극복하는 윤리적인 방법이라는 점에서 주의가 요구된다. 즉 한 암의 차제론과 선계일치는 선불교의 외연 확대 및 문제점을 극복하고 불교의 사회적인 역량을 강화하려는 한암의 실천적인 노력과 모색의 결과라고 하겠다.

　　이와 같은 제3장의 전체구조를 간략하게 도시해보면 다음과 같다.

제1절:
구도 여정–
「일생패궐」/경허

제2절:
선불교의 교육 방법 모색–「선문답 21조」/나옹

제3절:
선계일치를 통한 해법 도출–〈계잠戒箴〉/지공

제3장

한암의 깨달음과 선관의 특징

禪
觀

제1절.「일생패궐一生敗闕」의 오도悟道 과정 검토[256]

256_ 「一生敗闕」의 전체 原文은 論文의 맨 마지막 '參考資料'의 '1.「一生敗闕」' 부분을 參照하라.

1. 선불교로의 전환과 지눌知訥

1) 금강산의 위상과 신계사神溪寺의 보운강회普雲講會

「일생패궐[257]」은[258] 한암이 24세가 되는 1899년 7월부터 37세 때인 1912년 봄의 확철대오廓徹大悟에 이르기까지 총 13년간에 걸친 구도 과정을 기록한 자전自傳이다. 이런 점에서 「일생패궐」은 한암 관련 문건 중 가장 중요하며, 특히 한암의 개오開悟에 관해 정확한 정보를 제공해 준다는 점에서 주목된다.

한암의 출가사찰은 금강산 장안사長安寺이다. 금강산은 통일신라 중대中代에 진표眞表 율사律師에 의해 발연수鉢淵藪가 개창되면서 불교적으로 변모하기 시작한다.[259] 이후 금강산이 담무갈曇無竭(법기法起)보살의 성산聖山으로 확립되는 것은 인근 오대산이 문수보살의 성산인

///////////

257_ '敗闕'은 '망쳤다.'는 의미로 변희욱은 漢巖이 「一生敗闕」이라고 한 의도를, "공연히 깨닫기 위해 묻고 다니며 헤매고 있음을 안타까워했다. 멀고 가파른 길을 걸어 도달하고 보면 본래 그 자리이기 때문이다. 圓悟가 이런 의미로 썼다는 점에서 大慧가 敗闕이란 용어를 사용한 취지도 이렇다고 하겠다."[「漢岩의 格外關門과 看話」, 『漢岩思想』 제4집(2009), 59쪽].

258_ 「一生敗闕」은 草雨가 普門의 遺品을 재정리하는 과정에서, 2001년 새롭게 발견된 자료이다. 현재는 당시 月精寺 住持였던 玄海에게 寄贈되어 月精寺 聖寶博物館에 보관되어 있다. 「一生敗闕」은 尹暢和에 의해 2006년 「漢巖의 自傳的 求道記〈一生敗闕〉」이라는 이름으로 진행된 바 있다. 이 硏究는 「一生敗闕」의 撰者와 筆寫者 및 發見 涇渭와 飜譯 등이 주로 다루어졌다. 그러므로 여기에서는 이와 같은 先行研究를 기반으로 「一生敗闕」의 주된 내용인 漢巖의 開悟 문제를 다루어 보고자 한다.

259_ 許興植, 「指空의 遊歷과 定着」, 『伽山學報』 제1호(1991), 92-95쪽 ; 金鐸, 「金剛山의 由來와 그 宗教的 意味」, 『東洋古典研究』 제1집(1993), 229-230쪽 ; 廉仲燮, 「魯英 筆 高麗 太祖 曇無竭菩薩 禮拜圖의 타당성 검토」, 『國學研究』 제30집(2016), 566쪽.

것에 영향을 받아 원 간섭기 초에 이루어진다.[260] 물론 여기에는 원제국의 확립에 따른 동단東端의 성지聖地 확보라는 측면도 존재한다.[261]

금강산은 고려 말이 되면, 원나라에서 황제를 위한 어향사御香使가 파견되고[262] 원 황실 쪽에서 불사를 후원할 정도로 위상이 상승한다.[263] 실제로 1396년 양촌권근陽村權近(1352~1409)이 명나라(1368년 개국)에 갔을 때, 제3대 황제인 태종太宗(영락제永樂帝, 재위 1402~1424)이 제시한 시제詩題 중에 '금강산'이 있을 정도로 금강산의 명성은 중국에까지 자자했다.[264]

또 금강산을 참배하면 (삼)악도(三)惡道에 떨어지지 않는다는 종교적인 이야기가 일반화되면서, 금강산은 단기간에 필수 성지참배 장소로 정착된다.[265] 이와 같은 영향에 의해 금강산을 참배하지 못하는

///////////

260_ 廉仲燮, 「한국불교 聖山인식의 시원과 전개-五臺山·金剛山·寶盖山을 중심으로」, 『史學研究』 제126호(2017), 98-105쪽.

261_ 許興植, 「指空의 遊歷과 定着」, 『伽山學報』 제1호(1991), 92쪽, "高麗前期에도 金剛山을 신앙대상으로 중요시한 약간의 기록은 있지만, 남쪽의 五臺山보다 중요시되지 못했다. 그러나 고려 明宗 때 眞表의 遺蹟地로 鉢淵寺에 〈藏骨碑〉가 세워지고, 특히 元의 壓制時期에는 五臺山을 대신한 最東端의 聖地로 주목되었다." ; 廉仲燮, 「魯英 筆 高麗 太祖 曇無竭菩薩 禮拜圖의 타당성 검토」, 『國學研究』 제30집(2016), 579쪽.

262_ 達牧 撰, 「六種佛書後誌」 ; 『牧隱文庫』 14, 「碑銘-西天提納薄陀尊者浮屠銘 幷序」 ; 許興植, 「指空의 遊歷과 定着」, 『伽山學報』 제1호(1991), 92쪽 ; 廉仲燮, 「指空의 戒律意識과 無生戒에 대한 고찰」, 『韓國佛敎學』 제70집(2014), 261쪽.

263_ 『東國輿地勝覽』 4, 「開城府上-佛宇」 ; 『新增東國輿地勝覽』 4, 「開城府上-佛宇」 ; 〈開京演福寺鐘銘〉 ; 『牧隱文庫』 18, 「碑銘-有元高麗國忠勤節義贊化功臣重大匡瑞寧君諡文僖柳公墓誌銘 幷序」 ; 『東文選』 127, 「墓誌-有元高麗國忠勤節義贊化功臣重大匡瑞寧君諡文僖柳公墓誌銘 幷序」.

264_ 『東國輿地勝覽』 47, 「江原道-淮陽都護府-山川」, "丙子秋, 予入中國, 謁天子近耿光, 帝親命題, 使製詩二十餘首, 其一則金剛山也. 於是知玆山之名果重於天下." ; 『新增東國輿地勝覽』 47, 「江原道-淮陽都護府-山川」 ; 『陽村集』 17, 「序類-送懶庵上人遊金剛山詩序」.

265_ 『東國輿地勝覽』 47, 「江原道-淮陽都護府-山川」, 〈崔瀣-送僧禪智遊金剛山序〉, "一覩是

사람들의 요구에 부흥한 것이 바로 〈금강산도金剛山圖〉와 이의 유행이 다.[266]

금강산 신앙은 조선 후기까지 상당 부분 계승된다. 이는 일제강점 기 사찰령에 따른 30본사(1924년에 화엄사華嚴寺가 추가되면서 31본사가 됨) 에 금강산 유점사와 금강산 건봉사의 두 사찰이, 오대산 월정사와 더 불어 강원도의 삼본사로 지정되는 것을 통해서 인지해 볼 수 있다.[267] 한 산에 두 본사가 지정되는 곳은 금강산과 조계산(송광사와 선암사仙巖 寺)의 두 곳뿐이다.

금강산에는 소위 4대 사찰이라고 하는 유점사楡岾寺 · 장안사長安 寺 · 표훈사表訓寺 · 신계사神溪寺가 있으며, 산의 먼 바깥쪽에 건봉사가 위치한다. 한암은 장안사로 출가했고,[268] 「일생패궐」에는 신계사의 보 운강회普雲講會(강원)에서 수학한 것으로 되어 있다.[269] 이는 당시 장안 사에는 강원이 없었다는 추정과 더불어, 같은 금강산 안에서는 학인의

山, 死不墮惡塗.";『新增東國輿地勝覽』47,「江原道-淮陽都護府-山川」.

266_ 『東國輿地勝覽』47,「江原道-淮陽都護府-山川」, "權近-予有時嘗聞, '天下之人, 無不願 其來觀. 而嘆莫之得至有, 垂其圖而禮之者矣, 其嚮慕之勤如此.";『新增東國輿地勝覽』47,「江原 道-淮陽都護府-山川」;『陽村集』17,「序類-送懶庵上人遊金剛山詩序」; 廉仲燮,「魯英 筆 高麗 太祖 曇無竭菩薩 禮拜圖의 타당성 검토」,『國學硏究』제30집(2016), 590-591쪽.

267_ 李能和 著, 朝鮮佛教通史 譯註編纂委員會 譯編,「刹令頒布果夢外護」,『譯註 朝鮮佛教通 史6 下篇 二百品題(三)』(서울: 東國大學校出版部, 2010), 640쪽.

268_ 金呑虛 撰,「現代佛教의 巨人, 方漢岩」,『定本-漢岩一鉢錄 下』(平昌: 漢巖門徒會 · 五臺山 月精寺, 2010), 158쪽; 呑虛宅成 撰,「附錄-漢岩大宗師浮屠碑銘」,『定本-漢岩一鉢錄 上』(平昌: 漢巖門徒會 · 五臺山 月精寺, 2010), 485쪽.

269_ 漢岩 撰,「1. 一生敗闕」,『定本-漢岩一鉢錄 上』(平昌: 漢巖門徒會 · 五臺山 月精寺, 2010), 267쪽, "余二十四歲 己亥七月 日에 在金剛山神溪寺普雲講會에서"; 李元錫,「漢巖의 出家 過程 과 求道적 出家觀」,『禪學』제50호(2018), 84쪽.

교류와 수학이 자유로웠다는 추정을 가능하게 한다.

2) 강원講院의 교육체계와 한암의 수학

강원의 교육체계는 조선 중기에 확립된 전통이 유지되는데, 이능화李能和(1869~1943)에 따르면 정규과정은 총 10~12년으로 사미과沙彌科 → 사집과四集科 → 사교과四敎科 → 대교과大敎科로 구분된다.[270] 그러나 한암 당시의 교육 연한은 사찰 환경과 상황 등에 의해서 매우 탄력적으로 운영되었던 것 같다. 현재 전통 강원(공식 명칭은 사찰승가대학임)의 수학 연한은 4년인데, 이는 이능화가 제시한 10~12년과는 차이가 크다.[271] 이능화가 구한말과 일제강점기에 주로 활약한 인물임을 고려한다면, 이 시기를 전후해서 적지 않은 변화가 존재했다는 것을 인지해 볼 수 있다.

① 사미과는 1년을 기본으로 최대 3년까지 진행되기도 했다. 그러나 보통 사미과는 1년으로 진행되는 것이 가장 일반적이다. 교과목은 '수십계受十戒(사미십계沙彌十戒)'·아침저녁의 예불 및 기도와 관련된 송주誦呪·『반야심경般若心經』·〈예참禮懺〉·『초발심자경문初發心自警文』이며, 여기에 『사미율의沙彌律儀』와 『치문경훈緇門警訓』이 포함되기도 한다. 이들 과목은 견습 승려인 사미를 위한 교과이므로 과정의 명칭

270_ 李能和 著, 朝鮮佛敎通史 譯註編纂委員會 譯編, 「寺法施行倘望中興」, 『譯註 朝鮮佛敎通史6 下篇 二百品題(三)』(서울: 東國大學校出版部, 2010), 664~665쪽.

271_ 1930년대 月精寺 講院은 6년 과정이었다는 昌祚의 진술이 있어 주목된다. 漢巖門徒會·金光植 編, 「昌祚」, 『그리운 스승 漢巖 스님(韓國佛敎 25人의 證言錄)』(서울: 民族社, 2006), 265쪽, "처음의 공부는 朝夕 誦呪를 始作으로 『初發心自警文』, 『都序』, 『書狀』 등 四集과 四敎, 大敎過程을 마쳤어. 6년 걸렸지."

을 사미과라고 한다.

② 사집과는 2년 과정이며,『서장書狀』·『선요禪要』·『도서都序』·『절요節要』를 학습한다. 이 4가지 교재를 묶어서 사집四集이라고 하므로 명칭이 사집과가 된다.

③ 사교과는 4년 과정으로『능엄경楞嚴經』·『대승기신론大乘起信論』·『금강경오가해金剛經五家解』·『원각경圓覺經』을 학습한다. 이들 4가지 전적을 묶어서 사교四教라고 하므로 사교과라 한다.

④ 대교과는 3년 과정으로『화엄경華嚴經』·『선문염송禪門拈頌』·『전등록傳燈錄』을 수학한다. 즉 사교입선捨教入禪의 본격적인 과정이라고 할 수 있다. 그러나『화엄경』은 신역新譯(주본周本)이 80권이나 되기 때문에, 이의 주석서인 청량징관淸涼澄觀(738~839)의 90권『화엄경수소연의초華嚴經隨疏演義鈔』의 해제解題에 해당하는 8권으로 된『화엄경현담華嚴經懸談』을 배우기도 한다. 교학에서는『화엄경』의 위상이 가장 높고 최종에 위치하므로 대교大教라는 명칭을 사용해 대교과라고 한다.

한암이 19세에 입산해서 22세에 정식으로 출가했다면, 24세 때는 사집과에 해당한다. 조선 시대 불교 교육의 특징은 전체적인 사교입선의 체계 안에 강원교육이 위치한다. 이 때문에 강원교육이라 할지라도 교학을 중심으로 수학하는 것이 아니라, 선불교의 이해를 돕기 위한 구조로 되어 있다. 이는 사집과의 교재가 대혜종고大慧宗杲(1089~1163)의『서장』과 고봉원묘高峰原妙(1238~1295)의『선요』, 그리고 규봉종밀圭峰宗密(780~841)의『도서』와 보조지눌普照知訥의『절요』로 되어 있는 것을 통해서도 단적인 판단이 가능하다.

종밀은 하택신회荷澤神會(684~758)의 하택종荷澤宗을 통한 화엄선 華嚴禪의 관점을 견지한 인물이다.[272] 그의『도서』가 선교일치禪敎一致 의 불교학개론과 같은 책이라는 점을 제외하면, 사집의 나머지는 모두 남종선南宗禪의 토대를 다지는 교재로 되어 있는 것을 알 수 있다. 또 종밀이 지눌에게 강하게 영향을 미치는 인물이라는 점을 감안한다면, 한국불교의 관점에서 선불교에 대한 문헌이 집약되어 있는 것이 다름 아닌 사집과라고 하겠다.

3) 선불교로의 전환과 교학에 대한 태도

한암은 「일생패궐」에서, 24세(1899) 때 보운강회에서 수학하는 과 정 중 7월에 교학에 대한 마음이 선불교로 전환되었음을 적고 있다. 이 때 계기가 된 사건은 내외의 두 가지이다. 첫째는 내적인 측면으로 보 조 국사의『수심결』을 읽다가 인식이 바뀌는 것이며, 둘째는 외적인 것 으로 장안사 소속인 해은암海恩庵의 전소로 인해 무상을 자각하는 측 면이 그것이다.[273]

한암은 자신을 흔들었던 대목으로『수심결』의 다음과 같은 대목

///////////

272_ 박인석, 「荷澤宗의 傳承과 禪思想 검토-唐 宗密 및 金石文 자료를 중심으로」, 『禪學』 제44 호(2016), 74-91쪽 ; 김경숙(志恩), 「圭峰宗密의 知思想 硏究」, 『韓國佛敎學』 제51집(2008), 266- 278쪽 ; 김방룡, 「知訥 禪思想 형성에 미친 중국불교의 영향」, 『佛敎學硏究』 제23호(2009), 43-46 쪽.

273_ 위의 책, 「1. 一生敗闕」, 267-268쪽, "偶閱普照國師修心訣타가 至'若言心外有佛이요, 性外 有法이라하야 堅執此情하야 欲求佛道者댄 縱經塵劫토록 燒身煉臂(云云)하고, 乃至 轉讀一大藏 敎하며 修種種苦行이라도 如蒸沙作飯하야 只益自勞處라.'하야는 不覺身心悚然하야 如大恨(限) 當頭라. 又聞長安寺海雲(恩의 誤)庵이 一夜燒盡하야는 尤覺無常如火하야 一切事業이 皆是夢 幻이라."

을 적시하고 있다.[274]

> 만약 "마음 밖에 붓다가 있고 성품 밖에 법이 있다."는 말에
> 굳게 집착하여 이런 정情으로 불도佛道를 구한다면, 경전을
> 좇아 진겁塵劫토록 소신연비燒身鍊臂·고골출수敲骨出髓·자혈
> 사경刺血寫經·장좌불와長坐不臥·일식묘재一食卯齋하며, 내지
> 일대장교一大藏教를 전독轉讀하고 종종고행種種苦行을 닦는
> 다 하더라도, 마치 모래를 쪄서 밥을 짓는 것과 같아 다만 (그)
> 수고로움만 더할 뿐이다.[275]

지눌의 『절요』는 사집과의 마지막 교재이다. 이런 점에서 한암이
출가한 지 3년째 되는 7월에 『수심결』을 보다가 선불교로 인식이 전환
되었다는 것은, 아직 『절요』를 학습하지는 못했다는 의미가 된다.

한암의 선불교에 대한 이해에 있어서 지눌의 영향은 실로 막대하
다. 이는 한암이 경봉에게 보낸 서간書簡에서, 조서어록 중 최고를 대혜
의 『서장』과 지눌의 『절요』 및 『간화결의론看話決疑論』을 들어 제시한
다. 그리고는 자신 또한 항상 곁에 이들 책을 두고서, 이로써 힘을 얻고

///////////

274_ 이 『修心訣』 구절은 漢巖의 「禪問答 21條」 속 3번째 問答의 답변에서도 확인된다. 즉 漢巖은
이 句節을 가슴에 깊이 새기며 살았던 것이다.
漢岩 撰, 「1. 禪問答 21條」, 『定本-漢岩一鉢錄 上』(平昌: 漢巖門徒會·五臺山 月精寺, 2010), 154
쪽.

275_ 『高麗國普照禪師修心訣』 全1卷(『大正藏』 48, 1005c), "若言心外有佛, 性外有法, 堅執此
情, 欲求佛道者, 縱經塵劫, 燒身鍊臂, 敲骨出髓, 刺血寫經, 長坐不臥, 一食卯齋, 乃至轉讀一大藏
教, 修種種苦行, 如蒸沙作飯, 只益自勞."

있음을 천명하는 것을 통해 분명해진다.[276] 또 한암은 종조론宗祖論에
서도 지눌을 강조하며, 수행론에서는 돈오점수頓悟漸修를 주장하고 있
어 주목된다.

주지하다시피 지눌은 대혜의 영향 등에 의해[277] 돈오점수를 주장
한 분으로, 이는 조선 후기 선불교와 일제강점기의 주류인 태고보우太
古普愚(1301~1382) 종조론과[278] 이의 돈오돈수頓悟頓修 주장과는 차이가
크다. 그럼에도 한암은 1929년 조선불교 선교양종禪敎兩宗에서 교정 7
명 중 1명으로 선출된[279] 이듬해인 1930년 4월에, 지눌을 강조하는 「해
동초조에 대하야」를 발표한다.[280] 이는 한암이 당시 교정임에도 조선
후기의 일반적인 법맥 인식과는 다른 '도의-지눌계'를 천명하고 있다
는 점에서 주목되는 부분이다.[281]

또 한암의 저작에는 지눌의 『서장』에 대한 인용이 다수 존재하며,
1922년 건봉사 만일원 선원의 주실籌室로 있던 과정에서 기록된 「선

276_ 漢岩 撰, 「1. 答鏡峰和尙書1-1」, 『定本-漢岩一鉢錄 上』(平昌: 漢巖門徒會·五臺山 月精
寺, 2010), 279쪽, "第一要緊한 冊子는, 大慧『書狀』과 普照『節要』와 『看話決疑』가 是活句法門이
라. 恒置案上하야 時時點檢하야 歸就自己면, 則一生事가 庶無差違矣리이다. 弟亦此에서 得力者
有하니이다. 又, 依『書狀』과 與『決疑』及 『節要』末段하야 擧覺活句가 甚好甚好니이다."

277_ 『大慧普覺禪師書』25, 「答李參政(漢老)·(問書附)」(『大正藏』47, 420a), "前日之語, '理則
頓悟乘倂銷, 事則漸除因次第盡.' 行住坐臥切不可忘了."

278_ 金光植, 「漢巖의 宗祖觀과 道義國師」, 『漢岩思想』 제3집(2008), 97-104쪽.

279_ 金光植, 「方漢岩과 曹溪宗團」, 『漢岩思想』 제1집(2006), 160쪽 ; 金光植, 「曹溪宗團 宗正의
歷史像」, 『大覺思想』 제19집(2013), 132-135쪽.

280_ 漢岩 撰, 「12. 海東初祖에 對하야」, 『定本-漢岩一鉢錄 上』(平昌: 漢巖門徒會·五臺山 月
精寺, 2010), 118-124쪽 ; 金浩星, 「漢岩의 道義-普照 法統說-〈海東初祖에 對하야〉를 中心으로」,
『普照思想』 제2집(1988), 403-416쪽.

281_ 金光植, 「漢巖의 宗祖觀과 道義國師」, 『漢岩思想』 제3집(2008), 107·113쪽.

문답 21조」에도 지눌『수심결』의 바로 이 구절이 언급되어 있다.[282] 이외에도 오대산 상원사에 주석할 때인 1937년,『보조법어普照法語』를 현토 간행하기도 하는 등 한암의 지눌에 대한 경도는 자못 여러 곳에서 목도된다.

한암이 읽고 관점이 바뀌었다는『수심결』은 본래심本來心 즉 본성本性에 대한 자각을 지눌의 방식인 돈오점수와 정혜쌍수定慧雙修의 관점에서 핵심을 간취하고 있는 저술이다. 한암이 제시한 구절을 보면, '모든 외적인 극기克己의 신행과 경전 공부 그리고 고행은 모두 다 방편일 뿐으로 진정한 깨침은 내적인 마음공부 외에 존재하지 않는다.'는 의미이다. 한암은 지눌의 이 말에 크게 공감하고 있다. 이는 본래완성本來完成에 기반한 강력한 유심주의와 주관주의적인 관점에 대한 긍정이라고 하겠다.

한암이 선불교로의 전환 이전에 교학을 얼마나 공부했는지는 알 수 없다. 그러나 출가한 지 얼마 안 된 시점이라는 점을 고려한다면, 교학에 대한 이해가 깊기는 어려웠을 것이다. 그런데도 불구하고 선불교로 전환하는 데는, 교학적인 차제를 밟아나가는 과정과 기간에 따른 부담을 느꼈기 때문이 아닌가 한다. 이 부분에서 주목되는 것이, 한암이 체질적으로 건강에 문제가 있었다는 점이다. 한암의 건강 문제는 단문短文인「일생패궐」안에서만도 3차례나 확인되며,[283] 이는 한암이

---

282   漢岩 撰,「1. 禪問答 21條」,『定本-漢岩一鉢錄 上』(平昌: 漢巖門徒會·五臺山 月精寺, 2010), 154쪽, "第二答."

283   위의 책,「1. 一生敗闕」, 268-269쪽, "而偶得病하여 幾死僅生이라." · "而余病하야 不能適他라." · "甲辰坐通度寺하야 得錢治病이로대 而病亦不愈라."

1925년 봉은사에서 출발해 1926년 오대산 상원사로 이거移居하는 하나의 이유가 되기도 하다.[284] 즉 한암의 양호하지 못한 건강 상태 역시, 한암의 관점 전환에 영향을 주었을 것이라는 말이다.

한암이 선불교로 생각을 바꾸는 부분에는, 둘째의 유형적인 장안사 해은암의 전소 문제도 존재한다. 이는 외적인 무상에 대한 자각을 일깨우는 대목이다. 한암은 「일생패궐」에서 "또 '해은암이 일야一夜에 소진燒盡되었다.'는 말을 듣고, 더욱 무상無常에 대한 자각이 타오르는 불과 같았다. (그래서) 일체사업一切事業이 모두 몽환夢幻처럼 (느껴졌다)."고 적고 있다.[285] 이는 전소 사건이 『수심결』로 마음이 동요된 뒤에 일어나, 이와 같은 생각을 보다 굳건히 하는 일이었음을 알게 해준다. 이 두 사건으로 인해, 한암은 교학적인 추구를 수정하고 곧장 선불교로 삶의 방향을 전환하게 된다.

해은암 화재가 한암의 문제의식을 더욱 심화시켰다는 점에서, 이 부분 또한 선천적으로 병약했던 한암에게 충격을 주었을 개연성은 충분하다. 한암의 건강 문제는 장기간을 요하는 교학보다 일도양단一刀兩斷의 선불교가 더 용이하다는 판단을 가져왔을 수 있기 때문이다. 결국 한암은 생각을 돌리자마자, 강원 이력을 단절하고 해제 후에 곧장 동지同志인 함해含海 선사禪師와 함께 남행南行하여 청암사靑岩寺 수도암修道庵에 도착하게 된다.[286]

284_ 李元錫, 「漢巖의 上院寺 移居와 시기 검토」, 『淨土學硏究』 제28집(2017), 161쪽.

285_ 위의 책, 「1. 一生敗闕」, 267-268쪽, "又聞長安寺海雲(恩의 誤)庵이 一夜燒盡하야는 尤覺無常如火하야 一切事業이 皆是夢幻이라."

286_ 같은 책, 268쪽, "解夏後에 與同志含海禪師로 束裝登程하야 漸次南行하야 至星州靑岩寺

함해가 누구인지는 알 수 없다. 그러나 선사라는 칭호를 쓰는 것으로 보아 같은 강원생은 아니었을 것으로 판단된다. 추정컨대 한암이 선불교로 전환하여 방법을 모색하는 과정에서, 신계사에 주석하던 수좌인 함해의 조언을 얻게 되고 경허에 대해서도 알게 된 것이 아닌가 한다. 즉 한암이 강원 이력을 마치지 않고 남행을 단행하는 것에는 함해의 인도와 경허라는 목적이 존재했을 수 있다는 말이다. 이는 한암이 남행 과정에서 송광사처럼 선수행으로 명망 높은 도량이 아닌 수도암으로 가게 된다는 점, 그리고 그곳에 맞춤하게도 경허가 있었다는 절묘한 상황을 통해서 유추해 보는 것이 가능하다. 즉 한암이 함해와 함께한 남행에는 경허라는 뚜렷한 목적이 처음부터 설정되어 있었을 개연성이 존재한다는 말이다.

그러나 한암은 교학에서 선불교로 전환했지만, 막상 확철대오한 이후에는 교학을 부정하지 않고 오히려 선어록을 중심으로 해서 교학적인 기반을 긍정하는 모습을 보인다.[287] 이는 동시대 전선全禪의 관점을 취한 만공 등과는 다른 한암만의 두드러진 특징이다. 즉 한암과 만공은 선불교 안에서 '남만공南滿空 북한암北漢巖'으로도 불리기도 하였

修道庵하야'.

287_ 曺龍溟 撰, 「10. 우리 스님, 寒巖 스님」, 『定本-漢岩一鉢錄 下』(平昌: 漢巖門徒會·五臺山 月精寺, 2010), 143-144쪽, "우리 스님은 그렇게 차 마시는 시간에 祖師語錄을 講하시고 法을 설하셨지만, 參禪하는 首座들에게 經을 보라고 권하는 일은 없었다. 다만 두 가지를 허락하셨는데 首座라도 佛供儀式을 익혀서 摩旨 올리고 내리는 법은 알아야 한다고 하셨고, 또 하나는 參禪은 비록 스스로 공부를 지어가는 것이지만 佛祖의 語錄은 혼자 뜯어 볼 정도의 글 힘이 있어야 한다고 말씀하셨다. 그러기에 首座들도 놀지 말고 틈틈이 글자를 보아도 좋다고 하셨다. 나는 스님에게 '布敎를 하려면 經을 많이 읽어야 한다고 하던데요.' 하고 反對 意見을 드리면 스님은 이렇게 대답하셨다. '禪을 해서 理致를 통하고 나면 經 보기는 어렵지 않느니라. 經을 먼저 보려고 서두르지 말고 禪에만 힘을 써라. 뜻을 얻으면 글은 저절로 알게 된다.'"

지만,[288] 막상 교학에 대한 인식은 서로 사뭇 달랐던 것이다.[289] 이는 지눌의 화엄과 선불교의 조화 추구에 따른 영향과 한암의 학자적 자세, 그리고 당시 불교 교육이 절실했던 시대적인 요청에 따른 다중적인 결과로 이해된다.

////////////

288_ 당시는 이와 같은 並稱이 유행한 것으로 보이는데, 이는 大講伯으로서 '北漢永 南震應'의 並稱도 존재하는 것을 통해서 인지해 볼 수 있다. 즉 禪과 敎의 남북에 따른 대표자의 並稱인 셈이다.

289_ 金光植, 「漢岩과 滿空의 同異, 그 행적에 나타난 불교관」, 『漢岩思想』 제4집(2009), 79-85쪽.

2. 수도암修道庵의 1차 개오開悟와 경허鏡虛

1) 경허의『금강경』법문과 1차 개오

「일생패궐」에 따르면, 한암의 1차 개오는 1889년 수도암에서 경허의 법문 도중『금강경』의 구절을 듣는 과정에서 이루어진다. 이의 해당 내용을 적시해보면 다음과 같다.

> 경허 화상이 설하는 "(『금강경』의) 범소유상凡所有相 개시허망皆是虛妄이니 약견제상비상若見諸相非相이면 즉견여래卽見如來라."는 대목에 이르러, 안광眼光이 홀연히 열려 3천계三千界의 덮개가 사라지니 염래물물拈來物物이 (모두) 나 아님이 없었다.[290]

인용문을 보면, 경허의 법문 과정에서『금강경』4구게 대목에 이르니 한암의 안목이 활짝 열려 전체가 내가 되는 '일체즉아一切卽我'의 상태를 경험한 것을 알 수 있다.『금강경』은 선불교에서는 오조홍인五祖弘忍에 의해서 중시된 경전이자, 남종선의 실질적인 개창자인 육조

---

[290]_ 위의 책, 「1. 一生敗闕」, 268쪽, "參聽鏡虛和尙이 說, '凡所有相 皆是虛妄이니 若見諸相非相이면 卽見如來라.'하야는 眼光忽開하여 盖盡三千界하니, 拈來物物이 無非自己라."

혜능六祖慧能이 발심한 경전이기도 하다.[291] 이 때문에 강원의 사교반에서는 『금강경오가해』를 교재로 채택하고 있다.

『금강경』에는 총 4개의 게송이 존재한다. 이는 각각 「제5 여리실견분如理實見分」의 "범소유상凡所有相 개시허망皆是虛妄 약견제상비상若見諸相非相 즉견여래即見如來"와 「제10 장엄정토분莊嚴淨土分」의 "불응주색생심不應住色生心 불응주성향미촉법생심不應住聲香味觸法生心 응무소주應無所住 이생기심而生其心" 그리고 「제26 법신비상분法身非相分」의 "약이색견아若以色見我 이음성구아以音聲求我 시인행사도是人行邪道 불능견여래不能見如來"와 「제32 응화비진분應化非眞分」의 "일체유위법一切有爲法 여몽환포영如夢幻泡影 여로역여전如露亦如電 응작여시관應作如是觀"이다. 이 중 혜능이 격발된 게송은 두 번째이며, 한암은 첫 번째이다. 즉 한암 역시 혜능과 같이 『금강경』을 바탕으로 하는 남종선의 흐름을 계승하고 있는 것이다.

한암이 경허에게 들은 4구게는 〈장엄염불莊嚴念佛〉 등 불교의식집佛教儀式集에 다수 등장하는 게송으로 승려라면 누구나 암송하고 있는 구절이다. 이런 점에서 이 게송을 새로 듣고 안광이 열렸다기보다는 이와 관련된 경허의 법문을 듣고 인식의 전회轉回가 이루어진 것으로 판단된다. 즉 '코페르니쿠스적 전회轉回(kopernikanische Wende)'처럼 이미 알고 있었던 사실에 대한 인식 환기가 새롭게 이루어진 것이다. 이런 점에서 이 1차 개오는 증오證悟가 아닌 해오解悟로 보는 것이 타당하다.

291_ 『六祖大師法寶壇經』全1卷, 「行由第一」(『大正藏』48, 349a), "爲說《金剛經》, 至'應無所住而生其心', 惠能言下大悟, 一切萬法, 不離自性."

이는 1차 개오와 바로 연결되는 경허와의 문답 속에서, 한암이 경허에게 무자화두無字話頭를 받고 이를 참구하라는 가르침을 듣는 것을 통해서 분명해진다. 이렇게 놓고 본다면, 3차 개오에서 1차 때와 "조금도 차이가 없었다."고 되어 있지만,[292] 이는 실제로는 해오解悟와 증오證悟의 연결 구조를 통한 완성으로 보는 것이 타당하다고 판단된다.

한암은 청암사에서의 1차 개오한 후에, 하룻밤을 묵고 곧장 경허와 함께 해인사로 가서 퇴설선원堆雪禪院의 동안거(1899)에 들게 된다.[293] 즉 한암이 수도암에 머문 기간은 극히 제한적이었던 것이다. 이는 한암이 수도암을 찾은 이유가 경허 때문이며, 또 경허의 해인사 이동으로 인해 한암 역시 해인사로 가게 되는 정황을 유추해 보게 한다.

2) 원각경계圓覺境界와 무자화두無字話頭의 참구

한암은 경허와 함께 해인사로 가는 도중에 경허의 하문下問으로 시작되는 문답을 하게 된다. 「일생패궐」의 해당 내용을 보기 쉽게 정리해 보면 다음과 같다.

① **경허의 격발**擊發
경허: 고인古人(부흡傅翕)이 이르기를 "사람이 다리 위를 지나가는데, 다리는 흐르지만 물은 흐르지 않는다."라고 했는데, 이것이 무슨 뜻인지 아는가?

292_ 위의 책, 「1. 一生敗闕」, 269쪽, "與修道開悟時와 少無差異라."
293_ 같은 책, 268쪽, "留一宿하고, 隨和尙하야 陜川海印寺"

한암: 물은 진眞이요, 다리는 망妄입니다. (그러므로) 망妄은 흘러도 진眞은 흐르지 않는 것입니다.

경허: 이치로는 그렇지만, 그러나 (여기에는 또) 물은 밤낮으로 흘러도 흐르지 않는 이치가 있고, 다리는 밤낮으로 서 있어도 서 있지 않은 이치가 있다네.

한암: 일체만물은 모두 종시終始와 본말本末이 있으나, 나의 이 본심本心은 확연廓然하여 시종과 본말이 없으니, 그 이치가 필경畢竟 어떠한 것입니까?

경허: 그것이 (바로) 원각경계圓覺境界라네. 『원각경圓覺經』에 이르기를 "사유심思惟心으로 여래의 원각경계를 헤아리고자 한다면, (이것은) 마치 반딧불로 수미산須彌山을 태우려는 것처럼 끝내 이루는 것이 불가능하다."고 되어 있다네.[294]

② 무자화두

한암: 그렇다면 어떻게 해야 (원각경계)에 득입得入할 수 있겠습니까?

경허: 화두話頭를 들고 계속 참구하면 필경에 득입할 수 있다네.

---

[294] 같은 책, "問余曰, 古云호대 [人從橋上過에 橋流水不流라.]하니 是甚麼意志오?' 余答云호대, '水是眞이요 橋是妄이니, 妄則流而眞不流也니이다.' 鏡虛和尙이 曰, '理固如是也나, 然이나 水是日夜流而有不流之理요, 橋是日夜立而有不立之理라.'하시다. 余問호대, '一切萬物은 皆有終始本末이로되 而我此本心은 廓然하야 無始終本末이니 其理畢竟如何닛고?' 和尙이 答云, '此是圓覺境界라. 經云호대, [以思惟心으로 測度如來圓覺境界댄 如取螢火로 燒須彌山하야 終不能着이라.]하시다.'"

한암: 만약 화두도 또한 망妄이라는 것을 알면 어떻게 해야 합니까?

경허: 만약 화두 역시 망임을 알았다면 홀지忽地에 실각失脚한 것이니, 그 자리에서 즉시 무자화(두)無字話(頭)를 간화看話하게나.[295]

인용문 ①에서 경허가 한암을 격발하는 대목은 『벽암록碧巖錄』권10의 〈97. 조주시중삼전어趙州示衆三轉語〉의 설명 등에서 확인되는 부대사傅大士 부흡傅翕(497~569)의 게송 중 뒷부분이다. 본래는 "빈손에는 호미 머리를 잡았고, 보행에는 물소를 탔다. (그) 사람이 다리 위를 지나가는데, 다리는 흐르건만 물은 흐르지 않는다네."이다.[296] 이 게송은 깨친 일상 속에서의 역설을 나타내는 것으로 선문禪門에 널리 알려진 구절이다. 그런데 경허는 이 중 역설에 해당하는 뒤의 반 게송만을 들어 한암의 견처見處를 시험하고 있는 것이다.

경허의 격발에 한암은 진眞·망妄 즉 진眞·속俗의 이분법적인 관점으로 문제를 해소하고자 하는 모습을 보인다. 그러자 경허는 재차 역설을 환기해, 이분법적인 측면을 넘어서는 본질에 대해서 언급하고 있다. 이에 한암은 재차 종시終始와 본말本末을 넘어서는 본(래)심本(來)

295_ 같은 책, "又問, '然則如何得入이닛고?' 答호대, '擧話頭究之하면 畢竟得入이니라.' (又問호대,) '若知是話頭亦妄이면 如何오?' 答호대, '若知話頭亦妄이면 忽地失脚이니, 其處卽是仍看無字話하라.'"

296_ 『佛果圜悟禪師碧巖錄』10,「九七」(『大正藏』48, 219b), "又傅大士頌云, '空手把鋤頭, 步行騎水牛. 人從橋上過, 橋流水不流'"

心에 대해서 묻는다.

한암이 "개유종시본말皆有終始本末"을 언급한 후에 재차 "무종시본말無始終本末"을 물은 것은, 『대학大學』의 "물유본말物有本末, 사유종시事有終始."를 넘어선[297] 즉 유교를 넘어선 불교적인 본래심에 대한 물음이다. 이에 경허는 당나라 때 유행해서 후대까지 영향을 미치는 『원각경』을 인용해 사유심思惟心을 넘어선 원각경계에 대해서 설명한다.[298] 비유에서 확인되는 '빛만 있는 반딧불로 수미산을 태운다.'는 것은, 서로의 논리적 층위가 다르다는 것을 의미한다. 즉 사유심의 분별지分別智로는 미칠 수 없다는 점을 가르쳐 주는 것이다.

다음으로 ②에서는 ①의 문답에서 목적이 된 원각경계에 득입得入하는 방법에 대해 묻고 있다. 여기에서 경허는 그 해법으로 화두 참구를 제시한다. 그러자 한암은 재차 화두 역시 작업가설作業假設적인 방편方便일 수밖에 없을 때의 문제를 제기하고 있다. 이에 경허는 화두는 수단을 넘어서는 최고의 선교방편善巧方便이어야 한다는 점을 지적하며, 모든 것을 쓸어버리는 무자화두의 간화를 권유한다.

조주의 무자화두는 『무문관無門關』의 제1칙이 되면서, 동아시아 남종선 전통에서 '화두 중의 화두'로 크게 유행하는 최고격 화두이다. 실제로 무자화두는 고려 후기부터 시심마是甚麼와 더불어 가장 많이 참구되는 대상이며,[299] 이와 같은 양상은 오늘날까지도 유전되고 있다.

297_ 『大學』, "物有本末, 事有終始, 知所先後, 則近道矣."

298_ 『大方廣圓覺修多羅了義經』 全1卷(『大正藏』 17, 915c), "何況能以有思惟心測度如來圓覺境界. 如取螢火燒須彌山, 終不能著."

299_ 廉仲燮, 「功夫十節目의 禪思想 고찰」, 『東洋哲學研究』 제80집(2014), 274~275쪽.

경허는 화두의 병폐를 넘어서는 최후의 화두로 무자화두의 참구를 제시하고 있는데, 이를 속칭 '화두를 내려준다'거나 '화두를 받는다'라고 한다. 즉 한암은 경허에게서 무자화두를 받은 것이다.

인용문을 전체적으로 보면, 한암은 선불교로 전환한 지 얼마 지나지 않았음에도, 북송北宋 시대 대혜에 의해서 확립되는 간화선看話禪의 참구와 수행인식에 상당한 지견을 드러내는 모습이 확인된다. 특히 한암의 문답자가 선불교의 중흥조로 평가되는 경허라는 점에서 더욱 그렇다. 또 경허 역시 초학初學의 한암을 곡진曲盡하게 상대하는 것으로 보아, 그 근기를 높게 평가하고 있는 것을 알 수 있다.[300]

3) 한암의 견처見處와 경허의 판단

한암은 경허를 모시고 청암사를 출발한 후 해인사에 도착해, 해인사 퇴설선원에서 함께 동안거(1899)를 나게 된다. 당시 경허의 소임은 조실祖室이었고, 초납初衲이었던 한암은 서기書記를 보았다.[301]

퇴설선원의 동안거 과정에서, 한암은 자신의 견처見處를 다음과 같은 계송으로 지어 경허에게 올린다.

다리(脚) 아래는 청천靑天이며 머리 위에 산이나니,

脚下靑天頭上巒

300_ 尹暢和,「鏡虛의 知音者 漢岩」,『漢岩思想』제4집(2009), 21-27쪽.

301_ 佛學硏究所 編,『近代 禪院 芳啣錄』(서울: 大韓佛敎曹溪宗 敎育院, 2006), 40쪽.

쾌활남아快活男兒가 이 사이에 이른다면[302]

快活男兒到此間

절름발이는 능히 걷고 장님은 보리라.

跛者能行盲者見

(이때) 북산北山은 말없이 남산을 마주한다네.[303]

北山無語對南山

　게송은 역설(1구)을 통해서 진정한 대장부(2구)가 되면, 모든 문제
가 해결(3구)되고 일상은 다시금 본래의 일상으로 환원된다(4구)는 의
미이다. 즉 전체적으로는 '역설 → 깨침을 통한 문제해결 → 일상의 재
환기' 구조로 되어 있는 셈이다.

　이 중 특히 제4구가 주목되는데, 이는 도연명陶淵明(365~427)의 연
작시 〈음주飲酒〉 20수 중 "채국동리하采菊東籬下 유연견남산悠然見南山"
을 상기시키기 때문이다.[304] 이 구절은 왕국유王國維(1877~1927)에 의해

302_　金呑虛 撰,「現代佛教의 巨人, 方漢岩」,『定本-漢岩一鉢錄 下』(平昌: 漢巖門徒會·五臺山
月精寺, 2010), 160쪽에는 2번째 구절이 "快活男兒到此間"이 아니라 "本無內外亦中間"로 되어 있
다. 이와 같은 변화는 鏡虛의 부족하다는 지적으로 인해 후에 수정된 것이라는 주장이 있다[高榮燮,
「漢巖의 一鉢禪-胸襟(藏蹤)과 把拽(巧語)의 凝縮과 擴散」,『漢岩思想』제2집(2007), 67쪽 ; 漢岩
大宗師法語集 編纂委員會 編,「附錄-年表」,『定本-漢岩一鉢錄 上』, 平昌: 漢巖門徒會·五臺山
月精寺, 2010, 500쪽].

303_　위의 책,「1. 一生敗闕」, 268쪽, "過寒際於海印寺禪社라가 一日作一偈云호대, '脚下靑天頭
上巒하니 快活男兒到此間이면 跛者能行盲者見이리라 北山無語對南山이로다.'"

304_　강경희,「〈採菊圖〉와 陶淵明 문학작품의 상호텍스트성 연구」,『美術史論壇』제46호(2018),
26~27쪽 ; 孫麗任,「楓巖 金終弼의 〈採菊〉詩 연구-陶淵明의 〈飲酒〉시편과의 비교를 중심으로」,
『東洋古典研究』제52집(2013), 127쪽.

"이물관물以物觀物"의 최고 경계로 극찬을 받은 구절이기도 하다.[305]

한암의 견처에 대한 경허의 판단은 "'(1·4구인) 각하청천脚下靑天과 북산무언北山無語'의 구句는 옳으나 '(2·3구인) 쾌활남아快活男兒와 파자능행跛者能行'의 구절은 틀렸다."는 것이다.[306] 이는 2구와 3구에 아직 "이아관물以我觀物"과 같은 속기가 남아 있다는 판단 때문이다.[307]

두 구는 맞지만 두 구는 틀렸다는 말은 반쪽의 완성이라는 의미이다. 그러나 첫 안거자인 한암이 경허를 상대로 절반의 견처를 확보한다는 것은 매우 예리한 모습을 보였다고 할 수 있다. 실제로 한암 역시 이를 큰 칭찬으로 인식했기 때문에,「일생패궐」에서 이 부분을 명확하게 적시하는 모습을 보이는 것으로 이해된다.

동안거 이후 경허는 통도사와 범어사가 있는 경남으로 떠난다. 그러나 한암은 해인사에서 한 철 더 하안거에 든다. 이때 경허와 함께하지 않은 것은 건강상의 문제와[308] 경허를 여읜 한암의 독자적인 추구 노력의 두 가지로 추론될 수 있다. 그러나 하안거를 마친 다음인 1900년(25세)에 통도사 백운암白雲庵으로 가는 것으로[309] 보아 한

///////////

305_　王國維 著, 조성천 譯,『人間詞話』(서울: 지식을 만드는 지식, 2016), 6쪽, "無我之境, 以物觀物, 故不知何者爲我, 何者爲物."

306_　위의 책,「1. 一生敗闕」, 268쪽, "和尙이 見而笑曰, '脚下靑天與北山無語句는 是나, 而快活男兒與跛者能行句는 非也라.'하시다."

307_　王國維 著, 조성천 譯,『人間詞話』(서울: 지식을 만드는 지식, 2016), 6쪽, "有我之境, 以我觀物, 故物皆著我之色彩."

308_　위의 책,「1. 一生敗闕」, 268쪽, "過寒際後에 和尙發行하여 向通梵等寺나, 余則仍留라가 而偶得病하여 幾死僅生이라."

309_　같은 책, 268쪽, "過夏後에 卽發程하야 到通度寺白雲庵하야 留數朔이라가".

암의 경허에 대한 갈망을 파악해 보게 된다. 즉 동안거 해제 후에 경허를 따르지 못한 것은 한암의 건강 문제가 더 크게 작용하고 있는 것이다.

한암은 통도사 백운암에 도착해 머무는 과정에서 "하루는 입선 入禪 차次의 죽비 치는 소리를 듣고, 또다시 개오처開悟處가 있었다."고 「일생패궐」은 적고 있다.[310] 이때 백운암의 상황은 정상적인 안거는 아니었다. 그러므로 산철(중간철)의 참선수행으로 이해된다. 여기에서 한암은 다시금 개오하는 것이다.

백운암의 죽비소리 개오를 「일생패궐」의 "개오처開悟處"라는 말에 입각해, 이것을 한암의 2차 개오로 판단하는 견해도 있다.[311] 그러나 한암은 이 부분과 관련해서는 특정한 체험에 대한 기록을 남기고 있지 않다. 이는 다른 개오 때에 '상황'과 '체험'을 연결해서 기술되는 방식과는 분명한 차이가 있다. 즉 다른 개오 상황과는 다른 단조로운 기록만을 남기고 있는 것이다. 이런 점에서 이는 전후의 개오와는 다른, 개오 과정 중의 작은 깨침인 '중간 개오' 정도로 이해하는 것이 타당하다. 실제로 탄허 역시 〈한암비문(1959)〉과 「현대불교의 거인, 방한암(1965)」에서 모두 이때의 개오를 제외한 세 번만을 언급하고 있다.[312]

///////////

310_ 같은 책, 268쪽, "一日 入禪次에 打竹箆에 又有開悟處하다."

311_ 漢岩大宗師法語集 編纂委員會 編, 「附錄-年譜」, 『定本-漢岩一鉢錄 上』(平昌: 漢巖門徒會·五臺山 月精寺, 2010), 500쪽 ; 尹暢和, 「漢岩의 自傳的 求道記〈一生敗闕〉」, 『漢岩思想』 제1집(2006), 199·213쪽.金浩星과 高榮燮은 이를 3차 開悟로 보고 있는데[高榮燮, 「漢巖의 一鉢禪-胸襟(藏蹤)과 把拽(巧語)의 凝縮과 擴散」, 『漢岩思想』 제2집(2007), 65쪽], 이러한 판단은 寶雲講會에서 『修心訣』을 보다가 발생한 내용을 1차 開悟로 판단했기 때문이다.

312_ 金呑虛 撰, 「現代佛教의 巨人, 方漢岩」, 『定本-漢岩一鉢錄 下』(平昌: 漢巖門徒會·五臺山 月精寺, 2010), 160-161쪽 ; 呑虛宅成 撰, 「附錄-漢岩大宗師浮屠碑銘并序」, 『定本-漢岩一鉢錄

즉 이때의 개오는 철저한 개오라기보다는 큰 개오 사이의 작은 개오 정도인 것이다.

이와 관련해서 주목되는 부분은 만공의 깨달음 역시 한암과 비슷한 궤적을 그리고 있다는 점이다. 만공은 1895년(25세)에 온양溫陽 봉곡사鳳谷寺에서 노전爐殿 소임을 보는 도중 음력 7월 25일에 '만법귀일萬法歸一 일귀하처一歸何處'의 화두를 참구하다가 작은 깨달음이 열린다. 이후 새벽예불의 종송을 외우는 과정에서, "응관법계성應觀法界性 일체유심조一切有心造"의 대목에 이르러 깨달음을 얻고〈오도송〉을 짓는다. 그러나 이듬해인 1896년 음력 7월 15일에 경허를 만나 깨달음이 철저하지 못하니 무자화두無字話頭를 들어 원돈문圓頓門을 넘어서는 경절문徑截門을 증득하라는 가르침을 받게 된다. 즉 한암과 마찬가지로 만공 역시 무자화두를 받고, 재참구를 지시받고 있는 것이다. 후에 만공은 1901년(31세) 하안거를 마친 뒤에 통도사 백운암에서 새벽종 소리에 격발되어 확철대오하게 된다.[313] 이렇게 놓고 본다면, 한암과 만공은 상호 비슷한 단계를 밟고 있으며 백운암의 기연 역시 유사하다는 것을 알 수 있다. 이를 간략히 도시화해서 제시하면 다음과 같다.

上』(平昌: 漢巖門徒會·五臺山 月精寺, 2010), 492쪽.

313_ 김혜공 譯, 『滿空法語』(禮山: 修德寺, 1969), 274-279쪽 ; 김경집, 「滿空 月面의 사상과 활동」, 『佛教學研究』 제12호(2005), 4-6쪽.

NO		한암(1876~1951)	만공(1871~1946)
1	1차 개오	1899년(24세) – 청암사	1895년(25세) – 봉곡사
2	경허의 부정과 무자화두 받음	1899년(24세)	1896년(26세)
3	2차 개오	1900년(25세) – 백운암	1901년(31세) – 백운암 – 확철대오
4	경허의 인가	1903년(28세) – 해인사에서 인정만 받고 인가는 받지 못함	1904년(34세) – 천장암
5	3차 개오	1903년(28세) – 해인사	
6	4차 개오	1912년(37세) – 우두암 – 확철대오	

위의 도표를 보면, 한암과 만공의 생애 간에 깨달음과 관련된 우연적인 묘한 긴장 관계가 존재하는 모습이 파악된다. 이 때문에 한암의 백운암 죽비소리에 의한 개오를 만공의 백운암 종소리의 확철대오와 대비하는 인식도 가능할 수 있다. 즉 백운암의 개오 역시 중요한 개오일 수 있다는 관점이다. 그러나 한암은 「일생패궐」에서 1912년(37세)의 확철대오를 분명히 하면서, 경허의 인가를 받지 못했다는 점을 역시 그대로 노출하는 모습을 보인다.[314] 이런 점에서 볼 때, 백운암의 개오를 만공의 확철대오에 대응할 정도의 비중으로 파악하기에는 무리가 있다. 그러므로 백운암의 개오(도표의 2차 개오)는 앞서 언급한 바와 같이 「일생패궐」의 간략하고 이질적인 서술에 입각해서, 중간 개오 정도로 이해하는 것이 타당하다고 판단된다.

///////////

314_ 위의 책, 「1. 一生敗闕」, 269쪽.

3. 2차 개오와 3차 개오에 대한 검토

1) 경허와의 법담과 한암에 대한 인정

한암의 2차 개오는 1903년 해인사에서 경허를 조실로 20여 대중이 함께 하안거를 마친 후, 경허가 범어사로 떠난 다음의 해인사에서 이루어진다. 한암은 「일생패궐」에서 해인사의 2차 개오를 의도적으로 경허와의 선원 일화와 연결시켜 함께 기록하는 모습을 보인다. 즉 두 가지 사건의 유의미한 연관 관계를 제시하고자 노력하고 있는 것이다.

실제로 「일생패궐」은 한암의 3차에 걸친 개오와 그 사이에 섞여 있는 경허에 대한 내용들이 글의 전부라고 해도 과언이 아니다. 즉 한암은 자신의 선수행과 오도悟道를 온전히 경허와 연관해서 자술自述하고 있는 셈이다. 그러나 엄밀히 살피면, 1차 개오는 경허에 의한 것이 맞지만 2차와 3차 개오는 자득으로 보는 것이 타당하다. 그러나 한암은 이러한 자득의 수행 결과마저도 경허의 지도와 관련시켜 기술하고 있다. 이는 한암의 「일생패궐」 기술목적이 무엇인지를 알게 해준다는 점에서 주목된다.

한암은 2차 개오에 앞서, 1903년 하안거 때의 일화를 제시하고 있다. 이를 보기 쉽게 정리해 보면 다음과 같다.

① 어떤 승려의 물음과 경허의 답변

승려: (고봉화상의 『선요』에) '어떤 것이 실참實參·실오實悟의 저

소식底消息입니까?' 하니, 고봉高峰이 답하기를 '남산南山에서
구름이 일어나니 북산北山에서 비가 내린다.'라고 했는데, 이
것이 무슨 뜻입니까?"

경허: 비유하면, 자벌레가 한 자를 갈 때 한 바퀴 구르는 것과
같으니라.[315]

② 경허의 물음과 한암의 답변

경허: (대중들에게) 이것이 무슨 도리道理인가?

한암: 창문을 열고 앉으니 담장이 앞에 있습니다.[316]

③ 경허가 다음 날 법좌에 올라 대중들을 돌아보고 말했다.

"원선화遠禪和(중원 수좌)의 공부工夫가 개심開心을 넘었도다.
그러나 그렇다 하더라도 아직은 무엇이 체體가 되고, 무엇이
용用이 되는지는 잘 모르고 있다."[317]

　　인용문 ①에서 선원의 수좌는 고봉원묘高峰元妙(1238~1295)의 『선
요』를 인용해서 경허에게 묻고 있다. 『선요』는 앞서 언급한 것처럼 사

315_　같은 책, "一日喫茶次에 有僧이 擧『禪要』云호대, '如何是實參實悟底消息이닛고?' 答호대,
'南山起雲北山下雨니라.' (有僧이) 問호대, '是甚麽意旨오?' 和尚이 答호대, '譬如尺蠖虫一尺之行
一轉이라.'하시고"

316_　같은 책, "仍問大衆호대, '此是甚麽道理오?'하시다. 余答호대, '開牖而牗坐하니 瓦墻在前이
니다.'"

317_　같은 책, "和尚이 翌日에 陞座하야 顧大衆曰, '遠禪和의 工夫가 過於開心이라. 然雖如是나
尚未知何者爲體하고 何者爲用이니라.'"

집과의 교재이므로, 이는 강원을 이수한 승려라면 누구나 알만한 보편에 입각한 물음이다. 이 『선요』의 내용은 남산과 북산이라는 대구對句의 일상성, 그리고 구름이 일어나는 남산이 아닌 북산에 비가 내린다는 역설로 구성되어 있다. 즉 '일상'과 '역설'이라는 선어록에서 흔히 사용되는 현실과 인식 환기의 구조로 되어 있는 것이다.

이 물음에 대한 경허의 답변은 자벌레의 비유이다. 그 의미는 '다만 일상이 있을 뿐, 그 이상도 그 이하도 존재할 것이 없다'는 정도이다. 경허의 자벌레 비유는 『주역周易』「계사하전繫辭下傳」에 나오는 "척확지굴尺蠖之屈 이구신야以求伸也"와 유사하다.[318] 여기에서의 굴屈은 단순한 굴屈이 아닌 신伸을 위한 겸손이자 자연스러운 변화이다. 즉 경허는 깨달음 역시 『시경詩經』의 "연비어약鳶飛魚躍"과[319] 같은 가치일 뿐이라고 말하고 있는 것이다.

②는 경허가 자벌레의 비유를 대중들에게 재차 묻는 대목이다. 이때 한암은 '창문을 열고 앉으니 담장'이라는 역설적인 답변을 내놓는다. 창문은 외부 빛이나 환기 등을 목적으로 하므로 그 바로 앞에 담이 있다는 것은 모순이다. 이런 점에서 이 말은 애써 벗어나 봐야 또 다른 문제에 봉착할 뿐이라는 의미가 된다. 앞서 경허가 '사유심으로는 헤아릴 수 없다.'는 것과 같은 연장선상에서 이해될 수 있는 대목이다. 이 부분과 관련해서 이상하는 '창문을 여니 담장이 앞에 있다.'는 것은, 여

318_ 『周易』,「繫辭下傳」, "05 往者屈也, 來者信也, 屈信相感而利生焉. 尺蠖之屈, 以求信也, 龍蛇之蟄, 以存身也."

319_ 『詩經』,「大雅」,〈文王之什 旱麓〉, "鳶飛戾天, 魚躍于淵."

전히 경계를 보는 주체가 남아 있어 미진한 것으로 판단하고 있어 주목된다.[320]

한암의 이 말은 경허와 같은 일상성에는 미치지 못한다. 그래서 ③에서 경허는 다음날 법상에 올라가서, 한암의 깨달음이 열렸다고 칭찬하지만 아직은 활발발活潑潑한 대자유인의 경계는 아니라고 말하는 것이다.

경허는 분명히 한암을 인정하는 모습을 보이고 있다. 그러나 그렇다고 해서 '체용을 구분 못한다.'는 말을 인가印可로 까지는 보기 어렵다.[321] 또 바로 여기에서 주목해 볼 수 있는 부분이 앞서 언급한 중간 개오의 백운암 죽비 상황이다. 만일 백운암의 죽비소리 개오가 만공에서처럼 무게 비중이 큰 사건이라면, 그로부터 3년 후인 이 시점에는 경허의 인가가 이루어지는 것이 타당하다. 그러나 경허의 판단은 한암이 개심은 넘었으나, 아직 체용에는 확 터지지 못해 활달하지 못하다는 것이다. 이와 같은 경허의 반쪽 인정으로 인해, 한암은 이후에 2차와 3차의 개오 내용을 기록하고 있다. 이렇게 놓고 본다면, 백운암의 죽비소리 개오는 중간 개오로 보는 것이 합리적이고 타당하다고 판단된다.

한암은 경허에게 인정은 받지만 인가를 받지는 못한다. 이는 이후에 한암의 2차 개오와 3차 개오의 기록이 남아 있다는 점. 또 「일생패궐」의 말미에 한암 스스로가 3차 개오 후에 경허의 입적으로 인가를

320_ 이상하,「漢巖 重遠의 普照·鏡虛 계승과 그 의미」,『大覺思想』제23집(2015), 270쪽.

321_ 尹暢和는 이때 鏡虛의 認定을 印可로 판단하고 있다.
尹暢和,「鏡虛의 知音者 漢岩」,『漢岩思想』제4집(2009), 15-20쪽.

152

받을 수 없는 상황을 안타까워하는 대목을 남기고 있는 것을 통해서 분명해진다.[322]

③에서 경허가 법상에 오른 때를 하안거의 해제 시점(음력 7월 15일의 우란분절盂蘭盆節)으로 판단하는 관점도 있다.[323] 즉 해제법문의 법상에서 경허가 한암을 인정했다는 것이다. 인용문 이후의 「일생패궐」에는 경허의 법문 내용이 구체적으로 기록되어 있는데, 그 내용은 '늦여름 초가을에 형제가 흩어지는 것'에 대한 언급으로[324] 이는 동산양개洞山良价(807~869)의 법어이다.[325] 이런 점에서 이를 음력 7월 15일의 해제법문으로 볼 여지도 충분히 존재한다고 할 수 있다.

만일 그렇게 된다면, 인용문에서 한암의 답변 다음 날에 경허가 법상에 올랐다고 되어 있으니,[326] 한암과 경허의 일화는 1903년 음력 7월 14일의 사건이 된다. 실제로 선원에서는 해제 며칠 전에 정진을 상징하는 죽비竹篦를 내려놓고 풀어주는 전통이 있다. 이런 점을 고려한

322_ 위의 책, 「1. 一生敗闕」, 269쪽, "時當末葉하야 佛法衰廢之甚하야 難得明師印證이라. 而和尙은 長髮緇儒하야 來往於甲山江界等地라가 是歲入寂하시니, 餘恨可旣로다.

323_ 尹暢和, 「漢岩의 自傳的 求道記〈一生敗闕〉」, 『漢岩思想』 제1집(2006), 220쪽, "原文은 '夏末秋初'이다. 즉 夏安居 解制日을 가리킨다."; 위의 책, 「1. 一生敗闕」, 265쪽, "和尙께서 다음 날(夏安居 解制日) 法床에 올라 대중들을 돌아보시면서 말씀하셨다."

324_ 위의 책, 「1. 一生敗闕」, 265쪽, "又擧洞山云호대, '夏末秋初에 兄弟家가 各自散去하야 向萬里無寸草處去라.'하나, 余則不然하야, '夏末秋初에 兄弟家가 各自散去할새 路上雜草를 一一踏着이라야 始得다.'하리니, 與洞山語로 是同가? 是別가?' 衆皆無對할새 和尙云호대, '衆旣無對하니 余自對去하리라.'하고는, 遂下堂하야 歸方丈하시다."

325_ 『瑞州洞山良价禪師語錄』 全1卷(『大正藏』 47, 523b), "師示衆云, 兄弟, 秋初夏末, 東去西去, 直須向萬里無寸草處去始得. 良久云, 祇如萬里無寸草處, 作麼生去. 後有擧似石霜, 石霜云何不道, 出門便是草, 師聞乃云, 大唐國裏, 能有幾人."

326_ 위의 책, 「1. 一生敗闕」, 265쪽, "和尙이 翌日에 陞座하야 顧大衆曰".

다면, 이 인용문의 문답은 이와 같은 상황 속에서 이루어진 것이라는 판단도 가능하다고 하겠다.

2) 한암의 2차 개오 상황과 내용

한암의 2차 개오는 하안거를 마친 후, 경허가 범어사로 떠난 뒤에 질병으로 해인사에 남은 상태에서 이루어진다. 즉 경허와 직결된 측면은 아닌 것이다. 그러나 한암은 이를 연결해서 기록하는 방식을 사용해, 2차 개오 역시 경허의 가르침에 기반한 전개라는 의미를 부여하고 있다. 이를 통해서 볼 때, 한암의 선수행에서 차지하는 경허의 비중은 가히 압도적이라고 하겠다.

한암은 병 때문에 해인사에 머무는 과정에서, 하루는 『(경덕)전등록(景德)傳燈錄』을 보다가 약산유엄藥山惟儼(745~828)이 스승인 석두희천石頭希遷(700~790)에게 하는 "한 물건도 짓지 않는다(일물불위一物不爲)."는 대목에 이르러, "맥연驀然이 심로心路가 홀연히 끊겨 마치 물통 밑이 확 빠지는 것 같았다."고 기록하고 있다.[327]

그러나 『전등록』에는 해당 구절이 존재하지 않는다.[328] "일물불위

///////////

327＿ 같은 책, "一日에 看『傳燈錄』타가 至藥山對石竇(頭)云, '一物不爲處라.'하야늘 驀然心路忽絶이 如桶底脫相似라. 而其冬에 和尙이 入北地하야 潛跡하시니 更不拜謁矣라."

328＿ 金呑虛의 〈漢岩碑文〉과 「現代佛教의 巨人, 方漢岩」에도 『傳燈錄』으로 되어 있다. 「一生敗闕」이 呑虛가 筆寫한 寫本이라는 점을 고려한다면[尹暢和, 「漢岩의 自傳的 求道記 〈一生敗闕〉」, 『漢岩思想』 제1집(2006), 208쪽], 呑虛 역시 「一生敗闕」의 내용을 無批判的으로 수용했다는 것을 알 수 있다.
呑虛宅成 撰, 「附錄-漢岩大宗師浮屠碑銘幷序」, 『定本-漢岩一鉢錄 上』(平昌: 漢巖門徒會·五臺山 月精寺, 2010), 492쪽 ; 金呑虛 撰, 「現代佛教의 巨人, 方漢岩」, 『定本-漢岩一鉢錄 下』(平昌: 漢巖門徒會·五臺山 月精寺, 2010), 161쪽.

一物不爲"는 선어록의 여러 곳에서 확인되지만, 한암이 보았을 법한 것은 『대혜보각선사서大慧普覺禪師書』 권29의 내용이다.[329] 그러나 한암이 어록이라고 하지 않고 『전등록』이라고 한 점에 주목할 필요가 있다. 『전등록』 역시 어록을 바탕으로 하지만 이는 단일 어록이 아닌 총서류이기 때문이다. 이런 점에서 주목되는 책이 바로 『조당집祖堂集』이다. 『조당집』 권4에는 "일물불위一物不爲"와 유사한 "일물야불위一物也不爲"라는 내용이 수록되어 있기 때문이다. 양자는 같은 뜻이며, 또 『대혜어록』 권29와 『조당집』 권4의 내용 역시 의미적으로는 큰 차이가 없다.

　『조당집』은 전20권으로 당·송교체기인 952년 5대10국 시기의 남당南唐에서 편찬된 선어록의 총서이다. 그러나 특이하게도 고려대장경에만 전할 뿐 중국에서는 전승이 단절된 책이다. 이런 점에서 본다면, 「일생패궐」의 "일물불위一物不爲"와 『조당집』의 "일물야불위一物也不爲" 간에는 비록 '야也' 자의 차이가 있지만, 한암이 『전등록』이라고 언급한 상황임을 고려했을 때 『대혜어록』보다는 『조당집』이 더 타당한 것이 아닌가 판단된다.

　『조당집』의 해당 부분을 보기 쉽게 정리해서 제시하면 다음과 같다.

329_ 『大慧普覺禪師書』29, 「答嚴教授(子卿)」(『大正藏』47, 936c-937a), "昔藥山坐禪次石頭問, 子在這裏作甚麼. 藥山云, 一物不爲. 石頭云, 恁麼則閑坐也. 藥山云, 閑坐則爲也. 石頭然之, 看他古人, 一箇閑坐也奈何他不得. 今時學道之士, 多在閑坐處打住, 近日叢林無鼻孔輩, 謂之默照者, 是也."

약산藥山이 일처一處(석두石頭 문하)에서 좌선하고 있었다.

석두: "너는 이곳에 있다만, 네 마음은 무엇을 하는가?"

약산: "일물一物도 작위作爲가 되는 것은 없습니다."

석두: "이와 같은 것이 바로 한좌閑坐이다."

약산: "만약 한좌라고 한다면, (이 역시) 작위가 됩니다."

석두: "너는 불위不爲를 말하는데, 그 불위란 대체 어떤 것이냐?"

약산: "(그것은) 1,000명의 성인聖人도 또한 알지 못합니다."[330]

약산의 '불위不爲'는 노자老子의 '무위無爲'와는 또 다르다. 무위가 '작위함이 없는 것'이라면, 불위는 '본래로 작위되는 것이 (있을 수) 없다.'는 의미이기 때문이다. 즉 양자 사이에는 '작위하지 않는 것'과 '처음부터 작위는 불가능하다.'는 현상과 본체상의 차이가 존재하는 것이다. 남종선은 강한 본체론에 의지하기 때문에, 선어록에는 본래 완성의 주장이 강하게 드러난다. 그러므로 이는 1,000명의 성인도 알지 못하는 경지가 될 수 있는 것이다.

한암은 "일물불위一物不爲"의 대목에서, '물통 밑이 빠지는 것 같은 심로心路가 끊어지는 경험을 했다.'라고 적고 있다. 이는 나옹懶翁이 〈공부십절목工夫十節目〉에서 다섯 번째에 제시된 단계와 유사하다. 이의 해당 구절을 제시해보면 다음과 같다.

330_ 『祖堂集』4,「趙州狗子」(『大藏經補編』25, 375a), "藥山在一處坐. 師問: '你在這裏作什摩?' 對曰: '一物也不爲.' 師曰: '與摩則閑坐也.' 對曰: '若閑坐則爲也.' 師曰: '你道不爲, 不爲個什摩?' 對曰: '千聖亦不識.'"

비공타실鼻孔打失하면, 냉랭冷冷하고 담담淡淡하여 전혀 아무런 맛도 없고 기력도 없게 된다. (이는) 의식이 미치지 못하고 심로心路가 끊어진 때로, 환신幻身이 인간 세상에 있는 줄 모른다. 여기에 이르는 것은 어떠한 시절인가?[331]

나옹의 〈공부십절목〉은 나옹이 1370년 9월 공민왕의 뜻에 의해 공부선功夫選을 주관하는 과정에서 제시하는 일종의 시제試題이다.[332] 이 때문에 선수행과 관련된 단계적인 정리 모습을 보이는 특징을 지니고 있다.

한암의 2차 개오를 〈공부십절목〉에 배대해서 이해하는 것이 타당한지에는 논란이 존재할 수 있다. 그러나 한암이 연결해서 서술하고 있는 경허와의 문답에서, 한암의 경지가 '개심開心은 넘었지만 아직 체용을 구분하지 못한다.'는 평가는 〈공부십절목〉의 다섯 번째 단계와 유사하다. 이런 점에서 본다면, 한암의 2차 개오는 완전한 깨달음이라기보다는 정진의 과정에서 초래되는 개오, 즉 '자리잡힘'으로 이해하는 것이 타당하다.

331_ 『懶翁和尙語錄』,「工夫十節目」(『韓佛全』6, 722b·c), "鼻孔打失, 冷冷淡淡, 全無滋味, 全無氣力. 意識不及, 心路不行時, 亦不知有幻身在人間. 到這裏, 是甚時節."; 廉仲燮,「功夫十節目의 禪思想 고찰」,『東洋哲學研究』제80집(2014), 268-270쪽.

332_ 廉仲燮,「고려 말 功夫選의 시행과 의미 고찰-恭愍王과 懶翁의 상호관계를 중심으로」,『圓佛教思想과 宗教文化』제64집(2015), 362-366쪽.

3) 우두암牛頭庵의 자득自得과〈오도송悟道頌〉분석

한암의 확철대오廓徹大悟인 3차 개오는 1911년 가을에 찾은 맹산 우두암에서, 겨울을 보내고 난 후인 1912년 봄에 이루어진다.[333] 3차 개오를「일생패궐」은 "동거同居하던 ▨리▨梨가 포량차包粮次(식량을 조달하기 위해) 출타했을 때, 내가 혼자 부엌에서 불을 붙이다 홀연히 발오發悟"한 것으로 기록하고 있다.[334] 보통은 앞서 언급한 통도사에서의 죽비소리처럼, 장작이 타오르는 '딱' 소리 등을 듣고 의식이 환기되어 깨침을 얻는 것이 일반적이다.[335] 그러나「일생패궐」에는 이렇다 할 특별한 계기가 전혀 언급되어 있지 않다. 말 그대로 '홀연히'인 셈이다. 이는 한암의 선수행이 누적되어 양적인 측면이 어느 순간 질적으로 전환된 것이라는 이해를 가능하게 한다. 그리고 그 선수행은 당연히 경허에게 받은 '모든 것을 쓸어버리는 무자화두의 참구'였을 것이다.

한암은 이때의 개오가 "(처음 청암사) 수도암의 개오開悟 때와 조금의 차이도 없었다."고 기록한다.[336] 여기에서 주목되는 구절은 '조금도 차이가 없었다.'는 부분이다. 왜냐하면 이 대목을 통해서 한암의 3차 개오에 대한 기록과 내용이 부족함에도, 이 발오가 1차 개오 때의 '일체즉아一切卽我'와 동일한 상태임을 인지해 볼 수 있기 때문이다.

333_ 위의 책,「1. 一生敗闕」, 269쪽, "而秋來孟山牛頭庵하야 過寒際하고, 而翌年春에".

334_ 같은 책, "而翌年春에 同居▨梨가 包粮次出去로대, 余獨在廚中着火타가 忽然發悟하니".

335_ 潙山靈祐의 제자인 香嚴智閑은 기와 조각이 대나무에 부딪치는 소리를 듣고 깨달았다.『景德傳燈錄』11,「鄧州香嚴寺智閑禪師」(『大正藏』51, 284a), "香嚴智閑 … 一日因山中芟除草木, 以瓦礫擊竹作聲, 俄失笑間廓然惺悟, 遽歸沐浴焚香遙禮潙山.";『潭州潙山靈祐禪師語錄』全1卷(『大正藏』47, 580b).

336_ 위의 책,「1. 一生敗闕」, 269쪽, "與修道開悟時와 少無差異라."

또 한암은 3차 개오를 통해 미망이 걷힌 상태를, "한 줄기 활로活路가 부딪치는 곳마다 분명했다."고 적고 있다.[337] 이는 한암의 깨침이 확철대오임을 스스로 판단하는 자내증自內證에 해당하는 부분이다. 붓다역시 보리수 아래에서 무상정등정각無上正等正覺을 증득한 뒤, 깨침의 불명확성 속에서 연기법緣起法에 일체를 맞추어 보는 해탈지견解脫知見을 확보한다.[338] 한암 역시 이와 유사한 깨달음의 완성 구조를 보이고 있는 것이다.

한암은 3차 개오 후에, 다음과 같은 연구聯句의 〈오도송悟道頌〉을 읊었음을 「일생패궐」은 기록하고 있다.

①

부엌에서 불붙이다 눈이 홀연 밝아지니,

着火廚中眼忽明

이로부터 옛길은 인연 따라 청정하네.

從玆古路隨緣清

만약 다른 사람이 내게 '(조사)서래의(祖師)西來意'를 묻는다면,

若人問我西來意

'바위 아래의 샘물은 소리에 젖지 않으며 운다.'고 하리라.

岩下泉鳴不濕聲

///////////

337_ 같은 책, "而一條活路가 觸處分明이라."

338_ 김홍미(원과), 「고따마 붓다의 正覺과 十二緣起」, 『佛敎學硏究』 제38호(2014), 12-19쪽.

②

마을의 삽살개는 항상 객客을 의심해 어지러이 짖고,

村尨亂吠常疑客

산새는 사람들을 비웃듯 지저귀네.

山鳥別鳴似嘲人

만고萬古에 (변함없는) 마음의 완전한 달빛 광명,

萬古光明心上月

일조一朝에 (더러운) 세간풍世間風을 모두 쓸어버리네.

一朝掃盡世間風[339]

①의 앞 구절은 부엌에서 불을 붙이다가 몰록 깨닫자, 모든 인연이 그 자체로 청정으로 전환되는 내용이다. 즉 인연에 따른 현상의 차등은 존재하지만, 그럼에도 본래무일물本來無一物의 본체론적인 관점에서는 일체가 청정함을 말하고 있는 것이다.

뒤 구절은 한암이 깨침을 얻은 상황에서, 누군가 '달마가 서쪽에서 온 까닭을 묻는다면'이라는 자신에 찬 가정을 하고 있다. 그리고 이에 대한 자답自答으로 '바위 아래 샘물은 소리에 젖지 않으며 운다.'는 현상과 층위가 다른 본성의 본래적인 청정성을 제시하고 있다. 여기에서 바위 아래의 샘이란, 현상에 가려져 있는 불성의 의미로 이해된다. 즉 가려져 있던 불성인지 알았지만, 그것은 그 자체로 가려질 수 없는 본질이라는 자각의 의미인 것이다.

///////////

339_ 위의 책, 「1. 一生敗闕」, 270쪽.

160

한암의 〈오도송〉은 이후에 선원의 납자들 사이에서 회자되고 있었던 듯하다. 한암이 일제강점기에 3차례나 종정(교정)에 오른 당대를 대표하는 선승이라는 점에서, 한암의 〈오도송〉은 충분한 의미 모색의 개연성을 확보할 수 있기 때문이다.

실제로 신혜월申慧月(1861~1937)의 사법제자인 운봉雲峰은 한암에게 〈오도송〉 중 "암하천명불습성巖下泉鳴不濕聲"이 어떻게 조사의祖師意가 될 수 있는지를 묻는 대목이 존재한다.[340] 여기에서 조사의 운운云云하는 것은 바로 윗줄의 "약인간아서래의若人問我西來意"를 염두에 둔 것이다. 즉 전체가 한암〈오도송〉을 통한 물음인 셈이다.

운봉의 물음을 내용적으로만 본다면, 여기에는 본래완성에 입각한 격절隔絶의 의미가 내포되어 있기 때문에 조사선의 관점에서는 미진한 것이 아니냐는 주장이다. 이는 당시 한암의 〈오도송〉에 대한 비판이 선객禪客들 사이에 존재했을 개연성을 상정케 한다.[341] 이에 대한 한암의 답은 "불시여의고不是汝意故로 시조사의是祖師意" 즉 '이것이 너의 뜻이 아니므로 조사의인 것'이라는 것이다.[342] "암하천명불습성巖下泉

<hr />

340_ 漢岩 撰,「第3章 禪問答 -8. 與雲峰首座禪問答」,『定本-漢岩一鉢錄 上』(平昌: 漢巖門徒會·五臺山 月精寺, 2010), 205-206쪽, "雲峰首座가 漢岩禪師의 〈悟道頌〉을 가지고 질문했다. '스님, 스님의 〈悟道頌〉에 著火廚中眼忽明, 從玆古路隨緣淸. 若人問我西來意, 岩下泉鳴不濕聲.라고 하셨는데, 이 글 끝의 岩下泉鳴不濕聲이 어떻게 祖師意가 될 수 있습니까?' 漢岩禪師가 대답하셨다. '不是汝意故로 是祖師意니라.'"

341_ 이상하,「漢巖 重遠의 普照·鏡虛 계승과 그 의미」,『大覺思想』 제23집(2015), 271-272쪽, "滿空의 法弟子인 田岡도 肉聲法門에서 '岩下泉鳴不濕聲'은 '바위 아래 흐르는 물이 젖지 않는 소리를 운다 하리'로 새겨야 된다고 漢岩 스님에게 직접 들었다고 하면서, 이 구절을 두고 당시 禪客들이 祖師西來意가 될 수 없다고들 비판했다고 하였다. '岩下泉鳴不濕聲'에서 '不濕聲'이란 다소 문학적인 표현에 생각[情識]이 개입했다고 보는 것일 터이다."

342_ 이상하는 같은 논문 217에서, "분별하는 생각을 개입하지 않으면 頭頭物物이 祖師西來意 아

鳴不濕聲"이 본체론적이라면, "불시여의고시조사의不是汝意故是祖師意"
는 작용적이다. 이는 한암이 살활殺活이 능한 선사임을 의미하는 동시
에, 남의 재물만 세고 있는 운봉에 대한 질책이기도 하다. 실제로 이후
의 운봉은 스스로의 입지를 견지하지 못하고 급격히 무너지는 모습만
을 보이고 있다.[343]

　　②의 앞 구절은 무명에 휩싸인 현상의 문제를 '마을의 삽살개'와
'산속의 새'라는 이중구조로 드러내고 있다. 이와 같은 전도망상顚倒妄
想의 문제를 해소하는 것이 뒤 구절인데, 이는 '본성의 밝은 빛이 드러
나자 하루아침에 모든 세간의 문제가 해결된다.'는 의미이다. 본문의
"심상월心上月"은 심월心月과는 조금 다른데, 이는 '최고의 마음 달'이
라는 뜻이다. 즉 만고에 가리지 않는 최고의 고요한 달빛이 세간풍世間
風의 문제를 일소해 버리다는 것이다. 이렇게 일소된 정신 경계는 깨끗
하고 투명한 본래완성의 세계이다. 이것이 바로 한암의 최종 깨달음인
확철대오의 경지라고 하겠다.

　　이와 같은 한암의 깨달음 인식은 1931년 10월 『선원禪苑』의 창간
호에 게재된 「일진화一塵話」의 다음과 같은 내용을 통해서도 확인해
볼 수 있다.

님이 없음을 말한 것이다."로 이해하고 있다.

343_ 漢岩 撰, 「第3章 禪問答-8. 與雲峰首座禪問答」, 『定本-漢岩一鉢錄 上』(平昌: 漢巖門徒
會·五臺山 月精寺, 2010), 206쪽, "雲峰首座가 또 말하였다. '스님께서 俗書에 능한 것을 익히 들었
습니다.' 漢岩禪師가 一喝을 하셨다. '錯喚汝是林下客.' 이 말에 雲峰首座도 아무 말 못한 채 묵묵히
茶를 마시고 있었고, 大衆들도 모두 묵연히 茶를 마시면서 듣고만 있었다."

자기의 현전일념現前一念 흘러나오는 마음을 돌이켜 비추어, 그 근원을 명백하게 요달하야 다시 외물상外物相에 참잡參雜함이 되지 아니하고 안으로 헐떡이는 생각이 없어, 일체경계를 대하야 부동不動함은 태산 반석과 같고, 청정하고 광대함은 태허공太虛空과 같아서 모든 연법緣法을 수순隨順하되 막힘도 없고 걸림도 없어, 종일토록 담소하되 담소하지 아니하고 종일토록 거래去來하되 거래하지 아니하야 상·락·아·정常·樂·我·淨의 무위도無爲道를 미래제未來際가 다하도록 수용무진受用無盡하는 것이니, 이것은 억지로 지어서 하는 것이 아니라 사람사람이 평등본유平等本有의 사사이니 뉘가 들어올 분分이 없으리요.[344]

홀연히 깨달으면 본래 생긴 나의 부처 천진면목天眞面目 절묘하다. 희도 않고 검도 않고 크도 않고 작도 않고 늙도 않고 젊도 않고 나도 않고 죽도 않으니, 아미타불 이 아니며 석가세존 이 아닌가! 천사만상千思萬想은 홍로점설紅爐點雪 같이 사라지고 대지광명大智光明은 곳을 따라 현전하리니, 선지식善知識을 찾아가서 요연了然이 인가印可 맞아 다시 의심없는 후에 소요방광逍遙放曠 지내가며 유연중생有緣衆生을 제도하면, 불타은佛陀恩과 부모은父母恩 시주은施主恩을 일시에 갚아 마

344_ 漢岩 撰, 「5. 一塵話」, 『定本-漢岩一鉢錄 上』(平昌: 漢巖門徒會·五臺山 月精寺, 2010), 46쪽.

치리니, 어찌 쾌快하지 아니하며 어찌 즐겁지 아니하리요!345

인용문의 내용을 보면, 본래완성에 입각한 완전성의 자각인 깨달음과 이후의 인가印可 문제를 거론하고 있다. 즉 한암에게 있어서 인가는 필연성을 내포하고 있는 가치인 셈이다. 이는 한암이 「일생패궐」에서, 3차 개오 후에 경허가 살아 있었다면 인가를 받았을 텐데 이것을 이루지 못한 깊은 아쉬움을 피력하는 모습과 일치하는 관점이다. 이와 같은 양상은 "말세(말엽末葉)를 당하여 불법의 쇠폐衰廢가 심하여 명사明師의 인증印證(인가印可)을 얻기가 어려웠다. (경허) 화상은 장발에 유복儒服함으로 갑산甲山 강계江界 등지를 왕래하다가 이 해(1912)에 입적하시니 여한가기餘恨可旣로다!"라는 기록을 통해서 분명해진다.346 이 대목은 한암의 경허에 대한 깊은 경도와 자신의 개오에 대한 충만한 자신감을 동시에 드러내 준다. 즉 한암이 아는 한에서의 경허는 깨친 명안조사明眼祖師의 표상이며, 자신은 경허에게 인가를 받을 자신이 있는 오도자悟道者 즉 선사이자 조사祖師였던 것이다.347

한암의 1차 개오가 경허의 격발에 의해서 이루어진다는 점은 앞서 언급했다. 그런데 3차 개오 역시 1차 때와 같은 경험이었다고 「일생패궐」은 적시하고 있다. 이는 해오解悟와 증오證悟의 차이일 뿐, 양자는 본질적인 내용에서 일치한다는 의미이다. 또 「일생패궐」에는 경허

345_ 같은 책, 48쪽.

346_ 위의 책, 「1. 一生敗闕」, 269쪽, "時當末葉하야 佛法衰廢之甚하야 難得明師印證이라. 而和尙은 長髮服儒하야 來往於甲山江界等地라가는 是歲入寂하시니 餘恨可旣로다."

347_ 같은 책, "故로 書這一絡索葛藤하야 自責自誓하노라, 期其一着子明白하노라."

외에 다른 비중 있는 선지식이 전혀 등장하지 않는다. 이는「일생패궐」 전체가 한암이 경허를 사법嗣法하고, 이를 천명하는 구조임을 분명히 해준다. 이 부분은 또「일생패궐」의 말미에, '경허라면 인가를 해줬을 것'이라는 자신감과 경허가 입적한 상황에서는 다른 선지식을 찾아가 인가를 구하는 모습이 전혀 살펴지지 않는다는 점을 통해서 재차 명확해진다.

어떤 의미에서「일생패궐」은 한암이 경허의 사법을 천명하고 정당화하기 위한 문헌으로도 읽혀진다. 만일 한암이 경허에게 공식적인 인가를 받았다면,「일생패궐」에서 살펴지는 '어떻게 해서든 자신의 개오를 경허와 연결시키려는 노력'이 존재했을까에 대한 의문도 있는 것이 사실이다. 또 여기에는 한암이 손석담에게 입실건당한 부분 역시 작용하는 것으로 판단된다. 즉 손석담에 대한 반대급부와 경허와의 연결을 통한 사법 천명이「일생패궐」이라는 자전을 쓰는 이유라는 말이다.

또 한암의 선불교로의 전환에서부터 3차 개오에 이르는 총 13년간의 중요사건에서, 『수심결』·『금강경』·『전등록』(혹『조당집』)이 등장한다는 점에 대해서도 유의할 필요가 있다. 이는 한암이 전적으로 참선에만 매진한 것이 아니라, 선과 관련된 교학적인 측면을 병진했다는 의미로 이해될 수 있기 때문이다. 즉 선주교보禪主教補의 관점이 목도되는 것이다. 그러나 3차의 개오인 확철대오에서는 교학과 무관한 전선全禪(순선純禪)의 모습이 확인된다. 이는 이후 한암의 교육론이 전선후교前禪後教의 관점으로 정립되는 변화를 의미한다는 점에서 크게 주목된다고 하겠다.

● 소결小結과 전환轉換

선과 깨달음은 선사인 한암을 관통하는 가장 중요한 핵심이다. 이런 점에서 한암의 선사상과 교육론은 모두 한암의 깨달음인 본체를 기반으로 해서 나타나는 현상적인 작용이라고 할 수 있다. 이는 한암의 깨달음에 대한 검토가 그의 선불교와 교육사상의 이해에 있어서 필수 불가결한 선행조건임을 나타내준다.

한암은 자신의 깨달음과 관련해서 자전인 「일생패궐」이라는 1차 자료를 남기고 있다. 「일생패궐」은 1899년(24세)부터 1912년(37세)까지 총 13년간의 깨달음에 이르는 과정을 시간의 흐름에 따라 중요한 사건들을 적시하는 구조로 되어 있다.

이를 통해서 알 수 있는 것은, 한암이 24세에 신계사 보운강회에서 수학하던 중 지눌의 『수심결』을 읽다가 선불교로 전환된다는 점. 이후 경허에 의해 청암사에서 『금강경』과 관련된 1차 개오가 이루어지고, 해인사로 가는 도중 경허에게 무자화두를 받게 된다는 점. 또 이듬해인 1900년(25세)에 발생하는 백운암의 중간 개오와 1903년(28세) 해인사 퇴설선원에서 이루어지는 경허의 인정. 그리고 이후 해인사에서의 『전등록』(혹 『조당집』)을 통한 2차 개오와 1912년(37세) 우두암의 확철대오 상황까지이다.

여기에서 중요한 논점이 되는 것은 크게 3가지이다. 첫째는 한암의 개오를 총 4차로 볼 것이냐와 3차로 정리할 것이냐의 문제. 이는 좀 더 세부적으로는, 백운암 오도를 2차로 보는 것이 타당하냐와 중간 오도로 봐서 다른 오도보다 격을 낮출 것이냐에 대한 판단이다. 이와 관련해서 필자는 백운암 오도를 중간 오도로 보는 관점을 취했다. 이것은「일생패궐」의 서술 태도에서 살펴지는 차이와 이후에 한암이 경허에게 인가가 아닌 인정만 받을 뿐이라는 측면 때문이다. 이런 점에서 백운암의 오도는 다른 오도보다 무게 비중이 낮은 중간 오도로 보아, 한암은 총 3차의 오도를 했다는 관점으로 정리했다.

둘째는 1903년(28세) 해인사 퇴설선원의 하안거 때 경허의 말을 인정으로 볼 것이냐, 인가로 볼 것이냐의 문제이다. 그러나 이 부분은 한암 스스로가 경허의 인가를 받지 못한 것을 아쉬워하는 기록을 남기고 있다는 점에서, 인가가 아닌 인정으로 보는 것이 타당하다.

셋째는 둘째와 연관되는 것으로「일생패궐」의 찬술 의도이다. 선사가 개인적인 일이기도 한 깨달음의 과정을, 한암처럼 자신이 주도적으로 구체적인 기록을 남기는 경우는 거의 없다. 이런 점에서「일생패궐」은 매우 특이하면서도 특징적인 문건이다. 필자는 한암의 찬술 의도를, 경허의 인가를 받지 못한 한암이 경허의 사법이라는 문제를 해소하는 측면 속에서「일생패궐」을 찬술한 것으로 판단했다. 이는「일생패궐」의 전체가 경허와 관련된 연결 속에서 서술되는 일관된 기조를 취한다는 점에서 명확해진다. 즉「일생패궐」의 찬술 의도를 통해서, 둘째의 경허에게 인가를 받지 못한 측면이 재조명될 수 있는 것이다.

「일생패궐」을 보면, 지눌에 의해서 선으로 관점이 바뀌게 된 한암은 청암사의 경허를 찾아가 1차 개오를 하게 된다. 그리고 직후에 경허에게 무자화두를 받고, 1912년(37세) 우두암에서 확철대오한 이후에는 경허에게 인가받지 못한 것에 대한 회한과 그리움을 토로하는 것으로 맺어지고 있다. 즉 글의 시종과 전체가 경허와의 연관성 속에서 진행되는 것이다. 그러나 구체적으로 살펴보면, 한암의 총 3차 개오 중 1

차를 제외한 2차와 3차 개오는 경허와 큰 관련이 없다. 또한 백운암의 중간 개오 역시 경허와 무관하게 이루어진 사건이다. 이런 점에서 본 다면, 「일생패궐」의 전체적인 논지와는 달리, 한암의 깨달음에서 경허 의 역할은 그렇게까지 직접적이거나 크지 않다는 판단도 가능하다.[348] 그럼에도 한암은 일관되게 경허와의 관계를 주장해서 경허 사법의 정 당성을 천명하고 있는 것이다. 바로 이 부분이 한암의 「일생패궐」 찬술 의도라고 하겠다.

끝으로 본 연구에서는 한암의 2차 오도와 관련된 선어록이 『전등 록』이 아닌 『조당집』일 가능성을 제기했다. 그리고 한암의 선수행이 전선全禪이 아닌 선주교보禪主敎補의 관점으로 지속되었으며, 3차 오 도에서만 순선純禪의 모습이 확인될 뿐임을 적시했다. 이는 이후에 한 암의 교육론이 전선후교前禪後敎의 방식으로 정립된다는 점에서, 주목 해 볼 수 있는 측면이 된다.

다음으로 제2절에서는 제1절에서 확인되는 한암의 확철대오를 통해서 구현되는 선불교의 체계화 노력에 대해서 검토해 본다. 한암 은 우두암의 확철대오 이후 8년간 종적을 감춘 오후보림에 들어간다. 그리고 나서 1922년(47세)에 본사인 건봉사에 새로 개설된 만일원 선 원의 주실이 되어 동안거에 들게 된다. 이때 이력의 물음에 한암이 답 하는 방식으로 「선문답 21조」가 진행되고 이후 정리된다. 그런데 「선 문답 21조」에서 한암은 선수행과 관련된 차제론을 제기하고 있다. 이

348_ 박재현, 「方漢岩의 禪的 지향점과 역할 인식에 대한 연구」, 『哲學思想』 제23호(2006), 132-133쪽.

는 선불교에 대한 외연확장의 모색인 동시에 교육적인 접근이라는 점에서 주목된다. 즉 남종선은 일초직입여래지一超直入如來地로서 단계적일 수 없다는 고정관념을 무너트리고, 이를 체계화하려는 시도를 하고 있는 것이다. 특히 이와 같은 한암의 노력이 선수행 지도의 첫 번째 시도에서 살펴진다는 점은, 한암의 선과 교육적인 특징을 이해하는 데 있어 주목되는 측면이다. 이런 점에서 「선문답 21조」는 한암의 선사상과 교육적인 인식을 아울러 인지해 볼 수 있는 중요한 검토 자료라고 하겠다.

제2절. 「선문답禪問答 21조」와 한암의 선수행 관점

1. 「선문답 21조」의 배경과
한암의 선수행 단계 인식

1) 「선문답 21조」의 배경과 〈선원규례禪院規例〉

〈1〉 건봉사乾鳳寺 만일원萬日院 선원禪院의 개원과 한암

「선문답 21조」는 한암이 47세 되던 1922년 금강산 건봉사의 만일원 선원에서, 동안거 결제 도중 열중悅衆이었던 미우尾友 이력李礫의[349] 총 21가지 선에 대한 물음에 답한 것이다. 이 내용은 해제 직후인 1923년에 한암의 다른 법문들과 묶여, 등사판 프린트본으로 『한암선사법어寒岩禪師法語』라는 이름으로 간행된다.[350] 이런 점에서 본다면, 『한암선사법어』는 한암의 최초 단행본 찬술이라고 할 수 있다.

한암은 37세 때인 1912년 고향인 맹산孟山에 위치한 우두암에서 3차 개오이자 확철대오를 증득한다. 이후 한암은 이렇다 할 두드러진 행적을 남기지 않는 8년간의 오후보림 단계에 접어든다. 1928년 한암이 경봉에게 보낸 서간書簡을 보면, 오후보림에 대한 강조가 매우 두드러지는 것을 알 수 있다. 이 중 한암의 뜻이 분명하게 목도되는 부분을

///////////

[349] '尾友 李礫'에서 李礫은 法名이 아니라, 俗名으로 추측된다. 그러므로 尾友 李礫은 붙여 쓰지 않고 띄어 쓰는 것을 원칙으로 했다. 단 〈禪衆芳啣 幷任員〉은 原文에 입각해서 붙여 쓰기를 하였다.

[350] 漢岩 撰, 「4部 資料編-寒岩禪師法語」, 『定本-漢岩一鉢錄 下』(平昌: 漢巖門徒會·五臺山 月精寺, 2010), 5-47쪽.

적시해보면 다음과 같다.

> 고인古人이 오후悟後에 자취를 감추고 이름을 숨기고 물러나
> 서, 장양(성태)長養(聖胎)하는 것이 이것입니다. 혹 어떤 사람은
> 검을 휘둘러 마魔를 항복 받고, 혹은 사람이 오면 면벽배좌面
> 壁背坐하며, 혹은 30년이나 40년, 내지 일생을 영영 불출산不
> 出山하기도 합니다. 고인의 상상근기上上根機도 이와 같은데,
> 하물며 말엽末葉의 우리들이겠습니까![351]

　　인용문을 보면, 한암의 오후보림관(오후생애悟後生涯)에는 은거가
강조되는 것을 알 수 있다. 이는 한암이 37세부터 46세 사이에 은거했
을 개연성을 상정케 한다. 특히 이 기록이 1928년이라는 비교적 이른
시기의 기록이라는 점에서 더욱 그렇다.

　　한암은 1913년 우두암의 주석기록을 끝으로, 1921년 금강산 장
안사 지장암地藏庵의 주석기록이 나타나는 오후보림 기간에는 주석처
의 행적조차 알 수 없다. 그러나 1921년 동안거 때의 기록인 〈참선곡參
禪曲〉에서 "봉래산인蓬萊山人 한암중원寒巖重遠"이라고 적고 있는 것으
로 보아, 이 중 대부분의 기간은 금강산 쪽에 머물렀을 개연성이 크다

351_　漢岩 撰, 〈書簡1〉, 「1. 鏡峰 스님에게 보내는 書簡文(24편)」, 『定本-漢岩一鉢錄 上』(平昌:
漢巖門徒會·五臺山 月精寺, 2010), 277쪽, "古人悟後에 隱跡逃名하야 退步長養者는 以此也라.
或對人則揮劍降魔하고, 或人來則面壁背坐하고, 或三十年 四十年으로 乃至一生을 永不出山하
니, 古人上上機도 如是온 況末葉吾輩乎잇가! … 戊辰(1928년) 三月 初七日."

고 판단된다.[352] 이런 오후보림 속의 한암은 46세 때인 1921년 유점사·월정사와 더불어 강원도 사찰들을 관리하는 본사인 건봉사[353] 만일원선원의 주실籌室(조실)로 추대되면서 다시금 두각을 나타내게 된다.

건봉사는 조선 후기인 1878년까지도 3,183칸에 달하는 대찰이었다.[354] 특히 만일염불萬日念佛과 임진왜란 중에 통도사의 불사리佛舍利가 이운되는 과정에서 봉안된 치사리齒舍利가 유명하다. 만일염불이란 10,000일(약 27.4년) 동안 승려들이 순번을 정해 염불정진하는 것을 말하는데, 이런 장소를 만일원萬日院이라고 한다. 실제로 건봉사에는 758년을 시작으로 1802년·1851년·1881년·1908년에 걸쳐 총 5차례의 만일염불이 성만盛滿된 기록이 전해진다.[355]

그러나 만일원에 선원이 개설되면서 5차는 중도에 무산된 것으로 판단된다. 왜냐하면 「금강산건봉사만일원신설선회선중방함록서金剛山乾鳳寺萬日院新設禪會禪衆芳啣錄序(1922. 음 1. 18.)」에는 당시 건봉사 주지인 이대련李大蓮과 감무監務 이금암李錦菴[356] 등 산중의 전체 대중이

<hr />

352_ 漢岩 撰, 「4部 資料編-寒岩禪師法語-參禪曲」, 『定本-漢岩一鉢錄 下』(平昌: 漢巖門徒會·五臺山 月精寺, 2010), 34쪽.

353_ 李能和 著, 朝鮮佛教通史 譯註編纂委員會 譯編, 「刹令頒布果夢外護」, 『譯註 朝鮮佛教通史6 下篇 二百品題(三)』(서울: 東國大學校出版部, 2010), 640쪽.

354_ 李永宣 編著, 『金剛山乾鳳寺事蹟』(서울: 東山法門, 2003), 28쪽.

355_ 같은 책, 93-94쪽.
1908년의 5차 萬日念佛에는 〈第2彌陀會緣起碑〉까지 존재했다(112-113쪽). 그러나 이는 入齋 상황을 반영한 것이지 廻向을 의미하는 것은 아니다.

356_ 錦菴宜動(1879~1943)은 〈碑文〉에 "念佛萬日會 제5대(1908년) 化主로 選任"이라고 적시되어 있어, 5차 念佛會의 주도적인 인물이었음을 알 수 있다. 그런데 이런 錦菴의 태도가 念佛에서 禪으로 바뀐 것이다. 이런 점에서 본다면, 萬日院에 禪院이 개설되는 것에는 錦菴의 심경변화와 역할이 주도적이었다는 판단이 가능하다.

합의하여 만일원萬日院 염불회念佛會를 혁파革罷하고 선회禪會를 신설한 것으로 기록되어 있기 때문이다.[357] 즉 만일원 선원은 만일원 안에 존재했던 제한적인 선원이 아니라, 만일원 염불회를 대체하는 선원이었던 것이다. 이로 인해 '만일원 선원'이라는 다소 특이한 명칭이 만들어지게 된다.

만일원 선원의 개원 과정에서, 1921년 음력 9월 당시 금강산 장안사의 지장암에 주석하던 한암은 건봉사의 초청으로 초대 선원의 주실로 추대된다.[358] 이 때문에 한암은 음력 10월 15일의 동안거 결제일에 맞춰 〈선원규례禪院規例〉를 찬술·공포한다. 실제로 〈선원규례〉에는 "선원초창지일禪院初創之日"이라는 언급이 있고,[359] 〈선중방함록禪衆芳啣錄〉에도 "제1회第一回 동안거冬安居"라는 기록이 있어,[360] 만일원 선원이 새롭게 갖춰진 선원임을 분명히 하고 있다.

〈2〉〈선원규례〉에서 확인되는 한암의 관점[361]

///////////

李永宣 編著, 「17. 錦菴堂 大仙寺 碑文」, 『金剛山乾鳳寺事蹟』(서울: 東山法門, 2003), 119쪽.

357_ 漢岩 撰, 「4部 資料編-寒巖禪師法語-金剛山乾鳳寺萬日院新設禪會禪衆芳啣錄序」, 『定本-漢巖一鉢錄 下』(平昌: 漢巖門徒會·五臺山 月精寺, 2010), 8쪽, "乾鳳寺住持李大蓮·監務李錦菴·前住持李雲坡, 與一山僉衆團心協議, 革舊萬日院念佛會, 爲新設禪會. 招諸方心學者, 安居修道, 以資福國祐世, 實一代盛事也. 余自內山長安寺, 亦赴是請, 而濫主會席矣."

358_ 같은 책.
金鍾眞은 당시 漢巖을 초청한 인물로 錦菴宜勳을 지목하고 있다[「寒巖禪師의 〈參禪曲〉」, 『漢岩思想』 제2집(2007), 123쪽].

359_ 漢岩 撰, 「2. 禪院規例」, 『定本-漢巖一鉢錄 上』(平昌: 漢巖門徒會·五臺山 月精寺, 2010), 186쪽.

360_ 같은 책, 「1. 禪衆芳啣錄」, 186-187쪽.

361_ 〈禪院規例〉의 전체 原文과 함께 언급되는 〈禪衆芳啣 幷任員〉의 原文은 論文의 맨 마지막

174

〈선원규례〉는 한암이 만일원 선원의 주실로 제시한 선원 운영의 방침이자 청규淸規에 해당한다. 『한암선사법어』에는 〈선원규례〉와 더불어 〈선중방함록〉도 남아 있는데,[362] 이는 〈선원규례〉에서 한암이 강조한 내용 중 일부를 확인해 볼 수 있다는 점에서 주목된다.

〈선원규례〉는 청규를 중심으로 구성되어 있다. 전체적인 구조는 동안거의 목적인 깨달음과 관련된 '취지문趣旨文'을 필두로 총 9가지 항목이 열거된다.[363] 이 중 직제職制 및 징계懲戒와 관련된 실질적인 청규에 해당하는 조항이 ❶~❺까지이며, ❻~❾는 각각 ❻상당설법上堂說法·❼용맹정진勇猛精進의 권장·❽보청普請(운력)·❾보충補充에 대한 언급과 마무리로 되어 있다. ❾는 실질적인 청규라기보다는 보완적인 의미가 강하다. 그러므로 한암이 제시하는 청규의 구조는 '총론/실질적인 청규 항목 ❶~❺/보편적인 항목 ❻~❽/보충과 마무리 ❾'로 되어 있는 것을 알게 된다.

먼저 한암은 총론의 서두(취지문)를 다음과 같이 열고 있다.

① 도道를 배움에 비처중非處衆이면 (옥玉을) 쪼고 갈아서 그릇을 만들기 어렵고, 대중처大衆處에 규모規模가 아니면 권장勸奬하여 닦아 나갈 수 없다.

② 권장하여 닦아 나가는 것은 선가禪家의 급선무이니, 그러

'參考資料'의 '2.〈禪院規例〉'와 '3.〈禪衆芳啣 幷任員〉' 부분을 參照하라.

362_ 漢岩 撰, 「4部 資料編-寒岩禪師法語」, 『定本-漢岩一鉢錄 下』(平昌: 漢巖門徒會·五臺山月精寺, 2010), 11-13쪽, "禪院規例"; 34-35쪽, "禪衆芳啣錄」

363_ 같은 책, 186쪽, "已上九條 竟."

므로 이에 몇 가지 조항의 규칙規則을 열거하여 장래 귀경龜鏡
(귀감)을 삼고자 한다.[364]

인용문 중 ①의 강조점은 '대중 생활'과 '옥기玉器'로 요약할 수 있
다. 대중 생활을 강조하는 것은 인도불교의 승가僧伽 전통과 화합승和
合僧의 강조에 입각한 내용이다. 동아시아에서는 승가가 인도불교가
서역을 거치는 과정에서 '승가saṃgha → 상그saṃgh, 상크saṃk → 승僧'
으로 일반화된다. 서역의 발음에서 상그와 상크의 뒤쪽 발음이 묵음에
가까우므로, 중국에서 음역되는 과정에서 상 즉 승으로 축약되는 것이
다.[365]

승은 최소 4인 이상의 단체를 의미한다.[366] 이는 인도의 승가가 대
상 무역과 같은 집단구조의 영향 속에서 성립했기 때문이다. 즉 승가
는 길드guild와 유사어인 셈이다. 승가가 단체를 지칭하는 명칭이라는
점에서, 불교 수행자는 개인이 아닌 단체의 전통을 가질 수밖에 없다.
이 부분은 불교의 동점東漸을 통해 동아시아의 집단주의 문화와 결합
되는 과정에서 더욱 강조되는 양상을 보이게 된다. 한암 역시 이와 같
은 관점 속에서, 대중 생활과 이를 통한 수행을 강조하고 있는 것이다.

///////////////

364_ 같은 책, 185쪽, "學道에 非處衆이면 難以琢磨成器요. 處衆에 非規模면 無以勸奬進業이니
라. 其勸奬進業也는 禪家之急先務라. 故로 玆陳幾條規則하야 以爲將來龜鏡하노니"

365_ 이종철 著, 『中國 佛經의 誕生-印度 佛經의 飜譯과 두 文化의 만남』(서울: 창비, 2008), 42
쪽.

366_ 『彌沙塞部和醯五分律』3, 「第一分之二第七事」(『大正藏』22, 20c) ; 『毘尼母經』6(『大正
藏』24, 834b) ; 李慈郎, 「僧伽羯磨의 성립 조건에 관한 고찰-첨파 건도를 중심으로」, 『佛教學研究』
제4호(2002), 235쪽 ; 平川彰 著, 『原始佛教の研究-教團組織の原型』(東京: 春秋社, 1964), 367-
369쪽.

다수의 남성 집단에 의한 대중 생활은 필연적으로 다툼의 소지를 동반한다. 이로 인해서 붓다가 강조한 것이 화합승和合僧, 즉 구성원 전체의 '만장일치'이다.[367] 그러나 제아무리 작은 조직이라도 만장일치 되는 것은 쉽지 않다. 이런 점에서, 승가에는 서로 양보하는 마음을 바탕으로 하는 규칙이 필연적으로 요청된다. 이것이 인도불교에서는 율律(vinaya)이다.

그러나 동아시아에서는 기후와 생활문화의 차이로 인해, 인도불교의 율을 지키는 것이 사실상 불가능하다. 이로 인해 율은 수계受戒때 승려의 권위 부여에서만 주로 사용되는 제한적인 모습을 보이게 된다. 이와 같은 율의 불일치성 문제를 보완하고자, 당나라 백장회해百丈懷海(749~814)에 의해 등장하는 것이 바로 청규淸規이다. 즉 청규는 율의 동아시아적인 특수성에 따른 사찰 생활 규칙의 보완인 셈이다.[368]

그러나 청규는 율과 달리 교조에 의한 권위를 가지지 못한다. 즉 종교윤리로서의 특수성을 확보하지 못하고 있는 것이다. 이로 인해서 청규는 현전승가現前僧伽의 구성원들에 의해서 개변改變되는 것이 가능하다. 즉 항상성이 존재하지 않는다는 말이다. 이 때문에 한암은 만일원 선원의 개원에 따라 청규를 제시·공포하는 것이다. 실제로 ②의

367_ 平川彰 著,『原始佛教の研究-教團組織の原型』(東京: 春秋社, 1964), 304쪽 ; 廉仲燮,〈Ⅲ. 和合僧과 行籌人의 역할〉,「붓다의 和合精神 강조와 그 현대적 의의-律 制定의 의미와 정신을 중심으로」,『大覺思想』제19호(2013), 91-103쪽 ; 李慈郎,「律藏에 나타난 不同住에 관하여」,『戒律 硏究 論文集』(서울: 정우서적, 2011), 253-255·265-266쪽.

368_ 廉仲燮,「한국불교 戒律觀의 근본문제 고찰-중국문화권의 특수성을 중심으로」,『宗教研究』제72집(2013), 61쪽 ; 廉仲燮,「한국불교의 戒律 변화에 대한 타당성 모색」,『宗教文化研究』제24호(2015), 102쪽.

아래에서 나오는 세목細目에는 "옛 총림 청규淸規에 의하여"라는 구절
이 있어,[369] 〈선원규례〉가 청규를 염두에 두고 작성된 문헌임을 분명히
해주고 있다.

그런데 이런 청규의 제시 상황에서 한암은 "(옥을) 쪼고 갈아서 그
릇을 만들기 어렵다."는 언급을 한다. 물론 여기에서 주어는 생략되어
있지만, 전후의 문맥으로 보아 옥으로 읽는 것이 타당하다. 옥으로 그
릇을 만든다는 내용은 『예기禮記』 「학기學記」에 나오는 "옥불탁玉不琢,
불성기不成器. 인불학人不學, 부지도不知道(옥도 쪼지 않으면 그릇이 되지 못하
며, 사람이 배우지 않으면 도를 알지 못한다)."의 내용을 환기한다.[370] 즉 한암이
출가 전 수학한 유학의 영향이 드러나는 부분인 셈이다.[371] 물론 여기에
는 당시까지 만연해 있던 유교의 사회적인 영향력 역시 한몫했을 것임
은 재론의 여지가 없다.

②는 선원의 생활과 관련된 규칙을 제시하겠다는 언급이다. 즉 ①
이 필연성이라면, ②는 실제적인 측면이다. 물론 이를 일관하는 것은
만장일치와 같은 화합승은 아니지만, 만일원 선원 대중 즉 현전승가의
화합이다. 이는 이하의 세부적인 내용을 통해서도 일관되게 나타나는
양상이다. 그도 그럴 것이 청규의 제정의미란, 불분명한 것을 올바르

369_   漢岩 撰, 「2. 禪院規例」, 『定本-漢岩一鉢錄 上』(平昌: 漢巖門徒會·五臺山 月精寺, 2010),
186쪽, "依古叢林淸規하야"

370_   『禮記』, 「學記第十八」, 〈LJ18,002〉.

371_   漢岩 撰, 「第3章 禪問答-8. 與雲峰首座禪問答」, 『定本-漢岩一鉢錄 上』(平昌: 漢巖門徒
會·五臺山 月精寺, 2010), 206쪽; 曺龍溟 撰, 「10. 우리 스님, 寒巖 스님」, 『定本-漢岩一鉢錄 下』
(平昌: 漢巖門徒會·五臺山 月精寺, 2010), 151쪽, "스님께서 俗書에 능한 것을 익히 들었습니다." ;
漢巖門徒會·金光植 編, 『梵龍』, 『그리운 스승 漢巖 스님(韓國佛敎 25人의 證言錄)』(서울: 民族社,
2006), 44쪽, "漢文으로 된 儒敎의 俗書를 많이 알았고, 佛經도 많이 읽어 漢文 실력이 대단했어요."

고 명확하게 해서 대중 생활의 화합과 편의를 도모하기 위한 자발적인 제약 규범이기 때문이다.

②의 다음부터 열거되는 ❶~❺까지는 만일원 선원의 직제규범이다. 좀 더 구체적으로는 주실(조실)인 한암 아래로 ❶덕이 있는 수좌首座 2명, ❷상벌이 공정한 열중悅衆 1명, ❸대중을 잘 보필할 수 있는 원주院主 1명, ❹는 지전知殿·서기書記·간병看病·공사供司·별좌別座 등의 소임 분할 사항이 언급되어 있다. 그리고 마지막 ❺는 문제 있는 사람이 발생할 경우에는 바로잡아야 하며, 안 될 때는 퇴방退房하는 것을 규정하고 있다.[372]

당시의 〈선중방함록禪衆芳啣錄〉을 보면, 만일원 선원에는 조실 한암을 포함해서 총 32명의 정진 대중이 있었다. 수좌는 제1좌第一座에 상운순오祥雲順悟, 제2좌第二座에 해봉법인海峰法仁의 2명이다. 다음으로 열중悅衆은 미우尾友 이력李礫이다.[373] 수좌는 조실을 도와 대중의 수행을 지도하는 역할을 하는 구참舊參 납자衲子이며, 열중은 선원 대중의 전체를 관리 감독하는 일종의 반장과 같은 일을 한다. 이 이력 열중

////////////

372_ 漢岩 撰, 「2. 禪院規例」, 『定本-漢岩一鉢錄 上』(平昌: 漢巖門徒會·五臺山 月精寺, 2010), 185-186쪽, "一. 依古叢林淸規하야 置首座二人호대 而擇其德高行潔하야 爲衆模範者가 當之矣요. 若不具二人則只置一座로 可也니라. 若無則只存悅衆而已니 不必苟充事라. / 一. 悅衆은 擇其事理明白하고 賞罰公正하여 能悅可衆心者하야 當之로대, 而若無如是人則擇其臘高工熟하고 善順衆意者하야 充任事라. / 一. 院主는 擇其知因果, 識事理하고 信願이 堅固하야 處欲無染者하야 當之로대, 而若無如是人則當揀其信深有忍力하야 恒順衆議하고 毋營私己者하야 充任事라. / 一. 知殿與書記, 看病及供司, 別座等 各所任은 擇其可爲者하야 爲之하야 而各其當任이요, 亦自柔和誠勤하야 善治執務요 毋至慢忽淸衆事라. / 一. 衆中에 有乖角, 諍鬪, 惱亂諸衆者면 悅衆은 當以慈心으로 敎導再三하야 期於改習이로대, 而若終不改過하고 如前頑悖者는 當檢擧告衆하야 擯出院外事라."

373_ 같은 책, 186-187쪽.

이 한암에게 선수행에 대해서 묻는 것이 바로 후술하게 될 「선문답 21
조」이다.

〈선중방함록〉에서 주목되는 인물에는 서기書記를 봤던 동산해일
東山慧日(1890~1965)이 있다.[374] 서기는 선원 대중과 관련된 요구사항
에 대한 기록과 조율을 담당하는 소임이다. 그는 흔히 하동산河東山이
라는 이름으로 알려져 있는 백용성白龍城(1863~1940)의 고제高弟이자,
1958년 정화종단淨化宗團의 초대 종정이다.

한암은 37세 때인 1912년 맹산 우두암에서 확철대오한 후 이듬
해인 1913년에 동산에게 사교四敎를 가르쳤다.[375] 그런데 이 인연이 8
년 뒤 만일원 선원에서 재차 확인되는 것이다. 이것이 두 사람 사이의
계속되는 연결로 볼 수 있을지는 불분명하다. 다만 조용명曺龍溟의 「우
리 스님 한암 스님」을 보면, 한암이 1926년 광주 봉은사에서 오대산
상원사로 이거한 이후의 상원사 선원에서도 동산이 함께한 내용이 수
록되어 있다.[376] 이는 두 사람의 관계가 우두암 이후에도 오래도록 지속
되었음을 판단해 보게 한다.

선원의 보편적인 내용을 언급하는 ❻~❾ 중 ❻에서는 초하루
와 보름에 한암의 상당설법이 있으며, 그 외에도 대중이 원할 때는 소

374_ 같은 책, 187쪽.

375_ 漢岩大宗師法語集 編纂委員會 編, 「附錄-年譜」, 『定本-漢岩一鉢錄 上』(平昌: 漢巖門徒
會·五臺山 月精寺, 2010), 504쪽.

376_ 曺龍溟 撰, 「10. 우리 스님, 寒巖 스님」, 『定本-漢岩一鉢錄 下』(平昌: 漢巖門徒會·五臺山
月精寺, 2010), 141쪽, "당시 雲頂 스님이나 檀庵 스님, 雪峰 스님, 東山 스님, 모두가 그랬다."

참법문이 행해진다는 것을 언급하고 있다.[377] 인도불교에서는 매달 29~30일과 14~15일에 포살布薩하는 문화가 있다. 포살은 붓다 재세 시에 빔비사라 왕의 건의로 시작되는데,[378] 이것이 동아시아에서는 초하루와 보름의 불교의식으로 정착된다. 한암 역시 이와 같은 전통에 입각해서 상당법문을 진행하는 것이다.

한암이 초하루·보름에 상당법문을 했다는 의미는 음력 10월 15일의 결제법어結制法語와 11월 1일, 11월 15일, 12월 1일, 12월 15일, 1월 1일의 상당법문 및 1월 15일의 해제법어解制法語까지 총 7번의 법문이 있었음을 알게 한다.

또 음력 10월 22일에는 동안거 결제를 맞아 7일 동안 정진 시간 외의 추가 수행인 가행정진加行精進이 이루어졌는데, 이때 소참법문으로 행해진 것이 〈거화방편擧話方便(방편으로 화두를 들다)〉이다.[379] 물론 이 기간에 행해진 법문 중에서 가장 중요한 것은 「선문답 21조」임은 재론할 필요가 없다.

한암은 후일의 상원사 선원에서는 결제와 해제 때를 제외하고는 초하루·보름에 상당법문을 하지 않았다. 이는 매일 마가목 차를 마시는 차담 시간에 선어록과 경전 등을 수업하면서 자연스러운 소참법문

377_ 漢岩 撰, 「2. 禪院規例」, 『定本-漢岩一鉢錄 上』(平昌: 漢巖門徒會·五臺山 月精寺, 2010), 186쪽, "一. 上堂說法은 當以初一日十五日로 爲定하되, 而隨時請益이니 任學者勤怠요 不拘常準事라."

378_ 『四分律』 35, 「說戒揵度上」(『大正藏』 22, 816c); 『彌沙塞部和醯五分律』 18, 「第三分之四布薩法」(『大正藏』 22, 121b); 『빨리율(Vinaya)』, 「mahāvagga」, 101. 3.

379_ 漢岩 撰, 「4. 擧話方便」, 『定本-漢岩一鉢錄 上』(平昌: 漢巖門徒會·五臺山 月精寺, 2010), 40쪽.

이 이루어졌기 때문이다.[380] 즉 만일원 선원의 방식과는 달라진 모습의 교수법이 목도되는 것이다. 이는 한암의 교육관이 형식적인 것을 벗어나 보다 대중과 밀착하는 지도법이 타당하다는 관점으로 변모한 결과로 이해된다.

「선문답 21조」의 질문자인 이력이 누구인지는 불분명하다.[381] 다만 열중은 대중의 징계권까지 가진다는 점에서, 사리에 밝고 대중의 지지가 있어야 소임을 볼 수 있다. 이런 점에서 이력이 제시하는 문제는 당시 선원의 일반론에 기반한 가장 중요한 물음이라고 하겠다. 이 때문에 해제 후에 「선문답 21조」를 중심으로 『한암선사법어』가 등사판 프린트본으로 간행될 수 있었던 것이다.

정식출판물은 아니지만, 『한암선사법어』의 간행은 매우 특이하다. 왜냐하면 어록의 간행은 사후에 문도들이 정리해서 간행해 주는 것이 일반적이기 때문이다. 물론 『한암선사법어』의 인쇄 주체가 한암은 아니다. 그러나 한암이 극구 저지했다면 『한암선사법어』의 인쇄는 불가능했을 것이다. 즉 여기에는 한암의 암묵적인 승인이 존재한다는 말이다. 이런 점에서 볼 때, 당시 한암은 오후보림까지 마치고 자신감

380_ 曺龍溟 撰, 「10. 우리 스님, 寒巖 스님」, 『定本-漢岩一鉢錄 下』(平昌: 漢巖門徒會·五臺山月精寺, 2010), 145쪽, "매일 차 마시면서 法門이 있었으므로 結制 중이라도 초하루, 보름의 法門이 따로 없었다. 다만 結制와 解制 때만은 특별한 上堂法門이 있었다."

381_ 金斗再는 『大衆佛教』 제135호(1994. 2)의 82쪽에서 尾友 李磔을 在家人으로 판단했다. 이는 李磔이 法名일 수 없다는 추정 때문인 듯하다. 그러나 여기에서는 法名을 尾友로 보고 李磔은 俗名으로 보는 것이 타당하지 않은가 생각된다. 참고로 관련 선행연구인 金浩星과 金炯錄(印鏡)은 모두 出家者로 판단했다.
金浩星, 「『바가바드기타』와 관련해서 본 漢岩의 念佛參禪無二論」, 『漢岩思想』 제1집(2006), 67쪽; 金炯錄(印鏡), 「漢巖禪師의 看話禪-禪問答 21조를 중심으로」, 『漢岩思想』 제3집(2008), 8쪽.

에 차 있었다고 판단해 볼 수 있다.

실제로 「선문답 21조」의 말미에 등장하는 〈공부십절목〉의 찬자인 나옹 역시, 원나라에서 10년간 유학하고 들어온 이후 44세 때인 1363년에 1차 『나옹어록』을 간행한 일이 있다.[382] 이는 한국불교 역사상 매우 특기할 만한 사건이다.[383] 그런데 이와 같은 양상이 한암에게서도 살펴지는 것이다. 이런 점에서 본다면, 1922년의 『한암선사법어』의 인쇄는 한암의 당시 자신감과 세상을 향해 던지는 당찬 메시지였다고 판단해 볼 수 있겠다.

다음으로 ❼은 방일하지 않는 정진精進에 대한 내용이다. 이 부분은 두 가지로 되어 있다. 첫째는 '무상의 빠른 변화를 생각해서, 머리에 붙은 불을 끄듯이 해야 한다.'는 분발정진奮發精進이며,[384] 둘째는 '아만我慢과 게으름에 대한 경고로, 이런 분들과는 함께 참선할 수 없다.'는 단호한 언급이다.[385] 즉 권유와 제재의 두 가지 의미로 이해하면 되겠다.

❽은 운력에 대한 조항으로 '모두 함께 한마음으로 해야 한다.'는 내용이다.[386] 운력은 사찰 생활과 관련된 실질적인 노동이다. 이런 점

///////////

382_ 廉仲燮, 「懶翁의 浮沈과 관련된 指空의 영향–指空에 대한 인식의 변화를 중심으로」, 『國學研究』 제24집(2014), 100-101쪽.

383_ 姜好鮮, 「高麗末 懶翁惠勤 研究」(서울: 서울大 博士學位論文, 2011), 128쪽.

384_ 漢岩 撰, 「2. 禪院規例」, 『定本–漢岩一鉢錄 上』(平昌: 漢巖門徒會·五臺山 月精寺, 2010), 186쪽, "當念無常하야 如火精進也요, 如救頭燃하야 期欲究竟이니 此大事矣니라."

385_ 같은 책, "而我慢懈怠로 等閒過日이면, 末梢頭에 未免惡業所牽矣리라. 如是人은 非徒埋沒自己라, 亦惱他人行道矣리라. 此乃自欺欺人하야 苟安衣食而已者也니 切不得參入事라."

386_ 같은 책, "一. 普請(衆役)時에 當一齊聚會하야 同心均力이요, 而勿爲遲緩缺闕하야 動搖衆心事라."

에서 빠지는 사람이 있을 경우 쉽게 잡음이 발생하게 된다. 실제로 한암은 1926년 오대산 상원사로 이거한 뒤 교정과 종정이 된 상황에서도 대중운력에 빠지는 일이 없었다.[387] 이는 한암이 평등한 인식과 솔선수범을 통해서, 대중을 화합으로 이끌고자 하는 한 의지의 표현일 것이다.

끝으로 ❾는 보충적인 마무리로 '필요에 따라서 규칙을 추가하되, 한암이 독자적으로 하지 않고 대중과 논의해서 합리적으로 할 것'임을 분명히 하는 대목이다.[388] 수범수제隨犯隨制의 보칙補則과 관련해서 조실이 주도적으로 하지 않고 대중과의 공의 속에서 제정될 수 있도록 하겠다는 선언인 셈이다. 이는 한암의 대중 지도방식인 존중을 중시하는 관점을 잘 드러내 준다는 점에서 주목된다.

이상의 〈선원규례〉를 통해서 확인되는 것은, 엄숙한 수행과 대중화합 그리고 독단적인 운영이 아닌 공감대가 형성되는 합리적인 운영방식이라고 할 수 있다. 이와 같은 한암의 〈선원규례〉를 바탕으로 다음에는 「선문답 21조」의 구조에 대해서 정리해 보도록 하겠다.

387_ 曹龍溪 撰, 「10. 우리 스님, 寒巖 스님」, 『定本-漢岩一鉢錄 下』(平昌: 漢巖門徒會·五臺山 月精寺, 2010), 141쪽, "늘 말씀하시기를 大慧 스님은 大衆이 1,700명이었는데 祖室스님이 두 가지만은 늘 안 빠졌다는 것이다. 두 가지라 함은 朝夕禮佛과 大衆 운력(작업)이다. (한암) 스님도 그러셨다."; 漢巖門徒會·金光植 編, 『梵龍』, 『그리운 스승 漢巖 스님(韓國佛敎 25人의 證言錄)』(서울: 民族社, 2006), 38쪽, "그때(1947년 72세) 漢巖 스님도 걸망에 기와 두 장을 들고 다녔어요. 아무리 힘이 없어도 기와 두 장은 질 수 있지 않겠어?"; 白道守, 「漢岩의 戒律認識 考察」, 『大覺思想』 제23집 (2015), 254-255쪽.

388_ 漢岩 撰, 「2. 禪院規例」, 『定本-漢岩一鉢錄 上』(平昌: 漢巖門徒會·五臺山 月精寺, 2010), 186쪽, "如上規例外에 更有詳定事目이로대, 而似不便宜於禪院初創之日이라. 故로 姑俟法化隆盛之時에 隨機定規호대 而不必宗主擅自裁定이요, 與衆協議하야 公明正大요, 而勿爲妄自專執하야 違於衆和事라."

2) 「선문답 21조」의 구성 의도와 특징[389]

「선문답 21조」는 앞서 언급한 바와 같이, 한암이 만일원 선원의 조실로 있을 때 열중이었던 이력의 총 21가지의 물음에 대해서 답한 것이다. 이에 대한 선행연구는 인경印鏡에 의해서 진행된 것이 있지만, 이는 「선문답 21조」에 대한 최초의 연구이므로 21조 전체를 개괄하는 정도에서 그치고 있다.[390] 그러므로 여기에서는 이러한 선행연구를 바탕으로 좀 더 세부적인 각각의 검토를 진행해 보고자 한다. 왜냐하면 「선문답 21조」는 한암의 선수행 관점을 체계적으로 알 수 있는 가장 비중 있는 문건이기 때문이다.

「선문답 21조」가 설해진 정확한 날짜는 알 수 없다. 그러나 분량이 상당하고 체계적이며 기록이 분명하다는 점에서, 여러 날에 걸쳐 대중들이 동참하는 자리에서 이루어졌을 개연성이 크다. 왜냐하면 한암과 이력의 독대 상황에서 청자가 기록까지 한다는 것은 쉽지 않기 때문이다.

또 이력의 질문에 체계성이 있고, 이러한 질문이 곧장 나옹의 〈공부십절목〉으로까지 연결된다는 점. 그리고 기록이 충실하게 이루어지고 있다는 점은, 이 문답이 선원 수좌들의 교육을 위해서 의도된 것이었을 가능성을 환기한다. 왜냐하면 결제 중에 선불교와 관련된 문답은 있을 수 있지만, 그것을 빠짐없이 기록한다는 것은 사전에 준비된 상

///////////

389_ 「禪問答二十一條」의 전체 原文은 논문의 맨 마지막 '參考資料'의 '4. 「禪問答二十一條」' 부분을 參照하라.

390_ 金炯錄(印鏡), 「漢巖禪師의 看話禪-禪問答 21조를 중심으로」, 『漢岩思想』 제3집(2008), 6-29쪽.

황이 아니면 쉽지 않기 때문이다. 들어서 아는 것과 그 내용을 상세히 기록하는 것은 논리적 층위가 다르다. 이런 점에서 이는 선원 수행의 체계 확립을 위한 의도적인 교육이었을 개연성이 크다고 판단된다.

실제로 「선문답 21조」의 모두冒頭에서 이력은 "이 21문問을 노파심으로 간곡히 제시해 주십시오."라고 하고 있다.[391] 이는 처음부터 21조가 갖추어진, 즉 기획되었다는 의미로 이해될 수 있는 측면이다. 이 부분이 원래부터 존재했던 것을 기록한 것인지, 후에 인쇄 과정에서 추가된 것인지는 불분명하다. 그럼에도 이 기록은 「선문답 21조」의 의도성에 대한 한 방증이 되기에 충분하다.

『한암선사법어』중 가장 앞에 수록되어 있는 금암 의훈錦菴宜勳의 〈불기 2948년 동10월 15일佛紀二九四八年冬十月十五日 선교양종대본산 금강산건봉사선원안거禪教兩宗大本山金剛山乾鳳寺禪院安居〉에는 「선문답 21조」의 제안자가 이력이었음이 명시되어 있다.[392] 그러나 「선문답 21조」가 이력의 개인적인 물음만이 아니라, 이 안에는 나옹의 〈공부십절목〉이 11~20문으로 고스란히 들어가 있다는 점. 또 10문의 간화看話와 반조返照의 차이에 대한 답변 속에, 『대혜보각선사서大慧普覺禪師書』권30의 「답영시랑答榮侍郎(무실茂實)」부분이 전체의 약 25%나 차지한다는 점.[393] 이는 「선문답 21조」 전체의 약 10% 정도나 되는 매우

391_ 漢岩 撰, 「1. 禪問答 21條」, 『定本-漢岩一鉢錄 上』(平昌: 漢巖門徒會·五臺山 月精寺, 2010), 151쪽, "此 二十一問을 老婆心切로 委曲提示하소서."

392_ 金浩星, 「『바가바드기타』와 관련해서 본 漢岩의 念佛參禪無二論」, 『漢岩思想』 제1집 (2006), 68쪽.

393_ 漢巖의 引用은 原典과 일부 차이가 있다. 이는 問答 전에 漢巖이 본 내용을 한 번 더 暗記하였을 蓋然性을 환기한다.

길고 복잡한 문장이다. 이런 점에서 본다면, 이를 한암이 암기하고 있는 상태에서 즉각적으로 답변했을 개연성은 낮다. 즉 이와 같은 부분들은 사전 조율에 따른 준비를 인지해 볼 수 있는 측면인 것이다.

또「선문답 21조」의 ⑩번 대답에서 한암은 "내가 웃으면서 말하기를"이라는 주관적인 기록을 남기고 있다.[394] 이는 한암 스스로가「선문답 21조」에 직접 손을 댔다는 것을 의미한다. 이런 점에서「선문답 21조」는 선수행의 체계를 제시하기 위한 목적에서, 의도적으로 작업된 문헌으로 파악하는 것이 타당하다고 판단된다.

「선문답 21조」의 구성은 당시 선수행의 차제론次第論과 관련된 전前10조와 나옹의 〈공부십절목〉의 물음을 한암에게 재차 물어보는 후後10조, 그리고 후10조를 넘어서는 제11조 즉 21조와 여기에 부가되어 전체적인 완성을 높이는 2개의 문답이 추가되어 있는 구성이다. 즉 전①~⑩과 후❶~❿ 그리고 ❿을 넘어서는 한암의 결론 및 총론 격의 ⓫이 존재하는 것이다.

「선문답 21조」에서 가장 주목되는 부분은 이것이 선수행과 관련

////////////

『大慧普覺禪師書』30,「答滎侍郞(茂實)」(『大正藏』47, 939b), "但向日用應緣處, 時時覷捕, 我這箇能與人決斷是非曲直底, 承誰恩力, 畢竟從甚麼處流出, 覷捕來覷捕去, 平昔生處路頭自熟, 生處旣熟則熟處却生矣. 那箇是熟處? 五陰六入十二處十八界二十五有, 無明業識思量計較心識, 晝夜熠熠如野馬無暫停息底是. 這一絡索, 使得人流浪生死, 使得人做不好事, 這一絡索旣生, 則菩提涅槃眞如佛性便現前矣. 當現前時亦無現前之量, 故古德契證了便解道, 應眼時若千日, 萬象不能逃影質. 應耳時若幽谷, 大小音聲無不足. 如此等事, 不假他求, 不借他力. 自然向應緣處活鱍鱍地, 未得如此, 且將這思量世間塵勞底心, 回在思量不及處? 試思量看, 那箇是思量不及處, 僧問趙州, 狗子還有佛性也無? 州云無. 只這一字, 儘爾有甚麼伎倆? 請安排看, 請計較看. 思量計較安排, 無處可以頓放. 只覺得肚裏悶心頭煩惱時, 正是好底時節, 第八識相次不行矣. 覺得如此時, 莫要放却, 只就這無字上提撕, 提撕來提撕去, 生處自熟, 熟處自生矣."

394_ 위의 책,「1. 禪問答 21條」, 169쪽, "第十答: 余笑云".

된 차제론을 제기하고 있다는 점이다. 참선은 오늘날까지도 단계적이 아닌 돈오頓悟에 의해서 한꺼번에 일어나는 의식 환기라는 주장이 지배적이다. 물론 여기에도 나름의 차제적인 수행단계가 존재하기는 한다. 그러나 돈오라는 남종선의 관점 속에서, 차제를 말하는 것은 북종北宗의 점오漸悟나 간혜乾慧로 이해되며 곧장 비판에 직면하게 된다. 그러나 이런 관점이 주류를 형성하다 보니, 참선은 너무 어렵고 난해하며 계량화나 보편적인 수행으로서 한계를 보이는 문제가 발생한다. 즉 문제는 있는데 문제의 해결책을 제시하기가 어려운 구조인 셈이다. 이는 현대의 선수행과 관련해서 오늘날까지 유전되는 문제이기도 하다.

이와 같은 문제를 정면으로 돌파해 체계화를 시도한 것이 바로 「선문답 21조」다. 「선문답 21조」의 후10조는 앞서 언급한 것처럼 나옹의 〈공부십절목〉이다. 나옹혜근懶翁惠勤(1320~1376)은 태고보우太古普愚(1301~1382)·백운경한白雲景閑(1298~1374)과 더불어 여말삼사麗末三師로 칭해지는 고려말 선불교를 대표하는 중흥조이다. 조선 후기의 법맥法脈은 보우를 종조로 삼지만, 조선 초기에는 보우 대신 나옹이 법맥의 핵심에 있었다.[395] 실제로 나옹은 종적縱的인 사제師弟관계로는 '지공선현指空禪賢(1300~1361) → 나옹혜근 → 무학자초無學自超(1327~1405)'로 연결되는데, 이들은 오늘날까지도 점안식點眼式과 같

395_ 李哲憲,「淸虛系의 禪思想과 法統認識」,『韓國佛敎史硏究』제4권(2013), 112쪽 ; 崔柄憲, 「朝鮮時代 佛敎法統說의 問題」,『韓國史論(金哲埈博士停年紀念號)』제19호(1989), 286-288쪽 ; 김용태,「朝鮮後期·近代의 宗名과 宗祖 인식의 역사적 고찰」,『禪文化硏究』제8집(2010), 48-49쪽 ; 高榮燮,「浮休 善修系의 禪思想과 法統認識」,『韓國佛敎史硏究』제4권(2013), 151-155쪽 ; 廉仲燮,「幻庵混脩의 嗣法 정황과 法系에 대한 인식변화 Ⅱ」,『東아시아佛敎文化』제32호(2017), 327쪽.

은 중요한 불교의식佛敎儀式을 증명하는 증명삼화상證明三和尙으로 존재한다.[396] 불교의식의 증명자인 증명삼화상은 다분히 초월적인 대상이라는 점에서 본다면, 나옹은 신격화 즉 붓다화된 존재임을 알 수 있다.[397]

그런데 이런 나옹도 〈공부십절목〉에서는 선수행의 차제론을 제시하고 있다. 사실 〈공부십절목〉은 1371년 9월 나옹이 선종과 교종을 아우르는 초승과超僧科인 공부선功夫選을 주관하는 과정에서 제시한 시제試題이다.[398] 승과라는 특징상 응시자를 판단해야 할 필요가 존재하니, 차제적인 방식이 제시된 것이다. 물론 『나옹어록』의 「시중示衆」에도 〈공부십절목〉만큼은 아니지만, 이와 비견될 수 있는 선수행의 체계에 대한 고민이 엿보인다.[399] 즉 공부선에서 말고도 나옹은 당시 선불교의 체계성에 관해 깊이 고민하고 있었던 것이다.[400]

그런데 한암 역시 선수행의 차제론 정립에 주목하고 있는 것이다. 한국 선불교는 조선 말에 등장한 경허에 의해서 크게 진작되는 모습을 보인다. 이 말은 바꿔 말하면, 조선 후기는 선불교 중심임에도 불구하고 장기적인 고착상태 속에서 선禪이 침체되어 있었다는 의미이다. 이

////////////

396_ 『作法龜鑑』下, 〈佛像時唱佛〉(『韓佛全』10, 584c) ; 安震湖 編, 「佛像點眼-點筆法」·「袈裟通門佛-三和尙請」, 『釋門儀範(下篇)』(서울: 法輪社, 2000), 108·117쪽 ; 李哲憲, 〈2. 儀禮集에서의 惠勤〉, 「懶翁 惠勤의 硏究」(서울: 東國大 博士學位論文, 1997), 216-222쪽.

397_ 懶翁은 涅槃 이전부터 이미 生佛化되는 모습을 보이고 있어 주목된다 廉仲燮, 「懶翁의 붓다化에 대한 고찰」, 『史學硏究』 제115호(2014), 224-247쪽.

398_ 廉仲燮, 「懶翁의 禪思想 硏究」(서울: 高麗大 博士學位論文, 2014), 93-105쪽.

399_ 『懶翁和尙語錄』, 「示衆」(『韓佛全』 6, 717a-c).

400_ 廉仲燮, 「功夫十節目의 禪思想 고찰」, 『東洋哲學硏究』 제80집(2014), 265쪽.

것이 경허에 의해 환기되기는 하지만, 그럼에도 방법론상에 있어서는 문제가 크게 존재하는 상황이었다. 특히 경허의 행동 방식이 당시의 유교 및 사회 윤리에서 크게 어긋나고 있다는 점에서 더욱 그렇다.[401] 즉 당시 한국불교는 선수행과 관련된 새로운 대안으로서의 체계 정립 필연성을 요청받고 있었고, 한암은 이러한 시대적 요구에 대응해서 교육적인 차제론의 관점을 통한 해법을 도출하고 있는 것이다.

한암은 확철대오하는 1899~1912년까지의 13년간 이와 같은 선불교의 문제점을 누구보다도 절실히 인지했을 것으로 판단된다. 그러므로 만일원 선원의 조실이 된 상황에서, 이 문제를 어떻게든 해소하여 체계화된 제시와 정립을 시도하려고 노력한 것이 아닌가 한다. 그렇지 않다면 전10조에서 참선에 대한 차제적인 접근을 시도하고, 후10조에서 〈공부십절목〉이 등장하는 수미일관하는 타당성을 설명하는 것이 쉽지 않다. 왜냐하면 이와 같이 전후를 조리 있게 맞추는 것은 다분히 의도된 목적이라고 밖에는 판단되지 않기 때문이다.

이렇게 놓고 본다면, 「선문답 21조」에 포함되어 있는 〈공부십절목〉은 한암이 제시하려는 참선 수행의 체계론에 대해, 나옹이라는 조사의 권위를 부여하는 의미로 해석될 수 있다. 즉 불교의 논거 제시에서 사용되는 성언량聖言量 즉 성교량聖敎量에 해당하는 셈이다. 또 이

401_ 李能和 著, 朝鮮佛教通史 譯註編纂委員會 譯編, 「梵魚一方臨濟宗旨」, 『譯註 朝鮮佛教通史6 下篇 二百品題(三)』(서울: 東國大學校出版部, 2010), 350쪽·352(原文)쪽, "(鏡虛는) 심지어 미친 사람처럼 말하며, 飮酒·肉食도 菩提(깨달음)에 걸림이 없다고 하고, 도적질을 행하고 邪淫을 행하는 일이 般若를 이루는 데 妨害가 되지 않는다고 하며, 이를 일러 大乘禪이라 云云한다. 대개 이러한 잘못된 풍습은 참으로 鏡虛 스님이 만든 데서부터 비롯되었다. 叢林에서 이를 지적하여 魔說이라고 하였다."; 尹暢和, 「鏡虛의 酒色과 三水甲山」, 『佛教評論』 통권 52호(2012), 189-198쪽.

190

는 유교의 '술이부작述而不作' 관점이 일반적이었던 당시로서는 반드시 필요한 방어기제였다고 판단된다. 이러한 한암의 의지로 인해, 해제 후 『한암선사어록』의 등사판 프린트본도 간행될 수 있었던 것이 아닌가 한다.

3) 「선문답 21조」 중 전10조前10條에 대한 검토

〈1〉 전10조에 대한 구조와 주제

「선문답 21조」 중 전10조는 크게 4단락으로 나누어져 있다. 이 중 선수행의 단계적인 내용은 ①~⑧까지이다. 여기에서 ①~⑤가 참선의 시작에서 깨닫는 데까지며, 이후의 ⑥~⑧은 오후보림을 통한 완성과 회향 부분이다. 즉 1차적인 깨달음과 2차적인 확충이라는 두 가지 층위가 존재하는 것이다.

다음으로 ⑨는 팔정도에서의 정정진正精進이나 육바라밀의 정진바라밀精進波羅蜜에서처럼, 참선 수행에서 ①~⑧의 전체를 아우르는 항상 유지해야 할 마음과 귀감으로 삼아야할 문구에 대한 부분이다. 즉 ⑨는 차제적인 것이 아니라는 점에서 ①~⑧까지와는 논리적인 층위를 달리하는 것이다. 마지막 ⑩은 한암 당시, 선원의 선객禪客들에 의해서 많이 논의되던 '간화看話'와 '반조返照'에 대한 논란이다. 즉 ①~⑨까지와는 완전히 다른 별도의 논의인 셈이다. 그런데 이 부분은 ①~⑨까지를 합한 것보다도 오히려 분량 면에서는 더 많다. 이는 당시에 이 문제가 선객들 사이에서 격렬히 회자되고 있었음을 알게 한다. 그러나 이 부분은 상대적으로 전체적인 관점의 차제론에서는 비켜나 있기 때문에, 화두와 관조에 대한 한암의 인식을 확인해 볼 수는 있지만 한암이 제기하고자 했던 선불교의 특징적인 측면과는 차이가 있다.

이상의 구조적인 이해를 바탕으로 전10조에 대한 내용을 간략히 제시해보면 다음과 같다.

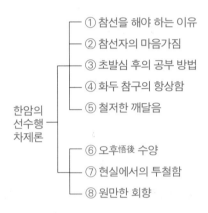

한암의
선수행
차제론

① 참선을 해야 하는 이유
② 참선자의 마음가짐
③ 초발심 후의 공부 방법
④ 화두 참구의 항상함
⑤ 철저한 깨달음

⑥ 오후悟後 수양
⑦ 현실에서의 투철함
⑧ 원만한 회향

⑨ ①~⑧에 이르도록 항상 유지해야 하는 마음과 문구

⑩ 간화와 반조의 차이

〈2〉 참선의 필연성과 깨달음의 완성

본항에서는 전10조 중 먼저 ①~⑤에 대한 내용을 검토해 보고자 한다. ①에서 이력이 묻는 것은 참선의 필연성이다.[402] 즉 참선을 안 해도 무방한 것이 아니냐는 것이다. 이에 대해 한암은 참선이야말로 본

402_ 위의 책, 「1. 禪問答 21條」, 152쪽, "第一問: '參禪은 人生에게 有何關係乎잇가? 不爲라도 亦無妨乎잇가? 不得不爲之關係가 有乎잇가?'"

마음을 밝히는 진정한 공부임을 강조한다. 이를 위해서 먼저 한암은 달마의 기록으로 전해지는『소실육문小室六門』의 '심心=불佛=도道=선禪'의 구조를 제시하고 있다.[403] 즉 선이란, 내 마음을 밝히는 가장 중요한 일이라는 뜻이다.

이와 같은 관점을 전제로 한암은 인간의 마음인 중생심衆生心을 '정심淨心'과 '염심染心'으로 구분하고, 이의 속성을 각각 '무루진여지성無漏眞如之性'과 '무명삼독지심無明三毒之心'으로 규정한다.[404] 즉 염심을 극복하고 본래의 정심을 회복하는 것이 인간의 도리며, 참선의 목적이라는 것이다.

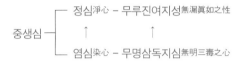

인간의 마음을 정심과 염심으로 구분하는 것은『대승기신론大乘起信論』의 일심이문一心二門, 즉 심진여문心眞如門과 심생멸문心生滅門의 구조를 상기시킨다.[405]『대승기신론』은 강원교육의 사교과四敎科 과목이다. 그러므로 한암 역시『대승기신론』에 대해서 일정 부분 인지하고 있었을 개연성이 존재한다. 특히 한암에게는 통도사 내원선원內院

403_ 『小室六門』全1卷(『大正藏』48, 375a), "性卽是心, 心卽是佛, 佛卽是道, 道卽是禪."

404_ 위의 책, 「1. 禪問答 21條」, 152쪽, "大凡衆生心에 有二種差別하니, 一者는 淨心이오 二者는 染心이니, 染心者는 卽無明三毒之心也오, 淨心者는 卽無漏眞如性也라."

405_ 『大乘起信論』卷上(『大正藏』32, 576a), "依一心法, 有二種門. 云何爲二? 一者, 心眞如門. 二者, 心生滅門. 是二種門, 皆各總攝一切法." ;『起信論疏』卷上(『大正藏』44, 206c).

禪院(혹 내원암)의 강사 개연성이 존재한다는 점에서 더욱 그렇다.

그런데 이 대목에서 흥미로운 것은 한암이 무루진여지성無漏眞如之性과 무명삼독지심無明三毒之心으로 구분할 때, '성性'과 '심心'의 차이를 변별하고 있다는 점이다. 동아시아 불교에서는 심心과 성性을 구분하지 않고, 이를 하나의 대상에 대한 이명異名으로 파악한다. 그러나 송대宋代의 신유학新儒學에 오면, 심心의 청정淸淨을 성性으로 규정하여 양자의 차이를 부각한다. 장재張載(횡거橫渠, 1020~1077)의 심통성정설心統性情說이 그것이며,[406] 이와 같은 관점은 조선의 국시이기도 한 성리학性理學을 통해서 강조된다.

장재의 심통성정설은 정이程頤(이천伊川, 1033~1107)에 의해서, 성性은 심心 안에 존재하는 정情과 대립하는 대상으로 재해석된다. 즉 심은 정이라는 염오染汚된 감정마저도 포함하는 통체적인 존재이므로, 성리학에서는 심心 자체가 아닌 심心 안의 성性만이 추구 대상이 되는 것이다. 이 때문에 성즉리性卽理 즉 성리학이 된다. 그러나 같은 신유학라도 양명학陽明學(육왕학陸王學)에서는 심心과 성性을 구분하지 않는다. 이는 선진유학先秦儒學에 입각한 관점으로, 이 때문에 양명학은 성즉리가 아닌 심즉리心卽理의 구조를 취하게 된다. 이로 인해 양명학은 성리학과 대별되는 심리학心理學으로 불린다.

한암은 입산하는 19세 이전에는 한학을 수학했던 이력이 있다.[407]

406_ 『朱子語類』 5, 「性理二-性情心意等名義」, "橫渠心統性情語極好.", "伊川性卽理也, 橫渠心統性情, 二句顚樸不破."

407_ 李元錫, 「漢巖 重遠과 呑虛 宅成의 佛緣-呑虛의 出家 背景」, 『韓國佛敎學』 제79집(2016), 309-310쪽 ; 李元錫, 「漢巖의 出家 過程과 求道적 出家觀」, 『禪學』 제50호(2018), 80-83쪽.

또 조선 후기는 인물성동이론人物性同異論 즉 호락논쟁湖洛論爭에 의해, 심성에 대한 논의가 활발하게 전개되었다.[408] 이런 점에서 한암 역시 성리학의 심성논의에 영향을 받았으며, 이렇게 해서 드러나는 것이 무루진여지성無漏眞如之性과 무명삼독지심無明三毒之心에서 확인되는 성性과 심心의 구분이 아닌가 한다. 즉 한암은 앞에서는 '심=불=도=선'의 관점을 통해 심성을 구분하지 않다가, 뒤에 와서는 심성을 구분하는 이중적인 모습을 보이고 있는 것이다. 이는 한암이 유교와 불교의 모두를 수학하였기 때문에 발생하는 개념의 혼란으로 이해된다.

끝으로 한암은 참선이란, 특별한 일이 아닌 자신의 자성自性을 밝히는 일이라고 정의한다.[409] 즉 외부가 아닌 내면에 존재하는 완전한 본성에 대한 자각인 것이다. 또 이렇게 하는 것이야말로 모든 삿됨을 여읜 불과佛果를 증득하는 길임을 역설한다. 이는 참선 수행만이 모든 고통을 벗어난 절대적인 선善이자 행복의 길임을 분명히 해주고 있다.

②는 참선을 하고자 하는 사람의 마음 가짐에 대한 질문이다.[410] 즉 ①과 ②는 차제적인 연결 관계를 구축하고 있는 것이다. 이는 ⑧까지 이어지는 참선 수행의 체계화와 관련된 가장 두드러진 특징이기도 하다.

한암이 제시하는 참선자의 마음가짐은 자성의 본래완성本來完成

408_ 이경구, 「湖洛論爭을 통해 본 철학논쟁의 사회정치적 의미」, 『韓國思想史學』 제26권(2006), 3쪽.

409_ 위의 책, 「1. 禪問答 21條」, 153쪽, "禪者는 不是別件物事也라. 參者는 合也니, 合於自性하야 保養淨心而不外馳求也라."

410_ 같은 책, "第二問: '旣欲參禪인댄, 判何等心乎잇가?'"

에 대한 견고한 믿음이다. 이 구조가 바로 심불心佛과 심법心法의 주장이다.[411] 한암은 자신의 논거에 대한 경증經證으로 지눌『수심결』의 '마음 밖에 부처가 없고, 자성 밖에 법이 없다. … 운운'의 구절을 들고 있다.[412] 이 내용은 「일생패궐」에 의하면, 한암이 24세 때인 1899년 금강산 신계사 보운강회에서 선불교로 마음을 전향할 때 읽은 구절이다. 한암에게는 선불교와 관련해 초석이 되는 가장 핵심적인 내용인 셈이다. 이런 점에서 참선자의 마음가짐으로 이 구절을 제시한 것은, 한암 자신의 경험이 투영된 것임을 인지해 볼 수 있다.

그리고 마지막으로 한 번 더 정리하여, 마음 밖 외불外佛의 무용성과 이에 대한 경증經證으로『전등록』등에서 살펴지는 "제불비아도諸佛非我道(모든 붓다도 나의 도道는 아니다)"를 들고 있다.[413] 이렇게 놓고 본다면, 한암은 남종선 전통의 강력한 주관유심주의에 따른 본체론에 기반해서 사고하고 있다는 것을 알게 된다.[414]

③은 ②와 연관된 초발심 후의 공부 방법 즉 참구법에 대한 물음이다.[415] 이에 대해서 한암은 먼저 최상승자最上乘者(대근대지上根大智)는 화두와 같은 일체의 방법이 필요 없음을 언급한다. 그리고 그 다음의

////////////

411_ 宗梵,「漢岩禪師의 禪思想」,『漢岩思想』제1집(2006), 37-40쪽.

412_ 『高麗國普照禪師修心訣』全1卷(『大正藏』48, 1005c), "若言心外有佛, 性外有法, 堅執此情, 欲求佛道者, 縱經塵劫, 燒身鍊臂, 敲骨出髓, 刺血寫經, 長坐不臥, 一食卯齋, 乃至轉讀一大藏教, 修種種苦行, 如蒸沙作飯, 只益自勞."

413_ 『景德傳燈錄』1,「第八祖佛陀難提者」(『大正藏』51, 482c), "諸佛非我道, 誰爲最道者."

414_ 위의 책,「1. 禪問答 21條」, 154쪽, "設或 心外에 有佛이라도 佛是外佛이니, 於我에 何有哉리오."

415_ 같은 책, 155쪽, "第三問: '旣判初心인댄, 如何히 用工하여야 爲眞實參究乎잇가?'"

차선으로 구체적인 화두를 통한 간화선법看話禪法을 제시하고 있다.[416] 이는 화두가 몰자미沒滋味한 "무미지어無味之語"라는 언급과 함께 화두 역시 방편일 뿐이라는 점을 분명히 해준다.[417]

한암이 예시로 드는 화두는 조주종심趙州從諗(778~897)의 '무자無字'와 '정전백수자庭前栢樹子', 동산양개洞山良价(807~869)의 '마삼근麻三斤' 그리고 운문문언雲門文偃(864?~949)의 '간시궐乾屎橛' 등이다.[418] 무자화두는『무문관無門關』의 제1칙으로, 수선사修禪社의 제2세인 진각혜심眞覺慧諶(1178~1234)과 고려 말 몽산덕이蒙山德異(1231~1308)의 몽산선풍蒙山禪風 영향으로 고려 후기부터 최고의 화두로 부각한다.[419] 실제로 한암 역시 경허에게 무자화두를 지도받았고, 이런 점에서 한암의 화두 역시 무자였을 개연성이 크다. 이렇게 놓고 본다면, 한암이 조주의 무자를 가장 먼저 거론하는 것 역시 자신의 경험에 의한 투영이라는 추론이 가능하다.

그런데 흥미로운 것은 한암의 언급에는 무자화두와 더불어 가장 일반적인 '시심마是甚麼(이 뭣고?)'가 등장하지 않는다는 점이다. 이것이 의도적인 것인지는 알 수 없다. 그러나 시심마의 위상을 고려한다면, 이는 분명 이례적이다. 그런데 한암이 화두를 열거하는 방식을 보면,

///////////

416_ 같은 책, "上根大智는 於一機一境上에 把得便用이라, 不必多言이어니와 若論參究댄".

417_ 尹暢和는 이 부분에서 漢巖의 話頭 참구 방식이 單提 참구라는 관점을 제시하고 있어 주목된다. 尹暢和, 「話頭參句의 두 가지 방법과 漢岩禪」, 『大覺思想』 제23집(2015), 216-217쪽.

418_ 같은 책, "以趙州無字와 庭前栢樹子와 洞山麻三斤과 雲門乾屎橛 等".

419_ 천봉(정명옥)의 「慧諶의 話頭參究法-法語와 書答, 그리고 그 속의 禪詩를 중심으로」, 『韓國禪學』 제10권(2005), 93-96쪽 ; 金炯錄(印鏡), 〈제3장 看話禪思想의 展開-無字話頭를 중심으로〉, 「蒙山德異의 禪思想 硏究」(서울: 東國大 博士學位論文, 1999), 152-181쪽.

각각의 조사와 화두를 연결하는 구조임을 알 수 있다. 그런데 시심마는 특정 조사가 제창한 화두가 아니다. 이런 점에서 예시의 적절성이 될 수 없다고 판단했을 개연성도 존재한다.

다음으로 정전백수자·마삼근·간시궐은, 무자나 시심마보다는 못하지만 모두 수좌들에게 유행하는 화두이다. 즉 부모미생전父母未生前 본래면목本來面目, 백척간두진일보百尺竿頭進一步 등과 같은 정도의 위상에서 이해될 수 있는 화두들인 것이다. 이런 점에서, 한암이 이들 화두를 거론한 것은 개략적인 예시 정도로 이해해도 큰 무리는 없겠다.

한암이 화두를 드는 방식은 일체의 차별심과 분별심이 없이, 참구하고 또 참구해서 모기가 무쇠소를 뚫을 수 없는 것처럼 하라는 것이다.[420] 이와 같은 한암의 주장은 「거화방편擧話方便(방편으로 화두를 들다)」이나 「묘포서猫捕鼠(고양이가 쥐를 잡듯이)」에서도 확인된다.[421] 즉 이는 화두를 통해서 의심과 일체화될 수 있도록 하라는 것으로, 이 역시 남종선의 전통에 입각한 방법이다.

한암은 이러한 자신의 주장에 대한 조사의 경증經證으로『나옹어

///////////

420_ 위의 책, 「1. 禪問答 21條」, 156쪽, "無味之語로 疑來疑去하며 擧來擧去하되, 如蚊子上鐵牛하야 下觜不得處하야 和身透入이니".

421_ 漢岩 撰, 「4. 擧話方便」, 『定本-漢岩一鉢錄 上』(平昌: 漢巖門徒會·五臺山 月精寺, 2010), 40쪽, "千疑萬疑는 只是一疑니, 如猫捕鼠하며 如鷄抱卵하며 如飢思食하며 如渴思飲하야 思量知解를 一切放下하고 寸草不生하며 纖塵不立이라."; 「10. 猫捕鼠」, 『定本-漢岩一鉢錄 上』(平昌: 漢巖門徒會·五臺山 月精寺, 2010), 101쪽, "君不見가 大宅墻邊猫捕鼠여 心眼不動注一處로다. 又不見가 村舍窠裏鷄抱卵이여 暖氣相續不暫擧로다. 志士行業亦如是하야 純一得妙渾忘語로다."

198

록懶翁語錄』「시각오선인示覺悟禪人」의 전문을 그대로 인용하고 있다.[422] 「시각오선인」의 내용은 매 순간 전일專一하게 화두를 들어 적적寂한 상태에서도 화두가 성성惺惺한 것을 공적영지空寂靈知라고 하는데, 이렇게 되면 공부가 이루어진다는 것이다. 그런데 이는 한암이 제시한 ③의 단계를 넘어서, 뒤의 ④까지도 연결되는 내용이다. 즉 예시의 적실성에 있어서는 다소 문제가 존재하는 부분인 셈이다.

「선문답 21조」의 후반부에는, 나옹의 〈공부십절목〉이 배치된다는 점은 누차 언급한 바 있다. 그런데 ③에서는『나옹어록』이 조사의 경증으로까지 제시되고 있는 것이다. 이는 한암에 대한 나옹의 영향이 적지 않았다는 점을 분명히 해준다.[423]

④에서는 ③에서 제기된 화두 참구의 여실함 다음에 대두하는, 화두가 힘을 얻는 항상함에 대한 물음이다.[424] 이에 대해서 한암은『대혜보각선사서大慧普覺禪師書』권29 등에 등장하는 "성력처내시득력처省力處乃是得力處(힘이 덜어지는 곳이 곧 힘을 얻는 곳)"라는 조사의 경증經證을 드는 것으로 응수한다.[425] 즉 이번에는 경증 뒤에 자신의 관점이 배치되는 역구조인 셈이다.

---

422 『懶翁和尙語錄』,「示覺悟禪人」(『韓佛全』6, 772a), "念起念滅, 謂之生死, 當生死之際, 須盡力提起話頭. 話頭純一則起滅盡盡, 起滅盡處謂之靈(第五六張). 靈中無話頭則謂之無記, 靈中不昧話頭則謂之靈. 卽此空寂靈知, 無壞無雜, 如是用功, 不日成功."

423 廉仲燮,「懶翁의 功夫十節目에 대한 漢巖의 답변과 관점」,『韓國佛敎學』제78집(2016), 198-200쪽.

424 위의 책,「1. 禪問答 21條」, 157쪽, "第四問: '旣如實參究인댄, 如何한 것이 爲如實得力乎잇가?'"

425 『大慧普覺禪師書』29,「答黃知縣(子餘)」(『大正藏』47, 921c), "得力處乃是省力處, 省力處乃是得力處."

'힘이 덜어지는 곳이 바로 힘을 얻는 곳'이라는 의미는 일체화되어 항상하게 된다는 의미이다. 이 때문에 한암은 "화두를 들지 않아도 저절로 들리는 경지"라고 말하고 있다.[426] 또 이 단계가 되면, "격랑 속에 투사된 달빛과 같아서 부딪쳐도 흩어지지 않고 흔들어도 없어지지 않는다."라고 비유하고 있다.[427] 이는 ③의 『나옹어록』에서 등장하는 또 다른 공적영지空寂靈知의 단계라고 하겠다.

⑤는 앞선 ④까지를 통한 결과로, 깨침의 변환 즉 철저한 깨달음에 대해서 묻는 대목이다.[428] 이에 대해서 한암은 다시금 '산은 산이요, 물은 물'이 되는 일상의 재환기를 역설한다.

한암은 이력의 물음에 대한 답변으로, 먼저 조사의 경증인 『벽암록碧巖錄』 권8의 "(별도로) 깨달아야 할 법이 없다."와[429] 권5의 "깨닫고 보면 도리어 깨닫지 않았을 때와 같다."는[430] 확철대오의 경지를 말하고 있다. 이는 남종선의 깨달음이란, 자성自性에 근거한 본체론적인 인식 환기임을 분명히 해주는 대목이다.

그리고 이와 같은 실례로 영운도화靈雲桃花·향엄격죽香嚴擊竹·현사축지玄沙趏指·장경권렴長慶捲簾 등을 열거하고 있다.[431] 이는 고봉의

426_ 위의 책, 「1. 禪問答 21條」, 157쪽, "話頭가 到不疑而自疑하며 不擧而自擧하야, 六根門頭가 自然虛豁豁地하며 孤逈逈地하며 平妥妥地하야."

427_ 같은 책, "比如透照月華가 在灘浪中하야 觸不散蕩不失時에 大悟近矣리니".

428_ 같은 책, 158쪽, "第五問: '旣如實得力인댄 必爲悟徹이니, 如何한 것이 爲如實悟徹境界乎잇가?'"

429_ 『佛果圜悟禪師碧巖錄』8, 「七八」(『大正藏』48, 205b), "古人道, 明明無悟法, 悟了却迷人."

430_ 『佛果圜悟禪師碧巖錄』5, 「四五」(『大正藏』48, 182b), "謂之悟了 還同未悟時."

431_ 위의 책, 「1. 禪問答 21條」, 158쪽, "然則靈雲桃花와 香嚴擊竹과 玄沙趏指와 長慶捲簾 等

『선요禪要』를 차용한 것으로, 확철대오란 일상의 환기일 뿐 별도의 다른 것(제2법第二法)이 존재하는 것이 아니라는 의미이다.[432] 이와 같은 한암의 관점은 1932년의 글인 「참선에 대하여」 속에서, 지눌의 말을 인용하는 부분에서도 확인된다.[433]

다음으로 한암은 깨침의 일상이 깨치기 전의 일상과 동일하지만, 그럼에도 차이가 있다는 것을 앙산혜적仰山慧寂(807~883)과 현사사비玄沙師備(835~908)의 예를 들어, 그 경지는 언어를 넘어서 있다는 점을 분명히 하고 있다.[434] 마치 산에 오르지 않은 사람과 산을 넘어온 사람이 서 있는 위치는 같아도 인식에는 차이가 존재할 수밖에 없는 것처럼 말이다.[435]

⑤에서 확인되는 한암의 답변 방식은 앞선 ④까지 와는 사뭇 다르다. 전반적으로 자신의 생각보다는 조사의 경증을 통해서 전체적인 완성을 이룩하고 있기 때문이다. 그런데 이런 구조의 말미에서 한암은 "해천海天에 밝은 달이 처음 솟아난 곳에, 암벽의 원숭이 울음 그칠 때

諸大宗師所悟徹事는 皆傳虛也耶아."

432_ 『高峰和尚禪要』 全1卷, 「除夜小參」(『卍新纂續藏經』70, 709c-710a), "亦是悟者一大事之本源, 臨濟遭黃檗六十痛棒, 向大愚肋下還拳, 亦是悟者一大事之本源, 靈雲桃花, 香嚴擊竹, 長慶卷簾, 玄沙蹉指, 乃至從上知識, 有契有證, 利生接物, 惣不出悟者一大事之本源, 多見兄弟家, 雖曰入此一門, 往往不知學道之本源."

433_ 漢岩 撰, 「7. 參禪에 대하여」, 『定本-漢岩一鉢錄 上』(平昌: 漢巖門徒會·五臺山 月精寺, 2010), 68쪽, "普照國師가 이르시되, … '스사로 怯弱을 生함은 自心의 日用하는 見聞覺知의 性이 이 無等等大解脫인 줄로 深觀하지 못하는 까닭이라.'"

434_ 위의 책, 「1. 禪問答 21條」, 158쪽, "仰山云하사대, '悟則不無나 爭奈爲第二頭리오.'하니 道得一半了也라."

435_ 高亨坤 著, 「Ⅰ. 산도 그 산이요 물도 그 물이로다」, 『禪의 世界』(서울: 東國大學校出版部, 2005), 23-84쪽.

니라."라는[436] 단문의 게송을 지어 전체를 자기화시켜 완성하고 있다. 이와 유사한 방식은 다음의 ⑥에서도 확인된다.

한암의 게송은 '모든 인간은 닦을 필요 없는 본연에서 본래로 완성되어 있다.'는 의미이다. 역시 본체론적인 관점에서, 자성이 분명하고 역력한 것이야말로 확철대오임을 밝히는 내용이라고 하겠다.

그런데 흥미로운 것은, 한암은 「일생패궐」의 확철대오에서는 내가 중심이 되는 일체즉아一切卽我의 경지를 언급하고 있다는 점이다.[437] 그런데 여기에서는 이와 같은 내용이 전혀 살펴지지 않는다. ⑤에는 앞선 ④까지와 달리, 한암의 견해가 극히 제한적으로 나타나는 특징이 보인다. 이는 참선 수행과 관련된 방법론적인 제시라는 구조 속에서, 마지막 확철대오의 부분에서만은 자신의 주관적인 견해를 절제했기 때문이 아닌가 한다. 그리고 이와 같은 연장선상에서 자신의 체험적인 부분 역시 탈각되고 있다고 판단된다.

이상을 통해서 ①참선의 필연성과 당위성에서부터 ⑤깨침인 확철대오까지를 검토해 보았다. 이를 통해 알 수 있는 한암의 관점은, '인간의 완성을 위해서 참선은 필연적'이며 '마음이라는 본체론의 완전성에 입각한 재인식이 깨달음'이라는 점이다. 즉 화두를 통해서 마음을 밝히고, 본성을 자각해서 현재를 직시하는 것이 한암의 차제적인 방법론을 관통하는 핵심인 셈이다. 이는 간화선 이후 남종선의 경향을 한

436_ 위의 책, 「1. 禪問答 21條」, 159쪽, "海天明月初生處에 巖岫啼猿正歇時니라."

437_ 漢岩 撰, 「1. 一生敗闕」, 『定本-漢岩一鉢錄 上』(平昌: 漢巖門徒會·五臺山 月精寺, 2010), 268쪽, "參聽鏡虛和尙이 說, '凡所有相 皆是虛妄이니 若見諸相非相이면 卽見如來라.'하야는 眼光忽開하여 盖盡三千界하니, 拈來物物이 無非自己라."; 269쪽, "與修道開悟時와 少無差異라."

202

암이 잘 온축하고 있다는 것을 알게 해준다.

〈3〉 깨달음 이후의 관점과 삶의 태도

선불교는 깨달음을 최종적인 완성으로 보지 않는다. 이는 송나라 곽암廓庵의 〈십우도十牛圖〉에서 제8단계의 인우구망人牛俱忘 이후에도 9단계의 '반본환원返本還源'과 10단계의 '입전수수入廛垂手'가 존재하는 것 등을 통해서 확인해 볼 수 있다.[438] 즉 선불교의 깨달음은 현실과 유리되는 인간완성이 아니라, 현실 속에서 작용하는 실전적인 깨달음인 것이다. 확철대오 이후의 단계로 「선문답 21조」는 ⑥에서 ⑧까지의 총 3단계를 언급하고 있다.

먼저 ⑥에서 이력은 깨친 뒤의 수양에 대해서 묻고 있다.[439] 이는 일종의 오후보림의 범주에 해당하는데, 다음의 ⑦까지 여기에 해당한다. 즉 ⑥과 ⑦이 깨달음 이후의 오후보림 단계인 셈이다. 이에 관해서 한암은 조사의 경증으로 "이과관자已過關者는 불필문진不必問津이라 (이미 관문을 지난 자는 나루터를 물을 필요가 없다)."는 구절을 제시하여[440] 철저한 깨달음에는 별도의 수양이 필요 없다는 점을 분명히 하고 있다.[441]

438_ 『住鼎州梁山廓庵和尚十牛圖頌(并)序』 全1卷, 「人牛俱忘序八~入廛垂手序十」(『卍新編續藏經』 12, 774c-775a).

439_ 위의 책, 「1. 禪問答 21條」, 158쪽, "第六問: '旣悟徹後에는 如何한 것이 爲如實修養乎잇가?'"

440_ 漢巖이 제시하는 이 句節은 禪語錄에 정형화된 형태가 존재하는 것이 아니라, 捨筏登岸이나 得魚忘筌과 같은 관점에서 뒤섞여 있다.『人天眼目』 2, 「黃龍三關」(『大正藏』 48, 310b), "龍云, 已過關者, 掉臂徑去." ;『聚雲吹萬眞禪師語錄』 卷中, 「普說」(『嘉興大藏經』 29, 463c), "聚雲吹萬眞禪師語錄."

441_ 위의 책, 「1. 禪問答 21條」, 159쪽, "旣云悟徹인댄, 何論修養이리오?"

즉 원론적인 궁극에서의 돈오돈수頓悟頓修 관점을 피력하고 있는 것이다.[442]

그러나 한암이 언급한 이 구절은 선어록에는 존재하지 않는다. 즉 어디에서 본 것이라기보다는 수좌들 사이에서 널리 회자되는 문구를 인용한 것으로 판단된다. 또 ⑥에서는 이력과 한암 모두 불교적인 수행이라는 단어 대신 유교적인 '수양修養'이라는 용어를 사용하고 있는 모습이 보인다. 이는 유교적인 영향에 의한, 한암과 당시 수좌들의 인식을 나타내주는 부분이라고 하겠다.

한암은 "이과관자已過關者는 불필문진不必問津이라."는 언급 이후에, 곧바로 "구름과 달은 한 가지나 냇물과 산은 각각 다르다."라고 해서,[443] 이치로는 그렇지만 현상에서는 그렇기 힘든 상황임을 언급하고 있다. 즉 돈오점수를 통한 현실적인 보완인 셈이다. 그리고 이와 같은 방식의 필연성으로 한암은 주각註脚 즉 자주自註의 구술口述을 남기고 있다.

한암의 주각은 '더 이상의 노력을 여의어도 깨침은 이제 스스로 고인다.'는 의미이다.[444] 이는 오후보림이 노력을 통해서 되는 경지가 아니라, 본질적인 항상함에 대한 유지로 이룩되는 것임을 나타낸다고 하겠다.

한암은 돈오점수의 관점을 취하기 때문에, 그의 오후보림은 돈오

442_ 漢巖은 大慧와 知訥의 影響에 의한 頓悟漸修를 主張한다. 그러나 이는 現實적인 의미이며, 原論的인 관점에서는 漢巖 역시 頓悟頓修를 肯定하는 모습을 보이는 것이다.

443_ 같은 책, 159쪽, "雖然如是나, 雲月是同이나 溪山各異하니".

444_ 같은 책, "一把柳條를 收不得하야 和風搭在玉欄干이니라."

돈수의 관점에서 나타나는 작용 중심의 활달함보다는 엄격함으로 전개되는 모습을 보인다. 한암이 돈오돈수의 관점을 취하는 것은 지눌의 영향이 지배적이며, 일부에서는 이를 대혜 등의 영향 관점으로 파악하는 경우도 존재한다.[445] 그러나 지눌이 대혜를 강조하고,[446] 이 영향이 한암에게 존재한다는 점에서 양자의 관점이 충돌하는 것은 아니다.

⑦은 현실에서 유지되는 일상의 투철함에 대한 물음이다.[447] 이 ⑦에서도 위의 ⑥에서처럼 '수양'이라는 표현이 나타나고 있어, 이 역시 유교적인 영향을 판단해 볼 수 있다. ⑥이 깨달음 이후의 안정화를 위한 수행 문제였다면, ⑦은 ⑥을 넘어 그것이 현실에서 투철할 수 있는가에 대한 부분이다.

이 물음에 대한 한암의 대답은, 『조주어록趙州語錄』 권2와 『대혜보각선사법어大慧普覺禪師法語』 권19에 등장하는 '잣나무도 성불한다.'는[448] 무정성불無情成佛에 대한 조사의 경증으로부터 시작한다. 붓다가 되는 성불은 본질적으로 유정有情만이 가능하다. 그런데 조주는 무정인 잣나무 성불에 대해서 말하고 있는 것이다. 그러나 이것은 본성의 깨

////////////

445_ 印鏡은 漢巖의 頓悟漸修의 관점 형성에 蒙山의 영향도 존재한다고 판단했다.金炯錄(印鏡), 「漢巖禪師의 看話禪-禪問答 21조를 중심으로」, 『漢岩思想』 제3집(2008), 14-15쪽.

446_ 金君綏 撰, 〈松廣寺佛日普照國師碑銘〉, "其勸人誦持, 常以金剛經立法, 演義則意必六祖壇經, 申以華嚴李論, 大慧語錄, 相羽翼. 開門有三種, 曰惺寂等持門, 曰圓頓信解門, 曰徑截門, 依而修行, 信入者多焉."

447_ 위의 책, 「1. 禪問答 21條」, 160쪽, "第七問: '旣修養後에는 如何한 것이 爲如實證得乎잇가?'"

448_ 『趙州和尚語錄』 卷中(『嘉興大藏經』 24, 365b); 『大慧普覺禪師法語』 19, 「示妙證居士(聶寺丞)」(『大正藏』 47, 893c), "僧問趙州, 柏樹子還有佛性也無. 州云有. 僧云, 幾時成佛. 州云, 待虛空落地. 僧云, 虛空幾時落地. 州云, 待柏樹子成佛."

침으로 인한 일체의 성불을 의미하는 역설이다. 실제로 조주의 어법은 닭이 먼저냐, 알이 먼저냐와 같은 순환논법을 통해서 역으로 모든 문제를 단절하려는 모습을 보이고 있다. 한암 역시 이를 잘 알고 있기 때문에, 이것을 직지直指하는 것이 무생無生의 이치임을 언급하며 함부로 주각註脚을 달 수 없다는 점을 분명히 하고 있다.[449] 즉 ⑦의 단계에 이르면, 이제는 깨침이 철저해져서 다른 가능성이 발생할 여지가 사라지게 되는 것이다. 이렇게 되면 오후보림 또한 전체적으로 완성된다.

⑧은 「선문답 21조」를 통해서 제시되는 한암 차제론의 마지막이다. 여기에서 이력은 "여실원만극종如實圓滿克終"에 대해서 묻는다.[450] 즉 깨침을 통한 선수행의 완성자로서 원만한 회향에 관해 묻고 있는 것이다. 이렇게 되면 일상 자체가 항상해지기 때문에 진정한 활달자재함이 갖추어지게 된다.

이력의 물음에 대해, 한암은 『대혜보각선사보설大慧普覺禪師普說』 권15에 등장하는 스승도 나도 없다는 "목전무사리目前無闍梨, 차간무노승此間無老僧(눈 앞에 아사리가 없고, 여기에는 노승이 없다)"을 조사의 경증으로 제시한다.[451] 그리고 한암 스스로도 "나는 여기에 이르러 모두 다 잊었다."라고 하고 있다.[452] 이는 인식주체의 자각을 통한 만물일체萬物

///////////

449_ 위의 책, 「1. 禪問答 21條」, 160-161쪽, "此是 古人이 徹證無生하야 倒用橫拈底時節이어니와, 卽今에 作麼生고? 速道速道하라. 虛空이 落地乎否아? 栢樹子成佛否아? 切不得作虛空이 不落地想이며 栢樹子不成佛想이어다. 彈指一下云, '幾乎錯下註脚이로다.'"

450_ 같은 책, 161쪽, "第八問: '旣證得後에는 如何한 것이 爲如實圓滿克終乎잇가?'"

451_ 『大慧普覺禪師普說』15(『大正藏』47, 876a).

452_ 위의 책, 「1. 禪問答 21條」, 161쪽, "我到這裏에 總忘却了也로다."

一切를 의미한다. 또한 잊음 즉 주객을 넘어선 통연자재洞然自在한 경지를 나타내기도 한다. 즉 전체작용全體作用을 통한 입전수수의 단계인 셈이다. 이는 보살도가 실천될 수 있는 중생구제의 무한 방편을 사용할 수 있는 구경의 회향이라고 하겠다.

그런데 한암은 완성으로서의 '작용作用'에 대해서는 상대적으로 설명하지 않고 있다. 이는 한암이 작용보다는 본체에 보다 집중하는 관점을 취하기 때문으로 판단된다. 실제로 1928년 경봉에게 보낸 서간書簡을 보면, 한암은 오후悟後의 삶(생애生涯)과 관련된 경봉의 물음에 고인古人의 말을 인용하여, "한 티끌이라도 눈에 있으면, 공화空花가 난추亂墜한다.", "일회一回라도 (소가) 풀밭으로 가면, 고삐를 잡아서 끌어당깁니다."라고 하고 있다.[453] 또 1930년 서간 속의 같은 문제에서도, "한 조각 굳은 돌같이 하라.", "죽은 사람의 눈같이 하라.", "고독지향蠱毒之鄉을 지남에 한 방울의 물도 묻혀서는 안 된다."라고 엄격함을 강조하고 있다.[454] 이는 본체에 집중하는 한암의 초벽고봉峭壁孤峰과 같은

453_ 漢岩 撰, 〈書簡1〉, 「1. 鏡峰 스님에게 보내는 書簡文(24편)」, 『定本-漢岩一鉢錄 上』(平昌: 漢巖門徒會·五臺山 月精寺, 2010), 277쪽, "兄亦非不知矣로대, 旣有下問이요, 而又此最上希有事에대하야 隨喜之心이 自然泉湧故로 不得不披露肝膽이옵기 略擧古祖師의 悟後修行門 一二段하오니, 幸勿以慣聞已知로 爲疎忽하시고, 更加詳審細思焉하소서. 僧問, 歸宗和尙호대, '如何是佛고?' 宗云, '卽汝是니라.' 僧云, '如何保任하리잇고?' 宗云, '一翳在眼에 空花亂墜라.'하셧씨니, 此法門에 對하야, '翳'之一字를 詳細知得하오면, 悟後生涯가 自然滿足이올씨다. 又, 石鞏和尙이, 參馬祖法하야 仍薙髮하고, 侍奉一日에 在廚下作務라가, 忽忘務而坐하야. 馬祖問云, '汝在此作甚麼오?' 鞏云, '牧牛라.' 祖云, '牧牛事는 作麼生고?' 鞏云, '一回落草去면 把鼻拽將回로다.' 祖云, '汝善牧牛라.'하셧씨니, 此에 對하야 '把拽'兩字를 詳細知得하오면, 悟後生涯를 不必問人이올시다. … 戊辰(1928년) 三月 初七日."

454_ 漢岩 撰, 〈書簡6〉, 「1. 鏡峰 스님에게 보내는 書簡文(24편)」, 『定本-漢岩一鉢錄 上』(平昌: 漢巖門徒會·五臺山 月精寺, 2010), 295쪽, "悟後生涯에 對하야, 古人이 多數한 言句가 有하오니, 或云 '如一片頑石이라.'하고, 或云 '如死人眼이라.'하고, 或云 '如過蠱毒之鄉에 水不得需着一滴이라.'하시고, … 庚午(1930년) 九月 十三日."

선관禪觀을 잘 드러내 준다.[455]

이와 같은 양상은 한암이 장종학藏踪鶴을 표방하는 〈귀산시歸山詩〉와[456] 26년 불출동구不出洞口하는[457] 모습을 통해서도 인지해 볼 수 있다. 하택종荷澤宗의 영향을 받은 지눌이 본체론적인 공적용지에 집중하는 모습을 보였다면,[458] 마조馬祖의 홍주종洪州宗은 일상과 작용에 주안점을 둔다. 그런데 한암은 지눌의 영향을 강하게 받고 있으므로 작용보다는 본체적인 관점을 취하고 있는 것이다. 이와 같은 한암의 선관은 스승인 경허가 작용시성作用是性의 관점에서 무애無礙한 행동을 보이는 것과는 대별된다. 한암은 경허와 달리 계율적인 행보를 보이는데,[459] 이 역시 본체론에 입각한 엄숙주의의 관점으로 이해될 수 있는 측면이다.

입전수수와 같은 깨침의 회향을 '무애로 볼 것이냐?', '엄숙으로 판단할 것이냐?'는 동아시아 불교의 오랜 과제 중 하나이다. 이는 선불교와는 조금 다르지만 『임간록林間錄』 권상에서, 당나라의 조백대사棗栢大士 이통현(635~730)과 청량징관清涼澄觀(738~839) 간의 대비를 통해

455_ 尹暢和,「漢岩禪師의 書簡文 考察」,『漢岩思想』 제2집(2007), 184쪽.

456_ 呑虛宅成 撰,「附錄-漢岩大宗師浮屠碑銘幷序」,『定本-漢岩一鉢錄 上』(平昌: 漢巖門徒會·五臺山 月精寺, 2010), 492쪽, "又自誓曰, 寧爲千古藏踪鶴이언정 不學三春巧語鸚이라."

457_ 일반적으로는 呑虛가 주장한 27년 不出洞口이지만, 이는 李元錫의 최근 연구를 통해서 26년으로 수정되었다. 李元錫,「漢巖의 上院寺 移居와 시기 검토」,『淨土學硏究』 제28집(2017), 178쪽.

458_ 崔鈆植,「知訥 禪思想의 思想史的 檢討」,『東方學志』 제144집(2008), 149쪽.

459_ 廉仲燮,「〈戒箴〉의 분석을 통한 漢岩의 禪戒一致적 관점」,『大覺思想』 제23집(2015), 166-183쪽; 白道守,「漢岩의 戒律認識 考察」,『大覺思想』 제23집(2015), 236-257쪽.

서 단적으로 확인된다.[460] 같은 화엄사상가 중에서 이통현이 무애행을
한 인물이라면, 징관은 매사에 엄격한 엄숙주의자였다. 이러한 문제는
위산영우潙山靈祐(771~853)의 "지귀안정祗貴眼正 불설행리不說行履(다만
안목의 바름이 귀할 뿐 행리는 말하지 않는다)"의 언급에서도 일부 확인된다.[461]

　　한암은 만공이 1930년에 부탁해[462] 1931년 3월에 편집한[463]『경허
집鏡虛集』에서, 경허의 비윤리적인 기행 일화는 수록하지 않는 모습을
보인다.[464] 또 앞서도 언급한 바와 같이「경허행장」에서는 경허의 행위
에 내포하는 문제점을 여러 번에 걸쳐 정면으로 지적하는 자세를 취하
고 있다. 한암이 경허의 사법嗣法제자임을 천명하는 상황에서, 법사형
法師兄인 만공의 부탁을 받은『경허집』편찬에서 보인 이와 같은 태도
는 대단히 이례적이다. 즉 이 부분은 한암과 경허가 변별되는 가장 첨
예한 부분인 것이다.[465]

///////////

460_　『林間錄』上(『卍新纂續藏經』87, 247c), "棗栢大士, 淸涼國師, 皆弘大經, 造疏論, 宗於天
下. 然二公制行皆不同. 棗栢則跣行不滯, 超放自如, 以事事無礙行心. 淸涼則精嚴卓立, 畏五色
糞, 以十願律身. 評者多喜棗栢坦宅, 笑淸涼縛束, 意非華嚴宗所宜爾也. 予曰, 是大不然, 使棗栢
薙髮作比丘, 未必不爲淸涼之行, 盖此經以遇緣即宗合法, 非如餘經有局量也."

461_　『蔗菴範禪師語錄』全1卷(『嘉興大藏經』36, 893b), "潙山之語仰山祗貴眼正, 不說行履."

462_　漢岩 撰,「1. 先師鏡虛和尙行狀」,『定本·漢岩一鉢錄 上』(平昌: 漢巖門徒會·五臺山 月精
寺, 2010), 479쪽, "庚午冬(1930)에 滿空師兄이 在金剛山楡岾寺禪院祖室하야 寄書於五臺山中
하야 囑余述先師行狀하니".

463_　같은 책, "佛紀 二千九百五十八年(1931년) 辛未 三月 十五日."

464_　尹暢和,「鏡虛의 酒色과 三水甲山」,『佛敎評論』통권 52호(2012), 190쪽, "그의 法弟子 漢
岩이 쓴 筆寫本『鏡虛集』(1931년)과 禪學院板『鏡虛集』(1943년)에는 逸話는 한 편도 수록되어 있
지 않다."

465_　高榮燮은 漢巖의 이와 같은 行動이 "行履'와 '法化'의 잣대를 사용하여 스승 鏡虛를 살려내
었다."고 평가하는 모습을 보이고 있어 주목된다[「漢巖의 一鉢禪-胸襟(藏蹤)과 把拽(巧語)의 凝縮
과 擴散」,『漢岩思想』제2집(2007), 104쪽].

한암은 엄숙주의를 고수하기 때문에, 깨침의 회향과 관련된 작용의 문제에 있어서는 상대적으로 말을 아낄 수밖에 없었다고 판단된다. 즉 이는 한암이 마지막 단계에서 "모두 잊어버렸다."는 다분히 함축적인 말로 마무리 지을 수밖에 없는 이유가 아닌가 한다.

마지막으로 ①부터 ⑧까지가 선수행의 차제를 이력의 물음에 응해서 한암이 정리한 것이라면, ⑨는 ①에서 ⑧까지 항상 유지해야 하는 마음 자세와 문구를 제시하는 부분이다.[466] 즉 ⑨는 ①에서 ⑧까지와는 논리적인 층위를 달리하고 있는 측면인 셈이다.

⑨에서 강조되는 마음 자세와 구절을 한암은 석두희천石頭希遷 (700~790)의 『참동계參同契』를 인용하여 "세월을 헛되이 보내지 말라."라는 짧은 말로 압축하고 있다.[467] 이는 붓다가 열반 시에 최후의 말로 '스스로도 불방일不放逸로 정각正覺을 성취했다는 말과 함께, 제자들에게도 불방일을 강조한 것'과 같은 맥락으로 이해된다.[468] 즉 가장 단순한 구절인 동시에 가장 곡진曲盡한 내용인 셈이다. 실제로 한암은 법안문익法眼文益(885~958)의 말을 인용해 "실로 그 (말의) 은혜가 커서 갚기 어렵다(은대난수恩大難酬)."고 언급한 뒤에, 스스로도 한 번 더 이 의미를 강조하고 있다.[469] 그러나 "은대난수恩大難酬"는 『대혜보각선사주육왕

466_ 위의 책, 「1. 禪問答 21條」, 162쪽, "第九問: '自初發心으로 至克終히 何心이 爲第一緊要하오며 爲有力實箴乎잇가?'"

467_ 『景德傳燈錄』30, 「南嶽石頭和尚參同契」(『大正藏』51, 459b), "謹白參玄人, 光陰莫虛度."

468_ 『長阿含經』4, 「遊行經第二後」(『大正藏』1, 26b), "比丘! 無爲放逸, 我以不放逸故, 自致正覺, 無量衆善, 亦由不放逸得, 一切萬物無常存者, 此是如來末後所說."

469_ 위의 책, 「1. 禪問答 21條」, 162쪽, "後來에 法眼이 擧此語云하사대, '實恩大難酬라.'하나니 吾亦實恩大難酬로다."

광리선사어록大慧普覺禪師住育王廣利禪寺語錄』권5 등에서 다수 등장하는 선어록의 상투어 중 하나이나, 법안의 말로는 두드러지게 살펴지는 것이 없다.[470]

그리고 끝으로 '기침'을 해서 상황을 전환한 뒤, "달큰한 복숭아와 감을 먹지 아니하고, 산을 따라 올라가 시큼한 배를 따노라."라는 짧은 게송으로 전체를 마무리하고 있다.[471] 이 게송은 나대경羅大經(1196~1242)의 『학림옥로鶴林玉露』권6에 등장하는 신원미상 비구니比丘尼의 오도송悟道頌인 〈탐춘探春〉을 상기시킨다.[472] 즉 불방일의 부단한 노력을 통해서 본래면목本來面目을 환기할 것을 촉구하는 의미라고 하겠다.

끝으로 ⑩은 위와는 다른 내용으로, 당시 선원에서 유행하던 별도의 문제인 간화看話와 반조返照의 차이를 묻는 부분이다.[473] 이는 한암이 "앞서 질문한 것들은 곡조가 비슷한 것이라 들어 줄만 했는데, 이번에 묻는 것은 또 다른 가락의 별조別調로구나." 하는[474] 대목과 "오늘날

////////////

470_ 『大慧普覺禪師住育王廣利禪寺語錄』5(『大正藏』47, 830c) ; 『圓悟佛果禪師語錄』7, 「上堂七」(『大正藏』47, 745c) 等.

471_ 위의 책, 「1. 禪問答 21條」, 162쪽, "如何是不虛度底消息고? 嘘一嘘云, '不喫甘桃柿하고 緣山摘醋梨니라.'"

472_ 羅大經 撰, 『鶴林玉露』6, 〈探春〉, "終日尋春不見春, 芒鞋踏破嶺頭雲. 歸來笑撚梅花嗅, 春在枝頭已十分."

473_ 위의 책, 「1. 禪問答 21條」, 162쪽, "第十問: '看話與返照가 有何差異乎잇가? 每見今之學者互相諍論하오니, 幸垂詳細辨明하소서.'"

474_ 같은 책, 169쪽, "上來所問은 依俙似曲纔勘聽이어니와 此之問意는 又被風吹別調中이로다."

학인들은 서로가 공격하여 (서로를) 엉터리라고 생각하는 것"이라는[475] 언급을 통해서 분명하게 인지해 볼 수 있다.

화두란 대혜종고大慧宗杲 이후 간화선의 핵심방법으로 즉자적卽自的인 일체一體를 강조한다. 이에 비해 반조는 스스로를 객관화하는 온화한 평등성平等性의 의미이다. 반조는 조동종曹洞宗의 묵조선默照禪과도 통할 수 있지만,[476] 이 논점에서의 반조는 간화선 안에서의 반조를 의미한다. 이는 한암이 반조의 정당성을 묵조에서 구하지 않고, 위산潙山·고봉高峰·대혜大慧의 예화에서 찾는 것을 통해 분명해진다.[477]

한암은 화두와 관조의 양자에 모두 긍정적이다. 이는 답변의 모두冒頭에서 "향상香象이 도하渡河(함)에 능히 물의 흐름을 끊나니, 토끼와 말이 바닥까지 닿지 못함을 탓하지 마라."라고 하는 대목을 통해서 분명해진다.[478] 이는 산에 오르는 길은 많아도 정상은 모두가 동일하다는 의미이기 때문이다.

이후 한암은 화두와 반조가 새의 두 날개처럼 서로 통하는 수행법임을 다양한 조사들의 어록을 통해서 변증한다.[479] 또 이와 함께 양자 모두 깨달음에 이르는 방편일 뿐이라는 점 역시 분명히 하고 있다. 이

////////////

475_ 같은 책, 171쪽, "今之學者가 互相攻擊하야 以爲杜撰者는 從甚麼處學得來오!"

476_ 金炯錄(印鏡),「漢巖禪師의 看話禪-禪問答 21조를 중심으로」,『漢岩思想』제3집(2008), 15-16쪽.

477_ 辛奎卓,「南宗禪의 地平에서 본 方漢巖 禪師의 禪思想-返照와 看話」,『漢岩思想』제2집(2007), 17쪽.

478_ 위의 책,「1. 禪問答 21條」, 169쪽, "香象이 渡河에, 能截流하나니 莫關兎馬未窮底로다."

479_ 김방룡은 漢巖의 '看話와 返照의 조화 주장'을 普照禪의 영향으로 판단하고 있어 주목된다.김방룡,「한국 근·현대 看話禪師들의 普照禪에 대한 인식」,『佛敎學報』제58집(2011), 195-198쪽.

는 다음과 같은 언급을 통해서 확인해 볼 수 있다.

> 깨달음의 철저하고 철저하지 못함이란, 그 사람의 진실됨과
> 허위 또는 구경과 불구경不究竟에 있는 것이지 방편의 우열과
> 천심淺深에 있는 것이 아님을 알아야 한다. (그러므로) 삼가 불
> 조佛祖의 정법상正法上에서 이견二見을 생생하여 혼란을 야기
> 해 스스로 장난障難을 지어서는 안 된다.[480]

한암은 선수행과 관련해서 수단과 목적을 명확히 하고, 수단의 상
호보완적인 대통일의 관점을 견지하고 있다.[481] 즉 화두와 반조의 이견
異見은, 결국 수단에 얽매인 한계로 본질이 될 수 없다는 것이다. 이는
결론에 해당하는 다음과 같은 언급을 통해서도 분명해진다.

> 학도인學道人은 반조와 간화를 막론하고 여실한 참구자라면,
> 마치 한 덩어리의 불과 같아서 가까이하면 얼굴을 태우게 되
> 므로 도무지 불법의 지해知解를 붙일 곳이 없다. (그러니) 어느
> 겨를에 화두와 반조, 또 (이것들의) 동同·별別 등 허다한 것들
> 을 논할 수 있겠는가! 다만 일념一念이 현전하여 투철하게 비
> 추어 보아 백천법문百千法門과 무량묘의無量妙義에 남음이 없

///////////

480_ 위의 책,「1. 禪問答 21條」, 170쪽, "是知悟之徹不徹이 在於人之眞實與虛僞와 究竟與不究
竟이요, 不在於方便之優劣淺深也라. 愼莫於佛祖正法上難生二見하야 自作障難焉이어다."

481_ 오용석,「看話와 返照에 대한 일고찰-大慧와 漢巖을 중심으로」,『禪學』제41호(2015), 183-
184쪽.

다면, 불구不求라도 원득圓得하여 여실히 견견하고 여실히 행
行하며, (또) 여실히 용용用하여서 출생입사出生入死에 대자재를
얻을 것이다. (나의) 심원深願은 (다만) 여기에 있을 따름이다.[482]

한암은 진실한 선수행은 화두와 반조를 가릴 것 없는 투철함에 존
재하는 것이며, 이런 논의는 모두 투철함의 부족함일 뿐이라는 말하고
있는 것이다. 그러므로 과정에서의 차이가 아닌 보다 본질에 집중할
것을 요구하며, 그렇게 되면 깨달아 활발자재한 대자유인이 되어 모든
문제가 사라짐을 역설하고 있다. 즉 한암은 오로지 진실된 참선수행만
을 말할 뿐이다. 이는 마지막의 "심원재자언深願在玆焉"이라는 말을 통
해서 자못 분명해진다.

///////////

482_ 위의 책, 「1. 禪問答 21條」, 172쪽, "學道人이 莫論返照與看話하고 如實參究者댄, 如一團火
相似하야 近之則燒却面門이라. 都無佛法知解措着之處어니 何暇에 論及於話頭也, 返照也, 同別
也, 許多之乎者也아! 但現前一念하야 照徹無餘則百千法門과 無量妙義를 不求而圓得하야 如實
而見하며 如實而行하며 如實而用하야 出生入死에 得大自在矣리라, 深願은 在玆焉이니라."

214

2. 나옹懶翁의〈공부십절목功夫十節目〉에 대한 한암의 답변과 관점

1) 고려 말 공부선과 나옹의〈공부십절목〉

〈1〉 공민왕의 공부선功夫選 기획과 나옹의 주맹主盟

「선문답 21조」의 후10조는 전10조와 달리, 나옹의〈공부십절목〉의 물음을 이력이 한암에게 재차 묻고 이를 답하는 구조로 되어 있다. 그러므로 전10조와는 다르게 내용이 매우 간결하며, 당시 납자나 선원의 문제의식이 직접적으로 반영되어 있지 않다. 즉 후10조의 배경에는 한암 시대와는 다른 나옹 당시의 고려 말 선불교 수행과 관련된 문제의식이 녹아 있는 것이다. 후10조는 이와 같은 이시異時적인 상황에서 한암이 답변하는 구조를 취하고 있다. 이는 전10조의 동시적인 것과는 다른 측면이다. 그러므로 여기에는 필연적으로〈공부십절목〉과 관련된 배경에 대한 이해가 요청될 수밖에 없다.

1370(공민왕 19)년 9월 화엄종 출신의 신돈辛旽(?~1371)과[483] 거리를 둔 공민왕은[484] 초승과超僧科인 공부선功夫選을 시행한다. 공부선은

////////////

483_ 李啓杓,「辛旽의 華嚴信仰과 恭愍王」,『歷史學硏究』제1호(1987), 33-34쪽 ; 黃仁奎,「遍照 辛旽의 佛敎界 行蹟과 活動」,『萬海學報』통권 제6호(2003), 47-48쪽 ; 강은경,〈1〉辛旽의 華嚴信 仰의 性格〉,「高麗後期 辛旽의 政治改革과 理想國家」,『韓國史學報』제9호(2000), 138-142쪽.

484_ 1371(恭愍王 20)년 7월에 辛旽은 逆謀嫌疑로 誅殺된다.『高麗史』132,「列傳45」,〈叛逆6-

공민왕 말기의 불교개혁정책 중 대표적인 사건이다. 공민왕은 집권 초에는 원융부圓融府를 중심으로 하는 보우普愚와 함께 했으며,[485] 중기에는 승록사僧錄司의 신돈과 함께한다.[486] 그리고 말기를 함께할 인물로 나옹을 발탁하는데, 이 과정에서 획을 긋는 사건이 바로 공부선이다.[487] 공부선은 보우가 원융부를 설치했던 장소인 광명사廣明寺에서 개최되는데, 당시 주관자인 주맹主盟이 나옹이다.

1369년 공민왕은 전시殿試를 왕이 직접 주관하도록 변경해 신돈의 권력을 약화시키고 왕권을 강화한다.[488] 그리고 이듬해인 1370년 8월 친정親政을 선언하며,[489] 직후인 9월에 친임시親臨試로[490] 초승과인 공부선을 개최하게 된다. 공부선은 양종兩宗·오교五敎라는 선교통합 방식으로 진행되는 특별승과로[491] 이미 승과에 합격한 승려도 재응시

///////////

辛旽-015〉.

485_ 牧隱李穡 撰, 〈太古寺圓證國師塔銘〉, "四月二十四日, 封爲王師, 立府曰圓融, 置僚屬長官 正三品, 尊崇之至也."; 『太古和尙語錄』下, 「普愚行狀」(『韓佛全』6, 698c).

486_ 兪瑩淑, 「眞覺國師 千熙의 生涯와 信仰」, 『韓國佛敎文化思想史-伽山 李智冠 스님 華甲紀 念論叢 上』(서울 : 伽山佛敎文化硏究院, 1994), 1057-1058쪽 ; 閔賢九, 「辛旽의 執權과 그 政治 的 性格(上)」, 『震旦學報』제38호(1968), 83-84쪽.

487_ 『高麗史』73, 「選擧志 1」, 〈科擧 1〉에 따르면, 恭愍王이 주도한 親臨試는 18(1369)년 6월·20 년 3월·23년 4월의 3차례에 치러졌다. 또한 18년에는 元의 제도인 鄕試·會試·殿試를 導入하여 法으로 삼고 있다.許興植, 「高麗 科擧制度의 成立과 發展」, 『高麗科擧制度史 硏究』(서울 : 一朝閣, 1981), 45-50쪽 ; 朴贊洙, 「高麗後期 國學의 變遷」, 『泰東古典硏究』제10집(1993), 16-21쪽.

488_ 『高麗史』132, 「列傳45」, 〈叛逆6-辛旽-013〉, "王因諫官言, 令六部臺省, 官每月六衙日, 親 奏事."

489_ 같은 책, 〈叛逆6-辛旽-013〉, "王因諫官言, 令六部臺省, 官每月六衙日, 親奏事."

490_ 陽村權近 撰, 〈忠州靑龍寺普覺國師幻庵定慧圓融塔碑〉, "上親臨觀."; 『懶翁和尙語錄』, 〈懶翁碑文〉(『韓佛全』6, 709b), "試其所自得號曰功夫選, 上親幸觀焉."

491_ 『懶翁和尙語錄』, 「懶翁行狀」(『韓佛全』6, 707a), "九月設工夫選大會兩宗五敎諸山衲子."; 〈懶翁碑文〉(『韓佛全』6, 709b), "大會兩宗五敎諸山衲子."

가 가능했다.[492] 즉 기존에 존재하지 않았던 최상위의 특별 승과(초승과)
인 셈이다. 여기에서 나옹이 주관자인 주맹으로 발탁된다. 이는 공민
왕이 신돈과 거리를 두면서, 이후에는 나옹과 함께하게 되는 분기점으
로 작용하는 핵심적인 사건이다.

공부선의 증명證明은 당시 국사였던 화엄종의 설산천희雪山千熙
(1307~1382)였다.[493] 그러나 시제試題와 합격자의 판단 등 일체 권한은
주맹인 나옹에게 있었다. 나옹은 공부선 이후 이듬해인 1371년 8월 26
일 왕사에 책봉되어, 왕명으로 당시 동방제일도량東方第一道場으로 명
성을 떨친 송광사에 주석하게 된다.[494]

나옹이 시제의 제출자인 동시에 판단자라는 점은, 공민왕의 입장
에서는 실질적인 방식에 의문을 가질 수 있는 요소가 존재할 수 있음
을 의미한다. 이로 인해 공민왕은 사전에 혜심慧深을 보내 시제를 묻도
록 한다. 이와 같은 상황을 「나옹행장」은 다음과 같은 기록하고 있다.

> 스승[나옹]이 (공부선) 이전에 금경사金經寺에 있을 때, 주상이
> 좌도대사左街大師 혜심慧深을 시켜서 스승에게 물었다. "어떤
> 언구言句로 공부를 시험해서 취하려고 하십니까?"

492_ 이는 功夫選의 유일한 合格者인 混修가, 禪試 上上科에 급제했던 전력을 가졌다는 점을 통
해서 알 수 있다.陽村權近 撰,〈忠州靑龍寺普覺國師幻庵定慧圓融塔碑〉, "至正紀元辛巳, 赴禪試
登上上科."

493_ 같은 碑文, "庚戌九月, 玄陵請王師懶翁, 選境內禪敎諸僧功夫節目, 師爲證明." 千熙는 辛
旽에 의해서 國師가 된 華嚴宗의 高僧으로, 辛旽이 誅殺되는 달에 國師 역시 千熙에서 普愚로 바
뀌게 된다.

494_ 『懶翁和尙語錄』,「懶翁行狀」(『韓佛全』6, 707b);〈懶翁碑文〉(『韓佛全』6, 709b).

스승이 답하였다. "먼저 입문入門 등의 〈삼구三句〉를 묻고, 다음으로 〈공부십절功夫十節〉을 물은 뒤에 〈삼관三關〉을 물으면, 공부한 내용의 깊고 얕음을 시험할 수 있습니다. (그러나) 대중이 모르기 때문에 〈(공부)십절十節〉·〈삼관三關〉은 언급하지 않을 것입니다."[495]

인용문을 통해 나옹이 제시하는 시제는 '〈삼구〉→〈공부십절(목)〉→〈삼관〉'의 세 단계임을 알 수 있다. 그런데 나옹은 가장 낮은 〈삼구〉만으로도 공부선의 판단이 충분하다는 입장을 보인다. 이 글이 다른 곳도 아닌 「나옹행장」 속에 존재한다는 것은, 당시 나옹의 자신감과 탁월성을 나타내는 것으로 판단해 볼 수 있다.

공부선은 광명사에서 1370년 9월 16일과 17일의 양일에 걸쳐 진행된다. 그러나 실질적인 승과가 진행된 것은 16일이었다.[496] 그런데 이때의 상황을 알 수 있는 『나옹어록』의 「국시공부선장수어國試工夫選場垂語」와 「나옹행장」 및 〈혼수비문混脩碑文〉에는 실제로 당시 승려들이 〈삼구〉의 '제1구第一句' 조차 통과하지 못했다는 기록이 있어 주목된다.

495_ 같은 책, 「懶翁行狀」(『韓佛全』6, 707a·b), "師之前在金經寺也, 上使左街大師慧深, 問師曰, 以何言句, 試取功夫. 師答云, 先問入門等三句, 次問功夫十節, 後問三關, 可驗功行淺深. 衆皆未會, 故不及十節三關."

496_ 『高麗史』42, 「世家42」, 〈恭愍王5-19年(1370)-9月〉, "辛丑(16日): 幸廣明寺, 大會僧徒, 命僧惠勤, 試功夫選."

학자學者가 문에 이르자, 스승이 또 말했다.

"행行이 이르렀으나 언설이 이르지 못하면 이것은 능히 행하는 것이 아니요, 언설이 도달했으나 행이 이르지 못하면 그것은 능히 말한 것이 아니다. 설령 언설로 도달하고 행동으로 도달한다고 하더라도 모두 다 문밖의 일이다. 문에 들어가는 1구一句는 무엇인가?"

학자들이 모두 말없이 물러났다.[497]

사나당舍那堂 가운데에 법좌法座를 배설排設하고 스승이 향을 집어 사른 뒤 자리에 올라가서 ("모두 다 문 밖의 일이다. 문에 들어가는 1구一句는 과연 무엇인가?")라는 물음을 내렸다.[498] 법회에 있던 대중들이 차례로 입대入對하였으나, 모두 미회未會[불통不通]라고 평가하였다. 혹자는 이리理에는 통했으나 사사事에 막혔고, 혹자는 광狂이 심하여 말을 실수하였다. (이렇게) 1구一句에서 물러나곤 하였다. (이를 보는) 주상主上의 용안에 불쾌함이 역력했다. 환암혼수幻庵混脩 선사가 뒤늦게 이르자, 스승이 〈삼구三句〉와 〈삼관三關〉을 차례로 물었다.[499]

///////////

497_ 『懶翁和尚語錄』, 「度戌九月十六日國試工夫選場垂語」(『韓佛全』6, 722a), "學者到門師又云. 行到說不到, 未是能行, 說到行不到(第四四張), 未是能說. 直饒說到行到, 摠是門外事. 入門一句作麽生. 學者皆無語而退."

498_ 앞선 引用文의 마지막 물음이 생략된 구성이다.

499_ 같은 책, 「懶翁行狀」(『韓佛全』6, 707a), "舍那堂中, 排設法座, 師拈香罷, 陞座垂問. 在會大衆以次入對, 皆曰未會. 或理通而礙於事, 或狂甚而失於言. 一句便退. 上若有不豫色然. 幻菴脩禪師後至, 師歷問三句三關."

나옹이 한 말("모두 다 문 밖의 일이다. 문에 들어가는 1구一句는 과연 무
엇인가?")을 드리웠으나, 여러 납자衲子들 가운데 한 사람도 능
히 대답하는 자가 없었다. 주상主上이 불쾌하여 법회를 파하
려는데, 스승[혼수混修]이 뒤늦게 이르러 위의를 갖추고 당문
堂門의 섬돌 아래에 섰다.[500]

인용문을 보면 16일의 법회가 끝날 무렵까지도 1구一句 조차 통
과하는 승려가 없었다. 이로 인해 공민왕이 불쾌해할 무렵, 선시禪試 상
상과上上科에 합격한 경력의 환암혼수幻庵混修(1320~1392)가 오게 된
다.[501] 이때 시제는 〈삼구〉에서 시작되지만, 〈공부십절목〉은 생략한 채
곧장 〈삼관〉으로 진행한다. 이런 생략은 혼수가 도착한 시점이 공부선
장이 끝나기 직전이었기 때문으로 판단된다.[502]

공부선은 17일에도 진행되었다. 그러나 「십칠일수어十七日垂語」
를 살펴보면, 이는 회향법어의 성격이 두드러진다.[503] 즉 17일에는 실
질적인 승과는 진행되지 않았던 셈이다. 실제로 공부선의 유일한 합격
자인 혼수混修의[504] 〈혼수비문〉을 보면, 〈삼관三關〉을 통과하자 "주상主

500_ 陽村權近 撰,〈忠州靑龍寺普覺國師幻庵定慧圓融塔碑〉, "翁下一語, 諸衲無一能對者.
上不懌將罷, 師後至具威儀, 立堂門階下."

501_ 같은 碑文, "至正紀元辛巳, 赴禪試登上上科."; 黃仁奎,「幻庵混修의 生涯와 佛教史的 位
置」,『慶州史學』제18집(1999), 105-106쪽.

502_ 廉仲燮,「功夫選의 전개양상과 功夫十節目」,『溫知論叢』제41집(2014), 265쪽; 廉仲燮,
「功夫十節目의 禪思想 고찰」,『東洋哲學研究』제80집(2014), 263쪽.

503_ 廉仲燮,「懶翁의 禪思想 研究-指空의 영향과 功夫選을 중심으로」(서울: 高麗大 博士學位
論文, 2014), 164쪽.

504_ 混修는 1382년 12월 17일에 普愚가 入寂하자, 1383년 4월 1일에 國師에 冊封된다. 陽村權

上이 유사攸司에게 명해 입격문入格文을 만들어 종문宗門에 두게 하였
다."고 기록되어 있다.[505] 이는 16일에 실질적인 승과가 마무리되어 합
격자까지 공포되었음을 의미한다.

그러나 혼수가 〈공부십절목〉을 제외한 채 공부선에 합격되면서,
〈공부십절목〉은 문제조차 드러나지도 않게 된다. 이 때문에 공민왕은
공부선이 끝난 후에 천태종天台宗의 신조神照를 보내 나옹에게 〈공부
십절목〉의 세목을 묻도록 했다. 이로 인해 〈공부십절목〉이 드러나게
되는데, 이와 같은 상황은 「나옹행장」의 다음과 같은 기록을 통해서 확
인해 볼 수 있다.

> (공부선의) 모임을 마치자, 주상이 천태선사天台禪師 신조神照
> 를 시켜 〈공부십절功夫十節〉을 물었다. 스승[나옹]이 수서手書
> 하여 진헌進獻하였다.[506]

공부선이 끝난 뒤 〈공부십절목〉이 드러났다는 것은 〈공부십절목〉
은 시제만 있고 답은 없다는 의미가 된다. 이로 인해 〈공부십절목〉에

近 撰, 〈忠州青龍寺普覺國師幻庵定慧圓融塔碑〉, "夏四月朔甲戌, 王遣相臣禹仁烈等, 奉御書·
印章·法服·禮幣就所寓宴晦庵, 冊爲國師大曹溪宗▨▨▨▨▨▨▨(『陽村集』37의 補
充-師禪教都撮攝悟佛心宗興慈)運悲福國利生妙化無窮都大禪師正遍智雄尊者, 以忠之開天寺
爲下山所."

505_ 같은 碑文, "上勅攸司製入格文留宗門."

506_ 『懶翁和尙語錄』, 「懶翁行狀」(『韓佛全』6, 707a·b), "師之前在金經寺也, 上使左街大師慧
深, 問師曰, 以何言句, 試取功夫. 師答云, 先問入門等三句, 次問功夫十節, 後問三關, 可驗功行淺
深. 衆皆未會, 故不及十節三關. 會罷, 上使天台禪師神照, 請問功夫十節, 師手書進獻[垂問時言
句十節三關具載語錄]."

대한 문제의식이 한국 선불교를 유전하게 되는데, 바로 이 부분을 「선문답 21조」 중 후10조에서 이력이 묻고 한암이 답변하고 있는 것이다. 즉 〈공부십절목〉에 대한 한암의 답은 약 550년 동안 정복되지 않던 문제에 대한 공개적인 해법제시인 셈이다. 이는 고려 말의 공부선장에서도 혼수 외에 입격자가 없었다는 점을 감안한다면, 한암의 깨달음에 대한 자신감이 강하게 용출하는 측면이라고 하겠다.

〈2〉 혼수混脩의 〈삼구三句〉·〈삼관三關〉 답변과 〈공부십절목〉

삼구는 『나옹어록』에 〈입문삼구入門三句〉라는 명칭으로 간략하게 '①입문구入門句 → ②당문구當門句 → ③문리구門裏句' 순으로 기록되어 있다.[507] 나옹과 함께 지공指空을 사법嗣法한 경한景閑은 공부선 당시 시관試官으로 배석했었다. 이 때문에 『백운어록白雲語錄』에도 〈삼구〉가 기록되어 있는데, 이 역시 『나옹어록』과 동일하다. 그런데 흥미로운 것은 경한은 〈삼구〉를 언급하는 것에 그치지 않고, 여기에 자답自答도 남기고 있다는 점이다.[508]

그런데 〈혼수비문〉에는 〈삼구〉의 순서가 '①당문구當門句 → ②입문구入門句 → ③문리구門裏句' 순으로 되어 있어 주목된다. 즉 당문구와 입문구의 순서가 바뀌어 있는 것이다. 〈혼수비문〉에는 혼수의 당시 답변 내용도 기록되어 있는데, 이를 제시해보면 다음과 같다.

507_ 같은 책, 「入門三句」(『韓佛全』6, 722a), "入門句分明道, 當門句作麼生, 門裏句作麼生."

508_ 『白雲和尙語錄』上, 「懶翁和尙三句與三轉語釋三句」(『韓佛全』6, 655a), "入門句, 向時不落左不落右, 正面而入. 當門句, 奉時機智相應, 深入重玄. 門裏句, 共功時當證主中主, 長年不出戶."

나옹이 물었다. "무엇이 당문구當門句인가?"

스승[혼수]이 즉시 섬돌로 올라서며 말했다. "좌우나 중앙에 떨어지지 않고, 중앙에 서는 것입니다."

(또) 물었다. "(무엇이) 입문구入門句인가?"

(스승이) 문으로 들어서며 말했다. "들어오니 도리어 들어오지 않을 때와 같습니다."

(또 나옹이) 문내구門內句를 물었다.

(스승이) 대답했다. "내외가 본래 공空한데, 중中이라고 할 것을 어떻게 세우겠습니까?"[509]

〈혼수비문〉은 1394년에 양촌권근陽村權近(1352~1409)이 찬술했다. 그러므로 『양촌집陽村集』 권37에 수록되어 있는 내용 역시 동일하다. 이외에도 〈혼수비문〉과 같은 〈삼구〉가 성현成俔(1439~1504)의 『용재총화慵齋叢話』 권6에서도 확인된다.[510] 즉 『나옹어록』과 『백운어록』은 '①입문구入門句 → ②당문구當門句 → ③문리구門裏句'의 순서인 반면, 〈혼수비문〉과 『양촌집陽村集』·『용재총화慵齋叢話』는 '①당문구當門

509_ 　陽村權近 撰, 〈忠州青龍寺普覺國師幻庵定慧圓融塔碑〉, "翁問, 如何是當門句. 師卽上▨▨▨▨▨▨▨▨▨▨▨▨(『陽村集』 37의 補充-階龕曰, 不落左右中中而立. 問), 入門句. 卽入門曰, 入已還同未入時. 間(問의 誤), 門內句. 曰, 內外本空中云何立."; 『慵齋叢話』 6, "一時衲子無有升堂者, 上有不豫色, 薄暮將罷. 場師後至, 上喜甚迓之, 師立門外, 懶翁問, 如何是當門句. 師曰, 不落左右中中而立. 問, 如何是入門句. 師卽入門曰, 入已還同未入時. 問, 如何是門內句. 曰, 內外本空中云何立. (問, 山何嶽嶺止. 曰, 逢高卽下遇下卽止. 問, 水何到成渠. 曰, 大海潛流到處成渠. 問, 飯何白米造. 曰, 如蒸沙石豈成嘉餐. 深肯之.)"

510_ 　『慵齋叢話』 6, "師立門外. 懶翁問, 如何是當門句. 師曰, 不落左右中中而立. 問, 如何是入門句. 師卽入門曰, 入已還同未入時. 問, 如何是門內句. 曰, 內外本空中云何立."

句 → ②입문구入門句 → ③문리구門裏句'로 되어 있는 것이다.

〈삼구〉의 순서 혼란과 관련해서는 총 4가지에 의해 전자가 더 타당함을 추론해 볼 수 있다. 첫째는 나옹과 백운이 모두 공부선장에 배석한 인물이라는 점. 둘째는 혼수가 『나옹어록』의 교정과 감수자였음에도[511] 이를 수정하지 않았다는 점. 셋째는 「국시공부선장수어國試工夫選場垂語」에 "문에 들어가는 1구一句는 (과연) 무엇인가?"라고 하여, 시작이 '입문1구入門一句'로 확인된다는 점. 끝으로 넷째는 〈혼수비문〉은 혼수가 아닌 혼수 문도들의 자료 제공에 의해 권근이 찬술한 자료라는 점이 그것이다. 이런 점에서 볼 때, 〈삼구〉의 순서는 『나옹어록』과 『백운어록』의 '①입문구入門句 → ②당문구當門句 → ③문리구門裏句' 순서가 보다 타당하다고 판단된다.

〈삼구〉의 순서와 답변 내용이 중요한 것은, 원래 구조에서는 삼구를 이어서 제시되는 시제가 〈공부십절목〉이기 때문이다. 즉 〈공부십절목〉은 그 자체만으로도 훌륭한 기관機關의 의미를 가질 수 있지만, 이해의 완성도를 높이기 위해서는 전후의 〈삼구〉와 〈삼관〉에 대한 이해역시 필요한 측면이 존재한다. 이런 점에서 다음으로 〈삼관〉에 관해서도 간략히 정리해 보도록 하겠다.

〈삼관〉역시 『나옹어록』과 『백운어록』 그리고 〈혼수비문〉을 통해서 확인해 볼 수 있다. 그러나 전자와 마찬가지로 『나옹어록』에는 시제

511_ 『懶翁和尙語錄』(『韓佛全』6,711b), "侍者, 覺璉錄. 廣通普濟住, 釋幻菴校正." ; 『懶翁和尙歌頌』(『韓佛全』6,730a), "侍者, 覺雷錄. 廣通普濟住, 釋幻菴校正."

만 있는 반면[512] 『백운어록』에는 자답이 있으며,[513] 〈혼수비문〉에는 공부선장에서의 혼수 답변까지 기록되어 있다는 점에서 차이가 있다. 그러나 시제에는 차이가 없으므로, 여기에서는 답변까지 있는 〈혼수비문〉의 기록만을 제시해 보도록 하겠다.

> 나옹이 또 〈삼관三關〉으로 물었다. "(작은) 산은 어째서 큰 산가에서 그치는가?"
>
> 답하였다. "높은 것을 만나면 낮아지고, 낮은 것을 만나면 곧 그치는 법입니다."
>
> (또) 물었다. "(적은) 물은 어찌하여 도랑을 이루는가?"
>
> 답하였다. "대해大海의 잠류처潛流處가 도랑일 뿐입니다."
>
> (또) 물었다. "밥은 어째서 백미白米로 짓는가?"
>
> 답하였다. "사석沙石으로 쪄서 짓는다면, 어떻게 좋은 음식이 이루어지겠습니까?"
>
> 나옹이 이에 고개를 끄덕이며 (수긍)하였다.
>
> 주상主上이 유사攸司에게 명하여, 입격문入格文을 만들어 종문宗門에 두게 하였다.[514]

512_ 『懶翁和尙語錄』,「三轉語」(『韓佛全』6, 722a), "山何嶽邊止. 水何到成渠. 飯何白米造."

513_ 『白雲和尙語錄』上,「三轉語」(『韓佛全』6, 655a·b), "山何岳邊止, 無上法王最高勝, 如羣峰勢岳邊止. 水何到成渠, 圓覺淨性隨類應, 如濕(潛의 誤)流海到成渠. 飯何白米造, 心性無染本圓成, 如白飯元來米造.";「三轉語-又」(『韓佛全』6, 655b), "法王法令最高勝, 如千峯勢岳邊止. 聖君德澤如大海, 潛流過海到成渠. 當今世到義皇上, 飯勝俱盧白米造."

514_ 陽村權近 撰, 〈忠州靑龍寺普覺國師幻庵定慧圓融塔碑〉, "翁, 又以三關問曰. 山何嶽邊止. 畲. 逢高卽下卽止. 問. 水何到成渠. 曰. 大海潛流處成渠. 問. 飯▨▨▨▨▨▨▨▨(『陽村集』37의 補充-何白米做. 曰. 如蒸沙石豈成嘉)餐. 翁乃頷之. 上勅攸司製入格文留宗

〈삼구〉 → 〈삼관〉은 1370년 9월 16일에 실제 사용된 시제이므로 답변에 대한 기록이 있다. 특히 출제자인 나옹이 인정한 혼수의 답변이 기록되어 있다는 점에서, 나옹의 의도를 판단해 보는 것도 충분히 가능하다. 그러나 〈공부십절목〉은 나옹이 공민왕에게 시제만 별도로 제시한 것이 전부이다. 이 때문에 경한 역시 〈공부십절목〉에 대해서는 일체의 언급이나 자답을 하고 있지 않다. 즉 〈공부십절목〉에 관련해서는 『나옹어록』의 문제만이 전부인 셈이다. 바로 이 부분에 대해서 한암이 답변을 하고 있는 것이다.

〈삼구〉·〈삼관〉의 내용을 검토해 보면, 먼저 〈삼구〉를 〈입문삼구〉라고도 하는 것처럼 〈삼구〉는 선禪의 입문과 관련된 것임을 알 수 있다. 다음으로 〈삼관〉은 일상에 대한 환기와 역설이라는 점에서 깨달음에 대한 선문답이라고 하겠다. 즉 입문과 최종의 사이에 〈공부십절목〉이 배치되어 있는 것이다. 이는 〈공부십절목〉이 차제론적인 단계의 상승 모습을 보이게 되는 타당한 이유를 가늠해보게 한다.

그러면 다음으로는 〈공부십절목〉의 실질적인 이해를 위해, 먼저 『나옹어록』의 해당 기록을 살펴보자. 본문의 구체적인 해석과 논의는 뒤에서 진행될 것이므로, 여기에서는 편의상 원문만을 적시해 전체적인 방향만을 드러내 보고자 한다.

① 진대지인盡大地人, 견색불초색見色不超色, 문성불월성聞聲

門.";成俔 撰,『慵齋叢話』6, "問.山何嶽邊止.曰.逢高卽下遇下卽止.問.水何到成渠.曰.大海潛流到處成渠.問.飯何白米造.曰.如蒸沙石豈成嘉餐.深肯之."

不越聲. 작마생초성월색거作麼生超聲越色去. / ② 기초성색旣超聲色, 요수하공要須下功. 작마생하개정공作麼生下个正功. / ③ 기득하공旣得下功, 수요숙공須要熟功. 정숙공시여하正熟功時如何. / ④ 기능숙공旣能熟功, 갱가타실비공更加打失鼻孔. 타실비공시여하打失鼻孔時如何. / ⑤ 비공타실鼻孔打失, 냉랭담담冷冷淡淡, 전무자미全無滋味, 전무기력全無氣力. 의식불급意識不及, 심로불행시心路不行時, 역부지유환신재인한亦不知有幻身在人間. 도저리到這裏, 시심시절是甚時節. / ⑥ 공부기도工夫旣到, 동정무한動靜無間, 오매항일寤寐恒一, 촉불산탕불실觸不散蕩不失. 여구자견열유당상사如狗子見熱油鐺相似, 요지우지부득要舐又舐不得, 요사우사부득시要捨又捨不得時, 작마생합살作麼生合殺. / ⑦ 맥연도득여방백이십근담자상사驀然到得如放百二十斤擔子相似, 쵀지편절啐地便折, 박지편단시爆地便斷時, 나개시이자성那个是你自性. / ⑧ 기오자성旣悟自性, 수지자성본용須知自性本用, 수연응용隨緣應用. 작마생시본용응용作麼生是本用應用. / ⑨ 기지성용旣知性用, 요탈생사要脫生死. 안광낙지시眼光落地時, 작마생탈作麼生脫. / ⑩ 기탈생사旣脫生死, 수지거처須知去處. 사대각리四大各分, 향심처거向甚處去.[515]

515_ 『懶翁和尙語錄』, 「工夫十節目」(『韓佛全』6, 722b·c).

2) 「선문답 21조」와 〈공부십절목〉에 대한 답변

〈1〉「선문답 21조」 후반부의 구조와 〈공부십절목〉

「선문답 21조」의 후반부는 한암이 〈공부십절목〉에 답하는 후10조와 이를 넘어서는 한암만의 제11조, 그리고 11조 안에 부가되는 마지막 총결로서의 대미大尾를 장식하는 두 개의 문답이 더 갖추어져 있다. 즉 후10조와 한암만의 제11조라는 두 가지 층위가 존재하며, 여기에 제11조에 부가된 두 문답을 통해서 「선문답 21조」의 전체적인 완성이 이루어지는 구조인 셈이다.

마지막에 부가된 제11조에서, 이력은 나옹이 〈공부십절목〉의 마지막에서 언급하는 "생사를 벗어나 갈 곳을 안 사람'이 한암에게 온다면 어떻게 하겠느냐?"고 묻는 것이 확인된다.[516] 이는 〈공부십절목〉을 넘어서는 십일절목에 대해 한암에게 촉구하는 대목이다. 즉 〈공부십절목〉을 통한 한암의 관점과 이를 넘어서는 한암의 견처見處를 구하는 것

516_ 漢巖門徒會·五臺山 月精寺 編, 『定本-漢岩一鉢錄 上』(平昌: 漢巖門徒會·五臺山 月精寺, 2010), 177쪽, "第二十一問: '旣脫生死댄, 須知去處니 正當恁麼人來하야는 如何提接乎잇가?'"

이다. 이런 점에서 본다면, 제11조는 고려 말 나옹의 〈공부십절목〉을 한암 당시의 〈공부십절목〉으로 변화시키는 이시異時를 동시同時로 변모하는 대전환이라고 할 수 있겠다.

그리고 제11조의 문제는 꼬리를 물고 이후 두 개의 문답을 더 초래한다. 이 두 문답의 핵심으로 이력은 "차후일봉此後一棒"을 묻고 있으며, 한암은 "왕왕불수설住住不須說"과 "묘난사妙難思"로 답하고 있다.[517] 즉 언설과 사유를 넘어선 선禪의 본래완성에 대한 환기를 촉구하는 것으로, 「선문답 21조」는 전체적인 완성이 이루어지고 있는 것이다.

그러면 「선문답 21조」의 후10조의 본격적인 논의와 관련해서, 먼저 나옹 〈공부십절목〉의 물음과 이에 대한 한암의 답변을 간략히 대비해서 제시해보면 다음과 같다.

NO	나옹 〈공부십절목功夫十節目〉의 문제	「선문답 21조」의 후10조의 한암 답변
①	세상 사람들은 모두 색을 보면 색을 초월하지 못하고, 소리를 들으면 소리를 넘어서지 못한다. 어떻게 하면 소리를 초월하고 색을 넘어설 것인가?	(굳이) 성색聲色을 초월하여 무엇을 하려는 것인가?
②	소리와 색을 초월한 뒤에는 반드시 공부를 해야만 한다. 어떻게 하는 것이 바른 공부인가?	벌써부터 잘못되었다.
③	(바른) 공부를 터득한 뒤에는 반드시 공부를 익혀야만 한다. 바른 공부가 익은 때는 어떠한가?	밥이 익는다는 것은 옳지만, 공부가 익는다는 것은 옳지 못하다.

///////////

517_ 같은 책, 178쪽, "更問: '已上 二十一答이 徹困徹困이어니와 此後一棒은 作麼生商量잇고?' 答: '以養化柄으로 打之云, 起着什麼所見고?' 又問: '莫錯打某甲하소서.' 答: '住住不須說하라. 我法은 妙難思니라.'"

NO	나옹 〈공부십절목功夫十節目〉의 문제	「선문답 21조」의 후10조의 한암 답변
④	공부가 잘 익은 뒤에는 다시 더 노력하여 타실비공打失鼻孔해야만 한다. 노력해서 타실비공할 때는 어떠한가?	공부가 익기 전에는 또한 콧구멍이 있는 것인가? 없는 것인가?
⑤	비공타실하면, 냉랭冷冷하고 담당淡淡하여 전혀 아무런 맛도 없고 기력도 없게 된다. (이는) 의식이 미치지 못하고 심로心路가 끊어진 때로, 환신幻身이 인간 세상에 있는 줄 모른다. 여기에 이르는 것은 어떠한 시절인가?	환화공신幻化空身이 곧 법신法身이며, 무명실성無明實性이 곧 불성佛性이다.
⑥	공부가 (여기에) 이른 뒤에는 동정動靜에 틈이 없고 寤寐가 항일恒一하니, 부딪쳐도 흩어지지 않고 움직여도 잃어버리지 않는다. (이는) 마치 개가 기름이 끓는 솥을 보는 것과 같아서, 핥으려 해도 핥을 수 없고 포기하려 해도 포기할 수가 없을 때에, 어떻게 문제를 해결하겠는가?	절대 자만하지 말지어다.
⑦	갑자기 일어나는 (힘을) 얻으면 마치 120근이나 되는 짐을 내려놓은 것과 같아서, 졸지에 문득 꺾이고 갑자기 문득 끊길 때에, 너의 자성自性은 무엇인가?	장한張翰이 강동江東으로 가니, 때마침 가을바람이 부는구나.
⑧	자성을 깨달은 뒤에는 모름지기 자성본용自性本用과 수연응용隨緣應用을 알아야 한다. 무엇이 본용本用과 응용應用인가?	모름지기 장신처藏身處에는 종적蹤跡이 없어야 하고, 몰장족처沒蹤跡處에는 장신藏身함이 없어야 한다.
⑨	자성의 본용本用을 안 뒤에는 생사를 벗어나야 한다. (그런데) 안광眼光이 땅에 떨어질(죽으면) 때에 어떻게 벗어나는가?	잠꼬대를 하지 말라.
⑩	생사를 벗어난 뒤에는 갈 곳을 알아야만 한다. 4대四大가 각기 흩어져 향하는 곳은 어디인가?	일면불日面佛 월면불月面佛이니라.

⟨2⟩ 한암의 〈공부십절목〉에 대한 인지 가능성과 「시중示衆」

한암은 경허와 지눌의 영향을 가장 크게 받고 있다. 이 중 경허가 당대의 사법嗣法 스승인 법사法師라면, 지눌은 한암의 선관禪觀을 결정 짓게 한 한국 조사의 이상적인 인물이다. 그런데 「일생패궐」을 제외한 현존하는 한암 자료에서 지눌 다음으로 많이 확인되는 한국 선승이 바로 나옹이다. 이런 점에서 한암이 「선문답 21조」 이전에, 나옹에 대해서 알고 있었을 것이라는 추정은 충분히 가능하다.

한암은 만일선원의 해제 후 3년 뒤인 1926년 5월부터 오대산에 주석하여, 이후 26년간 불출동구하는 진정한 수행자의 삶을 살게 된다. 그런데 나옹 역시 오대산에 2차례나 주석했던 기록이 있다. 1차 주석은 원나라에서 귀국한[518] 2년 후인 1360년 가을로 이때는 북대北臺의 상두암象頭菴 쪽에 거처하였다.[519] 2차 주석은 1369년 병을 이유로 개경에서 물러난 은거 시기로, 이때는 임란 이후 사명당四溟堂(유정惟政, 1544~1610)에 의해서 오대산사고五臺山史庫가 들어서는[520] 영감암靈感菴에 주로 거처하였다.[521]

///////////

518_ 『懶翁和尙語錄』, 「懶翁行狀」(『韓佛全』 6, 706a), "戊戌(1358)三月二十三日, 禮辭指空, 還於遼陽平壤東海等處, 隨機說法."
懶翁은 1358년 3월 23일에 大都 法源寺를 출발했다. 또 入元 당시 5개월이 걸렸다고 되어 있으니, 올 때도 같은 기간 정도가 추정될 수 있다. 그러므로 1360년 가을은 귀국 후 만 2년이 經過한 시점이 된다.

519_ 같은 책, 「懶翁行狀」(『韓佛全』 6, 706a), "至庚子(1360)秋, 入臺山象頭菴居焉."

520_ 廉仲燮, 「五臺山史庫의 立地와 四溟堂」, 『東國史學』 제57집(2014), 19-24쪽.

521_ 『懶翁和尙語錄』, 「懶翁行狀」(『韓佛全』 6, 706c-707a), "丁未秋上命交州道按廉使鄭良生, 請住淸平寺. … 云云 … 己酉九月, 以疾辭退. 又入臺山, 住靈感菴."; 〈懶翁碑文〉(『韓佛全』 6, 710c), "庚子入臺山居焉."

나옹의 2차례 오대산 주석으로 인해, 여말선초에 오대산은 나옹 문도懶翁門徒가 번성하는 모습을 띠게 된다. 이는 여말선초의 오대산 중흥 불사에서 살펴지는 나옹문도의 역할을 통해서 인지해 볼 수 있 다.[522] 또 1376년 음력 5월 15일에 발생하는 나옹의 신륵사神勒寺 열반 이후에 진행되는 대규모의 추모사업과 관련해서, 오대산 북대에는 나 옹의 가사와 불자拂子 및 진영眞影[523] 등이[524] 모셔진다.[525] 이러한 나옹 의 영향으로 인해, 오늘날까지 오대산 북대에는 나옹대懶翁臺 유적이 존재하며,[526] 산중에는 나옹에 얽힌 설화가 유전하고 있다.[527] 그리고 월 정사 진영각眞影閣에는 오대산의 중요 인물로 나옹의 진영眞影이 모셔 져 있는 것이 확인된다.

이외에 한암과 나옹의 직접적인 관계로는, 1940년 월정사판 서적 으로 『나옹록(전)懶翁錄(全)』과 나옹의 사법을 천명한 무학자초無學自超 의 제자인 함허득통涵虛得通(1376~1433)의 『함허어록(전)涵虛語錄(全)』

522_ 黃仁奎, 「麗末鮮初 懶翁門徒의 五臺山 中興佛事」, 『佛教研究』 제36집(2012), 273-271쪽.

523_ 丁時翰 著, 김성찬 譯, 『愚潭先生文集』 11(서울: 國學資料院, 1999), 278쪽 ; 牧隱李穡 撰, 〈妙香山安心寺指空懶翁碑〉, "袈裟拂並一在臺山." ; 黃仁奎, 「麗末鮮初 懶翁門徒의 五臺山 中興 佛事」, 『佛教研究』 제36집(2012), 264·266쪽.

524_ 以外에도 金時習이 懶翁의 香繁과 繩牀을 參拜하였다는 記錄(『梅月堂集』 10, 〈懶翁裝包 2 首〉)도 있다.

525_ 黃仁奎, 「懶翁과 五臺山 北臺」, 『佛教學研究』 제62호(2020), 41-52쪽.

526_ 黃仁奎는 기록에서 찾아지는 懶翁臺가 총 9곳임을 제시하고 있어 주목된다.
黃仁奎, 「懶翁과 幻庵의 불교계 활동과 五臺山 北臺」, 『曹溪宗 中興祖와 五臺山 北臺-2019年 佛 教學研究會 秋季 學術大會 資料集』(2019), 188쪽, "懶翁의 修行處였던 懶翁臺는 ①海州 神光寺, ②金剛山 九龍淵 洞口 懶翁願臺, ③金剛山 松蘿庵 懶翁臺, ④金剛山 善住菴 臺, ⑤妙香山, ⑥楊平 龍門寺, ⑦神勒寺 懶翁臺 등(⑧眞歇臺)이 있었는데, ⑨五臺山에도 懶翁臺가 있었던 것이다."

527_ 玆玄 著, 『五臺山을 가다』(서울: 曹溪宗出版社, 2016), 56-61쪽 ; 玆玄 著, 「五臺山에 서린 懶翁 스님과 얽힌 전설」, 『吞虛, 虛空을 삼키다』(서울: 民族社, 2013), 186-188쪽.

편찬을 들 수 있다.[528] 당시 서적 발행의 총 책임자는 월정사 주지인 이
종욱이었지만, 이의 선정이나 발행 필연성은 한암의 의지가 작용했을
개연성이 크다. 이와 같은 전후의 상황들을 고려해 봤을 때, 한암이 오
대산 이거 이전에도 나옹에 관해 인지하고 있었을 개연성은 충분히 존
재한다고 판단된다. 또 앞서 언급한 바와 같이 「선문답 21조」가 단순
한 대화상의 기록이 아니라, 여기에는 선수행법의 단계제시와 관련된
의도성이 존재하다는 점에서 더욱 그렇다. 즉 〈공부십절목〉과 관련해
서 사전에 검토가 이루어졌을 가능성이 존재한다는 말이다.

　나옹과 오대산의 인연은 지중하다. 그러나 한암의 오대산 이거는
1926년 5월이므로, 이는 만일선원의 주석 때인 1921년 음력 9월부터
1922년 음력 1월 15일까지에 비해 약 4년 4개월가량 늦다. 그러므로
한암의 나옹 인지와 관련해서는 한암이 1921년 이전에도 나옹에 대해
서 관심이 있었는지가 관건이 된다. 물론 「선문답 21조」의 구상과정에
서 나옹의 〈공부십절목〉이 선택된 것은, 한암이 그 이전에 나옹을 인지
하고 있었다는 추론을 가능하게 한다.

　또 앞서 언급한 바와 같이 「선문답 21조」 중 〈공부십절목〉 이전에
등장하는 전10조의 세 번째 문제의 대답에서, 한암은 『나옹어록』을 인
용하여 답변을 하는 모습을 보이고 있다. 이외에도 만일선원의 해제
때 찬술한 글인 「건봉사만일암선회선중방함록서乾鳳寺萬日庵禪會禪衆
芳啣錄序」에도 나옹이 누이에게 한 게송을 거론하는 모습이 확인된다.

528_ 1940년 5월에 刊行된 月精寺版 『懶翁錄(全)』과 『涵虛語錄(全)』의 發行人은 月精寺 住持
였던 李鍾郁(智庵)이다. 그러나 당시 李鍾郁은 서울 활동이 많았으므로, 發行 禪語錄의 選定 등에
는 漢巖의 영향이 존재했을 것으로 판단된다.

즉 만일선원의 동안거와 관련해서, 나옹에 대한 언급이 〈공부십절목〉을 포함해서 총 3차례나 등장하고 있는 것이다. 이는 나옹에 대한 사전 인지가 없었다면 불가능한 상황이 아닐 수 없다. 이 중 〈공부십절목〉을 제외한 두 가지를 적시해보면 다음과 같다.

① 「선문답 21조-제3문의 답(1921년 혹 22년)」: 나옹 조사께서 말씀하시기를, "한 생각이 일어났다가 사라졌다 하는 것을 생사라 하는 것이니, 생사의 즈음에 당하여 힘을 다해 화두를 들면 생사가 곧바로 다할 것이니, 생사가 곧바로 다한 것을 적적寂寂이라고 한다. 적적한 가운데 화두가 없는 것을 무기無記라 하고, 적적한 가운데 화두가 성성惺惺한 것을 영靈이라 말하는 것이니, 공적영지空寂靈知가 부서짐이 없고 혼잡混雜됨이 없으면 곧바로 이루어진다."고 하셨으니,[529] 거인學人은 마땅히 이 말을 지침으로 삼아야 할 것이다.[530]

② 「건봉사 만일암 선회 선중방함록 서(1922년 음력 1월 15일)」: 또 나옹 조사가 여동생에게 보낸 편지에 다음과 같은 게송이 있다. "아미타불은 어느 곳에 계시는가? 간절히 마음에 새겨

529_ 『懶翁和尙語錄』,「示覺悟禪人」(『韓佛全』6,772a), "念起念滅, 謂之生死, 當生死之際, 須盡力提起話頭. 話頭純一則起滅即盡, 起滅盡處謂之靈(第五六張). 靈中無話頭則謂之無記, 靈中不味話頭則謂之靈. 即此空寂靈知, 無壞無雜, 如是用功, 不日成功."

530_ 漢巖門徒會·五臺山 月精寺 編,『定本-漢岩一鉢錄 上』(平昌: 漢巖門徒會·五臺山 月精寺, 2010), 155-156쪽.

잊지 말지어다. 생각이 다하고 다하여 생각 없는 곳에 이른다
면, 육문六門(육근六根)에서 항상 자금광紫金光이 뿜어져 나오
리라."[531]

　　인용문 중 ②는 〈장엄염불莊嚴念佛〉 등의 불교의식문에서 많이 회
자되는 구절이다. 그러므로 이 게송은 승려라면 누구나 암송하는 정도
이다. 그러므로 여기에 큰 무게 비중을 두는 것은 문제가 있다. 그러나
①은 「선문답 21조」 중 〈공부십절목〉 부분인 후10조의 앞인 전10조의
3번째에 등장한다는 점에서, 최소한 〈공부십절목〉의 답변에 앞서 한암
이 나옹을 인지하고 있었다는 분명한 증거가 된다.

　　한암의 유일한 저술 모음인 『일발록』은 1947년 상원사의 화재 때
소실된다.[532] 현존하는 한암과 관련된 자료는 문도들에 의해서 1995년
5월 11일 『한암일발록』(전1권)이라는 명칭으로 간행되고, 이후 새롭게
추가되는 자료들을 모아서 1996년 5월 20일에 『수정증보판 한암일발
록』(전1권)이 간행된다. 이 책이 재차 증보되어 법어집法語篇 1권과 자
료집資料篇 1권의 총 2권으로 제작되는 것이 『정본-한암일발록 상·

////////////

531_ 같은 책, 「第9章 序文-1. 乾鳳寺 萬日庵 禪會 禪衆芳啣錄 序」, 410쪽, "又懶翁祖師寄妹氏
書에 云하사대, '阿彌陀佛이 在何方고? 着得心頭切莫忘하라. 念到念窮無念處면 六門常放紫金
光이라.'"

532_ 呑虛宅成 撰, 「附錄-漢岩大宗師浮屠碑銘幷序」, 『定本-漢岩一鉢錄 上』(平昌: 漢巖門徒
會·五臺山 月精寺, 2010), 489쪽, "禪師께서 평소에 著述을 즐기지 않으셔서 著述한 것이라고는
『一鉢錄』 한 권이 있었는데, 上院寺가 丁亥(1947)年에 불타 버릴 때 함께 타버렸으니 한탄한들 어
찌하리오.";金呑虛, 「現代佛敎의 巨人, 方漢岩」, 『定本-漢岩一鉢錄 下』(平昌: 漢巖門徒會·五臺
山 月精寺, 2010), 170쪽, "漢岩은 주변에 여러 가지 이야기만 남겼을 뿐 평소부터 著述하여 후세에
남기는 것을 좋아하지 않았다. 겨우 『一鉢錄』 한 권을 저술하였는데, 上院寺가 1947년 불에 탔을 때
그 한 권의 원고마저 재가 되고 말았다. 참으로 아까운 일이다."

하』이다. 그러므로 현존하는 자료만으로는 한암의 나옹에 대한 관점을 정확하게 판단할 수 없다. 그런데 1932년 10월에 발행되는 『불교』제 100호에 한암이 기고한 글인 「참선에 대하여」 속에 나옹에 대한 언급이 존재하는 것이 확인된다.[533]

> 「참선에 대하여(1932년)」: 나옹 조사가 이르시기를, "백천 가
> 지 방편과 억만 가지 말이 이곳에 쓸데없다." 하셨다.[534]

물론 「참선에 대하여」에는 시기가 늦다는 문제가 있다. 그러나 현존하는 한암 관련 자료가 많지 않다는 점에서, 이 역시 참고가 될 수는 있다고 판단된다. 실제로 〈공부십절목〉을 포함한 총 4차례의 나옹 언급은 『정본-한암일발록 상·하』에서 지눌 다음으로 많이 등장하는 한국 조사의 위치를 점하고 있다. 특히 한암은 나옹과 관련해서, 가장 일반적으로 칭해지는 '화상和尙'이라는 존칭 대신에 '조사祖師'라는 한암만의 특칭을 사용하고 있다. 이는 단편적이기는 하지만 한암이 나옹을 한국 선불교의 대표적인 조사로 인정했다는 한 방증이 되기에 충분하다.

이상과 같은 측면들을 통해서 볼 때, 한암의 나옹에 대한 관심은 「선문답 21조」가 이루어지는 1921년 이전으로 소급되어도 큰 문제는 없다고 판단된다. 특히 한암이 「선문답 21조」의 전10조에서 차제론을

///////////

533_ 廉仲燮, 「功夫十節目의 禪思想 고찰」, 『東洋哲學研究』 제80집(2014), 264-265쪽.

534_ 漢巖門徒會·五臺山 月精寺 編, 「第1章 法語-7. 參禪에 대하여」, 『定本-漢岩一鉢錄 上』 (平昌: 漢巖門徒會·五臺山 月精寺, 2010), 65쪽.

언급하면서, 후10조에서는 나옹의 차제론인 〈공부십절목〉을 도출하고 있다는 점은 사전에 이에 대한 충분한 검토가 이루어졌음을 의미하는 것이라는 점에서 더욱 그렇다.

　앞서도 언급한 바와 같이, 남종선의 수행에서 차제론이 타당한지에 관해서는 논란의 여지가 있다. 그러나 나옹은 공부선이라는 특수한 상황 이외에도 『나옹어록』의 「시중」에서 이와 유사한 차제론을 시도하는 모습을 보이고 있어 주목된다.[535] 이를 고려 말 원과 고려의 관계가 새롭게 재정립되는 과정에서, 티베트불교의 혼탁상을 벗고 고려불교의 정체성을 확립하기 위한 개혁 노력의 관점에서 인식해 볼 수도 있다. 물론 선수행의 차제론에 대한 부분은 선학禪學의 황금시대로 평가되는 당대唐代에도 다양한 기관機關의 존재 등을 통해서 일부 확인해 보는 것이 가능하다. 그러나 이는 모두 단편적인 측면에 지나지 않는다. 즉 나옹에서처럼 선수행의 전체를 체계적으로 정립하려는 모습은 확인되는 부분이 없는 것이다. 이런 점에서 나옹의 체계화 노력은 남종선의 본체론에 기반한 돈오주의에 반하는 것이라는 점에서, 특정한 목적의식이 투영된 가치라고밖에는 이해될 수 없다.

　나옹은 고려불교가 티베트불교의 영향 속에서 대처·육식이 일반화된 상황에서,[536] 이를 다시금 청정으로 되돌려야 하는 시대적인 과제

////////////

535_ 廉仲燮, 〈2. 功夫十節目의 次第와 內容分析〉, 「功夫選의 전개양상과 功夫十節目」, 『溫知論叢』 제41집(2014), 277-278쪽; 廉仲燮, 〈2. 「示衆」의 功夫論과 功夫十節目〉, 「功夫十節目의 禪思想 고찰」, 『東洋哲學研究』 제80집(2014), 267쪽.

536_ 『高麗史』39, 「世家29」, 〈忠烈王2-7年(1281)-6月〉, "癸未: 王次慶州, 下僧批. … 云云 … 娶妻居室者, 居半."

를 안고 있었다. 이를 나옹은 선수행의 체계제시를 통해서 시도하려고
한 것으로 이해할 수 있다. 한암 역시 본사 주지까지 대처·육식이 용인
되던 강력한 왜색불교의 영향 속에서 살고 있었다.[537] 이를 청정으로 되
돌리는 것이야말로 한암이 봉착한 시대적 과제였던 것이다. 이런 점에
서 본다면, 나옹과 한암은 약 550여 년의 시차를 가지고 있지만, 상호
유사한 문제의식을 공유하고 있었다고 할 수 있다. 이것이 한암이 「선
문답 21조」에서 선수행의 차제론을 주장하는 동시에, 나옹의 〈공부십
절목〉을 끌어들여 당위성을 확립하려고 하는 한 이유가 아닌가 한다.

　　나옹의 〈공부십절목〉은 문제밖에 없기 때문에 이를 보다 분명하
게 이해하기 위해서는 유사한 문제의식을 내포하는 「시중」과의 대비
가 필연적이다. 또 이는 동시에 한암의 〈공부십절목〉에 대한 답변을 이
해하는 정당한 접근 방법이 될 수 있다. 이런 점에서 〈공부십절목〉의
항목을 「시중」과 대비해서 제시해보면 다음과 같다.

NO	〈공부십절목功夫十節目〉	「시중示衆」
①	세상 사람들은 모두 색을 보면 색을 초월하지 못하고 소리를 들으면 소리를 넘어서지 못한다. 어떻게 하면 소리를 초월하고 색을 넘어설 것인가?	모름지기 대장부심大丈夫心을 발하여 결정지決定志를 세워라. (그래서) 평생에 깨우치려는 것과 이해하려고 하는 것, (그리고) 일체불법一切佛法과 사륙문장四六文章(변려문騈儷文) 및 언어삼매語言三昧를 일거에 대양해大洋海 속으로 쓸어버리고 다시는 거론하지 마라.

////////////

537_　데라우찌(寺內正毅) 總督에 의해서, 僧侶의 娶妻禁止가 削除된 것은 1926년 10월이다.高
橋亨 著,『李朝佛敎』(京城: 寶文館, 1929), 953쪽.

NO	〈공부십절목功夫十節目〉	「시중示衆」
②	소리와 색을 초월한 뒤에는 반드시 공부를 해야만 한다. 어떻게 하는 것이 바른 공부인가?	8만4천八萬四千의 미세한 생각들을 싸잡아 단번에 쭉 눌러 앉아서 끊어버리고 본래 참구하던 화두를 한 번 들면 계속 들어라. (이때) 혹 '만법귀일일귀하처萬法歸一一歸何處'하던가, 혹 '나개시那箇是 본래면목本來面目'하던가, 혹 '나개시那箇是 아성我性'을 (들어) 보라. 어떤 승려가 조주에게 묻기를, "개에게도 불성佛性이 있습니까?" 하니, 조주가 "없다."고 (답)하였다. (다시 묻기를.) "꿈틀거리는 (작고 하잘 것 없는) 생명들도 모두 불성이 있거늘, 무엇 때문에 개에게는 불성이 없습니까?"라는 것을 들어라.
③	(바른) 공부를 터득한 뒤에는 반드시 공부를 익혀야만 한다. 바른 공부가 익은 때는 어떠한가?	여기에서 (중요한 것은) 말후일구末後一句를 힘을 다해서 드는 것이다. (이렇게) 계속해서 들게 되면, 공안公案이 앞에 나타나 들지 않아도 스스로 들리고, 고요한 상황이나 시끄러운 상황에서도 들지 않아도 저절로 들린다. 이러한 경지에서 의정疑情을 잘 일으켜, 행주좌와行住坐臥와 옷 입고 식사하며 대소변을 보는 일체처一切處에서, 온몸을 하나의 의단疑團으로 만들어야만 한다.
④	공부가 잘 익은 뒤에는 다시 더 노력하여 타실비공打失鼻孔해야만 한다. 노력해서 타실비공할 때는 어떠한가?	의심으로 오고 의심으로 가며 추궁하여 오고 추궁하여 가면서, 의단으로 신심身心을 다스리고 낱낱이 쳐서 밝혀야 한다. 공안公案으로 해결하려고 해야지, 『(선)어록(禪)語錄』이나 『경서經書』상에서 찾는 것은 불가하다. 바로 채지단啐地斷하고 폭지절爆地絶해야 비로소 집에 이를 것이다.
⑤	비공타실鼻孔打失하면, 냉랭冷冷하고 담담淡淡하여 전혀 아무런 맛도 없고 기력도 없게 된다. (이는) 의식이 미치지 못하고 심로心路가 끊어진 때로, 환신幻身이 인간 세상에 있는 줄 모른다. 여기에 이르는 것은 어떠한 시절인가?	만약 화두話頭를 들어도 들리지 않아 냉랭담담冷冷淡淡하여 전혀 아무런 맛이 없거든, 낮고 낮은 소리로 연달아 세 번을 읊조려 보라. 화두가 문득 힘이 생김을 깨달을지니, 그 단계에 이르거든 올바로 힘을 붙여서 놓치지 말라.

NO	〈공부십절목功夫十節目〉	「시중示衆」
⑥	공부가 (여기에) 이른 뒤에는 동정動靜에 틈이 없고 오매癰寐가 항일恒一하니, 부딪쳐도 흩어지지 않고 움직여도 잃어버리지 않는다. (이는) 마치 개가 기름이 끓는 솥을 보는 것과 같아서, 핥으려 해도 핥을 수 없고 포기하려 해도 포기할 수가 없을 때에, 어떻게 문제를 해결하겠는가?	여러분들이 각기 입지立志하였다면, 정신을 바짝 차리고 눈을 비비면서 정진精進하는 가운데 더욱 정진하고 용맹처勇猛處에서도 다시 더욱 용맹勇猛하라.
⑦	갑자기 일어나는 (힘을) 얻으면 마치 120근이나 되는 짐을 내려놓은 것과 같아서, 졸지에 문득 꺾이고 갑자기 문득 끊길 때에, 너의 자성自性은 무엇인가?	(그러다가) 홀연히 척착개착踢着磕着하면, 천千이 이해되고 백百이 합당하리라. 이 단계에 이르거든 선지식善知識을 만나 보라.
⑧	자성을 깨달은 뒤에는 모름지기 자성본용自性本用과 수연응용隨緣應用을 알아야 한다. 무엇이 본용本用과 응용應用인가?	묵연히 20~30년을 수변水邊과 임하林下에서 성태聖胎를 장양長養하라. (그러면 이후) 천룡팔부天龍八部의 (옹호 속에) 나가게 되어, 사람들 앞에서 대구大口를 열고 대화大話를 설하리라. (또한) 금강권金剛圈을 삼켰다 토하고, 형극림荊棘林 중에서도 자재하여 팔을 흔들며 지나가게 된다. (또한) 일념一念 중에 시방세계十方世界를 삼켜버리고 삼세제불三世諸佛을 뱉어 낸다.
⑨	자성本性의 작용作用을 안 뒤에는 생사를 벗어나야 한다. (그런데) 안광眼光이 땅에 떨어질(죽으면) 때에 어떻게 벗어나는가?	만약 이러한 경지에 이르면, 바야흐로 그대들이 정수리에 노사나관盧舍那冠을 쓰고 보신報身과 화신불化身佛의 머리 위에 앉는 것이 허락되리라.
⑩	생사를 벗어난 뒤에는 갈 곳을 알아야만 한다. 4대四大가 각기 흩어져 향하는 곳은 어디인가?	

3) 한암의 〈공부십절목〉에 대한 답변과 관점

본항에서는 앞서 제시한 나옹의 〈공부십절목〉과 「시중」을 배경으로, 「선문답 21조」 속 후10조의 한암 답변에 대해서 본격적인 검토를 진행해 보고자 한다.

먼저 ①의 〈공부십절목〉 물음은 '어떻게 성색聲色을 초월할 것인가?'이다.[538] 여기에 대한 한암의 답변은 "(군이) 성색을 초월하여 무엇을 하려는 것인가?"이다.[539] 이를 통해서 한암은 본체론적인 관점에서 답을 하고 있는 것을 알 수 있다. 이는 후10조의 답변에서 확인되는 한암의 일관된 관점이기도 하다. 즉 나옹이 차제론을 제기하고 있는 것과 달리, 한암은 본체론적인 관점으로 일관해서 문제를 환원시켜 초절超絶하는 방법을 취하고 있는 것이다.

이 부분은 나옹과 한암의 관점 차이가 분명히 드러나는 대목으로 『육조단경』 속 신수神秀(606~706)와 혜능의 게송을 상기시킨다.[540] 「시중」을 확인해 봐도 나옹의 관점은 세속의 학문과 교학을 넘어서는 선수행에 대한 우위 및 이를 통한 확고한 신념에 대한 촉구로 되어 있다.[541] 이에 비해 한암의 본래완성에 입각한 관점 환기 주장은 남종선의 입장에서 볼 때 보다 원론적이면서 충실하다고 하겠다.

538_ 『懶翁和尙語錄』, 「工夫十節目」(『韓佛全』 6, 722b), "盡大地人, 見色不超色, 聞聲不越聲. 作麼生超聲越色去(第四五張)."

539_ 위의 책, 「1. 禪問答 21條」, 173쪽, "第十一答: '用超越聲色하야 作什麼오?'"

540_ 『六祖大師法寶壇經』 全1卷, 「行由第一」(『大正藏』 48, 348b-349a).

541_ 『懶翁和尙語錄』, 「示衆」(『韓佛全』 6, 717a), "須發丈夫心, 立決定志. 將平生悟得底, 解會得底, 一切佛法, 四·六文章, 語言三昧, 一掃掃向大洋海裏去, 更莫擧着."

그러나 나옹이 가장 활발발한 선법禪法의 전수자라는 점에서,[542] 신수와 같은 관점을 견지했을 가능성은 존재하지 않는다. 왜냐하면 나옹의 선사상은 돈오돈수에 입각한 일상의 긍정과 작용作用의 강조이기 때문이다. 그럼에도 나옹이 한암과 달리 구체적인 차제론을 제시하는 것은 선불교의 확대에 보다 큰 무게 비중을 두었기 때문으로 이해된다. 실제로 나옹의 문도는 후에 매우 많게 되는데,[543] 여기에는 접근이 용이한 구체적인 차제론도 한몫했을 것이다. 이에 반해 한암은 대혜와 지눌의 영향에 입각한 돈오점수의 관점을 취한다.[544] 이로 인해 〈공부십절목〉에 대한 답변도 본체론적인 전선前禪의 관점에서 이루어지고 있는 것이다. 이렇게 놓고 본다면, 두 사람은 시대를 초월해서 상호 유사한 문제의식을 공유했음에도 불구하고, 관점과 입각점 및 해법은 사뭇 달랐다는 것을 알 수 있다.

②는 '성색을 초월한 뒤의 공부법'에 대해서 묻는 부분이다.[545] 이

///////////

542_ 같은 책, 「懶翁行狀」(『韓佛全』 6, 704b·c), "師即叅見平山處林禪師. 山適在僧堂. 師直入堂內, 東西信步. 山云, 大德從何方來. 師云, 大都來. 山云, 曾見甚麼人來. 答云, 曾見西天指空來. 山云, 指空日用何事. 答云, 指空日用千劒. 山云, 指空千劒且置, 將汝一劒來. 師以座具打山, 山倒在禪床大叫云, 這賊殺我. 師便扶起云, 吾劒能殺人, 亦能活人. 山呵呵大笑, 即把手歸方丈請茶. 留數月. (一日手書囑云, 三韓慧首座. 來見老僧, 看其出言吐氣, 便與佛祖相合. 宗眼明白, 見處高峻, 言中有響, 句句藏鋒, 玆以雪菴所傳及菴先師法衣一領, 拂子一枝, 付囑表信.)"; 〈懶翁碑文〉(『韓佛全』 6, 710b).

543_ 『牧隱文藁』 2, 「香山潤筆菴記」, "普濟之弟子, 莫可數也."

544_ 漢岩 撰, 「1. 答鏡峰和尙書1-1」, 『定本·漢岩一鉢錄 上』(平昌: 漢巖門徒會·五臺山 月精寺, 2010), 279쪽, "若以一時悟處爲足하야 撥置後修하오면, 永嘉所謂'豁達空撥因果하야 莽莽蕩蕩하야 招殃禍者焉也.'오니, 切莫學世之淺識輩의 誤解偏執撥因果排罪福者焉하쇼셔."; 尹暢和, 「漢岩禪師의 書簡文 考察」, 『漢岩思想』 제2집(2007), 235-237쪽.

545_ 『懶翁和尙語錄』, 「工夫十節目」(『韓佛全』 6, 722b), "旣超聲色, 要須下功. 作麼生下个正功."

에 대한 한암의 답은 "(이미) 벌써부터 잘못되었다."는 것이다.[546] 이 또한 본체론적인 관점에서의 답변임을 인지해 볼 수 있다. 이에 반해 나옹은 「시중」에서 화두의 집중을 언급하고 있다.[547] 즉 나옹이 선수행의 차제와 관련된 2단계를 말하고 있다면, 한암은 본래완성에 입각한 부정의 관점을 제시하고 있는 것이다. 그러므로 여기에서도 ①에서와 마찬가지로 차제적이고 점진적인 관점과 본체적인 인식 차이를 확인해 볼 수 있다고 하겠다.

③은 '화두의 익음'에 관해 묻는 부분이다.[548] 이에 대해 나옹은 「시중」에서, '말후일구末後一句에 힘써 온몸을 의단疑團으로 만들라.'는 관점을 취한다.[549] 즉 대의단大疑團을 통해서 다음 단계로의 진행을 염두에 두고 있는 것이다. 이에 반해 한암의 답변은 "밥이 익는다는 것은 옳지만, 공부가 익는다는 것은 옳지 못하다."라는 것으로 역시 본체론적이다.[550] 한암은 본질적인 공부는 익거나 하는 대상이 아님을 분명히 하고 있다. 이는 한암이 보운강회에서 지눌의 『수심결』을 통해서 환기된, '마음 밖의 모든 것은 진정한 내 것일 수 없다.'는 관점과도 상통한다.

546_ 위의 책, 「1. 禪問答 21條」, 173쪽, "第十二答: '早是邪了也로다.'"

547_ 『懶翁和尚語錄』, 「示衆」(『韓佛全』6, 717a·b), "把八萬四千微細念頭一坐坐斷, 却將本叅話頭, 一提提起. 或萬法歸一一歸何處, 或那箇是本來面目, 或那箇是我性, 或僧問趙州, 狗子還有佛性也無. 州云, 無. 蠢動含靈皆有佛性, 因甚狗子無佛性."

548_ 같은 책, 「工夫十節目」(『韓佛全』6, 722b), "旣得下功, 須要熟功. 正熟功時如何."

549_ 같은 책, 「示衆」(『韓佛全』6, 717b), "只將末後一句, 着力提起(第三二張). 提來提去公案現前, 不提自提, 靜中鬧中, 不擧自擧. 却來這裏, 好起疑情, 行住坐臥, 着衣喫飯, 屙屎放尿, 於一切處, 通身并作一箇疑團."

550_ 위의 책, 「1. 禪問答 21條」, 174쪽, "第十三答: '飯之熟은 似是나 工之熟은 未是로다.'"

④는 '타실비공打失鼻孔'할 때의 상황을 묻는 부분이다.[551] 나옹이 「시중」에서 제시하는 해법은 오직 공안公案에 의지해서 돌파해 나가라는 것이다.[552] 그러나 한암은 "공부가 익기 전에는 또한 콧구멍이 있는 것인가? 없는 것인가?"라는 본질적인 물음에 입각한 답변을 제시하고 있을 뿐이다.[553] 여기에서 한암은 '공부의 익음'에 대해 말하고 있는데, 이는 앞의 ③과 연관해서 공부의 익음을 떠난 본성의 첫 자리를 촉구하는 대목과 연결된다. 즉 첫 자리에는 본래로 콧구멍 따위가 존재할 수 없다는 관점인 것이다.

⑤는 '심로心路가 끊겨 육신이 있는지 모르는 경계'를 묻는 부분이다.[554] 나옹은 「시중」에서 이 상황에 대한 대처법으로 '낮은 소리로 화두를 3번 정도 되뇌어 의식을 환기시킬 것'을 제시하고 있다.[555] 그러나 한암은 "환화공신幻化空身이 곧 법신法身이며, 무명실성無明實性이 곧 불성佛性이다."라고 답변한다.[556] 이를 간략히 정리하면, '환화신幻化身=법신法身'이며 '무명성無明性=불성佛性'이라는 의미다. 즉 분별의 경계

551_ 『懶翁和尙語錄』, 「工夫十節目」(『韓佛全』 6, 722b), "旣能熟功, 更加打失鼻孔. 打失鼻孔時如何."

552_ 같은 책, 「示衆」(『韓佛全』 6, 717b), "疑來疑去, 拶來拶去凝定身心, 討箇分曉. 不可向公案上卜度, 語錄經書上尋覓. 直須啐地斷爆地絶, 方始到家."

553_ 위의 책, 「1. 禪問答 21條」, 174쪽, "第十四答: '熟工之前에 還有鼻孔也無아?'"

554_ 『懶翁和尙語錄』, 「工夫十節目」(『韓佛全』 6, 722b·c), "鼻孔打失, 冷冷淡淡, 全無滋味, 全無氣力. 意識不及, 心路不行時, 亦不知有幻身在人間. 到這裏, 是甚時節."

555_ 같은 책, 「示衆」(『韓佛全』 6, 717b), "若是話頭提不起, 冷冷淡淡, 全無滋味, 低低出聲連擧三徧. 話頭便覺有力, 到這裏, 正好着力, 不可放捨."

556_ 위의 책, 「1. 禪問答 21條」, 174쪽, "第十五答: '幻化空身이 卽法身이오, 無明實性이 卽佛性이니라.'"

를 넘어선 본질의 무분별을 제시하고 있는 셈이다. 이 또한 본체론적
이라는 점에서, 현상적인 문제를 본질과 일치시키는 관점을 취한다는
것을 알 수 있다.

⑥은 '오매寤寐가 항일恒一'한 경계에서 발생하는 전일專一에 수반
되는 문제의 해결 부분이다.[557] 나옹은 「시중」에서 이런 상황의 해법으
로 더욱더 용맹정진할 것을 강조하고 있다.[558] 이 부분에 있어서 한암은
"절대 자만하지 말지어다."라고 하여,[559] 경계를 늦추지 말고 매진할 것
을 촉구하고 있다. 즉 ⑥에서는 나옹과 한암이 동일한 관점을 보이고
있는 것이다.

⑥에서도 나옹은 지금까지와 같은 차제론적인 관점을 유지한 것
과 달리, 한암은 본체론적인 관점의 대답 방식을 변경하고 있다는 점
에서 주목된다. 이러한 변화가 발생하는 이유는 ⑥의 문제가 앞의 ①~
⑤까지와는 달리 구체적으로 해법을 촉구하는 면이 강하기 때문으로
이해된다.

나옹은 선수행과 관련된 전체를 생각해서, 차제적인 관점으로
〈공부십절목〉을 제기하고 있다. 그러나 이 단계에서는 나옹 역시 깨달
음의 직전 단계로서의 이도저도 못하는 극한의 상황만을 말할 뿐이다.
즉 나옹의 차제적인 관점도 ⑥과 이후의 ⑦에서는 연속보다는 독립적

557_ 『懶翁和尙語錄』, 「工夫十節目」(『韓佛全』6, 722c), "工夫旣到, 動靜無間, 寤寐恒一, 觸不散
蕩不失. 如狗子見熱油鐺相似, 要舐又舐不得, 要捨又捨不得時, 作麼生合殺."
558_ 같은 책, 「示衆」(『韓佛全』6, 717b), "諸人各各立志, 抖擻精神, 挪抄眼睛, 精進中更加精進,
勇猛處更加勇猛."
559_ 위의 책, 「1. 禪問答 21條」, 175쪽, "第十六答: '切莫自慢이어다.'"

인 측면만을 드러내고 있는 것이다.[560]

한암이 『나옹어록』이나 〈공부십절목〉을 이력과의 문답 전에 보았더라도 선사의 특징상 이를 완전히 기억해서 답하지는 않았을 것이다. 즉 이력의 물음에 즉각적인 답을 하고 있다는 말이다. 이렇다 보니 이 부분에서 문제의 변화에 따른 대답에서의 차이가 발생하고 있다. 즉 지금까지는 본체론적인 본래완성의 관점에서 선수행의 문제를 해소하고 있지만, 질문이 구체화되어 해법의 필연성이 명확한 부분에서는 이에 상응하는 답변으로의 변화를 나타내고 있는 것이다. 이런 점에서 본다면, 한암은 부분에서는 맞지만, 전체적인 일관성 면에서는 문제를 노출하고 있다. 이와 같은 양상은 문제의 제출자인 나옹이 전체를 고려해서 문제 즉 시제試題를 내는 상황과는 다르다. 즉 나옹이 일관성을 유지할 수 있는 요소를 갖추고 있다면, 한암은 나옹과 달리 즉각적인 요소를 내포할 수밖에 없다는 말이다.

또 여기에는 한암이 자신의 수행과정에서 맞닥뜨린 고뇌와 체험의 문제 역시 존재한다는 판단도 가능하다. 즉 ⑥단계는 한암이 13년에 이르는 깨달음의 과정 중에서, 가장 힘들었던 부분과 관련된 자기 체험에 따른 노파심의 발로일 수 있다는 말이다. 실제로 이와 연관해서 생각될 수 있는 부분이, 「일생패궐」에서 한암이 화두 역시 문제일 수 있음을 제기하고 이의 해소 방법으로 경허에게 무자화두를 받는 대

560_ 懶翁〈功夫十節目〉의 次第的인 구조는 총 3단계로 구분된다. 이는 ①~⑤ / ⑥·⑦ / ⑧~⑩이다. 廉仲燮,〈2. 功夫十節目의 次第와 內容分析〉,「功夫選의 전개양상과 功夫十節目」,『溫知論叢』제41집(2014), 277쪽.

목이다.[561] 이는 일상의 문제가 아닌 수행의 문제를 극복하는 진일보라는 점에서, 양자 간에 유사성이 확보될 수 있는 부분이다.

⑦은 120근이나 되는 짐을 내려놓는 내용이다. 120근이란, 상투어로 육체적인 짐을 벗어던진다는 의미이다.[562] 그러므로 이 말은 '밑살이 쑥 빠질 때, 자성自性은 무엇인가?'라는 정도쯤으로 치환해서 이해될 수 있다. 나옹은 「시중」에서, 이 문제와 관련해서 선지식을 통한 인가印可를 해법으로 제시한다.[563] 즉 여기에 이르면 공부가 1차적으로 완성되는 것이다.

⑦에 대한 한암의 답은, "장한張翰이 강동江東으로 가니, 때마침 가을바람이 부는구나."이다.[564] 장한(302?~?)은 서진西晉 시대 오吳지역 즉 오군吳郡의 문학가이다. 성격이 호방하고 자유분방해, 죽림칠현竹林七賢 중 완적阮籍(210~263)과 비슷하다고 하여 '강동보병江東步兵'으로 불렸다.[565] 여기에서 '강동'이란 장한의 고향인 송강의 동쪽을 의미하며, '보병'이란 완적이 보병도위步兵校尉를 지낸 것을 상징한 차용이다. 즉 강동보병이란, '강동의 완적'이라는 의미인 셈이다.

『진서晉書』권92의 「장한전張翰傳」에 의하면, 장한은 서진의 수도

561_ 漢岩 撰, 「1. 一生敗闕」, 『定本·漢岩一鉢錄 上』(平昌: 漢巖門徒會·五臺山 月精寺, 2010), 267쪽, "又問, '然則如何得入이닛고?' 答호대, '擧話頭究之하면 畢竟得入이니라.' (又問호대,) '若知是話頭亦妄이면 如何오?' 答호대, '若知話頭亦妄이면 忽地失脚이니, 其處卽是仍看無字話하라.'"

562_ 『懶翁和尙語錄』, 「工夫十節目」(『韓佛全』6, 722c), "驀然到得如放百二十斤擔子相似, 崒地便折, 曝地便斷時, 那个是你自性."

563_ 같은 책, 「示衆」(『韓佛全』6, 717b), "忽然踢着磕着, 千了百當 到這裏. 正好見人."

564_ 위의 책, 「1. 禪問答 21條」, 175쪽, "第十七答: '張翰이 江東去하니 正值秋風時로다.'"

565_ 『晉書』92, 「列傳第六十二-張翰傳」, "時人號爲 '江東步兵'."

인 낙양洛陽에서 대사마동조연大司馬東曹掾의 벼슬을 하고 있었다. 그러다 전란이 발생할 듯하자, 가을바람을 핑계 대고 사전에 고향인 강동으로 돌아가 술을 즐기면서 유유자적한 삶을 살았다.[566] 이때 어떤 사람이 장한에게 '후세에 이름을 내는 것이 중요하다.'고 충고하자, 장한은 "(그것은) 생전의 한잔 술만도 못하다."고 대답한다.[567] 장한은 위진魏晉시대에 유행한 신도가新道家의 현학玄學적 풍모를 잘 간직한 인물인 것이다.

후에 장한은 시절에 순응하고 본성을 따라 자유롭게 삶을 산 인물로 평가되어, 신선詩仙 이백李白(이태백)의 시 중 〈행로난行路難〉·〈송장사인지강동送張舍人之江東〉·〈금릉송장십일재유동오金陵送張十一再遊東吳〉 등에 등장하며 유명세를 떨치게 된다. 이 중 〈행로난〉의 3번째 수에서, 이백은 춘추시대 오吳나라의 오자서伍子胥(?~B.C 484)와 전국시대 초楚나라 굴원屈原(B.C 343?~B.C 278?)의 비극적인 최후와는 다른 장한의 멋진 인생을 다음과 같이 읊고 있다. "그대는 듣지 못했는가? (오직) 오吳 중의 장한만이 달생達生이라 칭해지니, 가을바람에 홀연히 강동을 생각하고 돌아갔다네. 생전에 한잔 술을 즐길 뿐, 어찌 죽은 뒤에 천년의 이름을 생각하리오!"[568] 이렇게 놓고 본다면, 장한은 도가적인

566_ 같은 책, "問循, 知其入洛. 翰曰: '吾亦有事北京.' 便同載即去, 而不告家人. 齊王冏辟爲大司馬東曹掾. 冏時執權, 翰謂同郡顧榮曰: '天下紛紛, 禍難未已. 夫有四海之名者, 求退良難. 吾本山林間人, 無望於時. 子善以明防前, 以智慮後.' 榮執其手, 愴然曰: '吾亦與子採南山蕨, 飮三江水耳.' 翰因見秋風起, 乃思吳中菰菜' 蓴羹' 鱸魚膾. 曰: '人生貴得適志, 何能羈宦數千里以要名爵乎!' 遂命駕而歸."

567_ 같은 책, "或謂之曰: '卿乃可縱適一時, 獨不爲身後名邪?' 答曰: '使我有身後名, 不如即時一盃酒.'"

568_ 李白 撰, 〈行路難〉, "其三: 有耳莫洗穎川水, 有口莫食首陽蕨. 含光混世貴無名, 何用孤高

정서와 미감 속에서 명철보신明哲保身한[569] 진정한 지인智人으로 이름을 떨쳤다고 하겠다.

　어떤 의미에서 장한은 이백의 〈행로난〉을 통해 더욱 유명해진 사람이기도 하다. 왜냐하면 단순히 장한보다도 〈행로난〉의 유행과 유명세가 훨씬 더 컸기 때문이다. 이런 점에서 출가 전에 한학을 공부했던 한암 역시 〈행로난〉을 통해서 장한을 알고 있었을 가능성이 크다. 실제로 한암의 답변 내용 또한 〈행로난〉의 범주를 넘어서지 않는다. 그런데 한암은 장한이 가을바람을 핑계로 강동으로 간 것이 아니라, '강동으로 가니 가을바람이 불었다.'라고 하여 일의 순서를 도치하고 있다. 이는 일상의 환기를 촉구하는 역설적인 선어禪語의 표현이라고 하겠다.

　장한은 강동사람이니 위험한 상황에서 고향인 강동으로 가는 것은 전통사회의 인식에서는 지극히 당연하다. 그러므로 이 말은 본성으로의 회귀와 자각을 의미한다. 또 가을바람이 분다는 것은 맞춤하여 법답다는 의미다. 그러나 이것만으로는 일상의 환기가 부족하다. 그렇기 때문에 한암은 사건의 순서를 도치하여, 선어의 완성을 시도하는 것이다. 이렇게 되면 '문제는 본래부터 존재하지 않았고, 완성은 처음부터 이룩되어 있을 뿐'이라는 선적인 관점이 성취되기 때문이다.

　⑧은 본성을 자각한 뒤에 수반되는 작용의 문제, 즉 '자성본용自性

比云月? 吾觀自古賢達人, 功成不退皆殞身. 子胥旣棄吳江上, 屈原終投湘水濱. 陸機雄才豈自保? 李斯稅駕苦不早. 華亭鶴唳詎可聞? 上蔡蒼鷹何足道? 君不見, 吳中張翰稱達生, 秋風忽憶江東去. 且樂生前一杯酒, 何須身后千載名?"

569_ 『詩經』, 「大雅」, 〈蕩之什-烝民〉, "旣明且哲, 以保其身."

本用과 수연응용隨緣應用'에 대해서 묻는 내용이다.[570] 나옹은 「시중」에서, 이 부분과 관련해 오후보림을 통한 활달자재한 측면을 해법으로 제시하고 있다.[571] 그런데 한암의 대답은 "모름지기 장신처藏身處에는 종적踪跡이 없어야 하고, 몰종적처沒踪跡處에는 장신藏身함이 없어야 한다."는 것이다.[572] 이는 흔적 없이 모든 곳에서 자유롭다는 본체론적인 관점이다. 이렇게 놓고 본다면, 나옹의 「시중」관점과 통하는 측면처럼 보이지만, 실제 한암이 말하고자 하는 것은 수연응용보다는 지눌에게 영향을 받은 자성본용 쪽이 더 강하다고 할 수 있다. 즉 나옹이 수연응용을 중심으로 자성본용을 대하고 있다면, 한암은 자성본용에서 수연응용을 모색하고 있는 것이다.

　　지눌은 『법집별행록절요병입사기法集別行錄節要幷入私記』에서, 수연응용과 자성본용을 마조馬祖의 홍주종洪州宗과 신회神會의 하택종荷澤宗으로 구분하고, 자성본용이 더 타당함을 주장하고 있다.[573] 물론 이

//////////////

570_　『懶翁和尙語錄』,「工夫十節目」(『韓佛全』6, 722c), "旣悟自性, 須知自性本用, 隨緣應用. 作麼生是本用應用."

571_　같은 책,「示衆」(『韓佛全』6, 717b·c), "不問二十年三十年, 水邊林下, 長養聖胎. 天龍推出, 敢向人前, 開大口說大話. 金剛圈呑吐自在莿棘林中, 掉臂經過. 於一念中, 呑却十方世界, 吐出三世諸佛."

572_　위의 책,「1. 禪問答 21條」, 176쪽, "第十八答: '直須藏身處에 沒踪跡이요, 沒踪跡處에 莫藏身이어다.'"

573_　『法集別行錄節要幷入私記』全1卷(『韓佛全』4, 745c), "答眞心本體, 有二種用. 一者自性本用. 二者隨緣應用. 猶如銅鏡, 銅之質是自性體, 銅之明是自性用, 明所現影是隨緣用, 影即對緣方現, 現有千差, 明即常明, 明唯一味, 以喩心常寂, 是自性體心常知, 是自性用, 此知能語言, 能分別等, 是隨緣用, 今洪州指示能語言等但隨緣用, 闕自性用也. 又顯第一四張敎有比量顯現量顯, 洪州云心不可指示, 以能語言等驗之, 知有佛性, 是比量顯也. 荷澤直云, 心體能知, 知即是心, 此約知以顯心, 是現量顯也. 此上已述不變隨緣二義."

와 같은 지눌의 관점은 분절이 아닌 병진으로 통합된다.[574] 바로 이러한
지눌의 관점이 한암에서도 목도되는 것이다.

　실제로 앞서 제시한 바 있는 한암이 1928년 경봉에게 보낸 서간
에서 확인되는 '오후보림과 장양長養'을 언급하는 부분은, 나옹이 「시
중」에서 서술하고 있는 ⑧의 자성본용에 해당하는 내용 및 구조와 무
척 흡사하다. 여기에서 장양을 오후보림의 한 방식으로 이해한다면,
오후보림과 관련해서 두 선사는 일치되는 관점을 보이는 것이다. 이를
이해가 용이하도록 대비해서 제시해보면 다음과 같다.

　　「시중示衆」: 묵연히 20~30년을 수변水邊과 임하林下에서 성
　　태聖胎를 장양長養하라.[575]

　　〈서간書簡〉: 고인古人이 오후悟後에 자취를 감추고 이름을 숨
　　기고 물러나서, 장양(성태)長養(聖胎)하는 것이 이것입니다. …
　　혹은 사람이 오면 면벽배좌面壁背坐하며, 혹은 30년三十年이
　　니 40년四十年, 내지 일생을 영영 불출산不出山하기도 합니
　　다.[576]

574_ 같은 책 ; 金炯錄(印鏡), 「漢巖禪師의 看話禪-禪問答 21조를 중심으로」, 『漢岩思想』 제3집
(2008), 26쪽.

575_ 『懶翁和尙語錄』, 「示衆」(『韓佛全』 6, 717b·c), "不問二十年三十年, 水邊林下, 長養聖胎."

576_ 漢岩 撰, 〈書簡1〉, 「1. 鏡峰 스님에게 보내는 書簡文(24편)」, 『定本-漢岩一鉢錄 上』(平昌:
漢巖門徒會·五臺山 月精寺, 2010), 277쪽, "古人悟後에 隱跡逃名하야 退步長養者는 以此也라.
… 或人來則面壁背坐하고, 或三十年 四十年으로 乃至一生을 永不出山하니, … 戊辰(1928년) 三
月 初七日."

그러나 나옹이 오후보림을 통한 활달자재로서의 전체작용의 측면을 보인다면, 한암은 흔적 없는 본질적인 대자유만을 강조하는 엄격주의를 드러내고 있어 차이가 있다. 나옹이 보다 정직하게 활발발한 모습을 지시하는 방식을 취하고 있는 것에 반해, 한암은 부정을 통한 현실긍정을 드러내고 있는 것이다. 즉 양자 간에는 수연응용의 비중에서 차이가 목도된다는 말이다.

두 선사의 이와 같은 차이는 두 가지 이유로 생각해 볼 수 있다. 첫째는 나옹이 돈오돈수적인 반면, 한암은 돈오점수의 관점을 취하기 때문이라는 점. 둘째는 나옹이 구체적인 방법을 제시해서 보편적으로 학인을 지도하려는 의도를 가진 반면, 한암은 질문을 제기한 이력과 관련자의 제접에 보다 주안점을 두고 있기 때문이다. 즉 나옹이 작용을 강조하면서 보다 차제적인 교육에 집중하고 있다면, 한암은 엄숙함을 통해서 일도양단으로 사고를 탈각시키는 방법을 취하고 있는 것이다.

⑨에서는 '죽음에 직면했을 때 어떻게 생사를 벗어나는가?'를 묻고 있다.[577] 나옹의「시중」에서 살펴지는 관점은 뒤의 ⑩까지도 함께 아울러서, 방편에도 걸림 없는 완전한 대자유를 천명하는 것이다.[578] 그러나 한암은 "잠꼬대를 하지 말라."는 짧고 무뚝뚝한 답변만을 하고 있다.[579] 즉 생사와 깨침이 모두 허상이라는, 무분별을 통한 생사 초월의

///////////

577_ 『懶翁和尙語錄』,「工夫十節目」(『韓佛全』6, 722c), "旣知性用, 要脫生死. 眼光落地時, 作麽生脫."

578_ 같은 책,「示衆」(『韓佛全』6, 717c), "若到這裏, 方許你頂盧舍那冠, 坐報化佛頭. / 其或未然, 晝三夜三, 高着蒲團, 急着眼睛, 看他是箇甚麽道理."

579_ 위의 책,「1. 禪問答 21條」, 176쪽, "第十九答: '莫寐語어다.'"

해법을 제시하고 있는 것이다. 나옹이 「시중」에서 방편이라는 불교적인 관점을 바탕으로 이를 넘어서는 문제의 해법을 도출하고 있다면, 한암은 훨씬 더 즉각적이고 현재적인 방법을 제시하고 있는 셈이다. 이런 점에서 본다면, 나옹이 작용적이라고 한다면 한암은 보다 본질적이라고 할 수 있겠다.

⑩은 '4대가 흩어지면 가는 곳'에 대해 묻는 부분이다.[580] 4대의 흩어짐이란, 지地·수水·화火·풍風의 분리 즉 죽음과 그 이후를 의미한다. 앞선 ⑨에서 죽음에 직면한 상황을 얘기했으니, ⑩은 그 뒤의 상황이라고 하겠다. 나옹의 「시중」은 ⑨와 ⑩이 분리되어 있지 않다. 그러므로 ⑨에서 언급한 '완전한 대자유'에 대한 측면이 ⑩에서도 그대로 적용된다. 이는 나옹이 처음부터 〈공부십절목〉에서와 같은 10단계의 수행차제론을 구상한 것이 아니라는 판단을 가능케 한다.

그러나 한암은 〈공부십절목〉에 입각해서 답변을 하고 있으므로, "일면불日面佛 월면불月面佛이니라."라는 ⑨에서 와는 완전히 답변을 제시하고 있다.[581] '일면불 월면불'은 원오극근圓悟克勤(1063~1135)의 『벽암록碧巖錄』 권1의 제3칙에서 확인되는 '마대사불안馬大師不安'이라는 화두로 유명해진 이야기다. 내용인즉슨, 마조가 입적을 앞두었을 때 원주가 병세를 묻자 "일면불 월면불"이라고 답했다는 것이다.[582]

580_ 『懶翁和尙語錄』, 「工夫十節目」(『韓佛全』6, 722c), "旣脫生死, 須知去處. 四大各分, 向甚處去."

581_ 위의 책, 「1. 禪問答 21條」, 176쪽, "第二十答: '日面佛 月面佛이니라.'"

582_ 『佛果圜悟禪師碧巖錄』1, 「三」(『大正藏』48, 142c), "擧馬大師不安(這漢漏逗不少, 帶累別人也). 院主問, 和尙近日, 尊候如何(四百四病一時發, 三日後不送亡僧, 是好手, 仁義道中)? 大師云, 日面佛月面佛(可殺新鮮, 養子之緣)."

일면불 월면불의 의미는 일반적으로 『불설불명경佛說佛名經』을 통해서 판단된다. 『불명경』에 의하면, 일면불은 수명이 1,800세이며[583] 월면불은 하루로 되어 있다.[584] 이를 통해서 본다면, 마조의 말은 '수명의 장단이란 의미가 없는 것'이라는 정도의 해석을 가능하게 한다. 즉 『장자莊子』「내편內篇」속 〈제물론齊物論〉의 "태어나자마자 죽은 아이보다 오래 산 자가 없고, (800년을 살았다는) 팽조彭祖는 오히려 단명한 것이다."라는 관점과 통하는 정도라고 하겠다.[585]

그러나 여기에는 홍주종의 개창자로 일상의 긍정을 통해 남종선에서 작용의 문제를 촉발한 마조가, 입적과 관련해서 『불명경』에서와 같은 틀에 갇힌 관점을 차용할 수는 없다는 주장도 있다.[586] 특히 『불명경』은 사상적인 경전이 아니라는 점에서, 이러한 관점 역시 충분한 설득력을 확보한다. 이런 점에서 본다면, 마조의 일면불 월면불 언급은 '삶과 죽음을 넘어선 모든 곳에서의 붓다' 즉 항상함의 의미로 판단해 보는 것도 가능하다.

한암이 경허 이후 만공과 더불어서 일제강점기의 한국선을 대표하는 선사였다는 점을 고려한다면, '일면불 월면불'의 답변은 『불명경』이 아닌 『벽암록』에 기인한 것으로 판단된다. 그러므로 이때 한암의 관점 역시, 모든 곳에 두루한 본질적인 항상함에 대한 의미 정도로 이해

『佛說佛名經』7(『大正藏』14, 154a), "彼日面佛壽命滿足千八百歲."

『佛說佛名經』17(『大正藏』14, 253b), "彼月面佛壽命滿足一日一夜."

『莊子』,「內篇」,〈齊物論〉, "5. 莫壽於殤子, 而彭祖爲夭."

金容沃 著,「第3則」,『話頭-혜능과 셰익스피어』(서울: 통나무, 1998), 150-151쪽.

하는 것이 타당하다. 이는 본래완성에 입각한 전체긍정의 관점으로, 지금까지 한암이 〈공부십절목〉의 답변에서 일관되게 유지하던 선불교의 인식이다. 이런 점에서 이와 같은 해석은 충분한 타당성이 확보된다.

　　이상으로 이력은 〈공부십절목〉에 대한 물음을 끝으로 선수행에 대한 총 20가지의 질문을 마치고 있다. 그러나 전10조가 한암의 선에 대한 특징이 잘 드러나는 문답이라면, 후10조는 〈공부십절목〉의 틀에 갇힌 제한적인 문답에 불과했다. 물론 여기에는 전10조의 수행차제론에 대한 조사의 경증經證(혹 이증理證)으로서, 〈공부십절목〉을 활용해 전10조의 타당성을 강조하려는 목적이 서려 있기도 하다. 그러나 제아무리 그렇다고 하더라도 이렇게 되면 후10구는 활구活句로서의 가치가 반감된다. 이 때문에 이력은 그 다음의 21번째 물음을 제기한다. 이런 점에서 21번 물음은 전체적인 21번이라기보다는, 후10조에 부가된 보충으로서의 제11조에 해당하는 질문이라고 하겠다.

　　실제로 이 물음을 통해서 나옹의 〈공부십절목〉은 고려라는 과거의 가치를 벗고, 한암과 이력의 당대 선법禪法으로서의 생명력을 확보하게 된다. 이 제11조의 질문은 '이렇게 깨친 사람이 한암을 찾는다면 어떻게 하겠느냐?'는 것이다.[587] 이 물음에 대한 한암의 답변은 "또다시 대도大道를 체득하도록 해 주겠다."이다.[588] 이력이 물은 것은 이미 깨친 사람에 관해서이다. 그런데 한암은 문제를 또다시 환원시키고 있는

587_　위의 책, 「1. 禪問答 21條」, 177쪽, "第二十一問: '旣脫生死댄, 須知去處니 正當恁麼人來하야는 如何提接乎잇가?'"

588_　같은 책, "第二十一答: '且敎伊體會大道니라.'"

것이다.

　한암의 환원은 진리의 일상성에 기초한다. 그러므로 대도의 체득
자는 체득자인 동시에 일상인일 뿐이다. 그러므로 체득자라는 특징이
부가되면, 다시 처음부터 시작해야 된다고 한암은 역설하고 있는 것이
다. 그러나 이력은 이와 같은 한암의 말뜻을 제대로 이해하지 못하고
있다. 이로 인해 다시금, '이런 대도의 체득자에게 어떻게 대도를 가르
쳐 줄 수 있는가?'를 재차 묻게 된다.[589] 이것은 이력의 부족함과 더불
어, 이력이 한암이 펼쳐 놓은 그물에 완전히 걸려들었다는 것을 의미
한다. 그러자 한암은 "다만 이 일봉一縫은 도저히 어찌할 수 없구나!"라
고 답한다.[590] 이는 선의 언어 초월적인 측면과 증득 불가능한 증득의
문제를 여실히 드러내 주는 답변이다.

　중국은 상형문자에서 출발한 한자의 불명확성으로 인해, 문자와
언어를 신뢰하지 못하고 뜻을 강조하는 직관주의 문화구조를 형성 ·
발전시키게 된다. 이는 『주역』 「계사상전繫辭上傳」의 "서부진언書不盡
言 언부진의言不盡意"나[591] 『논어』 「학이學而」의 "교언영색巧言令色 선의
인鮮矣仁"[592] 그리고 『장자』 「잡편雜篇」 속 〈외물外物〉의 "득어이망전得
魚而忘筌"이나[593] 왕필王弼(226~249)의 『주역약례周易略例』 「명상明像」의

589_　같은 책, "又問: '旣是恁麼人이어니 敎什麼大道오?'"

590_　같은 책, "答: '只這一縫을 尙不奈何로다.'"

591_　『周易』, 「繫辭上傳」, "子曰, 書不盡言, 言不盡意. 然則聖人之意其不可見乎?"

592_　『論語』, 「學而第一」, LY0103.

593_　『莊子』, 「雜篇」, 〈外物〉, "得魚而忘筌, 筌者所以在魚, 得魚而忘筌. 蹄者所以在兎, 得兎而忘
蹄. 言者所以在意, 得意而忘言."

"득의망상得意忘象"[594] 등을 통해서 확인해 볼 수 있다. 이러한 의재언외意在言外의 관점은, 선불교의 '교외별전敎外別傳 불입문자不立文字 직지인심直指人心 견성성불見性成佛'의 16자 구결의 구조에서도 여실히 드러난다. 이런 점에서 한암은 언설로 미칠 수 없는 마지막이야말로 진정한 본질이므로 이는 '도저히 어쩔 수 없다.'는 관점을 피력하게 되는 것이다. 이는 "입상이진의立象以盡意"를[595] 넘어서 그 어떤 상像도 세우지 않는 본연의 경지라고 하겠다. 이와 같은 한암의 본질적인 통체 인식은 「악기식惡氣息」에서도 일정 부분 확인해 볼 수 있다.

> 위선爲先 나부터 이상已上 수어數語가 악기식惡氣息으로 가추家醜를 드날려 대중大衆에게 훈훈薫薫하야 마쳤으니, 진소위眞所謂 혹을 떼려 하다가 혹 하나 더 부친 세음이다. 참 우습고 우습도다! 제득혈류무용처啼得血流無用處하니, 불여함구과잔춘不如緘口過殘春이다(피를 토하도록 울어도 소용 없으니, 입을 다물고 봄을 기다림만 못하구나).[596] 그러나 제불제조諸佛諸祖가 호난지주胡亂指注하신 것은 비불외곡臂不外曲이라. 상담常談에 팔이 들이 굽지 내굽지 않는다는 말이다. 대자원력大慈願力으로 출현出現하신 까닭이다.

////////////////

594_ 『周易略例』, 「明像」, "故言者所以明象, 得象而忘言. 象者所以存意, 得意而忘象."; 구미숙, 「王弼의 得意忘象에 관한 연구」, 『大同哲學』 제42집(2008), 16-18쪽.

595_ 『周易』, 「繫辭上傳」, "子曰, 聖人立象以盡意, 設卦以盡情僞, 繫辭焉以盡其言, 變而通之以盡利, 鼓之舞之以盡神."

596_ 原文은 杜荀鶴(846~904)의 詩인 「聞子規」의 "楚天空闊月成輪, 蜀魄聲聲似告人. 啼得血流無用處, 不如緘口過殘春."이다.

불심佛心은 스사로 득의得意한 연후然後에 스사로 성도成道하는 것이요, 필경畢竟 언어문자에 속하지 아니하였습니다. 이러므로 득의망언得意忘言이라 하시고, 또 심心에 득得하면 세간世間에 추언세어麤言細語가 다 실상법문實相法門이요, 구口에 실失하면 염화미소拈花微笑가 또한 교내진적敎內陳迹이라 하셨습니다. 그런즉 상래上來에 제설提說한 갈등葛藤이 교내敎內인가? 교외敎外인가? 심心에 득得함인가? 구口에 실失함인가? 피하皮下에 유혈有血한 이는 급히 정채精彩를 부치시요. 의의지간擬議之間에 10만8천十萬八千이올시다. 그러면 불의의不擬議가 환득마還得麼아? 이주장以拄杖으로 타탁일하운打卓一下云, '야행夜行에 막답백莫踏白하소. 불시수不是水면 편시석便是石이 올시다.'[597]

사실 제11조의 대답은 한암 특유의 부드러움과 친절함이 잘 드러나는 대목이기도 하다. 경허와 만공이 학인의 제접에서 작용을 강조하는 행동주의적인 면모를 보였다면, 한암은 엄숙한 유연함을 보이는 특징이 있다. 그렇기 때문에 '마지막은 도저히 어찌할 수 없다.'는 말 역시 말에 걸리는 모순을 내포하는 상황 속에서도, 방·할과 같은 언어를 넘어선 행동주의를 나타내지는 않는 것이다.

이런 상황이 되자 이력은 비로소 한암의 친절함을 이해한다. 그래

597_ 漢岩 撰,「1. 答鏡峰和尙書」,『定本-漢岩一鉢錄 上』(平昌: 漢巖門徒會·五臺山 月精寺, 2010), 279쪽.

서 다시금 '앞의 21조는 차치하고, 맨 마지막의 일봉一棒은 어떻게 상량商量할 것인가?'를 되묻게 된다.[598] 한암은 '일봉' 즉 최후의 미세한 경지를 말했는데, 이력은 '일봉'을 초절의 의미로 대구하고 있다. 이는 이력이 한암의 의중을 간파했다는 것을 의미한다.

이렇게 되자 한암은 관점의 환기를 위해 꽃병으로 책상을 내리치며, 이것에 어떤 견해를 붙일 수 있는지를 되묻는다.[599] 결국 부드럽지만 방·할과 같은 방식을 통한 상황 전환으로, 이력이 생각으로 추구하는 것을 완전히 차단하고 그와 같은 접근을 꾸짖는 것이다. 즉 생각으로 치닫는 무한 소급의 문제를 끊어 내고 있는 모습이다.

이렇게 되자 이력은 "모갑某甲을 잘못 때리지 마십시오."라고 응수한다.[600] 이는 한암의 방식 역시 궁극에서는 한계 속에 존재할 뿐이라는 의미이자 반격이다. 그러자 한암은 상대도 충분히 납득했다고 판단해서, 마지막으로 모든 문제를 끊어버리게 된다. 그것은 "그치고 그쳐, 더 이상 말하지 말라. 나의 법法은 오묘해서 생각하기 어렵다!"라는 표현으로 대망의 마침표를 찍는다.[601] 이는 '유마의 침묵이 뇌성벽력보다 크다.'는 말처럼,[602] 생각을 넘어선 생각의 악순환 고리를 끊어 버리는

///////////

598_ 위의 책, 「1. 禪問答 21條」, 178쪽, "更問: '已上 二十一答이 徹困徹困이어니와 此後一棒은 作麼生商量잇고?'"

599_ 같은 책, "答: '以養化柄으로 打之云, [起着什麼所見고?]'"

600_ 같은 책, "又問: '莫錯打某甲하소서.'"

601_ 같은 책, "答: '住住不須說하라, 我法은 妙難思니라.'"

602_ 『佛果圜悟禪師碧巖錄』9, 「八四」(『大正藏』48, 209c-210b).

한암의 최종 선언이라고 하겠다.[603]

　이상을 통해서 확인되는 한암의 〈공부십절목〉에 대한 관점은, ⑥을 제외하고는 모두 본래완성에 입각한 본체에 대한 환기라는 것을 알 수 있다. 그리고 ⑦에서는 선의 역설적인 측면과 ⑧에는 걸림 없는 자유가 말해지는 것도 확인된다. 또 ⑩에서는 모든 것을 포괄하는 대긍정을 보이고 있는데, 이 역시 본래완성에 입각한 전체완성의 관점이다. 끝으로 21번째 답변 속에는 이와 같은 본래완성에 고착되는 것조차 경계하는 투철한 면모가 잘 드러나고 있다. 즉 선은 좌표를 설정할 수 없는 대작용大作用의 무궁한 변화의 미학적인 철학인 것이다.

　〈공부십절목〉은 나옹이 공부선에서 제시한 문제지만, 이는 실제로 사용되지 않으면서 답변 없이 550여년을 문제만 유전하고 있었다. 이런 점에서 〈공부십절목〉은 열린 가치를 내포한다. 그러므로 이에 대한 한암의 답변은 나름의 충분한 의의와 타당성을 확보한다. 특히 이것이 비단 〈공부십절목〉에만 한정된 것이 아니라, 이를 넘어선 11절목으로 현재화되고 있다는 점은 과거의 문제를 당대에 되살려낸 중요한 성과라고 하지 않을 수 없다.

603　이와 유사한 의미의 禪問答이 滿空과의 사이에서 전개되는 〈2. 與滿空禪師書信法談 2〉이다. 漢岩 撰, 「第3章 禪問答-2. 與滿空禪師書信法談 2」, 『定本-漢岩一鉢錄 上』(平昌: 漢巖門徒會·五臺山 月精寺, 2010), 195쪽 ; 尹暢和, 「漢岩 禪師의 公案과 禪問答」, 『2014韓國佛敎學 春季세미나 資料集』(2014), 222-224쪽.

● 소결小結과 전환轉換

「선문답21조」는 한암이 우두암에서 확철대오한 이후 8년간의 오후보림을 마치고 건봉사 만일원 선원의 주실로 주도적인 선수행 지도를 할 때 남긴 문답이다. 또 이는 한암의 선사상이 드러나는 가장 중요한 문건이기도 하다. 그런데 이 「선문답21조」에는 선수행의 차제론이라는 교육적인 관점이 제기되어 있어 주목된다.

「선문답21조」는 한암이 1921년(46세) 건봉사 만일원 선원에서 열중이었던 이력의 총 21가지 질문에 답하는 과정에서 비롯된 문건으로, 전10조와 후10조 그리고 후10조에 부가되는 11조의 총 21조로 구성되어 있다.

이중 먼저 전10조는 당시 선수행의 문제와 관련된 한암의 수행 차제론을 나타내는 것으로, 여기에는 한암의 수행체험을 바탕으로 하는 단계적인 측면이 잘 정리되어 있다. 이를 통해서 알 수 있는 것은 한암이 선불교의 외연 확대와 타당성 확보를 위해서 고민하고 있었다는 점, 그리고 선수행의 체계화를 정립함으로 인해 선수행의 교육적인 관점에서 접근하고 있다는 점이다. 이는 경허에 의해서 제기된 선불교의 중흥에 대한 안정과 확대, 그리고 일제강점기라는 전통이 붕괴하고 새로운 변화가 초래하는 시대적인 요청에 부흥한 필연성이라고 판단된다. 이러한 시대적 변화에 따른 대응은 동시대의 송만공이나 백용성 등에서도 확인되는 노력이다. 다만 만공이 순선純禪적인 해법을 보이며 용성이 대각교와 같은 개혁적인 면모를 나타내는 것과 달리, 한암은 선불교의 체계화를 통한 교육적인 관점에서 접근하고 있다는 점에서 방법적인 차이가 존재한다.

후10조는 나옹의 〈공부십절목〉을 통해서, 한암이 자신의 선수행 차제론 제시에 대한 타당성을 변증하는 것을 1차적인 목적으로 한다. 그러나 이 과정에서 한암과 나옹의 〈공부십절목〉과 관련된 관점 차이를 인지해 볼 수 있게 된다. 이를 통해서 드러나는 것은 나옹이 돈오돈수의 입장에서 승과를 위한 차제론을 제시하고 있다면, 한암은 돈오점수를 바탕으로 본체론적인 관점에 집중하는 해법을 제시하고 있다는 점이다. 이는 나옹이 작용론적인 모습을 보이는 것에 반해, 한암이 본체론적인 선관을 가진 선사임을 나타내준다. 실제로 한암의 본체론적인 돈오돈수의 관점은 장종학藏蹤鶴과 불출동구의 모습 및 전선후교의 교육론과 연결점이 확보되는 측면이기도 하다.

끝으로 마지막의 부가적인 11조(21조)는 과거의 문제의식인 〈공부십절목〉을 한암 당대로 환원시키는 역할을 한다. 이를 통해서 전10조와 후10조는 상호 유기적인 관계를 구축하면서, 한암의 선수행 차제론은 당위성을 확보하며 완결성을 가지게 된다. 이런 점에서 11조(21조)는 전체의 대미大尾인 동시에 반드시 필요한 연결 구조의 의미를 아울러 내포한고 하겠다.

제2절의 「선문답 21조」를 통해서 한암의 선수행 차제론에 의한 선불교의 외연 확대에 따른 교육적인 인식을 검토했다면, 제3절은 〈계잠〉을 통해 선불교의 주관주의에서 파생할 수 있는 윤리적인 문제를 극복하려는 모습을 확인해 볼 수 있다. 이는 한암 선사상의 특징 중 하나인 선계일치禪戒一致로 드러나게 된다.

한암은 경허를 사법했지만, 경허는 깨달음이라는 주관에 매몰되어 윤리 즉 계율 문제에 있어서는 많은 비판에 직면했다. 경허를 깊이 신뢰하고 의지했던 한암은 이러한 경허의 문제를 해소할 필연성이 있었다. 또 한암이 주로 활동했던 일제강점기는 일본불교의 영향으로 대처와 육식이 일반화되는 모습을 보이게 된다. 이와 같은 두 가지 문제의식 속에서 한암은 붓다의 삶의 태도에서 확인되는 선계일치의 관점을 환기한다. 이는 선계일치가 한국불교의 청정한 독신의 정통성과 경허의 문제점을 극복하는 한편, 선불교의 타당성 및 일반화를 이룩할 수 있는 가장 중요한 방식이기 때문이다.

제3절. 〈계잠戒箴〉의 분석과 한암의 선계일치禪戒一致적 관점

1. 선불교禪佛教의 장·단점과 잠箴의 문화

1) 선불교의 문제점과 일제강점기의 한국불교

불교의 목적은 수행과 깨달음을 통해 이상인 열반을 증득하는 것에 있다. 이와 같은 가치의 보편화를 위해 붓다는 출가 교단을 확립했다. 이것이 발전하며 계승된 가치가 바로 불교의 탄생이자 세계종교로의 확대이다.

출가 교단은 깨달음이라는 동일한 목적을 가진 구성원들에 의해 형성된 단체이다. 이는 승단이 일반사회와는 다른 특수사회라는 것을 의미한다. 특히 인도 사상의 배경인 이원론은 재가와 분리되는 출가의 타당성을 변증했고, 승단은 독립된 조직의 유지와 발전을 위한 자기 원칙을 필요로 하게 된다. 이것이 바로 붓다에 의해 제정되는 율律(vinaya, 동아시아에서는 계율戒律에 해당함)이다. 이와 같은 율의 목적은 붓다의 계율제정 이유인 제계십리制戒十利를 통해서 확인된다.[604] 이렇게 놓고 본다면, 율은 깨달음이라는 불교의 목적과 승단의 안정 및 번영을 이룩하기 위한 근본 바탕임을 알 수 있다.

인도는 동아시아의 일원론적인 배경과 달리 이원론적인 문화 배

604_ 廉仲燮,〈2.制戒十利와 隨犯隨制〉,「붓다의 화합정신 강조와 그 현대적 의의-律 제정의 의미와 정신을 중심으로」,『大覺思想』제19호(2013), 86-91쪽 ; 李慈郞,〈II. 律의 제정목적, 制戒十利〉,「律藏의 根本理念에 입각한 曹溪宗 淸規制定의 방향-制戒十利를 중심으로」,『大覺思想』제19호(2013), 14-19쪽.

경을 가진다. 그러므로 인도문화를 배경으로 발생하는 불교 역시 이와 같은 관점을 가지게 된다. 이로 인해 불교는 현실이라는 '고苦'를 벗어난 이상으로서의 '낙樂' 즉 멸滅을 추구하는 구조와 방식을 확립한다. 이는 붓다가 사四(혹 삼三)법인法印에서 일체개고一切皆苦와 열반적정涅槃寂靜을 대립적인 측면으로 제시한 점. 또 사성제四聖諦에서 고성제苦聖諦와 멸성제滅聖諦를 대비하고, 그 실질적인 변화 방법으로 도성제道聖諦를 제시한 것 등을 통해서 분명해진다. 이러한 초기불교의 문제의식과 구조는 대승불교에서는 차안此岸과 피안彼岸, 그리고 그 변화 방법인 바라밀波羅蜜(pāramitā)로 재정리된다.[605] 즉 초기불교에서 사바娑婆는 고해苦海라는 인식은 대승불교의 『법화경法華經』 권2 「비유품譬喩品」에 등에 오면 삼계三界는 화택火宅이라는 인식으로 유전되는 것이다.[606] 이는 동일한 배경 문화가 '초기初期 → 부파部派 → 대승大乘'의 변화를 넘어 계속해서 유전되고 있다는 것을 의미한다.

인도의 이원론적인 관점은 수행 문화에 있어서도 출가와 재가라는 두 가지 구조를 형성하게 된다. 이는 불교에서 재가와는 다른 독립적인 출가집단을 유지해야만 하는 필연성을 제기한다. 이것이 율을 통한 자치적인 승단문화가 만들어지는 이유이다.

붓다 당시의 기록을 보면, 국법國法은 출가 승단에는 직접적인 영향을 미치지 못했다.[607] 이는 일반사회와 분리된 특수사회인 독립 승가

///////////

605_ 廉仲燮, 「韓國佛教 戒律觀의 근본문제 고찰-中國文化圈의 특수성을 중심으로」, 『宗教研究』 제72집(2013), 56~61쪽.

606_ 『妙法蓮華經』2, 「譬喩品第三」(『大正藏』9, 13a·b).

607_ 이는 稀代의 殺人者인 鴦窶利摩羅(Aṅguli-mālya)가 出家하자 波斯匿王이 체포하지 못하

의 면모를 확인해 보게 한다는 점에서 주목된다.[608] 또 이와 같은 승가의 독립성을 유지하기 위해서는 자치 원리로서의 율에 대한 강조 역시 필연적일 수밖에 없다.[609] 만일 율이 느슨할 경우에는 국법과의 충돌이 불가피해지면서, 국법의 영향이 승단 안으로까지 미치는 상황을 피할 수 없기 때문이다. 이런 점에서 본다면, 율이란 특수사회인 승단의 자기 유지를 위한 원칙이라고 하겠다. 그렇기 때문에 율은 일반승려가 준수하기 어려운 내용일 수 없다.[610] 이는 일반사회에서, 법이 국민들이 따르기 어려운 내용과 구성을 갖추지 않는 것과 같다. 바로 이런 승단의 자기 원칙이 바로 율이다. 단 율에는 승단이 국법의 간섭干涉을 받지 않는 독립성과 독자성을 유지하기 위해서, 국법 이상의 엄격성을 내포할 필연성이 존재한다.

율이 승단 안에서 국법과 유사한 가치를 내포한다는 측면은, 특수사회인 승단이 유지되기 위해서는 율에 반드시 제재가 수반되어야 한다는 것을 의미한다. 만일 그렇지 않으면, 이는 제재가 없는 법과 같아 율은 도덕으로 전락하며 승단은 자기조절 원칙을 상실하기 때문이다. 이렇게 되면 승단이라는 특수사회의 독립성은 존립할 수 없게 된다.

///////////

는 것을 통해서 인지해 볼 수 있다.
『增壹阿含經』31,「力品第三十八之一-六」(『大正藏』2,719b-722c).

608_ 平川彰 著,『原始佛教の研究-教團組織の原型』(東京: 春秋社, 1964), 20-38쪽 ; 佐々木閑 著,『出家とはなにか』(東京: 大藏出版, 1999), 2-4쪽.

609_ 廉仲燮,「붓다의 화합정신 강조와 그 현대적 의의-律 제정의 의미와 정신을 중심으로」,『大覺思想』제19호(2013), 84-86쪽 ; 廉仲燮,「붓다의 사회변화 수용과 승려의 威儀 문제 검토」,『圓佛教思想과 宗教文化』제60집(2014), 191쪽.

610_ 廉仲燮,「韓國佛教 戒律觀의 근본문제 고찰-中國文化圈의 특수성을 중심으로」,『宗教研究』제72집(2013), 76쪽.

실제로 본체론적인 관점이 발전하는 대승불교나 밀교에 오게 되면, 본래완성이라는 일원론적인 인식이 강하게 대두한다. 이로 인해 제재가 따르는 율律은 도덕적인 계戒와 점차 혼재되며, 승단의 독립성역시 제한되는 모습을 보이게 된다. 본래완성의 강조는 화엄의 성기론性起論이나[611] 구래불舊來佛[612] 또는 밀교의 본초불本初佛 및 일체불一切佛의 인식을 통해서 확인해 볼 수 있다.[613] 그럼에도 윤회론이라는 인도문화적인 배경은 상속되기 때문에, 일원론이 이원론을 압도하는 결과에까지는 이르지 않는다. 즉 이이일二而一의 측면 정도에서 재정리되는 것이다. 이는 이원론 인식 안에서는 계율관이 약화되기는 하지만, 완전히 무너지지는 않고 어느 정도 유지된다는 것을 의미한다.[614]

그런데 중국불교는 인도와는 달리 일원론에 입각한 중국문화의영향을 강하게 받는다. 일원론은 하나의 동일한 세계에 동전의 양면과같은 관점의 차이만이 존재할 뿐이다. 이원론이 분리되어 있는 두 세계를 말하는 것과 달리, 일원론은 결합된 양면으로 이루어진 하나의세계만을 주장한다. 그러므로 중국불교에서는 자연스럽게 본체론에입각한 인식의 전환이 주된 철학적 과제로 대두하게 된다. 중국불교의

611_ 李洪滿, 「法藏에 있어 如來藏緣起說의 發展形態」, 『열린정신 人文學研究』 제1호(2000), 34-37쪽 ; 고승학, 「華嚴 敎學에서의 緣起 개념」, 『佛敎學研究』 제37호(2013), 127-133쪽.

612_ 高崎直道, 釋元旭 譯, 「華嚴敎學과 如來藏 思想」, 『華嚴思想論』(서울 : 雲舟社, 1990), 153-190쪽 ; 海住 著, 『華嚴의 世界』(서울 : 民族社, 1998), 235쪽.

613_ 鄭盛準, 「『時輪만뜨라』 성립의 密敎史的 의미」, 『韓國佛敎學』 제32집(2002), 221-225쪽.

614_ 印度 後期 密敎 중에서 탄트라밀교는 在家主義的인 속성이 강하기 때문에, 이는 또 다른 特殊性의 관점에서 이해해야 한다.

핵심 주제인 유심唯心·불성佛性·견성見性과[615] 같은 부분들이 바로 여기에 해당한다. 이러한 본체론에 입각한 인식 전환은 극락정토의 이해마저도 유심으로 바꾸거나,[616] 화엄과 천태사상에서 상호 내포(원융圓融)를 강조하여 '즉卽' 자字를 활용하는 것,[617] 또 선불교의 돈오頓悟와 같은 측면들을 통해서 쉽게 확인해 볼 수 있다.

일원론은 본체론의 발전에 특히 적합하다. 이 때문에 부파불교가 아닌 대승불교 안에서 천태종·화엄종·선종과 같은 중국불교의 발달을 초래하게 된다. 즉 중국의 배경 문화인 일원론에 기반하기 때문에, 이원론 배경의 인도불교와는 관점과 문제의식이 다른 중국불교가 발전하게 되는 것이다.[618]

그러나 본래완성을 일반화하는 일원론 구조는, 출가와 재가라는 이분법적인 원칙 및 승단의 특수성이 존재하기 어렵도록 하는 문제점을 내포한다. 이는 정식 출가 승려가 아닌 행자 신분으로 법法을 전해받은 혜능이나,[619] 지엄智儼(602~668)의 입적 후에 출가하는 현수법장賢首法藏(643~712)이 지엄을 계승해서 화엄종의 제3조가 되는 문제 등을

////////////

615_ 이은윤 著, 『六祖 혜능평전』(서울: 동아시아, 2004), 59-65쪽 ; 나카가와 다카 註解, 양기봉 譯, 『六祖壇經』(서울: 김영사, 1994), 19쪽.

616_ 『六祖大師法寶壇經』 全1卷, 「疑問第三」(『大正藏』 48, 352a). "東方人造罪, 念佛求生西方, 西方人造罪, 念佛求生何國, 凡愚不了自性, 不識身中淨土." ; 나카가와 다카 註解, 양기봉 譯, 『六祖壇經』(서울: 김영사, 1994), 19쪽.

617_ Garma C. C. Chang 著, 이찬수 譯, 『華嚴哲學』(서울: 經書院, 1998), 253-298쪽 ; 최동순, 「天台 圓融論의 立體的 分析」, 『韓國禪學』 제10호(2005), 17-20쪽.

618_ 다마키코 시로·카마타 시게오 外 著, 鄭舜日 譯, 『中國佛教의 思想』(서울: 民族社, 1991), 4쪽, "하나의 사상이 異民族에게 전파될 때, 이를 크게 변화시켜 수용하고 또한 그 民族의 獨創性을 나타낸 실례는 世界思想史에서 보아도 中國佛教와 비교할 만한 것이 거의 없다."

619_ 『六祖大師法寶壇經』 全1卷, 「行由第一」(『大正藏』 48, 349a·b).

통해서 확인해 볼 수 있다.[620] 즉 원융에 가려져, 분별과 특수가 보편 속으로 함몰되는 문제가 노출되는 것이다.

일원론의 문제는 또한 계율과 같은 현상적인 차별의 원칙 역시 궁극적으로 존재할 수 없도록 한다. 깨달음이라는 목적에 매몰되어 현실적인 부분들이 무의미해지는 문제가 발생하는 것이다. 이로 인해, 화엄종이나 선종의 일부에서는 계율적인 엄격함이 정신적인 미성숙한 상태에 따른 한계라는 관점이 발생하기도 한다.[621] 이는 원효元曉나 경허의 파계破戒(혹 환계還戒)를[622] 무애無礙의 정당성으로 인식해, 성사聖師로 존중하는 한국불교의 구조 속에서도 손쉽게 확인되는 모습이다.

그러나 중국의 유·불교체기인 송나라의 상황을 보면, 신유학新儒學이 당시의 주류였던 선불교를 비판하는 핵심에는 윤리 문제가 가장 크게 존재하는 모습이 목도된다. 이는 주희朱熹의 불교 비판인『주자어류朱子語類』권123 「석씨釋氏」 등을 통해서 살펴볼 수 있다.[623] 또 한반도에서는 여말선초麗末鮮初의 유·불교체기에 대두하는 정도전鄭道傳(1342~1398)의『불씨잡변佛氏雜辨』이나「심기리편心氣理篇」,[624] 그리고

///////////

620_ 木村清孝, 鄭舜日 譯, 「Ⅶ. 華嚴宗의 成立-그 사상사적 고찰」,『華嚴思想』(서울: 經書院, 1996), 302쪽 ; 戒環 著,『中國華嚴思想史研究』(서울: 佛光出版部, 1996), 140쪽.

621_ 『林間錄』上(『卍新纂續藏經』87, 247c) ; 廉仲燮,「韓國佛教 戒律觀의 근본문제 고찰-中國 文化圈의 특수성을 중심으로」,『宗教研究』제72집(2013), 77-80쪽.

622_ 『三國遺事』4,「義解第五-元曉不羈」(『大正藏』49, 1006b), "曉既失戒生聰, 已後易俗服, 自號小姓居士." ; 尹暢和,「鏡虛의 酒色과 三水甲山」,『佛教評論』통권 52호(2012), 189-198쪽.

623_ 『朱子語類』126,「釋氏」; 尹永海,「朱子의 佛教批判 研究」(서울: 西江大 博士學位論文, 1997), 268-287쪽.

624_ 『三峰集』9,「佛氏雜辨」, 〈佛氏毀棄人倫之辨〉;『三峰集』10,「心氣理篇」; 張成在,「三峯의 性理學 研究」(서울: 東國大 博士學位論文, 1991), 64-67쪽 ; 李逢春,「朝鮮初期 排佛史 研究」(서울: 東國大 博士學位論文, 1990), 89-104쪽.

이에 대한 조선 선불교의 대응인 함허득통涵虛得通(1376~1433)의 『현정론顯正論』과 작자 미상의 『유석질의론儒釋質疑論』을[625] 통해서도 파악해 보는 것이 가능하다.

본래완성의 입장에서 세상을 보면, 일체의 현상은 방편일 뿐으로 계율과 같은 윤리구조는 존립 기반을 상실하게 된다. 이것이 주관성이 강한 선불교에서 윤리기반이 취약해지는 이유이다. 이는 인도불교가 깨달음을 목적으로 강조하기는 하지만, 그럼에도 현실적인 실천순서는 '계戒 → 정定 → 혜慧'를 취하는 방식과는 차이가 크다. 즉 일원론에 기반한 동아시아 불교가 일이一而二의 관점에서 계율을 쉽게 방편화할 수 있었던 것은, 이원론을 배경으로 하는 인도불교가 이이일二而一의 관점을 견지했던 것과는 입각점이 완전히 달랐다는 말이다.

실제로 한암과 직접 교류한 인물로 한암에게 가장 큰 영향력을 미치는 경허의 생애를 보면, 강력한 본래완성에 입각한 주관주의가 계율을 어떻게 경시할 수 있는지를 잘 나타내준다.[626] 또 이와 같은 양상은 경허의 제자인 수월水月(1855~1928)·혜월慧月(1861~1937)·월면月面(만공滿空, 1871~1946) 등에서도 일정 부분 노출된다.[627] 박재현은 한암의 교

///////////

625_ 金容沃 著, 『三峯 鄭道傳의 建國哲學』(서울: 통나무, 2004), 49-172쪽 ; 朴海鐺, 「8. 朝鮮 前期의 好佛論과 三敎論」, 『資料와 解說, 韓國의 哲學思想』(서울: 藝文書院, 2010), 227-242쪽.

626_ 尹暢和, 「鏡虛의 酒色과 三水甲山」, 『佛敎評論』 통권 52호(2012), 189-198쪽.

627_ 이들을 所謂 '鏡虛의 세 달(三月)'이라고 하는데, 漢巖은 「先師鏡虛和尙行狀」에서, 枕雲玄住·慧月慧明·滿空月面과 자신까지의 네 사람이라고 하여 주목된다.
漢岩 撰, 「1. 先師鏡虛和尙行狀」, 『定本-漢岩一鉢錄 上』(平昌: 漢巖門徒會·五臺山 月精寺, 2010), 476-477쪽, "有受法弟子四人하니, 曰枕雲玄住는 行道於嶺南表忠寺하야 而臨終에 在梵魚寺說法書偈而化하고, 曰慧月慧明과 曰滿空月面의 兩禪伯은 自妙年으로 參待하야 深得和尙宗旨하야 各爲一方師하야 提接方來에 其化大行이어늘, 而余雖不敏이나 亦曾參聽玄旨요, 而只

육에 있어서의 계율강조가 경허의 행실에 대한 측면도 한몫했을 것이라는 관점을 피력하고 있어 주목된다.[628]

대처·육식이 용인되는 왜색불교가 전래했을 때, 한국불교가 쉽게 동화되는 데는 일본이라는 강한 선진세력에 대한 동경구조가 존재한다. 이는 1895년 일련종日蓮宗의 사노 젠레이(佐野前勵)에 의한 입성해금入城解禁에[629] 따른 이후의 전개 과정과 한용운韓龍雲의 3차례에 걸친 대처·육식의 관철 주장 등을 통해서 확인해 볼 수 있다.[630] 그러나 이후 불과 1세대도 되지 않아서 대처·육식이 일반화되는 기저에는, 한국불교가 조선을 거치면서 선불교 일색이 된 측면도 무관하지 않다. 즉 여기에는 선불교의 편만遍滿으로 인한 계율 인식이 상대적으로 취약했던 측면으로서의 한국불교 내적인 문제도 존재한다는 말이다.

2) 잠의 문화와〈경재잠도敬齋箴圖〉·〈숙흥야매잠도夙興夜寐箴圖〉

본래완성을 강조하는 선불교에서는, 필연적으로 계율과 윤리 부분에 있어서 치명적인 문제가 내포될 수밖에 없다. 그것은 일원론에 바탕을 둔 완전성 구조에는 대립되는 타자가 존재할 수 없기 때문이다. 그런데 이는 동시에 선불교의 가장 큰 장점이기도 하다. 왜냐하면 이렇게 되면 일상 밖에 별도의 깨달음이 존재할 수 없기 때문이다. 즉

重先師하야 不爲我說破라. 故로 不敢辜負其法恩하니 是爲四也라."

628_ 박재현,「方漢岩의 禪的 지향점과 역할 인식에 대한 연구」,『哲學思想』제23호(2006), 320쪽.

629_ 金敬執 著,『韓國佛教近代史』(서울: 經書院, 2000), 13쪽.

630_ 廉仲燮,「韓龍雲과 白龍城의 帶妻에 관한 관점 차이 검토」,『東아시아佛教文化』제36호(2018), 367-372쪽.

선불교에서는 일상의 전체가 곧 깨달음과 통한다는, 평상심시도平常心是道나 항다반사恒茶飯事로 표현되는 작용시성作用是性에 입각한 전체작용全体作用이 존재하는 것이다.[631] 이는 일상 전체가 수행이 된다는 것을 의미하며, 붓다가 수행과정에서 제기한 입정入定과 출정出定의 분절 문제에 대한 동아시아적인 한 정당한 해법이 된다.

그러나 일상이 수행과 다르지 않다는, 즉 일상 전체가 수행이라는 의미는 역으로 생각해 보면 일상을 제외한 수행 역시 가설될 수 없다는 것을 의미한다. 이는 일상 전체가 긍정이 되는 동시에, 일상을 벗어난 수행이 존립할 수 없는 수행부정론으로 귀결될 수밖에 없다. 주지하다시피, 이와 같은 선불교의 전개는 당나라의 남악회양南嶽懷讓(677~744)과 마조도일馬祖道一(709~788)에게서 대체大体가 확립되어,[632] 임제의현臨濟義玄(?~867)의 행주좌와行住坐臥 어묵동정語黙動靜이 개진皆眞이라는 주장 등으로 전개된다.[633]

그런데 아이러니하게도 선불교에 의해 촉발된 일상의 환기는 현세적인 유교를 각성시키는 결과를 초래한다. 이로 인해 당말唐末의 유학자들은 '일상이 곧 깨달음이라면, 굳이 삭발해서 출가할 필요가 없고 유교의 재가적인 삶을 통해서도 스스로를 완성할 수 있다.'는 논리

631_ 鄭性本 著,『中國禪宗의 成立史 硏究』(서울: 民族社, 2000), 865-868쪽 ; 야나기다 세이잔 著, 추만호·안영길 譯,『禪의 思想과 歷史』(서울: 民族社, 1992), 135-138쪽 ; 廉仲燮,「中國哲學의 思惟에서의 '理通氣局'에 관한 考察」,『東洋哲學硏究』제50집(2007), 334-335쪽.

632_ 『景德傳燈錄』5,「南嶽懷讓禪師」(『大正藏』51, 240c), "開元中有沙門道一(即馬祖大師也), 住傳法院常日坐禪. 師知是法器, 往問曰, 大德坐禪圖什麼. 一曰, 圖作佛. 師乃取一塼, 於彼庵前石上磨. 一曰, 師作什麼. 師曰, 磨作鏡. 一曰, 磨塼豈得成鏡耶. 坐禪豈得成佛耶. 一曰, 如何即是. 師曰, 如人駕車不行, 打車即是, 打牛即是一無對."

633_ 鄭性本 著,『中國禪宗의 成立史 硏究』(서울: 民族社, 2000), 865-868쪽.

를 전개하게 된다.[634] 이와 같은 인식이 체계화되는 것이 바로 오대五代를 거친 북송오자北宋五子(주돈이周敦頤·장재張載·소옹邵雍·정호程顥·정이程頤)에 의해 정립되는 신유학이다.[635] 이 신유학의 흐름 안에 남송의 주희朱熹(1130~1200)에 의해서 집대성되는 주자학朱子學, 즉 성리학性理學(이학理學)이 존재한다. 그리고 신유학의 또 다른 흐름은 남송의 육구연陸九淵(1139~1193)을 거쳐 명明의 왕수인王守仁(1368~1661)에 이르러 완성되는 양명학陽明學, 즉 심리학心理學(심학心學)이다.[636]

성리학에서 주목한 세계관, 즉 우주론宇宙論은 주돈이周敦頤의 「태극도설太極圖說」이다.[637] 「태극도설」을 기반으로 성리학은 통체태극統体太極과 각구태극各具太極을 말하는데,[638] 이는 화엄의 월인만천月印滿川이나 선불교에서 말하는 견성성불見性成佛과 유사한 개념이다. 또 양명학에서는 인간의 본래완성에 기초하는 치양지설致良知說과 사상마련事上磨鍊[639] 그리고 이것을 발전시킨 만가성인滿街聖人의 개념 등이

////////////

634_ 馮友蘭 著, 鄭仁在 譯, 『간명한 中國哲學史』(서울: 螢雪出版社, 2008), 376쪽 ; 馮友蘭 著, 곽신환 譯, 『中國 哲學의 精神[新原道]』(서울: 瑞光社, 1993), 230쪽.

635_ 이동희, 「朱子學 形成에 관한 一考察」, 『東西文化』 제29집(1997), 85-98쪽 ; 陳來 著, 안재호 譯, 『宋明 性理學』(서울: 藝文書院, 1997), 77-192쪽 ; 장윤수 著, 『程朱哲學原論』(서울: 理論과 實踐, 1992), 15-18·23-35쪽.

636_ 최민자, 「宋·明代 新儒學의 思想的 系譜와 政治哲學的 含意 및 影響」, 『國家와 政治』 제17집(2011), 41-63쪽.

637_ 李滉 著, 이광호 譯, 「第1太極圖 / 太極圖說」, 『聖學十圖』(서울: 弘益出版社, 2001), 29-37쪽 ; 馮友蘭 著, 『中國哲學史(下冊)』(上海: 華東師範大學出版社, 2003), 209-215쪽.

638_ 張立文 著, 안유경 譯, 『理의 哲學』(서울: 藝文書院, 2004), 229-251쪽 ; 馮友蘭 著, 『中國哲學史(下冊)』(上海: 華東師範大學出版社, 2003), 254-258쪽 ; 陳來 著, 이종란 外 譯, 『朱熹의 哲學』(서울: 藝文書院, 2002), 81-99쪽.

639_ 양태호, 「王陽明의 '致良知說'에 관한 硏究」, 『東西哲學硏究』 제8권(1991), 104-128쪽 ; 陳來 著, 전병욱 譯, 『陽明哲學』(서울: 藝文書院, 2003), 276-332쪽.

대두한다.[640] 만가성인이란, 모든 인간은 본래로 완성되어 있으므로, 거리 속에 존재하는 모두는 그 자체로 성인聖人일 뿐이라는 주장이다. 양명학은 명明의 멸망 원인으로 지목되면서, 청초淸初의 성리학자들에 의해 선불교와 비슷하다고 해서 '사선似禪(혹 광선狂禪)'이라는 비판을 받고는 했다.[641] 이는 양명학에 끼친 선불교의 영향을 잘 나타내준다.[642]

그러나 신유학은 당·송의 불교적인 영향에 의해 본래완성을 기본으로 하지만, 그럼에도 대사회적인 계몽과 자기비판을 소홀히 하지는 않는다. 이는 유교가 태생적으로 정치철학에서 출발한 윤리학적인 속성을 강하게 내포하는 학문이기 때문이다. 유교에서는 강학공간講學空間인 강당講堂을 명륜당明倫堂이라고 한다. 이는 삼강오륜으로 대변되는 강상綱常의 윤리를 밝히는 것을 학문의 목적으로 삼기 때문이다. 또 효孝와 조상숭배문화의 배경이 되는 종법제宗法制와 정치적인 질서 의식 역시 유교가 윤리학이 강한 종교가 되도록 하는 한 이유로 작용하게 된다.

중국불교가 본래완성인 깨달음을 통해 대립적인 타자를 소멸하고 현상을 긍정해 윤리를 넘어서 버린 것과 달리, 신유학은 본래완성을 통한 사회 이상의 현실구현을 주장한다. 이러한 본질적인 동일성의

640_ 『傳習錄』下,「黃省曾錄」,"313: 一日王汝止出遊歸. 先生問曰, 遊何見. 對曰, 見滿街人都是聖人. 先生曰, 你看滿街人是聖人, 滿街人到看你是聖人在. 又一日董羅石出遊而歸. 見先生曰, 今日見一異事. 先生曰, 何異. 對曰, 見滿街人都是聖人. 先生曰, 此亦常事耳."

641_ 宋在雲,「王陽明 心學의 硏究」(서울: 東國大 博士學位論文, 1985), 86쪽 ; 첸용거(陳永革),「从明末时期"祖师禅"与"狂禅"之辨看中国禅法的晚景」, 『東아시아佛教文化』 제16집(2013), 92-99쪽.

642_ 潘平格은 "朱熹를 道, 陸九淵(象山)을 禪(朱子道陸子禪)"에 比肩했다. 陳啓智,「朱子, 退溪와 佛道思想」, 『退溪學論集』 제80권(1993), 486쪽.

기반으로 인해, 일부에서는 불교와 신유학을 주관유심주의와 객관유심주의로 구분하기도 한다.

신유학에서 자신을 경계警戒하는 구조는 양명학보다 성리학에서 더 강하게 드러난다. 이는 양명학이 성리학에 비해서 더 마음에 의지하는 심학이기 때문이다. 성리학의 문화에서 스스로에 대한 경계警戒에서 파생되는 것이 바로 잠箴과 주련柱聯(혹 대련對聯)과 같은 측면이다. 주련은 집의 기둥에 귀감이 되는 글을 써 붙여 스스로와 주위를 경계하는 문화이다. 이에 비해 잠箴은 자신이 거처하는 공간의 벽에 붙이는 것으로 스스로를 경계하는 의미가 더 크다. 사서四書 중 하나인『대학大學』과『중용中庸』에는 "신(기)독愼(其)獨"이라 하여, '홀로 있는 바를 삼간다.'는 가르침이 있다.[643] 이것이 잠箴의 문화를 확대하는 한 배경이 된다. 왜냐하면 사람은 혼자 있을 때 방심해서 흐트러지기 쉽기 때문이다.

성리학의 잠箴 문화는 이황의『성학십도聖學十圖』를 통해서도 확인해 볼 수 있다.『성학십도』는 이황이 성리학의 핵심을 10가지로 추린 후, 그림으로 압축해서 1568년(선조 원년) 선조에게 진상한 것이다.[644] 이 10가지는 앞서 언급한「태극도설」을 도시圖示한 ①〈태극도太極圖〉를 필두로, ②〈서명도西銘圖〉·③〈소학도小學圖〉·④〈대학도大學圖〉·

643_ 『大學』, "所謂誠其意者: 毋自欺也, 如惡惡臭, 如好好色, 此之謂自謙, 故君子必愼其獨也! 小人閒居爲不善, 無所不至, 見君子而后厭然, 揜其不善, 而著其善. 人之視己, 如見其肺肝然, 則何益矣. 此謂誠於中, 形於外, 故君子必愼其獨也." ;『中庸』, "道也者, 不可須臾離也. 可離, 非道也. 是故君子, 戒愼乎其所不睹, 恐懼乎其所不聞. 莫見乎隱, 幕顯乎微, 故君子, 愼其獨也."

644_ 『聖學十圖』,「進聖學十圖箚」.

⑤〈백록동규도白鹿洞規圖〉·⑥〈심통성정도心統性情圖〉·⑦〈인설도仁說圖〉·⑧〈심학도心學圖〉·⑨〈경재잠도敬齋箴圖〉·⑩〈숙흥야매잠도夙興夜寐箴圖〉이다. 그런데 이 가운데 ⑨·⑩이 모두 '잠도箴圖'라는 점이 주목된다. 즉 성리학에서는 스스로에 대해 경계하고 바루는 것이 매우 중요한 위치를 차지하고 있는 것이다.

『성학십도』의 구조는 ①~⑤까지는 천도天道를 중심으로 하며, ⑥~⑩까지는 인간의 심성心性을 위주로 한다.[645] 이 중에서 〈계잠〉의 논의와 관련될 수 있는, ⑨〈경재잠도敬齋箴圖〉는 주희가 남헌장식南軒張栻(1133~1180)의 〈주일잠主一箴〉을 보고 완성해 서재에 붙여 경계 삼은 것을, 왕백王柏이 도圖로 만든 것이다. 즉 이황은 '장식 → 주희 → 왕백'의 변화를 수용하고 있는 셈이다.[646] 내용인즉슨, 의관을 단정히 하는 것에서 시작해 사소한 기거동작과 대인관계를 언제나 경敬으로 해서, 잠시도 자신의 본성을 잃지 말라는 정도의 사소한 귀감의 잠도箴圖이다.[647]

다음의 ⑩〈숙흥야매잠도夙興夜寐箴圖〉는 〈조석잠朝夕箴〉이라고도 하는데, 남송의 남당 진백南塘陳栢이 지은 것을 이황이 재편해 도圖로 만든 것이다.[648] 내용인즉슨, 새벽의 닭 울음소리에서 시작해 저녁의 잠

////////////

645_ 吳錫源,「退溪의 聖學에 관한 고찰-《聖學十圖》를 중심으로」,『大同文化研究』 제24집(1995), 196쪽 ;『聖學十圖』, "(5圖 뒤) 以上五圖, 本於天道, 而功在明人倫懋德業.", "(10圖 뒤) 以上五圖, 原於心性, 而要在勉日用, 崇敬畏."

646_ 琴章泰,「〈敬齋箴圖〉와 退溪의 居敬修養論」,『退溪學論集』 제68집(1991), 85쪽.

647_ 이해영,「李滉의 修養論-聖學十圖와 敬을 중심으로」,『退溪學』 제7집(1995), 63쪽 ; 琴章泰,「〈敬齋箴圖〉와 退溪의 居敬修養論」,『退溪學論集』 제68권(1991), 98쪽.

648_ 琴章泰,「〈夙興夜寐箴圖〉와 退溪의 修養論的 實踐 課題」,『退溪學論集』 제109집(2001),

들 때까지의 시간 경과와 이에 따른 일의 변화를 경경敬으로 유지해서 본성을 잃지 않도록 해야 한다는 것이다.[649] ⑩⟨숙흥야매잠도夙興夜寐箴圖⟩의 끝은 "일석건건日夕乾乾"이다.[650] 이 구절은『주역』「(중천)건괘(重天)乾卦」의 "종일건건終日乾乾"이나 "자강불식自彊不息"[651] 또는는『중용中庸』의 "지성무식至誠無息"과[652] 통하는 의미로 공부인工夫人을 방일하지 않게 환기시키는 의미를 내포한다.

앞선 ⑨⟨경재잠도敬齋箴圖⟩가 공간적이라면, ⑩⟨숙흥야매잠도夙興夜寐箴圖⟩는 시간적이라는 특징을 가진다.[653] 이는 공간과 시간적으로 언제나 자신을 잃지 말고 사소한 일에도 최선을 다하며 거경궁리居敬窮理하라는 의미이다. 선불교의 행주좌와行住坐臥 어묵동정語黙動靜이 개진皆眞이라는 측면과 본질은 같지만, 신유학은 걸림 없는 자유가 아닌 속박 속의 자유를 말한다는 점에서 양자 사이에는 분명한 차이가 존재한다. 즉 선불교가 모든 경계를 넘어선 진정한 자유를 이상으로 삼는다면, 신유학은 "종심소욕불유구從心所欲不踰矩"나 "혹약재연或躍

68쪽.

649_ 천병준, 「退溪의《聖學十圖》에 나타난 主敬의 眞意」, 『韓國의 哲學』제38호(2006), 338–341쪽 ; 琴章泰, 「⟨夙興夜寐箴圖⟩와 退溪의 修養論的 實踐 課題」, 『退溪學論集』제109집(2001), 73–77쪽.

650_ 『聖學十圖』, ⟨夙興夜寐箴圖⟩, "養以夜氣, 貞則復元. 念玆在玆, 日夕乾乾."

651_ 『周易』, ⟨乾卦⟩, "九三, 君子終日乾乾, 夕惕若, 厲无咎." ;『周易』, 「象傳」, ⟨乾卦⟩, "象曰, 天行健, 君子以自强不息."

652_ 『中庸』, "2601 故至誠無息."

653_ 琴章泰, 「⟨夙興夜寐箴圖⟩와 退溪의 修養論的 實踐 課題」, 『退溪學論集』제109집(2001), 70–71쪽.

在淵"과 같은 주장을 하고 있는 것이다.[654]

3) 한암 〈계잠〉의 등장 배경과 불교적인 특징

한암의 〈계잠〉은 성리학의 잠箴 문화가 불교에 수용된 측면이다. 이는 한암이 출가 전에 유학을 공부한 전력이 있으며, 또 기질적으로도 장종학藏蹤鶴을 추구하는 외유내강의 엄격주의자였기 때문으로 판단된다. 실제로 장도환張道煥은 「상원사행上院寺行」에서 "한암노사漢岩老師 사실私室에는 그야말로 도가빈道家貧은 행자차行者差라더니, 간결한 두 칸 방장方丈에 질소質素한 서구書具며 경탁經槖이 놓여 있고 〈계잠戒箴〉을 안벽案壁에 걸고 소인화소폭素人畵小幅이 걸려 있을 뿐이었다."라고 적고 있다.[655] 이러한 한암의 소박한 삶의 태도는 은사隱士적인 이상理想과도 일정 부분 연결점이 존재한다는 점에서 주목된다.

한암의 〈계잠〉은 이황의 〈경재잠도〉나 〈숙흥야매잠도〉처럼 현실적인 동시에 실천적이다. 이런 점에서 〈계잠〉은 조선 성리학의 영향에 입각해서, 불교적인 자기반성의 의식에 의해 만들어진 중요한 유형적 산물이라고 하겠다.

그러나 한암은 〈계잠〉을 단순히 벽에만 붙여두고 스스로만을 경계 삼는 것에 그치지만은 않았다. 신유학의 잠箴이 스스로를 위한 것

654_ 『論語』, 「爲政第二」, LY0204 ; 『周易』, 〈乾卦〉, "九四, 或躍在淵, 无咎."

655_ 張道煥, 「上院寺行」, 『定本-漢岩一鉢錄 下』(平昌: 漢巖門徒會·五臺山 月精寺, 2010), 112-113쪽.

에서 차츰 교류하던 타인에 의해 알려지는 것과 달리, 한암은 〈계잠〉을 금성錦城이 「상원사행上院寺行」이라는 큰 제목 속에서 『불교佛教(신新)』 제38호(1942년 7월)와 『불교(신)』 제41호(1942년 10월)에 나누어 수록되는 것을 용인한다. 그리고 이는 다시금 석대은釋大隱에 의해 〈총본산 태고사 종정 중원대종사의 계잠〉이라는 제목으로 『불교시보佛教時報』 제90호(1943년 1월)에 재게재된다.

〈계잠〉은 잠箴의 특성상 한암이 기고하는 방식으로 수록된 것은 아니다. 그러나 이는 동시에 한암이 승인하지 않으면 타인에 의해서 함부로 수록될 수 있는 성질도 아니다. 이런 점에서 한암은 〈계잠〉의 게시를 통해, 홀로 반성하는 글이 아닌 한국불교 전체와 공유하고 계몽하는 수단으로 삼겠다는 의지를 보인 것으로 판단해 볼 수 있다. 실제로 이와 같은 측면은 『불교시보』 제90호에서 한암이 "이 〈계잠〉은 납자衲子들의 필수 〈계잠〉으로 수시垂示한 것"이라는 설명을 부가하는 것을 통해서 자못 분명해진다.[656] 또 이는 성리학의 잠箴 문화를 넘어서는 한암의 적극적인 행보라는 점에서 주목된다. 즉 성리학의 영향을

///////////

656_ 漢岩大宗師法語集 編纂委員會 編, 「年譜」, 『定本-漢岩一鉢錄 上』(平昌: 漢巖門徒會·五臺山 月精寺, 2010), 510쪽, "座右銘 〈戒箴〉이 『佛教(新)』 38호(1942, 7), 『佛教(新)』 제41호(1942, 10)와 『佛教時報』 제90호(1943, 1, 15)에 각각 수록되다. 이 〈戒箴〉이 언제 완성된 것인지는 알 수 없다. 다만 이보다는 훨씬 이전일 것으로 생각된다. 그러나 이 〈戒箴〉이 世間에 알려진 것은 曹溪宗 종무원 간부들이 1943년 1월에 종무보고차 上元寺에 갔다가 보고 『佛教(新)』誌와 『佛教時報』에 실린 이후부터이다. 『佛教(新)』誌 제38호(1942, 7), 제41호(1942, 10)에는 筆名 錦城(張道煥), 「上院寺行」이라는 제목으로 2회에 나누어 실렸고, 『佛教時報』 제90호(1943. 1. 15.)에는 筆名 釋大隱, 「總本山 太古寺 宗正 重遠大宗師의 戒箴」이라는 題目으로 실렸는데, [이 〈戒箴〉은 衲子들의 필수 〈戒箴〉으로 垂示한 것]이라는 설명이 첨부되어 있다. 두 잡지에 글자가 좀 차이가 있다."; 慧炬, 「三學兼修와 禪教融會의 漢巖思想」, 『淨土學研究』 제8집(2005), 330쪽, "1942년 5월 7일, 당시 宗務院(현 總務院) 교무부장 林綺山 스님, 재무부장 金法龍 스님, 張道煥 등 임직원 일동이 宗務 보고 차 찾아뵈었다가, 漢岩의 方丈室 벽에 걸려 있는 「戒箴」을 보고서 당년 7월 1일 『佛教』지에 寄稿".

280

받았음에도 불교적으로 이를 재해석해 성리학의 인식 지평을 넘어서고 있는 것이다.

당시 한암은 상원사에 주석하며, 청정한 수행승의 위상을 통해 종정의 위치에 있었다.[657] 이런 점에서 본다면, 〈계잠〉은 당시의 왜색불교에 물들어 있던 한국불교 전체에 전하는 또 다른 방식의 교시敎示였다는 판단도 가능하다.

한암이 〈계잠〉을 언제 완성했는지는 알 수 없다.[658] 그러나 〈계잠〉이 불교 잡지에 발표되던 1942~1943년은 태평양전쟁이 발발하면서 한국불교의 왜색화와 더불어 일제의 수탈이 가장 강력했던 때이다. 이와 같은 시기를 당해서, 한암은 선불교의 종장이자 조선불교조계종의 종정으로서, 한국불교를 바로잡고 승려들이 스스로를 맑힘으로 일제를 극복할 수 있는 종교적인 대안을 제시하고자 했던 것이다.

또 〈계잠〉은 사법嗣法 스승인 경허와 한암을 분기하는 가장 큰 특징이기도 하다. 한암이 「경허행장」에서 경허의 법화法化만을 높인 것이나, 『경허집』 편찬에서 경허의 기행을 수록하지 않았다는 점은 앞서 언급한 바 있다. 또 한암은 함께 경허를 계승했지만, 계율적인 엄격함이 부족했던 법사형法師兄인 만공에 대해서도 긍정적인 모습을 보이

657_ 이때의 宗正就任은 1941년 朝鮮佛教曹溪宗이 성립되면서, 당시 佛教界의 여론과 31本寺 住持의 決定에 의한 것이다.
〈方漢岩大禪師 宗正 推戴의 承諾〉, 『佛教時報』 제71호(1941. 6. 15) ; 〈宗正에 方漢巖老師〉, 《每日新報》, 1941년 6월 6일자 ; 金光植, 「曹溪宗團 宗正의 歷史像」, 『大覺思想』 제19집(2013), 139-140쪽.

658_ 漢岩大宗師法語集 編纂委員會 編, 「年譜」, 『定本-漢岩一鉢錄 上』(平昌: 漢巖門徒會·五臺山 月精寺, 2010), 478쪽.

지 않는다.[659] 실제로 한암은 경봉에게 보낸 서간書簡에서, 깨달음에 함몰되어 인과를 무시하는 문제를 재앙이라고 비판하고 있다. 이의 해당 부분을 적시해 보면 다음과 같다.

만약 일시一時의 오처悟處에 만족滿足하여서 후수後修를 지속하지 않는다면, 영가永嘉(현각玄覺, 665~713)가 말한 바의 "공空으로 활달豁達하여 인과를 무너트리고 망망탕탕莽莽蕩蕩하여 앙화殃禍만을 초래하게 된다."는 상황이 되고 맙니다. (그러므로) 절대로 무식한 세상의 천식배淺識輩가 오해誤解로 편집偏執하는, 인과를 무너트리고 복을 물리쳐 죄가 되도록 하지 마십시오.[660]

인용문을 보면, 대혜와 지눌의 영향에 의한 돈오점수와 깨달음과 인과 즉 윤리를 동시에 강조하는 병진의 자세가 잘 드러나고 있음을 알 수 있다. 이런 점에서 본다면, 선사이면서 율을 강조하는 한암의 관점은 동시대의 다른 선승들에게서는 확인되지 않는 한암만의 특징적

//////////

659_ 金光植 編, 「寶鏡」, 『그리운 스승 漢巖 스님(韓國佛教 25人의 證言錄)』(서울: 民族社, 2006), 77-78쪽, "노스님은 滿空 스님에 대해 칭찬하지 않으셨어요. 鏡虛 스님의 法을 받은 선배 예우는 하셨지만 칭찬은 하지 않으셨지요. 노스님께서는 참 철저하거든요. 특히 戒律에 대해서는 철저했어요."; 李德辰, 〈2. 漢岩의 戒律精神〉, 「漢岩의 禪思想과 戒律精神」, 『韓國佛教學』 제71집 (2014), 53-54쪽; 이상하, 「漢巖 重遠의 普照·鏡虛 계승과 그 의미」, 『大覺思想』 제23집(2015), 281쪽.

660_ 漢岩 撰, 「1. 答鏡峰和尙書1-1」, 『定本-漢岩一鉢錄 上』(平昌: 漢巖門徒會·五臺山 月精寺, 2010), 279쪽, "若以一時悟處爲足하야 撥置後修하오면, 永嘉所謂'豁達空撥因果하야 莽莽蕩蕩하야 招殃禍者焉也.'오니, 切莫學世之淺識輩의 誤解偏執撥因果排罪福者焉하쇼셔."

인 선관禪觀이라는 점에서 주목해 볼 수 있다.[661]

　또 〈계잠〉은 선불교가 윤리와 더불어 충분히 함께할 수 있다는 점을 시사한다는 측면에서도 주목된다. 이런 점에서 〈계잠〉은 선불교와 성리학의 장점을 결합시킨 한암 선관의 또 다른 위대성이다. 그리고 이는 선불교가 현대의 다종교사회 속에서도 충분히 소통하고 발전할 수 있는, 중요한 이정표로서의 가능성을 제시한다는 점에서도 충분한 의의를 확보한다고 하겠다.

661_　李德辰, 〈2. 漢岩의 戒律精神〉,「漢岩의 禪思想과 戒律精神」,『韓國佛教學』제71집(2014), 45-50쪽.

2. 〈계잠〉의 내용과 선계일치[662]

1) 〈계잠〉의 내용과 구조

한암은 『일발록』을 남겼지만, 이 책은 앞서 언급한 바와 같이 1947년의 상원사 화재 때 소실되고 만다.[663] 또 상원사 화재는 그 이전 한암의 모든 자취를 일소했다. 이로 인해 〈계잠〉과 관련된 직접적인 유물이나 흔적은 현존하는 것이 없다. 그러나 〈계잠〉은 일제강점기에 불교 잡지에 발표된 것이 존재하므로 원본에 대한 착오는 존재하지 않는다.

〈계잠〉의 구조는 '선정의이팔법이득청정禪定宜以八法而得淸淨' 8항목과 '지계이구족팔법이득청정持戒以具足八法而得淸淨' 8항목 그리고 '불방일이팔법이득청정不放逸以八法而得淸淨' 8항목으로 구성되어 있다. 이를 전체적으로 제시해 보면 다음과 같다.

선정은 마땅히 (아래의) 8법八法으로써, 청정을 증득한다.

一. 항상 난야蘭若에 거처하며, 참선(연적宴寂)하며 사유한다.

二. 중인衆人과 함께, 무리지어 잡설雜說하지 않는다.

662_ 〈戒箴〉의 전체 原文의 논문의 맨 마지막 '參考資料'의 '5.〈戒箴〉' 부분을 參照하라.

663_ 呑虛宅成 撰,「附錄-漢岩大宗師浮屠碑銘幷序」,『定本-漢岩一鉢錄 上』(平昌: 漢巖門徒會·五臺山 月精寺, 2010), 489쪽 ; 金呑虛,「現代佛敎의 巨人, 方漢岩」,『定本-漢岩一鉢錄 下』(平昌: 漢巖門徒會·五臺山 月精寺, 2010), 170쪽.

三. 외경계外境界에 대해서 탐착하는 바가 없어야 한다.

四. 몸과 마음에서 모든 영호榮好를 버려야 한다.

五. 음식은 소욕少欲해야 한다.

六. 반연처攀緣處가 없어야 한다.

七. 음성音聲과 문자文字를 수식修飾해서 즐기지 마라.

八. 타인에게 전교轉敎하여 성락聖樂을 얻도록 해야 한다.

또

지계는 (아래의) 8법八法을 구족함으로써, 청정을 증득한다.

一. 신행身行은 단직端直해야 한다.

二. 제업諸業은 순정淳淨해야 한다.

三. 심심心에는 하구瑕垢가 없어야 한다.

四. 지志는 높고, 정貞은 견고해야 한다.

五. 정명正命으로 스스로의 바탕을 삼는다.

六. 두타頭陀로 지족知足한다.

七. 모든 허위詐僞와 부실不實의 행行을 떠난다.

八. 항상 보리菩提의 심심心을 망실忘失하지 않는다.

또

불방일不放逸은 (아래의) 8법八法으로써, 청정을 증득한다.

一. 시라尸羅를 더럽히지 않는다.

二. 항상 맑게 다문多聞한다.

三. 신통神通을 구족具足한다.

四. 반야般若를 수행修行한다.

五. 제정諸定을 성취한다.

六. 스스로 공고貢高하지 않는다.

七. 제논쟁諸爭論을 멸감滅減한다.

八. 선법善法에서 물러나지 않는다.

(제1구): 제불경계諸佛境界는 마땅히 일체중생의 번뇌 중에서 구해야 한다.

(제2구): 제불경계는 무래無來·무거無去이며, 번뇌자성煩惱自性 또한 무래無來·무거無去이다.

(제3구): 만약 불경계자성佛境界自性과 번뇌자성煩惱自性이 다르다면, 여래는 곧 평등정각平等正覺이 아니다.[664]

　　인용문을 살펴보면, 〈계잠〉은 각각 8개의 실천항목을 포함하는 선정·지계·불방일의 3가지 범주로 구성되어 있는 것을 알 수 있다. 그리고 마지막 끝으로 본체론적인 진속불이眞俗不二를 말하는 것으로 끝맺어진다. 즉 3가지 범주에, 24개의 실천강령인 용用과 마지막 총론으로

664　漢岩重遠 撰, 〈戒箴〉, 『定本-漢岩一鉢錄 上』(平昌: 漢巖門徒會·五臺山 月精寺, 2010), 132-135쪽, "①禪定宜以八法而得淸淨: ❶常居蘭若 宴寂思惟. ❷不共衆人 群聚雜說. ❸於外境界 無所貪着. ❹若身若心 捨諸榮好. ❺飮食少欲. ❻無攀緣處. ❼不樂修飾 音聲文字. ❽轉教他人 令得聖樂. 又, ②持戒以具足八法而得淸淨: ❶身行端直. ❷諸業淳淨. ❸心無瑕垢. ❹志尙堅貞. ❺正命自資. ❻頭陀知足. ❼離諸詐僞不實之行. ❽恒不忘失菩提之心. 又, ③不放逸以八法而得淸淨: ❶不汚尸羅. ❷恒淨多聞. ❸具足神通. ❹修行般若. ❺成就諸定. ❻不自貢高. ❼滅諸爭論. ❽不退善法. (第1句): 諸佛境界, 當求於一切衆生煩惱中. (第2句): 諸佛境界, 無來無去, 煩惱自性, 亦無來無去. (第3句): 若佛境界自性, 異煩惱自性, 如來則非平等正覺矣."

서의 체体로 구성된 구조인 것이다.

이 중 셋째의 불방일은 선정·지계와 대등 관계라기보다는 팔정도의 정정진正精進이나 육바라밀의 정진바라밀精進波羅蜜에서처럼, 선정과 지혜의 모두에 해당하는 보조적인 측면으로 이해된다. 그러므로 이를 대등 관계로 보기보다는 병렬된 상태 안에서 층위가 존재한다고 이해하면 될 것 같다. 즉 팔정도와 육바라밀의 구조처럼 이해하면 되겠다. 그리고 이와 같은 3가지 범주의 공통목적은 한암이 적시하고 있는 것처럼 "득청정得淸淨"이다. 즉 〈계잠〉의 목적은 한암 자신과 당시 승려 및 불교의 청정증득淸淨證得에 있는 것이다.

또 3가지 범주가 각기 8개의 실천항목을 가지는 것은, 방위에서의 8방이 '모든'이나 '언제나'의 의미를 내포하는 것과 유사한 가치라고 판단된다. 물론 불교적으로는 붓다의 중도실천과 관련된 팔정도를 생각해 보는 것도 가능하다.

이상에서 설명한 〈계잠〉의 구조를 간략히 도시해보면 다음과 같다.

〈계잠〉의 목적: 득청정得淸淨

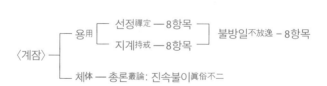

위와 같이 정리해 보면, 〈계잠〉은 선禪과 계戒를 중심으로 하는 체体·용用의 이중구조로 되어 있는 것을 확인해 볼 수 있다.

2) 〈계잠〉에 대한 의미분석

〈1〉〈계잠〉의 선정禪定 부분 검토

〈계잠〉의 3범주 중 첫 번째는 '선정'이다. 한암은 보운강회에서 선불교에 경도되어, 경허를 사법嗣法한 일제강점기와 해방 후까지 한국 선불교를 대표하는 상징 인물이다. 이는 한암이 일제강점기를 전후해 총 4차례나 교정과 종정이 되었다는 점을 통해서 분명해진다.[665] 이런 점에서 한암에게 있어 선정이 첫째로 언급되는 것은 지극히 당연하다.

다음으로 선정의 각론을 살펴보면, ①은 총론에 해당하는 것으로 '난야蘭若에 거처하며 참선하라.'는 것은 선정의 전체를 일관하는 가르침으로 이해된다. 다음으로 ②·⑦이 '불필요한 말과 수식을 삼가라.'는 주제로 묶일 수 있으며, ③·⑥은 '외부경계를 끊어라.'는 것으로 묶여진다. 또 ④·⑤는 '좋은 것에 탐착하지 마라.'는 의미로 묶이고, 마지막 ⑧은 '전교傳敎하여 행복을 전하라.'는 뜻으로 요약될 수 있다. 이렇게 정리해 본다면, ①이 총론에 해당하며 ⑧이 중생 회향에 상응하는 것으로 결론에 해당한다. 바로 이러한 ①과 ⑧이 전체를 감싸는 구조 속에서 나머지 항목들이 그 안에 배속되는 모습인 셈이다. 이를 간략히 정리해 보면 다음과 같다.

665_ 金光植,「曹溪宗團 宗正의 歷史像」,『大覺思想』제19집(2013), 132-145쪽 ; 廉仲燮,「石顚과 漢岩을 통해 본 불교와 시대정신」,『韓國佛敎學』제71집(2014), 23-24쪽.

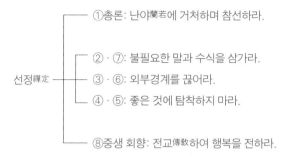

①총론: 난야蘭若에 거처하며 참선하라.

선정禪定

②·⑦: 불필요한 말과 수식을 삼가라.

③·⑥: 외부경계를 끊어라.

④·⑤: 좋은 것에 탐착하지 마라.

⑧중생 회향: 전교傳敎하여 행복을 전하라.

이렇게 놓고 본다면, 한암의 선정에 대한 8조항은 순서가 일정하게 배치된 것이 아니라는 점이 드러난다. 이는 선정에 속하는 내용들이 전체적인 구조가 짜인 상태에서 한꺼번에 작성된 것이 아니라, 생각이 떠오르는 순서에 의해서 쓰인 것임을 알게 한다. 즉 〈계잠〉의 선정 항은 남에게 보이기 위해 작성된 것이 아니라, 잠箴 문화의 일반론에서처럼 스스로를 경계하는 글로 쓰였음을 노출하고 있는 것이다.

다음으로 좀 더 구체적으로 들어가서, ①의 총론에는 '난야'가 등장하고 있다. 난야는 아란야阿蘭若(aranya)의 줄임말로, 인도불교에서는 도시나 마을 밖에서 수행자가 거주하는 합당한 장소로서의 적정처寂靜處를 의미한다. 그러나 동아시아 불교로 넘어오면, 정부로부터 공식적으로 공인을 받은 '사寺'와 대칭되는 개인이 사사로이 창건한 작은 사찰을 가리키는 용어로도 사용된다.[666] 그러나 한암 당시에는 이와 같은 구분은 불명확해져서 큰 의미가 없게 된다. 그러므로 이 경우에는 '인적이 적은 소박한 암자' 정도의 의미로 이해하면 되겠다. 한암은 이와 같

666_ 廉仲燮, 「五臺山史庫의 立地와 四溟堂」, 『東國史學』 제57집(2014), 13-14쪽.

은 호젓함 속에서, 참선하는 것이야말로 승려의 본분사本分事임을 나타내고 있는 것이다.

그리고 이러한 과정으로, 말과 문장을 삼가하고 외부경계를 끊으며 탐착을 버리라고 강조하고 있다. 이 중 ③·⑥과 ④·⑤는 붓다와 초기불교에서부터 강조되던, 불교 승려로서의 기본적인 생활방식과 관련된다. 외부경계를 끊는 것은 출가 승단의 본질이며, 좋은 것에 탐착하지 않는 것은 5계五戒와 사미계沙彌戒에서부터 확인되는 계율의 가장 기본적인 측면이기 때문이다.

그러나 ②·⑦의 말과 문장을 삼가라는 부분은 반드시 불교적인 측면만은 아니다. 물론 초기불교에서부터 붓다는 '법다운 말'과 '성스러운 침묵'을 강조한다.[667] 그러나 이와 동시에 붓다의 10대 제자에는 논의제일論議第一 가전연迦旃延과 설법제일說法第一 부루나富樓那가 포함되는 것처럼, 언어와 문자에 대한 측면 또한 비중 있게 다루어지고 있다. 즉 언어와 문자에 대한 경계는 반드시 불교적인 요소만은 아니라는 말이다.

그런데 중국문화는 앞서도 언급한 바와 같이, 상형문자에서 출발한 한자의 불명확성 때문에 인도에 비해 언어와 문자에 대한 신뢰가 현저히 낮다. 선종은 중국문화의 영향을 최대로 받은 가장 중국적인 불교이다.[668] 이로 인해 언어에 대한 강력한 비신뢰와 역설을 통한 인

667_ 『中阿含經』26, 「(二〇四)晡利多品羅摩經第三(第五後誦)」(『大正藏』1, 775c), "世尊歎曰, 善哉善哉! 比丘集坐當行二事, 一曰 說法, 二曰 默然. 所以者何? 我亦爲汝說法, 諦聽諦聽, 善思念之."

668_ 沖本克己 著, 佐藤繁樹 譯, 『새롭게 쓴 禪宗史』(서울: 佛敎時代社, 1993), 99쪽 ; 다마키코

식 환기, 그리고 단도직입單刀直入의 간이직절簡易直切과 같은 실질적인 측면을 강조하는 양상이 강하게 존재한다. 한암 역시 이와 같은 선불교적인 흐름 안에서 ②·⑦의 항목을 제기하는 것으로 이해된다. 즉 ②·⑦에는 인도불교적인 부분과 더불어 중국불교적인 강조가 공존하고 있는 것이다.

한암의 '선정禪定'에서 확인되는 내용은, 1926년 오대산 상원사로 이거해서 이후 26년간 불출동구하며 장종학의 고결한 수행자로서 산 한암의 삶의 모습과 일치한다. 한암 당시 상원사는 교통이 불편한 산간 사찰이었다는 점에서,[669] 〈계잠〉의 선정은 한암이 스스로 실천한 실천궁행實踐躬行의 기록이라고 해도 과언이 아니다. 그러므로 이와 같이 판단해 보는 것 역시 충분한 타당성을 확보한다.

한암 당시 한국불교는 왜색화에 의해 계율이 무너지고 선불교의 정체성마저 혼란스러운 상황이었다. 여기에 일본에 의해 유교의 오랜 억압으로부터 벗어나는 과정에서, 친일 및 불교의 사회사업이 확대되는 모습이 나타난다.[670] 이에 대해 한암은 선불교를 중심으로 하는 승려의 본분, 그리고 붓다의 정신에 입각한 한국불교의 올곧은 전통을 강조하고 있다. 즉 한암은 문제가 존재할수록 근본이 바로 서야 한다는

기로·카마타 시게오 外 著, 鄭舜日 譯, 『中國佛敎의 思想』(서울:民族社, 1991), 65쪽.

669_ 漢巖門徒會·金光植 編, 「無如」, 『그리운 스승 漢巖 스님(韓國佛敎 25人의 證言錄)』(서울: 民族社, 2006), 218쪽, "제가 松廣寺에 있을 때에 (깊숙한) 그런 절이 어디 있냐고 물어보니, 오대산 上院寺가 제일 깊숙한 곳에 있는 절이라고 알려 주었어요."

670_ 姜大蓮, 「佛敎擁護會와 法侶의 覺悟」, 『朝鮮佛敎總報』 제4호(1917. 6.), 22-23쪽 ; 金九河, 「謹告諸方」, 『朝鮮佛敎總報』 제2호(1917. 4.), 1-3쪽 ; 廉仲燮, 「韓國佛敎의 戒律적인 특징과 現代社會」, 『佛敎學硏究』 제35호(2013), 165-166쪽.

"본립이도생本立而道生"의[671] 관점을 견지하고 있는 것이다. 이것이 스스로를 위해 작성한 〈계잠〉을 불교 잡지를 통해서 대외적으로 내보이는 하나의 이유라고 하겠다.

(2) 〈계잠〉의 지계持戒 부분 검토

〈계잠〉의 3범주 가운데 두 번째는 '지계'이다. 선정과 함께 지계를 강조하는 것은 동시대 한암의 선관禪觀에서만 드러나는 매우 독특한 특징이다.

석전石顚 박한영朴漢永이 『계학약전戒學約詮』을 찬술해서 계율을 강조하는 모습을 보이기도 하지만, 박한영은 선사라기보다는 대강백이었다. 또 『계학약전』은 1926년 중앙불전中央佛專(중앙불교전문학교)의 교육교재로 사용하기 위한 것으로 학습서의 성격이 강하다.[672] 이런 점에서 선사인 한암이 〈계잠〉 속에서 지계를 강조하고, 또 전체명칭 역시 〈계잠〉이라고 한 것은 매우 이례적이라고 할 만하다. 실제로 한국 선불교의 역사에서 선과 계율을 동시에 말한 인물은 고려 후기의 인도 승려인 지공선현指空禪賢(Śūnyâdiśya Dbyāna-bhadra, 1300~1361) 정도 외에는 잘 살펴지지 않는다.[673]

///////////

671_ 『論語』,「學而第一」, LY0102.

672_ 朴漢永 著, 金曉呑 譯註,「解題」,『戒學約詮 註解』(서울: 東國譯經院, 2000), 2쪽 ; 禪雲寺 編,「第2章 石顚鼎鎬 스님의 著書와 論文」,『石顚鼎鎬 스님 行狀과 資料集』(高敞: 禪雲寺, 2009), 141쪽 ; 廉仲燮,「石顚과 漢岩을 통해 본 불교와 시대정신」,『韓國佛教學』제71집(2014), 76쪽 ; 金昌淑(曉呑),「石顚 朴漢永의〈戒學約詮〉과 歷史的 性格」,『韓國史研究』, 제107호(1999), 108·131쪽.

673_ 指空의 戒律과 관련된 연구로는 다음과 같은 것들이 있다.
許興植,「指空의 無生戒牒」,『慶北大學校論文集』제22집(1990) ; 許興植,「指空의 無生戒牒과 無

또 현대는 과거처럼 특정 종교가 절대적인 권위를 가질 수 없다. 즉 다종교가 각축하는 과정에서 사회구성원들의 선택과 지지를 받아야만, 전통종교 역시 존재할 수 있는 것이 바로 현대사회인 것이다. 유럽의 천주교 몰락이나 동아시아에서의 유교 소멸은, 제아무리 전통종교라 하더라도 사회의 변화에 능동적으로 대처하지 못하면 얼마나 손쉽게 버림받을 수 있는지를 여실하게 보여준다. 이런 점에서 현대종교에 있어서 윤리적인 요구는 과거보다 더욱 강력하고 필연적이다. 왜냐하면 다종교 사회에서는 윤리가 곧 사회구성원의 신뢰와 직결되는 가장 중요한 판단기준이 되기 때문이다. 즉 교리보다도 윤리적인 외연이 더 넓다는 말이다. 이런 점에서 사회를 계몽하고 행복으로 이끌어야 할 필연성을 가지는 종교에 있어서 윤리는 더욱 중요한 측면으로 부각된다.[674] 그러므로 지계라는 윤리적인 측면은 가장 중요하게 대두되는 가치라는 점에서 더욱 특별한 주의가 요구된다.

다음으로 지계持戒의 각론을 살펴보면, ①·②는 '행위에서의 단정 엄숙'을 말하며, ③·④는 '유심주의적인 측면에서의 지계의 목적'을 현시하고 있다. 그리고 ⑤·⑥은 '승려의 삶에서의 소욕지족'을 말하며, ⑦은 '모든 거짓으로부터 벗어남'을 드러낸다. 그리고 끝으로 총론이라고 할 수 있는 ⑧은 '항상한 보리심의 유지'를 나타내고 있다. 이렇게

///////////

生戒經」, 『書誌學報』 제4호(1991) ; 廉仲燮, 「指空의 戒律意識과 無生戒에 대한 고찰」, 『韓國佛教學』 제70집(2014) ; 廉仲燮, 「指空의 戒律觀과 티베트불교와의 충돌양상 고찰」, 『溫知論叢』 제44집 (2015).

674_ 廉仲燮, 「한국불교의 계율적인 특징과 현대사회-日帝强占期와 曹溪宗을 중심으로」, 『佛教學研究』 제35호(2013), 186-187쪽.

놓고 본다면, 지계는 앞선 선정에서와는 다른 구조로 순서적인 연결성
이 강하다는 것을 알게 된다. 이를 간략히 정리해서 제시해보면 다음
과 같다.

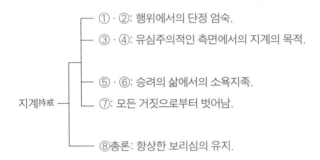

① · ②: 행위에서의 단정 엄숙.
③ · ④: 유심주의적인 측면에서의 지계의 목적.

⑤ · ⑥: 승려의 삶에서의 소욕지족.
⑦: 모든 거짓으로부터 벗어남.

지계持戒

⑧총론: 항상한 보리심의 유지.

먼저 ① · ②에서 말해지고 있는 행위의 단정 엄숙은 출가수행자의
기본이라고 할 수 있다. 붓다 당시에도 5비구 가운데 한 명인 마승馬勝
(梵 Aśvajit, 巴 Assaji)이 위의제일威儀第一이었으며, 마승의 위의를 통해서
후에 수제자가 되는 사리불과 목건련이 교화된다.

또 중국문화에서는 심신心身의 분리를 인정하지 않고 이의 단일
한 가치로서의 결합을 주장한다. 이로 인해 『예기禮記』 「옥조玉藻」의
'구사구용九思九容'에서처럼,[675] 올바른 자세와 행위가 강조되는 모습이
강하게 존재하게 된다. 즉 올바른 자세에 올바른 정신이 깃들 수 있다
는 주장이다. 이와 같은 양상은 한국불교에서 오늘날까지도 강조되는

675_ 『禮記』, 「玉藻第十三」, "LJ13,031 君子之容舒遲, 見所尊者齊遬. 足容重, 手容恭, 目容端,
口容止, 聲容靜, 頭容直, 氣容肅, 立容德, 色容莊, 坐如尸, 燕居告溫溫." ; 『小學』, 「敬身第三」, "007
君子有九思. 視思明, 聽思聰, 色思溫. 貌思恭, 言思忠, 事思敬, 疑思問, 忿思難, 見得思義." ; 『擊蒙
要訣』, "所謂九容者, 足容重, 手容恭, 目容端, 口容止, 聲容靜, 頭容直, 氣容肅, 立容德, 色容莊. 所
謂九思者, 視思明, 聽思聰, 色思溫, 貌思恭, 言思忠, 事思敬, 疑思問, 忿思難, 見得思義."

측면이기도 하다. 이런 점에서 ①·②는 인도불교적인 부분을 바탕으로 해서, 중국 문화적인 측면이 가미된 부분으로 이해해 볼 수 있겠다.

다음으로 ③·④는 유심주의적인 관점에서 지계의 목적을 나타내고 있어 주목된다. 유심주의는 인도불교에서도 일부 발견되기는 하지만, 이것이 본격적으로 발전하는 것은 심성론心性論(혹 인성론人性論)이 철학의 중심이 되는 중국불교에서이다.[676] 사실 인도불교에서 율은 수행을 목적으로 구성된 특수사회인 승단의 조직 관리와 유지를 위한 수단의 의미가 강했다. 그런데 한암은 이를 심心·지志와 결부시켜 이해하는 모습을 보인다. 이는 유심의 관점에서 계율을 이해하는 엄숙주의적인 측면이라는 점에서 주목된다. 왜냐하면 이와 같은 방식은 주관이 강한 선불교와 객관적인 행위준칙인 계율의 충돌을 극복하는 불교적인 대안이 될 수 있기 때문이다. 즉 한암의 특징인 엄숙주의에 입각한 선계일치禪戒一致적인 해법이 드러나는 대목인 것이다.

이외에도 한암의 선계일치적인 관점이 분명하게 목도되는 것으로는, 1922년 1월에 건봉사 만일원 선원에서 찬술된 〈참선곡參禪曲〉의 "지계성곽戒律城郭 높이 쌓아, 내외청정內外淸淨 살피소서."라는 구절이다.[677] 즉 한암은 선원에서 찬술한 〈참선곡〉에서 조차 계율을 포함시키고 있는 것이다.

676_ 周桂鈿 著, 문재곤 外 譯, 「心性論」, 『講座中國哲學』(서울: 藝文書院, 1996), 263-284쪽 ; 張垈年 著, 김백희 譯, 「心性論」, 『中國哲學大綱 上』(서울: 까치, 2000), 387-516쪽 ; 蒙培元 著, 이상선 譯, 『中國 心性論』(서울: 法仁文化社, 1996), 參照.

677_ 漢岩 撰, 「16. 參禪曲」, 『定本-漢岩一鉢錄 上』(平昌: 漢巖門徒會·五臺山 月精寺, 2010), 248쪽.

그러나 한암은 선사의 입장에서, 지계란 선수행의 성취라는 목적을 위한 수단이라는 점 역시 분명히 한다. 즉 한암의 지계 강조와 필연성은 선이라는 목적을 위한 것이지, 율원에서와 같이 계율 자체가 목적이 되는 것은 아니라는 말이다. 이는 한암의 교학에 대한 입장인, 먼저 선禪을 수학한 후 교학을 배우라는 전선후교前禪後敎의 관점과 상통한다.[678] 즉 한암은 선불교 외에 교학과 계율도 긍정하지만, 그 이면에는 선禪의 완성이라는 깨달음의 목적이 강하게 존재하는 것이다. 물론 이렇게 해서 확립된 계율과 엄숙주의는, 불교에 대한 일반인들의 신뢰 상승과 포교로 직결되는 부가적인 이익을 발생한다는 점은 재론의 여지가 없다. 또 한암의 선을 중심으로 하는 지계 강조는, 한국불교의 정맥正脈인 조계종 안에 존재하는 선과 계율 간의 불일치를 효율적으로 극복할 수 있는 대안이 된다는 점에서도 매우 중요한 측면이라고 하겠다.

다음의 ⑤·⑥은 출가 승려의 청정에 관한 부분이다. 소욕지족少欲知足은 수행자의 근간이 되는 부분이다. 그러나 불교가 제도화되고 종교화되는 과정에서 이와 멀어지는 측면 역시 존재하게 마련이다. 특히 한암 당시는 일본의 조선에 대한 영구지배와 관련된 일본불교의 움직임에 의해서, 개인의 영달만을 위한 친일 승려의 병폐가 적지 않았다. 한암은 이 부분에 경종을 울리면서 불교의 근본인 수행 정신을 환기하고자 하는 것으로 이해된다.

⑤에서의 정명正命이란, 8정도의 정명正命과 통하는 가치로 이해

678_ 曺龍溟 撰, 「10. 우리 스님, 寒巖 스님」, 『定本-漢岩一鉢錄 下』(平昌: 漢巖門徒會·五臺山月精寺, 2010), 144쪽 ; 金光植 編, 「東星」, 『그리운 스승 漢巖 스님(韓國佛敎 25人의 證言錄)』(서울: 民族社, 2006), 160쪽.

될 수 있다. 정명은 초기불교에서는 행사의行四依, 즉 사의지四依止인 ❶착분소의著糞掃衣·❷상행걸식常行乞食·❸의수하좌依樹下坐·❹용진부약用陳腐藥을 통해 수행 생활을 영위할 수 있는 최소조건을 의미한다.[679] 실제로 한암은 ⑥에서 두타행頭陀行을 말하고 있는데, 이 역시 인도 전통의 12두타나 16두타와 연관되는 관점에서 이해될 수 있는 것으로 행사의와 통하는 가치이다.[680]

한암이 정명과 두타를 언급하는 것은 인도와 문화 배경이 다른 한국불교의 현실에서 반드시 타당한 것만은 아니다. 그러나 이는 한암이 인도불교식의 정명과 두타의 삶을 살자는 것이 아니라, 당시 왜색화된 한국불교의 상황을 비판하는 자성의 목소리이자 경종으로 이해해 볼 수 있다는 점에서 주목된다. 즉 이 부분에서는 상징적인 해석이 요청되는 것이다.

또 ⑤·⑥의 주장을 통해서는 한암의 엄격주의를 확인해 볼 수 있다. 불교의 교조인 붓다는 가장 완전한 깨달음을 증득했지만, 천연득天然得(자연무사득구족계自然無師得具足戒)으로 모든 율律을 구족하고[681] 법

///////////

679_ 佐々木閑 著, 『出家とはなにか』(東京: 大藏出版, 1999), 24-27쪽 ; 田賀龍彦, 「提婆達多の五法について」, 『日本佛教學會年報』 제29호(1964), 324-326쪽 ; 사토 미츠오 著, 金浩星 譯, 『初期佛教教團과 戒律』(서울: 民族社, 1991), 35쪽.

680_ 『法苑珠林』84, 「頭陀部第三」(『大正藏』53, 903a) ; 京性 著, 『佛教修行의 頭陀行 硏究』(서울: 藏經閣, 2005), 37-44쪽 ; 廉仲燮, 「提婆達多 5法의 성립 배경 고찰-5법의 내포 의미와 관점 차이를 중심으로」, 『哲學硏究』 제112집(2009), 108-109쪽.

681_ 『十誦律』56, 「比丘誦」(『大正藏』23, 410a), "佛在王舍城, 語諸比丘, 十種明具足戒. 何等十? ①佛世尊自然無師得具足戒. ②五比丘得道即得具足戒. ③長老摩訶迦葉自誓即得具足戒. ④蘇陀隨順答佛論故得具足戒. ⑤邊地持律第五得受具足戒. ⑥摩訶波闍波提比丘尼受八重法即得具足戒. ⑦半迦尸尼遣使得受具足戒. ⑧佛命善來比丘得具足戒. ⑨歸命三寶已三唱我隨佛出家即得具足戒. ⑩白四羯磨得具足戒. 是名十種具足戒."

도에서 어긋나지 않는 엄격한 행동으로 일생을 일관했다. 이는『논어』「위정爲政」의 "종심소욕이불유구從心所慾不踰矩"와[682] 유사한 가치로 일부 선사들이 보이는 무애의 강조나 파격적인 행태와는 완전히 다르다. 또 한암은 조사 중에는 지눌을 사표師表로 삼고 있는데, 지눌 역시 선사인 동시에 엄격주의자였다. 이런 점에서 한암의 엄격주의는 붓다와 지눌에 집중한 엄격주의인 동시에, 당시 한암이 책임져야 했던 왜색불교의 혼탁에 대한 자기 정화의 해법제시에 대한 한 정당한 노력이었다고 하겠다.

⑦의 거짓으로부터 벗어남은 5계나 사미계에서도 확인되는 출가 승려의 기본이다. 그러나 백거이白居易(772~846)에게 조과도림鳥窠道林(741~824)이 했던 말처럼,[683] 이와 같은 부분들은 가장 기본적인 것인 동시에 완전한 실천이 쉽지 않은 측면이다. 그러므로 스스로를 계속 반성하며 끊임없이 노력할 수밖에 없다. 한암은 이를 경계하며 언제나 반성하는 삶의 태도를 촉구하는 것이다. 그러나 이는 동시에 자칫 쉽게 간과되기도 하는 부분이다. 이 때문에 한암은 보다 근본에 충실하고자 하는 것이며, ⑦은 이와 같은 삶의 자세를 재차 드러내 주는 대목이라고 하겠다.

끝으로 ⑧은 본항의 총론 격으로 이는 대승불교의 목적을 잘 드

///////////

682_ 『論語』,「爲政第二」, LY0204.

683_ 『景德傳燈錄』4,「杭州鳥窠道林禪師(道欽禪師出)」(『大正藏』51, 230c), "元和中白居易出守茲郡, 因入山禮謁. 乃問師曰, 禪師住處甚危險. 師曰, 太守危險尤甚, 曰弟子位鎭江山, 何險之有. 師曰, 薪火相交識性不停, 得非險乎. 又問如何是佛法大意. 師曰, 諸惡莫作衆善奉行. 白曰, 三歲孩兒也解恁麼道. 師曰, 三歲孩兒雖道得, 八十老人行不得. 白遂作禮."

러내 주는 부분이다. 보리심을 망실하지 않음은 대승보살의 기본이다. 한암은 앞선 ③·④에서는 지계持戒를 심心·지志와 결부시켰는데, 여기에서는 대승보살과 연결시키는 모습을 보인다. 이는 한암의 지계관持戒觀에 있어서 매우 특수한 측면이라고 할 수 있다. 즉 한암의 지계는 그 자체가 목적이 아니라, 대승보살의 구현과 선불교의 완성을 목적으로 하는 지계임이 분명해지기 때문이다. 이와 같은 한암의 지계관은 대승불교의 계율관과 선불교의 목적을 잃지 않는 양시兩是의 선계일치禪戒一致적인 융합관점을 제시하고 있다고 파악될 수 있다. 즉 붓다와 지눌의 삶의 태도와 계율적인 측면이 한암의 선계일치적인 관점 속에서 재차 확인되는 것이다.

〈3〉〈계잠〉의 불방일不放逸 부분 검토

〈계잠〉의 3범주 가운데 마지막은 '불방일'이다. 불방일은 붓다가 승단에 남긴 최후 유언인 동시에,[684] 올바른 출가 승려의 삶에 있어서 핵심이 되는 부분이다. 그러나 이 역시 기본적인 삶의 태도로서 수단일 뿐이지 목적이 될 수는 없다. 이런 점에서 불방일은 선정과 지계에 대한 보충적인 성격이 강하다. 이는 불방일의 세부항목 속에, 제선諸定 (모든 선정)과 시라尸羅(śīla, 계戒)가 나타나는 것을 통해서도 판단해 볼 수 있다. 즉 불방일은 선정·계율과는 논리적인 층위를 달리하여 가설되어 있는 셈이다.

///////////

684_ 『長阿含經』 4, 「遊行經第二後」(『大正藏』 1, 26b), "是故, 比丘, 無爲放逸. 我以不放逸故, 自致正覺. 無量衆善, 亦由不放逸得, 一切萬物無常存者. 此是如來末後所說."

다음으로 불방일의 각론을 살펴보면, ①·②는 '지계와 교학의 강조를 통한 올바른 바탕 정립'을 말하고 있고, ③·④·⑤는 '신통神通·반야般若·선정禪定의 성취'라는 결실에 대해 제시하고 있다. 그리고 ⑥·⑦에서는 '올바른 지견知見의 확보를 통한 하심下心과 쟁론爭論의 초월'을 말하며, 총론 격인 마지막 ⑧에서는 '선법善法에서 물러나지 않는 불퇴전不退轉'을 강조하는 것으로 마무리되고 있다.

불방일의 세부항목에서 확인되는 가장 큰 특징은 각 항목이 ①·②와 ③·④·⑤ 및 ⑥·⑦이 발전단계로 이해될 수 있다는 점이다. 즉 총론인 ⑧을 제외한 '①·② → ③·④·⑤ → ⑥·⑦'의 점진적인 구조가 살펴지는 것이다. 물론 여기에는 '⑥·⑦을 ③·④·⑤의 다음 단계로 이해할 수 있느냐?'와 관련된 문제가 제기될 수 있다. 그러나 이는 수행 차제의 관점에서, 이와 같은 방식으로 이해될 수 있는 측면 역시 분명 존재한다.

불방일 부분은 방일하지 않는 방법에 대해 각기 대등한 각론으로 제시되는 것이 일반적이다. 그럼에도 한암은 이를 수행 차제의 구조 속에서 접근하고 있다. 이러한 불방일의 구조를 정리해서, 간략하게 도시해보면 다음과 같다.

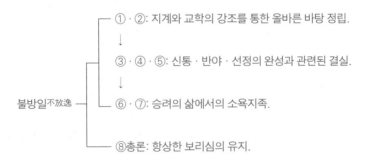

① · ②: 지계와 교학의 강조를 통한 올바른 바탕 정립.
↓
③ · ④ · ⑤: 신통 · 반야 · 선정의 완성과 관련된 결실.
↓
불방일不放逸 ⑥ · ⑦: 승려의 삶에서의 소욕지족.
⑧총론: 항상한 보리심의 유지.

먼저 ①·②는 시라尸羅(śīla) 즉 계戒와 다문多聞을 말하고 있다. 이는 지계와 교학 공부를 의미한다. 지계와 교학은 선수행의 바탕이 되는 기본적이며, 동시에 보조적인 측면이다. 그러나 앞서 언급한 바와 같이 동아시아는 일원론의 배경 문화적인 특징에 입각해서, 선불교 안에는 계戒와 교教를 경시하는 선사들도 다수 존재한다. 이는 중국 선불교의 대표적인 슬로건에 "교외별전教外別傳 불립문자不入文字"가 있는 것을 통해서도 단적인 판단이 가능하다. 그러나 이와 같은 관점은 붓다가 제창한 불교의 기본정신에 위배되는 것이다. 이는 붓다의 제자들이 성문聲聞(śrāvaka)으로, 경전이 문자화되지 않던 시절의 교학적인 측면을 상징하고 있다는 점에서 분명해진다.

한암은 선사이면서도 지계가 청정하며[685] 동시에 교학도 강조한다. 물론 여기에서의 교학은 사교입선捨教入禪의 교학이 아닌 전선후교前禪後教의 교학이며, 화엄과 선어록의 측면이 강하다. 이와 같은 한암의 교학관 때문에, 한암의 문하에서 화엄학의 대종장인 탄허가 배출되는 것이 가능했다. 실제로 탄허는 한암에게서 교학적인 측면을 수학하는 모습을 보인다.[686] 이는 한암이 선禪과 교教를 상대적인 관점으로 보지 않았다는 것을 의미한다. 실제로 한암은 교학이 선수행을 방해하는 것이 아니라, 선의 완성도를 높여주는 충실함을 제공한다고 판단했

///////////

685_ 漢巖門徒會·金光植 編, 「昌祚」, 『그리운 스승 漢巖 스님(韓國佛教 25人의 證言錄)』(서울: 民族社, 2006), 268쪽, "그 분을 평하기를 參禪을 잘한다, 道人이라고 하는데 나는 律師로 본다는 것이지. 아주 戒行이 淸淨하고, 특별한 교육은 없어요. 아침 禮佛을 빠지는 일이 절대 없어요, 절대 안 빠져. 供養도 늘 大衆供養을 함께 하지요. 모든 행사를 마칠 때까지 꼭 지켜보십니다."

686_ 金光植, 「吞虛 스님의 생애와 교화활동」, 『吞虛禪師의 禪教觀』(平昌: 五臺山 月精寺, 2004), 267-278쪽.

다. 이는 한암이 대혜와 지눌의 영향에 의해, 돈오점수의 사고를 띠고 있기 때문에 나타나는 교학관 또는 교육관이라고 하겠다.

한암은 본격적인 교학을 선수행 이후로 배치한다. 그러나 지계는 출가와 함께 진행되는 것으로 결코 선수행의 이후가 될 수 없다. 즉 지계야말로 선수행의 배경이자 선禪과 교敎를 아우르는 근본 바탕인 것이다. 이런 점에서 한암에게 있어 계율은 선수행과 충돌하지 않는 병진되는 가치라고 하겠다.[687]

선불교의 본질을 잃지 않으면서 교학을 존중한 한암의 방식은, 수행자인 동시에 성직자가 되어야 하는 오늘날의 승가 구성원들에게 시사하는 바가 적지 않다. 왜냐하면 자칫 개인적인 수행만이 너무 과도해질 경우에는 사회와의 단절이 우려되고, 반대로 교학만이 치성할 경우에는 수행자의 본분을 망각할 우려가 존재하기 때문이다. 이런 점에서 한암의 교학을 수용하는 방식은 현대의 불교 환경에 있어서 충분히 주목할 만한 측면이라고 판단된다.

다음으로 ③·④·⑤는 ①·②를 바탕으로 해서 신통·반야·선정의 성취를 말하고 있는 부분이다. 여기에서의 반야는 인도 대승불교의 2대 주류 중 하나인 중관사상中觀思想을 뜻한다기보다는, 교학적인 지혜智慧의 의미로 판단된다. 즉 ②의 다문多聞과 연결되는 개념인 셈이다. 다음 ⑤의 선정이란, 교학적인 혜慧의 정립과 연관된 수행으로 생각해 볼 수 있다. 즉 한암은 삼학의 '계戒 → 정定 → 혜慧'의 구조가 아닌 '계戒 → 혜慧 → 정定'의 방식을 취하고 있는 것이다. 이는 한암 이전

687_ 김종두(혜명), 「天台에서 본 漢岩 스님의 禪思想」, 『韓國佛敎學』 제71집(2014), 176쪽.

의 조선불교의 전통인 사교입선捨敎入禪의 사고방식에 따른 판단으로 이해된다. 이렇게 놓고 본다면, 여기에서 한암이 말하는 혜慧는 교학적인 지혜의 의미인 것이 자못 분명하다.

그런데 ③의 신통을 제시하는 측면은 이해가 쉽지 않다. 선불교는 일상성을 강조하기 때문에 일상의 행위를 넘어선 신통을 인정하지 않는다. 이와 같은 신통에 대한 부정은 일원론의 문화 배경 속에는 신통이 발휘될 독립적인 공간이 존재하지 않는 것에서 기인한다. 즉 인도의 이원론적인 세계관 속에는 신통이 작용할 수 있는 이 세계를 넘어서는 장소가 존재하지만, 동아시아에서는 이 부분이 작동할 수 없는 것이다. 이런 점에서 여기에서의 신통은 인도불교에서의 6신통과 같은 관점으로 이해해서는 안 되며, 선교방편善巧方便이나 교계신통教誡神通과 같은 측면에서 판단하는 것이 타당하다. 즉 ③·④·⑤는 방편·반야·선정의 성취며, 이는 계戒와 다문多聞의 결과로 증득되는 올바른 수행자의 당연한 결과이자 덕목이라고 하겠다.

다음 ⑥·⑦의 아만공고我慢貢高와 쟁론의 초월 부분은 ③·④·⑤와 연결해서 이해될 수도 있지만, 이는 동시에 출가 승려의 일반론적인 관점에서의 수용도 가능하다. 그러나 여기에서는 전체구조상 ③·④·⑤의 성취로 인해, 아만이 공고해지고 쟁론이 발생하는 것으로 이해하는 것이 더 타당하다. 내실과 성취가 존재하지 않는다면, 아만이 공고하고 쟁론이 발생해도 대중의 지지와 설득력이 없기 때문에 큰 문제가 발생하지 않게 마련이다. 이는 성취가 있을수록 더욱 큰 영향력 속에서 문제의 발생 여지 역시 확대되기 때문이다. 즉 책임과 의무가 증가하는 것과 연관된 측면에서 이해될 수 있는 것이다.

『장자』「외편外篇」의 〈달생達生〉에는, 모든 다툼을 넘어서 목계木鷄처럼 된 '투계鬪鷄 이야기'가 수록되어 있다.[688] 한암은 진정한 수행자는 이처럼 대립을 초월한 목계와 같아야 한다고 말하고 있는 것이다. 실제로 한암은 1934년 경봉에게 보낸 서간書簡에서, "석인石人이 밤에 목계木鷄의 울음소리를 듣는다."라고 하여, 모든 시비와 대립의 초월에 대해서 말하고 있다.[689] 물론 깨달음의 완성은 당연히 이후에 등장하는 일원상(○)이 된다.[690]

끝으로 총론 격인 ⑧에서는 제선법諸善法에 있어서의 불퇴전不退轉을 언급하고 있다. 불퇴전은 초기불교의 문제점인 퇴전退轉을, 대승불교에서 대안으로 제시한 안전장치이다. 이는 『화엄경』「십지품十地品」 중 제8지인 부동지不動地나[691] 극락정토와 관련된 법장비구法藏比丘의 48원 가운데 제47원인 '득불퇴전원得不退轉願'[692] 등을 통해서 확인해 볼 수 있다. 불퇴전은 불방일과 더불어 출가 승려의 기본이 되는 성실한 노력인 동시에, 『주역』「(중천)건괘(重天)乾卦」의 "천행건天行健, 군

///////////

688_ 『莊子』,「外篇」,〈達生〉, "8. 紀渻子爲王養鬪鷄. 十日而問: 鷄可鬪已乎? 曰: 未也, 方虛憍而恃氣. 十日又問, 曰: 未也. 猶應嚮景. 十日又問, 曰: 未也. 猶疾視而盛氣. 十日又問, 曰: 幾矣. 鷄雖有鳴者, 已无變矣, 望之似木鷄矣, 其德全矣, 異鷄无敢應, 見者反走矣."

689_ 漢岩 撰, 〈書簡8〉,「1. 鏡峰 스님에게 보내는 書簡文(24편)」, 『定本-漢岩一鉢錄 上』(平昌: 漢巖門徒會·五臺山 月精寺, 2010), 298쪽, "石人夜聽木鷄聲이니, 會麼아? 且聽下文註脚하시오. ○ 甲戌(1934년) 五月 九日."

690_ 같은 책.

691_ 『大方廣佛華嚴經』26,「十地品第二十二之四」(『大正藏』9, 564b) ; 『大方廣佛華嚴經』38,「十地品第二十六之五」(『大正藏』10, 199a).

692_ 『佛說無量壽經』上(『大正藏』12, 269b), "設我得佛, 他方國土諸菩薩衆聞我名字, 不卽得至不退轉者, 不取正覺."

자이자강불식君子以自强不息."이나[693] 『중용』의 "지성무식至誠無息"과도 [694] 연관되어 이해될 수 있다. 즉 유儒·불佛의 양면에서 수학한 한암은 물러나지 않는 불퇴전의 극기克己 노력을 강조하고 있는 것이다.

끝으로 선법善法과 관련해서, 붓다는 열반을 지선至善 즉 승의선勝義善이라 했고,[695] 또 〈칠불통계게七佛通戒偈〉 역시 "중선봉행衆善奉行"을 언급하고 있다.[696] 이런 점에서 이 ⑧은 불방일과 불퇴전을 통해서 깨달음에 도달하는 목적을 현시하는 총론이 된다고 하겠다.

〈4〉 〈계잠〉의 전체 총론 부분 검토

〈계잠〉의 마지막에 배치되어 있는 전체 총론은, 한암의 본체론적인 선불교의 완성 관점을 잘 나타내주고 있다. 또 이와 같은 관점 위에 〈계잠〉의 3범주인 '선정'과 '지계' 그리고 '불방일'의 구조와 체계가 수립되어 있다는 점을 분명해 준다. 즉 한암은 지엽적인 것에 걸려 있는 것이 아니라, 본래완성이라는 통체성 속에서 지엽적인 것마저도 끌어안는 원융한 대조화의 경계를 구현하고 있는 것이다.

본래완성에는 두 가지 관점이 존재한다. 첫째는 원효나 경허처럼 '일체에 걸릴 것이 없다.'는 무애無碍의 인식이다. 둘째는 '제아무리 작

693_ 『周易』,〈乾卦〉, "九三, 君子終日乾乾, 夕惕若, 厲无咎." ; 『周易』, 「象傳」, 〈乾卦〉, "象曰, 天行健, 君子以自强不息."

694_ 『中庸』, "故至誠無息."

695_ 藤田宏遠 著, 崔法慧 編譯, 『佛教倫理學論集』(義城: 孤雲寺本末寺教育研修院, 1996), 30-33쪽.

696_ 『釋氏要覽』上, 「中食-說法」(『大正藏』54, 24b·c), "諸惡莫作, 衆善奉行. 自淨其意, 是諸佛教."

고 미소한 것이라도 버려둘 수 없다.'는 포괄적인 개념이다. 한암은 이 중 두 번째의 관점 속에서 불교를 이해하고 있으며, 이는 붓다와 지눌의 불교 이해와 같은 방식이라고 하겠다.

한암은 전체 총론의 제1구에서 '제불경계諸佛境界는 일체중생의 번뇌 중에 있다는 점'을 분명히 한다. 이는 속俗을 넘어서 별도로 진眞이 존재하는 것이 아닌, 진속불이眞俗不二의 관점을 잘 나타내준다. 특히 '제불경계가 곧 중생번뇌'라고 하지 않고 '제불경계가 중생번뇌 속에 있다.'는 것은, 진·속불이의 평등성을 넘어선 진일보된 인식이라는 점에서 주목된다. 물론 화엄의 사사무애事事無碍적인 관점에서도 이와 같은 인식은 드러난다. 그러나 이 중 '제불경계'에 방점을 찍지 않고 '중생번뇌'에 찍은 것은, 깨달은 선사로서 중생에 대한 깊은 존중과 대승 보살의 자비원력을 현시하고 있는 것이라는 점에서 주목하지 않을 수 없다.

중생번뇌 속에 제불경계가 온전히 들어가 있다는 것은, 중생은 본질적으로 경시의 대상이 될 수 없다는 점과 그렇다고 하더라도 이를 교화해서 중생번뇌를 제불경계로 환기시켜야 할 필연성을 동시에 대두시킨다. 이런 점에서 후자는 대승의 핵심인 자비慈悲적이라고 할 수 있다.

동아시아의 선불교 역시 대승불교 안에 포함된다. 그러나 선불교의 자력自力 강조는 자칫 대승불교의 이타행과 자비실천을 경시하는 방향으로 흐르기 쉽다. 이런 점에서 한암의 관점은 무척 주목될 수 있는 측면이 된다. 왜냐하면 출가 승려는 필연적으로, 수행자인 동시에 중생을 교화하고 사회를 계몽해야 하는 숙명적인 이중성을 가지고 있기 때문이다. 한암은 바로 이 부분을 강조하고 있는 것이다.

다음으로 제2구는 '제불경계諸佛境界'와 '중생의 번뇌자성煩惱自性'이 본질적으로 같은 것이며, 완성된 가치라는 점을 분명히 하고 있다. 이는 본래완성에 입각한 본질적인 평등에 대한 관점이다. 이와 같은 측면은 화엄의 "심불급중생心佛及衆生, 시삼무차별是三無差別"이나 승조僧肇(383~414)의[697] 『조론肇論』속에 존재하는 「반야무지론般若無知論」과[698] 유사한 인식으로, 선불교의 일상 긍정에 대한 배경을 잘 나타내주고 있다.

앞의 제1구가 내포의 문제라면 제2구는 평등의 문제를 적시하고 있는데, 이는 상호보완을 통한 전체완성을 현시하기 위한 방법이다. 그렇다면 한암은 현실적인 차별, 즉 불佛과 중생의 위계 차이를 부정하는 것인가? 그렇지는 않다. 한암이 말하는 것은 현상이 아닌 자성自性 즉 본질의 문제이기 때문이다. 그러므로 제1구와 달리 제2구에서는 번뇌가 아닌 번뇌자성이라는 표현을 사용하고 있다. 즉 현상의 문제가 아닌 이치의 문제만을 말하고 있는 것이다. 이러한 양상은 제3구에서 '불경계자성佛境界自性'과 '번뇌자성煩惱自性'을 대구로 사용하고 있는 것을 통해서도 분명해진다. 즉 현상이 아닌 본질의 관점에서, 거래去來가 없는 평등무차별을 설하고 있는 것이다.

마지막 제3구는 독립적이라기보다는 제2구에 대한 보완의 성격이 강하다. 제3구에서는 '불경계자성佛境界自性'과 '번뇌자성煩惱自性'

697_ 『大方廣佛華嚴經』10,「夜摩天宮菩薩說偈品第十六」(『大正藏』9, 465c).

698_ 『肇論』全1卷,「般若無知論第三」(『大正藏』45, 153a-154c).

이 같으며, 만일 양자가 다르다면 붓다의 평등정각平等正覺도 성립할 수 없다고 강조한다. 즉 붓다의 평등정각이 성립하기 위해서는 불경계자성佛境界自性과 번뇌자성煩惱自性이 동일해야만 하며, 이는 제불경계가 중생번뇌 중에서 구해져야 하는 필연성을 구축하게 된다. 이렇게 놓고 본다면, 제3구는 제1구와도 연관되는 가치라고 할 수 있겠다.

종교의 연역 논리에서 붓다가 평등정각의 존재임을 인정하고 여기에 대승의 일체중생이 모두 성불할 수 있다는 점을 수용한다면, 모든 중생은 본질에 있어 붓다와 동일할 수밖에 없다. 여기에서 기인하는 사고가 본래완성을 기반으로 하는 선불교의 수행론이다. 그렇기 때문에 한암은 불佛과 중생이라는 양자의 본질적인 완전평등을 주장해서 양자의 차이가 존재할 수 없음을 변증한다. 이렇게 해서 선불교의 궁극인 일상의 환기를 완성하고 있는 것이다.

한암은 자성평등의 관점을 기반으로 〈계잠〉의 전체 3범주의 항목적인 차별을 언급하고 있다. 이는 한암의 차별이 차별을 위한 차별이 아닌, 동일한 본질에서 발생하는 각기 다른 현현顯現일 뿐이라는 점을 분명히 해준다. 물론 여기에는 동일한 본질이 어떻게 다르게 현현할 수 있는지에 대한 차별의 문제가 존재한다. 이 부분에서 대승불교는 인식적 왜곡을 해답으로 제시한다. 그러나 선불교에서는, 이와 같은 차이는 차이임에도 불구하고 동질을 벗어나지 않는다는 관점으로 극복된다. 이로 인해 현상에 대한 깊은 긍정이 존재할 수 있게 되는 것이다.

또 동일한 본질에서 발생하는 현상적 차이는, 대승불교에서 보살이 집착 없이 중생을 제도할 수 있는 무한자비(무연대자비無緣大慈悲)의 원리가 되기도 한다. 이런 점에서 한암은 비단 수행의 문제를 넘어서 실천의 문제까지도 제기하고 있다고 할 수 있다. 즉 한암에게 있어서 현상은 선불교의 깨달음과 충돌하는 것이 아닌, 깨달음의 표현이자 대조화를 위한 자기 전개의 구현인 것이다.

3) 〈계잠〉의 선계일치적인 관점

한암의 〈계잠〉에서 확인되는 가장 두드러진 특징은 선정禪定과 지계持戒의 원융인 '선계일치'이다. 그리고 이러한 선계일치는 불방일에서 확인되는 것과 같이, 지계와 선정이라는 이중구조로 얽혀 있다. 일반적으로 선사에게서는 잘 확인되지 않는 이와 같은 양상은 한암의 청정한 성품과 일제강점기라는 계율이 무너지는 시대상과 결코 무관하지 않을 것이다.

한암은 경허를 사법嗣法했지만 경허의 무애한 성정을 계승하지 않았을 뿐더러 이를 위험하게 인식했다.[699] 이는 앞서도 언급한 바와 같이 한암이 만공에게 의뢰받아 작성한 「경허행장鏡虛行狀」을 통해서 분명해진다. 또 이 「경허행장」이 『경허집』의 모두冒頭에 위치한다는 점

699_ 박재현, 「方漢岩의 禪的 지향점과 역할 인식에 대한 연구」, 『哲學思想』 제23호(2006), 132-133쪽, "鏡虛와 漢岩 사이의 法脈關係는 생각만큼 그렇게 밀착되어 있지 않았다. 흔히 세 달(月)로 지칭되는 다른 제자들에 비해 漢岩은 鏡虛의 영향권에서 비교적 벗어나 있었다. 漢岩는 鏡虛를 만나기 이전이나 이후나 큰 차이 없이 수행의 과정에서 확인되는 독특한 禪的 경향성은, 그의 禪思想이 실제적으로 구현되고 적용되는 과정에서 원칙과 기준을 중시하고 範型 마련에 대한 의지로 표출되었다."; 327쪽, "漢岩은 「先師鏡虛和尙行狀」을 기술하면서도 警責하는 내용으로 마무리를 짓고 있다. … 行狀이라는 글의 형식에서 흔하게 찾아볼 수 없는 사례임은 물론이고, 行狀 전체에서 차지하는 분량 역시 만만치 않다. … 漢岩은 鏡虛의 깨달음과 그의 行履, 이 둘 사이의 연속성을 끝내 읽어 내거나 설득하려고 애쓰지 않는다. 그는 둘 가운데 하나를 접어두는 방식으로 그를 자리매김 했다. 鏡虛의 行履를 대놓고 不淨하다고 할 수는 없었을 테지만, 師表가 되기에는 不適當하다고 漢岩은 판단했다."

에서, 이는 한암의 경허에 대한 평가로도 이해될 수 있는 측면이라는 점에서 주목된다. 즉 한암의 계율에 대한 인식은 경허와 스스로를 분기하는 뚜렷한 주관을 갖추고 있는 셈이다. 특히 한암의 경허 사법에 한암의 의지가 강력하게 작용한다는 점을 고려한다면, 이는 한암의 엄격한 성정에 따른 결과라고밖에는 볼 수 없다.[700] 왜냐하면 한암과 경허의 관계는 경허에게 1904년 7월 15일 〈전법게傳法偈〉를 받는 만공(당시 34세)과는 또 다르며,[701] 만공이 한암에게 찬술을 부탁한 것은 경허를 높여 달라는 의도가 다분히 내포된 예측 가능한 행위이기 때문이다. 그런데도 한암은 자신의 주관과 소신의 기록을 남기고 있는 것이다. 이 때문에 만공은 한암의 『경허집』을 수용할 수 없었고, 결국 『경허집』은 1943년 한용운의 손을 거쳐 발행되기에 이른다.[702]

700_ 李德辰, 〈2. 漢岩의 戒律精神〉, 「漢岩의 禪思想과 戒律精神」, 『韓國佛教學』 제71집(2014), 51-53쪽.

701_ 박재현, 「鏡虛 法脈의 전승에 관한 書誌學적 검토」, 『普照思想』 제37집(2012), 301-302쪽 ; 김혜공 譯, 『滿空法語』(禮山 : 修德寺, 1969), 278-279쪽.

702_ 이상하, 「『鏡虛集』 編纂, 간행의 경위와 변모 양상」, 『漢岩思想』 제4집(2011), 132-133쪽, "『鏡虛集』은 모두 네 차례에 걸쳐 편집, 刊行, 增補, 飜譯되었다. 첫째는 漢岩 重遠(1876~1951)이 滿空 月面(1871~1946)의 부탁을 받고 쓴 스승 鏡虛의 行狀〈先師鏡虛和尙行狀〉을 첫머리에 싣고, 그 뒤편에 鏡虛의 詩文을 筆寫하여 添附한 것이다. 그 行狀의 末尾에 '辛未年(1931) 3월 15일에 門人 漢巖 重遠이 삼가 撰述하다'라 하였으니, 이 本이 1931년에 編纂되었음을 알 수 있다(이 本을 이 글에서 漢巖筆寫本이라 명명한다). 1931년은 鏡虛가 入寂한 지 19년째 되는 해이다. 이 책이 최초의 編輯本 『鏡虛集』이다. 그런데 漢巖筆寫本은 간행되지 않고, 그로부터 12년 뒤 1943년, 禪學院 中央禪院에서 萬海 韓龍雲이 편집하여 『鏡虛集』이 活字로 간행된다(이 본을 이 글에서 禪學院本이라 명명한다). 그리고 1981년에 鏡虛惺牛禪師法語集刊行會가 飜譯本 『鏡虛法語』를 간행한다. 이 책에는 〈先師鏡虛和尙行狀〉이 수록되고, 재차 遺文을 수집하여 法語, 〈金剛山遊山歌〉 및 근 40편의 詩, 逸話 38편을 더 增補하였다. 뿐만 아니라 鏡虛가 滿空과 慧月에게 준 詩와 偈頌이 사진판으로 실려 있는 등 중요한 자료들이 수집되어 있다. 그러나 이 책은 많은 자료를 수집하고 飜譯했지만 자료에 대한 校勘이 精密하지 못하고, 飜譯은 매우 부실하다. 明正이 1990년에 通度寺 極樂禪院에서 낸 飜譯本 『鏡虛集』은 逸話를 싣고 있지 않을 뿐 體制와 내용은 『鏡虛法語』와 거의 같다. 이 두 책은 모두 禪學院本을 底本으로 삼고 漢巖筆寫本의 내용을 첨가하였다."

종교의 기능에는 윤리에 입각한 존경 구조, 그리고 보편성에 입각해서 모범을 보임으로 인해 사회를 계몽하고 맑혀야 한다는 측면이 동시에 존재한다. 그런데 무애행은 인구에 회자膾炙되기는 쉽지만, 동시에 이는 사회적인 지탄의 대상이 되는 위험 요소를 내포하게 마련이다. 즉 대사회적인 종교의 기능과 역할에 있어서 문제가 초래될 수 있는 것이다.[703] 실제로 현대의 다종교 사회에서 경허와 같은 삶의 방식과 태도가 수용될 여지는 전혀 없다. 이런 점에서 본다면, 한암의 선계일치적인 선사禪師의 면모는 현대 조계종의 나아갈 방향과 관련해서도 시사하는 바가 적지 않다고 하겠다.

다음으로 한암이 살던 일제강점기는 일본불교의 영향에 따른 왜색화로 인해 대처·육식이 일반화되었던 시대이다. 당시 결혼한 승려의 비율은 절대다수며,[704] 결혼하지 못한 승려들의 대부분은 결혼하기조차 어려운 상황에 의한 것이었다. 즉 한암처럼 불교적이며 수행적인 소신에 의한 경우는 극히 드물었던 것이다. 이와 같은 상황에서 선禪의 깨달음만을 절대화해 청정을 등진 비율非律적인 행동의 합리화를 용

703_ 廉仲燮, 「한국불교의 계율적인 특징과 현대사회-日帝强占期와 曹溪宗을 중심으로」, 『佛敎學硏究』 제35호(2013), 186-187쪽.

704_ 韓國佛敎의 승려 숫자는 比丘가 6,324명 比丘尼가 864명으로 전체 7,188명이었다(〈寺刹僧尼數〉, 『朝鮮佛敎一覽表』, 京城: 朝鮮佛敎 中央敎務院, 1928, 56쪽). 이 중 帶妻의 숫자가 약 4천 명 정도로 추정된다具萬化, 「その罪三千大天世界に唾棄する虛無し」, 『朝鮮佛敎』 제28집(1926), 19쪽]. 帶妻는 결혼한 남성 승려를 의미하므로 比丘尼는 여기에서 제외해야 한다. 이렇게 놓고 본다면, 7,188명 중 4천 명이 아니라, 比丘 6,324명 중 결혼한 帶妻僧이 4천 명 정도라는 말이 된다.崔柄憲, 「韓國佛敎 歷史上의 曹溪宗-曹溪宗의 歷史와 해결과제」, 『佛敎評論』 통권 51호(2012), 390쪽, "1954년 佛敎淨化運動이 시작될 당시 曹溪宗 總務院長 박성하의 증언에 의하면, 僧侶 총수 6,500여 명 가운데 比丘僧은 4%에 불과한 260명이었던 데 비하여 帶妻僧은 96%인 6,240명이었다."

인하는 것을 한암은 용납할 수 없었다. 이와 같은 시대 배경이야말로 한암이 선계일치를 보다 강력하게 주장하는 한 이유가 된다. 그렇지 않았다면, 〈계잠〉이라는 자신을 경계하기 위해서 작성한 글을 불교 잡지에 2차례나 발표할 이유는 없다고 판단된다.

실제로 고려의 원 간섭기에 대처·육식을 허용하는 티베트 라마 불교의 영향으로 고려 승려의 절반 이상이 취처娶妻한 상황에서,[705] 인도승 지공指空은 계율을 강조하는 선수행을 통해 단기간에 고려인들의 확고한 지지를 획득했다.[706] 이는 지공이 원元의 수도인 대도大都의 법원사法源寺로 돌아간 뒤에도, 나옹懶翁·경한景閑·자초自超·지천智泉 등 고려 말을 대표하는 선승들이 지공의 문하를 찾아 입원入元 유학하는 모습을 통해서도 분명해진다.[707]

『통도사지通度寺誌』에 따르면, 지공은 "하루는 선禪을 설하고 하루는 계戒를 설했다."고 한다.[708] 즉 선계일치의 모습인 것이다. 이러한 지공의 선수행 속에서 계율을 강조하는 특징은 지공의 치명治命제자인

///////////

705_ 高麗의 僧侶 중 折半이 帶妻로 기록된 시점은, 元 干涉期 初期라고 할 수 있는 1281년의 기록이다. 指空이 高麗를 찾은 것은 1326년 3월에서 1328년 9월까지의 총 2년 7개월간이었다. 즉『高麗史』의 '居半' 때보다 45년 후의 일이다. 이런 점에서 본다면, 指空이 高麗에 체류할 무렵 高麗의 僧侶들은 절대다수가 帶妻였을 蓋然性이 크다.
『高麗史』39,「世家 29」,〈忠烈王 2-7年(1281)-6月〉, "癸未: 王次慶州, 下僧批. … 云云 … 娶妻居室者, 居半."

706_ 廉仲燮,「指空의 戒律意識과 無生戒에 대한 고찰」,『韓國佛教學』제71집(2014), 261-264쪽 ; 廉仲燮,「懶翁의 浮沈과 관련된 指空의 영향-指空에 대한 인식의 변화를 중심으로」,『國學研究』제24집(2014), 105-106쪽.

707_ 廉仲燮,「指空의 家系주장에 대한 검토-高麗에서 指空의 성공요인을 중심으로」,『震旦學報』제120호(2014), 49쪽.

708_ 韓國學文獻研究所 編,「西天指空和尙爲舍利袈裟戒壇法會記」,『通度寺誌』(서울: 亞細亞文化社, 1979), 43쪽, "一日說禪 一日說戒"

나옹에게로까지 계승된다.[709] 이는 원의 세력 약화와 더불어 고려불교가 티베트 라마불교의 혼탁상을 벗고 신속하게 청정성을 회복하는 한 동인으로 작용한다.

또 한암에게 막대한 영향을 미친 인물인 지눌 역시 고려불교의 문제를 수선사의 정혜결사로 해결하려는 모습을 보이는데, 여기에도 "한결같이 붓다의 율에 의거하였다."는 기록이 있다.[710] 이와 같은 청정에 대한 동인이 결국 송광사를 고려 말 동방제일도량으로 거듭나게 한 것이다.[711] 한암의 행적 역시 지눌과 사뭇 닮아있다는 점에서, 이와 같은 지눌의 영향이 한암 〈계잠〉의 선계일치적 관점에 영향을 주었을 개연성도 충분하다.

한암은 한국불교의 왜색화라는 혼탁상 속에서 청정성을 유지하고 강조했다. 이는 〈계잠〉의 3범주에서 공통으로 확인되는 "득청정得淸淨"이라는 목적을 통해서 분명해진다. 이와 같은 한암의 수행자로서의 태도는, 한암이 일제강점기를 전후해 총 4차례나 교정과 종정이 되는 원인이 된다. 또 해방 후 한국불교가 왜색화된 대처帶妻 불교를 신속하게 정리하고 교단의 청정성을 회복할 수 있는 이념적인 지향으로 작용한다. 이런 점에서 본다면, 한암의 선계일치적인 정신이야말로 현 조계종의 근간을 이루는 가장 분명하고 확고부동한 초석이었다고 하

709_ 廉仲燮,「懶翁 出家의 문제의식과 그 해법」,『震旦學報』제122호(2015), 15-16쪽 ; 廉仲燮,「懶翁의 禪思想 硏究-指空의 영향과 功夫選을 중심으로」(서울: 高麗大 博士學位論文, 2014), 83-85쪽.

710_ 金君綏 撰, 〈松廣寺佛日普照國師碑銘〉, "五年庚申, 移居松廣山吉祥寺, 領徒作法, 十有一年, 或談道, 或修禪, 安居頭陀, 一依佛律."

711_ 『懶翁和尙語錄』,「懶翁行狀」(『韓佛全』6, 707b) ; 〈懶翁碑文〉(『韓佛全』6, 709b).

겠다.

한암이 제시한 선계일치적인 주장은, '계율을 바탕으로 하는 선禪'과 '선을 중심으로 하는 계율'라는 점에서 선불교를 중심으로 한국불교의 전체를 대변하는 현대의 조계종에 시사하는 바가 크다. 타인에 대한 배려와 더불어 가는 가치가 존중되는 현대사회에서, 깨달음만을 강조하는 것은 설득력이 약할 수밖에 없기 때문이다. 그러므로 계율을 바탕으로 하는 깨달음과 깨달음을 통한 계율적인 청정한 삶의 태도는, 이 시대의 불교발전에 있어 가장 절실한 측면이 된다. 즉 현대사회는 한암의 선계일치적인 선관禪觀을 한국불교에 강하게 요청하고 있는 것이다. 이렇게 놓고 본다면, 선계일치는 한암의 탁견인 동시에 현대 한국불교와 조계종의 방향설정에 있어서 가장 중요하게 재고될 필연적인 측면이라고 하겠다.

● 소결小結과 전환轉換

계율은 이원론을 배경으로 하는 인도문화에서는 '계 → 정 → 혜' 삼학에서처럼 가장 근본적이고 필수적인 것이지만, 일원론 구조의 동아시아로 오게 되면 본체론의 강조와 함께 계율의 독립적인 위치에 문제가 발생한다. 이를 상징적으로 나타내주는 단어가 바로 율이라는 명칭의 '계율'로의 변모이다. 계율의 문제는 특히 본체론에 대한 주관인 식이 강한 선불교에서 더욱 문제가 된다. 이런 점에서 선사가 계율을 강조하는 구조는 동아시아 선불교 전통에서 매우 이례적이다. 그런데 한암이 〈계잠〉을 통해서 선계일치를 주장하고 있는 것이다.

선계일치의 구조는 한국불교에서는 고려 후기 지공에 의해 등장하지만, 지공은 인도 승려라는 점에서 한암과는 다른 배경을 가진다. 즉 지공은 인도문화적인 측면을 바탕으로 하고 있다는 말이다. 이렇게 놓고 본다면, 선을 중심으로 하면서도 계율의 엄격함을 강조한 한암의 태도는 한국불교사에서 매우 특기할만하다고 하겠다. 특히 당시는 경허에 의해서 선수행이 재평가되고 있었지만, 경허는 본체론에 매몰되어 있어 윤리나 계율적인 부분에서는 심각한 문제가 존재했다. 또 일제강점기 왜색불교의 영향에 의한 대처·육식의 허용은 한국불교 전통의 청정성에 큰 위협이 되고 있었다. 이런 상황에서 당시 조선불교조계종의 종정이었던 한암이 1942년과 1943년에 발표한 〈계잠〉은, 불교의 정체성과 종교적인 윤리의 측면에 있어 높은 의미를 확보한다고 하겠다. 즉 〈계잠〉 역시 시대적인 문제와 요청에 대한 한암의 한 해법이었던 것이다.

〈계잠〉은 불교적인 계율과 신유학 중 특히 성리학에서 스스로를 경계하는 잠箴 문화를 배경으로 한다. 한암의 계잠은 목적인 득청정得淸淨을 중심으로 '선정'과 '지계'의 두 날개를 구성하고 있다. 〈계잠〉은 선의 완성을 목적으로 하지만, 여기에 계율이 빠질 수 없어야 득청정이 완성된다는 구조를 갖추고 있다. 이는 한암의 선계일치적인 관점을 잘 나타내준다.

윤리는 종교인의 기본인 동시에 교육에 있어서도 배경이 된다. 이런 점에서 한암의 선계일치는 선수행이 자칫 결과론으로 치우치는 것을 막고 동기론의 관점에서 사회의 계몽과 발전을 위해 이바지할 수 있는 초석으로 작용한다. 특히 선계일치가 불교의 교조인 붓다의 가장 기본적이고 분명한 삶의 태도라는 점에서, 이는 선불교의 문제를 극복하고 완성할 수 있는 해법이라는 점에 주목할 필요가 있다. 즉 불교의 대사회적인 역량 강화와 선의 완성을 위해서라도 〈계잠〉에서 확인되는 선계일치의 측면은 주목되어야만 하는 것이다.

이상의 제3장은 「일생패궐」을 통해서 한암이 깨닫는 과정과 내용을 정리하고, 이의 실천적인 구현으로 「선문답 21조」에서 확인되는 선 수행의 체계화와 〈계잠〉의 선계일치 구조와 의미에 대해서 살펴보았다. 이와 같은 제3장의 선불교적인 측면들을 바탕으로, 제4장에서는 보다 구체적인 한암의 교육사상과 실천 방식을 검토해 보게 된다.

한암 교육사상의 배경이 되는 것은 「해동초조에 대하야(1930)」에서 확인되는 범홍주종계의 천명과 지눌에 대한 의지를 통해서 파악해 볼 수 있다. 이렇게 해서 알 수 있는 것은 지눌의 정혜쌍수와 돈오점수적인 관점이 한암의 교육관에 절대적인 영향을 미친다는 점이다. 이로 인해 구조화되는 것이 선을 중심으로 해서 교를 활용하는 선주교보禪主教補의 선교겸전이며, 돈오점수와 직결될 수 있는 전선후교의 교육관이다.

「해동초조에 대하야」가 한암 교육론의 사상적 배경을 드러내고 있는 문헌이라면, 이의 현실적인 형성은 통도사 내원선원 시절에 확립되는 선주교보의 선교겸전과 한암의 오대산 이거 이후 제정되는 〈승가오칙〉이다. 즉 이 두 가지의 구체적인 모습을 통해서, 한암의 교육관이 형성되고 적용되는 모습을 살펴볼 수 있는 것이다.

마지막으로 한암의 교육과 관련해서 주목되는 것은 삼본사수련소이다. 삼본사수련소는 일제의 심전개발 정책을 활용해서, 한암이 교육시설 자체를 상원사 선원 안에 개설한 것이다. 이를 통해서 한암의 교재선정과 편성 등 다양한 교육자로서의 특징이 드러나게 된다. 일제 강점기를 대표하는 선사로서 승가교육의 직접적인 체계를 설계하고 지휘하는 모습은 동시대의 다른 선사들에게서 확인되지 않는 한암만의 중요한 특징이다. 또 이와 같은 한암의 교육론은 수제자인 탄허에게 계승되어 현대 불교교육의 기틀을 확립하기에 이른다.

이와 같은 제4장의 전체구조를 간략하게 도시해보면 다음과 같다.

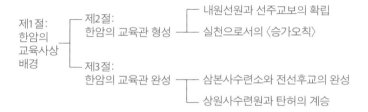

제4장

한암의 교육관과 실천방식

제1절. 한암의 종조宗祖 인식과
교육관 검토

1. 한암의 조계종 종조 인식과 특징

1) 「해동초조海東初祖에 대하야」의 배경과 구조[712]

한암은 1923년 경기도 광주의 봉은사 주지 김상숙金相淑에 의해 판전선원의 조실로 모셔진다. 이후 1926년 2월에 지암 이종욱의 간청으로, 1926년 5월에 오대산으로 이거한다. 한암은 이후로 상원사에 주석하는데, 이후 54세가 되는 1929년 1월 5일에 조선불교선교양종朝鮮佛教禪教兩宗의 승려대회에서 교정教正 7명 중 1명으로 추대된다.

그런데 교정이 된 이듬해인 1930년 4월 『불교』 제70호에 한암은 「해동초조에 대하야」라는 제목의 해동 선불교의 초조론初祖論을 제기한다.[713] 초조론은 '한국불교를 아우르는 해동 선불교의 정체성을 어떻게 규정할 것이냐?'의 문제를 내포한다는 점에서 매우 예민한 사항이다. 또 초조론의 제기는 종단宗團의 문제와도 직결되는 가치이기도 하다. 실제로 한암은 「해동초조에 대하야」에서 선불교의 전시대全時代를 아우르는 통합적 측면으로 해동조계종海東曹溪宗을 강력하게 주장하

///////////

712_ 「海東初祖에 대하야」의 전체 原文은 논문의 맨 마지막 '參考資料'의 '6. 「海東初祖에 대하야」' 부분을 參照하라.

713_ 漢岩 撰, 「12. 海東初祖에 對하야」, 『定本-漢岩一鉢錄 上』(平昌: 漢巖門徒會·五臺山 月精寺, 2010), 118-124쪽.
「海東初祖에 대하야」에 대한 先行研究로는 金浩星과 金光植의 아래와 같은 論文이 있다. 金浩星, 「漢岩의 道義-普照 法統說-〈海東初祖에 對하야〉를 중심으로」, 『普照思想』 제2집(1988), 403-416쪽 ; 金光植, 「漢巖의 宗祖觀과 道義國師」, 『漢岩思想』 제3집(2008), 104-114쪽.

고 있다.[714] 즉 당시 불교의 최고 위치에서 한암이 「해동초조에 대하야」
를 발표했다는 것은, 한국불교의 정체성과 관련해서 작심하고 제시한
방향이었던 것이다. 이런 점에서 「해동초조에 대하야」는 당시 한암의
선불교와 한국불교에 대한 인식을 확인해 볼 수 있는 중요한 문건이라
고 하겠다.

한국불교는 조선 초인 태종과 세종을 거치면서, 국가권력에 의해
종파가 강제로 통폐합되어 선교양종禪敎兩宗이라는 통불교通佛敎로 변
모한다.[715] 그런데 고려 말부터 한국불교의 핵심은 교종이 아닌 선종이
었다. 이는 1370년 공민왕의 친임시親臨試로 개최되는 공부선功夫選이
철저하게 선종 중심이었다는 점.[716] 또 여말선초의 왕사와 국사가 화엄
종 승려 출신인 신돈辛旽 때의[717] 화엄종 고승 진각국사眞覺國師 천희千
熙(설산雪山, 1307~1382)를 제외하고는 모두 선종에서 배출되었다는 점
등을 통해서 인지해 볼 수 있다.[718]

이와 같은 영향으로 인해 조선불교는 선교양종을 언급하지만, 실
제로 그 핵심에는 선종이 존재한다. 이는 조선 후기에 학통學統과 보학

////////

714_ 「12. 海東初祖에 對하야」, 120-121쪽.

715_ 『太宗實錄』11, 太宗 6(1406)年 3月 27日 丁巳 1번째 記事 ; 『世宗實錄』24, 世宗 6(1424)
年 4月 5日 庚戌 2번째 記事, "乞以曹溪·天台·摠南三宗, 合爲禪宗; (華嚴)·慈恩·中神·始興四
宗, 合爲敎宗, 擇中外堪寓僧徒之處, 量宜置三十六寺, 分隷兩宗."

716_ 廉仲燮,「고려 말 功夫選의 시행과 의미 고찰-恭愍王과 懶翁의 상호관계를 중심으로」, 『圓佛
敎思想과 宗敎文化』제64집(2015), 362-366쪽.

717_ 李啓杓,〈二. 華嚴宗僧侶로서의 辛旽〉,「辛旽의 華嚴信仰과 恭愍王」, 『歷史學硏究』제1호
(1987), 2-6쪽 ; 黃仁奎,「遍照 辛旽의 佛敎界 行蹟과 活動」, 『萬海學報』통권 제6호(2003), 47-48
쪽 ; 강은경,〈(1) 辛旽의 華嚴信仰의 性格〉,「高麗後期 辛旽의 政治改革과 理想國家」, 『韓國史學
報』제9호(2000), 138-142쪽.

718_ 禪宗과 敎宗의 분류에서는 天台宗도 禪宗으로 분류됨.

譜學의 발달로 확립되는 법맥法脈, 즉 조통설祖統說이 선종계보禪宗系譜
일 뿐이라는 점을 통해서도 자못 분명해진다.

그런데 한국불교가 선불교임에도 통불교 전통으로 인해 종파가
불투명한 점은, 일제의 조선 침략과 더불어 일본 종파불교와의 병합
움직임을 초래하게 된다. 이는 1908년 조선불교 원종圓宗의 창종創宗
과 초대 종정宗正인 이회광李晦光(1862~1932)에 의해서 발생하는, 1911
년 일본 선불교인 조동종曹洞宗과의 합병 발표를 통해서 확인해 볼 수
있다. 이에 대한 반발로 한용운 등은 임제종臨濟宗을 창종하고, 조직적
으로 합병을 반대하여 총독부의 인가를 얻지 못하도록 한다.[719] 그런데
이회광은 1919년이 되면, 이번에는 일본 임제종에 통합하려는 움직임
을 재차 보인다.[720] 이는 한용운 등이 임제종을 표방한 측면을 의식한
행동으로 이해된다. 이와 같은 움직임 역시 실패로 마무리되지만, 이
회광의 2차례에 걸친 매종역조賣宗易祖의 망동은 한국불교에 종조와
종파 의식을 환기하는 계기가 된다.

이와 같은 문제의식과 흐름 속에서 1918년에 대두하는 것이 이능
화의 『조선불교통사朝鮮佛教通史』속에 등장하는 「보조후시설조계종

719_ 李能和 著, 朝鮮佛教通史 譯註編纂委員會 譯編,「梵魚一方臨濟宗旨」,『譯註 朝鮮佛教通
史6 下篇 二百品題(三)』(서울: 東國大學校出版部, 2010), 309-321쪽 ; 金淳碩,〈제4절. 제1차 朝
日佛教 聯合策動과 臨濟宗의 대응〉,「朝鮮總督府의 佛教政策과 佛教界의 對應」(서울: 高麗大 博
士學位論文, 2001), 28-31쪽.

720_ 〈佛教改宗問題(一)〉,《東亞日報》, 1920년 6월 24일 ; 金淳碩,〈제4절. 제1차 朝日佛教 聯合
策動과 臨濟宗의 대응〉,「朝鮮總督府의 佛教政策과 佛教界의 對應」(서울: 高麗大 博士學位論文,
2001), 31-32쪽 ; 李能和 著, 朝鮮佛教通史 譯註編纂委員會 譯編,「梵魚一方臨濟宗旨」,『譯註
朝鮮佛教通史6 下篇 二百品題()』(서울: 東國大學校出版部, 2010), 311쪽.

普照後始設曹溪宗」이다.[721] 그러나 이능화의 주장은 종조론으로서의 독립된 논거라기보다는 『조선불교통사』에 등장하는 지눌에 대한 현창의 의미가 더 크다고 할 수 있다. 그러나 이능화의 「보조후시설조계종」이 이 시기 보조종조론에 대한 최초 천명이라는 점에서는 주목하지 않을 수 없다. 이후 1920년에는 송광사 주지를 역임한 금명 보정錦溟寶鼎(1861~1930)의 『조계고승전曹溪高僧傳』 「서문」에 보조종조론이 다시 대두한다.[722] 그러나 이 역시 송광사 측의 입장이며, 또한 독립된 논지를 전개하는 글이 아닌 「서문」에서의 천명이라는 점에서 타당성에 문제가 제기될 수 있다.

이런 점에서 본다면, 한암이 1930년 「해동초조에 대하야」에서 주장하는 '도의초조설道義初祖說'과 '해동조계종海東曹溪宗'의 주장은 이 분야의 가장 이른 시기의 체계적인 찬술이라고 할 수 있다. 또 이는 단순한 주장이 아니라, 한암이 당시의 시대적인 요청을 읽고 오래도록 깊이 고민한 한국불교의 일본불교와 거리를 확고히 하려는 변별 노력이라는 점에서 주목된다. 그리고 이러한 한암의 주장이 당시를 넘어 오늘날까지도 중요한 것은, 1962년 창종되는 대한불교조계종의 종단 명칭이 다름 아닌 '조계종'이라는 점과 종조가 '도의道義'며 지눌의 중천重闡을 거쳐 보우의 중흥中興으로 정리되는 점 때문이다.[723] 즉 한암

////////////

721_ 李能和 著, 朝鮮佛教通史 譯註編纂委員會 譯編, 「普照後始設曹溪宗」, 『譯註 朝鮮佛教通史4 下篇 二百品題(一)』(서울: 東國大學校出版部, 2010), 687-758쪽.

722_ 『曹溪高僧傳』, 「曹溪高僧傳序」(『韓佛全』 12, 381a) ; 김용태, 「曹溪宗 宗統의 역사적 이해-近·現代 宗名, 宗祖, 宗旨 논의를 중심으로」, 『禪學』 제35호(2013), 154-156쪽.

723_ 「大韓佛教曹溪宗 宗憲」, 〈제1장. 宗名 및 宗旨〉, "제1조. 本宗은 大韓佛教曹溪宗이라 칭한다. 本宗은 新羅 道義國師가 創樹한 迦智山門에서 기원하여 高麗 普照國師의 重闡을 거쳐 太古

이 「해동초조에 대하야」에서 주장한 내용이 거의 그대로 수용되어 있는 것이다. 이렇게 되는 이유는, 1937년 2월에 31본사 주지회의에서 의장으로 선출되는 월정사 주지 이종욱이[724] 31본사 주지회의에서 총본산으로서의 태고사太古寺(현 조계사) 건립 및 조계종단의 창종을 추진한 것과 관련된다.[725] 이때 이종욱이 조선불교조계종의 창종을 주도하게 되는 것은, 당시 일제가 기습적으로 서울 남산의 박문사博文寺를 중심으로 한국불교를 병탄하려는 움직임을 보였기 때문이다.[726]

이후 1941년 6월 4일에 한암은 총본산인 태고사 주지 겸 조선불교조계종의 초대 종정으로 추대된다.[727] 이 조선불교조계종이 해방 후 대한민국의 건국과 함께 조선불교로 명칭이 변경된 후, 정화운동 과정 속의 1954년 6월의 한국불교조계종韓國佛教曹溪宗(혹 조계종)을 거쳐[728]

普愚國師의 諸宗包攝으로서 曹溪宗이라 公稱하여 이후 그 宗脈이 綿綿不絶한 것이다." ; 〈제2장. 本尊, 起源 및 嗣法〉, "제6조. 本宗은 新羅 憲德王 5년에 曹溪 惠能祖師의 曾法孫 西堂智藏 禪師에게서 心印을 받은 道義國師를 宗祖로 하고, 高麗의 太古 普愚國師를 中興祖로 하여 이하 淸虛와 浮休 兩法脈을 繼繼承承한다."

724_ 安厚相, 「韓國佛教 總本寺 建設과 李鍾郁」, 『大覺思想』 제10집(2007), 559쪽.

725_ 金光植, 「大韓佛教曹溪宗의 成立과 性格-1941~1962년의 曹溪宗」, 『禪學』 제34호(2013), 10-11쪽.

726_ 박희승, 「朝鮮佛教曹溪宗의 主役 연구-宗正과 宗務總長을 중심으로」, 『淨土學研究』 제4집 (2001), 259-260쪽 ; 慧炬, 「三學兼修와 禪教融會의 漢巖思想」, 『淨土學研究』 제8집(2005), 325쪽.

727_ 金光植, 「方漢岩과 曹溪宗團」, 『漢岩思想』 제1집(2006), 163쪽 ; 〈佛教首座大會〉, 《東亞日報》, 1935년 3월 13일자 ; 〈中央宗務員〉, 『禪苑』 제4호(1935. 10.), 29-30쪽 ; 金光植, 「曹溪宗團 宗正의 歷史像」, 『大覺思想』 제19집(2013), 135-137쪽 ; 金光植, 「朝鮮佛教曹溪宗의 成立과 歷史的 意義」, 『曹溪宗史 研究論集』(서울: 中道, 2013), 589쪽.

728_ 淨化運動 과정에도 전체의 통합적인 宗團은 아니었지만 '韓國佛教曹溪宗(혹 曹溪宗)' 이 존재했다. 金光植, 〈Ⅲ. 정화공간의 曹溪宗(1954, 1955)〉, 「大韓佛教曹溪宗의 成立과 性格 -1941~1962년의 曹溪宗」, 『禪學』 제34호(2013), 14-25쪽 ; 辛奎卓, 「漢岩禪師의 僧家五則과 曹溪宗의 信行」, 『漢岩思想』 제3집(2008), 49-50쪽.

1962년 대한불교조계종으로 변모한다. 즉 현대의 조계종은 조선불교
조계종를 계승하고 있는 양상이 뚜렷하게 존재하는 것이다.

해방 후의 정화운동은 불교 내적인 자정 노력에 의해서 촉발된 것
이 아니라, 이승만의 유시에 의해서 빚어진 극히 혼란스러운 사건이었
다.[729] 이는 정화 이후의 미처 준비되지 못한 종단이, 종명과 종조 문제
에 있어서 수행승인 한암이 구조한 조선불교조계종의 영향을 받는 형
태이다. 즉 정화운동은 이전 시대의 불교와 변별점을 확보하는 노력임
에도 불구하고, 아이러니하게도 종명과 종조 문제에서는 조선불교조
계종의 영향을 고스란히 입고 있는 것이다. 이와 같은 흥미로운 양상
이 존재할 수 있었던 것은 조선불교조계종의 종명과 종조 주장을 대처
승이 아닌 청정한 수행승으로서 사표가 되던 한암이 제시했기 때문이
다. 즉 여기에는 대처승의 입장이 아닌 독신 수행승의 입장이 반영되
어 있었던 것이다.

주지하다시피 이종욱은 한암을 오대산으로 이거하도록 한 인물
인[730] 동시에, 1930년 7월에 월정사 주지가 되어 한암이 입적하는 1951
년까지 계속 주지직을 유지한다.[731] 즉 이종욱은 한암을 총 21년간이나
모셨던 인물이다. 또 앞서 언급한 바와 같이 「해동초조에 대하야」의 발

729_ 이재헌, 「李承晚 大統領의 諭示와 佛敎淨化 운동의 전개」, 『大覺思想』 제22집(2014), 282-
321쪽 ; 김진흠, 「1950년대 李承晚 大統領의 '佛敎 淨化' 諭示와 불교계의 정치 개입」, 『士林(成大
士林)』 제53권(2015), 308-333쪽.

730_ 李元錫, 「漢巖의 上院寺 移居와 시기 검토」, 『淨土學硏究』 제28집(2017), 160-165쪽 ; 尹暢
和, 「漢岩禪師와 奉恩寺」, 『文學·史學·哲學』 제47호(2016), 72-74쪽.

731_ 李鍾郁 撰, 「17. 涅槃 追悼式 奉悼文 및 弔辭」, 『定本-漢岩一鉢錄 下』(平昌 : 漢巖門徒會·
五臺山 月精寺, 2010), 299쪽.

표가 1930년 4월이라는 점을 생각해 본다면, 이종욱이 주도한 태고사 건립과 조선불교조계종의 창종에는 한암의 의지가 일정 부분 투영되었다는 판단이 가능하다.

실제로 연암현해然庵玄海(현 월정사 회주會主)는 한암이 조선불교조계종의 설립과 관련해서, 통도사의 김구하金九河(1872~1965)를 만났다는 진술을 하고 있어 주목된다.[732] 이외에도 한암이 조계종이라는 종단 명칭 규정에 직접 관여했다는 주장은 다수의 증언을 통해서도 확인된다.[733] 이런 점에서 현대불교의 종단 명칭과 종조론에 있어서 가장 중요한 인물과 문건은, 단연 한암과 「해동초조에 대하야」라고 해도 과언이 아니다.

「해동초조에 대하야」의 구조는 크게 3부분으로 나누어진다. 첫째는 심법心法의 상징으로 의발衣鉢의 상전相傳에 대한 측면, 둘째는 달마達磨(달마達摩)의 전래부터 혜능과 마조에 이르는 중국 선불교에 대한 측면, 마지막 셋째는 본 글의 핵심이라고 할 수 있는 도의초조설과 해

///////////

[732] 漢巖門徒會·金光植 編, 「玄海」, 『그리운 스승 漢巖 스님(韓國佛教 25人의 證言錄)』(서울: 民族社, 2006), 194쪽, "曹溪宗을 만들 때(1941년경) 通度寺 九河스님이 협조를 해주지 않아서 財團이 設立이 안 되었답니다. 그래서 宗團 만드는 것을 주도한 智庵 李鍾郁 스님이 漢巖 스님께 상의를 하고 부탁해서 함께 通度寺로 간 일이 있었어요. 通度寺는 그 시절에 제일 큰절이고 財産도 제일 많기에 通度寺가 참여치 않으면 曹溪宗이 만들어지기 어려웠던 것이지요. 漢巖 스님 通度寺로 가서 九河스님께 말씀을 드리니 그제서야 九河 스님이 협조를 하였다고 하지요. 그래서 曹溪宗團이 만들어졌다고 합니다."

[733] 같은 책, 「道源」, 61쪽, "스님께서 曹溪宗 宗正을 지내시고, 宗名을 만든 것도 다 거기(普照)서 나왔지."; 「寶鏡」, 81쪽, "曹溪宗名을 漢巖 스님이 지으셨다는 말에 대해서는 어떻게 생각하세요? 智庵 스님이 오셔서 상의하셨는데, 대부분 韓國佛教의 族譜를 캐는 분들은 曹溪宗이 맞지 않다고 그래요. 太古 普愚國師 繼承이 맞고 六祖 스님 계승은 될 수 없다고 했지요. 노스님께서는 禪宗을 주장하시면서 曹溪宗이라고 해야 맞다고 하셨지요. 僧侶치고 六祖 스님 후예 아닌 사람이 누가 있느냐고."

동조계종의 타당성 및 태고(보우)초조설太古(普愚)初祖說에 대한 비판이다. 이를 좀 더 세분화해서 정리해 보면 다음과 같다.

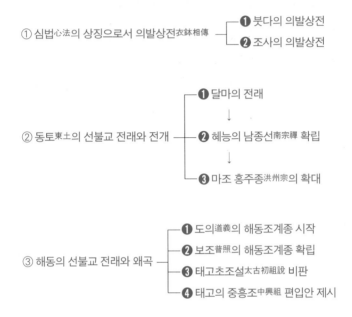

① 심법心法의 상징으로서 의발상전衣鉢相傳 ── ❶ 붓다의 의발상전
                                               ❷ 조사의 의발상전

② 동토東土의 선불교 전래와 전개 ── ❶ 달마의 전래
                                   ↓
                                 ❷ 혜능의 남종선南宗禪 확립
                                 ↓
                                 ❸ 마조 홍주종洪州宗의 확대

③ 해동의 선불교 전래와 왜곡 ── ❶ 도의道義의 해동조계종 시작
                                 ❷ 보조普照의 해동조계종 확립
                                 ❸ 태고초조설太古初祖說 비판
                                 ❹ 태고의 중흥조中興祖 편입안 제시

「해동초조에 대하야」의 전체적인 구조는 선불교의 심법心法 연원을 제시하고 이의 중국 전래와 해동으로의 유입과 전개 방식이다. 이 중 ①과 ②가 일반적인 남종선의 전개 과정에서 수용되는 보편론이라면, ③은 해동조계종의 초조로 조선 후기에 확립되는 보우를, 남종선의 해동 전래자인 도의로 변경하려는 것으로 논란의 소지가 가장 큰 대목이다. 즉 이 부분이 「해동초조에 대하야」의 핵심이자 초점인 것이다.

조선 후기 법맥인 조통설祖統說은 임제종의 제18대 법손인 석옥청공石屋淸珙(1272~1352)을 계승한 태고보우를 종조로 인식하는 것이 일반론이었다.[734] 이러한 기존의 일반론을 부정하고 새로운 주장을 제기하게 되면, 당연히 많은 재비판과 논란에 직면하게 된다. 그런데도 한암의 주장은 보우에 있어서만은 무척 단호하다.[735] 실제로 ③을 보면, 한암 역시 이와 같은 논란의 문제를 잘 인지하고 있었음을 알 수 있다.[736] 특히 한암의 해동초조론과 해동조계종 주장에서 확인되는 강력한 주장 방식은, 그가 일생을 유지한 삶의 자세인 외유내강적인 모습과는 사뭇 다르다. 그만큼 뚜렷한 의도와 일관된 목적성이 목도되는 것이다.

한암의 주장 의도는 당시 불교를 대표하는 교정으로서, 전체 한국불교를 단일한 통일성으로 추스르려는 목적이었을 것으로 판단된다. 그런데 여기에서 흥미로운 것은 한암이 1930년 5월의 『불교』 제71호에, 직전인 제70호에 수록된 「해동초조에 대하야」의 필자 명인 "교정敎正 방한암方寒巖"에서 '교정'이라는 직함을 삭제하도록 했다는 기록이 있다는 점이다.[737] 내용인즉슨, 「해동초조에 대하야」의 기고에서 필자로 본래는 '방한암'으로만 되어 있던 것을, 출판과정에서 '교정'이라는 직함이 수록되어 정정 요청이 들어왔다는 것이다.

///////////

734_　金光植, 「漢巖의 宗祖觀과 道義國師」, 『漢岩思想』 제3집(2008), 97-104쪽.

735_　위의 책, 「12. 海東初祖에 對하야」, 121쪽, "또 淵源繼統을 正直하게 辯明할 것 같으면, 今日 我等 兄弟가 太古淵源이 아니라고 斷言하고 싶다." ; 123쪽, "曹溪宗을 復活케 하신 碧溪禪師의 淵源이요, 太古의 淵源은 아니라고 아니하지 못할 줄로 斷言한다."

736_　같은 책, 123쪽, "만일 그렇지 아니하야, 古人이 이미 오랜 동안 施行한 것을 猝然히 改正하기 難하다 하야 太古國師를 繼嗣하더라도"

737_　『佛教』 제71호(1930. 5), "本誌 七十號(前月號)에 記載한 「海東佛教 初祖에 對하야」의 題下에 教正 方寒巖이라 쓴 肩書의 '教正' 二字는 本社에서 任意로 書入한 것임으로 그 責任은 本社에 있습니다." ; 李元錫, 「漢巖 스님의 不出洞口와 現實觀」, 『韓國佛教學』 제92집(2019), 269쪽.

김광식은 이때의 정정 요구자가 한암일 것으로 추정하고 있다.[738] 정정 요청이 직함의 삭제라는 어찌 보면 지극히 소소한 측면이라는 점에서, 이와 같은 이의 제기는 한암 본인이 아니고서는 하기 어려운 측면이다. 이런 점에서 김광식의 추론은 충분한 타당성이 확보된다. 그러므로 이를 사실로 받아들인다면, 한암은 교정의 위치에 있었음에도 개인의 입장에서 「해동초조에 대하야」를 발표하였고 또 그렇게 읽히도록 하고 싶었다는 의미가 된다. 이는 한암이 스스로는 교정이라는 대표성의 무게감에 입각해서 종조론을 제기하였지만, 그때까지 다수가 받아들이던 태고종조론을 배척하는 것이 종도들에게 혼란을 야기할 수도 있다고 판단한 것으로 이해된다. 즉 개인 자격임을 강조해서, 도의종조론이 당시 조선불교선교양종朝鮮佛教禪教兩宗의 공식 입장은 아니라는 점을 분명히 하고 싶었던 것이다. 물론 이와 같은 한암의 판단에는 한암이 당시 7명의 복수 교정 중 한 명일 뿐이라는 점, 그리고 자신이 제기하는 논지만으로도 종도들을 설득시킬 수 있다는 한암의 자신감이 작용했기 때문이라는 판단도 가능하다.

한암의 도의종조론 주장에는, 필연적으로 선불교가 한국불교의 전체를 전시대적으로 통괄할 수 있는지에 대한 이론異論이 존재할 여지가 있다. 즉 도의 이전의 한국불교 전통은 어떻게 할 것이냐의 문제제기가 존재할 수 있는 것이다. 그러나 한암의 도의초조론은 기존의 태고초조론이 가지산문을 중심으로 편중된 것에 비해, 9산선문을 전부 아우르려는 확대된 관점임에는 이론異論의 여지가 있을 수 없다. 또

738_ 金光植, 「方漢岩과 曹溪宗團」, 『漢岩思想』 제1집(2006), 162-163쪽.

한암은 그 당시 조선의 선불교를 중심으로 하는 인식의 선상에서 한국불교를 파악하고 있었다는 점을 유의할 필요가 있다. 이는 이회광의 원종에 반대한 종단 역시 임제종이라는 점. 또 현재까지도 한국불교를 대표하는 장자長子 종단이 조계종이며, 비구와 대처의 정화과정에서 조계종에 반대한 대처 종단 역시 보우를 내세운 태고종太古宗이라는 점을 통해서 단적인 판단이 가능하다. 즉 한국불교 전체에 대한 인식에는 최근까지도 임제종과 조계종 및 태고종이라는 선불교 안에서의 판단만이 존재하는 것이다. 이런 점에서 선불교가 한국불교의 전체를 통괄할 수는 없지만, 그럼에도 한암의 주장은 당시의 보편론에 입각한 것이므로 큰 문제가 되지 않는다는 점은 분명하다. 즉 한암은 당시의 보편적인 인식에 입각해서 남종선의 전체를 아우를 수 있는 더 큰 범주를 제시하고 있는 것이다.

한암은 선불교 안에서 임제종의 대표성 부여에 깊이 고민했던 것 같다. 앞서 언급한 바와 같이 보우는 임제臨濟(의현義玄, ?~867)의 제18대 전법제자傳法弟子인 강남江南 5산불교五山佛敎의[739] 석옥청공石屋淸珙(1272~1352)을 사법嗣法한 인물이다.[740] 이런 점에서 흔히 9산선문九山

739_ 5山佛敎는 일반적으로 ①徑山 興聖萬壽寺·②北山 景德靈隱寺·③太白山 天童景德寺·④南山 淨慈報恩光孝寺·⑤阿育王山 鄮峰廣利寺를 가리키나[鄭性本 著,「4. 宋代 禪宗과 五山十刹制度」,『禪의 歷史와 禪思想』(서울: 三圓社, 1994), 450-454쪽], 그 순서에까지 완전한 의견일치가 되어 있는 것은 아니다(이부키 아츠시 著, 崔鈆植 譯,『새롭게 다시 쓰는 中國 禪의 歷史』, 서울: 씨아이알, 2011, 233-234쪽). 이들 주지는 皇帝나 行宣政院使에 의해서 임명되는데, 이들 사찰은 江南 최고의 官寺였다.
宋濂 撰,『宋學士全集-補遺』7,「住持淨慈禪寺孤峰德公塔銘」, "其得至於五名山, 殆猶仕宦而至將相, 爲人情之至榮, 無復有所增加."; 西尾賢隆 著,『中世の日中交流と禪宗』(東京: 吉川弘文館, 1999), 164쪽; 野口善敬 著,『元代禪宗史硏究』(京都: 禪文化硏究所, 2005), 261-279쪽.

740_ 牧隱李穡 撰,〈太古寺圓證國師塔銘〉, "辛巳(1341)春, 住漢陽三角山重興寺, 卓菴於東峯,

禪門으로 알려져 있는 선불교의 통합적인 인물로 규정되기에는 문제가 있다. 또 보우를 기점으로 하면, 지눌 등의 이전 시대 선불교의 인물들을 포함할 수 없게 된다. 특히 여기에는 보우가 9산선문 중 가지산문迦智山門인 데 반해, 지눌은 사굴산문闍崛山門이라는 점도 일정 부분 작용했을 것이다. 이로 인해 한암은 보다 오랜 연원으로서의 도의초조설과 9산선문을 통합할 수 있는 광범위한 범주로서의 해동조계종을 제시하는 것으로 판단된다.

한국 선불교는 9산선문 중 가지산문의 '도의道義 … 일연一然 … 보우普愚'의 가지산문계迦智山門系와 사굴산문의 '범일梵日 … 지눌知訥 … 나옹懶翁'의 사굴산문계闍崛山門系가 대표적이다. 보우와 나옹은 모두 원나라 때 입원入元 유학을 통해 강남 오산불교의 임제종 법맥을 사법한다. 그러나 고려 말의 임제종, 특히 가지산문만으로는 이들 모두를 통합하기에는 분명한 한계가 있다. 이 때문에 한암은 전체를 아우를 수 있는 해동초조론과 해동조계종의 주장을 제기하고 있는 것이다. 이는 일본불교의 한국불교에 대한 병합움직임과 일제가 한국불교를 이용하려는 시도들 속에서, 매우 시의적절하고 중요한 일대 결단이었다고 하겠다.

그러나 이종욱의 태고사 건립과 조선불교조계종의 창종을 보면, 여기에는 현재의 조계사인 태고사太古寺의 존재가 목도된다. 실제로 한암은 조선불교조계종의 초대 종정으로서, 총본산인 태고사의 주지

扁曰太古, 倣永嘉體, 作歌一篇. 至正丙戌, 師年四十六, 遊燕都. 聞竺源盛禪師在, 南巢往見之, 則已逝矣. 至湖州霞霧山, 石屋淸珙禪師, 具進所得, 且獻太古菴歌, 石屋深器之."

를 겸하게 된다.[741] 물론 한암은 불출산不出山의 종정으로[742] 오대산 상원사를 떠나지 않고 종단의 제반 사무를 상원사에서 처리했다.[743] 그럼에도 한암이 애써 시정하려고 한 '태고太古'를 사명寺名으로 하는 총본산總本山이 건립되고, 이의 당연직 주지가 되고 있는 것이다.

물론 여기에는 태고사의 건립 과정에서 삼각산三角山에 있던 고찰인 태고사太古寺가 옮겨지는 부분도 존재한다.[744] 그러나 당시 전체 불사를 주관했던 이종욱이 의도했다면, 1910년 창건되어 1937년 현 조계사로 이전되는 각황사覺皇寺와[745] 같은 사명寺名의 사용도 충분히 가능했다고 판단된다.

실제로 고종高宗의 명에 의해 1910년 10월 27일에 창건된 각황

///////////

741_ 〈總本寺太古寺住持選擧會〉, 『佛敎時報』 제71호(1946.6.15.), "本月 五日 府內 壽松町 總本寺 太古寺에서 諸位가 모여서 宗正 卽 太古寺 住持를 投票 選擧하얏는데, 方漢巖 十九點, 張石霜 六點, 朴漢永 一點, 渭原馨一 一點, 李鍾郁 一點 多點에 의하야 方漢巖 大禪師가 太古寺住持로 當選되엇는데 會順은 다음과 같다."; 金光植, 「曹溪宗團 宗正의 歷史像」, 『大覺思想』 제19집(2013), 138-140쪽.

742_ 〈方漢岩大禪師 宗正 推戴의 承諾〉, 『佛敎時報』 제71호(1941.7.15.).

743_ 漢巖門徒會·金光植 編, 『寶鏡』, 『그리운 스승 漢巖 스님(韓國佛敎 25人의 證言錄)』(서울: 民族社, 2006), 80쪽; 박희승, 「朝鮮佛敎曹溪宗의 主役 연구-宗正과 宗務總長을 중심으로」, 『淨土學硏究』 제4집(2001), 263쪽; 〈大導師方漢巖禪師를 宗正으로 마지며〉, 『佛敎時報』 제71호(1941.7.15.).

744_ 이성운, 「漢岩과 智庵의 護法 觀」, 『2016韓國佛敎學 春季세미나 資料集』(2016), 210쪽, "智庵은 '기성 사찰 중에서 總本山으로 정할 경우, 그 사찰이 31本寺 위에 군림한다고 생각해서 本山(寺) 주지들이 반대할 것이 분명하므로 李鍾郁 스님은 三角山의 太古寺를 이전하는 형식을 취하여 신축된 總本山을 太古寺라 명명하였다.'"; 〈31本山 統制할 總本山 設置를 決定, 基本的 財團도 確立〉, 《東亞日報》, 1940년 4월 3일자; 金光植, 「日帝下 佛敎界의 總本山 建設運動과 曹溪宗」, 『韓國近代佛敎史 硏究』(서울: 民族社, 1996), 441쪽; 安厚相, 「佛敎總本山 曹溪寺 創建考」, 『普照思想』 제15집(2001), 281쪽.

745_ 金光植, 「覺皇寺의 設立과 運營-近代佛敎 最初의 布敎堂 硏究」, 『大覺思想』 제6집(2003), 30쪽; 金光植, 「大韓佛敎曹溪宗의 成立과 性格-1941~1962년의 曹溪宗」, 『禪學』 제34호(2013), 11쪽, "太古國師 繼承意識에 依據하여 覺皇寺를 太古寺로 名稱을 變更(1940.7.15.)하였다."

사는 1938년 10월 25일에 현 조계사로 이건移建되면서 명칭이 총본산 각황사로 변경된다. 그런데 이 명칭이 1940년 7월 15일에 다시금 총 본산 태고사로 변모하는 것이다.[746] 이는 전통적인 태고종조론과 한암 의 해동조계종 주장에 대한 적절점을 이종욱 입장에서 조율한 것으로 이해해 볼 수 있는 지점이다.[747] 물론 여기에는 한암 역시 「해동초조에 대하야」의 말미에서, 양자의 절충점을 제시하고 있는 측면 역시 작용 했을 것이다.[748] 즉 한암의 보우 비판은 보우 자체에 대한 비판이라기보 다는 일제의 영향에서 한국불교를 지켜내기 위한 통합 노력의 발로이 며, 이에 따른 어쩔 수 없는 비판이었다고 할 수 있는 것이다.

2) 도의초조론道義初祖論과 해동조계종海東曹溪宗의 주장

「해동초조에 대하야」에서 확인되는, '①심법心法의 상징인 의발 상전衣鉢相傳'에서 한암은 '전불후불前佛後佛의 상전相傳'과 '조사祖師 의 인가印可'라는 두 가지를 언급하고 있다.[749] 그런데 흥미로운 것은 이

746_ 金光植, 「覺皇寺의 設立과 運營-近代佛教 最初의 布教堂 硏究」, 『大覺思想』 제6집(2003), 30쪽.

747_ 김용태, 「曹溪宗 宗統의 역사적 이해-近·現代 宗名, 宗祖, 宗旨 논의를 중심으로」, 『禪學』 제 35호(2013), 156쪽, "1941년 曹溪宗, 總本寺 太古寺 체제가 성립된 것은 초대 宗正이 된 方漢岩을 비롯해 그간 주장, 논의되어 온 宗名, 宗祖論의 산물이었다. 宗名은 曹溪宗이었지만 總本寺 太古寺 명칭에서 알 수 있듯이 宗祖 문제에서는 太古 普愚의 기득권이 변함없이 유지되었다."; 金光植, 「覺 皇寺의 設立과 運營-近代佛教 最初의 布教堂 硏究」, 『大覺思想』 제6집(2003), 30쪽, "이 (覺皇寺 에서 太古寺로의 寺名) 전환은 단순한 寺刹名의 轉換으로 볼 수는 없다. 거기에는 당시 佛教界의 宗團 建設, 統一運動이라는 지난한 念願이 배어 있었다. 이 같은 太古寺의 轉換은 곧 1941년 4월의 朝鮮佛教曹溪宗의 登場 구도를 말하는 것이다."

748_ 위의 책, 「12. 海東初祖에 對하야」, 121쪽, "太古가 中興祖라 함은 或 그럴는지 모르나, 어떻 게 初祖가 되리요."

749_ 같은 책, 118쪽, "法王法王이 出世出世에 心法을 傳授하시되 반드시 衣鉢로써 表準을 삼으

334

러한 두 가지 전승이 동일한 붓다에 의한 것이 아니라, 조사의 전등傳燈은 진귀眞歸 조사祖師에 입각한 계통임을 주장하고 있다는 점이다.[750] 이와 같은 내용을 간략히 정리해서 도시하면 다음과 같다.

心法 상징의 衣鉢相傳 ──┬── ⋯ 拘留孫佛 → 拘那含牟尼佛 → 迦葉佛
심법   의발 상전   구류손불   구나함모니불   가섭불

├── → 釋迦牟尼佛: 前佛後佛의 相傳
석가모니불   전불후불   상전

└── 眞歸祖師 → 釋迦牟尼佛: 祖師의 印可 相傳
진귀조사   석가모니불   조사   인가 상전

　　석가모니가 부다가야의 보리수 아래에서 정각正覺을 성취한 후, 진귀 조사에게 선禪적인 가르침을 별도로 받았다는 진귀조사설眞歸祖師說은 당나라 말기에 남종선에서 제기된 매우 파격적이고 과격한 주장이다. 진귀조사설의 신라 유포는 847(혹 846)년에 귀국해서[751] 사굴산문闍崛山門을 개창하는 통효범일通曉梵日(810~889)에 의해서 이루어진다.[752] 그런데 한암은 이 진귀조사설을 「해동초조에 대하야」에서 언

사 兩處傳授가 있으시니, 一은 佛佛의 相授이니 前佛이 後佛에게 傳授하심이오. 二는 祖祖가 相傳이니 法王滅度後에 祖師祖師가 서로 傳하야 道法不斷케 하심이라."

750_ 같은 책, "眞歸祖師께 받으신 祖師禪을 敎 밖에 別로 傳하사, 摩訶迦葉에게 付囑하시고 兼하야 衣鉢을 傳하사".

751_ 梵日의 新羅 歸國은 846년과 847년의 두 가지 관점이 존재한다.
권덕영, 〈Ⅳ. 外國僧의 追放〉, 「唐 武宗의 廢佛과 新羅 求法僧의 動向」, 『精神文化研究』 제54호 (1994), 97-100쪽.

752_ 眞歸祖師說은 中國에는 전승되지 않는 단절된 주장이다. 이설은 梵日에 의해 新羅에 傳來되어 1293년에 刊行된 『禪門寶藏錄』에 수록된 것이 가장 빠르며, 여기에서의 출전은 『達磨密錄』과 『海東七代錄』이다.
조영록, 「崛山祖師 梵日 新傳」, 『韓國史學史學報』 제33집(2016), 37-39쪽 ; 오용석, 「『禪門寶藏錄』에 나타난 禪思想과 韓國禪에 미친 影響」, 『東西哲學研究』 제81호(2016), 200-201쪽. 『禪門寶藏錄』上(『韓佛全』 6, 470b), "唐土第二祖惠可大師, 問達磨, 今付正法, 卽不問, 釋祖傳何人, 得何

급하고 있는 것이다. 이는 의발상전衣鉢相傳의 두 계보가 본질에서부터 차이가 있다는 주장에 다름 아니다. 즉 한암은 '불佛의 상전相傳'보다 '조사祖師의 인가印可'를 더 중시하고 있는 것이다. 실제로 「해동초조에 대하야」가 불佛의 상전이 아닌 조사의 인가 법통을 분명히 확립하려는 서술이라는 점에서 본다면, 이 부분을 부각시키는 것은 사실 여부를 떠나 논거의 당위에 있어서는 충분한 필연성을 확보한다고 할 수 있다.

실제로 한암은 인도 부법장附法藏의 제2조인 다문제일多聞第一 아난阿難의 예를 들어, 교의敎義 이후의 조문祖門에 관한 언급을 하고 있다.[753] 이는 조선불교의 사교입선捨敎入禪과 같은 논리로 교학에 대한 선불교의 우월성을 변증하는 부분이다. 즉 진귀조사설과 아난의 예는 한암의 선불교 중심 관점을 보다 뚜렷하게 드러내 주는 짧은 글 속의 두 가지 측면이라고 하겠다.

다음으로 중국의 선불교 전래와 관련해서, 한암은 '달마와 혜가慧可의 숭산嵩山에서의 전법'과 '홍인弘忍과 혜능의 기주蘄州 쌍봉산雙

處, 慈悲曲說, 後來成規. 達磨曰, 我即五天竺諸祖傳說有篇, 而今爲汝說示. 頌曰, 眞歸祖師在雪山, 叢木房中待釋迦, 傳持祖印壬午歲, 心得同時祖宗旨. -『達磨密錄』"; (『韓佛全』 6, 474a), "溟州崛山梵日國師, 答羅代眞聖大王. 宣問禪教兩義云, 我本師釋迦出胎說法, 各行七步云, 唯我獨尊, 後踰城, 往雪山中, 因星悟道, 既知是法未臻扌+亟遊行數十月, 尋訪祖師眞歸大師, 始傳得玄極之旨, 是乃教外別傳也. 故聖住和尚, 常扣楞伽經, 知非祖宗捨了, 却入唐傳心, 道允和尚, 披究華嚴經. 乃曰圓頓之旨, 豈如心印之法, 亦入唐傳心, 此乃非其根, 未能信之別旨耳. -『海東七代錄』"; 『禪門寶藏錄』 下(『韓佛全』 6, 479c), "何有佛心法印, 藏曰本師釋迦王宮誕生. 長而十九, 觀之藏中, 寄十二部經, 未契祖師之宗遠至雪山, 遊行十二年紀, 求尋祖院傳得心印之法, 於後雪山成道."

753_ 위의 책, 「12. 海東初祖에 對하야」, 118쪽, "또 阿難으로 하여금 一代教義를 聽受하야 多聞第一이 되게 하시고, 畢竟 迦葉의 言下에 悟道케 하사 第二祖가 되고, 迦葉으로 第一祖가 되게 하셨으니, 이는 곧 後來 學佛者로 하여금 먼저 教意를 達한 後에, 다시 祖門에 들어가 明心通宗하야 祖師의 淵源을 繼嗣하야 佛祖慧命을 永不斷絶케 하신 命義시니, 누가 敢히 其間에 異議를 存하리오."

峰山의『금강경』을 중심으로 하는 동산東山(빙무산憑茂山)법문法門의 전승'을 언급하고 있다.[754] 그리고 혜능 문하에서 후일 5가7종五家七宗의 연원이 되는 남악회양南嶽懷讓(677~744)과 청원행사靑原行思(671~738)의 계보를 적시한다.[755] 그런 이후에 남악회양 문하의 사법제자嗣法弟子인 마조도일馬祖道一(709~788)의 홍주종의 번성과 그 문하의 84인의 고족제자高足弟子에 대해 설명한다.[756] 즉 '진귀 조사 → 석가모니 → 서천 제1조 마하가섭 → 서천 제2조 아난 … 동토 제1조 달마 → 동토 제2조 혜가 … 동토 제5조 홍인 → 동토 제6조 혜능 → 회양 → 마조'의 계보를 전체적으로 간략하게 정리해서 도의까지의 연결고리를 확보하고 있는 것이다. 이는 도의가 마조의 사법제자인 서당지장西堂智藏(735~814)의 문하이기 때문이다. 이런 점에서 본다면, 이와 같은 한암의 서술 전개는, 처음부터 도의까지의 연결을 위해 의도적인 방식을 개진開陳하고 있는 것이라고 할 수 있다.

///////////

754_ 같은 책, 118-119쪽, "第二十八代 達磨祖師에 至하여, 祖道가 東土에 流傳할 時機를 觀察하시고, 震旦으로 오시사 宗旨를 擧揚하시되, 먼저 相을 斥하시고 바로 心을 指하시니, 敎法流入한 後에 未曾有의 一大變革問題라. 見者聞者가다 驚怖하야退하는 者 全部였지만, 오직 慧可大師가 斷臂求法하사 言下에 知歸하시고 畢竟 祖師께서 所以를 言하라 하시는 命令下에 三拜依位하사, 得髓의 印可하심을 받으사 震旦에 第二祖가 되시고 達摩는 初祖가 되신지라. 第六祖 慧能大師에 至하야 聞經悟道하사 大丈夫 天人師 佛의 印可를 黃梅山 五祖 弘忍大師께 받으시고, 또 佛法이 由汝大行이라 하시는 記를 주시니, 自此로 祖門에 들어와 心法을 學하는 者 稻麻竹葦와 如한지라."

755_ 같은 책, 119쪽, "傳法悟道者를 不可勝記로대, 而其中에 南岳讓과 靑原思가 最高한 嫡子이오. 其餘 慧忠, 永嘉, 荷澤 等 諸大師도 다 廣大하게 正宗을 通達한 知識이라."

756_ 같은 책, "讓의 下에 馬祖道一禪師가 出하시니, 이는 곧 西天 第二十七祖 般若多羅尊者께서 達摩의 東來함에 對하야 '一馬駒가 出하야 天下人을 踏殺하리라.'는 預記에 符合한 一大偉傑의 人格이라. 其下에 八十四人의 善知識이 同時 輩出하였으니, 西堂, 百丈, 南泉, 麻谷, 歸宗, 章敬, 鹽官 등 諸大禪師도 是也라. 自爾로 法化大暢하야 見者聞者가 다 觀感興起하는 心을 發하나니, 無上大法이 海外諸國에 流布하지 아니할 수 없는 時節因緣이 到來하였다."

그러나 한암은 도의 외에도 9산선문의 개산조開山祖 중 홍척洪陟·
혜철惠哲·범일梵日·무염無染·철감澈鑑·현욱玄昱의 총 6분을 더 들고
있다.[757] 그런데 이들은 모두 마조도일의 홍주종계라는 공통점을 가진
다. 즉 한암은 9산선문 중 범홍주종계를 한데 묶고, 조동종曹洞宗을 사
법한 이엄李儼의 수미산문須彌山門과 4조 도신계道信系로 다소 계통이
불분명한 도헌道憲의 희양산문曦陽山門을 배제하고 있는 것이다. 한암
은 9산선문에 입각해서 논의를 전개하지만, 이를 의도적으로 재편하
는 모습이 확인되는 셈이다. 이의 효율적인 이해를 위해 나말여초 9산
선문의 개창 내용을 간략히 제시해보면 다음과 같다.[758]

❶ **가지산문**迦智山門: 도의道義(?~?)는 784년 입당入唐하여 마
조도일馬祖道一의 제자인 서당지장西堂智藏(735~814)에게 인
가印可를 받고 821년 귀국한다. 이후 이 가르침은 염거廉居
(?~844)와 보조체징普照體澄(804~880)에게 전해지고, 고려 중·
후기에 가지산문에서는 보각일연普覺一然과 태고보우太古普
愚가 등장한다.

757_ 같은 책, 119-120쪽, "其時에 新羅 道義大師가 望風西泛하사 西堂智藏和尙을 首謁하시고
法印을 得하야 東歸하심이 傳記가 昭昭하니, 그러면 達摩가 震旦에 初祖됨과 如히 道義가 海東에
初祖됨은 智者를 不待하고 可히 判定할 것이 아닌가. 뿐만 아니라 洪陟, 慧徹은 同 西堂에게, 梵日
은 鹽官에게, 無染은 麻谷에게, 哲鑑은 南泉에게 玄昱은 章敬에게 得法한 先後는 差異가 不無하
나, 다 同一히 馬祖下 知識에게 心印을 得하여 왔은즉同是 六祖의 五世孫이라."

758_ 金煐泰 著, 『韓國佛敎史』(서울: 經書院, 2000), 378-397쪽 ; 玆玄 著, 『佛敎史 100場面』(서
울: 佛光出版社, 2018), 456-460쪽 ; 가마타 시게오 著, 申賢淑 譯, 『韓國佛敎史』(서울: 民族社,
1994), 105-112쪽 ; 高翊晋 著, 『韓國古代 佛敎思想史』(서울: 東國大學校出版部, 1989), 487-
509쪽.

❷ **실상산문**實相山門: 홍척洪陟(?~?) 역시 서당지장의 인가를 받고 826년 귀국해서, 수철秀澈(817~893)에게 가르침을 전한다.

❸ **동리산문**桐裏山門: 혜철惠哲(785~861)은 814년 입당하여 역시 서당지장의 인가를 받고 839년 귀국한다. 혜철의 가르침은 나말여초의 옥룡자玉龍子 도선道詵(827~898)으로 계승된다.

❹ **성주산문**聖住山門: 낭혜무염朗慧無染(800~888)은 821년 입당하여 마조도일의 제자인 마곡보철麻谷寶徹의 인가를 받고 845년에 귀국한다.

❺ **사굴산문**闍崛山門: 통효범일通曉梵日(810~889)은 831년 입당하여 마조도일의 제자인 염관 제안鹽官齊安의 인가를 받고 847(혹 846)년에 회창법난會昌法難으로 강제 귀국한다. 사굴산문에서 고려 중·후기에 보조지눌과 나옹혜근이 나타난다.

❻ **사자산문**師子山門: 철감도윤澈鑑道允(798~868)은 825년 입당하여 마조도일의 제자인 남전보원南泉普願(748~834)의 인가를 받고 847년 회창법난으로 강제 귀국한다. 도윤의 가르침은 징효절중澄曉折中(826~900)에게 전해진다.

❼ **봉림산문**鳳林山門: 원감현욱圓鑑玄昱(787~868)은 824년 입당하여 마조도일의 제자인 장경회휘章敬懷暉에게 인가를 받고 837년 귀국한다. 현욱의 가르침은 진경심희眞鏡審希(855~923)에게 전해진다.

❽ **수미산문**須彌山門: 진철이엄眞澈利嚴(876~936)은 896년 입당하여 동산양개洞山良价의 제자인 운거도응雲居道膺

(853~902)의 인가를 받고 911년에 귀국한다.

❾ 희양산문曦陽山門: 지증도헌智證道憲(824~882)은 신라 안에
서 4조 도신道信의 문손門孫인 혜은慧隱에게 인가를 받는다.
그러나 혜은은 남종선이 아니었으므로 도헌의 손제자인 정
진긍양靜眞兢讓(878~956)은 900년 입당하여 청원행사靑原行思
의 제자인 석두희천石頭希遷 문하의 곡산도연谷山道緣의 인가
를 받고 924년에 귀국한다.

위와 같은 9산선문의 순서는 한국불교사 문헌에서 가장 일반적
으로 정리되어 있는 모습이다. 그런데 이와 같은 언급 순서는 한암이
제시한 개창조의 순서와 정확하게 일치한다. 즉 한암은 9산선문을 염
두에 두고 이의 통합적인 관점에서 해동조계종을 제시하고 있는 것
이다.

한암은 중국선불교의 법계法系에 있어서, 남악회양의 사법제자인
마조도일의 홍주종을 중심으로 설명하면서도 청원행사를 언급하는
모습을 보인다. 이는 직접적인 내용은 없지만, 9산선문 중 ❽의 수미산
문과 ❾의 희양산문이 청원행사계이므로 이를 의식한 기술로 판단된
다. 즉 9산선문을 모두 아우르기 위해서는, 주류는 아니더라도 청원행
사를 완전히 배척할 수는 없었던 것이다.

중국 남종선의 5가7종 구조를 보면, 남악회양과 마조도일의 문하
에서 임제종臨濟宗과 위앙종潙仰宗이 출현하고, 청원행사와 석두희천
石頭希遷(700~790)의 문하에서 운문종雲門宗·법안종法眼宗·조동종曹洞
宗이 발생한다. 소위 '강서江西의 마조馬祖'와 '호남湖南의 석두石頭'로

일컬어지는 '강호江湖'인 셈이다. 물론 5가 중에 임제종이 가장 번성하여, 후에 양기파楊岐派와 황룡파黃龍派로 분화된다. 즉 5가7종의 완성이다. 또 임제종과 더불어 5가 중에서 가장 주목할 만한 것은 조동종이다. 이와 같은 5가7종의 구조를 간략하게 제시해보면 다음과 같다.

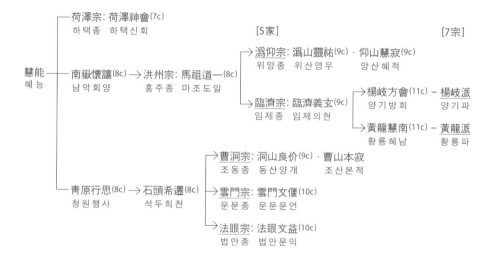

남종선의 5가7종 구조에서 본다면, 청원행사계를 포함하는 것은 타당하다. 그러나 9산선문 중 7곳이 홍주종계라는 점과 한국불교가 여말삼사麗末三師에 의한 임제종 전래에 따라 임제종 의식이 강하다는 점. 그리고 일본의 조동종과 임제종이 한국불교를 병합하려 했다는 점 등을 고려했을 때, 한암은 임제종을 포함하면서도 이와 변별되는 범홍주종계를 해동조계종의 정맥正脈으로 주장하는 것이 아닌가 한다. 또 해동조계종이 범홍주종계라면, 당연히 해동선불교의 초조는 도의가 되어야만 한다. 즉 한암은 해동조계종을 표방하지만, 이는 조계의 본래 의미인 혜능을 뜻하는 것이 아니라 그 속에는 홍주종의 마조가 존재하고 있는 것이다. 한암은 혜능의 조계를 표방하지만, 보다 구체적으로는 '조계=홍주종'의 구조를 상정하고 있다는 말이다.

일제강점기의 조계종 주장은 앞서 언급한 1918년의 이능화와 1920년의 금명 보정에서부터 시작된다.[759] 이들의 주장은 지눌과 직결되는 주장이기도 하다. 즉 여기에는 사굴산문과 관련된 조계종의 소지가 존재하는 것이다. 그런데 한암은 도의와 조계종을 하나로 연결시키는 범남종선계로서의 해동조계종의 모습을 제시해서 가시화시키고 있으며, 이는 이종욱이 주도한 조선불교조계종을 통해서 완성된다. 또 이러한 조계종의 창종에는 일본에 없는 종파 명칭인 조계종을 대두시켜, 한국불교의 자주성을 강조하고 일제의 불교통합 의도를 분쇄하려는 성격도 존재한다.[760] 이렇게 놓고 본다면, 이와 같은 한국불교의 자주적인 대안 역시 한암을 시원으로 한다고 할 수 있겠다.

한암의 조계종 주장은 고대부터 존재했던 '조계'라는 혜능을 상징하는 용어에서 기인한다. 조계가 혜능을 상징하는 것은 남종선의 개창자인 혜능이 광동성 조계산曹溪山 보림사寶林寺(현 남화선사南華禪寺)에

759_ 高榮燮, 「漢巖의 一鉢禪-胸襟(藏蹤)과 把捉(巧語)의 凝縮과 擴散」, 『漢岩思想』 제2집 (2007), 80쪽 ; 김용태, 「曹溪宗 宗統의 역사적 이해-近·現代 宗名, 宗祖, 宗旨 논의를 중심으로」, 『禪學』 제35호(2013), 154-156쪽.

760_ 漢巖門徒會·金光植 編, 「天雲」, 『그리운 스승 漢巖 스님(韓國佛敎 25人의 證言錄)』(서울: 民族社, 2006), 144쪽, "漢巖 스님의 지침은 中國과 日本에 없던 宗을 찾아내라는 것인데, 그것이 曹溪宗이라고 결정을 한 것이지." ; 金光植, 「大韓佛敎曹溪宗의 成立과 性格-1941~1962년의 曹溪宗」, 『禪學』 제34호(2013), 12-13쪽 ; 김용태, 「曹溪宗 宗統의 역사적 이해-近·現代 宗名, 宗祖, 宗旨 논의를 중심으로」, 『禪學』 제35호(2013), 154-156쪽 ; 慧炬, 「三學兼修와 禪敎融會의 漢巖思想」, 『淨土學硏究』 제8집(2005), 325쪽 ; 박희승, 「朝鮮佛敎曹溪宗의 主役 연구-宗正과 宗務總長을 중심으로」, 『淨土學硏究』 제4집(2001), 261쪽.

서 주로 가르침을 전개했기 때문이다. 현재의 남화선사에는 오늘날까지도 명나라의 감산 덕청憨山德淸(1546~1623)이 중건한 조전祖殿에 혜능의 등신等身이 보존되어 있다.[761] 이로 인해 801년에 지거智炬(혹 혜거慧炬)가 찬술하는 『조계보림전曹溪寶林傳』 등의 선어록이 만들어져 현재까지 전승된다.

한암은 「해동초조에 대하야」에서, 해동조계종의 연원적인 타당성을 총 3가지 전거를 들어 주장하고 있다.[762] 이를 정리해 보면 다음과 같다.

첫째, 〈조사예참문祖師禮懺文〉에 등장하는 "가지산조사해외전등도의국사迦智山祖師海外傳燈道義國師"

둘째, 〈가영歌詠〉에 등장하는 "조계문선시수개曹溪門扇是誰開(조계의 문호를 그 누가 열었는가?)"

셋째, 『삼국유사三國遺事』의 찬자撰者인 일연一然에 대한 수식인 "조계종가지산하曹溪宗迦智山下"

이 중 첫째와 둘째는 〈예참문〉과 〈가영〉이므로, 문헌의 기원을 고·중세로까지 소급하기에는 무리가 있다.[763] 또 마지막 셋째는 『삼국

761_ 玆玄 著, 『佛教史 100場面』(서울: 佛光出版社, 2018), 343-344쪽.

762_ 위의 책, 「12. 海東初祖에 對하야」, 120쪽, "또 月報 第五十八號에 退耕和尙의 曹溪宗에 對한 辯論을 看讀한 즉 〈祖師禮懺文〉 中에 '迦智山祖師海外傳燈道義國師'라 稱한거와, 〈歌詠〉 中에 '曹溪門扇是誰開'句와 『三國遺事』에 '曹溪宗迦智山下'라 稱한 等 文이 有力하게 證明하야 曹溪宗을 道義國師로부터 創立한 것이 조금도 疑問될 것이 없다."

763_ 權相老 撰, 「曹溪宗」, 『佛教』 제58호(1929. 4).

유사』의 본문에 나오는 구절이 아니라, 제5권의 맨 앞에 나오는 찬자에 대한 기록인 "국존조계종가지산하인각사주지원경조대선사일연찬國尊曹溪宗迦智山下麟角寺住持圓徑照大禪師一然撰"이라는 부분에 근거한 것이다.[764] 그러므로 이는 당연히 9산선문이 발흥하던 나말여초의 상황일 수 없다. 또 여기에서 조계종은 종파명이라기보다는 혜능을 계승한 가지산문이라는 의미로 이해하는 것이 타당하다. 그런데도 불구하고 한암은 이를 과거에도 오랜 연원 속에서 조계종에 대한 선문禪門의 통일인식이 존재했다는 전거로 삼고 있는 것이다.

한국불교의 종단 명칭과 관련해서, 종명宗名으로 조계종을 체계적으로 주장한 인물은 이능화보다도 보정寶鼎이다. 왜냐하면 이능화는 『조선불교통사』를 통한 자료정리의 성격이 강했기 때문이다. 이에 비해 보정은 1920년에 찬술한 『조계고승전曹溪高僧傳』의 「서문」에서 "오늘의 불일(보조)노사佛日(普照)老師가 9산九山의 장벽障壁을 열어 선禪·교종敎宗을 삼고, 제가諸家의 유파流派를 융합하여 조계종을 수립하였다. 이로부터 9산은 변하여 일도一道가 되고 양가兩家를 합하여 일종一宗의 종주宗主가 되었다."라고 적고 있다.[765] 보정의 이와 같은 주장은 다분히 송광사의 관점에 의한 주관적인 성격이 강하다. 그런데 한암 역시 이러한 관점을 취하고, 시원적으로는 도의를 내세워 새롭게 해동

////////////

764_ 이 부분은 『大正藏』卷49의 『三國遺事』에는 수록되어 있지 않고, 『韓佛全』卷6의 『三國遺事』에서만 확인된다.
『三國遺事』5(『韓佛全』6, 335a).

765_ 『曹溪高僧傳』, 「曹溪高僧傳序」(『韓佛全』12, 381a), "卽吾佛日老, 闢九山之障壁, 爲禪敎宗, 融諸家之派流立曹溪宗. 自是九山, 變爲一道, 兩家合爲一宗" ; 김용태, 「曹溪宗 宗統의 역사적 이해-近·現代 宗名, 宗祖, 宗旨 논의를 중심으로」, 『禪學』 제35호(2013), 154쪽.

선불교를 하나로 묶으려고 시도하는 것이다.[766] 그러나 한암이 제시하는 전거는 사실 미흡하다. 즉 해동 선불교의 통합이라는 뚜렷한 목적에 입각해서, 한암은 다소 무리한 주장을 제기하고 있는 것이다.

현대의 한국불교사적인 입장에서 본다면, 역사상 조계종이 상징적인 측면 말고 뚜렷한 독립 종파로 존재했던 적은 없다. 물론 조선 초의 『실록實錄』에서는 선종을 아울러 조계종으로 칭하고 있기는 하지만,[767] 이것이 당시 불교계의 보편적인 인식이었는지는 의심스럽다. 이런 점에서 본다면, 고려 시대에 존재하는 조계종이라는 인식은 모든 종교에서 흔히 살펴지는 기원에 대한 추구와 이를 통한 당위성의 강조 정도로 이해하는 것이 타당하다. 이는 모든 종교는 연역 논리에 기반하며, 이로 인해 가장 이상적인 본질이 시작점에 존재한다는 관점에

///////////

766_ 박재현은 1930년대를 전후한 시기에 제기된 宗祖論들을 다음과 같이 圖表로 정리하고 있어 이해에 도움이 된다.

구분	主唱者와 關聯 文獻(發表時期)	주요 내용
普照宗祖說	1. 李能和, 『朝鮮佛教通史』(1918) 2. 錦溟寶鼎, 『曹溪高僧傳』(1920) 3. 이재열, 「祖道復古에 관한 聲明書와 그 理由書」(1942) 4. 李鍾益(해방 무렵)	普照國師 이후 비로소 曹溪宗이 설립됐다.
太古宗祖說	包光 金映遂, 「曹溪宗에 대하여」(1938)	九山禪宗 가운데 유일하게 남은 迦智山門 繼承者는 太古普愚.
道義宗祖說	1. 方漢岩, 「海東初祖에 대하야」(1930) 2. 權相老(後), 「古祖派의 新發見」(1941 후반)	• 1941년 4월 總督府에서는 朝鮮佛教曹溪宗 宗祖를 太古普愚로 確定.

박재현, 「漢岩을 통해 본 한국 근대불교에서 知訥의 위상」, 『普照思想』 제55집(2019), 175-176쪽.

767_ 『太祖實錄』6, 太祖 3(1394)年 12月 15日 庚辰 2번째 記事, "曹溪宗僧徒請復談禪之法.";『太宗實錄』卷11, 太宗 6(1406)年 3月 27日 丁巳 1번째 記事, "曹溪宗·摠持宗, 合留七十寺; 天台·疏字·法事宗, 合留四十三寺."

기인한다. 즉 조계라는 단어는 하나의 독립된 종파라기보다는 '범남종 선계의 근본에 대한 추구의 상징' 정도의 의미인 것이다. 이런 점에서 조계종을 과거로 소급하여 구체화하려는 한암의 주장에는 분명 논란의 여지가 존재한다.

실제로 한암 역시 "그 위대하신 조사祖師의 성덕聖德을 어찌 모열경애慕悅敬愛치 아니하였으리오. 모열경애하는 본심편편本心片片 중에서 조계종이라는 명칭이 자연히 용출하였다."라고 하여[768] 조계종의 역사적인 실체보다는 이상적이고 추상적인 측면을 제기하고 있다. 이런 점에서 한암의 해동조계종 주장은 단순한 오류 주장이라기보다는, 당시 상황에 따른 의도와 필연성을 중심으로 이해하는 것이 타당하다. 즉 일제강점기 한국불교의 특수성에 입각해서, 한암은 한국불교를 하나로 묶고 정체성을 분명히 하기 위한 작업의 필연성을 제기하고 있었던 것이다.

한암의 해동조계종 주장에서 가장 주목되는 인물은 지눌이다. 도의가 초조라면 사상적인 핵심은 온전히 지눌에 맞춰져 있기 때문이다. 지눌은 한암에게는 현실에서 가르침을 받은 경허를 제외하고, 최고의 영향력을 행사하는 상징 인물이다. 특히 「일생패궐」에서 한암은 보조의 『수심결』을 읽다가 교학에서 선불교로 인식이 전환했음을 밝히고 있으며, 이후에도 한암에 대한 지눌의 영향은 다방면에 걸쳐 실로 막대하다.[769]

///////////

768_ 위의 책, 「12. 海東初祖에 對하야」, 120쪽.

769_ 高榮燮, 「漢巖의 一鉢禪−胸襟(藏蹤)과 把拽(巧語)의 凝縮과 擴散」, 『漢岩思想』 제2집

실제로「해동초조에 대하야」안에서도 지눌에 대한 내용은 상당한 분량을 차지한다.[770] 또 한암이 말하는 지눌의 위상은 중흥조 중에서도 최고인데, 이는 보우를 비판하는 것과 크게 대비된다.[771] 이 때문에 김호성은「해동초조에 대하야」를 다루는 소논문에서, 제목 자체를「한암의 도의-보조법통설」이라고까지 하는 모습을 보이고 있다.[772]

보조의 결사도량結社道場인 수선사修禪社(후일의 송광사)의 16국사 흐름에는 조계라는 명칭에 대한 의존성이 강하게 나타난다. 이는 한암의 언급에서처럼, 송광산松廣山이 고려 제21대 희종熙宗(재위, 1204~1211)의 칙명勅命으로 조계산曹溪山으로 바뀌는 것과 관련된다.[773] 송광산의 조계산으로의 명칭 변경은 크게 두 가지로 이해될 수 있다. 첫째는 보조의 정혜쌍수定慧雙修의 결사 정신을 조계 즉 혜능의 바탕 위에서 완성하기 위함이다. 둘째는 지눌 돈오점수의 당위성을 혜능에

///////////

(2007), 85-86쪽.

770_ 위의 책,「12. 海東初祖에 對하야」, 120-121쪽, "普照國師가 梵日의 後裔로서 大法幢을 松廣寺에 建立하사 最上宗乘을 開演하사 當世를 利益케 하시고, 또『修心訣』,『眞心直說』,『看話決疑』,『圓頓成佛論』等 直截徑要의 法門을 著述하사 將來를 普覺케 하시니, 於是乎에 祖道大興하고 佛日重輝한지라. 朝旨를 奉하여 山名을 曹溪로 變改하셨으니, 이는 곧 멀리 六祖를 敬慕하고 다시 海東 諸國師의 曹溪宗 創立한 淵源을 繼承함이 아닌가! 不然하면, 何必更名曹溪하야 煩弊케 하였으리오. 또 國師의 出家한 事實은 同〈碑銘〉에 '年甫八歲에 投曹溪雲孫宗暉禪師 祝髮受具戒'라 하였으니, 宗暉卽是曹溪雲孫이라 하였은즉 淵源이 斷絕하지 아니한 것도 可히 追想할지라."

771_ 같은 책, 121쪽, "이는 自違함이 너무 甚한 듯하다."; 123쪽, "또 淵源繼統을 正直하게 辯明할 것 같으면, 今日 我等 兄弟가 太古淵源이 아니라고 斷言하고 싶다."·"曹溪宗을 復活케 하신 碧溪禪師의 淵源이요, 太古의 淵源은 아니라고 아니하지 못할 줄로 斷言한다."

772_ 金浩星,「漢岩의 道義-普照 法統說-〈海東初祖에 對하야〉를 中心으로」,『普照思想』제2집 (1988), 參照.

773_ 위의 책,「12. 海東初祖에 對하야」, 120쪽, "朝旨를 奉하여 山名을 曹溪로 變改하셨으니"; 金君綏 撰,〈松廣寺佛日普照國師碑銘〉, "上(熙宗)自潛邸, 素重其名, 及卽位, 命號改爲曹溪山修禪社, 御親書題榜."

게서 구하려는 당위 천명의 목적이다. 즉 조계를 천명함으로써, 지눌의 당위성이 보다 강력하게 확립될 수 있었던 것이다.

한암 역시 지눌의 실천행을 조계와 연결하는 송광사의 관점에 동의하는 것으로 판단된다. 실제로 한암은 사법에서는 경허를 천명하지만, 인생 모식은 지눌의 영향을 강하게 읽어 볼 수 있다. 이는 한암의 이후 행적을 보면, 상원사의 26년 불출동구不出洞口와[774] 깔끔한 선원 운영을 통해 결사에 버금가는 노력을 경주하고 있다는 점. 또 한암은 경허의 사법을 천명하고 있음에도 내용적으로는 대혜와 보조의 돈오점수를 수용하며, 이는 수제자인 탄허에게서도 확인된다는 점을 통해서도 인지해 보는 것이 가능하다.[775]

주지하다시피 보우의 관점은 돈오점수가 아닌 돈오돈수이며, 이러한 양자의 깨달음에 대한 차이로 인해 1980년대 말 퇴옹성철退翁性徹(1912~1993)에 의해 돈오돈수·돈오점수(돈점) 논쟁이 촉발되기도 했다.[776] 한암의 지눌에 대한 의지가 강하게 나타난다는 점은 색깔이 다른 보우를 수용하는 것이 쉽지 않다는 것을 의미한다. 실제로 한암에게 있어 지눌 다음으로 많은 영향을 미치는 인물인 나옹懶翁[777] 역시 「해동

774_ 李元錫, 「漢巖의 上院寺 移居와 시기 검토」, 『淨土學硏究』 제28집(2017), 178쪽.

775_ 權奇完(文光), 「現代 韓國 禪思想의 두 지평-性徹의 '徹'적 家風과 吞虛의 '吞'적 家風」, 『東아시아佛敎文化』 제27집(2016), 333-336쪽 ; 權奇完(文光), 「吞虛 宅成의 四敎會通思想 硏究」(城南: 韓國學中央硏究院 博士學位論文, 2018), 40-51쪽.

776_ 박태원, 「頓漸 論爭의 독법 구성」, 『哲學論叢』 제69집(2012), 385-388쪽 ; 김진, 「韓國佛敎의 頓漸論爭」, 『哲學硏究』 제54집(2001), 106-126쪽.

777_ 廉仲燮, 「懶翁의 功夫十節目에 대한 漢巖의 답변과 관점」, 『韓國佛敎學』 제78집(2016), 198-200쪽.

초조에 대하야」에서는 일체 언급이 없다. 이 역시 돈오돈수의 관점 때문이 아닌가 추정된다. 특히 보우는 선승 본연의 모습보다는 개경開京 광명사廣明寺의 원융부圓融府를 통해서, 9산선문을 통합하고 장악하려는 등 정치적인 색채가 강한 인물이기도 하다.[778] 이와 같이 지눌과 대비되는 보우의 모습은 한암의 기질적인 측면과 더불어져 보우를 강력하게 비판하는 한 이유가 되었을 것이다.

사실 도의초조론을 주장하더라도 도의가 가지산문의 개창자며 보우 역시 가지산문 출신이라는 점을 감안한다면, '도의 → 보우'의 연결이 '도의 → 지눌'의 구조보다 훨씬 더 매끄럽고 자연스럽다. 즉 가지산문의 개창자인 도의를 사굴산문의 보조와 연결시키는 것은 일반적이지 않다는 말이다. 특히 당시에는 태고초조설이 보편적이었다는 점을 감안한다면, 한암이 '도의道義-태고법통설太古法統說'을 주장했다면 가장 무난했었던 상황이었다.[779] 특히 『조당집祖堂集』 권17에는 도의가 중국 광동성의 조계산曹溪山에 이르러, 육조 혜능의 진신眞身을 모신 조전祖殿을 참배한 기록이 수록되어 있다는 점에서 더욱 그렇다.[780] 즉 한암의 도의 → 지눌의 연결구조 속에는 뚜렷한 보우에 대한 배타 의식이 존재하는 것이다.

또 지눌을 핵심적인 중흥조로 놓을 경우에는, 보우를 막기 위한

778_ 『太古和尙語錄』下,「普愚行狀」(『韓佛全』6, 698c).

779_ 이와 같은 방식을 취하는 것이 李鍾郁에 의한 總本山 太古寺 建立과 朝鮮佛敎曹溪宗의 創宗이라고 판단된다.

780_ 『祖堂集』17,「雪岳陳田寺元寂禪師」(『大藏經補編』25, 615b), "後到曹溪, 欲禮祖師之堂, 門扇忽然自開, 瞻禮三遍而出, 門閉如故."

대항마로 동시대에 활약한 나옹을 보조의 뒤에 연결해서 강조하는 것도 바람직하다. 즉 '도의 → 보조 → 나옹'의 구조인 셈이다. 이와 같은 방식이 가능한 또 다른 이유는 지눌과 나옹이 모두 사굴산문이라는 점. 또 조선 초기의 법통설에서 보조와 나옹을 연결하는 구조가 발견된다는 점에서 충분히 가능하다.[781]

그런데 한암은 이와 같은 방식도 취하지 않고 있다. 이는 한암이 역사적인 관점에서 도의초조론을 주장하는 동시에, 내용적인 측면에서는 대혜와 지눌의 돈오점수를 따르려는 강력한 목적이 존재했기 때문으로 이해된다. 이와 같은 한암의 명확한 소신과 관점으로 인해, 돈오돈수를 주장한 보우나 나옹은 「해동초조에 대하야」에서 비중 있는 위치를 차지할 수 없게 된다.

그러나 한암의 도의-지눌의 연결은, 필연적으로 가지산문과 사굴산문을 넘어서 연결해야만 하는 문제의 필연성을 발생시킨다. 이 때문에 한암이 제기하는 것이 범홍주종계를 통한 연결이며, 이것이 바로 그가 주장한 해동조계종의 근간이라고 판단된다.

3) 태고초조론太古初祖論 비판과 왕통王統의 주장

한암이 「해동초조에 대하야」에서 주장하는 태고초조설에 대한 비판은 크게 두 가지이다. 첫째는 보우가 초조가 되면, '그 이전의 9산선

781_ 『清虛堂集』, 「序」(『韓佛全』 7, 659c-660a) ; 『四溟堂大師集』, 〈松雲大師石藏碑銘並書〉(『韓佛全』 8, 75b).

문에 입각한 해동 선불교의 전통은 어떻게 처리해야 하느냐?'는 것.[782] 둘째는 법맥의 투명성에 대한 문제이다. 이 두 번째 부분에서 제기되는 것이 '태고보우太古普愚 → 환암혼수幻庵混脩 → 구곡각운龜谷覺雲 → 벽계정심碧溪定心'에서 구곡龜谷의 문제이다. 즉 구곡은 송광사의 제13대 국사인 각엄覺儼(각진복구覺眞復丘, 1270~1355)의[783] 법계이므로 혼수와의 연결점이 존재하지 않는다는 주장이다.[784]

그렇다면 왜 신라 말에 도의를 필두로 하는 남종선이 들어와서, 나말여초에 9산선문으로 확대됨에도 불구하고 조선 후기에는 여말의 태고초조설이 제기되는 것일까? 게다가 보우는 가지산문임이 분명한데도 말이다.[785] 이는 원元이 남송을 지배하게 되면서, 중국 강남의 선불교가 오후인가悟後印可를 강조한 것에서부터 연유한다. 오후인가의 강조는 몽산덕이蒙山德異(1231~1308)의 영향이 강하며,[786] 여기에는 고

<hr />

782_ 위의 책, 「12. 海東初祖에 對하야」, 121쪽, "新羅諸國師의 首入祖門하야 得法東歸하신 것이, 今日 太古가 初祖라는 問題下에 歸於虛地가 되었으니 어찌 可惜지 아니하리오."

783_ 松廣寺 國師殿의 16國師 眞影 중에는 제13세를 '覺儼'으로 적고 있다. 그런데 13세 國師는 天英에게 출가한 復丘로 1350년 王師로 冊封되어 覺儼尊者로 존중되다가 入寂 후에는 覺眞國師로 追贈되었다.
黃仁奎, 「修禪寺 16國師의 位相과 追念-松廣寺의 僧寶宗刹 설정과 관련하여 試攷함」, 『普照思想』제34집(2010), 100쪽.

784_ 위의 책, 「12. 海東初祖에 對하야」, 121쪽, "龜谷覺雲禪師가 曹溪宗 第十三國師 覺儼尊子의 孫弟子됨은 分明히 李能和先生 所著 『佛敎通史』에 記載되었는데, 太古國師의 孫弟子라는 文句는 古來傳記與〈碑銘〉에 都無하다 하였은즉, 何를 據하야 太古로써 龜谷의 法祖를 定할까 생각해 볼 것이다."

785_ 『太古和尙語錄』下, 「普愚行狀」(『韓佛全』6, 696a), "年甫十三, 投檜巖廣智禪師, 薙髮, 未幾訪道於迦智下叢林."

786_ 趙明濟, 「高麗後期 『蒙山法語』의 受容과 看話禪의 展開」, 『普照思想』제12집(1999), 254-258쪽 ; 姜好鮮, 〈2. 無字話頭의 확산과 入元印可의 유행〉, 「忠烈·忠宣王代 臨濟宗 수용과 高麗佛敎의 變化」, 『韓國史論』제46집(2001), 87-103쪽 ; 黃仁奎, 「高麗後期 禪宗山門과 元나라 禪風」,

봉원묘高峰原妙(1238~1295)적인 측면도 존재한다.[787]

중국이 몽고라는 이민족 지배 시기를 맞이하는 과정에서, 끝까지 저항한 강남의 남인南人 즉 남송인들은 원의 신분제 안에서 최하층인 4번째가 된다.[788] 이런 상황에서 강남의 선불교는 자신들의 당위성과 자존감을 확립하는 차원에서 오후인가를 강조하기에 이른다. 또 여기에는 원나라에서 유행한 티베트의 라마불교가 대처·육식을 용인하는 청정하지 않은 주술적인 불교였다는 점 역시 한 역할을 했다.[789] 즉 문제가 있는 티베트불교와 변별할 수 있는 강남 선불교만의 특징이 필요했던 것이다. 이러한 강남불교의 흐름은 이후 고려에도 강하게 영향을 미치게 된다.

고려불교는 원 간섭기 이전에는 법맥法脈이나 인가印可로부터 유연한 모습을 보인다. 이는 원 간섭기 이전의 지눌이나 이후의 송광사계 승려들의 중국 유학이 크게 두드러지지 않은 모습을 통해서 확인해 볼 수 있다.

그러나 고려 말이 되면, 강남불교의 영향으로 인가의 당위성이 주

『中央史論』제23집(2006), 101쪽.

787_ 趙明濟, 「高麗末 元代 看話禪의 수용과 그 사상적 영향-蒙山, 高峰을 중심으로」, 『普照思想』제23집(2005), 151-156쪽.

788_ 元은 民族을 4등급으로 구분했다. 첫째, 蒙古人. 둘째, 중앙아시아의 色目人. 셋째, 金나라 중심의 華北人 즉 漢人. 넷째, 南宋의 江南 南人이다.
愛宕松男 著, 「第4章 身分制度」, 『元朝の對漢人政策』[京都: 東亞研究所, 昭和18年(1943)], 98-104쪽 ; 오타기 마쓰오 著, 윤은숙·임대희 譯, 「1. 種族別 身分規程」, 『大元帝國』(서울: 혜안, 2013), 201-210쪽.

789_ 廉仲燮, 「指空의 戒律意識과 無生戒에 대한 고찰」, 『韓國佛教學』제71집(2014), 276-278쪽 ; 廉仲燮, 「指空의 戒律觀과 티베트불교와의 충돌양상 고찰」, 『溫知論叢』제44집(2015), 145-157쪽.

류를 이루며 앞다툰 입원入元 인가 유학游學 상황이 발생한다. 이때 인가 유학을 갔던 대표적인 승려들은 여말삼사麗末三師로 칭해지는 태고보우太古普愚·나옹혜근懶翁惠勤·백운경한白雲景閑 등이며, 이외에도 설산천희雪山千熙·무학자초無學自超·축원지천竺源智泉 등이 더 있다.[790] 즉 여말에는 강남 선불교와 관련된, 그 이전과는 사뭇 다른 흐름이 존재하는 것이다. 바로 이 인가라는 새로운 지점에서 태고초조설이 제기되며, 이것이 조선 후기에 유교의 학통學統과 보학譜學의 영향 속에서 보다 구체화되며 일반화되기에 이른다.[791] 즉 사자상승師資相承이라는 법맥法脈의 투명성에 근거할 때 보우가 초조가 되어야 한다는 관점인 것이다.

그러나 법맥설法脈說의 모두가 스승의 직접적인 인가라면, 이 논리는 전혀 문제될 것이 없다. 그러나 후대로 내려오게 되면, 인가 전통에 원사遠嗣 등에 따른 혼란 양상이 발생하게 된다.[792] 원사란 일반적으로는 서로 직접적인 사제師弟 관계가 아니며, 때로는 많은 연대 차가 존재하는 경우에도 후인의 필요에 의해 법계가 계승되는 것을 말한다.

790_ 趙明濟,「高麗末 元代 看話禪의 수용과 그 사상적 영향-蒙山, 高峰을 중심으로」,『普照思想』제23(2005), 160쪽 ; 黃仁奎,「高麗後期 禪宗山門과 元나라 禪風」,『中央史論』제23집(2006), 90-91쪽 ; 廉仲燮,「指空의 敎·禪修學 주장에 대한 검토와 문제점」,『東洋哲學硏究』제82집(2015), 120쪽.

791_ 廉仲燮,「幻庵混脩의 嗣法 정황과 法系에 대한 인식변화 II」,『東아시아佛敎文化』제32호(2017), 327-330쪽.

792_ 遠嗣 문제는 漢巖도 정확하게 인지하고 있었다.
「12. 海東初祖에 對하야」, 123쪽, "龜谷이 第十三國師 覺儼尊者의 孫弟子인 故로 그를 遠嗣하야 曹溪淵源을 復活케 하심은 事實이다. … 云云 … 海東 曹溪宗 普照國師로부터 第十三國師 覺儼尊者의 孫弟子인 龜谷禪師와 龜谷을 遠嗣하야 曹溪宗을 復活케 하신 碧溪禪師의 淵源이요."

또 여기에는 동시대인이라도 정식 인가를 받지 못한 상태에서 후학이 선학의 계승을 주장하는 경우도 포함된다.

선불교의 사법 전통에는 스승의 인가도 중요하지만, 때로는 제자가 스스로 누구의 법을 이었다는 주장을 통해 법맥이 확립되는 경우도 상당수 존재한다. 실제로 한암도 스스로가 경허의 사법을 주장하지만, 「일생패궐」을 보면 한암이 경허에게 직접 인가를 받은 것은 아님을 알 수 있다.[793] 그런데도 이 역시 사법으로 인정된다. 이렇다 보니 필연적으로 법맥설에는 법계의 상속과 관련된 정당성 문제가 존재할 수밖에 없는 것이다.

오늘날 한국불교의 법맥설에 대한 연구의 주류는, 이것이 사실에 대한 기록이라기보다는 조선 후기 유교의 학맥學脈과 보학譜學 등의 영향에 의해 불교적인 당위성을 주장하는 과정에서 재조정된 것이라는 정도이다.[794] 즉 법맥은 실체가 아닌 당위의 기록이라는 말이다. 이런 점에서 한암이 제기한 법맥의 불투명성 문제는 이것이 틀렸다는 지적의 한계점을 가지고 있지만, 그럼에도 문제의 핵심만큼은 제대로 짚고 있다고 하겠다.

한암은 태고초조설의 문제점을 비판하며, 도의를 초조로 삼아 조계종의 계통을 재정리하려는 모습까지 보인다. 이는 특정 인물을 중심

793_　漢岩 撰, 「1. 一生敗闕」, 『定本-漢岩一鉢錄 上』(平昌: 漢巖門徒會·五臺山 月精寺, 2010), 269쪽, "時當末葉하야 佛法衰廢之甚하야 難得明師印證이라. 而和尙은 長髮服儒하야 來往於甲山江界等地라가 是歲入寂하시니, 餘恨可旣로다."

794_　김용태, 「'浮休系'의 系派認識과 普照遺風」, 『普照思想』 제25집(2006), 329-339쪽 ; 高榮燮, 「浮休 善修系의 禪思想과 法統認識」, 『韓國佛敎史硏究』 제4권(2013), 150-163쪽.

으로 하는 일계一系가 아닌 한국 선불교 전체를 통합한 연결이라는 점에서, 태고법통설 주장과는 출발점이 완전히 다르다. 즉 한암은 정통의 강조가 아닌 한국 선불교의 전체적인 통합을 염두에 두고 있는 것이다. 이와 같은 한암의 법맥 주장을 간략하게 정리해 보면 다음과 같다.

> 중국: 혜능慧能 → 회양懷讓 → 마조馬祖 → 서당西堂 · 염관鹽官 · 마곡麻谷 · 남전南泉 · 장경章敬 → 해동: 도의道義 · 홍척洪陟 · 혜철慧徹 · 범일梵日 · 무염無染 · 철감哲鑑 · 현욱玄昱 … 보조普照와 송광사의 16국사 / 13대 각엄覺儼(복구復丘) →졸암拙庵 → 구곡龜谷 → 벽계碧溪 → 벽송碧松 (→ 부용芙蓉 → 청허淸虛 · 부휴浮休)795

한암의 법계 주장에는 필연적으로 '사자상승師資相承의 일계一系가 아닌, 법맥이 과연 남종선 안에서의 정당성을 가질 수 있느냐?'의 문제를 파생하게 된다. 한암 역시 이와 같은 반론 여지를 충분히 인지하고 있었다. 이 때문에 자신 주장의 타당성을 변증하기 위해, "조문祖門의 도통연원道統淵源이 국가의 왕위계통王位繼統과 여如함"을 천명하는 모습을 보인다.796

795_ 위의 책, 「12. 海東初祖에 對하야」, 123쪽, "自今爲始하야 道義國師로 初祖를 定하고 次에 梵日國師로, 次에 普照國師로 第十三國師 覺儼尊者에 至하야 拙庵昷衍, 龜谷覺雲, 碧溪正心, 이렇게 淵源을 定하야 다시 海東曹溪宗을 復活하는 것이 正當합니다." ; 金浩星, 「漢岩의 道義-普照法統說-〈海東初祖에 對하야〉를 중심으로」, 『普照思想』 제2집(1988), 414쪽.

796_ 위의 책, 「12. 海東初祖에 對하야」, 121쪽, "或 말하기를 國師 中에 모두 普照의 直孫이 아니라고 하겠지마는, 此人은 祖門의 道統淵源이 國家의 王位繼統과 如함을 不知함이라."

국왕은 적장자를 통한 일계를 원칙으로 하지만, 상황에 따라서 이 원칙은 달라지는 현상이 발생하고는 한다. 그런데 왕계王系에서는 '누가 왕이 되었느냐?'가 '누가 적장자인가?'에 비해 더 중요하다. 이는 중요도에 따른 타당성을 주장하는 것으로, 역사의 서술과 왕통의 정당성 부여를 위한 논리이다. 실제로 중국의 정사正史 서술원칙을 보면, 왕조의 정당성보다 우선하는 것이 승자의 타당성이다. 이는 사마광司馬光 (1019~1086)이 정사인『자치통감資治通鑑』에서 조조의 위나라를 중심으로 서술하는 조위 정통론을 통해서도 단적인 판단이 가능하다.[797] 이에 대해 남송의 주희는 당시 북방 금나라의 침략과 압박 속에서, 남송의 정당성을 강조하는 것과 연관된 유비의 촉한을 부각한 촉한 정통론을『자치통감강목通鑑綱目』에서 제기한다.[798] 이를 통해서 후에『삼국지연의三國志演義』등이 대두하기는 하지만, 그럼에도『자치통감』의 정사로서의 위상이 흔들린 것은 아니다. 그런데 한암이 바로 이 부분을 차용해서 반론을 제기하고 있는 것이다. 이는 "모파원손某派遠孫을 물론하고, 왕위에만 오르면 곧 계통繼統이 된다."는 한암의 관점을 통해서 분명해진다.[799]

한암의 왕통 주장은 당말唐末 유학의 부흥과 관련해서, 한유韓愈

797_ 司馬光 編,『資治通鑑』(北京: 中華書局, 1996), 2187쪽, "據其功業之實而言之." ; 최석원·김보경,「南宋 文人의 三國 역사관 고찰-蜀漢 正統論과 인물 담론을 중심으로」,『中國語文論叢』제75집(2016), 204-205쪽.

798_ 최석원·김보경,「南宋 文人의 三國 역사관 고찰-蜀漢 正統論과 인물 담론을 중심으로」,『中國語文論叢』제75집(2016), 206쪽.

799_ 위의 책,「12. 海東初祖에 對하야」, 121쪽.

(퇴지退之, 768~824) 등이 제기하는 도통설道統說과[800] 조선 후기 유학의 최대 논쟁 중 하나인 예송논쟁禮訟論爭의 영향에 따른 것으로도 이해된다. 먼저 도통설은 중국 전통의 3황三皇·5제설五帝說에[801] 주공周公→공자孔子→맹자孟子를 연결하는 방식이다. 삼황오제설은 중국의 전설적인 고대왕조의 건국 시조인 복희伏羲·신농神農·황제黃帝와 당요唐堯·우순虞舜·하우夏禹·상(은)탕商(殷)湯·주문왕周文武 등을 연결하는 구조로, 이들은 시대와 혈통 등에서 완전히 이질적이다. 그럼에도 내성외왕內聖外王에 입각한 왕도정치王道政治의 모범이라는 성군론聖君論에[802] 입각해서, 이들은 선성후성先聖後聖의 부절符節 상속 관념 속에서 하나로 연결된다.

한유가 도통설을 제기하는 이유는 삼황·오제를 이어, 주공→공자→맹자를 계승하는 도통의 정당성이 자신에게 있음을 주장하기 위함이었다. 그러나 북송시대가 되면 한유는 도통에서 배제되고, 주돈이周敦頤(1017~1073)와 정호程顥(1032~1085)·정이程頤(1033~1107) 등이 도통을 계승한 것으로 받아들여진다. 즉 맹자에게서 끊어진 도통이, 1400년을 격해서 북송오자北宋五子에게 계승된다는 주장이다.[803] 이런

///////////

800_ 蔡方鹿 著,『中國道統思想發展史』(成都: 四川人民出版社, 2003), 259-268쪽 ; 趙吉惠 外著, 김동휘 譯,『中國儒學史2』(서울: 신원문화사, 1997), 271-272쪽 ; 林明熙,「中國哲學史上的"系統說"與"道統"觀念」,『哲學과 文化』제18집(2009), 168-171쪽.

801_ 班古 著, 辛正根 譯,『白虎通義』(서울: 소명출판, 2005), 70-72쪽 ; 李春植 著,『中國 古代史의 展開』(서울: 신서원, 1997), 27-29쪽.

802_ 李宗桂 著, 李宰碩 譯,『中國文化槪論』(서울: 東文選, 1993), 125-137쪽 ; 洪修平 著, 金鎭戊 譯,『禪學과 玄學』(서울: 운주사, 1999), 234-243쪽.

803_ 宋代 新儒學은 道統說을 주장하며 孟子에게서 단절된 心法이 1,400년을 隔絶해 北宋의 程顥에게 상속하는 것으로 표현한다(張德麟 著, 박상리 外 譯,『程明道의 哲學』, 서울: 예문서원, 2004,

방식의 도통 연결은 다분히 억지스러운 면이 있다. 그러나 이는 오늘날의 관점일 뿐이며, 성리학의 나라인 조선에서 이 도통설은 문제없이 수용되면서 일반화된다.

또 이러한 도통설은 조선 초 사림士林의 당위성 강조와 맞물려, '정몽주鄭夢周(1337~1392) → 길재吉再(1353~1419) → 김숙자金叔滋(1389~1456) → 김종직金宗直(1431~1492) → 김굉필金宏弼(1454~1504) → 조광조趙光祖(1482~1519)'로 연결되는 학통의 강조 양상을 초래하게 된다. 이와 같은 영향은 조선 후기에 학통과 보학의 유행 속에 더욱 강화되는 모습을 나타낸다.

한암 역시 출가 전에 유학을 공부했다는 점. 또 「해동초조에 대하야」 속에 "16국사十六國師가 계출繼出하야 도통연원道統淵源의 광명정대光明正大함이 서천4·7西天四七(28조)과 당토오종唐土五宗에 비할지라."라는 언급을 하고 있다는 점에서,[804] 이와 같은 영향을 받았다는 점은 자못 분명하다.

또 한암의 왕통 주장과 관련해서는 조선의 제18대 현종顯宗(재위 1659~1674)의 즉위와 함께 발생하는 기해예송己亥禮訟(1659)과 갑인예송甲寅禮訟(1674)의 1·2차 예송논쟁 역시 주목할 만하다. 예송논쟁은 왜란과 호란의 양란으로 피폐해진 조선의 상황을 예학禮學으로 안정화시켜 보자는 배경 속에서, 서인과 남인의 충돌로 빚어지는 정치논쟁

///////////

33쪽; 狩野直喜 著, 吳二煥 譯, 『中國哲學史』, 서울: 乙酉文化社, 1997, 371쪽, "周公沒聖人之道不行, 孟軻死聖人之學不傳 … 先生生千四百年之後, 得不傳之學於遺經"). 이는 『孟子』「離婁 下」에서 舜과 文王이 "得志行乎中國, 若合符節, 先聖後聖, 其揆一也."라고 한 전통을 따른 것이다.

804_ 위의 책, 「12. 海東初祖에 對하야」, 121쪽.

이다.[805] 그런데 이 논쟁의 초점은 '선조의 차남인 효종孝宗이 왕통을 승계했으니 적장자嫡長子로 볼 수 있느냐?'의 것이었다.[806] 한암이 조문祖門의 승계 역시 '왕통의 계승과 같다.'고 하였으니, 이는 자신의 논리적 준거로 예송논쟁의 영향을 드러내는 것이라고 할 수 있다.

이상의 두 가지가 유교적인 측면이라면, 한암의 논리적 전거에는 이외에도 불교 내적인 부분도 일부 존재한다. 이는 조선 초에 대두하는 나옹법통설懶翁法統說이 그것이다.[807]

나옹은 보우와 함께 고려 말 선불교에서 가장 중요한 인물이다. 실제로 나옹은 당시 생불生佛로까지 평가되며,[808] 나옹의 문도들은 여말선초 불교계를 장악하는 모습을 보인다.[809] 이로 인해 나옹은 여말삼사에 포함되는 동시에, 모든 중요한 불교의식佛教儀式에 등장하는 신격화된 존재로서의 증명삼화상證明三和尚으로도 규정되기도 한다.[810] 증명

/////////

805_ 최근덕,「朝鮮朝 禮訟의 배경과 발단에 관한 연구」,『東洋哲學硏究』제24권(2001), 90-111쪽.

806_ 박종석,「服制 禮訟에서 나타난 宗統에 대한 인식」,『歷史와 社會』제32권(2004), 138-144쪽.

807_ 李哲憲,「淸虛系の 禪思想과 法統認識」,『韓國佛教史硏究』제4권(2013), 112쪽 ; 崔柄憲,「朝鮮時代 佛教法統說의 問題」,『韓國史論(金哲埈博士停年紀念號)』제19호(1989), 286-288쪽 ; 김용태,「朝鮮後期·近代의 宗名과 宗祖 인식의 역사적 고찰」,『禪文化硏究』제8집(2010), 48-49쪽 ; 高榮燮,「浮休 善修系의 禪思想과 法統認識」,『韓國佛教史硏究』제4권(2013), 151-155쪽.

808_ 廉仲燮,「懶翁의 붓다化에 대한 고찰」,『史學硏究』제115호(2014), 233-247쪽 ; 南東信,〈2. '生佛' 관념〉,「麗末鮮初期 懶翁 顯彰 運動」,『韓國史硏究』제139호(2007), 188-191쪽 ; 姜好鮮,〈2) 懶翁 顯彰事業〉,「高麗末 懶翁惠勤 硏究」(서울: 서울大 博士學位論文, 2011), 244-259쪽 ; 李哲憲,〈3. 舍利信仰으로 본 惠勤〉,「懶翁 惠勤의 硏究」(서울: 東國大 博士學位論文, 1997), 223-226쪽.

809_ 南東信,「麗末鮮初期 懶翁 顯彰 運動」,『韓國史硏究』제139호(2007), 參照 ; 姜好鮮,〈2) 懶翁 顯彰事業〉,「高麗末 懶翁惠勤 硏究」(서울: 서울大 博士學位論文, 2011), 244-259쪽 ; 李哲憲,〈3. 舍利信仰으로 본 惠勤〉,「懶翁 惠勤의 硏究」(서울: 東國大 博士學位論文, 1997), 223-226쪽.

810_ 白坡亘璇 著, 김두재 譯,『作法龜鑑』(서울: 東國大學校出版部, 2010), 200쪽 ; 安震湖 編,

삼화상은 나옹의 인도 법계法系인 지공指空과 사법 제자인 자초를 연결하는 '지공선현指空禪賢(1300~1361) → 나옹혜근懶翁惠勤(1320~1376) → 무학자초無學自超(1327~1405)'의 사제師弟 구성방식이다.

나옹법통설은 허균許筠(1569~1618)의 『청허당집淸虛堂集』「서문」과[811] 〈사명송운대사석장비명四溟松雲大師石藏碑銘〉[812] 등에서 확인되는 것으로 조선 초의 대표적인 법계 주장이었다. 그런데 여기에는 지눌과 나옹이 연결되는 등 직접적인 사자상승의 구조를 벗어난 관점이 존재하고 있어 주목된다. 실제로 조선 후기 이전에는 한암의 왕통 주장과 같은 법계 인식이 상당한 영향력을 확보하고 있었던 것 같다. 이는 가지산문의 일연一然(1206~1289)이 개당開堂하여 자신의 사법嗣法을 천명함에 있어, "멀리 (가지산문) 목우(지눌)화상牧牛(知訥)和尙의 법을 계승했다."라고 하는 것 등을 통해서도 분명해진다.[813] 나옹은 누차 언급한 바와 같이 한암에게는 지눌 다음으로 많은 영향을 미친 선승이다.[814] 이런 점에서 한암이 나옹법통설을 인지하고 있었을 개연성도 상당히 존재한다.

나옹법통설은 나옹이 임제종의 제18대 법손인 평산처림平山處林

<hr>

「佛像點眼-點筆法」·「袈裟通門佛-三和尙請」, 『釋門儀範(下篇)』(서울: 法輪社, 2000), 108·117쪽; 李哲憲, 〈2. 儀禮集에서의 惠勤〉, 「懶翁 惠勤의 研究」(서울: 東國大 博士學位論文, 1997), 216-222쪽.

811_ 『淸虛堂集』, 「序」(『韓佛全』7, 659c-660a).

812_ 『四溟堂大師集』, 〈松雲大師石藏碑銘立書〉(『韓佛全』8, 75b).

813_ 閔漬 撰, 〈麟角寺普覺國尊靜照塔碑〉, "開堂遙嗣, 牧牛和尙."

814_ 廉仲燮, 「懶翁의 功夫十節目에 대한 漢巖의 답변과 관점」, 『韓國佛敎學』 제78집(2016), 198쪽.

(1279~1361)의 법맥도 계승했지만, 그의 사법 주류는 인도 승려인 지공이었다.[815] 원 간섭기에는 중국 강남江南 남인南人의 신분이 낮았기 때문에 인도 승려인 지공의 사법이 더 높게 평가되었다.

그러나 조선 후기가 되면 모화사상慕華思想이 강한 성리학이 발달하고, 임진왜란 때 명의 파병에 따른 재조지은再造之恩의 인식이 노론老論의 당론으로 일반화된다. 이로 인해 청淸의 건국과 병자호란 이후의 복속에도 불구하고, 조선은 소중화小中華를 표방하며 이중적인 행동을 취하였다. 이러한 중화주의의 유행으로 인해, 인도 승려인 지공중심의 나옹법통설은 중국 임제종의 석옥청공石屋淸珙(1272~1352)만을 계승한 태고법통설로 변모하는 모습을 보이게 된다.[816] 즉 인도와 중국에 대한 판단이 바뀌면서, 나옹법통설이 태고법통설로 변화하는 것이다. 이런 점을 고려한다면, 나옹법통설이라는 불교 내적인 관점에서도 한암의 '조문祖門 즉 조통祖統은 왕통王統과 같다.'는 주장은 충분한 타당성을 확보한다고 하겠다.

한암은 「해동초조에 대하야」가 길지 않은 글임에도 불구하고, 아래와 같이 3차례나 태고초조설을 극단적으로 비판하는 모습을 보이고 있어 주목된다.

근래 문학상文學上에 태고보우국사로 해동초조를 정함이 반

815_ 廉仲燮, 「懶翁의 浮沈과 관련된 指空의 영향-指空에 대한 인식의 변화를 중심으로」, 『國學研究』 제24집(2014), 98-116쪽.

816_ 같은 論文, 117-120쪽.

반班班이 현로現露되니, 이는 가위自違함이 너무 심한 듯하다.[817]

연원계통淵源繼統을 정직하게 변명辯明할 것 같으면, 금일 아등我等 형제가 태고연원太古淵源이 아니라고 단언하고 싶다.[818]

(이리 생각해 보고 저리 생각해 보더라도 아등我等 형제의 해동 조계종 보조 국사로부터 제13국사 각엄존자覺儼尊者의 손제자인 구곡선사龜谷禪師와 구곡龜谷을 원사遠嗣하야 조계종을 부활케 하신 벽암선사碧溪禪師의 연원이요.) 태고의 연원은 아니라고 아니하지 못할 줄로 단언한다.[819]

그러나 당시에는 태고초조설이 다수였으므로, 한암은 마지막에 절충의 여지를 다음과 같이 남기는 모습을 보이기도 한다. "고인古人이 이미 오랫동안 시행한 것을 졸연猝然히 개정하기 난難하다 하야 태고 국사를 계사繼嗣하더라도"라고 한 기록이 그것이다.[820] 이로 인해 한암은 태고를 중흥조로 용인할 수 있다는 주장을 개진한다.[821] 또 이렇게

817_ 위의 책, 「12. 海東初祖에 對하야」, 121쪽.
818_ 같은 책.
819_ 같은 책, 123쪽.
820_ 같은 책.
821_ 같은 책, 121쪽, "太古가 中興祖라 함은 或 그럴는지 모르나, 어떻게 初祖가 되리요."; 123쪽,

될 경우에 해동 선불교의 법맥은 '도의道義·홍척洪陟·혜철慧徹·범일梵
日·무염無染·철감哲鑑·현욱玄昱 … 보조普照와 송광사松廣寺의 16국사
十六國師 … 태고太古 → 환암幻庵 → 구곡龜谷 → 벽계碧溪 → 벽송碧松
(→ 부용芙蓉 → 청허淸虛·부휴浮休)'가 되어야 한다고 주장하고 있다.[822] 즉
한 번에 모두 고칠 수는 없으니, 보우 역시 중흥조로 수용하겠다는 것
이다.

그렇지만 이 역시 사자상승이 아닌 왕통과 같은 연결이라는 점
에서, 한암이 주장하는 본류가 바뀐 것은 아니다. 즉 이와 같은 한암
의 주장 역시도 태고초조설을 주장하는 이들의 논점이 사자상승을
통한 일계一系라는 점에서 본다면, 재고와 절충의 여지가 쉽지 않다는
말이다.

그런데 흥미로운 것은 이종욱이 총본산으로 건립하는 것이 다름
아닌 '태고사'라는 점이다. 한암은 앞서 언급한 바와 같이 조선불교조
계종의 초대 종정으로 태고사 주지를 겸하게 된다. 태고사는 1895년
승려의 입성해금入城解禁이 단행된 이후에[823] 서울의 4대문 안에 불교
의 노력만으로 건립되는 최초이자 최고의 총본산總本山이다.[824] 이런

"太古國師를 繼嗣하더라도".

822_　같은 책, 123쪽, "初祖는 반드시 道義國師로 定하고, 次에 同時得法而來하신 洪陟, 慧徹, 梵
日 等 諸國師로, 次에 普照國師로 乃至 十六國師로 爲首하고, 次에 曹溪宗大禪師를 封한 次序로
太古普愚國師를 繼續하야 太古, 幻庵, 龜谷, 碧溪, 碧松, 이렇게 繼統을 定하야 海東曹溪宗淵源
을 正當하게 드러내어서"; 金浩星, 「漢岩의 道義-普照 法統說-〈海東初祖에 對하야〉를 중심으로」,
『普照思想』 제2집(1988), 414쪽.

823_　金敬執 著, 『韓國佛敎近代史』(서울: 經書院, 2000), 13쪽; 廉仲燮, 「韓國佛敎의 戒律的인
特徵과 現代社會-日帝强占期와 曹溪宗을 중심으로」, 『佛敎學硏究』 제35호(2013), 163-164쪽.

824_　1910년 10월 27일에 創建되는 覺皇寺는 佛敎界를 統轄하는 기구나 통일기관이 아니었다.安

점에서 그 상징적인 의미가 적지 않다. 이는 태고사가 31본사를 총괄하는 총본산이라는 상징적인 명칭을 사용하는 것을 통해서도 단적인 판단이 가능하다.

그런데 이 총본산의 명칭이 다름 아닌 태고사인 것이다. 물론 앞서도 언급한 바와 같이 사찰명이 태고사가 되는 것은 삼각산三角山 태고사의 건축이 이관되는 측면이 존재한다.[825] 그러나 제아무리 그렇다 하더라도, 사찰 건립의 발의자인 이종욱이 다른 명칭을 사용할 여지는 충분히 존재했다고 판단된다. 즉 이는 이종욱이 당시 승려들의 여론을 반영하여, 한암과의 관계 속에서 가시적인 절충안을 제시한 것이 아닌가 추론되는 점이다. 물론 이와 같은 과정에서는 월정사 주지인 이종욱의 주도로 한암이 초대 종정으로 추대된다는 점을 고려할 때, 사전에 한암과 조율되었을 개연성은 충분하다.

또 한암이 「해동초조에 대하야」의 맨 마지막에서 절충안을 제시하고 있다는 것은, 한암이 주장하고자 하는 도의초조설과 해동조계종의 명칭 부여만 이루어진다면 절충안도 충분하다는 판단으로 이해되기도 한다. 즉 「해동초조에 대하야」에서 확인되는 보우를 배제하는 강력한 표현들은, 실제로는 보우를 배제하기 위한 것이라기보다는 절충안을 통해 한암의 목적을 효과적으로 달성하기 위한 방편으로 이해될

///////////

厚相,「韓國佛教 總本寺 建設과 李鍾郁」,『大覺思想』 제10집(2007), 550쪽 ; 金淳碩,「朝鮮總督府의 佛敎政策과 佛敎界의 對應」(서울: 高麗大 博士學位論文, 2001), 29쪽 ; 金光植,「覺皇寺의 設立과 運營-近代佛敎 最初의 布敎堂 硏究」,『大覺思想』 제6집(2003), 11-18쪽.

825_ 「太古寺 本山됨을 듯고」,『佛教』 제6호(1924. 12) ; 安厚相,「韓國佛敎 總本寺 建設과 李鍾郁」,『大覺思想』 제10집(2007), 562쪽.

수도 있는 것이다.

그런데 흥미로운 것은 이와 같은 한암의 절충안이, 1962년 대한
불교조계종 창종의 종조관에서는 거의 그대로 수용되고 있다는 점이
다. 바로 '도의 … 보조 … 태고'의 구조가 그것이다.[826] 이런 점에서 본
다면, 현대의 한국불교에서 종조론과 관련해 가장 중요한 인물은 단연
한암이라고 할 수 있다. 또 여기에 해동조계종 표방을 통해 조계종을
종단 명칭으로 일반화시킨 인물 역시 한암이라는 점에서, 현대불교에
있어 한암의 역할은 실로 지대했다고 하겠다.

826_ 「大韓佛敎曹溪宗 宗憲」, 〈제1장 宗名 및 宗旨〉, "제1조. 本宗은 大韓佛敎曹溪宗이라 칭한
다. 本宗은 新羅 道義國師가 창수한 迦智山門에서 기원하여 고려 普照國師의 中闡을 거쳐 太古普
愚國師의 諸宗包攝으로서 曹溪宗이라 공칭하여 이후 그 宗脈이 면면불절한 것이다."

2. 교육 강조와 선불교적인 교육관

1) 지눌知訥의 영향과 교학적인 수용

한암은 지눌의 영향을 강하게 받는데, 이는 그의 교육관을 통해서 보다 분명하게 드러난다. 지눌은 귀족화되고 방만해진 당시의 고려불교를 선수행을 통해 새롭게 환기하려고 시도했다. 이렇게 해서 시작되는 것이 팔공산八公山 거조암居祖庵을 거친 길상사吉祥寺(후일의 송광사)의 정혜결사定慧結社이다.[827]

지눌 선사상의 핵심인 성적등지문惺寂等持門과 원돈신해문圓頓信解門 그리고 간화경절문看話徑截門의 선종삼문禪宗三門 구조는[828] 특히 한암의 교육관과 관련해서 주목된다. 먼저 첫째의 성적등지문惺寂等持門은 지혜와 선정의 '등지等持'를 의미하는 것으로, 지눌이 25세 때인 1182년 『육조단경』을 보다가 도출하는 관점이다.[829] 지눌에게 영향력을 크게 미친 인물인 이통현은, 그의 『신화엄경론新華嚴經論』 권12에서 "정정正定이 능히 정혜正慧를 발생하여 제법諸法을 등지等持하므로 이

827_ 金君綏 撰,〈松廣寺佛日普照國師碑銘〉, "居祖寺, 果立定慧社, 仍述「勸修定慧結社文」, 償初志也. 移社松廣, 亦循其名."

828_ 같은 碑文, "開門有三種, 曰惺寂等持門, 曰圓頓信解門, 曰徑截門, 依而修行, 信入者多焉. 禪學之盛, 近古莫比."

829_ 같은 碑文, "二十五, 以大定二十二年壬寅, 擧僧選中之. 未幾南遊, 抵昌平淸源寺, 住錫焉. 偶一日, 於學寮, 開六祖壇經, 至曰 "眞如自性起念, 六根雖見聞覺知, 不染萬像, 而眞性常自在." 乃驚喜, 得未曾有. 起繞佛殿, 頌而思之, 意自得也. 自是, 心厭名利, 每欲棲遁林壑, 艱恬以求其道, 造次必於是."

름하여 등지라고 한다."라고 하였다.[830] 실제로 지눌은『수심결』에서 다음과 같이 언급하며, 성적등지의 의미를 분명히 하고 있다.

(선)정(禪)定으로써 난상亂想을 다스리고 (지)혜(智)慧로써 무기無記를 다스려, 동정이 상망相亡하면 대치對治하는 공(부)功(夫)를 마치게 된다. (그렇게 되면) 경계境界를 대함에 염념念念마다 종宗으로 돌아가며, 연緣을 만나도 심심心心이 도道에 계합契合한다. (이렇게) 임운任運이 쌍수雙修하면 바야흐로 무사인無事人이 된다. 만약 이와 같다면, 진정 가히 정혜등지定慧等持며 명견불성자明見佛性者라 이를 만하다.[831]

즉 성적등지는 정혜쌍수를 통한 질적인 전환으로서의 삼매를 의미하는 것이다. 또 지눌은『권수정혜결사문勸修定慧結社文』에서는, 하택신회荷澤神會(684~758)의 영향에 의해 본성으로서의 공적영지空寂靈知를 먼저 돈오頓悟한 후에 정혜定慧로 상호 점수漸修하여 등지를 완성하는 구조를 천명하고 있다.[832] 여기에서 흥미로운 것은 지눌이 선정禪定 일변도가 아닌 혜慧의 필연성을 강조하면서, 신회의 돈오점수 구조를 수용하고 있다는 점이다. 이는 지혜를 위한 교학적 필연성과 돈오

///////////

830_ 『新華嚴經論』12,「普賢三昧品第三」(『大正藏』36, 799c), "爲正定能發生正慧等持諸法, 是故名之等持也."

831_ 『高麗國普照禪師修心訣』全1卷(『大正藏』48, 1008b), "以定治乎亂想, 以慧治乎無記, 動靜相亡, 則對治功終, 則對境而念念歸宗, 遇緣而心心契道, 任運雙修, 方爲無事人. 若如是, 則真可謂定慧等持, 明見佛性者也."

832_ 崔鈆植,「知訥 禪思想의 思想史的 檢討」,『東方學志』제144집(2008), 149쪽.

후의 점수라는, 선적인 깨침 뒤의 수행 필연성을 부여한다는 점에서 주목된다.

지눌은 남종선의 주류인 돈오돈수가 아닌 비주류인 하택종荷澤宗의 돈오점수설을 수용한다.[833] 주지하다시피, 이는 종고의 영향이기도 한데 지눌 선사상의 가장 중요한 특징이다. 여기에는 윤리가 가설되기 어려운 돈오돈수로는 당시 고려불교의 문제를 시정하기 어려운 결사주의적인 입장이 존재한다고 판단된다.

한암 역시 경허의 사법을 천명하지만, 그럼에도 돈오돈수가 아닌 돈오점수를 강조하는 모습을 보인다. 이는 한암이 「해동초조에 대하야」에서 홍주종에 주목하고 있는 것과는 또 다른 이질성이다. 물론 지눌 역시 홍주종계의 사굴산문 출신이며,[834] 종고의 영향도 받고 있다는 점에서 그의 돈오점수를 하택종과만 직결시켜 이해할 필요는 없다.

이런 점에서 한암 역시 선종의 당위성과 일제강점기라는 대처·육식이 만연한 혼란의 타개 필연성 속에서, 지눌의 관점에 크게 의지하는 것이 아닌가 판단된다. 즉 지눌과 한암 간에는 양자가 공유할 수 있는 시대적인 공통의 요청과제가 존재하고 있었던 것이다.

둘째의 원돈신해문은 지눌이 1185년 예천體泉의 하가산下柯山(현재의 학가산鶴駕山) 보문사普門寺에서[835] 이통현의 『신화엄경론新華嚴經

833_ 같은 論文, 148-149쪽.

834_ 海住 外 譯註, 『韓國佛敎思想叢書2-精選 知訥』(서울: 韓國傳統思想書 刊行委員會出版部, 2009), 354쪽의 '脚註 15' 參照.

835_ 金君綏 撰, 〈松廣寺佛日普照國師碑銘〉, "越大定二十五季乙巳, 遊下柯山, 寓普門寺, 因讀大藏, 得李長者華嚴論, 重發信心, 搜抉而索隱, 嚌嚅而味情."

論』을 보다가 도출한 '일체는 본래부터 모두가 완성되어 있다.'는 인식
이다.[836] 이를 지눌은 『원돈성불론圓頓成佛論』에서, 붓다를 포함한 일체
중생의 마음에 본래부터 존재하는 근본보광명지根本普光明智의 완전
성에 대한 자각(반조返照)으로 천명하고 있다.[837] 이는 지눌의 돈오점수
설에서, 일체중생이 돈오할 수 있는 경증經證이자 이론적인 배경이 된
다. 즉 지눌은 화엄사상에 입각하여 돈오일 수밖에 없는 타당성을 변
증하고 있는 것이다.

화엄사상의 이해에 있어서, 주류는 단연 화엄종의 제4조인 청량
징관淸凉澄觀(738~839)이며 이통현은 방계傍系가 된다. 그러나 이통현
은 보다 본체론적인 통체의 관점에서 화엄사상을 풀이하며, 이는 선불
교와 연결통로가 확보되는 측면이 있다. 이 때문에 방계임에도 불구하
고 지눌은 징관이 아닌 이통현을 중심으로 화엄의 성기론性起論을 이
해하고 있는 것이다.[838] 또 이통현의 통체적인 관점은 신회의 공적영지
에 내포하는 본질의 비일상적인 초월성의 문제를 극복하는 보완의 성
격도 띠게 된다.[839] 즉 지눌은 신회와 이통현의 양자를 종합지양해서,
본질과 현상의 문제를 절묘하게 극복해 내고 있는 것이다.

836_ 최성렬, 「牧牛子 知訥의 圓頓觀 硏究」(서울: 東國大 博士學位論文, 2007), 11-14쪽.

837_ 『圓頓成佛論』全1卷(『韓佛全』4, 724c).

838_ 『華嚴論節要』1,「序」(『韓佛全』4, 767c). "退歸山中坐閱大藏, 求佛語之契心宗者, 凡三周
寒暑, 至閱『華嚴經』「出現品」, 擧一塵, 含大千經卷之喩. 後合云如來智慧, 亦復如是, 具足在於衆
生身中, 但諸凡愚不知不覺."; 최성렬, 「牧牛子 知訥의 圓頓觀 硏究」(서울: 東國大 博士學位論文,
2007), 28-30쪽.

839_ 崔鈆植, 「知訥 禪思想의 思想史的 檢討」, 『東方學志』 제144집(2008), 160쪽, "(空寂)靈知
와 根本普光明智를 결합시킴으로써, 禪宗의 깨달음이 단순한 수행의 기반일 뿐 아니라 수행의 완성
이라는 점을 보다 명확하게 할 수 있었던 것이다."

한암 역시 교학 중에는 『화엄경』을 최고로 치며, 화엄사상의 이해를 이통현에 의지하는 모습을 보인다. 이는 한암이 이통현의 『신화엄경론』을 멀리 중국 남경에서 구해 와 상원사 선원에서 교육했다는 점,[840] 한암의 유지에 의해 탄허가 이통현을 중심으로 하고 징관의 견해를 보조로 하는 『신화엄경합론新華嚴經合論』 47권(후일의 양장본은 23권)을 현토懸吐 주해註解해서 완성하고 있다는 점을 통해서 분명해진다.[841]

마지막 셋째인 간화경절문은 지눌이 1198년 지리산의 상무주암上無住庵에서 『대혜보각선사법어大慧普覺禪師法語』를 보는 과정에서[842] 도출한 결과이다.[843] 유한이 제아무리 무궁하게 확대되더라도 그것은 필연적으로 유한이라는 한계를 벗어날 수 없다. 이 때문에 화두라는 최상의 방편으로 모든 지해知解의 문제를 일소하고 '코페르니쿠스적 전회轉回'를 통해 일체의 문제를 일도양단으로 끊어버리는 것을 요청받게 되는데, 이것이 바로 간화경절이다.

『화엄론절요華嚴論節要』에서 지눌은 "초初에는 문해聞解로써 신입

840_ 漢巖門徒會·金光植 編, 「梵龍」, 『그리운 스승 漢巖 스님(韓國佛敎 25人의 證言錄)』(서울: 民族社, 2006), 35쪽, "그때 李通玄 長子의 『華嚴經論』을 구하였는데, 中國 北京에서 구하려다 못 구해 南京에서 구했다고 하였지."; 62쪽, "五臺山 上院寺에서는 李通玄의 『華嚴論』으로 敎材를 삼아 전 대중이 배웠지." 等.

841_ 呑虛門徒會 編, 「華嚴經의 世界」, 『(增補版)方山窟法語-呑虛大禪師法語集』(平昌: 五臺山月精寺, 2013), 78쪽; 廉仲燮, 「漢岩과 呑虛의 僧伽敎育 방향과 실천양상」, 『國學硏究』 제39호(2019), 550-551쪽.

842_ 『大慧普覺禪師法語』 19, 「示妙證居士(聶寺丞)」(『大正藏』 47, 893c-894a).

843_ 金君綏 撰, 〈松廣寺佛日普照國師碑銘〉, "師嘗言, '予自普門已來, 十餘年矣. 雖得意勤修, 無虛廢時, 情見未忘, 有物碍膺, 如讐同所, 至居智異. 得大慧普覺禪師語錄云, '禪不在靜處, 亦不在處, 不在日用應緣處, 不在思量分別處, 然, 第一不得捨却靜處, 處, 日用應緣處, 思量分別處參, 忽然眼開, 方知是屋裏事.' 予於此契會, 自然不礙膺, 讐不同所, 當下安樂耳."

信入하고 차次에는 무사無思로써 계동契同한다."라고 하였지만,[844] 여기
에는 필연적으로 질적인 변환의 문제가 존재할 수밖에 없다. 이런 문
제를 모두 쓸어버리고 직선보다 더 곧은 직선으로 일상을 재환기하는
것이 바로 간화경절문이다. 이는 지눌이 간화경절을 자각하도록 했다
는 『대혜어록』 권19의 다음과 같은 구절을 통해서 분명해진다.

> 선은 정처靜處에도 있지 않고 요처鬧處에도 있지 않다. (또) 사
> 량분별처思量分別處에도 있지 않고 일용응연처日用應緣處에
> 도 있지 않다. 그러나 비록 이러하지만, 제일로 피해야 할 것
> 은 한처靜處 · 요처鬧處 · 일용응연처日用應緣處 · 사량분별처思
> 量分別處를 사각捨却하고 참구하는 것이다. (그러나) 홀연히 안
> 개안開하면 모든 것이 자가옥리사自家屋裏事일 뿐이다.[845]

간화경절은 「일생패궐」에서 한암이 경허에게 모든 문제를 일소하
는 방법으로 무자화두를 받는 것과 유사하다.[846] 그러나 간화경절은 불
이 눈(설雪)을 용납하지 않듯, 모든 지해종자知解種子를 가설하지 않는
다. 이런 점에서 간화경절은 선사인 한암에게 있어 가장 중요한 부분

///////////

844_ 『華嚴論節要』2(『韓佛全』4,831c), "初以開解信入,次以無思契同."

845_ 『大慧普覺禪師法語』19,「示妙證居士(聶寺丞)」(『大正藏』47,893c-894a), "禪不在靜處,
不在鬧處.不在思量分別處,不在日用應緣處. 然雖如是, 第一不得捨却靜處·鬧處·日用應緣處·
思量分別處參. 忽然眼開,都是自家屋裏事."

846_ 漢岩 撰,「1.一生敗闕」,『定本-漢岩一鉢錄 上』(平昌: 漢巖門徒會·五臺山 月精寺, 2010),
267쪽, "若知是話頭亦妄이면 如何오?' 答호대, '若知話頭亦妄이면 忽地失脚이니, 其處卽是仍看
無字話하라."

이지만, 여기에서는 초절超絶의 특성상 특정한 교육관을 도출할 수 없다. 그러므로 간화경절은 교육과 선수행을 통한 최종목적과 지향점이라는 정도로만 이해하는 것이 타당하다. 실제로 지눌과 한암은 이를 대근대지大根大智의 최상승자만이 감당할 수 있는 부분이라고 제한하고 있다.[847] 즉 간화경절은 궁극이지만, 그럼에도 대상을 위한 초점은 앞선 성적등지와 원돈신해라는 교육과 관련된 측면에 존재할 수밖에 없는 것이다.

지눌의 삼문 중 성적등지가 정혜쌍수를 통한 견실한 수행과 이를 넘어서는 도약이라면, 원돈신해는 본래완성에 대한 재인식을 통한 확충擴充에 해당한다. 그리고 간화경절은 모든 문제를 일소하는 완전함의 현현이자 최종목적이다.

지눌의 사상은 〈지눌비문知訥碑文〉의 "다른 사람에게 송지誦持를 권함에는 항상 『금강경』으로 입법立法하고, (그) 연의演義에는 반드시 『육조단경』을 의意하였다. (또) 신申에서는 『화엄이론華嚴李論(신화엄경론)』과 『대혜어록大慧語錄』으로 두 날개를 삼았다. (이를 바탕으로) 개문삼종開門三種의 문門을 열었는데, '성적등지문惺寂等持門'·'원돈신해문圓

////////////

847_ 『法集別行錄節要并入私記』(『韓佛全』4, 752c), "然此頓悟頓修門, 先後意者, 以淸涼所立 不汚染修 言之則若合符節, 以圭峰所立辦事修言之, 未容無說, 但以意求之, 以遣學者先後斷常 之見爾. 故壽禪師, 亦引此門判之, 但屬於根熟者之所行, 非其普被凡夫, 故不如爲今時大心凡夫 立頓悟漸修門也."; 崔鉛植, 「知訥 禪思想의 思想史的 檢討」, 『東方學志』 제144집(2008), 163-164쪽; 漢岩 撰, 「1. 禪問答 21條」, 『定本-漢岩一鉢錄 上』(平昌: 漢巖門徒會·五臺山 月精寺, 2010), 155쪽, "第三答: '上根大智는 於一機一境上에 把得使用이라 不必多言이어니와'"; 같은 책, 「7. 參禪에 대하여」, 69쪽, "한 생각의 機를 돌이키면, 大智光明이 人人箇箇 本自具足하야 佛祖로 더불어 分毫도 다르지 않은 故로 上根大智는 一聞千悟하야 大總持를 得하나니, 得할 時에는 易於 困打睡이다."

頓信解門'·'(간화)경절문徑截門'으로 (이에) 의지하여 수행하며 신입信入
하는 자가 많았다."라는 구절로 간취될 수 있다.[848] 이와 같은 양상은 지
눌의 영향을 강하게 받은 한암에게서도 그대로 확인된다. 이런 점에서
한암의 교육관은 지눌의 관점 및 그 연장선상에서의 확장으로 이해될
수 있다고 하겠다.

2) 선禪을 중심으로 하는 전선후교前禪後敎의 교육론

한암의 교육론에서 가장 중요한 것은 지눌과 혜능의 영향을 받
은 전선후교의 관점이다. 불교를 흔히 합리적인 종교라고 한다. 그러
나 이는 '축軸의 시대(Age of Axis)'에 발생한 인간의 이성주의에 기반하
고 있다는 의미일 뿐, 이것이 곧장 과학과 같은 합리성을 뜻하는 것은
아니다. 왜냐하면 종교는 인간의 행복에 집중하는 특징을 가지고 있기
때문이다.

실제로 불교는 과학이 귀납 논리를 구사하는 것과 달리 종교적인
연역 논리로 구조되며, 이 연역적인 근간에는 반드시 붓다의 가르침과
이에 대한 믿음이 존재한다. 즉 교조에 입각한 성언량聖言量(성교량聖敎
量)이 필연적인 측면인 것이다.

붓다가 정견正見에 도달하는 것은 내적 수행에 따른 깨달음의 결
과이다. 이런 점에서 불교에는 교학을 넘어서는 선禪이라는 인식이 존
재한다. 그러나 이런 선적인 인식 전환인 깨침은 그리 간단한 것이 아

848_ 金君綏 撰,〈松廣寺佛日普照國師碑銘〉,"其勸人誦持, 常以金剛經立法, 演義則意必六祖
壇經, 申以華嚴李論, 大慧語錄, 相羽翼. 開門有三種, 曰惺寂等持門, 曰圓頓信解門, 曰徑截門, 依
而修行, 信入者多焉."

니며, 또 후대에는 교학적인 바탕이 없으면 도달하기가 쉽지 않다. 이로 인해 동아시아의 불교 전통은, 근세에 이르면 사교입선이라는 '교학 위에 선불교가 정립되는 구조'를 확립하게 된다. 물론 이는 교종도 동의하는 체계라기보다는 지극히 선종적인 관점일 뿐이다.

한국불교는 고려 말이 되면, 교종에 대한 선종의 압도로 인해 화엄종의 설산국사 천희가 몽산덕이를 참배하고자 중국 절강성의 휴휴암休休菴을 찾는 것과 같은 선으로의 경도 양상이 나타난다.[849] 이러한 교종의 선종에 대한 경도는 공민왕 때 시행되는 선교양종禪敎兩宗의 통합 승과僧科인 공부선功夫選을 사굴산문의 나옹이 주재하며,[850] 이때의 시제試題 역시 모두다 남종선적인 내용으로만 점철되어 있는 것을 통해서도 판단해 볼 수 있다.[851] 결국 이와 같은 고려불교의 변화는 조선에 들어와서, 정치 권력에 의해 선교禪敎의 강제통합이 이루어지는 과정 속에[852] 선불교 위주의 흐름이 갖추어진다.

물론 여기에는 숭유억불의 시대 배경으로 인해, 경제력이 약해진

849_ 牧隱李穡 撰,〈彰聖寺眞覺國師大覺圓照塔碑〉, "吾師到休休菴, 蒙山眞堂夜有光. … 其收蒙山衣物放之去. … 叅究禪旨, 在小伯山, 夢見蒙山付其衣法. 在金剛五臺亦如之, 此所以決志南遊也. … 是夜三更, 萬峯以袈裟禪棒授之曰, 不聞▨▨▨▨▨▨▨▨▨▨"; 崔鈆植, 「眞覺國師 千熙의 生涯와 思想」, 『文化史學』 제39호(2013), 80-83쪽 ; 趙明濟, 「高麗後期 『蒙山法語』의 受容과 看話禪의 展開」, 『普照思想』 제12집(1999), 257-258쪽.

850_ 廉仲燮, 「懶翁의 禪思想 研究」(서울: 高麗大 博士學位論文, 2014), 93-105쪽.

851_ 『懶翁和尙語錄』, 「懶翁行狀」(『韓佛全』 6, 707a·b), "師之前在金經寺也, 上使左街大師慧深, 問師曰, 以何言句, 試取功夫. 師答云, 先問入門等三句, 次問功夫十節, 後問三關, 可驗功行淺深. 衆皆未會, 故不及十節三關." ; 廉仲燮, 「고려 말 功夫選의 시행과 의미 고찰-恭愍王과 懶翁의 상호관계를 중심으로」, 『圓佛敎思想과 宗敎文化』 제64집(2015), 362-382쪽.

852_ 『太宗實錄』 11, 太宗 6(1406)年 3月 27日 丁巳 1번째 記事 ; 『世宗實錄』 卷24, 世宗 6(1424)年 4月 5日 庚戌 2번째 記事, "乞以曹溪·天台·摠南三宗, 合爲禪宗; (華嚴)·慈恩·中神·始興四宗, 合爲敎宗, 擇中外堪寓僧徒之處, 量宜置三十六寺, 分隷兩宗."

불교가 시간과 노력을 많이 필요로 하는 교학보다는 직지인심直指人心의 간결성을 선택할 수밖에 없었던 측면 역시 존재한다. 즉 조선불교의 선불교 편향은 고려 말부터 심화된 선불교로의 경도와 숭유억불에 따른 경제력 약화의 종합적인 결과물인 셈이다. 이로 인해 조선불교는 사교입선의 교학 체계를 정립하게 되는데, 이것이 바로 강원의 교과체제인 '사미과沙彌科 → 사집과四集科 → 사교과四教科 → 대교과大教科'의 학제이다.[853]

그러나 불교의 일대장교一大藏教는 붓다의 깨달음에서 시작되는 것으로, 교학에 의해 붓다가 깨달음을 성취한 것은 아니다. 즉 붓다의 깨침이야말로 불교에 있어서는 우주의 시작과 같은 빅뱅인 셈이다. 이런 점에서 사교입선의 방식 말고도 깨침을 통해서 교학을 본다는 관점 역시 충분히 가능하다. 실제로 이와 같은 양상이 기록되어 있는 문헌이 남종선의 완성자인 혜능의 『육조단경』이다.[854]

한암 역시 『육조단경』을 강조하는데, 이는 『육조단경』이 남종선의 기본 경전인 동시에 지눌이 강조한 전적이기 때문이다. 이러한 한암의 『육조단경』 강조는 "만약 일생사一生事를 원만구족圓滿具足케 하려고 한다면, 옛 조사의 방편어구方便語句로 사우師友를 삼아야 합니다. 고로 오국吾國의 보조국사께서는 일생에 『(육조)단경』으로써 스승을 삼고 (대혜종고의) 『서장』으로 벗을 삼으셨나이다."라는 언급을 통해서 단

853_ 李能和 著, 朝鮮佛教通史 譯註編纂委員會 譯編, 「寺法施行倘望中興」, 『譯註 朝鮮佛教通史6 下篇 二百品題(三)』(서울: 東國大學校出版部, 2010), 664-665쪽.

854_ 나카가와 다카 註解, 양기봉 譯, 『六祖壇經』(서울: 김영사, 1994), 38-65쪽 ; 후루타 쇼킨·다나카 료쇼 著, 남동신·안지원 譯, 『中國禪宗의 六祖, 혜능』(서울: 玄音社, 1993), 70-147쪽.

적인 판단이 가능하다.[855] 즉 한암의 『육조단경』 강조에는 지눌의 영향
이 존재하는 것이다.

한암은 혜능이 깨달음을 증득한 문헌인 『금강경』을 경허에게 가
르침 받는 과정 속에서 청암사 수도암에서 1차 개오를 한다. 또 한암의
1차 개오는 13년 후인 1912년 맹산 우두암에서 자득自得하는 확철대
오와 본질적인 차이가 없는 깨달음이었다. 이와 같은 한암의 깨침 구
조로 인해, 한암은 경허에게 직접적인 인가를 받지 않았음에도 경허의
사법제자임을 천명하게 된다.

또 한암은 상원사 선원에서 수좌들을 지도함에 있어서, 『육조단
경』을 교육하고 강조하는 모습을 보인다.[856] 혜능이 남종선의 완성자라
는 점에서, 조사선의 추구자인 한암이 혜능을 깨달음과 조사적인 삶의
형태에 있어서 모식模式으로 삼는 것은 지극히 당연하다.

혜능이 『육조단경』의 기술처럼, 문자를 몰랐는지는 알 수 없다.[857]
그러나 혜능이 당시 변방인 광동성廣東省 신주新州의 나무꾼 출신이라
는 점은, 그가 처음에 문자를 몰랐다는 주장에 타당성을 부여한다.[858]

855_ 漢岩 撰,「1. 答鏡峰和尙書1」,『定本-漢岩一鉢錄 上』(平昌: 漢巖門徒會·五臺山 月精寺,
2010), 279쪽, "若欲一生事 圓滿具足인댄, 以古祖師 方便語句로 爲師友焉이라. 故로 吾國普照國
師는 一生以壇經爲師하고 書狀爲友하셧나이다."

856_ 金光植,「金呑虛의 교육과 그 성격」,『淨土學研究』제6집(2003), 226쪽, "당시 배운 경전은
주로 『金剛經』,『華嚴經』,『梵網經』이었지만, 간혹 수련생들의 요청으로 『普照語錄』,『六祖壇經』도
배웠다고 한다."; 漢巖門徒會·金光植 編,「梵龍」,『그리운 스승 漢巖 스님(韓國佛敎 25人의 證言
錄)』(서울: 民族社, 2006), 35쪽, "우리는 『金剛經三家解』라고 해서 漢巖 스님이 직접 吐를 단 것을
보았어요. 『普照法語』,『六祖壇經』도 배웠지요."

857_ 『六祖大師法寶壇經』全1卷,「行由第一」(『大正藏』48, 349a), "惠能曰, 惠能不識字, 請上人
爲讀."

858_ 같은 책(347c-348a), "惠能嚴父, 本貫范陽, 左降流于嶺南, 作新州百姓. 此身不幸, 父又早

그런데 흥미로운 것은 혜능이 후에 비록 단문短文이기는 하지만『금강경』의 주석인「구결口訣」을 남길 정도로 문자를 알았음에도 불구하고,[859]『육조단경』은 오히려 그의 문맹만을 비중 있게 강조하고 있다는 점이다.

주지하다시피,『육조단경』은 혜능의 입적 후에 신회神會가 중심이 되어 만든 혜능 현창사업顯彰事業의 결과물이다.[860] 여기에서 강조하고자 하는 것은 남종선의 유심주의에 따른 보편성과 쉽고 간결한 방식이다. 이를 위해서『육조단경』은 혜능이 문맹이라는 하층적인 보편성을 강조하며, 깨달음이 고답적인 것이 아닌 누구나 가능한 것이라고 외연을 확대한다. 이는 후대 16자 구결로 정리되는 '교외별전教外別傳 불입문자不立文字 직지인심直指人心 견성성불見性成佛'의 의미와도 상통하는 가치라고 하겠다.

한암은 당시의 불교학적인 인식의 한계 속에서, 이와 같은『육조단경』과 남종선의 주장을 비판 없이 수용한다. 지눌의 돈오점수 주장과 혜능이 문맹에서 시작해 홍인弘忍의 인가를 얻고, 후에 문자를 터득해 경전을 주석하는 모습은 한암으로 하여금 깨침 이후의 교학적인 타당성을 제공하기에 충분했을 것이다. 특히 붓다 역시 깨달음을 통해서 일대장교一大藏教를 설하는 것이라는 점과 대승불교에서는 출정후어

亡. 老母孤遺, 移來南海, 艱辛貧乏, 於市賣柴."; 『南宗頓教最上大乘摩訶般若波羅蜜經六祖惠能大師於韶州大梵寺施法壇經』全1卷(『大正藏』49, 337a).

859_　『金剛經口訣』全1卷(『卍新編續藏經』24, 534b-535b).

860_　鄭性本 著,『中國禪宗의 成立史 研究』(서울: 民族社, 2000), 542-558쪽 ; 鄭性本 著,『禪의 歷史와 禪思想』(서울: 三圓社, 1994), 273-277쪽.

出定後語를 강조한다는 점에서, 전선前禪을 통한 깨침은 경전을 이해하는 핵심이 된다는 판단을 가능하게 한다. 즉 한암은 교학을 통해서 선禪으로 가는 것이 아니라, 선수행을 통한 인식 환기로 교학을 증진한 후 다시금 보다 깊은 깨침으로 나아가는 변증법적인 병진 방식을 생각한 것이다. 이와 같은 한암의 전선후교에 입각한 선주교보禪主教補의 선교겸전禪教兼全 교육론은 한암의 둘째 상좌인 조용명의 다음과 같은 언급을 통해서 분명해진다.

> 나(조용명)는 스님에게 "포교를 하려면 경을 많이 읽어야 한다고 하던데요." 하고 (선수행에 대한) 반대 의견을 드리면 스님은 이렇게 대답하셨다.
> "선禪을 해서 이치를 통하고 나면, 경 보기는 어렵지 않느니라. 경을 먼저 보려고 서두르지 말고 선에만 힘을 써라. 뜻을 얻으면 글은 저절로 알게 된다."
> (우리 스님은) 철저히 선 우선의 입장이시었다. 다들 먼저 경을 보고 그 다음에 교教를 버리고 선에 들어간다고 하는 이른바 '사교입선론捨教入禪論'이었는데, 스님은 그 반대였다. 스님의 말씀으로는 '문자에 한 번 젖어 버리면 도는 어느덧 멀게 된다.'고도 하셨고, 다만 그 예외로 규봉(종밀)圭峰(宗密) 스님을 말씀하실 때도 있었다.[861]

///////////

861_ 曹龍溟 撰, 「10. 우리 스님, 寒巖 스님」, 『定本-漢岩一鉢錄 下』(平昌: 漢巖門徒會·五臺山 月精寺, 2010), 144쪽.

인용문을 보면, 한암이 당시의 보편론인 사교입선에 반대하는 전선후교를 통한 선교겸전이라는 특수한 입장을 취하고 있다는 점을 분명히 알게 한다. 그리고 그 이유 중 하나에 교학에 함몰되면 선불교로의 전환이 어렵다는 측면을 제기하고, 이의 예외로 규봉종밀(780~841)을 들 정도였음이 확인된다.

종밀은 지눌에게 영향을 준 화엄종의 5조인 동시에, 신회의 영향 하에서 공적영지와 돈오점수설을 통해 화엄선華嚴禪을 제창하는 인물이기도 하다.[862] 즉 한암의 종밀에 대한 부분 역시 일정 정도는 지눌과의 관계 속에서 이해될 수 있는 것이다.

그러나 한암이 제기한, 교학을 먼저 하면 교학에 매몰되어 선불교로의 전환이 어렵다는 주장은 조선불교의 교학 체계가 사교입선을 통해서 유지되고 있었다는 점에서 타당성이 약하다. 즉 이는 한암의 주관적인 교육 관점으로 이해될 수 있는 특징인 것이다.

실제로 지눌 역시 승과僧科를 통해서 기본적인 교학의 기반을 확립한 후에 선불교로 매진한 인물이다.[863] 이런 점에서 본다면 한암은 지눌의 영향을 강하게 받고 있지만, 전선후교의 교육론적인 타당성에 있어서는 지눌보다도 혜능에 의존하는 바가 컸다고 할 수 있다. 그러나 한암 역시 어린 시절부터 유학적인 배경 속에서 칠서七書 등을 수학한

862_ 박인석,「荷澤宗의 傳承과 禪思想 검토-唐 宗密 및 金石文 자료를 중심으로」,『禪學』제44호(2016), 74-91쪽 ; 김경숙(志恩),「圭峰宗密의 知思想 硏究」,『韓國佛敎學』제51집(2008), 266-278쪽 ; 김방룡,「知訥 禪思想 형성에 미친 중국불교의 영향」,『佛敎學硏究』제23호(2009), 43-46쪽.

863_ 金君綏 撰,〈松廣寺佛日普照國師碑銘〉, "二十五, 以大定二十二(1182)年壬寅, 擧僧選中之."

측면이 있고,[864] 출가 후에도 선어록을 중심으로 하는 교학적인 측면을
꾸준히 유지하는 모습을 보인다는 점을 주목할 필요가 있다. 이런 점
에서 한암의 전선후교의 교육론은 대체大體는 혜능으로 잡고, 이에 대
한 보충은 지눌식을 취하다고 하겠다. 즉 혜능을 중심으로 하는 지눌
의 관점이 바로 한암의 전선후교의 교육론인 셈이다.

3) 돈오점수관頓悟漸修觀에 입각한 학문의 강조

한암은 돈오점수의 관점을 견지하기 때문에 선수행을 중심으로
하지만, 그럼에도 교학적인 측면을 강조하는 모습 역시 보이고 있다.
물론 여기에서 교학의 핵심은 단연 선어록이며, 경전과 관련해서는 선
불교와 연결점이 큰 이통현의 화엄사상이 가장 크게 두드러진다. 이와
관련된 조용명의 기록을 제시해보면 다음과 같다.

> ① 우리 스님 회상會上인 오대산 상원사 선원은 오직 선禪만
> 을 할 뿐, 다른 것이 없는 순수한 선 도량이었지만, 점심 공양
> 후 차 마시는 시간은 또한 각별한 가풍家風이 있었다. 그 시간
> 에는 조실스님의 법문을 듣는 시간이었다. 대중이 다 함께 큰
> 방에 둘러앉아 그 텁텁한 마가목차를 마셔가면서 조실스님
> 의 선문禪門 강의를 듣는 것이다. 그때만 해도 수좌首座들이
> 한문에 능하지 못했다. 따라서 경전이나 (선)어록語錄을 자유

864_ 尹暢和,「漢岩의 自傳的 求道記〈一生敗闕〉」,『漢岩思想』제1집(2006), 225쪽 ; 李元錫,「漢巖 重遠과 呑虛 宅成의 佛緣」,『韓國佛敎學』제79집(2016), 309-310쪽 ; 李元錫,「漢巖의 出家 過程과 求道적 出家觀」,『禪學』제50호(2018), 83쪽.

로(이) 볼 수 있는 사람이 그리 많지 않았다. 그런 중에 우리 스님은 점심 공양 후, 차 시간이면 조사어록을 들고 나와 법문을 계속하였다. 나는 이 시간에 정말 많은 것을 배웠다. 오늘날 사집四集이라고 하는 어록들을 그때 우리 스님에게서 모두 배웠으며, 사교과四教科인 『법화경法華經』[865]·『금강경金剛經』·『기신론起信論』·『원각경圓覺經』은 그 뒤에 중대中臺에서 스님 시봉하고 지내면서 배웠다.[866]

② 우리 스님은 그렇게 차 마시는 시간에 조사어록을 강講하시고 법을 설하셨지만, 참선하는 수좌首座들에게 경을 보라고 권하는 일은 없었다. 다만 두 가지를 허락하셨는데 "수좌라도 불공의식佛供儀式을 익혀서 마지摩旨 올리고 내리는 법은 알아야 한다."고 하셨고, 또 하나는 "참선은 비록 스스로 공부를 지어가는 것이지만 불조佛祖의 어록은 혼자 뜯어 볼 정도의 글 힘이 있어야 한다."고 말씀하셨다. 그러기에 수좌들도 놀지 말고 틈틈이 글자를 보아도 좋다고 하셨다.[867]

①을 보면, 한암의 상원사 선원에서의 교육은 주로 점심 공양 후에 존재하는 차담茶啖 여가에 이루어졌다는 것을 알 수 있다. 즉 비교

865_ 여기에서의 『法華經』은 『楞嚴經』의 誤謬가 아닌가 판단된다.

866_ 曺龍溪 撰, 「10. 우리 스님, 寒巖 스님」, 『定本-漢岩一鉢錄 下』(平昌: 漢巖門徒會·五臺山月精寺, 2010), 142-143쪽.

867_ 같은 책, 143-144쪽.

적 자연스러운 분위기 속에서, 선원 전통의 소참법문小參法門과 같은 연장선상에서 교육이 이루어진 것이다.

또 이 교육의 특징은 교재를 통해서 체계를 확립하고 있다는 점이다. 교재는 사집과四集科와 사교과四敎科 및 선어록이라는 것을 알 수 있다. 사집과 사교는 강원 교육체계의 교과목이며, 이중 사집과의 교재 중 『도서』를 제외한 『선요』·『서장』·『절요』는 모두 선불교와 관련된 문건이다. 이는 한암의 상원사 선원 교육이 강원과 연관된 보편성 속에서 선을 강조하는 선을 위한 교육이었음을 알게 한다.

또 이와 같은 한암의 교과 배치는 당시 선객들 중에는 강원을 이수하지 않은 승려들이 상당수 있었음을 짐작해 보게 한다. 이는 "수좌들이 한문에 능하지 못했다."는 언급을 통해서도 인지해 볼 수 있다. 즉 강원을 이수하지 못한 승려들의 부족한 부분을 한암이 선적인 관점으로 지도해 주고 있는 것이다. 그리고 선어록은 선수행자로서의 지향점 및 목적의식의 명확성을 위해서 반드시 필요한 부분이다. 이런 점에서 강조될 수밖에 없는 측면이라는 점 역시 분명하다.

②를 통해서는 선원에서의 공부목적이 교학이 아니라, 선수행의 완성인 깨침을 위한 것임을 분명히 하고 있다. 이는 한암이 수좌들에게 경을 권하지는 않았으나, 조사어록은 혼자서 이해할 정도로 도야할 것을 권했다는 점에서 분명해진다. 이 조사어록의 핵심에는 『육조단경』과 『대혜어록』이 존재하는데,[868] 이와 같은 측면들 역시 지눌의 영

868_　漢岩 撰, 「1. 答鏡峰和尙書」, 『定本-漢岩一鉢錄 上』(平昌: 漢巖門徒會·五臺山 月精寺, 2010), 279쪽, "若欲一生事 圓滿具足인댄, 以古祖師 方便語句로 爲師友焉이라. 故로 吾國普照國師는 一生以壇經爲師하고 書狀爲友하셧나이다."

향에 따른 한암의 교육관으로 판단해 볼 수 있다.

한암만의 특징적인 교육관인 전선후교의 선주교보적인 선교겸전 방식으로 인해, 당시 상원사 수좌들은 대체大體를 먼저 확립하고 교학을 이해하는 상통이하달上通而下達과 같은 방식을 터득하게 된다. 이는 조용명의 다음과 같은 언급을 통해서 분명해진다.

> 차를 마시면서 듣는 법문은 비록 깊은 뜻은 몰라도 그 법문이 담겨진 내용에 대하여 무의식중에 계합契合하는 데가 많이 있었다. 그때 차 마시는 다기는 텁텁한 사기대접이었다. 다들 큰방에 둥그러니 둘러앉아 차 대접을 들고 법문을 듣는 풍경은 가히 만고에 남을 향기로운 법도가 아닌가! 내가 뒷날 강원에 가서 왕초질을 하게 된 것은 그 당시 사집四集 · 사교四敎를 이러한 분위기 속에서 배운 것이 그 밑천이었던 것이다.
> 나는 생각하기를 경은 강원에서 전문으로 배우느니보다 선방에서 참선하면서 배워야 그 참뜻에 계합하기 쉽다고 생각한다. 오히려 경을 배우려면 참선하면서 배우는 것이 정상적(인) 방법이라고 생각하고 있다. 문자는 깨달음을 표현하는 방법이라면, 선은 그 알맹이니 알맹이를 배우면서 경을 배우는 것이 당연하지 않겠는가?
> 나는 그 당시 참선하면서 한 소식했다고 큰 소리는 못해도 말귀는 알아들을 정도로 한 고비를 넘겼었고, 한문에도 힘을 얻었던 터라 스님의 『선요禪要』·『서장書狀』 등 법문을 들었을 때 자기 것처럼 환히 이해가 되었다. 역시 경을 공부하자면

먼저 어려서 선의 정신이 꽉 차 있어야 되겠다고 생각한다. 그렇게 된 후에 글도 배우고 경도 배우면 사뭇 보는 눈이 달라지리라고 생각한다.[869]

　한암의 선수행을 중심으로 하는 교육방식은 당시에 수좌들에게 매우 호응이 좋았던 것 같다. 이는 상원사 선원에 항상 많은 선객이 운집한 것을 통해서 인지해 볼 수 있다.[870] 실제로 상원사는 선원 외의 사중 대중들까지 합치면, 80~100명이나 되었다.[871] 이는 상원사의 사찰 터나 건물 면적 등을 고려해 보았을 때, 매우 많은 인원이다. 이런 점에서 당시 한암의 교육방식은 긍정적인 저변을 확보하고 있었던 것을 알

///////////

869_ 曺龍溪 撰,「10. 우리 스님, 寒巖 스님」,『定本-漢岩一鉢錄 下』(平昌: 漢巖門徒會·五臺山 月精寺, 2010), 143쪽.

870_ 金光植은『禪苑』과『佛敎(新)』등을 근거로 1931~43년까지의 上院寺 禪院의 安居 大衆 수를 다음과 같이 제시하고 있어 주목된다.

NO	安居 年度	夏安居 人員	冬安居 人員
1	1931	30	10
2	1932	15	
3	1935	20	
4	1939	50	44
5	1940	56	55
6	1941	48	50(혹 40)
7	1942	45	
8	1943		29

金光植,「金呑虛의 교육과 그 성격」,『淨土學硏究』제6집(2003), 223-224쪽.

871_ 漢巖門徒會·金光植 編,「梵龍」,『그리운 스승 漢巖 스님(韓國佛敎 25人의 證言錄)』(서울: 民族社, 2006), 50-51쪽 ;「寶鏡」, 74쪽 ;「권태호(文悅)」, 339쪽.

수 있다. 이는 참선은 교학을 넘어서 있다거나 교학과 충돌한다는 당시의 인식을, 한암이 전선후교의 선교겸전적인 교육관을 통해 극복해내고 있는 것을 시사한다는 점에서 주목된다.

또 앞서 언급한 바와 같이, 한암은 이통현의 화엄사상에 주목한다. 화엄학의 주류인 청량징관 대신 선불교와 통하는 이통현에 관심을 기울이는 것 역시, 선불교의 목적인 깨침을 위한 통체적인 관점의 정립에 도움이 된다는 판단 때문으로 이해된다. 이런 점에서 한암의 교육론은 철저하게 선과 깨침이라는 불교의 궁극적인 목적에 집중되어 있는 것을 알 수 있다. 또 이와 같은 교학의 이해는 결과적으로 선수행을 증진하는 선순환의 구조를 구축해서, 선의 완성인 깨달음이라는 목적 도달에 효율성을 확보하게 한다. 즉 이는 선원의 공부법인 접근하기 어려운 고답적인 선수행이 아니라, 목적이 분명하게 이해되는 실천적인 병진적 교육론이라는 점에서 주목된다고 하겠다.

한암의 교육관인 전선후교와 선교겸전의 방식으로 대성하는 인물은 다름 아닌 고제高弟 탄허이다. 탄허는 출가 전에 유가와 노장 등에 심취했던 속서俗書(외전外典)에 능한 인물이다. 그러나 탄허는 한암의 회상에 출가하자, 3년 동안 참선만을 하고 살겠다는 굳은 의지를 보인다.[872] 이후 한암은 탄허의 거부에도 불구하고 경전을 볼 것을 종용하는데, 이로 인해 탄허는 마침내 선불교와 화엄학이 조화를 이루는 대

872_ 呑虛는 出家 後 3년 동안 參禪만 하려고 했지만, 1년 8개월 만에 三本寺修練所 中講이 되면서 이 계획은 이루어지지 못했다.
漢巖門徒會·金光植 編, 「寶鏡」, 『그리운 스승 漢巖 스님(韓國佛教 25人의 證言錄)』(서울: 民族社, 2006), 73쪽 ; 金光植, 「呑虛 스님의 生涯와 教化活動」, 『呑虛禪師의 禪教觀』(平昌: 五臺山月精寺, 2004), 268쪽.

종장大宗匠으로 거듭난다. 이는 한암의 교육관이 현실적으로도 매우 유용한 결과를 발휘했다는 한 방증이 된다. 즉 일반학문에서와 달리, 출가수행이라는 불교공부에 있어서는 대체大体를 바로 세우는 한암식의 교육관이 크게 주목될 수 있는 것이다.

동양학에서 불교의 교종과 성리학이 점오漸悟적이라면 북종선과 양명학은 돈오頓悟적이며, 남종선의 주류와 양명좌파는 돈오돈수적이다. 이에 비해 한암의 교육관은 대체大体를 확립한 후 교학으로 보충해서 선교禪敎가 상호 병진하는 겸수兼修의 변증법적인 발전 방식을 취하고 있다. 이는 남종선의 실질적인 시원자인 혜능을[873] 계승한 한암 교육관만의 특징으로, 한국불교사에서는 매우 독특한 위상을 확보하는 교육론이라고 하겠다.

이상을 통해서, 한암의 교육관은 혜능의 삶과 지눌의 사상에 막대한 영향을 받고 있다는 것을 알게 된다. 이렇게 해서 완성되는 한암의 교육론은, 전선후교의 선교겸전 방식으로 이는 지눌의 선종삼문禪宗三門이나 정혜쌍수定慧雙修 그리고 왕수인王守仁(양명陽明, 1472~1528)의 지행합일知行合一이나 사상마련事上磨鍊의 방식과도[874] 또 다르다. 한암은 지눌의 사상구조를 바탕으로 혜능을 통해서 자신만의 교육론을 완성하고 있는 것이다. 이런 점에서 한암의 전선후교의 선교겸전 방식은

///////////

873_ 慧能은 無學의 魯行者 身分으로 먼저 깨닫고 후에 印宗法師에게 削髮 得度한 다음, 工夫하여 『金剛經』에 「口訣」을 다는 行步를 보인다. 이는 先禪後敎의 修學 歷程을 나타내는 것으로 이해해 볼 수 있다.

874_ 楊國榮 著, 김형찬·박경환·김영민 譯, 『陽明學』(서울: 藝文書院, 1995), 62-82쪽 ; 蔡仁厚 著, 황갑연 譯, 『王陽明 哲學』(서울: 瑞光社, 2001), 79-100쪽 ; 陳來 著, 전병욱 譯, 『陽明哲學』(서울: 藝文書院, 2003), 276-332쪽.

한국불교사에서 크게 주목되는 교육론이라고 하겠다. 또 이와 같은 한암의 방식은 당시의 현실 속에서 상당히 유효했으며, 자칫 행동주의에 매몰되기 쉬운 선불교의 관점을 중도적으로 안정시킬 수 있다는 점에서 오늘날까지도 시사하는 바가 적지 않다.

● 소결小結과 전환轉換

한암은 1930년 「해동초조에 대하야」라는 글을 통해서 '도의초조론'과 '해동조계종'을 천명한다. 이 문건이 중요한 이유는 이에 앞서 이회광에 의해 1911년과 1919년의 두 차례에 걸쳐 조선불교를 일본불교의 조동종과 임제종에 통합하려는 움직임이 있었기 때문이다. 조선불교는 조선이라는 숭유억불의 상황 속에서, 고려불교까지 유지되던 종파불교적인 색채가 사라지고 통불교로 변모한다. 이와 같은 상황을 이용해서, 일제는 조선불교를 일본의 한 종파에 통합하려는 모습을 획책한 것이다. 이에 한암은 1929년 조선불교선교양종의 교정이 된 이후에 개인자격을 강조해서, 자신이 품고 있던 종조론과 조계종의 주장을 발표하게 된다. 이는 그 이전의 송광사 보정寶鼎의 주장과는 다른 체계적이고 조선불교의 통합적인 주장이라는 점에서 주목된다.

「해동초조에 대하야」 속에서도 한암의 특징 중 하나인 체계구축양상은 잘 드러나고 있다. 이는 도의라는 종조를 통한 조선불교의 통합과 조계종이라는 종단 정립을 통해 일본불교와 조선불교를 변별하려는 양상이다. 특히 조선 후기의 종조에 대한 일반론이 보우라는 점과 달리, 한암은 남종선의 첫 한반도 전래자인 가지산문의 도의를 내세워 범남종선계의 통합을 천명하는 모습을 보이고 있다. 또 종조론의 중심에 사굴산문의 지눌을 내세우는 대담함을 보이는데, 이와 같은 주장의 배경이 되는 것이 바로 왕통론이다. 이는 유교의 정사正史 기술원칙과 도통설 등에서 영향을 받은 것으로, 남종선계로 대표되는 조선불교의 통합을 목적으로 한다는 점을 유의할 필요가 있다. 특히 한암의 '도의-지눌 종조론'과 '해동조계종'의 주장은 이후 1941년의 조선불교조계종을 거쳐 해방된 뒤인 1962년 대한불교조계종으로 계승된다는 점에서 주의가 요구된다.

또 한암의 지눌에 대한 강한 의지와 혜능에 대한 추구는, 한암 교육론의 특징인 전선후교와 선주교보禪主敎補에 입각한 선교겸전의 사상적인 배경이 된다는 점에서 주목된다. 한암은 상원사 선원에서 선어록 중심의 교육을 진행했는데, 이를 통해서 확인되는 모습은 먼저 선수행으로 대체大體를 확립한 후에 교학을 통찰한다는 것이다. 이는 기존의 사교입선과는 다른 전선후교의 선교겸전 방식이며, 선을 중심으로 교를 보충해서 선수행의 목적성을 분명히 하는 선순환구조의 확보에 있다. 즉 선의 완성인 깨달음을 위한 가장 효율적인 교육론을 완성하고 있는 것이다.

이상과 같은 제1절을 통해서, 한암 교육론의 사상적인 측면을 검토해 볼 수 있었다. 그리고 제2절에서는 한암의 교육관이 형성되는 실제적인 과정을 모색해 보게 된다. 여기에서 중요한 부분은 먼저 통도사 내원선원에서 주석한 6년 동안과 관련되어 추론되는 반선반강半禪半講의 선교겸전에 따른 병진방식이다. 왜냐하면 한암의 생애에서 이때는 교육관이 형성되는 구체적이고 실질적인 시기이기 때문이다. 그리고 다음으로 한암의 1926년 오대산으로의 이거 이후에 강조되면서 점차 완성되는 〈승가오칙〉이다. 〈승가오칙〉은 승려의 보편적인 실천 덕목인 동시에, 오대산에 있어서 한암가풍을 대변해주는 가장 중요하고 기본적인 교육 방향이기 때문이다.

제2절. 한암의 교육관 형성과정과 〈승가오칙〉

1. 전선후교의 교육관 형성과 전개 양상

1) 한암의 교학적인 의지依支와 선교겸전禪敎兼全의 특징

「일생패궐」에는 한암이 교학에서 선불교로 전환하는 과정을 24세(1899) 때인 신계사 보운강회(사집과)에서 지눌의 『수심결』을 보다가 전회되는 것으로 기록하고 있다. 강원 이력을 마친 것은 아니지만, 한암은 출가 이전에 칠서七書 등의 유학적인 수학 배경을 가졌다는 점에 주의할 필요가 있다.[875] 왜냐하면 「일생패궐」에 기록된 한암의 선불교 전환과 개오 과정에는 선과 관련된 전적典籍의 인과관계 역시 상당한 비중을 차지하고 있기 때문이다. 이를 간략히 제시해보면 다음과 같다.

NO	사건	연도와 장소	인식 전환 계기
1	선불교로의 전환	1899년(24세) / 보운강회	『수심결』
2	1차 개오(해오解悟)	1899년(24세) / 청암사	『금강경』 게송
3	중간 개오	1900년(25세) / 통도사 백운암	죽비 치는 소리
4	2차 개오	1903년(28세) / 해인사 퇴설선원	『전등록』(혹 『조당집』)
5	3차 개오(증오證悟)	1912년(37세) / 맹산 우두암	부엌에서 홀연히 발오

///////////

875_ 尹暢和,「漢岩의 自傳的 求道記 〈一生敗闕〉」,『漢岩思想』제1집(2006), 225쪽 ; 李元錫,「漢巖 重遠과 呑虛 宅成의 佛緣」,『韓國佛教學』제79집(2016), 309-310쪽 ; 李元錫,「漢巖의 出家 過程과 求道적 出家觀」,『禪學』제50호(2018), 83쪽.

도표를 보면, 한암의 일생에서 선수행과 관련해 가장 중요한 다섯 사건 중에 3번이 선적禪籍과 관련된 것임을 알 수 있다. 이 중 1차의 『수심결』을 통해 교학에서 선불교로 전환하는 사건은 인과관계 속에서 이해되는 것이 가능하다. 그러나 선불교 깨침의 초절超絶적인 인식 환기의 관점에서 볼 때, 선전禪典과 한암의 개오를 인과관계로 직결시키는 것은 불가능하다. 왜냐하면 깨달음을 인과의 범주 안에서 연속과정으로 규정하는 것은, 인과를 넘어선 깨침의 목적과 부합하지 않기 때문이다. 즉 선전은 촉매재 역할은 할 수 있지만, 그 자체가 깨침의 질료일 수는 없다는 말이다.

그러나 ②에서의 『금강경』과 ④의 『전등록』(혹 『조당집』)이 없었다면, 한암의 1차와 3차 개오가 불가능했다는 점 또한 분명하다. 즉 양자는 인과관계는 아니지만, 그럼에도 완전한 격절隔絶이나 단절 역시 성립될 수 있는 것이 아니라는 말이다. 이는 사교입선의 태도나 선수행에만 매진하는 전선全禪의 자세와는 다른 특징을 보인다는 점에서 주목된다. 즉 한암에게는 선적에 대한 의지가 살려진다는 말이다.

물론 ②의 『금강경』 게송을 통한 한암의 1차 개오는, 한암이 주체적으로 선택했다기보다는 경허에 의해서 일방적으로 주어진 측면이 존재한다. 그러나 ④의 『전등록』에 대한 부분은 한암이 선으로 전환하여 선원에서 정진 중인 과정에도, 선어록을 중시했다는 점을 분명히 해준다. 이는 한암이 상원사 선원의 교육과 관련해서, 수좌들에게 선어록은 혼자서도 볼 수 있는 정도를 요청하는 측면.[876] 또 동산법문東山

876_ 曹龍溟 撰, 「10. 우리 스님, 寒巖 스님」, 『定本-漢巖一鉢錄 下』(平昌: 漢巖門徒會·五臺山

法門과 혜능의 중심 경전인 『금강경』을 강조하는 것 등을 통해서 분명
해진다.[877]

　　한암의 선전과 관련된 교학적 의지는 한암이 많은 영향을 받은 지
눌의 행적 및 깨달음의 행보와 비견되는 모습이기도 하다. 물론 이는
기본적으로 성향의 문제이기는 하지만, 그럼에도 지눌의 영향에 대해
서도 생각해 볼 여지가 존재하는 것이다. 지눌의 깨침과 선종삼문의
형성과정을 〈지눌비문〉을 통해서 간략히 제시해보면 다음과 같다.[878]

NO	사건	연도와 장소	인식 전환 계기
1	승과인 승선僧選 합격	1182년(25세) / 개경	
2	성적등지	1182년(25세) / 창평 청원사淸源寺	『육조단경』
3	원돈신해	1185년(28세) / 하가산 보문사普門寺	『화엄경합론』(신화엄경론)
4	간화경절	1198년(41세) / 지리산 상무주암上無住庵	『대혜어록』

////////////

月精寺, 2010), 144쪽, "또 하나는 "參禪은 비록 스스로 공부를 지어가는 것이지만 佛祖의 어록은 혼
자 뜯어 볼 정도의 글 힘이 있어야 한다."고 말씀하셨다."

877_　漢巖門徒會·金光植 編, 「道源」, 『그리운 스승 漢岩 스님(韓國佛教 25人의 證言錄)』(서울:
民族社, 2006), 62쪽, "五臺山에서는 주로 『金剛經三家解』를 공부했지."

878_　金君綏 撰, 〈松廣寺佛日普照國師碑銘〉, "二十五, 以大定二十二年壬寅, 擧僧選中之. 未幾
南遊, 抵昌平淸源寺, 住錫焉. 偶一日, 於學寮, 開六祖壇經, 至曰 '眞如自性起念, 六根雖見聞覺知,
不染萬像, 而眞性常自在.' 乃驚喜, 得未曾有. 起繞佛殿, 頌而思之, 意自得也. 自是, 心厭名利, 每
欲棲遁林壑, 艱恬以求其道, 造次必於是. 越大定二十五季乙巳, 遊下柯山, 寓普門寺, 因讀大藏,
得李長者華嚴論, 重發信心, 搜抉而索隱, 噴嚌而味情, 前解轉明, 洒潛心圓頓觀門, 亦欲導末學之
迷, 爲之去釘拔楔. 適有舊識禪老得才者, 住公山居祖寺, 邀請懇至, 遂往居焉. 廣延諸宗, 抛名高
士輩, 刻意勸請, 習定均慧, 夙夜無數者, 累稔矣. 至承安三年戊午春, 與禪侶數子一鉢, 尋智異山,
隱居上無住庵, 境致幽寂, 屏天下, 眞安禪之住所也. 於是, 屏黜外緣, 專精內觀. 磨淬發銳, 沿尋窮
源. 時有得法瑞相等事, 語繁不載. 師嘗言, '予自普門已來, 十餘年矣. 雖得意勤修, 無虛廢時, 情
見未忘, 有物碍膺, 如讐同所, 至居智異. 得大慧普覺禪師語錄云, "禪不在靜處, 亦不在處, 不在日
用應緣處, 不在思量分別處, 然, 第一不得捨却靜處, 處, 日用應緣處, 思量分別處參, 忽然眼開, 方
知是屋裏事.' 予於此契會, 自然不碍膺, 讐不同所, 當下安樂耳. 由是, 慧解增高, 衆所宗仰."

한암은 선어록과 『금강경』 같은 선전을 넘어서 『신화엄경론』이나 『범망경』 등 선불교와 연결될 수 있는 교학적인 부분이나 계율(계경戒經)적인 측면, 그리고 사집과 사교의 전적들까지 상원사 선원에서 교육하는 모습을 보이고 있다.[879] 이는 한암이 선사였음에도 불구하고 교학을 완전히 단절하지 않는, 수단으로서의 교학적인 수용과 의지依支를 보인다는 점에서 주의가 요구된다. 이와 같은 양상은 동시대에 대비되는 선사인 만공처럼, 선만을 강조한 선승과는 분명히 변별되는 한암만의 특징이다. 즉 선을 중심으로 하는 선주교보의 선교겸전 교육관이 초기부터 살펴져 강화되는 모습이 살펴지는 것이다.

한암의 선교겸전은 선을 중심이자 목적으로 교학 및 선어록과 같은 부분들을 수단화한다는 점에서, 석전 박한영이 교학적인 관점에서 선교를 아우르는 선교겸전과는 차이가 있다. 즉 한암의 선교겸전은 수행적인 데 반해, 석전의 선교겸전은 학문적이라는 점에서 대비된다고 하겠다. 한암의 선교겸전은 철저하게 선 중심적이다. 이를 위해 교를 수단화·방편화함으로써 선의 목적을 보다 분명히 하고 선교의 선순환을 통해 깨달음에 도달하는 완성구조의 효율성을 강조한다. 이는 기존과는 다른 한암만의 독특한 교육방식이라는 점에서 주목된다.

879_ 曹龍溪 撰, 「10. 우리 스님, 寒巖 스님」, 『定本-漢巖一鉢錄 下』(平昌: 漢巖門徒會·五臺山 月精寺, 2010), 143쪽, "오늘날 四集이라고 하는 어록들을 그때 우리 스님에게서 모두 배웠으며, 四教科인 『法華經』(혹 『楞嚴經』)·『金剛經』·『起信論』·『圓覺經』은 그 뒤에 中臺에서 스님 侍奉하고 지내 면서 배웠다."

2) 통도사 내원선원의 주석과 교육관의 확립

〈1〉 한암의 통도사 인연과 입실건당入室建幢

한암의 선을 중심으로 하는 선주교보의 선교겸전 교육 방법의 정립과 관련해서 주목될 수 있는 시기는, 1904년부터 1910년까지 통도사 내원선원(혹 내원암)에서 대중을 지도하는 기간이다.[880] 왜냐하면 이 시기의 한암에게는 앞서 언급한 바와 같이 조실설과 강사설이라는 선교의 융합적인 교육자로서의 측면이 모두 검토될 개연성이 존재하기 때문이다.

통도사 내원선원은 한암에게 26년간 불출동구했던 오대산의 상원사와 더불어 만6년이라는 가장 긴 시간을 보낸 곳이다. 물론 여기에는 6년보다 더 긴 8년간의 오후보림 기간도 존재한다. 그러나 이때는 한 곳에만 주석했던 것 같지는 않다. 이 기간의 앞부분은 맹산 우두암 쪽에 있었던 것으로 이해되지만, 뒤쪽은 상당 기간은 금강산 일대에서 지냈던 것 같다. 이는 1921년 건봉사 만일원 선원 주실로 초빙될 때, 금강산 장안사 지장암에 주석하고 있었다는 점.[881] 또 〈참선곡參禪曲〉의 말미에서 스스로를 "봉래산인蓬萊山人 한암중원寒巖重遠"으로 표기한 것을 통해서 분명해진다.[882] 즉 오후보림의 마지막 시기에 한암은 출가

880_ 金呑虛 撰, 「現代佛教의 巨人, 方漢岩」, 『定本-漢巖一鉢錄 下』(平昌: 漢巖門徒會·五臺山 月精寺, 2010), 164쪽, "漢巖은 30세 되던 1905년 봄에 梁山 通度寺 內院禪院으로부터 祖室로 와 달라는 招請狀을 받고, 거기에 가서 젊은 禪僧들과 더불어 5~6년의 세월을 보냈다."

881_ 漢岩 撰, 「4部 資料編-寒巖禪師法語-金剛山乾鳳寺萬日院新設禪會禪衆芳啣錄序」, 『定本-漢岩一鉢錄 下』(平昌: 漢巖門徒會·五臺山 月精寺, 2010), 8쪽.

882_ 漢岩 撰, 「4部 資料編-寒岩禪師法語-參禪曲」, 『定本-漢巖一鉢錄 下』(平昌: 漢巖門徒

본사인 장안사와 관련해서 금강산에 주석하고 있었던 것이다. 물론 봉래산인이라는 표현이 한암의 출가 사찰이 금강산 장안사라는 점 때문에 이런 표기를 하였을 개연성도 있다. 그러나 일반적으로 특정 '산인 山人'을 표방할 때는 그 산에 오래 주석하면서 애착이 있는 경우가 대부분이다. 이런 점에서 본다면, 한암은 오후보림 후반의 상당 기간을 금강산에서 보냈을 개연성이 크다.

그러므로 26년의 오대산 다음으로 한암이 오랫동안 머문 곳은 통도사 내원선원이었다고 할 수 있다. 이 때문에 한암은 통도사를 "고향 같은 곳"이라고 칭하며,[883] 오대산과 더불어 가장 애착 있는 곳으로 표현하고 있는 것이다. 그런데 흥미로운 점은 금강산 장안사가 출가 본사인 동시에 오후보림의 최후 장소로 봉래산인까지 표방했음에도 불구하고, 이곳에 대해서는 통도사와 같은 애착을 일체 확인되지 않는다는 점이다. 전통적인 불교 인식에서 금강산은 결코 통도사보다 위치가 낮지 않다. 또 한암의 생애에는 은사인 행름에 대한 의지가 특별히 살펴지는 것이 없다.[884] 이외에도 한암이 주석한 오대산이 금강산과 멀지 않은 곳에 위치하기 때문에, 충분히 교류 가능한 영역이라는 점을 감안한다면 한암의 금강산에 대한 태도는 이해하기 쉽지 않다. 특히 한암이 상원사에서 불출동구하는 상황에서도 통도사측과는 끊임없이

///////////

會·五臺山 月精寺, 2010), 34쪽.

883_ 漢巖門徒會·金光植 編, 「東星」, 『그리운 스승 漢岩 스님(韓國佛教 25人의 證言錄)』(서울: 民族社, 2006), 170쪽, "가면 通度寺로 가야지. 거기가 내 고향 같으니 그리 가야지."

884_ 같은 책, 「寶鏡」, 86쪽, "上院寺에서 出家 恩師인 행름스님에 대한 祭祀를 모셨다는 記憶은 없어요."

서신 교류를 하고 내왕하는 모습까지 보이는 반면, 금강산 측과는 일체 확인되는 교류가 없다는 점에서 더욱 그렇다. 이렇게 놓고 본다면, 이는 분명 커다란 심경변화와 관련된 이례적인 부분임에 틀림없다.

한암이 통도사와 인연을 맺는 전후의 상황과 이후 석담에게 건당하고 내원선원에서 6년간 지내는 내용은 앞서도 간략하게 언급한 바가 있다. 그러나 여기에서는 이에 대한 보다 구체적인 배경 인식이 필요하고, 이를 바탕으로 내원선원의 조실설과 강사설에 대해서 접근해 보고자 한다. 그러므로 한암의 통도사 인연 과정과 내원선원 주석 때까지의 궤적을 보다 구체적으로 정리해서 일목요연하게 정리할 필요가 존재하게 된다.

한암은 25세 때인 1900년, 통도사 백운암白雲庵에 주석하는 것을 시작으로 통도사와 인연을 맺게 된다.[885] 한암은 1899년의 동안거를 해인사 퇴설선원에서 경허와 함께 보낸다.[886] 동안거의 해제 후에 경허는 통도사와 범어사로 떠나게 되지만, 한암은 해인사에 남았다.[887] 이후 한암의 행적이 경허를 추적하는 모습을 보이고 있다는 점을 고려한다면, 이때 한암이 경허를 따르지 못한 것은 질병에 의한 부득이한 상황으로 판단된다.

실제로 「일생패궐」에는 이때 해인사에 남게 된 한암이 '병으로 사

885_ 위의 책, 「1. 一生敗闕」, 268쪽, "過夏後에 卽發程하야 到通度寺白雲庵하야 留數朔이라가".

886_ 佛學研究所 編, 『近代 禪院 芳啣錄』(서울: 大韓佛教曹溪宗 教育院, 2006), 40쪽.

887_ 위의 책, 「1. 一生敗闕」, 268쪽, "過寒際後에 和尚發行하여 向通梵等寺나 余則仍留라가".

경을 해맸다.'는 기록이 있다.[888] 한암이 평생토록 질병으로 고통받았다는 점을 감안한다면, 질병의 문제로 경허를 따르지 못하고 이후 해인사에서 죽을 위험에까지 이르렀던 상황을 맞이하게 된 것이 아닌가 판단된다.

한암은 1900년의 하안거를 해인사 퇴설선원에서 보내고,[889] 해제 후에 통도사 백운암으로 오게 된다. 이때 산철 수행 도중 죽비 치는 소리를 듣고 개오한다.[890] 이는 앞서 설명한 1차 개오와 2차 개오 사이의 중간 개오이다. 이후 1900년의 동안거는 「범어사선원창설연기록梵魚寺禪院創設緣起錄」에 따르면, 천원 각환天圓覺幻 및 덕수德守와 함께 범어사 안양암安養庵에 새롭게 선원을 개설하고 이곳에서 나게 된다.[891] 「일생패궐」에서 1899년 동안거를 해제한 후 경허가 통도사와 범어사로 떠났다고 하고 있는 점을 고려한다면, 한암의 통도사 백운암의 산철 정진과 범어사 안양암의 선원 개설의 궤적은 경허에 대한 추적과 직결된 것임을 알 수 있다. 실제로 당시 한암은 경허에게 경도되어 한참 선수행에 매진하던 상황이라는 점을 고려한다면, 이는 매우 설득력 있고 타당한 이해이다.

실제로 한암은 1901년 다시금 통도사 백운암으로 와서 하안거에

////////////

888_ 같은 책, "余則仍留라가 而偶得病하여 幾死僅生이라."

889_ 佛學硏究所 編, 『近代 禪院 芳啣錄』(서울: 大韓佛敎曹溪宗 敎育院, 2006), 41쪽. 당시 所任은 書記였음.

890_ 위의 책, "一日 入禪次에 打竹篦에 又有開悟處하다."

891_ 鄭珖鎬 編, 『韓國佛敎最近百年史編年』(仁川: 仁荷大學校出版部, 1999), 244쪽 ; 위의 책, 「1. 一生敗闕」, 268쪽, "而爲同行所牽하야 往梵魚寺安養庵하야 過冬하다."

든다.[892] 그런데 당시에 청암사 조실로 있던 경허가 편지를 보내 한암을 부르자, 결제 중임에도 불구하고 백운암을 나와 청암사에 방부를 들이고 하안거에 재참여하는 충직한 모습을 보인다.[893]

결제가 승려의 움직임을 제한하는 의미라는 점에서, 이와 같은 한암의 행동은 승가 안에서 심한 비판에 직면할 것이 명확하다. 또 율장에는 결제 기간 중 일정 기간을 이탈하거나, 안거의 장소나 대중이 바뀔 경우 참석은 무효화된다.[894] 이런 점에서 본다면, 한암의 행동은 매우 파격적인 것이었다. 특히 이후에 보이는 한암의 원칙을 중시하는 삶의 태도에서 본다면, 이때 보인 행동은 대단한 일탈임에 틀림없다. 그만큼 당시 한암의 경허에 대한 경도와 의지는 강렬했던 것이다.

한암은 1901년 청암사 수도암에서 경허와 함께 하안거를 마친 후, 1901년의 동안거와 1902년의 하안거를 해인사 퇴설선원에서 정진한다.[895] 이후 1903년의 하안거는 경허를 모시고 해인사 퇴설선원에서 들게 된다.[896] 「일생패궐」에는 이 1903년의 하안거 때, 한암이 경허로부터 "원선화遠禪和(중원 수좌)의 공부工夫가 개심開心을 넘었도다."라

892_ 위의 책, 「1. 一生敗闕」, 268쪽, "翌春에 又到白雲庵하야 過夏次에".

893_ 같은 책, "和尚住錫於靑岩寺祖堂할새, 馳書招余어늘 余卽束裝하야 進謁하여 過一夏하고".

894_ 律藏에는 結制 期間에 특별한 일이 발생할 경우에는 7일·보름·1달의 外出을 許諾하는 제도가 존재하지만, 이는 白二羯磨를 통해서 大衆의 공의를 얻어야 가능한 것이었다. 李太元 著, 『初期佛敎 敎團生活』(서울: 雲舟社, 2000), 72-73쪽 ; 『四分律』 37, 「安居揵度」(『大正藏』 22, 833c-834a).

895_ 위의 책, 「1. 一生敗闕」, 268쪽, "秋에 又來海印寺禪院하야".

896_ 같은 책, 268-269쪽, "至癸卯夏에 自寺中으로 請邀和尚할새, 和尚은 時在梵魚寺라가 來到하여 而禪衆二十餘人과 同結夏矣라."

는 인정을 받은 것으로 기록하고 있다.[897]

　이후 한암은 같은 1903년의 하안거 해제 후에[898] 해인사에서 『전등록』(혹 『조당집』)을 보다가 "일물불위一物不爲" 구절에서 2차 개오를 맞게 된다.[899] 그리고 가을에 해인사 퇴설선원에서 경허에게 〈전별사餞別辭〉와 〈전별시餞別詩〉를 받고, 〈이별시離別詩〉를 올린다.[900] 이 퇴설선원의 인연을 마지막으로 1899년부터 1903년까지 이어진 약 4년여의 한암과 경허의 인연은 모두 끝이 나게 된다. 이때 한암이 경허를 따라가지 못하는 이유 역시 전후의 행적을 고려해 봤을 때 건강 악화에 따른 것으로 추정된다.[901] 이후 한암은 해인사 퇴설선원에서 동안거를 마친 후인[902] 1904년 봄에 통도사로 가게 된다.[903]

　1904년은 한암이 통도사 내원선원의 조실(혹 강사)이 되어 대중을

////////

897_ 같은 책, 269쪽, "和尙이 翌日에 陞座하야 顧大衆曰, 遠禪和의 工夫가 過於開心이라."

898_ 佛學硏究所 編, 『近代 禪院 芳啣錄』(서울: 大韓佛教曹溪宗 教育院, 2006), 46쪽. 당시 所任은 茶頭였음.

899_ 위의 책, 「1. 一生敗闕」, 269쪽, "一日에 看傳燈錄타가 至藥山對石霜(頭)云, 一物不爲處라 하야는 驀然心路忽絶이 如桶底脫相似라."

900_ 漢巖門徒會·五臺山 月精寺 編, 「1. 和鏡虛和尙餞別詩·2. 鏡虛和尙餞別辭(詩)」, 『定本-漢岩一鉢錄 上』(平昌: 漢巖門徒會·五臺山 月精寺, 2010), 221-223쪽; 金呑虛 撰, 「現代佛教의 巨人, 方漢岩」, 『定本-漢巖一鉢錄 下』(平昌: 漢巖門徒會·五臺山 月精寺, 2010), 161-164쪽.

901_ 漢巖은 1903년 夏安居 解制 후에 疾病으로 苦痛받고 있으며, 1904년 봄에는 通度寺에서 病을 治療했다는 기록을 남기고 있다. 그러므로 1903년 가을에 海印寺 堆雪禪院에서 鏡虛와의 마지막 만남에 따라가지 못하는 이유 역시 疾病에 있었다고 보는 것이 타당하다.

902_ 佛學硏究所 編, 『近代 禪院 芳啣錄』(서울: 大韓佛教曹溪宗 教育院, 2006), 47쪽.

903_ 위의 책, 「1. 一生敗闕」, 269쪽, "甲辰(1904)坐通度寺하야"; 金呑虛 撰, 「現代佛教의 巨人, 方漢巖」, 『定本-漢巖一鉢錄 下』(平昌: 漢巖門徒會·五臺山 月精寺, 2010), 164쪽, "漢巖은 30세 되던 1905년(1904년의 誤) 봄에"; 呑虛宅成 撰, 「附錄-漢岩大宗師浮屠碑銘幷序」, 『定本-漢巖一鉢錄 上』(平昌: 漢巖門徒會·五臺山 月精寺, 2010), 492쪽, "甲辰春에 赴通度寺".

지도하기 시작하는 때이다. 한암이 이때 내원선원에서 조실(혹 강사)이 되었다는 것은 한암의 위치가 1904년 초 통도사와 관련해서 크게 변모했다는 것을 의미한다. 왜냐하면 백운암 선원에서 안거한 것이 전부인 한암을 내원선원에 조실(혹 강사)로 모신다는 것은 일상적인 사찰의 소임 분배가 아니기 때문이다. 특히 한암은 1901년 하안거 과정에서 안거 기간에 이탈하는 크게 비난받을 모습을 보였다는 점에서 더욱 그렇다.

한암의 통도사와 관련된 변화 상황은 1904년에 있었을 것으로 추정되는 석담유성石潭有性(출생: 1858~1863, 입적: 1934)을 법사法師로 입실 건당하는 사건이다.[904] 건당은 출가 때의 삭발 은사와는 다른 가르침의 사법嗣法스승을 모시는 것을 의미한다. 이로 인해 한암은 출가 사찰인 금강산 장안사와 더불어 통도사에도 승적이 존재하게 된다.[905] 즉 손석담을 법사로 모심으로 인해서 한암은 통도사의 재적 승려로 거듭나게 된 것이다.

「일생패궐」에서 한암은 "갑진(1904)에 다시금 통도사로 가서 돈이 생겨 병을 치료했는데, 병 또한 고치지 못했다."라고 간략히만 적고 있다.[906] 그럼에도 이 기록은 당시 한암이 질병으로 고통받고 있었으며,

---

904_ 李載昌 著, 「14. 五臺山의 맑은 연꽃, 漢巖 스님」, 『定本-漢巖一鉢録 下』(平昌: 漢巖門徒會·五臺山 月精寺, 2010), 239쪽, "그때 (漢巖은) 通度寺의 石潭스님에게도 法을 받은 바가 있었다."

905_ 漢巖門徒會·金光植 編, 「寶鏡」, 『그리운 스승 漢岩 스님(韓國佛敎 25人의 證言録)』(서울: 民族社, 2006), 86쪽, "노스님은 通度寺 僧籍이 있었거든요. 僧籍이 日政 때 두 군데 있었어요. 入山 本寺인 長安寺에 있으시고 通度寺도 있으셨지요. 長安寺는 入山 本寺이고, 通度寺는 法畓이 있으셨어요."

906_ 위의 책, 「1. 一生敗闕」, 269쪽, "甲辰(1904)坐通度寺하야 得錢治病이로대 而病亦不愈라."

통도사에서 병의 치료와 관련된 재화가 마련된 사실을 인식하게 한다.

당시에는 사법 건당을 하면 법사가 법답法畓을 주는 것이 관례였다. 한암이 석담에게 받은 법답은 언양에 있는 논 12마지기(혹 15마지기)였는데,[907] 이 법답은 이후 한암의 상좌인 오해련吳海蓮과 조용명의 수학 비용으로 사용되는 모습까지 확인된다.[908] 즉 석담의 법답이 한암에서 상좌로 계승되는 모습이 확인되는 것이다.

한암이 석담에게 건당하게 되는 1차 이유는 질병 치료와 관련된 필연성 때문으로 판단된다. 당시 한암에게 건당할 것을 먼저 요청한 것은 손석담孫石潭으로 살펴진다.[909] 한암은 질병의 치료라는 절박한 현실 속에서 건당한 것으로 추정되는데, 석담에게의 건당은 이후 한암에게 많은 후회를 남긴 사건이었던 것 같다.

이는 현존하는 자료만으로는 다음과 같은 3가지 이유를 통해서 추론해 보는 것이 가능하다. 첫째, 한암은 석담에 대해서 이렇다 할 진술이나 기록을 전혀 남기고 있지 않다는 점이다. 앞서 언급한 바와 같

907_ 曹龍溟 口述, 善友道場 韓國佛教近現代史研究會 編, 『22人의 證言을 통해 본 近現代佛教史』(서울: 善友道場出版部, 2002), 65쪽, "그 (孫石潭)스님이 彦陽에 있는 벼 스무 섬 받는 논 12마지기 땅을 漢巖 스님께 法畓으로 준 거야."; 曹龍溟 撰, 「老師의 雲水時節 沒絃琴을 들어라」, 『佛光』 제62호(1979, 12), 42쪽, "그곳에는 우리 恩師스님이신 漢巖 祖室스님의 法畓이 열다섯 마지기가 있었다."

908_ 曹龍溟 口述, 善友道場 韓國佛教近現代史研究會 編, 『22人의 證言을 통해 본 近現代佛教史』(서울: 善友道場出版部, 2002), 65쪽, "漢巖 스님은 그 法畓을 받아 가지고 吳海蓮 상좌에게 공부하는 데 쓰라고 주었거든. 내가 通度寺 갈 때 漢巖 스님이 吳海蓮 스님한테 편지를 써서, '聲觀(曹龍溟)이가 가니까 돈을 대줘라.' 해서 吳海蓮 스님이 내 洋襪값까지 대줬지."

909_ 漢巖門徒會·金光植 編, 「東星」, 『그리운 스승 漢岩 스님(韓國佛教 25人의 證言錄)』(서울: 民族社, 2006), 161-162쪽, "(漢巖 스님이) 通度寺에서는 祖室을 하였다고 하는데 그게 아니고, 그 시절 通度寺는 禪房도 없을 때야. 通度寺에서는 講師를 했어. 講을 했단말이야. 그럴 적에 通度寺 스님 한 분이 漢巖 스님에게 入室을 하라고 했어. 예전에는 入室할 때 法師스님이 法畓을 주어요."

이 한암은 은사인 장안사의 행름에 대해서도 이렇다 할 언급이 없다. 그러나 당시만 해도 은사는 특수한 경우를 제외하고는, 출가의 특성상 상좌가 스스로 결정한다기보다는 사찰에서 내부적으로 결정되는 경우가 일반적이다. 그러나 법사는 제자와의 반연 속에서 제자가 모시는 것이 보통이다. 즉 은사는 선택의 여지가 거의 존재하지 않는 반면, 법사는 의도적인 선택이 가능하다는 말이다. 이 때문에 법사는 건당 상좌를 일반 상좌보다 우위에 두는 문화가 존재하기도 했다. 이런 상황임에도 불구하고, 한암의 석담에 대한 존중이나 의지依支가 딱히 살펴지는 것이 없는 것이다. 이는 한암이 석담을 형식적인 법사로만 인정했을 개연성을 환기한다.

둘째, 첫째와 연관되는 내용으로, 「일생패궐」의 "병 또한 고치지 못했다. (그리고) 인연을 따라서 6년 세월을 보냈다."라고 적은 대목이다.[910] 건당이라는 중요한 사건이 있었음에도 한암은 이를 언급하지 않음은 물론이거니와, "병역불유病亦不愈"라 하여 '치병을 목적으로 했는데 이것마저도 이루지 못했다.'는 탄식성 기록만을 남기도 있는 것이다. 이는 "수연도료육년광음隨緣度了六年光陰"에서도 비슷한 뉘앙스가 느껴진다. 이는 '헛되이 6년을 허비했다.'는 의미 정도로 받아들여질 수 있는 문장이기 때문이다. 즉 한암에게 있어서 석담에게 건당한 이후의 시간은 부질없는 정도로만 비정되고 있는 것이다. 특히 한암이 석담에게 법답으로 받은 언양의 논은 벼를 스무 섬이나 받는 상당한

910_   위의 책, 「1. 一生敗闕」, 269쪽, "而病亦不愈라. 隨緣度了六年光陰하고".

규모로 당시로는 적지 않은 재화 가치를 가졌다.[911] 그럼에도 한암은 이를 "득전치병得錢治病 이병역불유而病亦不愈." 정도로만 기록하고 있는 것이다.

셋째, 석담의 입적과 관련해서 한암이 통도사를 방문하지 않고 있다는 점. 법사라면 의당 입적과 관련해서 한암이 통도사를 방문하는 것이 맞다. 특히 당시는 유교적인 인식이 상당히 잔존하고 있었고, 한암은 출가 이전 유교적인 한학을 수학했으며 이로 인해 유교적인 인식과 자기관리가 엄격했다. 그럼에도 불구하고 한암은 1934년 석담의 입적에[912] 질병을 이유로 참석하지 않는 모습을 보인다.[913] 이는 분명 의아함을 자아내게 하기에 충분한 상황이다.

물론 당시 한암은 59세의 고령에 병환이었으며, 상원사에서 불출동구의 서원으로 수행하고 있었다. 그러나 부득이한 경우에는 한암 역시 출산을 하는 모습이 확인된다. 1931년 음력 10월 4일에서 6일까지 동안 통도사에 머문 일.[914] 1941년 조선불교조계종의 창종과 관련해서, 통도사의 김구하의 도움이 필요하자 이종욱과 함께 통도사를 갔던

911_ 曹龍溟 口述, 善友道場 韓國佛教近現代史研究會 編, 『22人의 證言을 통해 본 近現代佛教史』(서울: 善友道場出版部, 2002), 65쪽.

912_ 釋明正 譯註, 『火中蓮花消息』(서울: 美進社, 1984), 51쪽.

913_ 漢岩 撰, 〈書簡9〉, 「1. 鏡峰 스님에게 보내는 書簡文(24편)」, 『定本-漢巖一鉢錄 上』(平昌: 漢巖門徒會·五臺山 月精寺, 2010), 300쪽, "門弟는 一是病蟄狀而已라. 就告 弟之法傳主 入寂初 終凡節에 對하야 一山中老少諸位大德과 門中諸德과 遠近間來臨諸氏의 多多勤勞護念하심은 伏感恒沙오니 豈可以筆舌可免也哉리요. 專賴於吾兄與住持和尙의 另力周旋也오니 愈感僕僕이로소이다. … 甲戌(1934년) 9月 10日."

914_ 鏡峰 著, 明正 編, 『三笑窟日誌』(서울: 맑은소리 맑은나라, 2014(1985년 초판)], 130-133쪽.

일.[915] 해방 직후 혜화전문학교惠化專門學校가 현 동국대학교로 승격될 때, 재단 보강과 관련해서 역시 김구하의 도움이 필요하다고 판단되자 통도사로 가서 문제를 해결했다는[916] 내용이 그것이다.[917] 그런데도 석담의 입적에서는 이런 모습을 보이지 않고 있다.[918] 이는 한암과 석담이 현재로는 어떤 일 때문인지 알 수 없지만, 매우 소원한 관계였음을 판단해 보도록 하기에는 충분하다.

한암의 「일생패궐」을 보면, 경허를 따르지 못하고 경허에게 인가받지 못한 것을 못내 아쉬워하는 모습이 살펴진다.[919] 이러한 경허에 대한 강렬한 의지는 반대급부로 석담에 대한 반발을 촉발했을 개연성도 있다. 어떤 의미에서 「일생패궐」은 석담 사법에 대한 부정인 동시에, 경허 사법에 대한 천명과 경허 사법의 방어기제적인 성격이 강하게 존재한다는 점에서 더욱 그렇다.

////////////

915_ 漢巖門徒會·金光植 編, 「玄海」, 『그리운 스승 漢巖 스님(韓國佛教 25人의 證言錄)』(서울: 民族社, 2006), 194쪽.

916_ 같은 책, 194-195쪽, "해방 직후 東國大 財團을 보강할 때입니다. 그것이 惠化專門이 東國大로 전환될 무렵인데, 智庵스님이 아무리 똑똑해도 이때에도 역시 九河스님이 비협조적이라 어떻게 할 수 없으니 또다시 漢巖 스님께 찾아와서 상의를 하였어요. … 智庵스님이 總務院長(宗務總長임)이고 漢巖 스님이 宗正이신 것도 있었겠지만. 그래서 이번에도 역시 漢巖 스님을 모시고 通度寺에 가서 말씀을 드리니 九河스님이 협조해주었다고 해요. 그래서 당시에 東國大 재산의 3분의 1이 通度寺 재산으로 만들어졌어요. 당시에 九河스님의 勢(勢力)가 대단해도 漢巖 스님의 말씀은 들었다고 합니다. 두 스님(九河, 漢巖)이 師兄師弟간이라는 인연도 작용하였겠지요."

917_ 뒤의 두 가지는 玄海의 진술에서만 확인된다는 점에서, 이의 타당성에 의문이 제기될 여지도 존재한다.

918_ 漢巖이 1931년 음력 10월 4일에서 6일까지 동안 通度寺에 머문 것을 石潭의 老患에 따른 위독한 상황을 漢巖이 臨終과 관련해서 이해했기 때문에 간 것일 수도 있다.

919_ 위의 책, 「1. 一生敗闕」, 269쪽, "時當末葉하야 佛法衰廢之甚하야 難得明師印證이라. 而和尚은 長髮服儒하야 來往於甲山江界等地라가, 是歲入寂하시니 餘恨可旣로다."

어떤 의미에서 한암은 질병이라는 위급한 상황에서, 치료비인 법답을 대가로 사법한 것을 스스로 부끄럽게 여겼을 수도 있다. 이는 유교적인 인식에서 본다면, 극기克己가 부족한 현실 타협의 행동인 동시에[920] 당시 석담의 행동은 맹자가 비판하는 '남의 위급함을 틈타는 행동'일 수 있기 때문이다. 즉 한암의 입장에서는 자신의 행동과 석담의 행동 모두가 부정적일 수 있으며, 이는 경허에 대한 경도와 더불어 더욱 심화되었을 개연성이 존재하는 것이다.

그러나 한암과 석담의 관계가 처음부터 소원했던 것 같지는 않다. 한암이 내원선원의 조실(혹 강사)로 가게 되는 것이, 이 사찰이 석담과 관련되어 있기 때문이다. 즉 석담의 영향에 의해서 한암이 내원선원으로 가게 되었을 개연성이 크다는 말이다.

그러나 내원선원에서의 6년 동안을 한암은 긍정적으로 보지 않았다. 이런 인식이 당시의 관점에 의한 것인지는 알 수 없지만, 「일생패궐」이 작성되는 1913년 가을 이전에는 이와 같은 판단이 명확해진 것만은 분명하다. 이는 앞선 "수연도료육년광음隨緣度了六年光陰"이라는 기록을 통해서 자못 분명해지기 때문이다.

그러나 한암은 그럼에도 통도사에 대해서만은 무척 긍정적이었다. 이는 통도사를 고향이나 돌아갈 곳에 비유하는 것을 통해서 분명해진다.[921] 또 한암의 일생에 있어서 가장 가까운 후배가 통도사 극락암

920_ 『論語』, 「顏淵第十二」, "LY1201 顏淵問仁. 子曰, '克己復禮爲仁. 一日克己復禮, 天下歸仁焉. 爲仁由己, 而由人乎哉?'"; 「里仁第四」, "LY0405 '君子無終食之間違仁, 造次必於是, 顚沛必於是.'"; "LY0408 子曰, '朝聞道, 夕死可矣.'"
921_ 漢巖門徒會·金光植 編, 「東星」, 『그리운 스승 漢岩 스님(韓國佛敎 25人의 證言錄)』(서울:

의 경봉이었다는 점과[922] 김구하에 대한 신뢰도 상당했다는 점에서 더욱 그렇다.[923] 실제로 한암은 1917년 통도사에서 실시된 법계시험에서 대선사大禪師의 법계를 받기도 하고,[924] 1925년의 통도사 주지 선거와 관련해서는 한암이 주지 후보로 거론되기도 했다.[925] 이는 한암이 머문 기간에 비해, 오래도록 통도사 안에서 상당한 명망을 유지 및 확보하고 있었다는 것을 의미한다. 즉 통도사 측과 한암은 서로 긍정적이지만, 유독 손석담에 관해서만은 부정적인 인식이 존재하는 것이다.

〈2〉 조실설과 강사설의 충돌 기록 검토

한암의 내원선원 주석과 관련해서는 조실설과 강사설의 두 가지가 존재하고 있어 주목된다. 한암의 조실설을 주장한 최초 기록은 전법제자인 탄허에 의한 것으로, 1965년 「현대불교의 거인 방한암」이다. 여기에서 탄허는 "한암은 30세 되던 1905년 봄에 양산 통도사 내원선원으로부터 조실로 와 달라는 초청장을 받고, 거기에 가서 젊은 선승들과 더불어 5~6년의 세월을 보냈다."라고 적고 있다.[926] 그런데 이보

民族社, 2006), 170쪽, "가면 通度寺로 가야지. 거기가 내 고향 같으니 그리 가야지."

922_ 漢岩 撰, 「1. 鏡峰 스님에게 보내는 書簡文(24편)」, 『定本-漢巖一鉢錄 上』(平昌: 漢巖門徒會·五臺山 月精寺, 2010), 273-333쪽.

923_ 漢巖은 鏡峰에게 보내는 書簡에서 九河를 大兄으로 칭하는 모습이 확인된다. 같은 책, 〈書簡 17〉, 「1. 鏡峰 스님에게 보내는 書簡文(24편)」, 317쪽.

924_ 「彙報-兩本山의 法階」, 『朝鮮佛教叢報』 제3호(1917. 5), 54쪽, "慶南 大本山 梁山郡 通度寺 法階試驗은 左와 如하니 禪宗에는 大禪師에 金九河, 朴幻潭, 方寒岩"

925_ 徐南賢 編輯, 『鷲山 九河大宗師 民族佛教運動 史料集 下』(梁山: 通度寺, 2008), 196-197쪽.

926_ 金吞虛 撰, 「現代佛教의 巨人, 方漢岩」, 『定本-漢巖一鉢錄 下』(平昌: 漢巖門徒會·五臺山

다 16년 앞선 1959년에 작성된 탄허의 〈한암비문〉에는 "갑진(1904) 춘
春에 부통도사내원방장지청赴通度寺內院方丈之請하야 수연도료육년광
음隨緣度了六年光陰[갑진년 봄에 통도사 내원(선원)에서 방장으로 청함에 인
연 따라 6년 (세월을) 광음처럼 보냈다]."이라고 기록하고 있어 차이가
있다.

　　양자의 차이는 크게 두 가지이다. 첫째는 '1905년'과 '1904년'으
로 이는 「일생패궐」에 근거해서 볼 때, 전자가 오류이며 후자가 타당함
을 알 수 있다. 둘째는 '조실'과 '방장'의 차이이다. 조실은 선원의 수장
이며, 당시 방장은 요즘의 총림叢林 방장인 총 책임자라는 의미와는 달
리 조실이 거처하는 공간의 의미가 강하다. 이는 「일생패궐」에서 경허
가 해인사 퇴설선원의 방장으로 돌아갔다는 "귀방장歸方丈"의 표현이
나,[927] 「경허행장」에서 "고와방장高臥方丈"이라고 기록한 것을 통해서
확인해 볼 수 있다.[928] 즉 방장은 조실에 대한 이칭異稱 혹은 존칭인 것
이다. 이런 점에서 탄허는 조실과 방장의 두 가지로 기술하고 있지만,
모두 조실설로 귀납된다고 할 수 있다.

　　탄허가 1965년과 1959년에 제시한 조실설은 1972년 육산陸山 정
광호鄭珖鎬의 「현대불교인열전 – 방한암」과[929] 1984년 이종욱의 아들

///////////

月精寺, 2010), 164쪽.

927　위의 책, 「1. 一生敗闕」, 265쪽, "遂下堂하야 歸方丈하시다."

928　漢岩 筆寫, 『漢岩禪師肉筆本 鏡虛集(全)』(平昌: 五臺山 月精寺, 2009), 8쪽, "遂高臥方丈
하야 不關人之出入이러라."

929　鄭珖鎬 著, 「13. 現代佛教人列傳 – 方漢巖」, 『定本-漢巖一鉢錄 下』(平昌: 漢巖門徒會·五
臺山 月精寺, 2010), 208쪽(鄭珖鎬의 글은 《佛教新聞》에 같은 제목으로 1972년 9월 17일부터 매주
1회씩 총 14회에 걸쳐 연재된 것임), "通度寺 內院庵에서 부쳐온 '內院禪院 祖室로 오시어 衲子들

로 당시 동국대 불교학과 교수로 재직 중이었던 이재창李載昌의 「오대
산의 맑은 연꽃, 한암 스님」[930] 그리고 1985년 윤소암尹昭庵의 「방한암
스님」을 통해서 확대 일반화된다.[931] 이후 1995년에 간행되는 오대산
한암문도회가 주도하는 『한암일발록』에 수용되면서 정설화되기에 이
른다. 이로 인해 이후의 한암에 대한 연구는 큰 비판의식 없이 조실설
을 채택하는 모습들을 보이게 된다.

그러나 2006년 김광식이 녹취한 『그리운 스승 한암 스님』에서, 한
암의 상좌인 동성東星은 조실설과는 다른 강사설을 제기하고 있어 주
목된다. 이를 바탕으로 2006년에 발표된 박재현의 논문에는 강사설이
주장되는 모습이 확인된다.[932] 이중 원자료인 동성의 진술을 적시해 보
면 다음과 같다.

> 동성東星: 한암 스님은 본래 통도사에서 강사를 한 사람이야.
> 그 후로는 강사를 접고 선禪을 주로 하여 깨쳤지만.[933]

의 進路를 보살펴 주소서.' 하는 내용의 글이었다."

930_ 李載昌 著, 「14. 五臺山의 맑은 연꽃, 漢巖 스님」, 『定本-漢巖一鉢錄 下』(平昌: 漢巖門徒
會·五臺山 月精寺, 2010), 239쪽, "漢巖은 1905년부터 5, 6년간 通度寺 內院禪院의 祖室로 젊은
僧侶들을 지도한 일이 있는데, 그때 通度寺의 石潭스님에게도 法을 받은 바가 있었다."

931_ 尹昭庵 著, 「16. 方漢巖 스님」, 『定本-漢巖一鉢錄 下』(平昌: 漢巖門徒會·五臺山 月精寺,
2010), 276쪽[尹昭庵의 글은 『佛敎思想』 제23호(1985. 10.)에 수록되어 있음], "漢巖은 1905년 봄.
30세의 젊은 나이로 梁山 通度寺 內院禪院에서 5~6년 동안 祖室로 있으면서 禪僧들을 지도하였
다."

932_ 박재현의 論文은 東星의 陳迹을 踏襲하는 정도에서 그칠 뿐이다. 박재현, 「方漢岩의 禪的 지
향점과 역할 인식에 대한 연구」, 『哲學思想』 제23호(2006), 312쪽.

933_ 漢巖門徒會·金光植 編, 「東星」, 『그리운 스승 漢岩 스님(韓國佛敎 25人의 證言錄)』(서울:
民族社, 2006), 157쪽.

또 통도사에서는 조실을 하였다고 하는데 그게 아니고, 그 시
절 통도사는 선방도 없을 때야. 통도사에서는 강사를 했어.
강講을 했단 말이야. 그럴 적에 통도사 스님 한 분(석담으로 추정
됨)이 한암 스님에게 입실入室을 하라고 했어. 예전에는 입실
할 때 법사 스님이 법답法畓을 주어요. 그래 입실해서 법답을
탔어요. … 통도사 강사 자리를 상좌에게 넘겨주고 떠났어.
그 상좌가 통도사에서 대를 이어 강사 활동을 하다 열반했어
요.[934]

동성의 진술을 보면, 한암이 '통도사 조실을 했다'는 부분은 탄허
가 제기한 '내원선원의 조실'을 말한 것으로 판단된다. 한암의 「일생패
궐」에도 "갑진좌통도사甲辰坐通度寺"라고 하여 통도사로 내원선원을
대치하는 모습을 보이고 있다. 이런 점에서 본다면, 동성의 이 진술은
자세하지 못한 뿐 착오라고까지는 할 수 없다. 그런데 동성은 한암이
먼저 강사를 하였고, 이 과정에서 손석담의 권유로 입실건당한 것으로
진술하고 있어 주목된다.

그러나 한암이 내원선원의 소임을 맡게 되는 것은 석담의 영향에
의한 것이라는 점을 고려한다면, 한암이 강사였다고 하더라도 석담에
게로의 건당이 먼저이며 강사가 되는 것은 뒤의 사건이라고 할 수 있
다. 즉 이 부분은 사건의 선후가 도치되어 있는 것이다.

그런데 마지막 진술에서 한암이 통도사 강사를 상좌에게 물려주

934_ 같은 책, 161-162쪽.

고, 이후 상좌가 대를 이어 강사를 하다가 열반에 들었다는 대목은 크게 주목된다. 물론 여기에서의 "통도사 강사"란 앞에서와 같이 내원선원의 강사를 의미하는 것으로 보는 것이 타당하다.

이 진술이 흥미로운 것은 한암이 내원선원 시절에 받은 맏상좌인 오해련에 대한 내용과 일정 부분 일치하기 때문이다.[935] 오해련은 한암의 통도사 법답의 계승자인 동시에, 둘째 상좌인 조용명의 수학을 한암의 지시로 후원해주었던 인물이기도 하다.[936]

자료의 부족으로 오해련이 당시에 한암을 계승해서 내원선원의 강사가 되었는지는 알 수 없다. 그러나 오해련은 1927년부터 1950년까지 통도사의 강사로 활동한 이력이 살펴진다.[937] 즉 동성의 진술처럼, 한암의 상좌가 통도사의 강사를 하고 있는 것이다.

이런 점에서 동성이 제기한 강사설은 나름의 타당성을 확보하는 측면이 존재한다. 그러나 같은 『그리운 스승 한암 스님』 안에는 한암의 둘째 상좌인 조용명에게 혜거慧炬가 들었다는 조실설이 하나 더 기록되어 있어 주의가 요구된다. 혜거는 조용명이 "한암 스님이 통도사 내원암 조실로 계실 때에 읊은 시를 알려 주셨어요."라고 말했다고 진술하고 있기 때문이다.[938] 이렇게 놓고 본다면, 한암의 상좌인 조용명과

935_ 曺龍溟 撰, 「老師의 雲水時節 沒絃琴을 들어라」, 『佛光』 제62호(1979, 12), 42쪽.

936_ 같은 책.

937_ 靈鷲叢林 通度寺 編, 『靈鷲叢林 通度寺 近現代 佛教史: 九河·鏡峰·月下·碧眼大宗師를 中心으로 上』(梁山: 靈鷲叢林 通度寺, 2010), 159-160쪽 ; 普門門徒會·金光植 編, 「초우」, 『普門禪師: 神話 속으로 사라진 禪僧』(서울: 民族社, 2010), 132-133쪽.

938_ 漢巖門徒會·金光植 編, 「慧炬」, 『그리운 스승 漢岩 스님(韓國佛教 25人의 證言錄)』(서울: 民族社, 2006), 111쪽.

탄허가 조실설을 제기하고 있으며, 다른 상좌인 동성은 강사설을 제기해서 서로 대립하고 있다는 것을 알 수 있다.

〈3〉 내원선원 시절과 한암의 교육관 형성

한암의 조실설이 조용명과 탄허의 주장인 데 반해 강사설이 동성에 의해서만 주장되고 있다는 점에서, 조실설에 무게가 실리는 것은 당연하다. 이는 한암을 오랫동안 모시고 한암 문도 중에서 위계가 높은 조용명과 탄허의 주장이, 동성의 진술에 비해서 타당성이 높다고 판단되기 때문이다. 그러나 그럼에도 불구하고 강사설이 주목되는 이유는, 이후 한암이 보여주는 강원교재 등과 관련된 탁월한 내전 실력 때문이다.

현존하는 기록 중 한암이 내전을 가르친 가장 이른 내용은 1912년 맹산 우두암에서 확철대오한 이듬해인 1913년, 하동산에게 사교四教를 가르친 것이 최초이다.[939] 주지하다시피 한암은 1910년 내원선원에서 하안거를 보낸 후, 묘향산 금선대金仙臺로 이거해 동안거와 1911년 하안거를 나게 된다.[940] 이후 우두암에서 동안거를 나게 된 뒤에 1912년 봄에 3차 개오인 확철대오를 한다.[941] 이렇게 놓고 본다면, 내

939_ 漢岩大宗師法語集 編纂委員會 編,「附錄-年譜」,『定本-漢巖一鉢錄 上』(平昌: 漢巖門徒會·五臺山 月精寺, 2010), 504쪽.

940_ 위의 책,「1. 一生敗闕」, 269쪽, "而庚戌(1910)春에 入妙香山하야 過熱際於內院(庵)하다. 秋에 往金仙臺하야 過熱寒二際하고".

941_ 같은 책, "而秋來孟山牛頭庵하야 過寒際하고, 而翌年(1912)春에 同居▨梨가 包粮次出去로대, 余獨在廚中着火타가 忽然發悟하니, 與修道開悟時와 少無差異라. 而一條活路가 觸處分明이라."

원선원 이후에는 딱히 내전을 수학할 계기나 기간이 존재하지 않는 것을 알 수 있다.

한암이 출가 이전부터 속서俗書에 능했고[942] 또 보운강회에서 사집을 배우다가 청암사로 가게 된다는 점에서, 사교를 가르칠 수 있다는 판단도 가능하다. 그러나 같은 한문 전적이라도 유교 글과 불교 문장 사이에는 많은 차이가 존재한다. 이는 불교 경전이 인도 전적에 대한 번역과정에서, 인도어에 대한 다양한 음역과 이의 전화를 내포하고 있기 때문이다.

또 선어록이나 선전禪典의 경우에는 역설 등 불교 전적만의 특징적인 언어와 문장구조가 존재한다. 이는 유교 한문과는 다른 불교 한문의 특수성을 형성하게 된다. 실제로 출가 이전 한문에 능통했던 탄허는 삼본사수련소에서 한문의 해석과 관련해 한암과 누차 충돌하지만 이기지 못했다.[943] 이는 한문 자체의 역량 차이가 아닌, 유교 한문과 다른 불교 한문만의 특수성 때문에 빚어지는 문제이다. 즉 한암이 1913년 하동산에게 사교를 가르쳤다는 내용은 그리 간단히 치부될 수 있는 일이 아니라는 말이다. 특히 한암이 보운강회에서 수학한 것은 사교가 아닌 사집의 일부였다는 점에서 더욱 그렇다.

////////////

942_ 漢岩 撰, 「第3章 禪問答-8. 與雲峰首座禪問答」, 『定本-漢巖一鉢錄 上』(平昌: 漢巖門徒會·五臺山 月精寺, 2010), 206쪽, "雲峰首座가 또 말하였다. 스님께서 俗書에 능한 것을 익히 들었습니다."; 漢巖門徒會·金光植 編, 「梵龍」, 『그리운 스승 漢岩 스님(韓國佛教 25人의 證言錄)』(서울: 民族社, 2006), 44쪽, "漢文으로 된 儒教의 俗書를 많이 알았고".

943_ 같은 책, 「寶鏡」, 75쪽, "呑虛 스님은 워낙 漢文에 훤하니까, 吐를 갖고 해석하는 것에 대해서 異見이 있었지요. 어떤 때는 그것을 갖고 노스님과 오전 시간을 다 보내는 수도 있어. 그래도 呑虛 스님이 한 번도 漢岩 스님을 이겨본 적이 없어요."; 〈修行閑談, 寶鏡 스님〉, 《現代佛教》, 1997년 9월 10일자.

그런데 한암은 여기에서 그치지 않고, 1926년 상원사 선원에 주석한 이후에는 차담 시간에 소참법문 형식으로 사집과 사교 및『보조법어』·『육조단경』등의 내전들을 가르치는 모습을 보인다. 또 한암은 1936년 삼본사수련소를 상원사 선원에 주도적으로 개설해서, 일제의 식민정책 기조를 역이용해서 승가교육을 활성화하는 모습을 보이게 된다. 그런데 이때의 교육교재와 관련해서 한암은『금강경삼가해(정확히는 4가해임)』·『보조법어』·『육조단경』·『화엄경』등을 현토懸吐했다. 특히 한암은『금강경삼가해』를 재편한『금강경사가해』를 1937년 음력 1월 29일 이전에 현토하고,[944] 같은 1937년 음력 8월 28일 이전에는『보조법어』을 현토하는 모습을 보인다.[945]

한암은 상원사 선원에서 참선은 물론이거니와 조석예불 등도 빠지지 않은 누구보다도 솔선수범하는 모습을 보인 실천궁행에 앞장선 인물이다.[946] 이렇게 일상의 일과가 촘촘한 상황임을 고려한다면, 이는 당시 62세라는 노구의 한암에게는 상당히 빠른 작업 속도가 아닐 수 없다. 특히 이것이 삼본사수련소의 교재라는 점에서, 대중에게 공표되는 현토 작업임을 감안한다면 이는 여간 신경이 쓰이는 작업이 아닐 수 없다.

944_ 전재강 譯註,「金剛般若波羅密經重刊緣起序」,『金剛經三家解』(서울: 운주사, 2019), 27쪽.

945_ 方漢岩 纂輯懸吐, 金呑虛 飜譯,『普照語錄』[서울: 敎林, 2013(初版 1939년)] 6쪽.

946_ 漢巖門徒會·金光植 編,「雷默」,『그리운 스승 漢岩 스님(韓國佛敎 25人의 證言錄)』(서울: 民族社, 2006), 271쪽, "漢巖 스님은 佛供에도 꼭 參席 하시고 禮佛할 때에도 끝까지 계셨어요. 보통 禪房의 客들은 禮佛만 하고 나가지만 漢巖 스님은 禮佛을 마칠 때까지 계셨습니다."; 같은 책,「文悅」, 249-350쪽, "漢巖 스님은 點心(巳時) 禮佛은 꼭 참석하세요. 제가 거기 4년 있었지만 한 번도 빠지시는 것을 못 보았어요."

그런데도 당시 한암의 토吐는 정확하기로 정평이 나 있었다.[947] 이와 같은 측면들은 출가 전의 한학 수학이나, 깨침을 통한 선禪적인 영지靈知만으로는 이해되기가 대단히 어려운 부분이다. 이런 점 때문에 주목되는 것이 바로 한암의 강사설이다. 또 강사설과 관련해서 고려되어야 할 부분 중 하나는 독립운동가 겸 대강백으로 명성을 떨친 백초월白初月(동조東照, 1878~1944)이 지리산 영원사靈源寺의 『조실안록祖室案錄』에 1903년(26세)과 1904년(27세)에 조실로 이름을 올리고 있다는 점이다.[948] 『조실안록』은 조선 중기부터 구한말까지에 걸친 영원사의 역대 조실을 정리한 문건이다. 그런데 백초월이 조실이라는 의미는 선원의 최고 어른이기보다는 강사를 뜻하는 것으로 볼 여지가 존재한다. 즉 지금과는 달리 과거에는 가르침이 있는 승려에게 존칭으로써 조실이라는 칭호를 썼다는 판단도 가능한 것이다. 이런 점에서 본다면, 한암에게 조실이라는 칭호가 있다고 하더라도 이를 강사로 통합해서 볼 수 있는 여지도 존재한다. 특히 백초월이 조실로 불린 나이가 26~27세 때라는 점에서 더욱 그렇다. 이는 한암이 내원선원에 조실로 있었던 기간이 1904년부터 1910년까지로 29~35세라는 점에서 충분한 참

947_ 같은 책, 「昌祚」, 274쪽, "내가 갖고 있는 이 『金剛經』의 懸吐도 스님이 하신 것이에요. 당시 上院寺 首座들도 스님이 발간한 책을 보았어요. 그때 스님이 懸吐한 것이 좋다고 하여서 전국의 스님들이 스님의 吐를 베껴 갔어요.

948_ 金光植, 「白初月의 삶과 獨立運動」, 『佛敎學報』 제39집(2002), 3쪽 ; 金光植, 「白初月의 의 抗日運動과 津寬寺」, 『韓國獨立運動史硏究』 제36집(2010), 37쪽 ; 金光植 著, 『白初月-獨立運動家 初月 스님의 불꽃같은 삶』(서울: 民族社, 2014), 51쪽, "(祖室案錄)』 책에는 白初月이 1903년 겨울과 1904년 초 靈源寺 祖室이었음을 전하면서 '初月和尙 法名 東照 俗姓 白氏 晉州人 得法於 南坡大師'라고 나온다. 이 기록을 신뢰한다면 白初月이 靈源寺 祖室을 맡았을 당시 나이가 28세(26세의 錯誤로 추정됨)였다.

고의 여지가 존재한다. 즉 조실설과 강사설을 통합하는 강사설의 존재 여지가 발생하는 것이다.

그런데 이러한 강사설에는 두 가지 맹점이 있다. 첫째는 이치적인 측면으로, 경허를 따라 선에 심취되었던 한암이 제아무리 질병이 있었 다고 하더라도 돌연 강사를 6년이나 한다는 것은 받아들이기가 쉽지 않다는 점이다. 이는 한암이 1910년, 선수행에 매진하기 위해서 재차 이거하는 모습을 보인다는 점에서 더욱 그렇다. 즉 동성의 강사설을 수용할 경우에는 너무 급격한 관점 변화가 목도되는 것이다.

둘째는 탄허와 조용명의 조실설이 지시하는 의미가 강사가 아닌 선사의 의미에 집중되어 있다는 점이다. 즉 동조의 강사설 속의 강사 명칭에 조실의 함의가 내포될 수 있다고 하더라도 한암을 가장 오래 모신 제자들의 관점과는 너무 다른 이질성이 발생하는 것이다.

이렇게 놓고 본다면, 조실설과 강사설의 문제와 판단이 생각보다 쉽지 않다는 것을 알게 된다. 그런데 이러한 두 가지 주장과 관련해서 한 번 더 고려해 볼 수 있는 것이 〈한암비문(1959)〉의 방장설이다. 이 방 장설이 주목되는 것은 이것이 「일생패궐」의 영향을 받고 있는 동시에, 조실설에 앞선 6년 전의 기록이기 때문이다. 즉 조용명의 혜거에 대한 진술보다도 오히려 연대가 올라가는 것이 방장설인 것이다.

탄허의 방장설이 「일생패궐」의 영향을 받고 있다는 것은, 「일생패 궐」의 필사본 기록자 역시 탄허라는 점과[949] 양자 사이에 "수연도료육

949_ 尹暢和, 〈2. 筆寫者〉, 「漢岩의 自傳的 求道記 〈一生敗闕〉」, 『漢岩思想』 제1집(2006), 184-185쪽.

년광음隨緣度了六年光陰"의 공통기록이 존재한다는 점을 통해서 인지해 볼 수 있다. 이해의 용이를 위해, 「일생패궐」과 〈한암비문〉의 기록을 대비해서 적시해보면 다음과 같다.

> **「일생패궐」**: 갑진좌통도사甲辰坐通度寺하야 득전치병得錢治病이로대 이병역불유而病亦不愈라. 수연도료육년광음隨緣度了六年光陰하고,
>
> **〈한암비문〉**: 갑진춘甲辰春에 부통도사내원방장지청赴通度寺內院方丈之請하야 수연도료육년광음隨緣度了六年光陰.

방장이라는 용어는 사방일장一丈四方의 소실小室을 지칭하는 것으로『유마경維摩經』의 주인공인 유마거사維摩居士의 방을 지칭하는 용어에서 유래한다.[950] 이것이 전화되어 중국불교에서는 선종 사찰의 주지실의 의미로 사용되다가, 후에 일반화되면서 모든 사찰의 주지실 겸 주지를 칭하는 용어로 사용된다. 조실도 선원의 최고 어른이라는 의미이지만, 글자를 보면 '조실祖室' 즉 어른이 사시는 공간이라는 뜻도 내포된다. 이런 점에서 본다면, 방장과 조실은 지위와 장소를 동시에 지칭하는 공통의 특징을 가지는 유사어라는 판단도 가능하다.

그런데 중국불교에서 방장은 선원의 책임자라기보다는 사찰의 책임자라는 의미가 강하다. 이는 당나라 무종의 회창법란會昌法難

950_ 『維摩經略疏』6, 「問疾品之初」(『大正藏』38, 651b), "今淨名託玆方丈空其室內唯置一床以疾而臥." 等 多數.

(842~845) 이후에 선종이 득세하면서, 선종 사찰의 책임자가 곧 선원의 책임자 겸 사찰의 책임자를 겸했기 때문으로 이해된다. 즉 선종이 주류가 되면서 선원의 책임자가 사찰의 책임자와 동일시되는 것이다. 이 때문에 현대의 중국불교에서 한국불교의 주지에 대한 호칭은 방장이다. 이는 한국불교에서 방장의 의미가 전화되어 본사 주지를 넘어선 위계의 총림의 책임자를 가리키는 것과는 차이가 크다.

그러나 방장 용어와 관련된 중국불교와 한국불교의 차이 속에서도 방장이 사찰의 전체를 총괄하는 책임자를 가리킨다는 점은 공통된다. 이런 점에서 본다면 탄허가 방장 용어를 사용한 것은 단순히 조실에 대한 존칭일 수도 있지만, 이때가 1959년이라는 점을 감안하면 뜻이 변하는 과정에서 사찰의 책임자의 의미를 내포할 수도 있다. 즉 탄허는 방장과 조실을 같은 의미로 사용한 것이 아니라, 방장을 선원마저도 포괄하는 사찰의 총 책임자의 의미로 사용했을 수 있다는 말이다. 만일 이러한 이해가 가능하다면, 한암은 내원선원인 내원암의 책임자 즉 암주庵主인 감원監院으로 판단된다. 왜냐하면 사寺가 아닌 암庵의 책임자는 암주 즉 감원이기 때문이다.

한암은 내원선원에서 상황에 따라서는 법사인 석담과 함께하기도 하였다. 이런 점에서 한암이 선원만의 지도자 의미가 강한 조실을 한다는 것은 쉽게 납득하기 어렵다. 왜냐하면 석담 역시 선과 관련된 선사였기 때문이다. 그러나 석담이 새롭게 법상좌가 된 한암을 자신의 영향력 안에 있는 사찰의 책임자로 내세우고, 스스로는 한주閑主처럼 한발 물러나 있었을 개연성을 고려해 보는 것은 충분히 가능한 상황이다. 실제로 석담은 한암이 내원선원에 주석하던 1907년의 하안거를 해인사 퇴설선원에서 열중 소임으로 나는 모습이 확인된다.[951] 이는 석담이 사찰에 전면적으로 개입되어 있는 상태가 아니며, 한암이 사찰의 전체를 주관했을 개연성을 상정하게 한다. 즉 이 과정에서 선을 중심으로 하는 강학이 이루어졌을 가능성이 존재하는 것이다. 여기에서 주목될 수 있는 부분이 바로 앞서 언급한 오해련이 한암을 이어서 통도사 강사를 했다는 측면이다.

탄허의 방장설을 감원과 같은 차원에서 이해할 수 있다면, 한암의 내원선원 주석과 관련된 조실설과 강사설의 양자는 모두 조화롭게 화해된다. 즉 한암은 이 시기에 내원암의 전체를 총괄하면서 선을 중심으로 해서 강학을 전개하는 반선반강半禪半講의 선교겸전하는 모습으로 살았다는 관점이 가능해지기 때문이다. 또 이렇게 되면, 오해련에 관한 부분은 물론이거니와 한암이 이후 보이는 내전에 대한 깊은 이해와 관련된 일체의 정합성이 확보된다. 이런 점에서 방장설은 현존하는 모든 기록을 만족시키는 가장 정당한 해법이 아닌가 한다. 즉 방장설 안에서 선교의 모든 지도 양상이 존재할 수 있으며, 석담이 1907년의 하안거를 퇴설선원에서 나는 문제까지도 모든 단서들이 일체의 정합성을 확보하게 되는 것이다.

물론 내원암이라는 명칭과 더불어 내원선원이 강조된다는 점은, 선교 중 교육의 핵심이 선에 있었다는 점을 명백히 해 준다. 이런 점에서 본다면, 한암의 선교겸전의 특징인 선을 중심이자 목적으로 해서 선어록과 교학을 보충 및 수단으로 활용하는 교육방식은 내원선원에

951_ 佛學研究所 編,『近代 禪院 芳啣錄』(서울: 大韓佛教曹溪宗 教育院, 2006), 53쪽.

서 기본적인 구조가 형성되었다고 판단해도 큰 무리가 없다. 또 이는 이후의 한암만의 특징적인 교육론인 전선후교로까지 확대될 수 있는 가능성을 확립한다는 점에서 주의가 요구된다.

그러나 한암은 이 시기 삶의 방식에 만족하지는 못했던 것 같다. 대중을 외호하며 지도하는 삶 역시 분명 긍정적이지만, 아직 스스로가 확철대오하지 못했다는 측면에서 본다면 이는 자칫 세월을 흘려보내는 것일 수도 있기 때문이다. 여기에 석담에게 입실건당한 목적인 질병의 치료에도 성공하지 못했다는 점에서 더욱 그랬을 수 있다. 이와 같은 한암의 생각이 응축된 구절이 바로 「일생패궐」의 "병 또한 고치지 못했다. (그리고) 인연 따라 6년 (세월을) 광음처럼 보냈다."라는 구절이 아닌가 한다. 또 이와 같은 자기 성찰 의식으로 인해, 석담과의 사이에 거리가 발생하는 동시에 한암은 이후 치열한 선수행에 재차 돌입하게 되는 것이 아닌가 한다.

3) 상원사 선원만의 특징적인 교육방식

한암은 이종욱의 초치로 1926년 부처님오신날에 월정사 조실로 취임하고 이후 상원사에 주석하게 된다. 월정사가 오대산의 전체를 총괄하는 사찰이자 강원도 삼본사 중의 한 곳임에도 불구하고, 한암은 월정사로부터 약 9km 정도나 더 들어가는 깊숙한 사찰인 상원사에 주석한다. 광주 봉은사의 판전선원 조실을 물리치고 떠날 때 보인 '장종학藏蹤鶴'의 의지 천명闡明을 실천하고 있는 것이다.

오대산은 삼국시대 자장 율사에 의해서 문수성산으로 개창된다. 그러나 본격적인 사찰의 확대는 1차가 신라 중대中代의 보천寶川과 효

명효明에 의한 상원사와 오대사五臺社의 창건이다.[952] 그리고 2차 확대
는 신라 하대下代의 신효信孝 → 신의信義 → 유연有緣에 의한 월정사의
창사創寺이다.[953] 이와 같은 이중구조로 인하여, 오대산 안에는 상원사
와 월정사라는 두 사寺가 존재하게 된다.

　한 산에 대표적인 본사급의 사찰이 존재할 경우에는 이외의 사찰
들은 부속 암자가 되는 것이 일반적이다. 특히 월정사가 삼본사 중 한
곳이라는 점에서 더욱 그렇다. 그러나 오대산은 신라 중대인 705년에
성덕왕에 의해서 상원사가 먼저 개창되고,[954] 이후인 신라 하대에 오
대산 입구 쪽에 신효信孝에 의해서 월정사가 본격적으로 재정비되므
로[955] 한 산에 두 곳의 사寺가 존재하는 조금은 이례적인 양상이 발생
하게 된다.

　월정사는 고려의 건국과 함께 태조 왕건에게 존중되어 지원을 받
고,[956] 여말선초에는 나옹의 주석과 이후 나옹문도들에 의한 중창이 이
루어진다.[957] 또 조선 초인 1401년 정월에는 중대 사자암獅子庵이 태

////////

952_　『三國遺事』3,「塔像第四-臺山五萬眞身」(『大正藏』49,999b·c);『五臺山事跡記』,「五臺
山聖跡并新羅淨神太子孝明太子傳記」.

953_　『三國遺事』3,「塔像第四-臺山月精寺五類聖衆」(『大正藏』49,1000a);『五臺山事蹟記』,
「信孝居士親見五類聖事蹟」.

954_　『三國遺事』3,「塔像第四-臺山五萬眞身」(『大正藏』49,999a);『三國遺事』3,「塔像第四-
溟州(古河西府也)五臺山寶叱徒太子傳記」(『大正藏』49,1000a);『五臺山事蹟記』,「五臺山聖跡
并新羅淨神太子孝明太子傳記」.

955_　『三國遺事』3,「塔像第四-臺山月精寺五類聖衆」(『大正藏』49,1000a);『五臺山事蹟記』,
「信孝居士親見五類聖事蹟」.

956_　『五臺山事蹟記』,「信孝居士親見五類聖事蹟」,"故我太祖肇開王業,依古聖訓,每歲春秋
各納白米二百石,塩五十石,別修供養,而用資福利.

957_　黃仁奎,「麗末鮮初 懶翁門徒의 五臺山 中興佛事」,『佛教研究』제36집(2012),263-277쪽.

조 이성계의 원찰로 지정되고,[958] 이와는 별도로 상원사는 1398년부터 1425년까지 수륙사水陸寺의 역할을 수행한다.[959] 이후에 상원사가 세조의 중창과 더불어 원찰로 지정되면서,[960] 오대산은 숭유억불의 격변기에도 금강산과 더불어 혁혁한 사격을 유지하게 된다. 이는 『성종실록』 권261에 "금강산과 오대산에는 사찰이 심다甚多하고, 거처하는 승도僧徒이 (도대체) 몇이나 되는지 알 수 없다."는 기록을 통해서 단적인 확인이 가능하다.[961]

또 조선 중기가 되면 사명당의 월정사 중창과 사명당의 건의에 의해, 1606년 외사고 중 오대산사고五臺山史庫가 건립되면서 주변 40리의 산림이 금원으로 지정된다.[962] 즉 국가적인 보호 대상에 편입되는 것이다. 이와 같은 월정사의 전통과 위상으로 인해, 1911년의 사찰령 때는 강원도를 대표하는 삼본사 중 한 곳으로 지정되는 것이다.

월정사의 불교 내적인 위상은 월정사에 전통적인 교육 시설인 강원이 존재하도록 한다.[963] 그러나 월정사 강원은 일본 와세다대학 정격

////////////

958_ 『陽村集』13,「記類-五臺山獅子庵重創記」.

959_ 廉仲燮,「世祖의 上院寺 重創과 〈上院寺重創勸善文〉에 대한 검토」,『韓國佛教學』제81집 (2017), 252쪽.

960_ 같은 논문, 253-263쪽.

961_ 『成宗實錄』261, 成宗 23(1492)年 1月 17日 戊子 2번째 記事, "謙曰: 江原道人物鮮少, 而有如金剛山, (五)臺山, 寺利甚多, 所居僧徒, 不知其幾."

962_ 廉仲燮,「五臺山史庫의 立地와 四溟堂」,『東國史學』제57집(2014), 19-24쪽 ;『五臺山事跡記』,「璿源寶略奉安事蹟」; 강문식,「朝鮮後期 五臺山史庫의 운영」,『藏書閣』제27집(2012), 220-230쪽.

963_ 月精寺 講院은 講堂이라는 名稱으로 1914년 자료부터 확인되며, 1915년에는 精進講塾으로 불렀음을 알 수 있다.
佛學研究所 編,『講院總覽』(서울: 大韓佛教曹溪宗 教育院, 1997), 606쪽.

학부를 나온 용창은의 사업 실패로 인해, 오대산이 위기에 처하면서 안정성을 잃어버리고 잠시 단절되면서 쇠퇴하는 모습을 보인다.[964] 그러나 이후 1926년 한암의 이거와 이를 통한 안정, 그리고 1930년 이종욱이 월정사 주지가 되면서 월정사 부채 문제는 가닥이 잡히게 된다. 이로 인해 일제강점기 후기 이르면, 월정사 강원은 불교전문강원이라는 이름으로 재정비되면서 새차 부흥하기에 이른다.[965] 그 결과 월정사 강원에는 대략 30~50명의 강원생이 있었던 것으로 파악된다.[966] 그러나 월정사 강원 역시 일제강점기 말에 이르면, 일제의 과도한 수탈로 인해 마침내 폐쇄되는 상황을 맞기에 이른다.[967]

월정사 강원의 가장 대표적인 강사는 이종욱이 초빙한 독립운동가 출신의 백초월이었다.[968] 또 일제 말기에 조지훈趙芝薰(1920~1968)과 서경보徐京保(1914~1996) 및 전관응全觀應(1910~2004)이 강사로 있었으

964_　漢巖門徒會·金光植 編, 「昌祚」, 『그리운 스승 漢岩 스님(韓國佛敎 25人의 證言錄)』(서울: 民族社, 2006), 264쪽, "그때 月精寺의 智庵 李鍾郁스님이 月精寺 負債를 갚고 절을 다시 원상복구하여, 本末寺를 통합하여 講院을 설립하고 徒弟 양성을 시작하였어요."

965_　같은 책, 「德修」, 376쪽, "日帝 末期에는 절이 어렵고 해서 講院이 없어졌단 말이에요. 그런데 새롭게 月精寺에서 講院을 만든다고 하여 온 것이고"; 같은 책, 「慶熙」, 300쪽, "그즈음 月精寺에서는 講院을 크게 했어요."; 같은 책, 「李康鎬」, 400쪽, "6·25전에 月精寺에 講院이 있었는데 佛敎專門講院이라고 하였고, 院長은 智庵스님이지요, 住持이니까."

966_　漢巖門徒會·金光植 編, 「昌祚」, 『그리운 스승 漢岩 스님(韓國佛敎 25人의 證言錄)』(서울: 民族社, 2006), 265쪽, "講院의 學人은 약 30여 명이 되었고 大衆 스님들은 20여 명, 합하여 약 50여 명이 되었어. 學人들의 숫자도 고정이 아니라 줄었다 늘었다 하였어."; 같은 책, 「鐘賢」, 388쪽, "그때 講院에서 50여 명이 공부를 했지만".

967_　같은 책, 「德修」, 377쪽, "그때 全觀應 스님이 江陵 布敎堂의 布敎師로 있었어요. 그 스님이 月精寺 講師를 하시다가 講院이 閉鎖되니 布敎師로 와 계셨지요."

968_　같은 책, 「寶鏡」, 80쪽, "初月 스님이 講師로 와서 노스님에게 인사하러 오셨어요. 훌륭한 講師인데 오래 있지는 않았어요. 아마 李鍾郁 스님이 모셨지."

며, 해방 후에는 백성욱白性郁(1897~1981)·정지용鄭芝溶(1902~1950)·양주동梁柱東(1903~1977)·원의범元義範(1922~2017)처럼 기라성 같은 인물들이 강사를 맡기도 했다.[969]

월정사 강원이 침체되는 기간은 월정사 부채 문제가 시작되어 정리되기까지인 1924년부터 1932년 무렵이다(완전히 해결되는 것은 1936년임). 바로 이 기간에 월정사 강원의 부족한 측면을 보충하면서, 선 중심의 교육을 펼친 곳이 한암이 주도한 상원사 선원이다. 이런 점에서 본다면, 한암의 상원사 선원에서의 교육은 오대산과 월정사적인 타당성도 일정 부분 확보하고 있었다는 판단 역시 가능하다.

물론 강원과 선원은 불교 교육체계에 있어서 계통을 달리한다. 그러나 양자는 선불교를 중심으로 하는 선교양종의 조선불교 특성상 상보적인 측면이 존재할 수밖에 없다. 이런 점에서 본다면, 월정사 강원의 위상이 저하되었던 시기에 오대산의 교육적인 중심으로 상원사 선원이 존재했던 측면은, 오대산 전체의 교육적이 위상 제고에 있어서 중요한 의의를 확보한다고 하겠다.

한암의 상원사 선원 안의 교육은 선적인 깨달음에서 교학과 선어록을 이해하는 전선후교의 통체론에 입각한 선주교보의 돈오점수적

969　같은 책, 「德修」, 380쪽, "獨立運動을 하였던 白初月 스님이 있었다고 하는데, 저는 직접 배우지는 못하였어요. 徐京保 스님이 日帝 末期에 月精寺 講院의 內典 講師를 하였고, 元義範 敎授는 解放 直後에 月精寺에 오셔서 外典 講師를 조금하였고, 趙芝薰 先生은 日帝 末期에 講師를 하였으며, 그 밖에 鄭芝溶, 白性郁, 梁柱東도 講師를 하였다는데 特講 先生인 것 같아요."; 같은 책, 「寶鏡」, 82쪽, "觀應 스님은 月精寺 講師를 하시고 이후에는 江陵 布敎堂 布敎師를 하셨지."; 같은 책, 「德修」, 377쪽, "그때 全觀應 스님이 江陵 布敎堂의 布敎師로 있었어요. 그 스님이 月精寺 講師를 하시다가 講院이 閉鎖되니 布敎師로 와 계셨지요."; 佛學硏究所 編, 『講院總覽』(서울: 大韓佛敎曹溪宗 敎育院, 1997), 607쪽.

인 방식이다. 앞서 언급한 내원선원(혹 내원암)의 교육방식이 선을 중심으로 하는 반선반교半禪半敎의 선교겸전이었다. 그러나 1912년 맹산 우두암에서 확철대오한 이후의 한암 교육론은 상원사 선원이라는 특수한 교육공간으로 이동해서 전선후교라는 특징적인 교육관을 드러내고 있는 것이다. 이는 조용명이 상원사 선원에서 한암의 교육방식을 '각별한 가풍'이라고 언급하는 것을 통해서도 분명해진다.[970] 여기서의 각별한 가풍이란, 차담 시간에 소참법문 식으로 진행되는 교육방식과 선 이후의 교라는 전통적인 사교입선의 도치倒置를 통한 교육론을 아울러 지칭하는 의미로 판단된다. 이는 앞서 제시한 바 있는 조용명의 다음과 같은 언급을 통해서도 분명하게 인지될 수 있는 부분이다.

> **한암**: "선禪을 해서 이치를 통하고 나면, 경 보기는 어렵지 않느니라. 경을 먼저 보려고 서두르지 말고 선에만 힘을 써라. 뜻을 얻으면 글은 저절로 알게 된다."
> (우리 스님은) 철저히 선 우선의 입장이시었다. 다들 먼저 경을 보고 그 다음에 교敎를 버리고 선에 들어간다고 하는 이른바 '사교입선론捨敎入禪論'이었는데, 스님은 그 반대였다.[971]

한암의 전선후교의 교육론은 내원선원에서 정립한 반선반교의

970_ 曺龍溟 撰, 「10. 우리 스님, 寒巖 스님」, 『定本-漢岩一鉢錄 下』(平昌: 漢巖門徒會·五臺山 月精寺, 2010), 142쪽, "점심 공양 후 차 마시는 시간은 또한 각별한 家風이 있었다."

971_ 같은 책, 144쪽.

선교겸전을 넘어서는 한암 교육론의 최종적인 모습이다. 그러나 역으로 생각해 본다면, 이와 같은 전선후교 또한 또 다른 논리적 층위에서의 선교겸전의 병진 방식에 다름 아니다. 이를 이해의 용이를 위해, 간략히 도시화해 보면 다음과 같다.

한암이 수좌들에게 경전이나 어록을 강권한 것은 아니지만,[972] 장소가 선원이라는 점에서 한암의 교육방식을 모두가 긍정한 것도 긍정할 수 있는 것도 아니었다. 이는 수좌들 사이에서 '선원이 아니라 강당(강원)'이라는 불평 섞인 비판이 나오기도 했다는 진술을 통해서 분명해진다.[973] 이러한 비판은 전선후교의 교육론이 사교입선이라는 전통적인 교육방식과 배치되는 동시에, 상원사 선원의 교육이 매우 특별한 것이었기 때문이다. 바로 이 부분에 한암의 특징적인 교육론이 존재한다고 할 수 있다.

한암은 수좌들의 비판에도 불구하고 전선후교에 입각한 교육론을 묵묵히 밀어붙인다. 이는 한암만의 완성된 교육적인 소신과 확신이

972_ 같은 책, 143쪽, "參禪하는 首座들에게 經을 보라고 권하는 일은 없었다."

973_ 漢巖門徒會·金光植 編, 「寶鏡」, 『그리운 스승 漢岩 스님(韓國佛敎 25人의 證言錄)』(서울: 民族社, 2006), 75쪽, "禪房 首座들의 비판이 엄청났지요. '이게 講堂이지 禪房이냐'고. 漢巖 스님은 '參禪을 하더라도 남을 가르치려면 漢文을 알아야 한다.'고 하셨지. 經을 읽는 것은 노스님이 主張해서 한 것이지요. 禪房 首座들의 是非와 반발이 대단했어요. 그 여파가 참 컸어요."

존재하는 것을 의미한다. 즉 한암은 선사임에도 교육에 대한 자신만의 명확한 확신이 존재했고, 이를 실천에 옮긴 진정한 의미의 교육자였던 것이다.

2. 〈승가오칙〉의 강조와 오대산의 교육적 관점

1) 〈승가오칙〉의 제정 배경과 내용

　　월정사는 일제강점기인 1911년 6월 3일, 사찰령의 반포와 더불어 금강산의 유점사·건봉사와 함께 강원도 불교와 사찰들을 총괄하는 본사로 지정된다.[974] 이후 30본사제는 1924년 화엄사가 추가되면서 31본사로 확대되기에 이른다.[975]

　　그런데 이런 강원도를 대표하는 사찰인 월정사가 월정사 승려로 일본 와세다대학 정경학부를 졸업한 용창은이 주도한 사업 실패로 인해, 차압에 의한 강제 매각 위기에 직면하게 된다. 이때 위기에 처한 것은 비단 월정사뿐만이 아니라, 중대 적멸보궁을 비롯한 오대산 전체였다.[976] 이 과정에서 부채 처리 책임을 맡고 있던 이종욱의 초치로 1926년 한암이 오대산으로 이거하게 된다. 한암은 1926년 5월 초에 월정사에 도착해서, 부처님오신날인 5월 19일(음력 4월 8일)에 월정사의 조실로 취임한 뒤 상원사에 주석한다. 이후 오대산의 한암가풍으로 가장 폭넓은 영향을 확보하는 것이 바로 〈승가오칙〉이다.

974_ 李能和 著, 朝鮮佛教通史 譯註編纂委員會 譯編,「刹令頒布果夢外護」,『譯註 朝鮮佛教通史6 下篇 二百品題(三)』(서울: 東國大學校出版部, 2010), 640쪽.

975_ 李啓杓,「華嚴寺의 歷史」,『佛教文化研究』제9권(2002), 32쪽.

976_ 박희승 著,『曹溪宗의 産婆-智庵 李鍾郁』(서울: 曹溪宗出版社, 2011), 102-105쪽; 李元錫,「漢巖의 上院寺 移居와 시기 검토」,『淨土學研究』제28집(2017), 156쪽.

〈승가오칙〉은 승려의 기본 덕목과 관련된 교육적인 실천론에 속하는 부분으로, ①참선參禪·②염불念佛·③간경看經·④(불교)의식儀式·⑤수호가람守護伽藍의 총 5가지로 구성되어 있다.[977] 한암의 〈승가오칙〉 제정 시기와 관련해서는 현존하는 자료에 입각해서 두 가지 관점이 추론된다. 첫째는 『한암일발록』 등의 오대산 문도들의 진술에 입각한 1926년설이다.[978] 이렇게 놓고 본다면, 한암의 〈승가오칙〉 제정과 반포는, 새로운 변화에 직면해서 주체적으로 전체적인 틀을 제시하여 불필요한 소요의 발생 가능성을 차단하고자 하는 의미가 된다.[979] 즉 〈승가오칙〉이 당시 부채 문제로 동요하던 오대산 승려들의 혼란을 바로 잡고 안정화시키기 위한 방안이었던 측면이라는 것이다. 실제로 한암은 이전에도 제도의 제정을 통해, 현전승가의 화합을 도모하고 안정을 꾀하는 방식을 취한 일이 있는데, 이것이 바로 앞서 검토한 바 있는 〈선원규례禪院規例〉의 제정이다. 이런 점에서 1926년 제정설은 증언과 〈선원규례〉라는 정황 자료에 입각한 나름의 타당성을 확보한다.

그러나 〈승가오칙〉이 1926년에 규정되었다는 명확한 기록이 없다는 점. 또 1935년의 글인 「불교는 실행에 있다」에 〈승가오칙〉 중 좌선·간경·염불의 3가지가 확인될 뿐이라는 점.[980] 그리고 〈승가오칙〉의

977_ 같은 책, 127쪽.

978_ 漢岩 撰, 「13. 僧伽五則」, 『定本-漢岩一鉢錄 上』(平昌: 漢巖門徒會·五臺山 月精寺, 2010), 127쪽.

979_ 같은 책, 126쪽.

980_ 漢岩 撰, 「18. 佛教는 實行에 있다」, 『定本-漢岩一鉢錄 上』(平昌: 漢巖門徒會·五臺山 月精寺, 2010), 143쪽[이 글은 金光植 解題, 李哲教 資料收集, 「佛教は實行にあり」, 『韓國近現代佛教資料全集』64(서울: 民族社, 1996), 233-235쪽에 수록되어 있음].

모든 항목이 등장하는 현존하는 최초 문건은 1944년의 「오인수행吾人修行이 전재어결심성판專在於決心成辦」이라는 점.[981] 이러한 3가지 자료를 바탕으로 〈승가오칙〉은 오대산의 부채 문제해결과 더불어, 점차 안정화되는 상황 속에서 제기된 것이라는 두 번째 판단이 가능해진다. 이렇게 놓고 본다면, 〈승가오칙〉의 완성은 1935년의 「불교는 실행에 있다」이후와 오대산의 부채 문제가 완료되는 1936년 무렵이라고 추정이 가능하다. 그러나 이 역시 자료에 의한 것이 아닌 추정일 뿐이라는 한계를 가진다.

이상의 〈승가오칙〉과 관련된 두 가지 제정 시기 추론과 관련해서, 어떤 것을 결정 내리는 것은 쉽지 않다. 왜냐하면 두 가지 모두 나름의 타당성을 확보하고 있기 때문이다. 그런데 여기서 주목될 수 있는 부분이 〈승가오칙〉이라는 명칭 비정이 한암에 의한 것이 아니라, 1995년 『한암일발록』의 1차 편찬 과정에서 당시 책임 편집자였던 탄허의 상좌 혜거慧炬가 붙인 이름이라는 점이다.[982] 이는 한암이 〈승가오칙〉의 5가지 항목을 강조한 것은 맞지만, 이를 〈승가오칙〉으로 규정해서 지칭한 것은 아니라는 말이다. 또 한암이 〈승가오칙〉을 특정 시기에 규정해서 반포한 것은 아니라는 점도 분명해진다.

981_ 漢岩 撰, 「11. 吾人修行이 專在於決心成辦」, 『定本-漢岩一鉢錄 上』(平昌: 漢巖門徒會·五臺山 月精寺, 2010), 108-109쪽, "參禪者는 疑團獨露, 惺寂等持. 念佛者는 心口相應, 一心不亂. 看經者는 照了本性, 超脫文字. 守護伽藍者는 善知因果, 深達事理, 供養禮敬. 祈願持呪者는 至心懺悔, 消磨業障. 乃至 爲人少使인 任務라도 盡其誠心하여 不爲失敗케 함이 賜天의 任을 다하고 佛陀의 命囑을 全悉하는 것입니다."

982_ 漢巖門徒會·金光植 編, 「慧炬」, 『그리운 스승 漢岩 스님(韓國佛教 25人의 證言錄)』(서울: 民族社, 2006), 209쪽.

이렇게 놓고 본다면, 한암이 1926년의 상원사 주석 초기에 승려의 본분과 관련된 원칙들을 강조하고 이것이 점차 일정해지면서 〈승가오칙〉으로 완성되었을 개연성을 환기한다. 즉 원칙의 강조는 처음부터 있었지만, 〈승가오칙〉과 같은 다섯 가지 항목의 명확성은 이것이 반복되는 과정에서 후대에 완성된 것이라는 말이다. 이렇게 이해하게 되면, 한암이 부패 문제로 위기에 치한 오대산에 온 상황에서 무언가를 제시해 안정화시켜야 한다는 필연성과 〈승가오칙〉의 다섯 항목이 1944년의 글에서 처음으로 보인다는 두 가지의 이질성이 상호 충돌 없이 조화될 수 있다.

실제로 이와 같은 관점에서 주목될 수 있는 부분이, 김광식에 의해서 제기된 1930년 『불교』 제69호에 수록되어 있는 수도산인修道山人의 「지방사원을 중심으로 한 포교 진흥책」 속의 승려들이 지켜야 할 덕목인 십과十科와[983] 〈승가오칙〉의 관련성 제기이다.[984] 십과는 중국불교에서 『고승전』이라는 승전僧傳 유類가 편집되는 과정에서, 승려들을 범주 분류한 것으로 혜교慧皎(497~554)의 『고승전』(혹 『양고승전梁高僧傳』)을 필두로 당나라 사분율종四分律宗의 개창자인 도선道宣(596~667)의 『속고승전』을 통해서 체계가 안정화 된다. 따라서 양자 사이에는 일부의 항목적인 차이가 존재한다. 김광식이 제시한 십과와 〈승가오칙〉의 대비는 다음과 같다.

983_   修道山人, 「地方寺院을 중심으로 한 布教 振興策」, 『佛教』 제69호(1930. 3.).

984_   金光植, 「五臺聖地의 중창주, 萬化 喜贊-僧伽五則의 계승과 실천」, 『淨土學硏究』 제28집(2017), 197-198쪽.

NO	십과十科	〈승가오칙〉
1	역경譯經	
2	의해義解	③간경
3	습선習禪	①참선
4	명률明律	
5	호법護法	⑤수호가람
6	감통感通	④의식
7	유신遺身	
8	독송讀誦	②염불
9	흥복興復	
10	잡과雜科	

[표1]

　　참고로 혜교의 『고승전』과 도선의 『속고승전』 그리고 찬녕贊寧
(919~1002)의 『송고승전』 속 십과를 대비해보면 다음과 같다.[985] 이를
통해서 보면, 수도산인이 말하는 십과는 『속고승전』에 의해서 새롭게
체계가 잡힌 십과임을 알 수 있다.

985_　『高僧傳』全14卷(『大正藏』50, 322c-423a) ; 『續高僧傳』全30卷(『大正藏』50, 425a-707a)
; 『宋高僧傳』全30卷(『大正藏』50, 709a-900a).

NO	『고승전』의 십과	『속고승전』의 십과	『송고승전』의 십과
1	역경譯經	역경譯經	역경譯經
2	의해義解	의해義解	의해義解
3	신이神異	습선習禪	습선習禪
4	습선習禪	명률明律	명률明律
5	명률明律	호법護法	호법護法
6	유신遺身	감통感通	감통感通
7	송경誦經	유신遺身	유신遺身
8	흥복興復	독송讀誦	독송讀誦
9	경사經師	흥복興復	흥복興復
10	창도唱導	잡과성덕雜科聲德	잡과성덕雜科聲德

[표2]

[표1]의 논점으로 돌아가서, 〈승가오칙〉의 ④의식을 감통으로 연결하고 ②염불을 독송으로 일치시킨 것은 너무 의도적인 견강부회로 보이기 때문에 쉽게 납득하기 어렵다. 그럼에도 김광식이 이와 같은 주장을 개진할 수 있었던 것은 한암에게 들었다는 도원道源의 다음과 같은 진술 때문이다.

한암 스님은 상원사에 계시면서 모든 스님, 수좌와 대중들에게 "중이 돼 가지고 다섯 가지에 참여하지 않으면 중이 아니라"고 늘 말씀했어요. 그 다섯 가지는 참선, 간경, 염불, 대중외호, 포교였어요. 한암 스님은 "옛날에는 십사十事에 참여해야 한다는 말도 있지만은 요새에는 이 다섯에 참여하지 않으면 중이 아니라"고 그랬죠. 십사에는 경 번역하는 것 등등이 포함이 되지. 그때에 한암 스님은 이 다섯 중에서 하나둘을 꼭 참여해야만 우리 한국불교가 살아난다고 그러셨어요.[986]

　　인용문을 보면, 한암이 십사를 말하는 대목이 있는데 이를 십과로 이해하고 있는 것이다. 『고승전』에서 제기된 십과 형식이 『삼국유사』나 『동사열전』에까지 일정 부분 영향을 미치고 있다는 점. 또 한암이 선사임에도 교학적인 배경이 탄탄하다는 점에서, 한암의 〈승가오칙〉이 십과의 분류에 영향을 받았을 개연성은 충분하다. 그러나 김광식의 배대처럼 그 영향이 직결된다고는 생각되지 않는다. 왜냐하면 십과 분류는 고승에 대한 분류라면, 〈승가오칙〉은 승려 전체가 1가지 이상 익숙하게 해야 할 기본적인 실천 덕목이기 때문이다. 즉 〈승가오칙〉은 최고를 말하려는 것이 아니라, 기본에 충실한 본분사를 강조하는 것이라는 말이다. 이런 점에서 양자의 관계는 영향을 받는 것은 맞지만, 그 영향이 직결되는 관계는 아니라고 하겠다. 즉 〈승가오칙〉에는 한암의 당시 불교를 바라보는 문제의식이 녹아 있는 가치라는 말이다.

　　〈승가오칙〉은 ①참선·②염불·③간경·④(불교)의식·⑤수호가람의 간략한 5가지의 강령綱領이기 때문에 구체적인 내용을 파악하는 것은 쉽지 않다. 그러나 〈승가오칙〉은 승려라면 누구나 직관적으로 알 수 있는 내용이므로 의미 전달에서 크게 어려운 부분은 없다.

　　한암은 〈승가오칙〉을 누차 강조한 것이 보이는데,[987] 이는 이후 오

986_　金光植 著, 「道源」, 『普門禪師-神話 속으로 사라진 禪僧』(서울: 民族社, 2012), 99쪽.

987_　漢巖門徒會·金光植 編, 「道源」, 『그리운 스승 漢巖 스님(韓國佛敎 25人의 證言錄)』(서울:

대산 한암가풍漢巖家風의 한 특징이 된다. 또 〈승가오칙〉의 구체적인 내용과 관련해서는, 앞서 언급한 「오인수행이 전재어결심성판吾人修行이 專在於決心成辦」의 본문 중 일부에 〈승가오칙〉에 대한 내용이 있어 도움이 된다. 즉 「오인수행이 전재어결심성판」을 통해서 한암의 보다 명확한 관점을 이해해 볼 수 있는 것이다.

다만 「오인수행이 전재어결심성판」에는 ④(불교)의식과 ⑤수호가람의 순서가 뒤바뀌어 있고, 의식儀式을 나타내는 표현 또한 "기원지주자祈願持呪"로 되어 있어서 대동소이한 정도에서의 차이가 확인된다. 이의 해당 부분을 제시해 보면 다음과 같다.

> ① 참선자는 의단독로疑團獨露, 성적등지惺寂等持.
>
> ② 염불자는 심구상응心口相應, 일심불란一心不亂.
>
> ③ 간경자는 조료본성照了本性, 초탈문자超脫文字.
>
> ④ 수호가람자는 선지인과善知因果, 심달사리深達事理, 공양예경供養禮敬.
>
> ⑤ 기원지주자祈願持呪者는 지심참회至心懺悔, 소마업장消磨業障.[988]

民族社, 2006), 65쪽 ; 「寶鏡」, 83쪽 ; 「雪山」, 135쪽 ; 「東星」, 159쪽 ; 「玄海」, 192쪽 ; 「慧炬」, 209-210쪽 ; 「雷默」, 284쪽 ; 「慶熙」, 306쪽 ; 「眞觀」, 326-327쪽 ; 「法蓮」, 333-334쪽.

988_ 宗正 方漢岩 著, 「吾人修行이 專在於決心成辦」, 『佛敎(新)』 제56호(1944. 1. 1.), 3쪽 ; 漢岩 撰, 「11. 吾人修行이 專在於決心成辦」, 『定本-漢巖一鉢錄 上』(平昌 : 漢巖門徒會·五臺山 月精寺, 2010), 108-109쪽.

한암이 간략한 〈승가오칙〉을 제시한 것은 『대학』의 실천강령인 '3강령三綱領 8조목八條目'과 같은 압축의 실천적인 구조를 환기시킨 다. 『대학』의 3강령은 ①명명덕明明德 · ②친민親民(주희는 신민新民을 주장함) · ③지어지선止於至善이며, 8조목은 ①격물格物 · ②치지致知 · ③성의誠意 · ④정심正心 · ⑤수신修身 · ⑥제가齊家 · ⑦치국治國 · ⑧평천하平天下이다.[989]

『대학』의 3강령 8조목은 공부의 목적과 작은 주변에서부터 확대되는 수기치인修己治人의 공부법을 지시하고 있다. 이에 비해 〈승가오칙〉은 ①참선을 중심으로 하는 ②염불과 ③간경을 통한 수기修己의 공부법과 이의 목적으로서의 깨달음을 제시한다. 그리고 ④(불교)의식과 ⑤수호가람을 통해서는 외적인 사찰 생활에 관한 치인治人적인 측면 및 이를 통한 포교를 내포하고 있다. 또 양자는 공히 실천에 입각한 간결하면서도 누구나 이해할 수 있는 기본의 확충에서 출발하는 확대를 통한 목적의 완성을 언급한다.

물론 『대학』의 영향 또한 앞선 십과의 영향에서와 마찬가지로 직결되는 것일 수는 없다. 그러나 한암은 출가 이전에 유교를 수학한 속서에 능한 승려이다. 이런 점에서 본다면, 한암의 〈승가오칙〉 제정과 강조에는 유교적인 『대학』의 기본적인 실천과 항목적인 간결함의 간취의미 또한 일정 부분 내포되는 것이 아닌가 한다. 즉 불교적인 『고승전』의 십과와 유교적인 『대학』의 3강령 8조목 등의 영향이, 한암의 시대

989_ 『大學』, "大學之道, 在明明德, 在親民, 在止於至善. … 古之欲明明德於天下者, 先治其國; 欲治其國者, 先齊其家; 欲齊其家者, 先脩其身; 欲脩其身者, 先正其心; 欲正其心者, 先誠其意; 欲誠其意者, 先致其知; 致知在格物."

인식과 필연성에 의해서 완성되는 가치가 바로 〈승가오칙〉인 것이다.

2) 〈승가오칙〉의 구조와 항목적 검토

　〈승가오칙〉의 순서와 구조를 살펴보면, 위에서 언급한 바와 같이 ①참선·②염불·③간경이 내적인 수행, 즉 수기의 차원에서 한데 묶일 수 있다. 또 ④(불교)의식·⑤수호가람이 외적인 사찰 생활의 영역, 즉 치인에서 하나의 범주를 구성하는 것으로 판단 가능하다. 이를 간략히 도시해보면 다음과 같다.

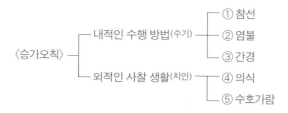

　먼저 ①은 한암이 선을 강조한 일제강점기를 전후한 최고의 선사라는 점에서, 참선 덕목이 첫째로 언급되어 강조되는 것은 당연하다. 「오인수행이 전재어결심성판」에 따르면, 한암의 선수행은 화두의 참구를 통해서 "의단疑團이 독로獨露"해지는 간화선임을 알 수 있다. 또 이와 같은 결과로 '성성적적惺惺寂寂한 심일경성心一境性'의 선정을 완성하는 것이 목적이라는 점이 파악된다. 한암이 제시한 "성적등지"는 지눌의 선종삼문 중 첫째 문인 성적등지문을 환기하기도 하는데, 이는 한암이 강조하는 참선이 기본에 충실한 방법임을 분명히 하고 있는 것으로 이해될 수 있다.

　②에서 염불을 ③의 간경 앞에 언급한 것은 한암의 특징적인 관점

으로 주목된다. 일반적으로 참선과 간경은 선원과 강원으로 대비되는 조선 후기 불교를 대표하는 수행과 교육의 두 날개와 같다. 그런데 한암은 간경에 앞서 염불을 강조하고 있는 것이다. 물론 염불 역시 앞선 건봉사의 만일 염불원의 구조에서처럼, 조선불교를 대표하는 한 축이었음에 분명하다. 그러나 염불의 비중은 간경에 비할 바는 아니다. 이런 점에서 본다면, 염불의 강조는 한암의 한 특징적인 관점이라고 할 수 있다.

한암이 염불을 강조하는 것은 당시만 하더라도 한문에 능한 승려가 적기 때문에,[990] 수행으로서의 외연이 간경보다도 염불이 더 넓다고 판단했기 때문으로 추정된다. 즉 염불 자체를 경전 공부보다 우선시했다기보다는 염불을 통한 수행 가능성에 보다 집중했을 것이라는 말이다.

한암은 선 중심 인물이라는 점에서, 염불의 방법 역시 "심구상응心口相應을 통한 일심불란一心不亂"을 목적으로 하는 모습이 확인된다. 이중 심구상응을 통해서 알 수 있는 것은 한암의 염불이 반주삼매般舟三昧나 불상관佛像觀과 같은 염불이 아니라, 칭명염불이나 고성염불이라는 점이다.[991] 이러한 추정이 가능한 것은, 그렇게 되어야만 염불하는 입과

990_ 曺龍溟 撰, 「10. 우리 스님, 寒巖 스님」, 『定本-漢巖一鉢錄 下』(平昌: 漢巖門徒會·五臺山月精寺, 2010), 142쪽, "그때만 해도 首座들이 漢文에 능하지 못했다. 따라서 經典이나 語錄을 자유로(이) 볼 수 있는 사람이 그리 많지 않았다."

991_ 金浩星은 「漢岩의 乾鳳寺結社와 念佛參禪無二論」에서 漢巖이 高聲念佛을 비판한 것으로 판단했다(漢岩思想硏究院 編, 『漢岩禪師硏究』, 서울: 民族社, 2015, 125-131쪽). 그러나 이는 漢巖이 乾鳳寺 萬日院 念佛會를 革罷하고 禪院을 개설한 것으로 판단했기 때문이다. 그러나 萬日院 念佛會를 禪會로 전환한 것은 住持 李大蓮과 監務 李錦菴 등 乾鳳寺 山中의 공의에 의한 것이었다[漢岩 撰, 「4部 資料編-寒巖禪師法語-金剛山乾鳳寺萬日院新設禪會禪衆芳啣錄序」, 『定本-漢

438

내적인 마음의 상응이 가능할 수 있기 때문이다. 또 이로 인한 일심불란은, 염불을 통해서 산란함을 넘어 선정에 이르는 것을 의미한다.

이와 같이 염불을 선으로 연결시키는 염불선의 방식은, 나옹이 누이에게 염불선으로 교화했다는 "아미타불재하방阿彌陀佛在何方 착득심두절막망着得心頭切莫茫 염두염궁무념처念倒念窮無念處 육문상방자금광六門常放紫金光"의 게송 방식과도 일치한다.[992] 이 게송은 〈장엄염불莊嚴念佛〉 등을 통해서 널리 알려져 있는 것으로, 1922년 음력 1월 15일 한암에 의해서 찬술된 「건봉사 만일암 선회 선중방함록 서」에서도 확인된다.[993] 즉 이는 한암 역시 선호하는 염불인 것이다. 이런 점에서 본다면, 한암은 염불이라는 보다 외연이 넓은 측면을 통해서, 이를 선정이라는 목적에 이르는 방법으로 활용하고 있다는 것을 알 수 있다.[994]

③의 간경은 불교의 교학적인 공부를 의미한다. 한암은 선사임에도 불구하고 상원사 선원에서 수좌들을 지도함에 있어서, 조사의 어록 등은 혼자서도 열람할 정도의 학문적인 소양을 강조하는 모습이 확인된다.[995] 또 차담 시간에 강원 교재 등을 가르쳤는데, 강원 교재는 당시

//////////

岩一鉢錄 下』(平昌: 漢巖門徒會·五臺山 月精寺, 2010), 8쪽].

992_ 『懶翁和尙語錄』, 「答妹氏書」(『韓佛全』 6, 728a) ; 『懶翁和尙歌頌』, 「示諸念佛人 八首」(『韓佛全』 6, 743a).

993_ 漢巖門徒會·五臺山 月精寺 編, 「第9章 序文-1. 乾鳳寺 萬日庵 禪會 禪衆芳啣錄 序」, 410쪽, "又懶翁祖師寄妹氏書에 云하사대, '阿彌陀佛이 在何方고? 着得心頭切莫忘하라. 念到念窮無念處면 六門常放紫金光이라.'"

994_ 金浩星, 〈2. 念佛과 參禪의 無二論〉, 「漢岩의 乾鳳寺結社와 念佛參禪無二論」, 『漢岩禪師研究』(서울: 民族社, 2015), 121-125쪽.

995_ 曹龍溟 撰, 「10. 우리 스님, 寒巖 스님」, 『定本-漢巖一鉢錄 下』(平昌: 漢巖門徒會·五臺山 月精寺, 2010), 144쪽, "參禪은 비록 스스로 공부를 지어가는 것이지만 佛祖의 語錄은 혼자 뜯어 볼 정도의 글 힘이 있어야 한다."

승려들의 보편적인 소양이자 사교입선의 체계에 입각한 구조 속에서 선수행에 도움이 되는 전적들이다. 이런 점에서 한암의 간경 강조는 교학의 치중이라기보다는 선불교의 완성에 이르기 위한 수단으로서 의 측면이 강하다. 실제로 한암은 간경의 공능을 '조료본성照了本性 즉 본성을 끝까지 비추어 문자를 넘어서는 것(초탈문자超脫文字)'으로 정의 하고 있다. 이는 간경 그 자체가 목적이 아닌 초탈문자, 즉 불립문자를 위한 수단이라는 점을 분명히 한다. 물론 여기에서의 최종 목적은 당 연히 문자를 넘어선 선정이라고 하겠다.

②의 염불에서와 같이 ③간경의 목적 역시 ①참선의 완성으로 귀 결된다. 이런 점에서 본다면, 한암이 제시하는 '내적인 수행 방법'인 ① 참선·②염불·③간경은 상호 대등 관계로 열거되어 있지만, 실제로 ② 와 ③은 ①인 목적에 귀납되는 2가지 수단이라는 판단이 가능하다. 즉 한암은 온전히 선에 집중하고 있는 진정한 선사였던 것이다.

```
                    ┌─ ② 염불 - 수단
    ① 참선 - 목적 ─┤
                    └─ ③ 간경 - 수단
```

다음으로는 '외적인 사찰 생활'과 관련된 ④의식과 ⑤수호가람에 대해서 살펴보자. 먼저 의식이란 불공과 기도를 의미하는 것으로, 이 는 「오인수행이 전재어결심성판」에서 의식을 기원지주 즉 기도·축원 과 진언 송지를 의미하는 것으로 적은 것을 통해서 분명해진다.

한암은 선사임에도 불구하고 염불을 강조하는 모습을 보이는데, 이는 제아무리 선객이라고 하더라도 불교 안에 있다면 기본적인 불공의식 정도는 할 수 있어야 한다고 판단했기 때문이다. 실제로 조용명에 따르면, 한암은 "수좌라도 불공의식佛供儀式을 익혀서 마지摩旨를 올리고 내리는 법은 알아야 한다."라고 의식儀式을 강조했다.[996] 이는 동성의 "한암 스님은 중이 탁자 밥을 내려 먹을 줄 알아야 한다고 하셨지. 예식을 못 하면 중이 안 된다고 하시면서 의무적으로 가르쳤단 말이야."라는 진술[997] 등을 통해서도 확인된다.[998] 또 이와 같은 진술을 통해서, 상원사 선원에서는 의식을 수좌들에게도 의무적으로 가르쳤다는 사실도 알 수 있다. 이런 점에서 본다면, 한암의 의식 강조는 선이 주가 되는 선승이라고 하더라도 승려로서의 기본은 해야 한다는 점을 강조한 것으로 이해된다.[999] 실제로 한암은 스스로가 종정(혹 교정)임에도 불구하고, 상원사에서 조석예불과 불교의식에 빠지지 않는 실천적인 모습을 보이고 있다.[1000] 또 한암 자신 역시도 의식에 능숙했고『대예참

996_ 같은 책, 143-144쪽.

997_ 漢巖門徒會·金光植 編,「東星」,『그리운 스승 漢岩 스님(韓國佛敎 25人의 證言錄)』(서울: 民族社, 2006), 159쪽.

998_ 같은 책,「眞觀」, 326쪽, "禪을 하더라도 佛供을 해서 卓子 위에 밥을 내려 먹을 줄 알아야 한다."

999_ 曺龍溟 撰,「10. 우리 스님, 寒巖 스님」,『定本-漢巖一鉢錄 下』(平昌: 漢巖門徒會·五臺山 月精寺, 2010), 144쪽, "우리 스님은 佛供 儀式을 친히 하셨다. 물론 施食도 하셨다. 魚山調의 梵唄를 하는 것은 아니지만 儀式文 그대로 진행하는 것이다. 그 당시 儀式文을 외우는 것을 수좌들이 이해 못하고 '이거 시주밥 얻어먹으려고 외우는 거 아닌가?' 하니까 이렇게 말씀하셨다. '아예 그런 소리 말아라. 옛날의 스님은 지금 사람보다 다 낫다. 儀式을 행하는 데는 덮어놓고 하는 것이 아니라 분명한 이유가 있어.'"

1000_ 같은 책, 140-141쪽, "또 禮佛도 朝夕으로 各壇 禮佛을 다 했다. 수좌들은 모두가 큰 방에서 竹篦로 3배 할 뿐이었지만……"·"늘 말씀하시기를 大慧스님은 大衆이 1,700명이었는데 祖室스님이 두 가지만은 늘 안 빠졌다는 것이다. 두 가지라 함은 朝夕禮佛과 大衆 運力(作業)이다. 스님도 그러셨다."

大禮懺(혹 예참)』이라는 의식집을 찬술하기도 했다.[1001] 즉 한암은 불교의 기본에 충실했고, 이와 같은 실천을 강조하고 있는 것이다.

　　한암이 제시하는 기원지주의 목적은 지심 참회를 통한 업장 소멸이다. 이는 앞선 ①~③의 목적인 선정과는 차이가 있다. 즉 ④와 ⑤는 ①~③과는 논리적인 층위가 다르며, ①~③에 도달하기 위한 배경적인 바탕 정도라고 하겠다. 물론 ①~③ 중에서도 궁극적인 완성은 ①참선이 된다는 점은 재론의 여지가 없다.

　　마지막 ⑤의 수호가람은 사찰의 소임자인 주지와 삼직三職 즉 총무·교무·재무와 같은 실무 관리자의 역할을 강조하는 부분이다. 한암의 수호가람 강조는 크게 2가지로 판단될 수 있다. 첫째는 사찰의 경제적인 안정과 현전승가의 화합이다. 이것이 모범적으로 이루어져야만 불교는 발전하고 승려의 수준도 높아질 수 있기 때문이다. 둘째는 사찰이 평안해야, 이와 같은 터전 위에서 수행하는 선원의 납자들 또한 참선에 온전히 정진할 수 있다는 점이다. 이런 점에서 본다면, 한암의 수호가람 강조는 불교의 발전과 수행의 완성이라는 내외적인 측면을 모두 고려한 것이라고 하겠다.

　　실제로 수호가람의 덕목으로 한암은 "인과를 잘 아는 것(선지인과

1001_ 漢巖門徒會·金光植 編, 「天雲」, 『그리운 스승 漢岩 스님(韓國佛教 25人의 證言錄)』(서울: 民族社, 2006), 149쪽, "우리 스님은 魚山을 잘합니다.' 정확하게 배운 것이에요." ; 같은 책, 「德修」, 379쪽, "스님은 魚山과 의례를 잘하셨지요. 손수 만든 禮懺도 있어요. 제가 스님이 지으시고 제작한 禮懺을 지금도 가지고 있어요. 스님이 옛날에 지으신 것인데, 예전에는 다 외웠지만. 당시 전국에서 齋나 儀式을 한다든가 茶毘를 할 때에는 스님이 만든 大禮懺을 갖고 하였어요.
"현재 漢巖이 「大禮懺文」을 정리한 「小禮懺文」이 『定本-漢岩一鉢錄 下』(平昌: 漢巖門徒會·五臺山 月精寺, 2010), 9-12쪽에 수록되어 있다.

442

善知因果)"과 "사리를 깊이 통달할 것(심달사리深達事理)"을 요구하고 있다. 이는 사찰의 경제적인 안정과 번영의 필수 조건인 동시에, 현전승가 안에서 다툼의 여지를 소멸시키는 것으로 이해된다. 또 마지막의 "공양예경"은 위로는 전각의 존상을 잘 모시는 것과 아래로는 현전승가의 구성원들에 대한 하심下心의 자세를 의미한다. 즉 사찰의 소임자는 인과법과 사리를 잘 분별할 줄 알아서, 공경과 하심의 덕목을 고루 갖춘 존중의 리더십을 겸비한 인물이어야 한다는 것이다.

앞서 언급한 바와 같이, 한암의 오대산 이거는 월정사의 수호가람 부분에서 문제가 된 측면이 가장 주요했다. 이 사건을 통해서 한암 또한 수호가람의 중요성을 절실히 인지했을 것이다. 이런 점에서 〈승가오칙〉에서 수호가람이 마지막 ⑤에 위치되는 것은 ①과 더불어 ⑤를 가장 크게 강조하기 위한 의도로 판단해 볼 수 있다. 즉 서序·결結과 같은 의미강조로 이해되는 것이다. 그런데 「오인수행이 전재어결심성판」에는 앞서 언급한 바와 같이, 수호가람이 ⑤가 아닌 ④로 바뀌어 있다. 이는 단순한 순서 변화로 이해될 수도 있다. 앞서 언급한 바와 같이 「오인수행이 전재어결심성판」에서 최초로 〈승가오칙〉의 다섯 개 항목이 모두 등장한다는 점에서, 이것이 오히려 더 원형일 개연성도 존재한다. 즉 ④와 ⑤의 순서에는 관점에 따른 차이가 존재할 수 있는 것이다.

그러나 「오인수행이 전재어결심성판」이 시기적으로 너무 늦은 1944년이라는 점에서, 가람수호가 절실했던 1920년대 말과 30년대 초와는 다른 인식변화의 가능성 역시 존재한다. 실제로 1944년은 오대산의 부채 문제가 청산되고, 조실인 한암과 월정사 주지 이종욱에 의해서 오대산이 완전히 안정화된 이후이다. 또 당시 한암과 이종욱은 조선불교조계종의 종정과 종무총장의 위치에 있었다. 즉 오대산이 한국불교에서 가장 큰 영향력을 행상하는 위치에 있었던 것이다. 이런 상황에서 본다면, 오대산에 대한 수호가람의 강조 필연성은 상대적으로 약화되었다고 할 수 있다. 이로 인해 수호가람보다는 기원지주인 기도와 참회가 오대산에서 좀 더 중심적인 의미로 부각된 것이라는 인식도 가능하다. 즉「오인수행이 전재어결심성판」은 바로 이와 같은 당시의 상황을 반영한 변영일 수도 있다는 말이다.

물론 오대산의 상황이 바뀌었다고 해서 한국불교 전체의 양상이 바뀐 것이 아니라면, 1944년 1월호『불교(신)』에 게재된 대외적인 글에서 순서를 바꿀 필요가 있느냐는 의문도 제기될 수 있다. 그러나 오대산의 상황이 바뀌게 되면, 상원사에서 불출동구하고 수행하는 한암의 관점도 일정 부분 변모했을 개연성이 존재하는 것 역시 사실이다. 또 당시 한암과 이종욱은 종정과 종무총장으로 종단의 최고 책임자라는 점은, 그들이 한국불교 수호가람의 최고 책임자라는 의미가 되기도 한다. 이런 상황에서는 수호가람보다 기원지주의 강조가 한암에게는 상대적으로 덜 부담이 되었을 개연성도 있다. 즉〈승가오칙〉의 ④와 ⑤의 순서 차이에는 한암의 관점에 따른 변화가 존재했을 수도 있다는 말이다.

끝으로「오인수행이 전재어결심성판」에는,〈승가오칙〉을 설명하는 말미에 다음과 같은 내용을 첨언하고 있어 주목된다.

내지 위인소사爲人少使인 임무라도 진기성심盡其誠心하여 불위실패不爲失敗케 함이 사천賜天의 임任을 다- 하고 불타의

444

명촉命囑을 전실全悉하는 것입니다.[1002]

위의 인용문을 『정본-한암일발록 상』에서는 맨 앞의 "내지"를 연결의 의미로 보아서, 이 내용을 "⑤기원지주자"에 해당하는 것으로 인식했다.[1003] 그러나 이는 의미적으로 보았을 때, 〈승가오칙〉의 전체를 마무리하는 총결에 해당하는 것으로 보는 것이 타당하다. 왜냐하면 이 말은 "내지 다른 사람을 위하는 작은 임무라도 그 성심을 다하여 실패하지 않도록 하는 것이, 하늘이 부여한 임무를 다하고 불타께서 부촉한 사명을 완수하는 것입니다."로 해석되기 때문이다. 즉 이를 단순히 기원지주자로만 한정한다는 것은 문장의 전체적인 이해에 무리가 있다는 말이다. 그러므로 이 부분은 〈승가오칙〉 전체에 대한 총결의 뜻으로 이해하는 것이 합리적이다. 이와 같은 양상은 앞서 검토한 바 있는, 한암이 〈계잠〉에서 보이고 있는 말미의 서술 형태와도 일정 부분 일치된다.[1004] 이런 점에서 "내지"에 구속되기보다는 좀 더 통체적인 관점에서의 이해가 타당하다고 하겠다.

3) 〈승가오칙〉을 통한 오대산의 한암가풍漢巖家風 확립

한암이 〈승가오칙〉을 강조했던 상황들은 증언집인 『그리운 스승

///////////////

1002_ 宗正 方漢岩 著,「吾人修行이 專在於決心成辦」,『佛敎(新)』제56호(1944. 1. 1), 3쪽 ; 漢岩撰,「11. 吾人修行이 專在於決心成辦」,『定本-漢巖一鉢錄 上』(平昌: 漢巖門徒會·五臺山 月精寺, 2010), 109쪽.

1003_ 같은 책, 106쪽.

1004_ 漢岩重遠 撰,〈戒箴〉,『定本-漢岩一鉢錄 上』(平昌: 漢巖門徒會·五臺山 月精寺, 2010), 135쪽.

한암 스님』에서만 총 10여회가 살펴진다. 이외에도 〈승가오칙〉에 대해서는 탄허에 대한 증언집인 『방산굴의 무영수(하)』와[1005] 만화에 대한 증언집인 『오대산의 버팀목』에서도 일부 살펴진다.[1006] 그러나 이는 한암의 〈승가오칙〉에 대한 부분이라기보다는 〈승가오칙〉의 계승이라는 관점이 더 강하다. 그러므로 여기에서는 생략하고, 『그리운 스승 한암 스님』의 것만을 인용문이 좀 길더라도 제시해 보면 각각 다음과 같다.

①**도원**道源: 한암 스님은 중노릇을 잘하려면 다섯 가지를 잘 못하면 중이 안 된다고 하셨어. 그 다섯 가지는 참선하는 것, 간경 보는 것, 염불, 대중을 위해서 봉사하는 것 등이었어, 마지막으로 나가서는 중생에게 교화(포교)하는 것이었어. 이 다섯 가지에 참여 못 하면 중이 아니라고 하셨어. 한국불교 현실을 볼 때에 이 다섯 가지에 참여해야 한다고 누누이 말씀하셨어.[1007]

②**보경**寶鏡: 한암 스님께서는 평소에 부처님 제자로서 갖추어야 할 다섯 가지를 강조하셨어요. 참선, 염불, 간경, 예식, 가람수호가 그것이지. 한암 스님은 그 다섯을 다 할 수 있으면

1005_ 月精寺·金光植 編,「최옥화」,『方山窟의 無影樹(下)』(서울: 民族社, 2013), 408쪽.

1006_ 月精寺·金光植 編,「玄海」,『五臺山의 버팀목』(서울: 民族社, 2011), 273-274쪽 ;「月面」, 318-319쪽 ;「善慧」, 380-382쪽 ;「度完」, 391쪽.

1007_ 漢巖門徒會·金光植 編,「道源」,『그리운 스승 漢岩 스님(韓國佛教 25人의 證言錄)』(서울: 民族社, 2006), 65쪽.

좋지만, 그것이 어려우면 한 가지만이라도 철저히 해야 양가 득죄兩家得罪, 즉 속가와 불가에서 죄를 면한다고 하셨어요. 나는 이 중에서 참선을 으뜸으로 삼았어요.[1008]

③설산雪山: 한암 스님은 참선, 간경, 의식, 가람수호 등 승려로서 지켜야 할 다섯 가지 원칙을 강조하셨다고 들었습니다. 그 어른은 참선 외에도 특히 염불, 의식을 강조하셨어요. 한암 스님은 부처님이에요. 한암 스님의 법은 옳고 맞아요. 제가 지금도 염불, 시식 및 영가법문을 하는데 그 분에게서 배웠지요.[1009]

④동성東星: 한암 스님은 중은 첫째로 염불, 간경, 예식, 가람수호 같은 것을 배워야 되므로, 해야 한다고 하셨지.[1010]

⑤현해玄海: 한암 스님의 승가 5칙을 들어 보셨지요? 그것과 관련해서 우리 스님이 강조한 것은, 오대산 중은 경도 읽어봐야 하고, 선禪도 해야 하고, 염불이나 의식 이 세 가지는 철저히 해야 한다고 하셨어요.[1011]

1008_ 같은 책, 「寶鏡」, 83쪽.

1009_ 같은 책, 「雪山」, 135쪽.

1010_ 같은 책, 「東星」, 159쪽.

1011_ 같은 책, 「玄海」, 192쪽.

⑥**혜거**慧炬: 제가 탄허 스님에게 한암 스님의 가르침을 여쭙자 수행자의 기본이라고 하시면서 그 다섯 가지 참선, 간경, 염불, 의식, 가람수호를 좍 읊으세요. … 오대산과 인연 있는 사람들은 모두 그 내용을 다 알아요. 만나면 다 줄줄 나옵니다.[1012]

⑦**뇌묵**雷默: 한암 스님의 가르침을 요약한 승가 5칙이란 것을 아시지요? 알다마다. 나는 그 중에서 염불, 의식을 많이 배웠어. 한암 스님의 가르침은 그 다섯 가지를 다 배워야 한다는 것이지요. 내가 지장암에 있을 적에는 공양주 하면서도 부지깽이를 두드리며 염불을 배우고, 밭에 가서 일을 할 때에도 주머니에 염불 적은 것을 가져가 그것을 꺼내 보면서 염불을 외웠어. 그러면서 나는 한암 스님께 받은 화두도 놓치지 않으려고 하였어. 그렇게 염불을 배웠기에 나는 어디를 가서 살아도 늘 노전을 보았어. 다른 절에서 출가한 이들과 선방에서 죽비 자루만 든 스님들은 그런 의식을 거의 못 해. 나는 그렇게 한평생을 한암 스님의 가르침, 정신에 의해 살아왔지.[1013]

⑧**경희**慶熙: 한암 스님은 승가 5칙을 철저히 가르치셨다고 하지요? 제 이야기가 바로 그겁니다. 그것을 얼마나 주장하셨

1012_ 같은 책, 「慧炬」, 209-210쪽.

1013_ 같은 책, 「雷默」, 284쪽.

는지 몰라요. 그것 못하면 중노릇 하지 말라고 하셨지요.[1014]

⑨**진관**眞觀: 한암 스님의 중노릇 다섯 가지를 잘 알고 계시지요? 그것은 한암 노스님의 중노릇 다섯 가지 철칙이야! 선을 하더라도 불공을 해서 탁자 위에 밥을 내려 먹을 줄 알아야 한다. 또한 대중 외호를 잘해라. 말하자면 참선을 해서 도인이 안 될 바에는 원주라든가 살림살이를 잘해서 대중들의 뒷바라지를 잘해야 한다. 그리고 가람수호를 잘해야 한다는 것이지. 그 말씀을 항상 하신 거야.[1015]

⑩**법련**法蓮: 한암 스님의 승가 5칙을 들어 보셨지요? 참선, 간경, 염불, 예식, 가람수호 이 중에서 하나는 꼭 해야지, 그렇지 않으면 중노릇을 할 수 없다고 하는 말에 대해서요. 그런 말씀은 했어요. 그 소리가 생각이 나네요. 맞습니다. 그 말씀을 들을 때 저는 염불은 안 하고, 주로 참선이나 대중 외호를 하겠다고 생각하였습니다.[1016]

인용문을 보면, 한암은 〈승가오칙〉을 강조했지만, 당시에는 이것이 〈승가오칙〉이라는 개념화된 명칭으로 불린 것이 아니기 때문에 받

1014_ 같은 책, 「慶熙」, 306쪽.
1015_ 같은 책, 「眞觀」, 326-327쪽.
1016_ 같은 책, 「法蓮」, 333-334쪽.

아들이는 사람들의 기억 속에 존재하는 선명도가 떨어진다는 것을 알 수 있다. 또 한암은 〈승가오칙〉의 다섯 가지를 '모두' 갖출 수 있는 것이 바람직하는 측면이 ①도원의 경우에서 확인된다. 그러나 부득이한 경우라면, 이 중 몇 가지만 견지하는 것도 가능하다고 한 관점이 ②보경과 ⑩법련의 진술을 통해서 드러난다.

다섯 가지 모두를 갖추는 것이 현실적으로 쉽지 않다는 점을 고려한다면, ①은 이상적인 관점이고 ②와 ⑩은 현실적인 측면으로 이해된다. 그리고 ②를 통해서 한암이 〈승가오칙〉을 강조하는 이유는 출·재가의 양가득죄를 면하기 위한 승려의 본분이기 때문임을 판단해 볼 수 있다.

이원론적인 인도문화 속에서, 불교는 세간 즉 물질적인 영역과 대비되는 출세간적인 정신수행 전통을 대변한다. 그러나 불교가 이원론과는 다른 일원론적인 동아시아로 전파되면서, 이후 무노동의 부각과 함께 심각한 비판에 직면하게 된다.[1017] 즉 문화권의 장벽에 따른 문제인 셈이다. 그러나 동아시아 불교는 이러한 문화권적인 비판을 자기논리를 가지고 주체적이며 효율적으로 극복하지 못한다. 그 결과 〈오종대은명심불망五種大恩銘心不忘〉과 같은 구조의 재편 속에서 상대방의 문제 제기를 수용하고 노동의 방법적인 역할론을 재규정하는 타협의 방식을 취하게 된다.

〈오종대은명심불망〉은 ❶각안기소국왕지은各安其所國王之恩·❷생양구로부모지은生養劬勞父母之恩·❸유통정법사장지은流通正法師長

1017_ 『大覺登階集』2,「諫廢釋敎疏」(『韓佛全』8, 337a·b).

之恩·❹사사공양단월지은四事供養檀越之恩[1018]·❺탁마상성붕우지은琢
磨相成朋友之恩으로, 각각 임금·부모·스승·단월·붕우의 은혜와 이에
대한 보답의 강조이다. 이와 같은 조선불교의 인식 속에서, 한암 역시
〈승가오칙〉에 입각한 승려의 본분과 기본을 강조하는 것으로 이해해
볼 수 있다. 이는 다음과 같은 뇌묵의 진술을 통해서, 인지해 보는 것이
가능하다.

> **뇌묵**雷默: (한암) 스님이 말씀하시기를, 사람이 살자면 가지고
> 있는 집이 완전해야 하는데 헐하면 안 되지 하셨어요. 그리고
> 재물은 서로서로 정성을 다해서 관리해야 한다고 하셨지요.
> 특히 공양 후에는 시주 은혜를 잊지 마라, 시주물의 은혜를
> 잊으면 안 된다, 이것을 우리에게 갖다 주는 것은 공부하라는
> 것인데 이것을 가벼이 여기면 안 된다고 말씀하셨어요.[1019]

선사인 한암이 중시한 것은 당연히 참선이다. 경전 역시 한암이
주로 선어록과 선과 관련된 경전을 중시했다는 점에서, 참선의 완성을
위한 측면이지 경학만을 위한 것이 아님을 분명해 주고 있다. 그런데
특기할 만한 것은 한암이 염불과 의식도 강조한다는 점이다.
위의 인용문을 살펴보면, ③설산·⑤현해·⑦뇌묵은 염불과 의식

1018_ 四事는 四事供養의 줄임말로 ①衣服·②飮食·③臥具·④醫藥의 4가지나, 또는 ①衣服·②
飮食·③湯藥·④房舍(寺刹)을 가리킨다.

1019_ 漢巖門徒會·金光植 編, 「雷默」, 『그리운 스승 漢岩 스님(韓國佛敎 25人의 證言錄)』(서울:
民族社, 2006), 271쪽.

을 동일한 범주의 연장선상에서 이해하고 있다. 이는 ⑩법련의 진술에서도 일정 부분 확인되는 측면이다. 이는 혜거와 무여의 다음과 같은 진술을 통해서도 인지된다.

혜거慧炬: 탄허 스님을 모시고 월정사로 들어와서도 어산, 염불을 철저히 배웠습니다. 염불은 그냥 해서 되는 것이 아니라 염불을 하는 그 한문의 고저를 짚어 가면서 소리의 높낮이를 주어야 합니다. 한문의 고저를 모르면 그냥 소리이고, 고저를 알면 제대로의 염불을 하는 것입니다.[1020]

무여無如: 오대산 선방에서 선어록을 강의하고 염불을 하였다는 분위기는 간단한 것이 아닙니다. 당시에도 일부 수좌들의 비판적인 시각도 있었어요. 노장님(한암 스님)이 결제 중에도 선원에서 염불과 강의를 한 것에 대하여 노골적으로 나쁘게 이야기하는 사람들이 많았지만, 한암 스님은 선견지명을 하신 것으로 보여요. 노스님(한암 스님)은 한국불교를 멀리 내다보시는 안목이 있었던 것이 아닌가 합니다. 수행자가 염불, 범패, 강의를 할 수 있도록 한 것은 훗날을 대비한 것이었어요. 상원사 한암 스님의 회상에서 수행을 하여 다양한 것을 익힌 수행자들이 한국불교의 어른이 되고, 버팀목이 된 것을

////////////

1020_ 같은 책, 「慧炬」, 210쪽.

보면 그걸 알 수 있지요.[1021]

그러나 한암이 〈승가오칙〉에서 말하고 있는 '염불'과 '의식'은 의미가 완전히 다르게 분리된다. 염불이 정근과 같은 염불선으로까지 연결될 수 있는 수행의 한 방법이라면, 의식은 기도나 재·불공과 같은 불교의 의례적인 측면이기 때문이다. 즉 의식은 ⑨진관에서 확인되는 '탁자 밥을 내려 먹을 줄 아는 측면'인 셈이다. 이는 한암이 말하는 염불과 의식이 완전히 다른 범주임을 분명히 해준다. 이와 같은 판단은 한암이 예불 끝에 관음정근을 2시간씩 했다는 도원의 다음과 같은 진술을 통해서 분명해진다.

> **도원**道源: (한암 스님께서) 늘 말씀하시는 것은 말세 중생들은 근기가 허약하기 때문에 수승한 인연을 맺기가 어렵다고 하시면서, 참선하는 대중이 모여있는 곳이었지만 예불을 마치고는 꼭 관음정근을 두 시간 하셨어. 칠십 넘은 노인이 첫새벽에 일어나셔서 꼬박 서서 두 시간씩 정근을 하시고 그랬어. … 물론 수좌들은 참선하는 선방에서 염불하는 것에 대하여 이의를 달고 그랬어요. 그러나 한암 스님은 이에 대하여 확고한 신념을 갖고 있었어요. 당시 "말세 중생들은 근기가 약하여 참선만 가지고서는 안 된다. 수승한 인연을 맺어 놔야 내세에 가서도 머리를 내밀 때에 좋은 반연이 얻어지지 그렇지

1021_ 같은 책, 「無如」, 230쪽.

않으면 안 된다. 그래 관음정근이라도 시켜야 한다"고 강력히 주장하셨지. 그러니 선방에서 염불을 한다는 것은 매우 특이한 것이지요.[1022]

염불이 수행의 한 방편인 것과 달리 의식은 승려의 기본으로 강조된 측면이다. 당시 선원의 수좌들 중에는 불공의식을 아주 등한시하는 사람들이 있었는데,[1023] 이것이 때로는 선원과 선수행에 대한 비판으로 돌아오고는 했다. 즉 여기에는 선원에 대한 비판 해소라는 측면도 존재하는 것이다. 또 승려에게 있어서 의식이라는 최소한의 기본이 불가능하게 되면, 선승이 참선에서 물러나 사찰 안의 다른 소임을 사는 것도 어려워진다. 이런 문제점을 해소하는 것이 바로 한암의 의식 강조가 아닌가 판단된다.

이와 같은 문제의식이 한암에게 언제 갖추어진 것인지는 명확하지 않다. 그러나 한암이 1899년 보운강회를 나와서 선객으로 전환된 이후부터 1926년 오대산으로 이거하는 동안의 대부분을 선원과 관련해서 보냈다는 점을 고려한다면, 이와 같은 기간에 정립된 문제의식으로 보아도 큰 문제는 없다고 판단된다. 즉 이러한 문제의식에 대한 해법이 바로 〈승가오칙〉 속에서의 의식 강조이며, 상원사 선원에서 아예 의식교육까지도 진행되는 모습인 셈이다. 이의 해당 부분을 제시해보

1022_ 같은 책, 「道源」, 65쪽.

1023_ 같은 책, 「東星」, 159쪽, "그때는 모두 늦게 중이 되어서 예식을 몰라, 그것을 배우기가 뭣하니까 안 한단 말이야."

면 다음과 같다.

> **도원**道源: 우리들에게도 두 사람씩 짝을 이루어 예식을 가르쳤어. 한 사람은 법주를 하고 다른 사람은 바라지를 하고. 천수를 치면서 제 위치에서 관음정근을 하도록 하셨지.

> **보경**寶鏡: 내가 상원사에 있을 때 봉은사 스님으로 범패를 잘하는 박대응(대하) 스님이 왔어요. 그이는 노스님 밑에서 참선을 하러 온 것이지만, 한암 스님은 대응 스님이 오셨으니 모두 예식을 배우라고 하시며, 젊은 스님들에게 예식을 배우게 하셨지. 그래 지금도 내가 하고 있는 의식은 상원사 시절 그 스님에게 배운 것이지요. … 상원사 선방 수좌도 배우기를 원하면 다 배웠어요.[1024]

또 염불과 의식의 차이를 구분하는 내용으로는, 경희의 다음과 같은 진술도 확인된다.

> **경희**慶熙: 그 시절 상원사에서는 새벽 세 시에 일어나 예불하고 참선을 하고, 방선 뒤에는 관음예문을 하고, 천수를 치고, 예식을 가르쳤어요. 그래서 오대산에서 나온 사람은 예식 못

1024_ 같은 책, 「道源」, 83쪽.

하는 사람이 없어요. 나도 지금 어산까지도 봐요.[1025]

〈승가오칙〉은 한암이 제시한 대원칙이라는 점에서, 한암 교육론의 바탕이 되는 동시에 오대산 한암가풍을 구성하는 가장 기본적인 골격이 된다. 이와 같은 〈승가오칙〉에 입각한 한암가풍은 오대산에서 교육받은 승려들이 전국적으로 인정받게 되는 배경으로 작용한다. 이는 보경의 다음과 같은 언급을 통해서 분명해진다.

해방 후에 오대산 중이면 전국에서 모두 받아 주었고, 전국에서 이름이 났어요.[1026]

한암은 〈승가오칙〉이라는 가장 기본에 충실한 승가교육을 통해서, 작게는 오대산의 발전을 도모하고 크게는 불교교육의 배경을 구축하고 있다. 그러나 이러한 〈승가오칙〉은 비단 기본만을 의미하는 것이 아니다. 〈승가오칙〉을 확충하고 확장시키게 되면, 외적인 불교발전과 내적인 깨달음이라는 출가 승려의 목적을 성취하고 완성을 촉구하게 되기 때문이다. 이런 점에서 〈승가오칙〉은 간략한 실천 덕목의 제시임에도 불구하고, 불교교육의 전체를 아우를 수 있는 통섭의 교육사상이라고 할 수 있게 된다.

한암이 〈승가오칙〉에서 보인 수행과 소임이라는 이사理事의 관

1025_ 같은 책, 「寶鏡」, 314쪽.
1026_ 같은 책, 「慶熙」, 83쪽.

점 분리와 통합의 지표는 이후 오대산의 한암가풍을 형성하면서 오대산에 계승된다. 이와 같은 한암의 〈승가오칙〉에 입각한 가풍은, 이후 1926년부터 함께한 이종욱과[1027] 수제자인 탄허와[1028] 보문[1029] 및 탄허의 제자인 만화 등을 통해서 실천·계승되기에 이른다.[1030]

● 소결小結과 전환轉換

한암 불교 교육론의 특징은 선주교보禪主教補의 선교겸전과 이후 확립되는 전선후교前禪後教의 방식이다. 전선후교는 선주교보의 선교겸전을 넘어서는 최종적인 한암의 특징적인 교육론이다. 그런데 현존하는 자료를 통해서 한암의 교육이론과 실천이 구체적으로 드러나는 것은 1926년에 오대산으로 와서 상원사에 주석하는 시기부터이다. 그러나 전선후교의 교육관은 선주교보를 거치지 않으면 형성되기 어렵고, 또 양자는 선후의 차등 관계를 통해서 형성되었다고 보는 것이 바람직하다. 이런 점에서 한암의 기본적인 교육관인 선주교보의 선교겸전 방식은 1926년 이전에 형성되었다고 판단되며, 한암의 일생에서

1027_ 같은 책,「天雲」, 144쪽, "漢巖 스님의 가르침이 바로 智庵스님이 하신 행동입니다. 祖室이시니 祖室 스님의 지침으로 생활하시고, 그것을 실천하신 것이지요."

1028_ 月精寺·金光植 編,「최옥화」,『方山窟의 無影樹(下)』(서울: 民族社, 2013), 408쪽.

1029_ 金光植 著,「道源」,『普門禪師-神話 속으로 사라진 禪僧』(서울: 民族社, 2012), 98쪽, "普門 스님의 가르침도 五臺山 家風에서 나온 것이지." 等.

1030_ 金光植,「五臺聖地의 중창주, 萬化 喜贊-僧伽五則의 계승과 실천」,『淨土學研究』제28집 (2017), 194-207쪽 ; 月精寺·金光植 編,「玄海」,『五臺山의 버팀목』(서울: 民族社, 2011), 273-274쪽 ;「月面」, 318-319쪽 ;「善慧」, 380-382쪽 ;「度完」, 391쪽.

이와 같은 교육관이 형성될 시기는 1904~1910년까지의 내원선원 기간 외에는 존재하지 않는다. 그러므로 이때의 상황을 분석해서 한암 교육관의 형성에 대해서 검토해 보았다.

한암의 내원선원 기간에는 이 시기 한암의 지위에 대해 조실설과 강사설이 대립하고 있다. 그런데 이와 관련해서는 한암이 당시 질병의 문제로 석담에게 건당을 한 상태에서, 석담과의 관련성 속에 내원선원에 머물게 되었다는 점에 주목할 필요가 있다. 이를 바탕으로 본 연구에서는 탄허의 방장 기록에 주목하여, 당시 한암이 내원선원 즉 내원암의 감원이었고 한암의 주도하에 선주교보의 반선반강半禪半講과 대중 외호가 종합적으로 이루어진 것으로 판단했다. 이로 인하여 한암은 선주교보의 선교겸전에 입각한 교육론을 확립할 수 있었던 것이다. 이는 이후 한암이 상원사 선원에서 삼본사수련소를 운영할 수 있는 배경이 되는 동시에, 전선후교의 교육론을 완성하게 되는 배경을 형성하게 된다.

다음은 한암이 1926년부터 오대산 상원사에 주석하는 것과 관련해서 대두되는 오대산 승가교육의 생활원칙인 〈승가오칙〉이다. 〈승가오칙〉은 1926년 한암의 오대산 이거과 함께 제정·공포된 것이라는 진술과 오대산의 부채 문제가 일단락되는 오대산의 안정기에 제기되는 것이라는 관점이 존재한다. 그러나 〈승가오칙〉에 대한 강조는 다수 확인되지만 이를 하나로 규정 짓는 명칭은 존재하지 않았다는 점에서, 1926년의 혼란과 더불어 대두되기 시작하여 오대산의 안정되는 1935~1936년 무렵에 확립된 것이라고 판단했다.

〈승가오칙〉은 내적인 수행과 외적인 사찰 운영 및 포교와 관련된 기본적인 준칙들이다. 즉 수기치인修己治人과 같은 측면으로, 한암은

〈승가오칙〉을 통해서 오대산의 승풍을 진작하고 불교발전을 도모한다. 이후 〈승가오칙〉은 오대산 한암가풍의 특징을 형성하는 교육론이자 오대산 승려의 기본준칙으로 유전하게 된다. 이런 점에서 〈승가오칙〉은 한암의 교육적인 관점의 배경을 수렴해 볼 수 있는 좋은 관점인 동시에, 오대산에서 구체화되고 실천된 가장 빠르고 외연이 넓은 교육적인 측면이라고 하할 수 있다.

제2절의 한암의 교육관 형성과 〈승가오칙〉을 통한 구현을 바탕으로, 다음의 제3절에서는 한암의 교육론이 가장 뚜렷하게 드러나는 삼본사수련소에 대해서 검토해 보게 된다. 삼본사수련소는 일제의 심전개발정책을 한암이 수용하는 과정에서, 불교식으로 재구성해 상원사 선원 안에 설치한 불교 교육기관이다. 특히 이 삼본사수련소는 한암의 최종적인 교육론인 전선후교를 바탕으로 선과 교가 결합된 선주교보의 선교겸전 방식으로 진행되었다. 또 선원 안에 교육 시설이 통체로 포함되는 것은 한국불교 역사상 최초의 사건이며, 이것이 당시 종정이 주도한 선원에 위치한다는 점은 한암의 의지에 따른 설치임을 알 수 있게 하기에 충분하다. 즉 이를 통해서 한암의 구체적인 교육방식과 교육의 목적을 검토해 보는 것이 가능한 것이다.

또 한암의 교육방식과 관점은 삼본사수련소의 설립과 관련해서 중강이 되는 탄허에게 계승된다. 이렇게 해서 탄허는 해방 후 오대산수련원과 영은사수련원을 개설하게 되고, 한자에서 한글로의 변화라는 교육 배경의 변모 속에서 불교 전통의 교재 전체와 삼현학 문헌까지 현토 번역하는 위업을 달성한다. 이는 한암의 교육관과 특징이 탄허에 의해서 계승되면서 구체화된 측면이라는 점에서 주목해 볼 수 있다.

제3절. 한암의 삼본사수련소 운영과
탄허의 계승

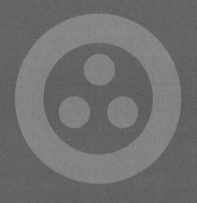

1. 삼본사연합승려수련소 설치와
한암의 교육실천

1) 심전개발운동心田開發運動의 배경과 진행 과정

월정사에 일제의 심전개발心田開發 정책에 입각한 강원도 삼본사
연합승려수련소三本寺聯合僧侶修練所가 설치되는 것은 1936년이다. 삼
본사수련소는 일제의 식민지 지배교육과 관련된 사상적인 측면에서
제기된 결과이다. 이로 인해 삼본사수련소는 기존의 사찰 내 전통교육
인 강원교육과는 차이가 존재하게 된다. 즉 불교 안에 설치된 교육기
관이기는 하지만 이는 불교의 자생적인 것이 아닌 일제의 발의에 의해
서 대두되는 가치라는 점에서, 배경에 따른 차이가 존재할 수밖에 없
는 것이다.

삼본사수련소는 상원사 선원에 위치하게 된다. 이는 일제의 식민
교육의 의지를 효율적으로 막아내고, 이와 같은 기회를 통해서 불교교
육을 진작시켜 보려는 한암의 의지에 따른 결과이다. 그러므로 삼본사
수련소의 실행과정과 전개에는 필연적으로 한암의 교육관이 드러나
게 된다. 즉 삼본사수련소는 한암의 교육관이 현실적으로 구현된 가장
중요한 시설과 관련 자료인 셈이다.

삼본사수련소가 기존의 강원교육과 다른 특징을 가지는 점은 크
게 두 가지이다. 첫째, 삼본사수련소의 설립은 불교 내적인 추진이 아
닌 일제의 필요에 따른 것으로, 강원도 삼본사의 연합 및 이에 따른 규

모와 체계성을 갖추고 있다는 점. 이는 삼본사수련소의 개소식에 강원

도 도지사와 평창군수·정선군수 및 삼본사 주지가 참석한 것을 통해

서 분명해진다.[1031] 즉 일제에 의해 제기된 것이기는 하지만, 불교의 새

로운 시도와 방식의 체계적인 교육이라는 점에서 시사하는 바가 존재

한다는 말이다.

둘째, 삼본사수련소의 발기와 추진은 총독부와 강원도였지만, 이

의 운영과 관리는 당시 종정이던[1032] 한암에 의해서 주도되었다는 점.

이는 삼본사수련소가 한암의 재가를 통해서, 그것도 삼본사 중 한 곳

이 아닌 월정사의 말사인 상원사 선원에 설치되는 측면을 통해서 분명

해진다.[1033] 이는 삼본사수련소의 운영 방식과 관련해서 한암의 교육관

을 살펴보는 구조가 존재한다는 점에서 주목된다.

심전개발 정책은 1935년 일제가 직면했던 내외의 복합적인 문제

들을 정신교육을 통해서 타개하려는 방법에서 비롯된다.[1034] 1920년대

1031_ 〈彙報-五臺山 上院寺의 僧侶修練所 入所式〉,『佛教時報』제12호(1936. 7. 15.), "江原道
三本寺聯合僧侶修練所에 入所式은 … 當日 臨席者는 孫知事 洪參與官 洪本府囑託 平昌·旌善
郡守 三本寺住持."; 〈僧侶修練所가 一日에 入所式〉,《每日新報》, 1936년 6월 7일자.

1032_ 漢巖은 日帝強占期를 전후해서 총 4차례 教正과 宗正으로 추대된다. 이는 각각 다음과 같다.
①年度:1929/主體:朝鮮佛教禪教兩宗/地位:教正/名數7人. ②年度:1935/主體:禪學院/地位:宗
正/名數3人. ③年度:1941/主體:朝鮮佛教曹溪宗/地位:宗正/名數1人. ④年度:1948/主體:朝鮮佛
教/地位:教正/名數1人. 三本寺修練所가 설치될 때는 1936년이므로 두 번째 宗正의 위치에 있을
때이다. 金光植,「方漢岩과 曹溪宗團」,『漢岩思想』제1집(2006), 158-185쪽.

1033_ 〈佛教를 中心으로 心田開發 圖謀〉,《每日新報》, 1936년 1월 23일자, "心田開發을 佛教를
中心으로 하지 아니하면 아니되는 故로 … 月精寺에 있는 方先生의 심을 아니할 수가 업서 此를 議
키 爲하야 간 것이다. 嚴冬에 急히 가지 안아도 相關업겟스나 豫算 關係도 잇서 단여 왓다. 方先生
을 相見하야 意見을 交換하야 보니, 참으로 훌륭한 先生인 것을 깨다럿다. 처음에는 應치 아니하다
가 寒天에 온 誠意를 생각하여서 承諾하게 되었는데".

1034_ 한긍희,「1935~37年 日帝의 '心田開發' 정책과 그 성격」,『韓國史論』제35권(1996), 138-
160쪽; 김순석,「1930년대 후반 朝鮮總督府의 '心田開發運動' 전개와 朝鮮佛教界」,『韓國民族運

에 접어들게 되면, 일본에서도 점차 사회주의가 확대되는 모습이 나타내기 시작한다. 또 1929년에 시작된 세계 대공황은 일본경제에도 심각한 타격을 미치게 된다. 이외에도 1931년에 발생하는 만주사변滿洲事變과 1932년의 상해사변上海事變, 그리고 1934~1935년에 걸쳐 심각한 문제로 확대되는 덴노키칸세쓰(天皇機関説) 등은 1930년대에 접어들어 일제가 해결해야 할 다중적인 요소들을 잘 나타내준다.[1035] 이와 같은 문제들을 일제는 심전개발이라는 명목의 정신교육 강화를 통해서 해결하고자 시도하는 것이다.

심전개발 정책은 1933년 말 이전에 입안되며, 이것이 본격화되는 것은 1935년 1월 학무국을 중심으로 입안이 구체화되면서이다. 그리고 이의 본격적인 추진은 1936년부터 진행된다.[1036]

심전개발의 '심전心田'은 유교의 『예기禮記』 「예운禮運」 속에 등장하는 "인정이위전人情以爲田, 고인이위오야故人以爲奧也."에서[1037] 착안된 것으로 파악된다.[1038] 그러나 일본은 유교적인 영향이 약했고, 또 조

動史研究』 제25권(2000), 93-97쪽.

1035_ 김순석, 「朝鮮總督府의 佛敎政策과 佛敎界의 對應」(서울: 高麗大 博士學位論文, 2001), 123쪽 ; 조성운, 「『佛敎時報』를 통해 본 心田開發運動」, 『韓國民族運動史硏究』 제67호(2011), 111-112쪽 ; 孝本貢編, 「大正·昭和期의 國家·旣成佛敎敎團·宗敎運動」, 『論集日本佛敎史』(東京: 雄山閣出版株式會社, 1988), 31-32쪽.

1036_ 한긍희, 「1935~37年 日帝의 '心田開發' 정책과 그 성격」, 『韓國史論』 제35권(1996), 160-163쪽.

1037_ 『禮記』, 「禮運第九」, "故聖人作則, 必以天地爲本 … 以天地爲本, 故物可擧也. … 人情以爲田, 故人以爲奧也(그러므로 聖人이 法則을 만들되, 반드시 天地로써 本을 삼았다. … 天地가 本이 되는 故로 萬物을 들 수 있다. … 人情으로 밭을 삼았음으로 사람이 핵심이 될 수가 있는 것이다.)."

1038_ 安龍伯(總督府囑託), 〈心田開發指導原理의 再吟味(下)〉, 『朝鮮』 제235호 6월호(京城: 朝鮮總督府, 1936), 109쪽.

선은 유교가 지배이데올로기였으므로 유교를 전면에 내세울 경우에
는 오히려 식민통치에 문제가 발생할 수 있었다. 그렇기 때문에 조선
의 심전개발정책에는 불교가 중심으로 대두하게 된다.[1039]

일제는 심전개발 이전인 1932년부터 농촌진흥운동을 전개한 바
있다.[1040] 그러므로 심전개발은 농촌진흥운동의 연장선상에서 이해되
는 것도 가능하다.[1041] 즉 심전은 농촌진흥과 연계된 심전이며, 종교적
으로는 불교를 중심으로 유교와 신도神道 및 기독교를 아우르는 심전
인 것이다.[1042]

한국불교에서 심전에 관한 내용이 가장 먼저 등장하는 것은, 1934
년 3월 5일의 본사 주지로 구성된 재단법인 교무원 평의원회에서이
다.[1043] 이후 1935년 8월 27일의 본사 주지회의에서 정식안건으로 심

///////////
心田開發 정책과 관련해서, 일부 論文은 이 명칭이 『雜阿含經』 권4의 "心田耕作"에서 유래한 것이
라는 명칭의 佛教起源說을 주장한다[한긍희, 「1935~37年 日帝의 '心田開發' 정책과 그 성격」, 『韓
國史論』 제35권(1996), 139쪽 ; 김순석, 「1930년대 후반 朝鮮總督府의 '心田開發運動' 전개와 朝
鮮佛教界」, 『韓國民族運動史研究』 제25권(2000), 91쪽]. 그러나 이는 임혜봉의 『親日佛教論 上』
(서울 : 民族社, 1993), 151쪽에 의한 오류로, 이 구절은 실제 『雜阿含經』에서는 확인되지 않는다.

1039_ 조성운, 「『佛教時報』를 통해 본 心田開發運動」, 『韓國民族運動史研究』 제67호(2011),
111-123쪽.

1040_ 김순석, 「朝鮮總督府의 佛教政策과 佛教界의 對應」(서울 : 高麗大 博士學位論文, 2001),
124-125쪽 ; 김영희, 「1930·40년대 日帝의 農村統制政策에 관한 硏究」(서울 : 淑明女大 博士學位
論文, 1996), 59-61쪽.

1041_ 김순석, 「1930년대 후반 朝鮮總督府의 '心田開發運動' 전개와 朝鮮佛教界」, 『韓國民族運
動史研究』 제25권(2000), 87-91쪽.

1042_ 朝鮮總督部 中樞院 編, 『心田開發に關する講演集』[京城 : 朝鮮總督府 中樞院, 昭和11年
(1936)], 1-2쪽 ; 김순석, 「1930년대 후반 朝鮮總督府의 '心田開發運動' 전개와 朝鮮佛教界」, 『韓
國民族運動史研究』 제25권(2000), 93-97쪽.

1043_ 宇垣一成, 「精神界のために貢獻せよ」, 『朝鮮佛教』 제99호(1934. 4), 2-3쪽 ; 김순석, 「朝鮮
總督府의 佛教政策과 佛教界의 對應」(서울 : 高麗大 博士學位論文, 2001), 127쪽.

전개발사업 및 대표기관 설치에 관한 논의가 일단락된다.[1044]

2) 상원사 선원의 삼본사수련소 설치와 한암

강원도의 심전개발은 도지사의 주관하에 유점사·건봉사·월정사의 삼본사 주지에 의해서 진행된다. 이의 구체화는 1935년 7월 4일에 개최되는 강원도 심전개발추진위원회이다.[1045] 동년 8월에 본사 주지회의가 있었다는 사실을 볼 때, 각 도의 상황들이 집취된 결과에 의해서 최종적으로 본사 주지회의가 개최된 것임을 인지해 볼 수 있다.

심전개발추진위원회에서 강원도 도지사가 강조한 내용은 사찰의 정화淨化와 승려의 수행이었다.[1046] 이후 1936년 1월 16일 실무담당자인 참여관 홍종국이 상원사로 한암을 방문해 협조를 요청한다. 이와 관련된《매일신보》의 보도자료인 1936년 1월 23일자 〈불교를 중심으로 심전개발 도모〉에 따르면, '삼본사에서 신信·원願·행行이 정당한 승려를 각각 10인을 보내 교육할 수 있도록 한다.'는 것이다.[1047]

그런데 일주일 후인 1936년 1월 30일자《매일신보》의 〈불교를 중심으로 심전개발에 매진〉이라는 기사를 보면, 당시 불교 안에서의 명칭은 삼본사수련소가 아닌 '승려안거법회僧侶安居法會'였다는 점이 확

1044_ 金光植, 「金呑虛의 교육과 그 성격」, 『淨土學硏究』 제6집(2003), 216쪽.

1045_ 같은 論文, 217쪽.

1046_ 〈재래의 弊風을 一掃 心田開發을 圖謀하라〉, 《每日新報》, 1935년 7월 7일자.

1047_ 〈불교를 중심으로 心田開發 圖謀〉, 《每日新報》, 1936년 1월 23일자, "각 사찰(楡岾寺·乾鳳寺·月精寺) 一般 僧侶 중에서, 信·願·行의 三件이 正當한 者로 幾十名이고 選拔하야 보내주면 되도록은 誠意껏 訓育하겠다고 하엿스며".

인된다.[1048] 이런 명칭의 변화 이유는 크게 두 가지로 추정해 볼 수 있다. 첫째는 기존에 없던 교육방식을 안거安居라는 불교적으로 익숙한 개념으로 바꿔 쉬운 이해와 전달을 꾀했을 가능성. 둘째는 실질적인 교육이 상원사 선원에서 동·하안거에 조석 참선을 기반으로 오전·오후의 경전 공부로 진행되었다는 점이 그것이다. 이는 승려안거법회 즉 '안거+법회'라는 선禪·교教가 조화된 명칭과도 부합한다.

그럼에도 승려안거법회의 공식 명칭은 삼본사연합승려수련소였다. 이는 불교적으로는 안거법회이며, 외부적인 공식 명칭은 삼본사수련소였음을 알게 한다. 그런데 여기에서 흥미로운 것은 당시의 공식적인 모집 교육생의 명칭이 선수행과 관련된 '수좌首座'였다는 점이다. 이는 삼본사수련소의 설립 처음부터 한암의 주장이 강하게 반영되었다는 것을 의미한다는 점에서 주목된다.[1049]

《매일신보》의 기사를 보면, 삼본사수련소에서 당시 모집된 인원은 예상보다 저조한 유점사 8명, 건봉사 6명, 월정사 6명으로 확인된다.[1050] 이는 처음의 각 10명에 크게 미달하는 숫자로 삼본사수련소가 구체화되는 과정에서 인원의 축소가 이루어졌을 개연성을 나타낸다.

그런데 막상 1936년 6월 7일자 《매일신보》의 삼본사수련소 입소식 기사를 보면, 실제로 입소한 인원은 이보다도 3명이 더 적은 17명

1048_ 〈彙報-江原都廳이 積極的인 心田開發運動計劃〉, 『佛敎時報』 제8호(1936. 3. 15.).

1049_ 〈불교를 중심으로 心田開發에 매진〉, 《每日新報》, 1936년 1월 30일자, "六. 首座의 豫定人員"

1050_ 같은 記事, "楡岾寺 本末寺 僧侶 八名 / 乾鳳寺 同 六名 / 月精寺 同 六名 / 計 二十名"

으로 확인된다.[1051] 즉 정원 30명에서 지원자가 20명이었던 것이, 최종적으로는 17명까지 축소된 것이다. 당시 입소식에 도지사와 삼본사 주지가 참석했다는 점을 고려한다면, 이는 분명 납득하기 어려운 저조한 숫자임에 틀림없다.

삼본사수련소의 인원 변화와 관련해서는 두 가지 이유를 생각해 볼 수 있다. 첫째, 일제가 발의해서 설치된 새로운 교육방식에 대한 불교 내적인 반발이 발생했을 가능성. 둘째, 상원사 선원의 장소적인 한계에 따른 현실을 고려한 축소가 그것이다.

삼본사수련소에는 당시 종정이었던 한암이 조실로 되어 있고, 원주院主는 월정사 주지였던 이종욱의 이름이 올라 있다.[1052] 월정사라는 본사 주지가 실무책임자인 원주로 명기되어 있다는 것은 삼본사수련소의 위상이 매우 높았다는 것을 알게 한다.

당시는 생활환경이 농업을 기반으로 하는 구조였기 때문에 토지가 많은 사찰은 상대적으로 재정 여건이 풍족했다. 이로 인해 대토지를 소유한 본사들에는 많은 상주승이 거주하고는 하였다. 여기에 당시에는 일제의 사찰령에 의해서, 본사 주지를 총독이 임명하던 상황인 점을 고려할 필요도 있다. 즉 불교 내적인 반발이 발생하기에는 어려운 구조와 상황인 셈이다. 이렇게 놓고 본다면, 불교계의 반발보다는

1051_ 〈彙報-五臺山 上院寺의 僧侶修練所 入所式〉,『佛教時報』제12호(1936. 7. 15.), "五臺山 上院寺에서 盛大히 擧行하얏는데, 修練生의 入所者는 十七名이며" ; 〈僧侶修練所가 一日에 入所式〉,《每日新報》, 1936년 6월 7일자.

1052_ 〈불교를 중심으로 心田開發에 매진〉,《每日新報》, 1936년 1월 30일자, "五. 院主 及 祖室 / 院主 月精寺 住持 李鍾郁 / 祖室 朝鮮佛教 教正 方漢岩".

장소의 한계가 더 크게 작용한 결과로 판단된다.

상원사 선원은 명망이 높던 한암의 직접 지도로 인해서, 수용 공간에 비해 대중이 항상 많았던 곳이다.[1053] 또 상원사가 명찰이기는 하지만, 여기에는 오래된 사찰의 특성상 거주공간의 한계가 존재할 수밖에 없다. 이외에도 상원사에는 오늘날에도 사찰 터의 면적에 따른 한계, 즉 사용 가능한 평지가 제한적인 문제가 존재한다. 즉 선부른 증설 등의 추가가 쉽지 않은 상황이라는 말이다. 이런 현실에서 추가로 삼본사수련소 인원이 첨가되는 구조인 셈이다. 그럼에도 이들은 또 각각의 본사에 입각한 세 방에 나누어 생활했다.[1054] 즉 본사에 따른 배려와 안배도 존재했던 것이다. 이렇게 놓고 본다면, 한 방에 10명씩은 무리였다는 판단이 가능하다.

실제로 1937년 3월 27일자《매일신보》에는 모집인원이 유점사 6명, 건봉사 5명, 월정사 4명의 총 15명으로 축소된 내용이 보인다.[1055] 즉 1936년의 모집 인원수에도 문제가 있었던 것이다. 그런데 이 모집

///////////

1053_ 金光植은『禪苑』과『新佛教』등의 자료를 통해서, 1931~41년까지의 上院寺 禪院의 安居 大衆 수를 제시하고 있는데, 이를 통해서 漢巖 당시의 禪院 상황을 판단해 볼 수 있다[金光植, 「金呑虛의 교육과 그 성격」,『淨土學研究』제6집(2003), 223-224쪽]. 이렇게 해서 확인되는 上院寺의 각 安居 大衆은 대략 40~50명 정도이다. 여기에 관련 證言들에 따르면, 外護 대중이 대략 40~50명 정도가 되었다. 이렇게 놓고 본다면, 解制 때는 40~50명, 結制 때는 100여명 정도의 인원이 상주했다는 판단이 가능하다.
漢巖門徒會·金光植 編,「梵龍」,『그리운 스승 漢巖 스님(韓國佛教 25人의 證言錄)』(서울: 民族社, 2006), 50-51쪽;「寶鏡」, 74쪽;「권태호(文悅)」, 339쪽.

1054_ 같은 책,「奉奭」, 235쪽.

1055_ 〈彙報-江原道三本山聯合僧侶修練所 募集〉,『佛教時報』제21호(1937. 4. 15);〈江原 三本寺 聯合僧侶修練所 募集〉,《每日新報》, 1937년 3월 27일자, "榆岾寺 六名 / 乾鳳寺 五名 / 月精寺 四名"

공고에는 특이하게도, 한암과 이종욱의 직접적인 관할 사찰인 월정사의 인원이 4명으로 가장 작다는 점이 눈에 띈다. 이는 본사의 규모와 상원사의 수용인원이라는 현실적인 상황 등을 고려해서, 인원이 축소되었음을 판단해 보도록 한다.

삼본사수련소는 1940년 3월 20일자《매일신보》의 〈강원 삼본사 승려수료식〉 기사를 끝으로 더 이상 살펴지는 것이 없다. 즉 삼본사수련소는 1936년부터 1940년까지 만 4년 정도 지속된 것이다.[1056] 삼본사수련소의 폐지와 관련된 정확한 판단자료는 존재하지 않는다. 그러나 일제의 심전개발 정책이 1940년까지 존속된다는 점에서 볼 때, 심전개발의 일환으로 추진된 삼본사수련소 역시 이의 연장선상에서 사라진 것으로 추정된다.[1057]

3) 삼본사수련소에서 확인되는 한암의 교육관

심전개발 정책은 종교를 통한 일제의 식민정책의 타당성을 강화하는 데 목적이 있다. 이는 쓰다 사까에(津田榮)의 다음과 같은 언급을 통해서 분명해진다.

1056_ 三本寺聯合僧侶修練所는 4기까지 모집되었으나, 3기까지만 졸업생이 배출되고 廢止된 것으로 판단된다.
漢巖門徒會 · 金光植 編,「寶鏡」,『그리운 스승 漢巖 스님(韓國佛敎 25人의 證言錄)』(서울: 民族社, 2006), 78쪽, "내가 3기생이지만 4기생인 후배도 있었어." ; 金光植,「金呑虛의 교육과 그 성격」,『淨土學硏究』제6집(2003), 222 · 227쪽.
1057_ 김순석,「朝鮮總督府의 佛敎政策과 佛敎界의 對應」(서울: 高麗大 博士學位論文, 2001), 144쪽.

심전개발운동을 통해서 성취하고자 하는 것은, 조선인들로 하여금 총독부의 정책에 순응하게 하고 천황에게 충성을 다하는 충량한 황국신민皇國臣民을 만드는 데 있다. 심전개발은 단순히 외형적인 생활의 개선이 아니고, 생활의 근저가 되는 올바른 신념을 주는 것이어야 한다. 따라서 이것은 당연히 종교와 밀접한 관계를 가지는 것이다.[1058]

삼본사수련소가 심전개발 정책의 일환으로 설치된다는 것은, 이것이 본질적으로 불교적일 수 없다는 것을 의미한다. 실제로 한암은 1936년 1월 16일 강원도청의 참여관인 홍종국이 방문해서 개요를 설명하고 협조를 구하자, '응하지 않았다.'고 1월 23일자《매일신보》는 보도하고 있다.[1059] 그러나 이후 삼본사수련소는 상원사 선원 안에서 한암이 주도하는 구조 속에 진행된다. 이는 한암이 삼본사수련소의 설립을 용인하는 과정에서, 일제의 식민교육 의도를 활용해 불교교육의 강화를 위한 수단으로 사용하겠다는 판단에 의한 변화로 이해된다.

실제로 이후 삼보사수련소의 운영과 교육과 관련된 교과 편재 등은 전적으로 한암이 주도하는 방식으로 처리된다. 이는 삼본사수련소의 설치 과정에서 한암의 주장에 따른 관련된 변화가 존재했다는 것을 알게 하기에 충분하다. 또 일제가 정책 차원에서 주도적으로 삼본사수련소를 설치하는 상황이라면, 삼본사수련소라는 명칭처럼 삼본사 안

1058_ 津田榮,「心田開發の根本的用意」,『朝鮮』제250호 3월호(京城: 朝鮮總督府, 1936).
1059_ 〈佛教를 中心으로 心田開發 圖謀〉,《每日新報》, 1936년 1월 23일자.

에 설립되는 것이 타당하다. 특히 오대산의 입구 쪽에 월정사가 위치하고, 상원사는 여기에서 다시금 산길로 약 9km 정도를 더 들어가야 나타난다. 이는 일제의 의도나 접근성 차원에서 상원사가 삼본사수련소의 위치로 타당한지를 의심하게 한다.[1060]

또 앞서도 언급한 바와 같이 상원사는 터가 좁고 한암이 주도하던 선원이 있었기 때문에, 여기에 또 다시 많은 인원을 추가하기에는 어려움이 있다. 그런데도 불구하고 삼본사수련소의 위치가 상원사로 결정되는 것은 한암의 의지와 관련된다고밖에는 달리 판단할 요소가 없다.[1061] 왜냐하면 월정사 주지인 이종욱이 일제에 협조하고 있었다고 하더라도, 당시 조실과 교정이었던 한암과 협의하지 않고서는 상원사에 삼본사수련소를 설치할 수는 없었을 것이기 때문이다. 만일 삼본사수련소 설립을 이종욱이 주도했다면, 이는 응당 월정사에 개설되는 것이 타당하다. 즉 상원사 선원 안에 삼본사수련소가 설립되었다는 것은, 한암 외에는 누구도 간여할 수 없는 일이었다는 말이다.

이렇게 놓고 본다면, 한암은 일제의 삼본사수련소 설치를 1차 반대했고, 이의 절충으로 상원사 선원에 삼본사수련소가 설치되도록 하고 한암이 주도한다는 조건을 제시했을 개연성이 존재한다. 실제로 삼

1060_ 漢巖門徒會·金光植 編,「無如」,『그리운 스승 漢巖 스님(韓國佛教 25人의 證言錄)』(서울: 民族社, 2006), 218쪽, "世俗을 떠나 깊숙한 곳에 살고 싶었어요. 개소리, 사람 소리 안 나는 곳에서. 제가 松廣寺에 있을 때에 그런 절이 어디 있냐고 물어보니, 오대산 上院寺가 제일 깊숙한 곳에 있는 절이라고 알려 주었어요."

1061_ 漢巖門徒會·金光植 編,「寶鏡」,『그리운 스승 漢巖 스님(韓國佛教 25人의 證言錄)』(서울: 民族社, 2006), 73쪽, "上院寺는 禪房이지만, 漢巖 스님의 學問을 승려들에게 가르쳐야 하겠다고 進言하여 修練所가 생겼어요."

본사수련소의 일과는 조석예불 직후의 참선, 점심 공양 전의 오전과 공양 후의 오후에 경전을 학습하는 것이었다.[1062] 이러한 선주교보禪主教補의 선교겸전禪教兼全 방식은 한암의 관점과 정확하게 일치한다. 또 상원사 선원의 차담 교육을 통해서 확립되는 전선후교前禪後教의 교육관과 연결된다. 앞서 언급한 바와 같이 전선후교의 교육관은 혜능을 중심으로 지눌의 영향에 따른 것으로 한암만의 특징적인 교육론이다. 물론 여기에는 상원사 선원 안에 삼본사수련소가 위치하고 있다는 점 역시 작용했을 것이다.

그러나 한 번 더 생각해 보면, 선원에 승려 교육기관이 위치한다는 것은 한국불교의 사찰 구조에서 볼 때 매우 이례적이다. 왜냐하면 강원과 선원은 일정 규모 이상의 사찰을 구성하는 두 축으로, 강원의 이력을 마친 후 선원으로 이동하는 사교입선의 구조가 일반적이기 때문이다. 이는 사찰의 중심인 주불전主佛殿(조선 후기에는 일반적으로는 대웅전大雄殿임)을 중심으로 좌측에는 심검당尋劍堂(동당東堂-선원禪院)이 우측에는 설선당說禪堂(서당西堂-강원講院)이 위치하는 것을 통해서도 분명해진다. 이는 대립적인 의미를 가지는 동시에, 강원의 명칭이 설선說禪 즉 '선을 설한다(가르친다).'는 뜻이라는 점에서 사교입선의 연결 구조임을 인지해 볼 수 있도록 한다.

실제로 한암이 주도한 상원사 선원에서는 차담 시간에 수좌들에게 교육을 시키기는 해도, 경전을 보라는 식의 강력한 권유 등은 이루

1062_ 金光植, 「金呑虛의 교육과 그 성격」, 『淨土學研究』 제6집(2003), 226쪽, "당시 修練所의 日課는 아침, 저녁에 參禪을 하고 오전과 오후에는 經典을 수학하였다."

어지지 않았다.[1063] 그런데도 불구하고 수좌들 중 일부는 한암이 어록 등을 강의하는 것을 못마땅하게 보고 강하게 비판하는 모습이 확인된 다.[1064] 이러한 상황임을 감안한다면, 선원 안에 삼본사수련소라는 교육 시설이 통째로 들어가고 이를 선원의 조실인 한암이 주도하고 있는 것 은 분명 이례적인 상황임에 틀림없다. 물론 여기에는 삼본사수련소가 일제의 발의에 의한 것으로, 한국불교의 전통이 아니라는 점 역시 크 게 작용했을 것이다. 즉 전례를 찾아볼 수 없는 '선원 안의 교육기관 설 치'라는 특이한 구조에는 한국불교의 전통과는 다른 특수성도 존재했 다는 말이다. 이 때문에 삼본사수련소는 일제와 관련되어서만 한시적 으로 유지되는 모습만을 보이는 것이라는 판단도 가능하다.

그런데 흥미로운 것은, 일제의 후원에 의한 삼본사수련소가 해산 된 이후에도 상원사에는 '조선불교조계종朝鮮佛敎曹溪宗 상원사수련원 上院寺修練院'이라는 명칭의 수도원 건물과 수도원이 존재하고 있었다 는 점이다. 상원사에 탄허가 쓴 수도원 현판이 걸려 있었다는 증언은 아래와 같은 여러 진술에서 확인된다. 그러나 현판의 내용이 '조선불 교조계종 상원사수련원'이었다는 것은 문열文悅 권태호의 증언에서만 살펴진다.[1065]

///////////

1063_ 曹龍溪 撰, 「10. 우리 스님, 寒巖 스님」, 『定本-漢岩一鉢錄 下』(平昌: 漢巖門徒會·五臺山 月精寺, 2010), 143쪽, "우리 스님은 그렇게 차 마시는 시간에 祖師語錄을 講하시고 法을 설하셨지 만, 參禪하는 首座들에게 經을 보라고 권하는 일은 없었다."

1064_ 漢巖門徒會·金光植 編, 「寶鏡」, 『그리운 스승 漢巖 스님(韓國佛敎 25人의 證言錄)』(서울: 民族社, 2006), 75쪽, "禪房 首座들의 批判이 엄청났지요. '이게 講堂이지 禪房이냐?'고. 漢巖 스님 은 '參禪을 하더라도 남을 가르치려면 漢文을 알아야 한다.'고 하셨죠. 經을 읽는 것은 노스님이 주장 해서 한 것이지요. 禪房 首座들의 是非와 反撥이 대단했어요. 그 餘波가 참 컸어요."

1065_ 같은 책, 「권태호」, 340쪽, "'朝鮮佛敎 曹溪宗 上院寺修練院'이라는 커다란 간판이 첫눈에 들

보경寶鏡은 현판에 대해서 조금 다른 기억을 가지고 있는데, 그것은 이 현판의 시점이 삼본사수련소가 존재하던 때라는 것이다.[1066] 만일 그렇다면, 이 현판은 권태호의 진술과는 다른 현판이어야만 한다. 왜냐하면 삼본사수련소는 1940년까지만 존속되는데, 조선불교조계종이라는 종명은 1941년 6월 4일에 완비되는 일제에게 승인받은 통합종단의 명칭이기 때문이다. 만일 보경의 기억이 맞다면, 한암은 조선불교조계종이 창종되기 이전부터 상원사에서 이 명칭을 사용한 것이 된다.

그러나 종정의 위치에 있었던 한암이, 종단이나 종파 명칭을 임의적으로 사용하기는 어려웠을 것이다. 또 삼본사수련소가 일제와 관련되어 진행되기 때문에 정부 관계자들도 출입하는 상황에서, '조선불교조계종'이라는 창조적인 명칭을 버젓이 사용한다는 것은 납득하기 어렵다. 그러므로 보경의 증언 속에 등장하는 현판은 삼본사수련소의 것으로 권태호의 것과는 다른 것으로 판단된다. 이는 방문성 역시 삼본사수련소의 현판에 대해서 언급하고 있기 때문이다.[1067] 그런데 보경은 이 현판이 탄허의 글씨라는 점을 분명히 하고 있다.[1068] 이렇게 놓고 본다면, 탄허는 삼본사수련소의 현판과 조선불교조계종 상원사수련원의 현판을 모두 쓴 것이 된다.

어왔고".

1066_ 같은 책, 「寶鏡」, 73쪽.

1067_ 같은 책, 「方文聖」, 370쪽.

1068_ 같은 책, 「寶鏡」, 73쪽, "修練所 간판도 呑虛 스님이 써서 걸었지."

조선불교조계종 상원사수련원의 존재는, 이것이 삼본사수련소의 해산 이후에도 이의 체제를 계승해서 일부가 유지되었을 가능성을 환기한다. 왜냐하면 삼본사수련소의 구성과 방식은 일제에 의해서 부가된 것이 아니라, 전적으로 한암에 의한 측면으로 갖추어진 것이기 때문이다.

상원사수련원이 중요한 것은, 일제의 영향이 사라진 상황에서도 '선원 안의 교육시설'이라는 특수한 구조가 일부 존속되는 양상을 의미하기 때문이다. 이는 한국불교의 선원전통과 교육 역사상 유례를 찾아볼 수 없는 일대 획을 긋는 사건임에 틀림없다. 물론 이의 시작은 삼본사수련소에서 비롯된 것이지만, 결국은 이를 바탕으로 새로운 한국불교적인 교육문화를 한암이 구축한 것이 되기 때문이다. 그리고 이부분이야말로 한암의 교육자로서의 위상과 교육관이 투철하게 드러나는 측면이라는 점에서 크게 주목되는 부분이다.

상원사수련원이 언제까지 유지되었는지는 불분명하지만, 이의 구조가 삼본사수련소 때처럼 정체성이 뚜렷하지 않았던 것만은 분명하다. 이런 점에서 본다면, 상원사 선원 안에서 차담 시에 행해진 교육은 이 상원사수련원 교육의 일부라는 판단도 가능하다. 또 한국전쟁과정에서 오대산과 본사인 월정사가 복구하기 힘든 타격을 입는다는점. 그리고 전쟁 전에 여러 조짐이 감지되는 측면들이 존재한다는 점에서, 한국전쟁에 즈음해서 상원사수련원 역시 단절되었을 것이라는추정이 가능하다.

앞으로 거슬러 올라가, 삼본사수련소와 관련해서 이곳에서 학습되는 교과목에 대해 검토해 보자. 삼본사수련소의 교과목은 한암이

1937년 음력 1월에 현토 재편한 4가해四家解『금강경』이 주된 교재였
고,[1069] 『범망경』도 중요한 수학 과목이었다.[1070] 이외에『화엄경』·『보조
법어』[1071] ·『육조단경』 등이 확인된다.[1072] 즉 당시의 관점에서 볼 때, 선
교의 조화가 이루어지는 모습이 존재하는 것이다. 이는 한암이 제정한
〈승가오칙〉 등에서도 확인되는, 참선과 간경이 아울러 강조되는 한암
교육관의 한 특징적인 면모라고도 하겠다.[1073] 물론 당시 수업 연한이 1
년으로 짧았기 때문에, 이와 같은 교재들의 전체를 모두 학습한 것은
아니었다. 주교재인『금강경』과 중요하게 인식된『범망경』까지는 매
년 반복되는 교재였고, 다른 전적들은 오늘날의 대학원 수업에서처럼
차례로 순환되는 구조로 교육되었던 것으로 판단된다.[1074]

　　『금강경』이 주교재였기 때문에 졸업 때는 대중 앞에서『금강경』

1069_ 漢巖에 의한『金剛經』4家解의 編輯과 懸吐는 1937년 陰曆 1월 29일 이전에 진행되었고, 이
때「金剛般若波羅蜜經重刊緣起序」가 撰述된다.

1070_ 呑虛門徒會 編,「2. 大衆法語-華嚴經의 世界」,『(增補版)方山窟法語-呑虛大禪師法語集』
(平昌: 五臺山 月精寺, 2013), 75-76쪽, "修練所의 日課는 朝夕으로는 參禪을 하였고, 낮에는 經을
배우고 외우는 것이었다. 그것 외에도 많은 經典을 배울 수 있었다. 나는『四集』은 獨學하였고 그 밖
의 經典은 스님으로부터 배웠는데『傳燈錄』과『禪門拈頌』까지 완전히 마치기까지는 만 7년이 걸렸
다. 修練所의 定規過程은『金剛經』과『梵網經』이었지만, 나는 別途의 經을 배웠던 것이다."

1071_ 『普照語錄』은 1937년 陰曆 8월 28일 이전에 懸吐 되었고, 이때「普照禪師語錄纂集重刊序」
를 撰述했다.方漢岩 纂輯懸吐, 金呑虛 飜譯,『普照語錄』[서울: 敎林, 2013(初版 1939년)], 6쪽.

1072_ 金光植,「金呑虛의 교육과 그 성격」,『淨土學研究』제6집(2003), 226쪽, "당시 배운 經典은
주로『金剛經』,『華嚴經』,『梵網經』이었지만, 간혹 수련생들의 요청으로『普照語錄』,『六祖壇經』도
배웠다고 한다."

1073_ 漢岩 撰,「13. 僧伽五則」,『定本-漢岩一鉢錄 上』(平昌: 漢巖門徒會 · 五臺山 月精寺, 2010),
127쪽 ; 辛奎卓,「漢岩 禪師의〈僧伽五則〉과 曹溪宗의 信行」,『曹溪宗史 研究論集』(서울: 中道,
2013), 708-723쪽.

1074_ 漢巖門徒會 · 金光植 編,「梵龍」,『그리운 스승 漢巖 스님(韓國佛敎 25人의 證言錄)』(서울:
民族社, 2006), 35쪽, "우리가 갔을 때에는 이미『華嚴經』도 끝나가고,『傳燈錄』도 끝나가고,『(禪
門)拈頌』을 보고 있었지요."

을 암송해 1등을 선발했다. 1937년 4월 17일에 졸업한 제1회에 1등으로 졸업한 봉석奉奭에 따르면, 당시 사중의 대중 60명과 관청 인원 100여 명의 앞에서 암송이 이루어졌고, 핵심판단자는 한암·이종욱·원보산이었다고 한다.[1075]

또 교과목 중에는 『범망경』이 특히 주목되는데, 이는 『범망경』이 동아시아의 대승불교를 대표하는 계경戒經이기 때문이다. 즉 한암의 교육관과 관련해서 계율과 관련된 인식을 재차 확인해 볼 수 있는 것이다. 『범망경』과 관련해서는 앞서 〈계잠〉과 관련된 검토에서 제기한 바와 같이, 선불교의 강력한 주관주의에서 발생하는 문제를 보완할 수 있는 측면이 존재한다. 즉 이 역시 선계일치의 관점으로 한암의 특징적인 교육관에 따른 교재 선정이라고 하겠다.

『범망경』은 삼본사수련소가 폐지된 이후에도 상원사 선원에서는 계속해서 강조되는 모습을 보인다. 이는 현재 율원의 시원을 개척한 자운성우慈雲盛祐(1911~1993)가[1076] 한암에게 인가印可를 받았다는 점과 [1077] 상원사에서 한암을 모시고 『범망경』 살림을 1주일간 진행했다는

1075_ 같은 책, 「奉奭」, 237쪽.
『金剛經』暗誦은 三本寺修練所 이전부터 존재하던, 漢巖의 敎育觀에 입각한 上院寺 禪院의 특징으로 파악된다.
전재강 譯註, 「金剛般若波羅密經重刊緣起序」, 『金剛經三家解』(서울: 운주사, 2019), "坐禪之暇에 爲日課講誦하야 送過了熱寒二際矣러니".

1076_ 廉仲燮, 「한국불교의 계율적인 특징과 현대 曹溪宗의 계율전통-慈雲과 日陀를 중심으로」, 『宗敎文化研究』제30호(2018), 113~114쪽.

1077_ 漢巖門徒會·金光植 編, 「권태호」, 『그리운 스승 漢巖 스님(韓國佛敎 25人의 證言錄), 서울: (民族社, 2006), 345쪽

진술을 통해서 분명해진다.[1078]

　　이상을 통해서 삼본사수련소에서는, 한암의 의지에 입각해 윤리적인 계율 의식을 기본으로 하는 전선후교에 입각한 선주교보의 선교 겸전 수학이 진행되었다는 것을 인지해 볼 수 있었다. 이렇게 놓고 본다면, 삼본사수련소는 일제의 심전개발 정책으로 실행되기는 하지만 한암의 주도로 불교교육의 강화라는 측면에서 진행되었음을 알게 된다. 이는 일제강점기라는 특수한 상황에서, 일제와 충돌하지 않으면서도 일제의 의도를 효율적으로 극복하는 동시에 한암의 교육관이 살펴진다는 점에서 크게 주목되는 측면이라고 하겠다.

1078_ 같은 책, 「慶熙」, 307쪽.

2. 탄허의 한암 계승과 경전 번역

1) 탄허의 삼본사수련소 중강中講과 한암의 계승

한암의 전선후교에 입각한 선주교보의 선교겸전 방식은, 삼본사 수련소 이전에도 제자인 탄허의 교육과정과 관련해서도 확인된다. 한 암은 탄허가 출가한 직후에는 오로지 참선만을 익히도록 지도한다. 그 리고 선수행이 안정되자 이번에는 반대로 "도가 문자에 있는 것은 아 니지만, 글을 아는 사람은 일단 경을 봐야 한다."라고 하며 역으로 글공 부를 강조하는 모습을 보인다.[1079] 그러나 이미 선수행이 정착되어 안 정된 탄허는 오히려 "스님께서 책을 펴주시면 하고, 다른 스님에게는 배우지 않겠다."라고 답한다.[1080] 그럼에도 한암의 계속된 권유로 인해, 마침내 탄허는 당시 최고 강백이었던 서울 성북동 개운사開運寺 대원 강원大圓講院의 박한영과 화엄사의 진진응陳震應 그리고 중앙학림中央

///////////

1079_ 呑虛 口述,〈華嚴經의 信仰世界(中)〉,『佛光』통권 72호(1980. 10.), 52쪽 ; 金光植,「呑虛 스 님의 生涯와 敎化活動」,『呑虛禪師의 禪敎觀』(平昌: 五臺山月精寺, 2004), 25쪽.

1080_ 漢巖門徒會·金光植 編,「寶鏡」,『그리운 스승 漢巖 스님(韓國佛敎 25人의 證言錄)』(서울: 民族社, 2006), 73쪽, "呑虛 스님은 처음 시작할 때 3년간 默言, 參禪을 하시려고 하였지만, 漢巖 스 님께서 "參禪도 좋지만 자네 같은 사람이 부처님 교리를 알아야 後生들이 도움을 받을 수 있다."라고 말씀하셨지. 노스님이 呑虛 스님에게 講院에 가서 一大藏敎를 마쳐야 된다면서 朴漢永, 陳震應, 白 初月 이 세 스님을 추천하셨어. 처음에는 呑虛 스님이 아무 말도 안 했어. 제가 알기로는 처음에는 華 嚴寺의 陳震應 스님에게 가라고 勸誘했는데, 呑虛 스님이 "스님이 책을 펴 주시면 스님한테 배우지 공부하러 딴 데로 가지 않겠습니다. 여기서 살겠습니다"라고 답변하셨어요." ; 같은 책,「東星」, 158쪽, "그래서 映湖(朴漢永) 스님에게 가라고 하셨어. 당시 映湖 스님은 제일 講師였지. 그런데 마침 修練 所가 생기는 바람에 가지 못하고 中講을 맡았지."

學林의 초대 강사로 당시 봉원사 강원과 진관사에서 강학했던 백초월에게 가서 수학하려는 구체적인 시도를 하기에 이른다.[1081]

실제로 이와 유사한 모습은 삼본사수련소의 1기생으로 당시 1등으로 졸업한 봉석에게서도 확인된다.[1082] 이는 한암이 선사임에도 불구하고, 특출한 능력을 가진 사람은 크게 아껴 그에 걸맞은 교육자로 양성하려는 의도로 이해해 볼 수 있다. 즉 한암은 근기에 따른 교육과 후학 양성을 위한 교육자 교육의 필요를 인지하고 있었던 것이다.

한암이 탄허의 수학을 위해 실제로 보내려고 한 대상은 박한영과 진진응으로 압축된다. 이는 당시 교학에는 '남진응南震應 북한영北漢永'이라는 말이[1083] 불교계에 회자되고 있었기 때문일 것이다. 그러나 앞선 봉석 등의 예를 통해서 볼 때, 진진응보다는 박한영의 가능성이 더 컸을 것으로 판단된다.

그런데 이와 같은 논의과정에서, 상원사 선원에 삼본사수련소가 개설되면서 상황이 급반전한다. 당시 61세의 고령이었던 한암이 전부를 지도할 수는 없었으므로, 믿을 만한 강사가 필요한 상황에서 탄허가 중강中講으로 선임되기 때문이다.[1084] 이로 인해 탄허는 한암의 지도

1081_ 같은 책 ; 金光植, 「吞虛 스님의 生涯와 敎化活動」, 『吞虛禪師의 禪敎觀』(平昌: 五臺山月精寺, 2004), 25~26쪽.

1082_ 漢巖門徒會·金光植 編, 「奉奭」, 『그리운 스승 漢巖 스님(韓國佛敎 25人의 證言錄)』(서울: 民族社, 2006), 238쪽, "그때 漢巖 스님이 나를 좋아하셔서 나를 開運寺에 가서 공부할 수 있도록 주선하셨어. 내가 開運寺로 갈 때 月精寺까지 따라 내려오셔서 자네와 평생 같이 지내고 싶다고 하셨지. 開運寺의 朴漢永 스님에게 가서 大敎 과정을 마쳤어."

1083_ 李啓杓, 「華嚴寺의 歷史」, 『佛敎文化硏究』 제9권(2002), 26쪽.

1084_ 漢巖門徒會·金光植 編, 「寶鏡」, 『그리운 스승 漢巖 스님(韓國佛敎 25人의 證言錄)』(서울: 民族社, 2006), 73쪽, "노스님이 吞虛 스님에게 講院에 가라고 서너 번 권유하셨지만 거절하였어요.

속에서 교학상장敎學相長하는 상황을 맞게 된다.[1085] 이렇게 놓고 본다면, 한암의 교육관인 전선후교를 바탕으로 하는 선교겸전은 탄허의 지도과정과 삼본사수련소를 통해서 일관되게 전개되는 양상이라고 할 수 있다. 또 이는 선승으로서는 매우 특징적인 측면이라고 하겠다.

　오대산 삼본사수련소와 관련해서 한암 외에 주목해야 할 인물은 단연 탄허이다. 탄허는 한암과 3년여에 걸친 약 20여 통의 서신 교류 끝에[1086] 1934년 음력 9월 5일 청의보발靑衣保髮을 한 모습으로 오대산에 입산한다.[1087] 이후 탄허는 거의 행자 생활 없이 40일 후인 1934년 음력 10월 15일 하원下元에 사미계를 수지한다.[1088] 이는 당시에 3년 정도의 행자 생활이 일반적이었다는 점을 고려한다면 매우 이례적이라고 할 수 있다. 즉 한암은 행자 생활을 출가하는 과정에서의 필연이라고 인식하지 않고, 이 역시 교육의 일단으로 파악한 듯하다. 그렇기 때

그러나 修練所가 생기자 中講 자리는 거절하지 않으시고 맡은 것으로 알아요."

1085_ 呑虛 口述, 〈華嚴經의 信仰世界(中)〉, 『佛光』 통권 72호(1980. 10.), 52쪽 ; 金光植, 「金呑虛의 교육과 그 성격」, 『淨土學硏究』 제6집(2003), 225-226쪽 ; 金光植, 「呑虛 스님의 生涯와 敎化活動」, 『呑虛禪師의 禪敎觀』(平昌: 五臺山月精寺, 2004), 26쪽 ; 玆玄, 「呑虛, 그 위대한 생애와 정신」, 『文學/史學/哲學』 제33권(2013), 37-38쪽.

1086_ 李元錫, 「漢巖 重遠과 呑虛 宅成의 佛緣」, 『韓國佛敎學』 제79집(2016), 310-314쪽 ; 金光植, 「呑虛 스님의 생애와 교화활동」, 『呑虛禪師의 禪敎觀』(平昌: 五臺山 月精寺, 2004), 263쪽 ; 尹善泰, 「呑虛 스님의 求道過程과 人材養成」, 『韓國佛敎學』 제66집(2013), 47쪽.

1087_ 漢巖門徒會·金光植 編, 「昌祚」, 『그리운 스승 漢巖 스님(韓國佛敎 25人의 證言錄)』(서울: 民族社, 2006), 266쪽, "절 아래쪽 옆길로 파란 두루마기를 입고, 행건을 치고, 갓을 쓰고 올라오는 젊은이를 보았지."

1088_ 呑虛門徒會 編, 「呑虛大宗師 年譜」, 『(增補版)方山窟法語-呑虛大禪師法語集』(平昌: 五臺山月精寺, 2013), 618쪽 ; 月精寺·金光植 編, 『方山窟의 無影樹(上)』(서울: 民族社, 2013), 467쪽 ; 金光植, 「呑虛 스님의 生涯와 敎化活動」, 『呑虛禪師의 禪敎觀』(平昌: 五臺山月精寺, 2004), 27쪽.

문에 출가 전에 이미 탁월한 교육역량을 갖춘 탄허에게 행자 생활은 굳이 필요하지 않다고 판단했던 것으로 이해된다.

　이와 같은 한암의 판단과 실행은 언뜻 쉬울 수 있는 것처럼 보이지만, 오래된 전통종교 안에서는 이것이 그리 간단한 문제가 아니다. 왜냐하면 한암의 이러한 행동은 자칫 다른 행자나 승려들에게 불평등의 문제를 초래할 수 있기 때문이다. 즉 한암은 이와 같은 문제들을 넘어설 정도의 교육에 있어서는 강한 소신과 확신을 가지고 있었던 것이다.

　탄허의 예에서 드러나는 한암의 파격적인 교육관은 1936년 6월에 삼본사수련소가 시작되는 상황에서도 재확인된다. 이때 탄허는 출가한 지 불과 1년 8개월밖에 안 된 상황인데, 한암은 탄허를 삼본사수련소의 중강으로 임명하기 때문이다. 한암이 탄허를 삼본사수련소의 중강으로 임명한 것은 매우 파격적인 인사였다. 당시만 해도 유교적인 전통이 강했기 때문에 강사講師(중강中講이나 강주講主) 즉 스승의 권위는 상당히 높았다.[1089] 그런데 불교의 일반 원칙에서는 출가한 햇수인 법랍法臘(하랍夏臘)에 따라서 좌차座次 즉 선후배가 결정되는 것이 원칙이다. 이로 인해 두 가지 방식이 충돌하지 않게 하기 위해서, 강사는 특출한 경우를 제외하고는 법랍이 높은 선배에게 부여되는 것이 일반적이다. 이렇게 놓고 본다면, 탄허는 특출한 경우에 해당하는 셈이다.

　그런데 탄허는 출가한 지 불과 1년 8개월 만에 한암에 의해서 중

1089_ 漢巖門徒會·金光植 編,「寶鏡」,『그리운 스승 漢巖 스님(韓國佛敎 25人의 證言錄)』(서울: 民族社, 2006), 76쪽 ;「東星」, 160쪽, "울력을 할 적에는 漢巖 스님도 꼭 나와서 거들고 하셨어. 呑虛 스님이 中講을 맡고 있으므로 빼 달라고 漢巖 스님께 말을 하였지."

강으로 임명된다. 더구나 탄허의 출가 기간인 1년 8개월은 탄허가 행자 생활을 거의 하지 않았다는 점을 고려한다면, 다른 승려들에게는 아직 행자 기간조차 마치지 않은 정도에 지나지 않는다. 이는 단순한 특출함을 넘어서는 대단한 파격이라고 아니할 수 없다. 또 이런 경우는 필연적으로 많은 소요를 동반할 수밖에 없는 구조가 발생하게 마련이다. 실제로 한암의 이와 같은 파격적인 행보와 관련해서, 탄허 역시 다음과 같이 진술하고 있을 정도이다.

> 오대산 수련소(삼본사수련소)가 되니 스님이 강의를 하시면서 의당 조교가[1090] 있어야 할텐데, 조교의 적임자로 내가 지목되었기 때문이다. 한문을 배웠다는 탓도 있거니와 다들 나를 아껴준 것이다. 그렇게 되니 나도 선원뿐이었을 때는 경 볼 생각을 안 했지만 선원이 수련소가 되었으니 경을 볼 수 있는 터라, 그럴 바에야 스님 밑에서 배워야겠다는 생각이 들어 다른 것을 포기하였다.[1091]

인용문에 의하면, 탄허는 출가 전의 한문 역량에 의해 삼본사수련소의 중강이 되는 것임을 알 수 있다. 그러나 제아무리 그렇다고 하

[1090]_ 助教는 呑虛가 一般人이 알아듣기 쉽도록 聽者에 맞게 改變한 用語로 판단되며, 三本寺修練所 당시 呑虛의 공식 직함은 '中講'이었다. 같은 책, 「寶鏡」, 76쪽, "漢巖 스님은 祖室 스님으로, 呑虛 스님은 中講 스님으로 呼稱하였지."

[1091]_ 呑虛 口述, 〈華嚴經의 信仰世界(中)〉, 『佛光』 통권 72호(1980. 10.), 53쪽.

더라도, 이는 김광식의 판단처럼[1092] 한암의 의지가 강하게 작용한 결과라고밖에는 볼 수 없다. 즉 한암이 문제를 감수하면서도 탄허를 끌어올리고 있는 것이다. 이는 법랍보다 실력과 실질을 중시하는 한암의 교육관이 작용한 결과라고 밖에는 생각해 볼 수 없다.

실제로 한암의 탄허 발탁으로 인해, 당시에는 대중의 수군거림이 상당히 존재했던 듯하다. 이는 "탄허 스님을 위해서 수련소를 지었다고 할 정도였지."라는 동성東星의 진술을 통해서 단적인 판단이 가능하다.[1093] 바로 이와 같은 소요의 측면에서 생각해 볼 수 있는 부분이, 탄허가 1938년 삼본사수련소의 제3기 수련생이기도 했다는 점이다.[1094] 즉 탄허는 중강인 동시에 수련생(수좌)이라는 일반적으로 이해되기 어려운 위치에 있었던 것이다. 이는 삼본사수련소를 졸업하면 대덕大德 법계를 받기 때문으로 이해된다.[1095] 즉 대덕 법계를 통해서, 탄허의 중강과 관련된 지위와 위상을 확립할 수 있는 측면이 존재하는 것이다. 그런데 여기에는 왜 1기가 아닌 3기냐는 문제가 존재한다. 이는 당시 탄허의 법랍이 너무 낮아서 1기와 2기 때는 지원에 어려움이 있었기 때문이 아닌가 판단된다. 또 여기에는 당시 탄허의 대덕 법계 품수에 대한 치밀한 판단이 없었기 때문이기도 했을 것이다.

1092_ 金光植,「金吞虛의 교육과 그 성격」,『淨土學研究』제6집(2003), 224쪽.

1093_ 漢巖門徒會·金光植 編,「東星」,『그리운 스승 漢巖 스님(韓國佛敎 25人의 證言錄)』(서울: 民族社, 2006), 158쪽.

1094_ 같은 책,「寶鏡」, 73쪽, "(金光植:) 제가 기록을 보니 스님과 吞虛 스님이 그때 설립된 3本山 僧侶 修練所의 修練生이셨더군요. (寶鏡:) 맞아요. 저하고 吞虛 스님이 3기생이었어요."

1095_ 같은 책, 74쪽, "吞虛 스님이 修練生으로 등록한 것은 修練所 規程에, 修練所를 마치면 大德 法階를 주게 되었기에 그리된 게지."

484

그러나 탄허가 3기생이라는 의미는 1939년 4월의 졸업과[1096] 함께 탄허가 대덕이 된다는 것을 의미한다. 앞서 언급한 바와 같이 탄허의 출가가 1934년 음력 10월 15일이라는 점을 감안한다면, 탄허는 불과 5년이 되지 않아서 대덕이 되는 셈이다. 이 역시 또 다른 방향의 파격임에 분명하다. 결국 탄허의 중강과 대덕 법계 품수는 한암의 탄허에 대한 의지, 그리고 능력이 있다면 과감하게 차제를 넘어서는 교육적인 인식으로밖에 이해될 수 없다. 즉 탄허와 관계된 일련의 과정에서 드러나는 한암의 교육관에는 단계적인 차제를 넘어서는 다분히 돈오적인 실질 중시의 태도가 확인된다는 말이다. 이는 형식보다는 내용을 중시하는 선사적인 특징에 입각한 교육적 판단 때문이 아닌가 한다. 실제로 선수행에서는 '누가 더 오랫동안 안거를 보냈는가'보다는 '누가 깨달았냐'가 중시될 수밖에 없다. 이런 점에서 한암의 탄허에 대한 차제를 넘어선 파격적인 등용과 수련생인 동시에 중강이 되는 구조는, 한암의 선사적인 관점의 교육관과 교육자로서의 역량이 충분한 탄허에 대한 사려 깊은 배려였다고 하겠다.

『육조단경』에 의하면, 혜능은 출가하기 전인 행자일 때 홍인에게 법을 받은 것으로 기록되어 있다.[1097] 이런 점에서 한암의 실질을 중시하는 관점 역시 혜능의 영향으로 판단해 보는 것도 가능하다. 또 남종선의 돈오적인 특징에는 일체의 단계와 과정을 무력화시키는 측면이 존재한다. 이런 점에서도 한암은 선사로서 나름의 확고한 교육관에 의

1096_ 제1회 졸업생인 奉典은 1937년 4월 17일에 졸업한 것으로 확인된다. 같은 책, 「奉典」, 237쪽.
1097_ 『六祖大師法寶壇經』 全1卷, 「行由第一」(『大正藏』 48, 349a·b).

한 판단을 하고 있는 것으로 이해해 볼 수 있다.

삼본사수련소의 수업은 상원사 선원 대방에 한암이 배석한 상태에서 탄허가 경전을 석사釋辭하면, 수련생들이 이를 듣고 질문하는 논강論講과 배운 것을 암송하는 암기방식이었다.[1098] 즉 한암은 수업을 참관하고 논점이나 문제가 발생했을 때 이를 해결하는 역할을 담당했던 것이다.

당시 탄허는 한학에는 익숙했지만, 출가한 지 얼마 지나지 않았을 때이므로 불교적인 내용과 관점 및 불교 한문에 대해서는 상대적으로 취약했다. 특히 탄허는 당시까지 한암의 지도하에 선수행에만 매진했기 때문에, 불교 경전에 대한 이해가 상대적으로 부족할 수밖에 없었다. 그러므로 내용적인 문제가 발생하면, 이는 배석한 한암이 해결해야만 했다. 즉 삼본사수련소의 교육방식에는 석사釋辭와 보충설명이라는 사제師弟의 구조가 존재했던 것이다. 또 이 과정에서 한암의 선교에 대한 이해가 자연스럽게 탄허에게 전달되는 방식이 확립하게 된다.[1099]

///////////

1098_ 金光植,「呑虛 스님의 生涯와 敎化活動」,『呑虛禪師의 禪敎觀』(平昌: 五臺山月精寺, 2004), 29-30쪽 ; 金光植,「金呑虛의 교육과 그 성격」,『淨土學硏究』제6집(2003), 226쪽 ; 善友道場韓國佛敎近現代史硏究會 編,『22인의 증언을 통해 본 近現代佛敎史』(서울: 善友道場, 2002), 220쪽.

1099_ 呑虛가 漢巖에게 別途로 배웠다는 陳述도 있다. 그러나 漢巖이 朝夕禮佛 등 일상적인 佛敎 儀式에 빠지지 않았으며, 주로 大房生活을 하는 모습을 보였다는 점에서(曺龍溟 撰,〈3. 魯祖스님의 家風〉,「10. 우리 스님, 寒巖 스님」,『定本-漢岩一鉢錄 下』, 平昌: 漢巖門徒會·五臺山 月精寺, 2010, 141-142쪽), 이것이 가능했는지는 잘 판단되지 않는다.
呑虛門徒會 編,「2. 大衆法語-華嚴經의 世界」,『(增補版)方山窟法語-呑虛大禪師法語集』(平昌: 五臺山 月精寺, 2013), 75-76쪽, "나는『四集』은 獨學하였고 그 밖의 經典은 스님으로부터 배웠는데『傳燈錄』과『禪門拈頌』까지 완전히 마치기까지는 만 7년이 걸렸다."

탄허는 불교에는 약했지만, 한문 역량만큼은 당시에 벌써 한암 못지않은 모습을 보였다. 이는 삼본사수련소의 교육과정에서, 간혹 한문에 능했던 탄허와 내용 중심의 한암 간에 논란이 발생하기도 했다는 증언을 통해서 분명해진다.[1100] 이와 같은 탄허의 한학 능력은 한암이 탄허를 삼본사수련소의 중강으로 임명한 것에 당위성을 부여해 줌으로써, 논란의 소지를 불식시키는 계기가 되었을 것이다. 실제로 당시 삼본사수련소에는 효봉曉峰(1888~1966)·고암古庵(1899~1988)·서옹西翁(1912~2003)·탄옹炭翁(?~1947)·월하月下(1915~2003) 등 이후에 내로라하는 선지식들이 즐비했지만, 이들 역시 모두가 탄허의 실력만큼은 인정했을 정도였다.[1101] 즉 한암의 탄허 중강 임명이, 탄허의 탁월한 한학 실력으로 인해서 신속하게 최소한의 안정화되는 모양새를 갖춘 것이다.

탄허의 탁월한 한문 역량은 불교 수학에 있어서도 매우 빠른 성과를 초래한다. 또 여기에는 탄허가 중강이었기 때문에, 사전에 예습을 하는 등 주체적으로 공부할 수밖에 없었던 측면 역시 긍정적인 요인으로 작용하였을 것임에 틀림없다. 실제로 한암 역시 탄허의 빠른 학습 능력을 높게 평가했다. 이는 13년 후의 기록이기는 하지만, 1949년 경봉이 한암을 통도사 해동수도원海東修道院의 조실로 모시려고 하자 이를 사양하는 과정에서 잘 드러난다. 이때 한암이 사양하면서 대신 탄

1100_ 金光植,「金吞虛의 교육과 그 성격」,『淨土學硏究』제6집(2003), 227~228쪽.

1101_ 漢巖門徒會·金光植 編,「寶鏡」,『그리운 스승 漢巖 스님(韓國佛敎 25人의 證言錄)』(서울: 民族社, 2006), 76쪽, "당시 그곳에는 내로라하는 首座 스님들이 많았지. 曉峰, 古庵, 西翁, 炭翁, 月下, 龍溟스님 등. 呑虛 스님이 비록 나이는 어려도 모두가 다 인정했어."

허를 수좌首座로 추천하는 음력 8월 15일의 서간문은, 탄허에 대한 한암의 학문적인 신뢰가 얼마나 두터웠는지를 여실히 드러내 준다. 이의 해당 내용을 적시해 보면 다음과 같다.

> 탄허가 학식과 문필이 나보다 천만 억 배나 낫고 또 16~7년
> 간 나와 함께 정진을 하였으니, 수도원에 임시로 수좌首座로
> 두어 두시면, 좋은 일이 있을 듯합니다. 그리 알아 처리하여
> 주십시오.[1102]

이때 경봉이 한암을 통도사로 초청한 것은 한국전쟁이 발발하려는 위험한 상황 속에서, 한암을 안전한 남쪽으로 모시고자 하는 의도 때문이었다. 그러므로 한암의 추천으로 탄허가 해동수도원의 소임자가 되지는 못했다. 그러나 이 기록을 통해서, 한암이 탄허를 크게 인정하고 있었다는 점만은 분명하게 인지해 볼 수 있다.

한암이 삼본사수련소를 상원사 선원에 둔 것은 일제의 영향력을 최소화하고 불교 교육을 진작하기 위한 의도였다. 그러나 여기에는 선원 안에 교육기관을 둔다는 불교 내적인 문제, 그리고 삼본사수련소가 일제의 정책에 의한 것이라는 외부적인 문제가 동시에 잠복되어 있었다. 이러한 상황에서 중강이 불안정할 경우 한암에게는 많은 부담이

1102_ 漢岩 撰, 〈書簡12〉, 「1. 鏡峰 스님에게 보내는 書簡文(24편)」, 『定本-漢岩一鉢錄 上』(平昌: 漢巖門徒會·五臺山 月精寺, 2010), 307쪽, "呑虛가 學識與文筆이 勝於吾千萬億倍요, 또 十六七年을 與吾同苦精進하였싸오니 修道院에 臨時首座로 두면 或相成之道理가 有할런지 海諒處之하옵고 … 己丑(1949년) 八月 十五日."

돌아올 수밖에 없다. 즉 한암의 입장에서는 불교에 능숙한 외부 승려보다도, 믿고 맡기며 자신의 뜻을 잘 받드는 상좌 탄허가 유리한 면이 존재했던 것이다.[1103] 이런 점에서 본다면, 탄허가 삼본사수련소의 중강이 되는 이유에는 한암의 필연성도 존재했다는 판단 역시 가능하다.

탄허는 삼본사수련소의 중강으로 다양한 전적들을 새기는 과정에서, 보다 주체적이고 분명한 불교적인 지견을 확립하게 된다. 또 내용적인 문제가 발생할 때는 한암이 옆에서 직접적인 가르침을 주었으니, 탄허의 학문 역량 고취에는 최고의 환경이 조성되었다고 할 수 있다. 특히 탄허가 낮은 법랍으로 중강이라는 책임 있는 자리에 있기 위해서는, 눈에 안 보이는 곳에서의 부단한 연구와 노력이 필요했을 것이다.

또 이때의 경험 과정 속에는, 탄허에게 교육자나 교육시설의 운영자로서의 역량 역시 일정 부분 부여되었을 것으로 판단된다. 이는 은사이자 교정인 한암이 삼본사수련소의 주관자(조실)인 상황에서, 모든 자잘한 일들이 중강인 탄허에게 몰릴 수밖에 없는 구조가 발생하기 때문이다. 그러나 이와 같은 환경은 힘이 드는 반면에, 탄허의 교육자로서의 역량을 대폭 강화시켜 주는 긍정적인 결과를 초래한다. 또 이와 같은 탄허의 역할은 삼본사수련소 이후에는 상원사수련원으로 연결된다.[1104] 이는 현판 글씨가 탄허에 의한 것이며, 한암이 더 연로해진 상

1103_ 呑虛는 中講을 보는 동시에 上院寺의 대중을 輔弼하는 院主를 겸하기도 했다.같은 책, 「梵龍」, 49쪽.

1104_ 金光植 著, 「道源」, 『普門禪師-神話 속으로 사라진 禪僧』(서울: 民族社, 2012), 98쪽.

황이라는 점에서 나름의 판단이 가능하다.

실제로 상원사수련원과 관련해서, 도원道源은 흥미로운 진술을 하고 있어 주목된다. 그것은 일제강점기 말기가 되면 일제의 수탈로 인해 사찰의 경제 상황이 안 좋아지면서 강원이 폐쇄되었고, 그리 인해 상원사로 오게 되었다는 내용이다. 또 도원은 이때의 교육방식에 대해서도 진술하고 있는데, 이를 차례로 적시해보면 다음과 같다.

> 그때는 왜정 말기라 송광사, 대원암, 동화사, 은해사 등 제방에 강원이 있었지만, 다 문을 닫았어. 그래서 글공부를 하느냐, 아니면 참선을 하려면 만공 스님이 계시던 수덕사의 정혜사로 가야 했지. 그러나 나는 글공부를 하고 싶어서 오대산의 한암 스님에게 간 것이지. 당시 상원사에는 승려 수련소가 있어서 글을 배울 수 있었어.[1105]

> 한암 스님은 아침공양을 마치면 조사어록, 경전을 갖고 나오셔서 큰 방에서 대중들과 함께 그것을 가르쳤어요. 기본적으로 새기는 것은 탄허 스님이 해주시고, 그 후에 노장님이 지적을 해주시고 그랬어요.[1106]

1105_ 漢巖門徒會·金光植 編, 「道源」, 『그리운 스승 漢岩 스님(韓國佛敎 25人의 證言錄)』(서울: 民族社, 2006), 48-49쪽.

1106_ 金光植 著, 「道源」, 『普門禪師-神話 속으로 사라진 禪僧』(서울: 民族社, 2012), 98쪽.

인용문에서 도원이 말하는 "승려 수련소"는 일제강점기 말이라는 도원이 머물던 시기상 삼본사수련소가 아닌 상원사수련원을 지칭하는 것으로 이해된다. 이런 점에서 본다면, 도원의 진술은 일제강점기 강원들이 폐쇄된 상황에서 상원사 선원 안에 개설되어 있던 상원사수련원이 계속 유지되면서 얼마나 중요한 역할을 했는지를 잘 나타내 준다. 특히 교육방식이 삼본사수련소 때의 상황과 유사한 측면이 확인되는데, 이는 삼본사수련소가 폐쇄된 후에도 이것이 상원사수련원으로 계승되어 유지되었다는 점을 분명히 해준다. 이것이 가능했던 이유는 삼본사수련소의 구조와 교육방식의 전체를 한암이 의지대로 설계하고 주도적으로 시행했기 때문이다. 즉 한암의 입장에서는 삼본사수련소의 폐쇄와 무관하게 자신의 교육방식을 유지할 필연성이 존재했던 것이다. 여기에 일제강점기 말기에는 다른 강원과 마찬가지로 월정사 강원마저도 폐쇄된 상태였다.[1107] 이런 점에서 본다면, 오대산의 전체적인 입장에서도 한암이 이끄는 상원사수련원은 반드시 필요한 교육시설이었다고 하겠다. 그리고 이러한 전개 과정에서 연로한 한암을 대신해서 탄허의 역할은 보다 비중 있게 변모되었을 것임에 틀림없다. 이와 같은 흐름은 이후 탄허가 주도하는 오대산수도원五臺山修道院과 영은사수도원靈隱寺修道院으로 연결된다.

그러나 탄허는 한암의 교육론 중 전선후교보다는 선주교보의 선교겸전적인 부분에 보다 비중을 두었다. 이는 최옥화의 다음과 같은

1107_ 漢巖門徒會·金光植 編,「德修」,『그리운 스승 漢岩 스님(韓國佛教 25人의 證言錄)』(서울: 民族社, 2006), 377쪽, "그때 全觀應 스님이 江陵 布教堂의 布教師로 있었어요. 그 스님이 月精寺 講師를 하시다가 講院이 閉鎖되니 布教師로 와 계셨지요."

탄허의 말에 대한 회고를 통해서 분명해진다.

> 탄허 스님은 선방에서 불립문자라고 하는 것에 대하여 강한
> 비판을 했어요. 문자도 모르면서, 무식한 사람들이 구들장에
> 앉아만 있어서는 도를 만날 수 없다고 그랬어요. 공부도 하
> 고, 참선도 해야 한다는 말씀이었어요.[1108]

　최옥화의 진술은 탄허의 교육이 한암과는 달리 선의 완성을 목적
으로 하는 교학적인 측면으로 전개되는 양상을 잘 나타내 준다. 이는
한암이 선주교보를 통해 전선후교의 선적인 교육론을 제창한 것과는
대비된다. 즉 한암과 탄허는 모두 교육적인 관점을 가졌음에도 선을
중심으로 하는 것은 같지만, 교학의 인정 범위에 있어서는 차이를 보
이고 있는 것이다.
　탄허는 한암이 입적하고 한국전쟁이 휴전으로 안정화된 후에, 오
대산과 월정사를 정비하는 과정에서 1956년 4월 1일 월정사에 오대
산수도원을 개설한다.[1109] 이와 같은 동인은 삼본사수련소와 상원사수
련원의 경험이 큰 역할을 했을 것임은 재론의 여지가 없다. 왜냐하면
한국전쟁이 마무리되고 이후에 이승만에 의한 총 7차례의 유시에 의
해서 정화가 촉발된다는 점을 고려한다면,[1110] 탄허가 다른 교육적인

///////////

1108_　月精寺·金光植 編,「최옥화」,『方山窟의 無影樹(下)』(서울: 民族社, 2013), 408-409쪽.

1109_　金光植,「五臺山修道院과 金呑虛」,『淨土學硏究』제4집(2001), 190-191쪽 ; 金光植,「金呑
虛의 교육과 그 성격」,『淨土學硏究』제6집(2003), 231-232쪽.

1110_　이재헌,「李承晩 大統領의 諭示와 佛敎淨化 운동의 전개」,『大覺思想』제22집(2014), 282-

소양을 확보할 시간은 별도로 존재하지 않기 때문이다.

그리고 이후에 탄허는 대원력大願力으로 불교의 전통 강원 교재 전체와 삼현학三玄學의 전적 등 총 18종 78권을 번역하는 기념비적인 업적을 이룩한다.[1111] 만일 탄허가 한암의 회상에서 중강 역할을 하지 않았다면, 강원 교재 전권에 대한 번역의 원력을 세우기는 어려웠을 것이다. 왜냐하면 이는 교육자의 입장에서 교육의 문제를 누구보다도 직시했을 때만 가질 수 있는, 너무나도 지난至難하고 긴 시간이 소요되는 인고의 작업이기 때문이다. 이는 탄허가 1980년 5월호의 『법륜法輪』과 가진 인터뷰에서, 당시의 현토 번역과 출판이 얼마나 힘든 일인지를 토로하는 내용을 통해서 분명하게 인지해 볼 수 있다.

> 현재 『능엄경楞嚴經』·『기신론起信論』·『반야경般若經』·『원각경圓覺經』의 번역을 끝내고 출간을 기다리고 있어요. 그러나 『화엄경華嚴經』 출간 때도 그랬지만 종단을 비롯 그 어느 곳에서도 출간에 협조를 해주지 않아 자비 출판을 해야 했었지요. 이번 『능엄경』 등도 역시 자비 출판을 해야 될 모양이에요. 어쩌면 탄허라는 인간이 이렇게 불행한지 모르겠습니

///////////

321쪽 ; 김진흥, 「1950년대 李承晚 大統領의 '佛敎 淨化' 諭示와 불교계의 정치 개입」, 『士林(成大士林)』 제53권(2015), 308-333쪽.

1111_ 文光은 博士論文에서 吞虛 關聯 著作을 총 20종 80권으로 정리하였는데, 이 중 『부처님이 계신다면』(서울: 敎林, 2001)과 『彼岸으로 이끄는 獅子吼』(서울: 敎林, 2000)를 제외하면, 吞虛의 懸吐 譯經 결과물은 18종 78권이 된다.
權奇完(文光), 「吞虛 宅成의 四敎會通思想 硏究」(城南: 韓國學中央硏究院 博士學位論文, 2018), 223-224쪽.

다.[1112]

　이와 같은 어려움은 탄허의 가장 큰 역작인『신화엄경합론』47권을 1974년 8월에 출판하는 과정에서 작성한「해석서解釋序」에서 "인쇄로부터 제책에 이르기까지는 융자와 선불예약금으로 하게 된 것이다."라는 언급을 통해서도 자못 분명해진다.[1113]

2)　탄허의 오대산수도원五臺山修道院의 개설과 목적

　일제강점기 왜색화의 영향으로 인해, 해방 후 한국불교의 비구승은 1954년 전체 승려인 6,500명 중 고작 4%인 260명에 불과하게 된다.[1114] 더구나 이들 비구승은 거주할 사찰마저도 마땅치 않은 상황이었다. 이 때문에 1952~1954년 비구승들은 일부 사찰을 수행도량으로 지정해 달라는 건의를 하게 되는데, 대처승들의 반대로 이마저도 수용되지 않는다. 이런 상황에서 1954년 5월 20일 이승만의 유시가 발표면서 대처승을 추방하자는 정화운동이 시작된다. 정화운동은 소수임에도 불구하고 공권력에 힘입어 비구승들이 승리하게 되는데, 1955년 8월의 전국승려대회를 기점으로 일단락되는 모습을 보인다.[1115] 이후

///////////

1112_　〈元老를 찾아서, 불기 2524년 부처님오신날을 맞이하면서〉,『法輪』1980년 5월호.

1113_　吞虛 懸吐譯解,「新華嚴經合論解釋序」,『新華嚴經合論』1 (서울: 敎林, 1975), 3쪽.

1114_　崔柄憲,「韓國佛敎 歷史上의 曹溪宗−曹溪宗의 歷史와 해결과제」,『佛敎評論』통권 51호 (2012), 390쪽.

1115_　《東亞日報》, 1955년 8월 13일자, 〈佛敎界 紛爭 終幕, 全國僧侶大會를 合法으로 認定〉; 김진흠,「1950년대 李承晚 대통령의 '불교 정화' 유시와 불교계의 정치 개입」,『士林(成大士林)』제53권(2015), 326-327쪽.

에 주요 사찰의 인수는 대체로 9월 25일 무렵에 마무리된다.[1116]

　　이와 같은 어수선한 상황에서 탄허는 약 50일 후인 1955년 11월 13일 《동아일보》에 대한불교조계종 오대산수도원의 모집 광고를 게재한다.[1117] 당시 모집 광고의 타이틀은 "대한불교조계종 강원종무원에서는 정화기념으로 제1회 불교연구생을 좌기와 여히 모집함"이었다. 이후 본격적인 수도원은 1956년 4월 1일 오대산 월정사에서 출범된다.[1118]

　　탄허는 정화 직후에 곧장 오대산수도원의 설립을 계획한다. 오대산수도원은 조계종의 후원하에 이루어졌는데, 이는 모집 광고에서 "원서접수 및 수험장소"로 "1. 대한불교조계종 총무원 종무과"와 "2. 오대산 월정사 수련원"이 복수로 확인된다는 점을 통해서 분명해진다.[1119]

　　탄허는 정화의 필연성을 인정하지만 급진적인 정화에는 회의적이었다.[1120] 이는 한암의 대처승에 대한 관점과도 일치한다.[1121] 즉 더 이

1116_ 〈十九個 寺刹 比丘側 接收完了〉, 《東亞日報》, 1955년 9월 26일자.

1117_ 〈修道生 募集(僧俗不問)〉, 《東亞日報》, 1955년 11월 13일자, "檀紀 四二八八年 十一月 十一日"

1118_ 金光植, 「五臺山修道院과 金吞虛」, 『淨土學研究』 제4집(2001), 190-191쪽 ; 金光植, 「金吞虛의 교육과 그 성격」, 『淨土學研究』 제6집(2003), 231-232쪽.

1119_ 〈修道生 募集(僧俗不問)〉, 《東亞日報》, 1955년 11월 13일자 ; 金光植, 「五臺山修道院과 金吞虛」, 『淨土學研究』 제4집(2001), 185쪽.

1120_ 金光植, 「吞虛의 時代認識과 宗教觀」, 『韓國佛教學』 제63집(2012), 152-153쪽.

1121_ 漢巖의 淨化觀은 比丘僧을 인정해서 本寺를 할애해주고, 教育을 통해 점진적으로 帶妻僧을 줄여나가자는 단계적인 방식이었다.
漢巖門徒會·金光植 編, 『寶鏡』, 『그리운 스승 漢巖 스님(韓國佛教 25人의 證言錄)』(서울: 民族社, 2006), 84쪽 ; 「道堅」, 119쪽 ; 「天雲」, 148쪽 ; 「玄海」, 200-201쪽 ; 金光植 著, 『道源』, 『普門禪師-神話 속으로 사라진 禪僧』(서울: 民族社, 2012), 98쪽.

상 승려의 대처를 용인하지 않는 방향에서의 세대교체에 따른 점진적인 정화를 주장했던 것이다. 실제로 탄허는 정화 이후에 발생한 승려의 질적인 하락과 관련해서 다음과 같은 부정적인 견해를 제시하고 있어 주목된다.

> 44년 전 우리들이 출가할 당시 그때 30개 본사 주지를 볼 때, '우리들보다 훨씬 낫구나.' 하는 것을 느꼈어요. 그런데 약 15년 후인 해방 직후에 보니까 승려들의 수준이 좀 떨어졌다 하는 것을 느낄 수 있었어요. 그 후 정화 직후에는 또 승려들의 질적 저하가 눈에 완연히 보이더군요. 이것이 문제입니다. 날이 갈수록 산으로 들어오는 승려들의 질이 떨어지고 있어요. 공부하기 위해서 오는 것이 아니라 이익을 따라오는 것 같아요. 특히 정화 직후에 무식한 놈들을 싸운 공로만 가지고 공부도 제대로 시킬 틈도 없이 주지로 내 보냈어요. 그러니 그 주지가 다시 상좌를 두고 자꾸 새끼를 치니까, 애초에 무식한 놈이 상좌를 가르칠 수 없으니 계속 질이 떨어질 수밖에…[1122]

인용문은 정화를 통해서 왜색불교의 청산에는 성공했지만, 승려들의 자질이 크게 떨어졌음을 나타내고 있다. 또 6,500명의 대처승이 관할하던 사찰들이 260명의 비구승 측으로 넘어가는 과정에서, 급조된 출가자의 존재는 당연히 이들에 대한 교육 문제를 초래하게 된다.

1122_ 吞虛佛敎文化財團 語錄編纂室 編, 『부처님이 계신다면』(서울: 敎林, 2005), 167쪽.

이외에 적은 수의 승려로 불교를 유지하고 포교하기 위해서도 교육은 절실했다. 즉 교육 문제가 시대의 당면과제로 대두한 셈이다. 실제로 정화가 완전히 끝나 통합종단이 출범한 1962년 4월에 불교현대화를 위한 3대 불사는 '도제양성·역경·포교'였다. 여기에 '도제양성'이 들어가는 것은 이와 같은 당시의 필연성을 잘 나타내 준다.

탄허의 오대산수도원 설립은, 참다운 불교 교육 속에 불교의 발전과 정화의 완성이 존재한다는 판단 때문으로 이해된다. 그리고 탄허가 정화 직후에 이와 같은 행동을 보일 수 있었던 이유는, 한암과 함께 삼본사수련소와 이후의 상원사수련원에서의 강의와 운영에 관여했기 때문으로 이해된다. 즉 한암의 교육이념과 목적이 탄허에게 계승되고 있는 것이다.[1123]

탄허의 오대산수도원 구상체계는 1955년 11월 13일자의《동아일보》모집 광고를 통해서 확인해 볼 수 있다. 여기에서 제시되는 수도원생의 지원 자격은 불교와 유교의 전통 교육 이수자 및 대학졸업자이며, 교육 기간은 총 5년에 교육비는 무료로 모집 정원은 30명이었다. 그리고 제시된 교육과목은 전공과專攻科는 대장경大藏經과 조사어록이며, 교양 선택에 해당하는 수의과隨意科는 9류철학九類哲學 즉 제자백가였다.

여기에서는 먼저 교육 기간이 5년이라는 점이 눈에 띈다. 주지하다시피 삼본사수련소의 수학 기간은 1년이었으며, 이로 인해 중심 교재인 『금강경』과 『범망경』은 마치지만 나머지 교과는 모두 배우지 못

1123_ 『漢書』30,「藝文志第十」, "諸子十家, 其可觀者九家而已."

하고 매년 다른 방식의 교과가 개설되는 방식으로 진행되었다. 현대로 치면 대학이 아닌 대학원 수업과 같은 진행방식을 보인 셈이다. 그런데 탄허는 이를 시정해서 대학 같은 편재를 만들고자 했으며, 이로 인해 교육 기간을 5년으로 확대해서 잡은 것으로 판단된다. 즉 한암의 교육방식을 그대로 답습한 것이 아니라, 좀 더 효율적인 방식을 모색하고 있는 것이다.

탄허가 개설한 오대산수도원의 가장 큰 특징은 교육 대상에 여성을 포함해서 출·재가인을 함께 교육한다는 점, 그리고 수학 과목으로 내전인 교학과 선禪문헌 그리고 외전으로 제자백가의 중국철학이 포함된다는 점이다.[1124] 이는 불교만의 교육이 아닌 동양학에 대한 종합적인 교육을 통해서, 승려를 넘어 국민교육으로까지 외연을 확장하기 위한 것이었다.[1125] 이런 점에서 본다면, 탄허의 오대산수도원은 한국불교 사찰교육에서 취해진 최초의 출·재가를 넘어선 양성평등의 교육이라는 점에서 높은 교육학적인 의의를 확보한다. 또 여기에서 여성과 재가인을 교육대상에 포함시킨 것은 엄격주의자인 한암과[1126] 대별大別

////////////

1124_ 〈修道生 募集(僧俗不問)〉,《東亞日報》, 1955년 11월 13일자 ; 金光植, 「五臺山修道院과 金呑虛」, 『淨土學研究』 제4집(2001), 185-187쪽.

1125_ 呑虛佛教文化財團 語錄編纂室 編, 「몸을 살게 하는 것은 血」, 『彼岸으로 이끄는 獅子吼』(서울: 教林, 2000), 206쪽, "물질의 풍요만으로 기준을 잡을 수는 없어요. 진정한 福祉社會를 실현하려면 學校教育에서 精神文化의 원천인 宗教를 가르쳐야 한다고 생각합니다. 佛教뿐만 아니라 인간을 풍요롭게 한 모든 종교를 다루어야 할 것입니다. 예를 들면 基督教의 〈山上垂訓〉, 儒教의 『論語』·『中庸』·『易學』, 佛教의 華嚴學 같은 것 말입니다. … 云云 … 오늘 우리들의 창의적 행동이 미래 한국을 결정짓는 指南이 되는 것입니다."

1126_ 漢巖門徒會·金光植 編, 「道源」, 『그리운 스승 漢巖 스님(韓國佛教 25人의 證言錄)』(서울: 民族社, 2006), 63-64쪽, "上院寺에 불이 나기 이전에는 上院寺에는 여자들, 比丘尼는 절대로 못 살았지. 上院寺 禪房에서는 할머니라도 여인네들이 한철 난다는 것은 있을 수 없었어요. 다녀가는 것은

되는 탄허의 교육론에서만 확인되는 특징 중 하나라고 하겠다.

그러나 1차 모집에서는 정원 30명이 채 차지 않아, 2차 모집공고가 1956년 2월 5일자 《조선일보》에 게재된다. 이로 인해 정원인 30명 정도가 맞춰진 것으로 판단된다.[1127]

오대산수도원의 일과는 김종후의 「나의 수도기修道記」를 통해서 확인되는데, 이를 정리해 보면 대략 다음과 같다.[1128]

① 3시 기상 → ② 새벽예불 → ③ 참선 1시간 → ④ 6시에 법 공양 → ⑤ 7~8시까지 논강論講(예습 및 토론) → ⑥ 8~11시까지 수강受講(본 수업)[1129] → ⑦ 점심 공양 → ⑧ 자율학습 → ⑨ 저녁예불 → ⑩ 참선 1시간 → ⑪ 9시 취침까지 자유 → ⑫ 9시 취침

오대산수도원에서는 토요일 오후에는 특강과 수도원생들이 주도하는 순강巡講이 있었다. 그리고 일요일에는 수업이 없었다. 오대산수

몰라도. 노보살들이 늦게까지 머무르면 야단이 나요. 그런데 불이 난 이후에 대원경 보살 같은 공로가 많은 보살 네 명이 한철을 나겠다고 哀願하니 난감해하셨지. 事理가 밝은 분이었지만, 上院寺 重創에 그들의 공로도 무시할 수도 없어서 허락을 하였어. … 云云 … 그전에는 地藏庵에 있었던 계명 스님과 인홍 스님이 上院寺 부엌에서라도 자고 가겠다고 하였지만 야단을 맞았지. 그만큼 철저했어요. 地藏庵 비구니들도 解制, 結制 法門時에도 許諾을 받아야 오지 許諾없이는 절대 못 왔어."

1127_ 金光植, 「五臺山修道院과 金呑虛」, 『淨土學硏究』 제4집(2001), 188-190쪽.

1128_ 김종후, 「나의 修道記」, 『現代文學』 제21호(1956. 9.), 234-238쪽 ; 金光植, 「五臺山修道院과 金呑虛」, 『淨土學硏究』 제4집(2001), 192쪽 ; 金光植, 「金呑虛의 교육과 그 성격」, 『淨土學硏究』 제6집(2003), 232쪽.

1129_ 김종후의 「나의 修道記」에 따르면, 受講은 3~4시간이었다고 한다.

도현의 교과목은『화엄론華嚴論』·『능엄경楞嚴經』·『기신론起信論』·『영가집永嘉集』·『노자老子』·『장자莊子』·『주역선해周易禪解』 등이었다.[1130] 이는 내전으로는 화엄을 필두로 교·선敎·禪의 문헌을 학습했고, 외전으로는 삼현학三玄學을 배웠다는 것을 알게 한다. 또 이 부분에서는 내전에서 탄허가 한암을 계승하는 한편, 외전에서는 입산 전에 심취했던 삼현학을 가르쳤다는 점이 확인된다.[1131] 여기에서도 한암과 탄허의 교육적인 특징이 변별된다. 즉 탄허는 한암을 계승했지만, 그럼에도 한암과는 또 다른 교육적인 면모와 색채를 가지고 있었던 것이다.

한암과 탄허의 교육론에 있어서의 차이는 크게 5가지로 생각해 볼 수 있다. 첫째, 교육론의 차이. 앞서도 언급한 바가 있지만, 한암이 전선후교의 교육론을 주장한다면 탄허는 선주교보의 관점을 취하고 있다는 점이다. 한암과 탄허는 공히 선을 중시하지만, 교학에 대한 인정 범위와 비율에는 차이가 있다. 둘째, 탄허의 출가 이전의 교육 배경. 여기에서 대두하는 것이 바로 삼현학과 같은 측면이다. 셋째, 시대적인 변화. 일제강점기를 주로 살아왔던 한암과 정화를 거친 뒤의 탄허가 산 시대는 그리 멀지 않음에도 변화의 정도는 크다. 즉 탄허는 시대적인 변화를 인지하고 이를 수용하고 있는 것이다. 이 부분에서 대두되는 것이 바로 여성을 직접 교육 대상으로 인식하는 측면이라고 하겠

1130_ 〈金雲鶴-하늘가에 서다〉,《大韓佛敎》, 1966년 10월 23일자 ; 呑虛 口述, 〈華嚴經의 信仰世界(上)〉,『佛光』통권 71호(1980. 9.), 55쪽 ; 金光植, 「五臺山修道院과 金呑虛」,『淨土學硏究』제4집(2001), 193-194쪽 ; 金光植, 「金呑虛의 교육과 그 성격」,『淨土學硏究』제6집(2003), 232-233쪽.

1131_ 高榮燮, 「呑虛의 周易觀과 佛敎觀」,『韓國佛敎學』제66집(2013), 153-156쪽 ; 權奇完(文光), 「呑虛宅成과 東洋思想」,『韓國佛敎學』제78집(2016), 220-241쪽.

다. 셋째, 미래적인 가능성에 대한 판단. 탄허의 특징 중 하나는 선禪적인 영지靈知에 입각한 미래학적인 판단이다. 이 부분에서 탄허는 선제적인 모습을 보이게 된다. 즉 대한민국의 발전과 관련된 미래의 가능성에 대한 능동적이고 선제적인 변화를 제시하고 있는 것이다. 넷째, 정화 후의 승려교육 필연성. 이는 탄허에 의해서 오대산수도원이 개설되는 가장 비중 있는 현실적이면서 필연적인 측면이라고 하겠다.

탄허의 오대산수도원은 5년을 목표로 시작했으나, 정화 이후 월정사에서 촉발된 비구·대처 간의 혼란과 1·4후퇴 때에 발생한 월정사의 전소로 인한 경제적인 궁핍 등으로 인해, 약 2년만인 1957년 11~12월쯤 해체된다.[1132] 탄허는 이후 1958년 초에 비교적 경제력이 넉넉했던 삼척三陟의 영은사靈隱寺로 옮겨가 새로운 오대산수도원의 재개원을 시도한다. 이렇게 해서, 이번에는 3년의 수학을 목표로 하는 영은사수도원靈隱寺修道院이 1959년 10월 이전에 개설되기에 이른다.[1133] 이는 오대산수도원이 2년 만에 끝나자, 영은사수도원을 통해서 총 5년간의 원력을 이어나가려고 한 것으로 판단된다.[1134]

영은사수도원은 일명 『화엄경』 3년 결사'로도 불리는데, 이는 『화엄경』의 강설과 더불어 번역이 동시에 진행되는 특징을 보였기 때문

1132_ 金光植, 「五臺山修道院과 金呑虛」, 『淨土學硏究』 제4집(2001), 202-208쪽 ; 金光植, 「金呑虛의 교육과 그 성격」, 『淨土學硏究』 제6집(2003), 235-237쪽.

1133_ 金光植, 「五臺山修道院과 金呑虛」, 『淨土學硏究』 제4집(2001), 209-211쪽 ; 金光植, 「金呑虛의 교육과 그 성격」, 『淨土學硏究』 제6집(2003), 237-238쪽.

1134_ 金光植, 「五臺山修道院과 金呑虛」, 『淨土學硏究』 제4집(2001), 210쪽의 '脚註 78' 參照.

이다.[1135] 탄허의 『화엄경』 번역은 삼본사수련소 시절에 한암에게 이를 권유받은 부분에서 비롯된다.[1136] 이후 영은사수도원은 기한을 마쳤으며, 탄허는 1962년 10월 수도원을 마감하고 월정사로 되돌아온다.[1137] 이렇게 해서 탄허는 정화 이후 5년간(오대산수도원 2년+영은사수도원 3년)의 수도원 교육을 마무리하게 되는데, 이후 탄허의 인생은 강원교재와 삼현학 전적의 번역으로 옮겨지게 된다.

3) 시대 변화의 필연성과 탄허의 경전 번역

탄허는 정화의 완성은 교육에 있다고 판단했다. 탄허는 교육이야 말로 현상적이고 물질적인 정화보다 더 중요하다고 인식했던 것이다. 이는 정화 이후 승려교육을 강조하는 다음의 언급을 통해서 분명해진다.

> 정화 후 청담靑潭(1902~1971) 스님하고 같이 앉아서 의논하기
> 를, 대처승하고 싸움은 일단 끝내고 자체 정화를 해야 한다.

1135_ 尹善泰, 「呑虛 스님의 求道過程과 人材養成」, 『韓國佛敎學』 제66집(2013), 55쪽.

1136_ 呑虛 口述, 〈華嚴經의 信仰世界(上)〉, 『佛光』 통권 71호(1980. 9.), 54-55쪽, "『華嚴經』과 〈華嚴〉論을 합해서 百二十卷을 하루도 빠지지 않고 진행하여 꼭 열한 달이 걸려서 마쳤다. … 그때 (한암) 스님께서 말씀하시기를, 이 『華嚴論』을 吐를 붙여서 출판 보급했으면 좋겠다는 말씀이다. 『華嚴論』은 參禪하는 사람이 아니면 볼 근기가 못 되니 講堂에서는 행세할 수가 없다. 그러니 懸吐하여 출판했으면 좋겠다.'는 것이었다. 그때부터 약 40년이 지난 근년에 내가 『華嚴經』의 飜譯을 完成한 것은 그때의 우리 스님의 咐囑이 種子가 되었던 것이다. 결국 나는 스님의 咐囑에 몇 배를 더 해서 完成한 셈이다."

1137_ 金光植, 「五臺山修道院과 金呑虛」, 『淨土學硏究』 제4집(2001), 217쪽 ; 金光植, 「呑虛의 時代認識과 宗敎觀」, 『韓國佛敎學』 제63집(2012), 156쪽.

그러기 위해서는 전국의 교구본사敎區本寺 단위로 총림叢林을 만들어 승려를 재교육시켜서 내보내야 한다고 했어요.[1138]

탄허는 1966년 12월 26일 화성 용주사龍珠寺의 동국역경원東國譯經院 개원식에서 역장장譯場長에 임명된다. 이때 취임 법문에서 '법당 100채를 짓는 것보다 스님들을 공부시키는 것이 더 중요하다.'는 취지의 발언을 설파했다.[1139] 1966년은 탄허의 현토 번역 출판이 시작되는 1959년보다 7년 뒤의 발언이다. 그러나 이를 통해서, 탄허의 교육관이 법당과 같은 유형적인 가치를 앞서는 숭고한 것이라는 점만은 분명해진다. 이와 같은 교육의식을 가지고 있던 탄허가, 불교 공부와 관련된 강원교재 전체의 현토 정비와 번역으로 남은 일생을 매진한 것은 어찌 보면 당연하다고 할 수 있다.

해방과 정화 이후가 되면, 기존의 한문 중심의 교육은 급작스럽게 한글 중심으로 변모하게 된다. 국가의 빠른 발전과 민족의 올바른 문화와 정신을 고취하기 위해, 어려운 한문을 벗어던지고 우리에게 맞는 쉬운 한글로의 변화는 역사적인 필연의 선택이었다. 이와 같은 변화는 탄허에게 번역의 필연성을 제기케 하기에 충분했다. 즉 정화과정 속에

1138_ 呑虛佛教文化財團 語錄編纂室 編, 『부처님이 계신다면』(서울: 教林, 2005), 168쪽.

1139_ 金光植, 「呑虛 스님의 生涯와 教化活動」, 『呑虛禪師의 禪教觀』(平昌: 五臺山月精寺, 2004), 50쪽의 '脚註 137', "金呑虛는 이 開院式에 參席하여, 徒弟養成을 강조하고, 人才를 발굴하여 韓國佛教가 世界佛教로 나아가야 한다고 지적하면서, '法堂 100채를 짓는 것보다 스님들의 공부를 시키는 것이 더욱 중요하다.'는 요지의 발언을 하였다고 한다(金三寶의 證言). 金三寶는 呑虛 스님이 譯場長에 就任한 것은 당시 總務院長인 孫京山과의 親近性, 그리고 두 사람 간의 합의에서 나온 것으로 回顧하였다."

승려의 수준이 떨어진 상황에서, 급격한 한글화는 자칫 전통적인 불교교육의 단절을 초래할 수 있었기 때문이다.

이와 같은 시대적인 요청과 과제 속에서, 탄허의 번역은 단절을 극복하고 외연을 확대하는 첩경이 된다. 불교 경전의 한글 번역은 일제강점기에 백용성과 한용운 등에 의해서도 시도된 것이다. 그러나 해방 후 급격한 한글화의 상황 속에서, 전통교재 전체를 넘어서 동양학의 문헌들까지 번역한 것은 탄허의 위대한 서원과 지난한 노력의 결과일 뿐이라고 하겠다. 이런 점에서 본다면, 오늘날 한글화된 불교교육의 토대는, 탄허에 의해서 전체가 구축되었다고 해도 과언이 아니라고 하겠다.

탄허가 번역을 시작하게 되는 계기는 멀리 삼본사수련소로까지 거슬러 올라간다. 삼본사수련소가 3년째 되던 1939년에, 대중들의 요청으로 80권 『화엄경』과 이통현의 40권 『신화엄경론』의 총 120권을 하루도 빠짐없이 11개월 동안 완독하는 일이 발생한다. 이때 한암은 탄허에게 120권에 현토를 달아 출간했으면 좋겠다는 의견을 제시했다.[1140] 이후 탄허는 1956년 오대산수도원 시절에 교재의 필연성에 입각해서 『신화엄경합론』의 번역을 재차 결심하기에 이른다.[1141]

1140_ 呑虛 口述, 〈華嚴經의 信仰世界(上)〉, 『佛光』 통권 71호(1980. 9.), 55쪽 ; 漢巖門徒會·金光植 編, 「慧炬」, 『그리운 스승 漢巖 스님(韓國佛教 25人의 證言錄)』(서울: 民族社, 2006), 207쪽.

1141_ 같은 책, "『華嚴經』을 執筆하게 된 직접 동기는 지금부터 25년 전으로 遡及한다. 그때 나는 五臺山에 修道院을 열고 있었다. 修道生을 위하여 華嚴學을 중심으로 教授하고 있었는데, 그 기초 과정으로 『永嘉集』·『起信論』 또는 『楞嚴經』을 배위갔다. 그래서 어느 정도 수준에 오른 다음에 華嚴을 공부하기로 하였던 것이다. 그리고 특강으로 老莊學이나 『周易』 등을 간간 했었다. 그것이 5개년 계획이었는데, 宗團 內部의 紛糾로 中途에 와해되었다. 그때 修道生들을 위하여 준비한 教材가 『華嚴經』이었다."

『신화엄경합론』의 번역은 준비 기간까지 총 17년에, 실질적인 작업 기간만 해도 10년이나 걸린 대역사였다. 그리고 마침내 1975년 8월『신화엄경합론』47권(한장본 47권, 후일 양장본은 23권임)이 완성된다.[1142] 『신화엄경합론』이전에도 탄허는 1959년『육조단경』1권과 1963년에는『보조법어』1권을 간행했었다.[1143] 탄허 번역의 마중물이『육조단경』과『보조법어』였다는 점은, 이 역시 한암의 영향에 의한 결과임을 분명히 해준다.

탄허는 1976년 7월부터는 강원교재를 꾸준히 순차적으로 현토 번역하여 간행하였다. 사집과四集科의『서장書狀』1권·『도서都序』1권·『절요節要』1권·『선요禪要』1권이 이때 처음 출판되고, 1981년 12월 20일에는 사교과四敎科의『능엄경楞嚴經』5권·『대승기신론大乘起信論』3권·『금강경金剛經』3권·『원각경圓覺經』3권이 발간된다. 그리고 이듬해인 1982년 2월 20일에는 사미과沙彌科의『초발심자경문初發心自警文』1권과『치문緇門』2권을 출간한다. 이로써 순서에는 다소 출입이 있지만,『초발심자경문』에서부터 화엄에 이르는 전통 강원의 교재에 대한 전체 번역이 일단락된다. 탄허는 대략 23년에 걸쳐 전통 강원의 교재 전체를 현토 번역하고, 여기에『신화엄경론』과『육조단경』같은 관련 서적들을 추가한 것이다.

강원의 교육교재에 대한 현토 번역과 출판이 일단락된 뒤에도, 탄

1142_ 呑虛門徒會 編,「華嚴經의 世界」,『(增補版)方山窟法語-呑虛大禪師法語集』(平昌: 五臺山月精寺, 2013), 78쪽.

1143_ 權奇完(文光),「呑虛 宅成의 四敎會通思想 硏究」(城南: 韓國學中央硏究院 博士學位論文, 2018), 224쪽.

허는 1982년 5월 31일에 우익지욱藕益智旭(1599~1655)의『주역선해周易禪解』3권을 출간한다.『주역』의 주석서 중에 전통적인 관점에서 대표적인 것으로 인정되는 것은, 북송北宋 정이程頤(정이천程伊川)의『역전易傳』과 남송南宋 주희朱熹(주자朱子)의『본의本義』이다. 이를 합본한 것이 바로 유명한『주역전의대전周易傳義大全』24권이다.[1144] 그런데 탄허는 명말明末 4대가四大家[운서주굉雲棲株宏(1532~1612), 자백진가紫柏眞可(1543~1603), 감산덕청憨山德淸(1546~1623), 우익지욱藕益智旭] 중의 한 분인 우익의『주역선해』에 집중하는 모습을 보이고 있다. 이는 탄허의『주역』이해와 관련된 한 특징이다. 한암이 화엄에 있어서 이통현의 선禪과 통하는 주석을 선호했던 것처럼, 탄허 역시『주역』에 대한 이해에서 선적인 관점을 부각하고, 이를 통해서 선사상의 의미를 확충하고자 했던 것이다. 즉 그들의 교육적인 본질은 공히 선으로의 집취라고 이해될 수 있는 셈이다.[1145]

탄허는 1983년 양력 6월 5일에 입적한다. 이렇게 놓고 본다면,『주역선해』는 탄허가 입적 전에 간행한 마지막 현토 번역인 셈이다. 그러나 탄허는 죽음의 직전에 임해서까지도 부단한 현토 작업을 하고 있었다. 이로 인해 입적 후 채 2달이 지나지 않은 7월 30일에 미발간 원고인『노자도덕경道德經選註』2권이 간행된다. 이외에도 2001년에는 번역 유고遺稿인『영가집永嘉集』1권과『발심發心·삼론三論』1권이 발

1144_ 程頤·朱熹 著, 金碩鎭 譯,『周易傳義大全解釋 上·下』(서울: 大有學堂, 上卷 1996, 下卷 1997), 參照.

1145_ 尹暢和,「漢岩과 呑虛의 同異점 고찰」,『韓國佛敎學』제63집(2012), 89-93쪽.

행되며, 마지막으로 2004년 4월 10일에는 『장자莊子 남화경南華經』 1
권이 간행되기에 이른다.[1146] 이렇게 해서 화엄과 선불교를 필두로 하
는 불교 전적과 삼현학 문헌의 간행까지 완성되는데, 이는 전체 총 18
종 78권에 달하는 방대한 양이었다.[1147] 이런 점에서 본다면, 탄허야말
로 한암의 교육론을 계승하는 한편, 그 교육적 자취가 키워낸 가장 위
대한 인물이자 업적이라고 하겠다.

한암이 상원사 선원이라는 특수 교육공간에서 불교 내적인 승가
교육에 주력했다면, 탄허는 불교의 범주를 넘어서, 종교를 초월한 국
민교육과 계몽의 필연성을 역설했다. 이 점은 한암과 변별되는 탄허만
의 교육관이자 철학이다. 즉 종교를 통한 인성교육을 강화해서, 한민
족의 행복과 완성을 지향해가야 한다는 것이다. 이와 관련된 탄허의
주장을 적시해보면 다음과 같다.

> 물질의 풍요만으로 복지국가라는 기준을 잡을 수는 없어요.
> 진정한 복지사회를 실현하려면 학교 교육에서 정신문화의
> 원천인 종교를 가르쳐야 한다고 생각합니다. 불교뿐만 아니
> 라 인간을 풍요하게 한 모든 종교를 다루어야 할 것입니다.
> 예를 들면 기독교의 「산상수훈山上垂訓」, 유교의 『논어』·『중

1146_ 權奇完(文光), 「呑虛宅成과 東洋思想」, 『韓國佛敎學』 제78집(2016), 231쪽.

1147_ 尹暢和, 「呑虛의 佛典譯經과 그 意義」, 『呑虛禪師의 禪敎觀』(平昌: 五臺山月精寺, 2004),
179-199쪽 ; 尹暢和, 「呑虛의 경전번역의 意義와 강원교육에 끼친 영향」, 『韓國佛敎學』 제66집
(2013), 130-142쪽 ; 權奇完(文光), 「呑虛 宅成의 四敎會通思想 硏究」(城南: 韓國學中央硏究院
博士學位論文, 2018), 223쪽.

용』·『주역』, 불교의 화엄학 같은 것 말입니다.[1148]

현실적 조화를 위해선 어릴 때부터 도덕뿐만 아니라 종교를
가르침이 필요합니다. 도덕을 가르치는 것만으로는 소용이
없습니다. 실천할 줄 알아야지요. 그 실천의 방법이 종교입니
다. 공자도 국민을 지도하는 중추가 바로 도덕과 예법이라고
했습니다. 그러니 초등학교에서부터 대학교까지 종교 과목
을 두어 온 국민이 종교를 생활화해야 됩니다. 말하자면, 국
민들에게 어릴 때부터 불교의 화엄학, 기독교의 「산상수훈」,
유교의 충효일치사상을 가르쳐야 하는 것입니다.[1149]

이상과 같은 탄허의 주장은 탄허가 해방 후와 개발의 시대 초기를
살았다는 점에서, 위대한 교육적인 안목이자 탁견이라고 판단해 볼 수
있다. 왜냐하면 당시 물질화의 문제를 직시하지 못한 상태에서, 이와
같은 교육관을 확립한다는 것은 현실적으로 매우 어려운 일이기 때문
이다. 또 종교를 넘어서 국민의 행복과 완성이라는 관점에서 대통합의
교육적인 견해를 제시한 것 역시 주목된다. 이런 점에서 본다면, 탄허
는 출가와 재가의 구분이나 남녀의 성차별 그리고 종교를 넘어서는 대
통합의 교육적인 관점을 견지했다는 것을 알 수 있다. 즉 교육 앞에서
의 평등인 셈이다. 이는 시대를 넘어서는 교육적인 안목이자, 동아시

1148_ 呑虛佛教文化財團 語錄編纂室 編, 『彼岸으로 이끄는 獅子吼』(서울: 教林, 2000), 206쪽.
1149_ 呑虛佛教文化財團 語錄編纂室 編, 『부처님이 계신다면』(서울: 教林, 2001), 195쪽.

아 대승불교가 지양하는 인간 행복의 지평을 한 단계 더 확대한 것으로 이해될 수 있다.

한암이 일제강점기라는 암울한 시대와 왜색불교의 영향으로 한국불교가 혼탁해진 시대에 세한고절歲寒孤節과 같은 맑은 기상과 기준을 제시했다면, 탄허는 해방 후의 새 시대에 맞는 화엄사상의 원융론에 기반한 바다와 같은 대통합의 교육관을 제시하고 있는 것이다. 이런 점에서 본다면, 두 분은 각기 다르면서도 공히 투철한 교육관의 확립자이자 숭고한 교육사상의 실천자였다고 하겠다.

● 소결小結

한암의 교육관은 지눌과 혜능의 영향을 통해서 사상 배경이 확립되고, 이의 구체적인 정립은 1904~1910년에 걸친 내원선원 기간에 반선반강의 대중 지도 속에서 이루어진다. 그리고 1912년의 확철대오 이후 전선후교의 선 중심 교육론이 완성되는데, 이와 같은 한암의 구체적인 교육론이 현실에서 적용되는 것은 1926년 오대산의 이거 이후이다. 이때 먼저 대두되는 것은 1926년부터 시작되어 1932년 사이에 완성되는 〈승가오칙〉이다. 그리고 한암이 직접 지도한 상원사 선원에서는 차담 시간을 이용해 전선후교의 승가교육이 이루어지게 된다. 즉 상원사 선원이라는 교육공간 속에서 한암은 전선후교의 교육을 전개한 것이다.

한암의 승가교육이 체계성을 확립하며 완비되는 것은 1936년 일제의 심전개발 정책에 따른 삼본사수련소의 설립과 관련된다. 한암은 일제의 심전개발 협조 요구를 수락하는 과정에서, 상원사 선원에 한암이 주도하는 삼본사수련소가 설립되도록 한다. 이후 수련소의 교재를 재편하고 현토를 달아 출간하는 등 구체적인 노력을 진행하고, 1940년까지 만 4년간 교육에 매진하게 된다. 이때 중강으로 대두하는 인물이 제자인 탄허이다.

한암은 법랍을 떠나서 능력만으로 탄허를 판단해 중강으로 기용했는데, 이는 한암의 선불교적인 파격적 관점을 잘 드러내 주는 부분이다. 삼본사수련소의 교육방식은 탄허가 석사釋辭하고 내용의 토의 과정에서 문제가 발생하면, 한암이 풀이를 통해 문제를 해결해 주는 방식이었다. 이 과정에서 한암의 선을 중심으로 하는 교학과 교육관이 탄허에게 전수되는 결과가 초래된다. 이를 통해서 선원 안의 교육기관이라는, 한국불교 역사상 유례를 찾아보기 어려운 구조가 한암에 의해서 확립되는 면모를 확인해 볼 수 있다. 이는 동아시아 승가교육 전체에서도 두드러지는 것으로 한암만의 전선후교적인 교육관에 입각한 결과이다.

삼본사수련소의 교육방식은 1940년 일본의 점진적인 몰락과정 속에서, 삼본사수련소가 폐쇄된 이후에는 상원사수련원을 통해서 계승된다. 즉 한암의 전선후교의 교육론이 선원 안의 교육으로 자리잡게 된 것이다. 상원사수련원은 일제강점기 말에 사찰의 경제가 몰락하면서 강원이 폐쇄될 때도 기능한 선원 안의 교육기관이라는 점에서 주목된다.

상원사수련원의 실무를 담당했던 탄허는 해방과 한국전쟁 이후 오대산 월정사를 추슬러 오대산수도원을 개원한다. 오대산수도원은 한암의 교육 정신에 대한 계승인 셈이었다. 그러나 탄허는 새로운 변화의 시대를 맞아, 출·재가를 포함하고 남녀를 아우르며 종교를 넘어서는 보편적인 정신교육을 시도한다. 이러한 오대산수도원은 이후 영은사수도원으로 연결되는데, 그 바탕에는 모든 차별을 넘어서는 화엄의 원융사상이 자리잡고 있다.

또 탄허는 해방 이후라는 본격적인 한글화 시대에 맞추어, 전통적인 강원교재 전체와 국민교육에 필요한 동양철학서적인 삼현학의 전적을 모두 현토 번역한다. 이로 인해서 한암의 교육관을 계승하는 동시에 새로운 시대에 맞는 외연 확대를 구축하게 된다. 즉 탄허는 한암의 교육적인 원력을 계승하되, 시대에 따른 변화를 수용하고 있는 것이다. 이런 점에서 두 불교교육의 선구자는 온고지신이라는 공통점을 공유하는 대선사이자 명안종사明眼宗師였다고 하겠다.

제 5 장 — 결론

한암은 선불교의 중흥조로 평가되는 경허의 사법제자이자 일제강점기를 대표하는 선승으로, 이 시기에 총 3차례나 교정과 종정(해방 후 포함 총 4차례)을 역임한 고승이다. 특히 당시의 종정은 추대에 의해 선출되었다는 점에서, 한암은 일제강점기에 가장 신망이 높은 한국불교를 대표하는 최고의 사표師表임에 분명하다. 즉 일제강점기에 가장 지도적인 위치에 있었던 선승이 바로 한암인 것이다.

본 연구는 한암에 대해서 총 세 방향에서의 검토를 진행하였다. 먼저 제2장에서는 생애에 관해서 정리해 보았다. 이는 한암에 대한 전체적인 이해를 위해서, 반드시 필요한 배경이 되는 부분이다. 한암의 시대만 하더라도 국가와 불교의 제도적인 틀이 명확하게 확립되지 못한 시기였기 때문에, 한암의 생애에는 여러 가지의 혼란이 존재하게 된다. 제2장에서는 이와 같은 상황들을 기존의 선행연구를 바탕으로 최대한 명료하게 정리해 보고자 하였다.

이와 같은 노력을 통해서 분명해진 부분은 한암의 속명이 전해지지 않는다는 점, 한암이라는 법호 역시 사법 과정에서 법사로부터 내려받은 것이 아닌 자호自號라는 점이다. 또 한암의 출가 나이와 관련해서 제기되어 있는 19세설과 22세설의 충돌은, 입산과 득도라는 이중적인 방식을 통해서 양자를 모두 긍정하고 수용할 수 있다는 점을 제시했다. 그리고 한암의 어린 시절 유교 학습 과정에서 등장하는 반고 씨에 대한 의문이 탄허에 의해서 일관되게 주장되는 특징을 보인다는 점, 그리고 철학성을 내포하는 측면에서 한암의 출가로까지 연결되는 상징성을 내포한다는 점에 대해서도 정리해 보았다.

이외에도 한암의 유교적인 인식 틀 안에서는 양친이 사망한 후 출가했다고 보는 것이 타당하다는 점을 분명히 했다. 이는 한암의 〈출가서원시〉에 '보친은'과 '왕극락'의 구절이 존재하는 점을 통해서 판단해 볼 수 있었다. 특히 한암이 어린 시절을 보낸 조선 말기라는 시대적인 환경과 출가 이전 유교 공부의 배경이 한암의 이후 사고 틀에 상당한 영향력으로 유지되는 모습 역시 확인된다. 이런 점에서 한암의 출가 이전의 삶은 출가에 의해서 단절되는 것이 아니라, 출가 후를 통해서 드러나는 또 다른 모습을 내포하게 된다고 하겠다.

다음으로 한암의 출가 후 이력과 확철대오까지의 과정은, 2001년 새롭게 발견된 한암의 자전적 구도기인 「일생패궐」을 통해서 분명하게 드러난다. 즉 한암 생애의 이 부분에 관해서는 문서적인 공백과 혼란에 따른 착오의 개연성이 존재하지 않는 것이다. 이런 점에서 「일생패궐」은 한암과 관련된 기록 중에서 가장 중요한 문건이라고 할 수 있다.

「일생패궐」을 통해서 드러나는 한암의 관점은, 지눌의 영향으로 선불교로 전향한다는 점과 경허에 대한 높은 의존과 깊은 신뢰가 목도된다는 점이다. 특히 「일생패궐」은 주관적인 자전의 글이기 때문에 한암이 존중한 경허에 대한 비중이 매우 높게 나타난다. 이를 통해서 본다면, 한암은 경허에 의해서 1차 개오하고 경허에게 무자화두를 받은 것이 이후의 확철대오로까지 관통되는 핵심임을 알 수 있다. 이로 인해 2차와 3차 개오는 경허와 무관함에도 불구하고 한암은 경허의 사법을 천명하게 된다.

이 시기에 있어 「일생패궐」에서 언급되는 내용 이외에 중요한 부분은 한암과 통도사와의 인연이다. 한암은 질병의 치료와 관련해서 통도사 성해의 사제인 석담에게 건당하고, 당시의 관례에 따라서 법납法臘을 받는다. 이는 한암의 승적이 출가사찰인 금강산 장안사와 통도사의 두 곳에 있을 수 있는 이유가 된다. 즉 한암의 깨달음과 관련해서 가장 중요한 인물이 경허라면, 출가한 지 얼마 안 된 한암에게 중요한 의지처가 된 곳은 단연 통도사라고 하겠다. 이로 인해 한암은 1904년(29세)부터 1910년(35세)까지 총 6년간 내원선원에 주석하게 된다. 이와 같은 통도사 거주 기간으로 인해, 이후 구하와 경봉 등과의 친밀관계가 형성되어 교류가 만년晩年까지 이어진다.

다음으로 한암의 건봉사와 봉은사 시절은, 한암이 깨친 선사이자 대중을 지도하는 사표로서의 입지가 분명해지는 시기이다. 1922년에서 1923년에 걸친 동안거 기간에는, 건봉사 만일원 선원 주실籌室의 위치에서 『한암선사법어』가 만들어지는 자신감 넘치는 48세의 한암을 만나볼 수 있다. 또 1923년에 봉은사 판전선원의 조실이 되어서는, 최남선 등 당대의 명망 있는 인사들과 교류하며 한암의 위상이 확대되는 모습이 확인된다. 그리고 1925년 여름에 발생한 을축년 대홍수라는 근래에 보기 드문 천재天災의 상황에서는, 주지 나청호에게 지시하여 총 708명을 구제하는 근현대 불교의 인민구제사업 중 최고의 업적을 달성한다. 이로 인해 한암은 생불生佛이라는 불교의 최고 찬사를 얻기에 이른다.

다음으로 한암의 생애는 봉은사의 번잡함을 등지고 오대산 상원

사로 이거하여 26년간 자신의 회상會上을 구축하는 오대산과의 인연
기因緣期에 들어간다. 한암의 출가 생활은 금강산 장안사에서 시작되
어 통도사와 건봉사 그리고 봉은사를 거쳐, 마지막으로 오대산 상원사
에서 대미大尾를 장식하게 되는 것이다.

한암은 용창은의 사업실패로 위기에 처한 오대산을 구하고, 자신
의 질병을 다스리기 위해 이종욱의 초치招致로 1926년 월정사로 오게
된다. 이후 26년간 불출동구하며 이종욱과 함께 월정사를 안정시키
고, 한국불교의 안정과 종단 구축 및 총본산 태고사의 건립과 동국대
학교의 재정비 등 현대 불교사에서 가장 굵직한 일들을 처리해 나간
다. 현대의 한국불교는 오늘날까지 한암이 구축한 이와 같은 기반의
연장선상에 존재하고 있다고 해도 과언이 아니다. 이런 점에서 본다
면, 당시에 한암과 이종욱의 역할은 매우 크고 넓은 안목의 소산이었
다고 하겠다.

한암 생애의 후반부는 주로 오대산과 상원사에서 이루어진다. 한
암은 51세 때인 1926년 5월 초 오대산에 도착해서, 부처님오신날인 5
월 19일(음력 4월 8일) 월정사에서 조실의 진산식을 거행했다. 그리고 후
일〈승가오칙〉으로 규정화되는 원칙들을 강조해 당시 많은 채무로 동
요되던 오대산을 안정화시킨다. 이후 1930년 5월에는 오대산의 비상
상황를 맞아 7월부터 월정사 주지가 되는 이종욱과 함께 오대산석존
정골탑묘찬앙회五臺山釋尊頂骨塔廟讚仰會를 발족해, 이후 10년여에 걸
쳐 오대산의 채무 문제를 해결한다.

한암은 1929년 1월 조선불교선교양종의 교정으로 추대되며,
1935년 3월에는 선학원의 수좌대회에서 두 번째로 종정이 된다. 세 번

째 종정이 되는 것은 1941년 6월 조선불교조계종의 창종 시기로 이때 부터는 종무총장宗務總長 이종욱과 함께 한국불교의 실질적인 총괄자의 역할을 담당한다. 또 1936년부터 1940년까지는 상원사 선원에 삼본사수련소가 운영되던 시기로, 한암이 선교禪敎의 교육 및 종단운영에 있어서 가장 분주한 시간을 보내는 시기이다.

실제로 1930년(55세)부터 1944년(69세)까지의 14년 동안은 한암이 불교 잡지에 가장 많은 글을 기고하면서, 왕성한 교화와 종단안정을 도모하던 역동적인 모습이 확인되는 기간이기도 하다. 즉 조선불교 선교양종의 교정이 되는 1929년부터 해방 전인 1944년까지가 한암의 인생에 있어서 가장 만개滿開한 기간이라고 하겠다. 그리고 이 시기는 전적으로 오대산 상원사에 주석하던 때이다. 이런 점에서 한암은 금강산이 잉태하고 영축산이 성장시켜, 오대산이 완성한 진정한 오대산인五臺山人이라고 하겠다.

1945년의 해방으로 한암은 조선불교조계종의 종정에서 사퇴한다. 물론 1948년 재차 조선불교의 제2대 교정으로 추대되지만, 당시 한암은 이미 73세의 만년에 접어들고 있었다. 이후 1950년 한국전쟁의 혼란상 속에서, 한암은 피난의 권유를 거부하고 국군의 상원사 소각을 막아낸다. 그리고 1951년 3월 15일(음 2월 8일) 황폐한 상원사에서 좌탈입적하게 된다.

이상과 같은 제2장의 생애 정리를 바탕으로, 제3장에서는 한암에게 있어서 가장 중요한 선수행을 통한 깨달음과 선관禪觀에 대해서 검토해 보았다. 이는 이후에 다루어질 한암의 교육관에 앞선 선사상에 대한 이해로 한암 철학의 핵심인 동시에 한암의 실천론의 배경이 된다는 점에서 주목하지 않을 수 없다.

먼저 한암 선사상의 형성과 13년간의 확철대오에 이르는 과정은, 그의 자전自傳인 「일생패궐」을 통해서 비교적 소상히 살펴볼 수 있었다. 선사에게 있어서 깨닫는 과정은 매우 중요하다. 그러나 선수행자의 특성상 대부분 단편적인 언급만 전해지는 경우가 일반적이어서 깨달음의 과정과 내용을 파악하는 것은 쉽지 않다. 이는 깨달음이 주관적인 인식이기 때문에 객관화시킬 수 없다는 점 역시 한몫하기 때문이다. 그런데 「일생패궐」은 한암의 자서전이므로, 이는 다른 선사들과 달리 한암의 오도과정을 소상히 알 수 있다는 점에서 한암과 관련된 가장 중요한 문건임에 이견異論이 있을 수 없다. 그러므로 본 연구에서는 「일생패궐」에 대한 면밀한 분석을 진행하는 방식을 취하였다. 이를 통해서 도출되는 특징은 크게 4가지로 정리될 수 있다.

첫째, 지눌의 영향이다. 『수심결』을 보다가 교학에서 선으로 전환한 한암은 일생에 걸쳐 지눌에 대한 깊은 의지와 관점 모사模寫가 목도된다. 이는 상원사 선원에서의 교과목에 『보조법어』가 들어가는 것, 그리고 한암의 교육론과 관련되는 정혜쌍수나 돈오점수 및 도의-지눌종조론 등을 통해서 확인해 볼 수 있었다. 이와 같은 지눌에 대한 경도가 한암이 선으로 매진하게 되는 계기에서부터 등장해서 일생을 관통하고 있는 것이다.

둘째, 경허에 대한 의존과 무자화두. 경허는 「일생패궐」 전체를 관통하는 핵심적인 인물이다. 또 청암사의 1차 개오가 경허에 의해서 인도된 것이며, 이후 경허에게 무자화두를 받는 것은 한암 선수행의 기틀이 정립되는 부분이다. 이런 점에서 한암의 해인사에서의 2차 개오와 우두암의 3차 확철대오가 경허와 큰 연관이 없음에도 이를 경허와 연결시키려는 모습을 보이게 된다. 이는 또 한암이 3차의 확철대오 이후에 경허에게 인가받을 수 있다는 자신감을 드러내는 동시에, 다른 선지식을 찾아서 인가받으려는 모습을 보이지 않는다는 점을 통해서도 자못 분명해진다. 즉 한암은 깨달음에 있어서만은 일관되게 경허에 대한 깊은 의지와 신뢰를 보이고 있는 것이다.

셋째, 한암의 깨달음은 본래완성에 기반한 일체즉아一切卽我라는 점. 한암의 3차례에 걸친 개오의 특징은 깨침의 현상과 체험이라는 이중구조의 모습을 보이고 있다. 또 3차례의 개오에서는 모두 본래완성에 입각한 의식 환기가 확인된다. 그리고 상대적으로 더 중요한 1차(해오解悟)와 3차(증오證悟) 개오를 관통하는 인식에는, 불교의 불성사상과 중국철학의 인성론人性論에 기반한 본래완성에 대한 환기 또는 재인식의 자각이 흐르는 것이 목도된다.

또 이와 함께 일체즉아의 체험이 수미首尾 일관되어 기술되어 있다. 이는 한암의 깨달음이 본래완성에 입각한 인식 환기와 일체즉아의 경지·경계임을 알게 한다. 여기에서 일체즉아는 물아일체物我一體에 따른 개인이 소멸하는 구조가 아닌, 내가 전체가 되는 또는 내가 전체로써 깨어나는 의미라는 전체즉아全體卽我의 측면이다. 이는 한암이 남종선의 자기중심적인 관점을 잘 계승하고 있다는 점을 알게 한다.

넷째, 경허 사법嗣法의 불투명성. 한암은 스스로 경허의 사법을 천명하고 또 3차의 확철대오 이후에는 경허의 인가에 대한 강한 자신감을 보이지만, 그럼에도 경허가 처한 삼수갑산행三水甲山行이라는 특수한 상황 때문에 인가를 받지 못하고 있다. 이런 점에서 한암이 다른 선승들에게서는 보이지 않는 자전적인 구도 여정인 「일생패궐」을 찬술하는 것 또한 경허와의 관계를 분명히 해서 사법의 정당성을 천명하기 위한 것이라는 판단을 가능하게 한다.

이와 같은 인식이 가능한 것은, 한암의 실질적인 사법 스승인 통도사의 법사法師 석담에 대한 언급이 「일생패궐」에는 전혀 없고 경허에 대해서만 집중되어 있다는 점. 또 「일생패궐」 이외에서도 석담에 대한 직접적인 언급은 전혀 없어 석담은 잊혀진 인물처럼 되는데, 이 역시 경허에 대한 사법을 강조하는 과정에서 발생하는 문제로 판단된다는 점 등을 통해서 유추해 볼 수 있다.

실제로 「일생패궐」의 영향은 아니겠지만 한암의 경허 사법에 대한 지속적인 천명과 노력으로 인해, 만공은 1942년 『경허집』의 편찬과 「경허행장」의 찬술을 의뢰할 정도로 한암의 경허사법이 공식 인정되는 상황으로 발전한다. 이와 같은 점에서 본다면, 「일생패궐」의 찬술역시 자신에 대한 정리라는 의미도 있지만, 보다 중요하게는 경허와의 사법관계를 보다 분명히 하려는 목적에서 서술되었다는 판단이 가능하다.

「일생패궐」의 다음으로 검토되는 한암의 선관에 있어서 중요한 문헌은 「선문답 21조」이다. 「선문답 21조」는 현존하는 한암의 선수행과 관련된 기록 중 가장 장문으로 된 선사상과 관련 문헌이다. 또 이 「선문답 21조」의 자신감은 1922년 『한암선사법어』의 간행으로까지 직결된다. 이와 같은 추론이 가능한 것은 『한암선사법어』의 가장 비중있는 핵심이 다름 아닌 「선문답 21조」이기 때문이다.

「선문답 21조」의 가장 큰 특징은 선수행과 관련해서 차제론을 제기하고 있다는 점이다. 한암의 내원선원 조실 기록에 특수성을 인정할 수 있다면, 1921년(46세) 건봉사 만일원 선원 주실(조실) 이력은 한암의 최초 조실이라고 할 수 있다. 그러므로 한암은 이때 처음으로 선원의 운영에 대한 전반적인 사항을 담당하는 상황과 직면하게 된다. 이렇게 놓고 본다면, 이때 한암이 제정하는 〈선원규례〉와 「선문답 21조」의 차제론 제기는 매우 큰 의미를 확보한다. 왜냐하면 「선문답 21조」는 현존하는 한암 관련 문건 중 선수행과 관계된 가장 이른 시기의 체계적인 문헌이자, 남종선에서 보기 어려운 차제론에 대한 문헌이기 때문이다. 이와 같은 차제론 제기는 선수행의 효율적인 외연 확대 및 교육방법과 연결될 수 있다는 점에서도 주목해 볼 수 있다.

또 본 연구에서 「선문답 21조」와 함께 검토된 〈선원규례〉와 〈선중방함록〉을 통해, 한암은 원칙을 중시하는 동시에 대중의 화합을 위하는 명실상부한 선지식이었음이 확인된다. 또 「선문답 21조」는 전10조와 후10조 및 후10조에 부가되는 제11조(총 21조)로 구성을 보인다. 이 중 전10조는 이력의 물음에 의한 한암의 선수행 차제론으로, ①부터 ⑧까지가 차제론이며 ⑨는 ①~⑧을 돕는 보조적인 측면으로 되어 있다. 그리고 마지막 ⑩은 당시 선원의 선객禪客들 사이에서 유행하던 문제인 '간화와 반조의 차이'에 대한 논변으로 되어 있는 것을 확인할 수 있다.

전10조에서 가장 중요한 것은 ①~⑧의 선수행 차제론이다. 이 중에서 다시금 ①~⑤까지가 깨달음의 완성에 대한 부분이며, ⑥~⑧은 오후悟後의 수행과 회향의 문제까지를 다루고 있다. 차제론은 돈오를 주장하는 남종선에서는 단편적으로 주장되는 경우는 있어도, 전10조

와 같이 단계적인 계량화는 매우 특별하다. 그럼에도 한암이 이와 같
은 차제론을 제시한 것은 선수행의 체계를 정립하여 이의 보편적 가치
를 통한 외연 확대를 시도하기 위한 것으로 판단된다. 이는 당시 일본
불교의 영향으로 한국불교의 청정성이 붕괴되는 상황에서, 수행불교
의 본모습을 회복하기 위한 교육의 효율성에 따른 방법제시로 이해될
수 있기 때문이다. 끝으로 마지막 ⑩은 앞의 차제론들과는 결을 달리
한다는 점에서 상대적으로 의미와 비중이 낮다. 그러나 이를 통해서,
당시 선원과 선객들 안에서의 문제를 해소해 내부적인 결속을 다지고
선수행의 질을 향상시킬 수 있다는 점에서는 긍정적이라는 판단 역시
가능하다.

　후10조는 나옹이 1370년 9월 16~17일에 걸쳐 주재하는 공부선
의 시제 중 하나인 〈공부십절목〉을 거론하고, 이의 10가지 문제에 대
해서 한암이 답변하는 방식으로 되어 있다. 즉 전10조가 한암의 선수
행 차제론이라면, 후10조는 나옹의 선수행 차제론인 셈이다. 이런 점
에서 후10조는 전10조에 대한 당위성을 강조하기 위한 조사의 경증으
로서 제기되었을 가능성이 농후하다.

　〈공부십절목〉은 초승과인 공부선의 시제로 도출된 것이기 때문
에, 이의 판단을 위해서 차제론의 구성을 갖출 필요가 있었다. 그런데
『나옹어록』의 「시중」에도 이와 유사한 차제론이 확인된다. 나옹 당시
는 원 간섭기가 끝나가는 상황이었기 때문에 혼탁한 티베트 라마불교
의 영향이 약화되고 강남 오산불교적인 임제종이 세력을 확대하고 있
었다. 이와 같은 상황 속에서 나옹은 선불교의 확대를 위해 차제론을
제기해서 계량화하는 작업을 시도하고 있는 것이다. 이런 점에서 본다

면, 나옹과 한암은 혼탁한 외래불교의 영향 속에서 한국불교의 청정성과 수행 전통을 재기再起해야만 하는 공통의 시대적인 요청과제를 안고 있었다고 하겠다.

또 후10조의 말미에는 제11조를 부가해서, 나옹 당시의 〈공부십절목〉을 한암 당시의 문제로 환원하는 방식을 사용하는 대담한 모습을 보이고 있어 주목된다. 이는 〈공부십절목〉을 통해서 전10조에서 확인되는 한암의 선수행 차제론의 당위성을 확보함과 동시에, 〈공부십절목〉 역시 한암 당시의 선수행과 무관한 문제가 아님을 분명히 하는 고도로 치밀한 구조라는 점에서 주의가 요구된다. 즉 제11조를 통해서 전10조와 후10조의 분절구조는, 전체적인 선수행법이라는 틀 속에서 하나로 완성될 수 있는 것이다. 이는 「선문답 21조」가 매우 짜임새 좋은 선수행의 논의라는 점을 변증한다고 하겠다.

「선문답 21조」를 통해서 한암 선사상의 특징이 부각되었다면, 다음으로는 〈계잠〉을 통해서 한암만의 선계일치적인 면모를 분석해 보았다.

〈계잠〉은 한암의 청정한 계율적인 면모가 조선 유교의 잠箴이라는 문화 속에서 드러나는 매우 특징적인 문헌이다. 잠이란 본래 스스로를 경계 삼기 위해 거주처에 배치하는 잠언과 같은 핵심적인 축약 글이다. 그런데 한암은 이 〈계잠〉을 1942년과 1943년에 걸쳐 『불교(신)』와 『불교시보』에 두 차례나 게재되도록 용인한다. 이는 〈계잠〉이 단순히 한암만의 잠箴이 아니라, 이를 통해서 한국불교의 청정성을 환기하자는 의도로 이해된다.

주지하다시피, 1942년과 1943년은 태평양전쟁의 말기로 일제가 폐망으로 기울어가는 상황 속에서 식민 조선에 대한 수탈과 억압이 매우 가혹했던 시절이다. 또 1905년의 을사늑약 이후 가속화된 일제의 영향 강화, 한국불교의 일본불교에 대한 동경 등으로 인해 시작된 대처·육식의 상황이 당시에는 한국불교에서도 일상화되어 있었던 때이다. 이런 시점에 당시 종정이었던 한암은 〈계잠〉을 통해 불교의 근간인 수행의 청정성을 대두시켜, 한국불교의 청정한 전통과 정신문화를 회복하고 조선불교조계종을 맑히며 안정화시키려고 노력했던 것이다. 이런 점에서 본다면, 이 문헌은 한암의 개인적인 수신修身과 수행론에서 비롯된 것이지만, 그와 동시에 종정이었던 한암이 조선불교조계종에 대한 좌표와 이념을 제시한 것으로도 이해해 볼 수 있다는 점에서 높은 중요도가 부각된다.

〈계잠〉의 가장 큰 특징은 선수행을 중심으로 하지만, 이것이 계율적인 바탕 위에서 정립되어야 함을 드러내는 선계일치관禪戒一致觀을 제시하고 있다는 점이다. 이와 같은 선계일치의 윤리적인 주장은 고려 후기 인도 승려였던 지공 이후에 처음으로 드러나는 선禪과 유리되지 않는 계율관이라는 점에서 주목된다. 특히 당시는 한국 선불교의 중흥자인 경허에 의해서 선불교가 새롭게 유행하며 재평가되고 있었지만, 그와 동시에 경허의 무애행은 일본불교의 비율非律적인 모습과 맞아 들어 가면서 한국불교의 청정성에 혼란을 야기하고 있었다. 이에 한암은 자신만을 위해서 작성한 〈계잠〉을 공개하여 종도들의 의식을 환기하고 있는 것이다.

〈계잠〉에서 확인되는 선계일치의 관점은 동아시아 선불교의 문제점인 계율의 가설 구조 문제를 해소한다는 점에서, 일제강점기라는 특수성을 넘어 현대의 한국불교에서도 매우 유의미한 주장이 된다. 왜냐하면 현대의 한국불교 역시 장자 종단으로서 대한불교조계종이라는 선불교가 주류를 이루고 있기 때문이다. 특히 과거와 달리 다종교사회와 탈종교적인 현실 속에서, 윤리는 선수행이나 깨달음보다도 더 중요한 의미와 위치를 차지한다는 점에서 더욱 그렇다. 그러므로 한암이 〈계잠〉을 통해서 주장하는 선계일치는 선을 중심으로 하는 선사로서는 이례적인 가치 천명인 동시에, 현대적인 불교의 위상 정립에 있어서도 여전히 유효한 유의미한 핵심이라고 하겠다. 이런 점에서 선계일치는 한암의 선사상 중에서도 가장 특징적인 면모라고 할 수 있다.

제3장의 선사상과 더불어 한암의 특징적인 모습으로 주목되는 것이, 제4장에서 검토된 한암의 교육관 형성과 이의 실천에 대한 부분이다. 불교는 구원종교와는 다른 수행종교이다. 이 때문에 승려는 수행이 근간이며 모범이라는 인식 속에서, 포교 역량은 구원종교에 비해 상대적으로 뒤처지는 모습을 보이게 된다. 이는 포교적인 계몽과 교육이 상대적으로 취약할 수밖에 없는 양상을 파생한다. 이와 같은 모습은 오늘날의 한국불교 역시 예외가 아니다.

그런데 붓다는 정각正覺에 이르는 기간은 6년인 데 반해, 이후 45년간 교화 즉 포교의 교육자로서의 삶을 살았다. 이런 점에서 불교가 수행에만 집중하고 포교와 교육을 등한시하는 것은 교조의 실천방식과 정면으로 위배된다. 그럼에도 동아시아의 선불교는 명칭에서부터 수행을 강조하다 보니, 상대적으로 계몽과 교육이 약한 모습을 나타내는 양상이 존재한다.

한암은 일제강점기 불교 잡지 등에 다양한 기고를 통해서 산중에 있으면서도 종도들의 계몽에 열성적이었다. 즉 수행을 잃지 않으면서, 계몽과 포교의 의무 또한 방기하지 않는 모습을 보이는 것이다.

또 불교교육과 관련해서는 상원사 선원에서 차담 시간을 통해 교육하는 선교禪敎를 병진하는 모습을 보인다. 그러다가 일제의 심전개발 정책의 기회를 살려, 1936년부터 1940년까지 삼본사수련소를 통한 승려교육을 상원사 선원에서 한암의 주도로 전개한다. 당시 한암이 선학원의 수좌대회에서 종정으로 추대되어 있었다는 점을 고려한다면, 이는 한암의 교육관과 교육의지가 명백하게 드러나는 사건이다. 이후에도 한암은 상원사수련원을 통해서, 교육적인 인재 양성을 지속하는 모습을 보인다. 이런 점에서 본다면, 한암은 교육에 대한 열정과 이의 현실적인 구현을 위해서, 노력한 당시의 다른 선승들과는 다른 두드러지는 특징을 가지는 교육자라고 하겠다.

한암의 교육관과 관련해서 주목되는 문건은, 그가 1930년 4월 『불교』 제70호에 기고한 글인 「해동초조에 대하야」이다. 이 글 속에는 해동조계종이라는 한국불교의 종단에 대한 구성과 더불어 도의초조론이 주장되고 있다.

이중 해동조계종의 주장은 일제에 의한 일본불교의 한국불교 병합 움직임을 극복하고 독자적인 위상을 확립함과 동시에 한국불교의 통합을 강조하기 위함이었다. 이와 같은 조계종의 천명과 종조론은 이후 1941년 조선불교조계종과 1962년 대한불교조계종으로까지 계승되는 현대 한국불교의 가장 중요한 근간이라는 점에서 주목된다.

또 한암의 종조론에서 주목되는 것은, 시조로서의 도의 외에도 중흥조로서의 지눌이 아주 강력한 위치를 차지한다는 점이다. 지눌은 한암에게 돈오점수와 정혜쌍수 또는 선종삼문禪宗三門 구조에 입각한 선교병진禪敎並進과 선교겸전禪敎兼全의 교육 관점을 형성하게 한다. 여기에 붓다의 정각 후의 일대교설의 설법이나 대승경전에서 일반적으로 사용되는 출정후어出定後語의 구조. 또 혜능의 돈오 이후의 삭발득도와 교학적인 확충은, 한암으로 하여금 전선후교前禪後敎의 교육론을 완성하도록 한다. 이렇게 해서 대두되는 것이 바로 선수행을 바탕으로 하는 전선후교에 입각한 선교겸전의 교육이론이다. 이러한 한암의 교육관은 동시대의 다른 선사나 강백들에게서는 확인되지 않는 한암만의 매우 독특한 관점이다. 이는 한암이 남종선의 소의경전인『금강경』을 선적인 관점에서 재편하고,『보조법어』과『육조단경』을 좌우 날개로 삼는 모습을 보이는 것을 통해서도 확인해 볼 수 있다.

　　한암의 교육론이 정립되는 것은 1904년부터 1910년까지의 내원선원 주석 기간이다. 한암의 내원선원 주석은 질병 문제로 통도사의 석담에게 입실건당한 것에서 연유한다. 한암의 내원선원 주석 기간의 위치와 관련해서, 본 연구에서는 기존에 존재했던 조실설과 강사설을 1959년에 탄허가 작성한〈한암비문〉의 방장 기록을 통해서 새롭게 해석했다. 즉 선주교보禪主敎補의 반선반강半禪半講의 지도자적인 삶을 살았다는 것이다. 내원선원 주석 기간은 만 6년이나 되지만, 이 시기에 대한 뚜렷한 기록은 존재하지 않는다. 그러나 이 부분을 이렇게 해석하지 않으면, 이후 한암에게서 살펴지는 교육자로서의 탁월한 역량을 이해할 수 없기 때문이다. 그러므로 현존하는 단편적인 기록과 연관해서, 내원선원 기간을 한암의 교육관이 1차로 정립되는 시기로 판단해 보는 것은 큰 무리가 없는 관점이다. 또 이때 정립되는 한암의 교육론은 선을 중심으로 하는 교학으로서의 선교겸전인데, 이는 지눌의 정혜 쌍수와도 직결되는 측면이라는 점에서 타당성을 확보할 수 있다.

다음으로 한암의 교육적인 제시로 가장 외연이 넓고 보편적인 것은 1926년의 오대산 주석에서 비롯되는 〈승가오칙〉이다. 본 연구에서는 지금까지 정리가 되지 않은 〈승가오칙〉의 확립을 1926년 오대산의 안정 필연성에서부터 1936년 오대산 부채 문제의 해결 때까지로 보았다. 이는 〈승가오칙〉이 처음부터 통일된 범주가 아니고, 점차로 확립된 것으로 판단되기 때문이다. 또 여기에는 1926년 부패 문제로 혼란하던 오대산의 안정 필연성과 1936년 부채 문제가 해결되면서 오대산의 새로운 방향을 정립해야 할 필연성에 〈승가오칙〉이 모두 해당될 수 있다는 점도 한몫을 했다. 특히 〈승가오칙〉이 한암만의 독특한 사고라기보다는 『고승전』의 분류나 사찰생활에서 승려들에게 강조되던 덕목의 재편이라는 점에서 더욱 그렇다.

또 〈승가오칙〉의 다섯 가지 항목인 ①참선·②염불·③간경·④(불교)의식·⑤수호가람은 ①·②·③의 내적인 수행의 수기적인 측면과 ④·⑤의 외적인 포교와 사찰운영이라는 치기적인 부분으로 나누어 볼수 있다. 이는 〈승가오칙〉의 각각의 항목은 새로운 내용이 아니지만, 한암의 재규정을 통해서 〈승가오칙〉의 목적과 방향 및 한암이 생각하는 승려의 본분에 대한 교육적인 관점을 인지해 볼 수 있게 된다. 특히한암의 〈승가오칙〉에 대한 인식은 1944년의 「오인수행吾人修行이 전재어결심성판專在於決心成辦」을 통해서 확인해 볼 수 있었다.

끝으로 한암의 교육론이 유형적으로 구체화되는 것은 일제의 제기에 의해서 시작되는 삼본사수련소 시절이다. 이를 위해서 한암은

1937년에 직접『금강경』을 현토 재편하고,『보조법어』를 현토하는 의욕적인 모습을 보인다. 실제로 한암은『금강경』을 주교재로『보조법어』와『육조단경』등의 선어록과 이통현의 주석에 입각한『화엄경』수학, 그리고『범망경』을 교육한다. 이는 선불교를 중심으로 해서 화엄이라는 대경大經의 가치를 선의 입장에서 수용하고,『범망경』을 통한 청정한 실천을 강조하는 것임을 알 수 있었다. 즉 선禪을 중심으로 해서 교敎와 율律을 통합하는 방식의 청정한 실천행의 수행자를 만들고자 한 것이다. 이는 일제강점기의 왜색화에 의해서 혼탁해진 한국불교의 현실에서, 한암이 찾은 교육을 통한 최대의 대안이었다는 점에서 시사하는 바가 크다.

또 이것이 갖추어질 경우에는 청정한 수행자와 승단이 구축되면서 불교의 대사회적인 역량과 위상이 강화되며, 국민을 위한 진정한 종교의 기능을 회복하게 되는 것 역시 주지의 사실이다. 이런 점에서 본다면, 한암의 교육론은 매우 탁월한 안목에 의한 결과라고 판단될 수 있겠다.

이와 같은 한암의 교육론에 입각해서, 상원사 선원은 효봉曉峰·고암古庵·서옹西翁·탄옹炭翁·월하月下 등 다음 세대의 많은 선지식이 배출되는 토양이 된다. 이 중에서 가장 주목되는 인물이 삼본사수련소에서 중강을 했던 수제자 탄허이다.

탄허는 한암의 교육관을 계승·발전시켜서, 해방과 정화 후에는 오대산수련원과 영은사수련원을 운영하고,『신화엄경합론』을 필두로 하는 총 18종 78권을 현토 번역하는 대역사를 이룩하게 된다. 이와 같은 탄허의 행보가 한암의 삼본사수련소와『화엄경』번역의 당부에서 시작되고 있다는 점은, 탄허의 교육자로서의 행보 역시 한암의 교육관을 계승하는 연장선상에 존재한다는 것을 알 수 있게 한다.

한암은 일제강점기라는 일찍이 한국사에 존재하지 않았던 외국의 직접 지배라는 참혹한 현실 속에서, 당시 한국불교를 대표하는 선승이자 사표로서의 인생을 산 인물이다. 이 과정에서 일본불교와 변별되는 선불교를 중심으로 하는 한국불교의 정체성을 유지해야 하는 시대적인 요청을 받고 있었다. 이를 위해서 한암은 선수행과 관련된 차제론을 제기하고, 선계일치의 청정성을 환기한다. 그리고 선승으로서는 이례적으로 직접 불교교육에 투신하여, 전선후교의 선교겸전이라는 교육을 통한 한국불교의 보다 진일보된 완성구조를 제시한다. 이와 같은 선禪·교敎·율律의 겸수를 통한 수행자의 진면목은, 현대의 대한불교조계종에도 유효한 가치임에 틀림없다. 이는 한암이 일제강점기 때 조선불교조계종을 통해서 현대의 대한불교조계종의 골격을 만든 것을 넘어, 위대한 정신적 가치를 온축하고 있는 희대의 사표이자 선지식이기 때문이다.

참고문헌

~~~~~~

1. **원전**原典

- 『長阿含經』, 『大正藏』1.
- 『中阿含經』, 『大正藏』1.
- 『雜阿含經』, 『大正藏』2.
- 『增壹阿含經』, 『大正藏』2.
- 『妙法蓮華經』, 『大正藏』9.
- 『大方廣佛華嚴經』, 『大正藏』9.
- 『大方廣佛華嚴經』, 『大正藏』10.
- 『佛說無量壽經』, 『大正藏』12.
- 『佛說佛名經』, 『大正藏』14.
- 『大方廣圓覺修多羅了義經』, 『大正藏』17.
- 『四分律』, 『大正藏』22.
- 『彌沙塞部和醯五分律』, 『大正藏』22.
- 『十誦律』, 『大正藏』23.
- 『毘尼母經』, 『大正藏』24.
- 『大乘起信論』, 『大正藏』32.
- 『新華嚴經論』, 『大正藏』36.
- 『維摩經略疏』, 『大正藏』38.
- 『肇論』, 『大正藏』45.
- 『無門關』, 『大正藏』47.
- 『大慧普覺禪師書』, 『大正藏』47.
- 『大慧普覺禪師普說』, 『大正藏』47.
- 『大慧普覺禪師法語』, 『大正藏』47.
- 『圓悟佛果禪師語錄』, 『大正藏』47.
- 『瑞州洞山良价禪師語錄』, 『大正藏』47.

- 『潭州潙山靈祐禪師語錄』, 『大正藏』47.
- 『大慧普覺禪師住育王廣利禪寺語錄』, 『大正藏』47.
- 『小室六門』, 『大正藏』48.
- 『人天眼目』, 『大正藏』48.
- 『六祖大師法寶壇經』, 『大正藏』48.
- 『佛果圜悟禪師碧巖錄』, 『大正藏』48.
- 『高麗國普照禪師修心訣』, 『大正藏』48.
- 『三國遺事』, 『大正藏』49.
- 『高僧傳』, 『大正藏』50.
- 『續高僧傳』, 『大正藏』50.
- 『宋高僧傳』, 『大正藏』50.
- 『景德傳燈錄』, 『大正藏』51.
- 『法苑珠林』, 『大正藏』53.
- 『釋氏要覽』, 『大正藏』54.

- 『住鼎州梁山廓庵和尚十牛圖頌』, 『卍新編續藏經』12.
- 『金剛經口訣』, 『卍新編續藏經』24.
- 『高峰和尚禪要』, 『卍新纂續藏經』70.
- 『林間錄』, 『卍新纂續藏經』87.
- 『趙州和尚語錄』, 『嘉興大藏經』24.
- 『聚雲吹萬真禪師語錄』, 『嘉興大藏經』29.
- 『庶菴範禪師語錄』, 『嘉興大藏經』36.
- 『祖堂集』, 『大藏經補編』25.

- 『華嚴論節要』, 『韓佛全』4.
- 『圓頓成佛論』, 『韓佛全』4.
- 『法集別行錄節要并入私記』, 『韓佛全』4.
- 『三國遺事』, 『韓佛全』6.
- 『禪門寶藏錄』, 『韓佛全』6.
- 『太古和尚語錄』, 『韓佛全』6.
- 『白雲和尚語錄』, 『韓佛全』6.

- 『懶翁和尙語錄』, 『韓佛全』6.
- 『懶翁和尙歌頌』, 『韓佛全』6.
- 『淸虛堂集』, 『韓佛全』7.
- 『大覺登階集』, 『韓佛全』8.
- 『四溟堂大師集』, 『韓佛全』8.
- 『作法龜鑑』, 『韓佛全』10.
- 『曹溪高僧傳』, 『韓佛全』12.

- 『빨리율(Vinaya)』.

- 『高麗史』.
- 『論語』.
- 『大學』.
- 『東國輿地勝覽』.
- 『東文選』.
- 『牧隱文庫』.
- 『三峰集』.
- 『成宗實錄』.
- 『世宗實錄』.
- 『小學』.
- 『宋學士全集-補遺』.
- 『詩經』.
- 『新增東國輿地勝覽』.
- 『陽村集』.
- 『禮記』.
- 『五臺山事蹟記』.
- 『慵齋叢話』.
- 『栗峯門譜』.
- 『莊子』.
- 『傳習錄』.
- 『聖學十圖』.

- 『朱子語類』.

- 『周易』.

- 『周易略例』.

- 『中庸』.

- 『晉書』.

- 『太宗實錄』.

- 『鶴林玉露』.

- 『漢書』.

- 金君綏 撰,〈松廣寺佛日普照國師碑銘〉.

- 達牧 撰,「六種佛書後誌」.

- 牧隱李穡 撰,〈妙香山安心寺指空懶翁碑〉.

- _____,〈太古寺圓證國師塔銘〉.

- 閔漬 撰,〈麟角寺普覺國尊靜照塔碑〉.

- 陽村權近 撰,〈忠州靑龍寺普覺國師幻庵定慧圓融塔碑〉.

- 李白 撰,〈行路難〉.

- 「大韓佛教曹溪宗 宗憲」.

~~~~~~

2. 원전原典(번역飜譯)

- 白坡亘璇 著, 김두재 譯,『作法龜鑑』, 서울: 東國大學校出版部, 2010.

- 김혜공 譯,『滿空法語』, 禮山: 修德寺, 1969.

- 나카가와 다카 註解, 양기봉 譯,『六祖壇經』, 서울: 김영사, 1994.

- 朴漢永 著, 金曉吞 譯註,『戒學約詮 註解』, 서울: 東國譯經院, 2000.

- 班古 著, 辛正根 譯,『白虎通義』, 서울: 소명출판, 2005.

- 方漢岩 纂輯懸吐, 金吞虛 飜譯,『普照語錄』, 서울: 敎林, 2013(初版 1939년).

- 釋明正 編譯,『漢岩集』, 梁山: 通度寺 極樂禪院, 1990.

- 李滉 著, 이광호 譯,『聖學十圖』, 서울: 弘益出版社, 2001.

- 전재강 譯註,『金剛經三家解』, 서울: 운주사, 2019.

- 丁時翰 著, 김성찬 譯,『愚潭先生文集』, 서울: 國學資料院, 1999.
- 程頤·朱熹 著, 金碩鎭 譯,『周易傳義大全解釋 上』, 서울: 大有學堂, 1996.
- _____,『周易傳義大全解釋 下』, 서울: 大有學堂, 1997.
- 呑虛 懸吐譯解,『新華嚴經合論』, 서울: 敎林, 1975.
- 韓國學文獻研究所 編,『通度寺誌』, 서울: 亞細亞文化社, 1979.
- 漢巖重遠 撰, 金知見 校勘, 延南居士 編著,『先師鏡虛和尙行狀』, 서울:
  大韓傳統佛敎研究院出版部, 1982.
- 海住 外 譯註,『韓國佛敎思想叢書2-精選 知訥』, 서울: 韓國傳統思想書
  刊行委員會出版部, 2009.

- 司馬光 編,『資治通鑑』, 北京: 中華書局, 1996.

~~~~~~

3. **단행본**單行本(국내國內)

- 강석주·박경훈 共著,『佛敎近世百年』, 서울: 民族社, 2002.
- 鏡峰 著, 明正 編,『三笑窟日誌』, 서울: 맑은소리 맑은나라, 2014.
- 京性 著,『佛敎修行의 頭陀行 研究』, 서울: 藏經閣, 2005.
- 戒環 著,『中國華嚴思想史研究』, 서울: 佛光出版部, 1996.
- 高翊晋 著,『韓國古代 佛敎思想史』, 서울: 東國大學校出版部, 1989.
- 高亨坤 著,『禪의 世界』, 서울: 東國大學校出版部, 2005.
- 金敬執 著,『韓國佛敎近代史』, 서울: 經書院, 2000.
- 金光植 著,『白初月-獨立運動家 初月 스님의 불꽃같은 삶』, 서울: 民族社, 2014.
- _____,『普門禪師-神話 속으로 사라진 禪僧』, 서울: 民族社, 2012.
- 金光植 解題, 李哲敎 資料收集,『韓國近現代佛敎資料全集』64, 서울: 民族社,
  1996.
- 金煐泰 著,『韓國佛敎史』, 서울: 經書院, 2000.
- 金容沃 著,『三峯 鄭道傳의 建國哲學』, 서울: 통나무, 2004.
- _____,『話頭-혜능과 셰익스피어』, 서울: 통나무, 1998.
- 金容彪 著,『포스트모던시대의 佛敎와 宗敎敎育』, 서울: 정우서적, 2010.
- 金浩星 著,『方漢岩禪師』, 서울: 民族社, 1995.

- 國立中央博物館 編,『月精寺의 漢岩과 呑虛』, 서울: 國立中央博物館, 2013.
- 남지심 著,『(小說) 漢岩』, 서울: 民族社, 2016.
- 大韓佛敎曹溪宗 奉恩寺 編,『奉恩寺』, 서울: 大韓佛敎曹溪宗 奉恩寺, 2018.
- 大韓佛敎曹溪宗 總務院 總務部 編,『日帝時代 佛敎政策과 現況(上)』, 서울: 大韓佛敎曹溪宗 總務院, 2001.
- 朴先榮 著,『佛敎와 敎育』, 서울: 東國大學校附設譯經院, 1982.
- 박희승 著,『曹溪宗의 産婆-智庵 李鍾郁』, 서울: 曹溪宗出版社, 2011.
- 법정·서경수 外 著,『늘 깨어 있는 사람들』, 서울: 홍사단출판부, 1984.
- 不壞碑帖刊行會 編,『不壞碑帖』, 서울: 三藏苑, 1985.
- 佛學硏究所 編,『講院總覽』, 서울: 大韓佛敎曹溪宗 敎育院, 1997.
- _____,『近代 禪院 芳啣錄』, 서울: 大韓佛敎曹溪宗 敎育院, 2006.
- _____,『禪院總覽』, 서울: 大韓佛敎曹溪宗 敎育院, 2000.
- 寺刹文化硏究院 編,『奉恩寺』, 서울: 寺刹文化硏究院, 1997.
- 三寶學會 編,『韓國近世佛敎百年史 2』, 서울: 民族社, 1994.
- _____,『韓國近世佛敎百年史 3』, 서울: 民族社, 1994.
- 徐南賢 編輯,『鷲山 九河大宗師 民族佛敎運動 史料集 下』, 梁山: 通度寺, 2008.
- 禪雲寺 編,『石顚鼎鎬 스님 行狀과 資料集』, 高敞: 禪雲寺, 2009.
- 新丘文化社 編,『韓國의 人間像3-宗敎家·社會奉仕篇』, 서울: 新丘文化社, 1965.
- 申採湜 著,『東洋史槪論』, 서울: 三英社, 2004.
- 安震湖 編,『釋門儀範(下篇)』, 서울: 法輪社, 2000.
- 靈鷲叢林 通度寺 編,『靈鷲叢林 通度寺 近現代 佛敎史: 九河·鏡峰·月下·碧眼大宗師를 中心으로 上』, 梁山: 靈鷲叢林 通度寺, 2010.
- 五臺山 月精寺 編,『漢岩·呑虛禪師 書簡文 上·下』, 서울: 民族社, 2014.
- 月精寺·金光植 編,『方山窟의 無影樹(上)』, 서울: 民族社, 2013.
- _____,『方山窟의 無影樹(下)』, 서울: 民族社, 2013.
- _____,『五臺山의 버팀목』, 서울: 民族社, 2011.
- 李能和 著, 朝鮮佛敎通史 譯註編纂委員會 譯編,『譯註 朝鮮佛敎通史4 下篇 二百品題(一)』, 서울: 東國大學校出版部, 2010.

- _____,『譯註 朝鮮佛教通史6 下篇 二百品題(三)』, 서울: 東國大學校出版部, 2010.
- 李永宣 編著,『金剛山乾鳳寺事蹟』, 서울: 東山法門, 2003.
- 이은윤 著,『六祖 혜능평전』, 서울: 동아시아, 2004.
- 이종철 著,『中國 佛經의 誕生-印度 佛經의 飜譯과 두 文化의 만남』, 서울: 창비, 2008.
- 李春植 著,『中國 古代史의 展開』, 서울: 신서원, 1997.
- 李太元 著,『初期佛教 敎團生活』, 서울: 雲舟社, 2000.
- 임혜봉 著,『宗正列傳』1, 서울: 文化文庫, 2010
- _____,『宗正列傳2-千古에 자취를 감춘 鶴처럼』, 서울: 가람기획, 1999.
- _____,『親日佛教論 上』, 서울: 民族社, 1993.
- 慈玄 著,『佛教史 100場面』, 서울: 佛光出版社, 2018.
- _____外 著,『石顚과 漢岩, 韓國佛教의 時代精神을 말하다』, 서울: 曹溪宗出版社, 2015.
- _____著,『五臺山을 가다』, 서울: 曹溪宗出版社, 2016.
- _____,『吞虛, 虛空을 삼키다』, 서울: 民族社, 2013.
- _____外 著,『漢岩과 龍城, 현대불교의 새벽을 비추다』, 서울: 쿠담북스, 2016.
- _____,『漢岩의 禪思想과 제자들』, 서울: 쿠담북스, 2017.
- _____,『漢岩·吞虛 研究 論集』, 서울: 民族社, 2020.
- 장윤수 著,『程朱哲學原論』, 서울: 理論과 實踐, 1992.
- 鄭珖鎬 編,『韓國佛教最近百年史編年』, 仁川: 仁荷大學校出版部, 1999.
- 鄭性本 著,『禪의 歷史와 禪思想』, 서울: 三圓社, 1994.
- _____,『中國禪宗의 成立史 研究』, 서울: 民族社, 2000.
- 曹龍溟 口述, 善友道場 韓國佛教近現代史研究會 編,『22人의 證言을 통해 본 近現代佛教史』, 서울: 善友道場出版部, 2002.
- 吞虛門徒會 編,『(增補版)方山窟法語-吞虛大禪師法語集』, 平昌: 五臺山月精寺, 2013.
- 吞虛佛教文化財團 語錄編纂室 編,『부처님이 계신다면』, 서울: 敎林, 2005, 2001.
- _____,『彼岸으로 이끄는 獅子吼』, 서울: 敎林, 2000.

540

- 韓國佛教研究院 編,『通度寺』, 서울: 一志社, 1999.
- 韓國佛教總覽 編纂委員會 編,『韓國佛教總覽』, 서울: 大韓佛教振興阮, 1998.
- 漢岩大宗師 著, 홍신선 註解,『할』, 서울: 휴먼앤북스, 2003.
- 漢巖門徒會·金光植 編,『그리운 스승 漢巖 스님(韓國佛教 25人의 證言錄)』, 서울: 民族社, 2006.
- 漢巖門徒會·五臺山 月精寺 編,『定本-漢岩一鉢錄 上·下』, 平昌: 漢巖門徒會·五臺山 月精寺, 2010.
- 漢巖門徒會 編,『修訂增補版 漢巖一鉢錄』, 平昌: 漢巖門徒會, 1996.
- ＿＿＿＿＿＿,『精選 漢岩一鉢錄』, 平昌: 五臺山 月精寺, 2013.
- ＿＿＿＿＿＿,『漢巖一鉢錄』, 平昌: 漢巖門徒會, 1995.
- 漢岩思想研究院 編,『漢岩禪師研究』, 서울: 民族社, 2015.
- 寒岩 撰, 尾友 李礫 編,『寒岩禪師法語』, 1922, 프린트본.
- 漢岩 編著,『(影印本) 漢岩禪師肉筆本 鏡虛集(全)』, 서울: 民族社, 2009.
- 海住 著,『華嚴의 世界』, 서울: 民族社, 1998.

- 孫明鉉 著,「隨筆-어떻게 살 것인가」,『(人文系) 高等學校 國語1』, 서울: 文教部, 1982.

4. **단행본**單行本(번역飜譯)

- Garma C. C. Chang 著, 이찬수 譯,『華嚴哲學』, 서울: 經書院, 1998.
- 가마타 시게오 著, 申賢淑 譯,『韓國佛教史』, 서울: 民族社, 1994.
- 다마키코 시로·카마타 시게오 外 著, 鄭舜日 譯,『中國佛教의 思想』, 서울: 民族社, 1991.
- 藤田宏遠 著, 崔法慧 編譯,『佛教倫理學論集』, 義城: 孤雲寺本末寺教育研修院, 1996.
- 蒙培元 著, 이상선 譯,『中國 心性論』, 서울: 法仁文化社, 1996.
- 사토 미츠오 著, 金浩星 譯,『初期佛教教團과 戒律』, 서울: 民族社, 1991.
- 狩野直喜 著, 吳二煥 譯,『中國哲學史』, 서울: 乙酉文化社, 1997.

- 야나기다 세이잔 著, 추만호·안영길 譯, 『禪의 思想과 歷史』, 서울: 民族社, 1992.
- 楊國榮 著, 김형찬·박경환·김영민 譯, 『陽明學』, 서울: 藝文書院, 1995.
- 오타기 마쓰오 著, 윤은숙·임대희 譯, 『大元帝國』, 서울: 혜안, 2013.
- 王國維 著, 조성천 譯, 『人間詞話』, 서울: 지식을 만드는 지식, 2016.
- 이부키 아츠시 著, 崔鈆植 譯, 『새롭게 다시 쓰는 中國 禪의 歷史』, 서울: 씨아이알, 2011.
- 李宗桂 著, 李宰碩 譯, 『中國文化槪論』, 서울: 東文選, 1993.
- 張垈年 著, 김백희 譯, 『中國哲學大綱 上』, 서울: 까치, 2000.
- 張德麟 著, 박상리 外 譯, 『程明道의 哲學』, 서울: 예문서원, 2004.
- 張立文 著, 안유경 譯, 『理의 哲學』, 서울: 藝文書院, 2004.
- 趙吉惠 外 著, 김동휘 譯, 『中國儒學史2』, 서울: 신원문화사, 1997.
- 周桂鈿 著, 문재곤 外 譯, 『講座中國哲學』, 서울: 藝文書院, 1996.
- 陳來 著, 안재호 譯, 『宋明 性理學』, 서울: 藝文書院, 1997.
- _____, 이종란 外 譯, 『朱熹의 哲學』, 서울: 藝文書院, 2002.
- 陳來 著, 전병욱 譯, 『陽明哲學』, 서울: 藝文書院, 2003.
- 蔡仁厚 著, 황갑연 譯, 『王陽明 哲學』, 서울: 瑞光社, 2001.
- 沖本克己 著, 佐藤繁樹 譯, 『새롭게 쓴 禪宗史』, 서울: 佛教時代社, 1993.
- 馮友蘭 著, 鄭仁在 譯, 『간명한 中國哲學史』, 서울: 螢雪出版社, 2008.
- _____, 곽신환 譯, 『中國 哲學의 精神[新原道]』, 서울: 瑞光社, 1993.
- 洪修平 著, 金鎭戊 譯, 『禪學과 玄學』, 서울: 운주사, 1999.
- 후루타 쇼킨·다나카 료쇼 著, 남동신·안지원 譯, 『中國禪宗의 六祖, 혜능』, 서울: 玄音社, 1993.

5. **단행본**單行本(외국外國)

- 高橋亨 著, 『李朝佛教』, 京城: 寶文館, 1929.
- 西尾賢隆 著, 『中世の日中交流と禪宗』, 東京: 吉川弘文館, 1999.
- 愛宕松男 著, 『元朝の對漢人政策』, 京都: 東亞研究所, 昭和 18年(1943).
- 野口善敬 著, 『元代禪宗史研究』, 京都: 禪文化研究所, 2005.

- 林秀一 譯, 『新譯漢文大系 第20卷-十八史略 上』, 東京: 明治書院, 東京, 1967.
- 朝鮮總督部 中樞院 編, 『心田開發に關する講演集』, 京城: 朝鮮總督府 中樞院, 昭和 11年(1936).
- 佐々木閑 著, 『出家とはなにか』, 東京: 大藏出版, 1999.
- 蔡方鹿 著, 『中國道統思想發展史』, 成都: 四川人民出版社, 2003.
- 平川彰 著, 『原始佛教の研究-教團組織の原型』, 東京: 春秋社, 1964.
- 馮友蘭 著, 『中國哲學史(下册)』, 上海: 華東師範大學出版社, 2003.

6. 박사학위논문 博士學位論文

- 姜好鮮, 「高麗末 懶翁惠勤 硏究」, 서울: 서울大 博士學位論文, 2011.
- 權奇完(文光), 「吞虛 宅成의 四敎會通思想 硏究」, 城南: 韓國學中央研究院 博士學位論文, 2018.
- 김순석, 「朝鮮總督府의 佛敎政策과 佛敎界의 對應」, 서울: 高麗大 博士學位論文, 2001.
- 김영희, 「1930·40년대 日帝의 農村統制政策에 관한 硏究」, 서울: 淑明女大 博士學位論文, 1996.
- 金炯錄(印鏡), 「蒙山德異의 禪思想 硏究」, 서울: 東國大 博士學位論文, 1999.
- 宋在雲, 「王陽明 心學의 硏究」, 서울: 東國大 博士學位論文, 1985.
- 廉仲燮, 「懶翁의 禪思想 硏究」, 서울: 高麗大 博士學位論文, 2014.
- _____, 「慈藏의 傳記資料 硏究」, 서울: 東國大 博士學位論文, 2015.
- 尹永海, 「朱子의 佛敎批判 硏究」, 서울: 西江大 博士學位論文, 1997.
- 李逢春, 「朝鮮初期 排佛史 硏究」, 서울: 東國大 博士學位論文, 1990.
- 李哲憲, 「懶翁 惠勤의 硏究」, 서울: 東國大 博士學位論文, 1997.
- 張成在, 「三峯의 性理學 硏究」, 서울: 東國大 博士學位論文, 1991.
- 최성렬, 「牧牛子 知訥의 圓頓觀 硏究」, 서울: 東國大 博士學位論文, 2007.

7. 학술논문學術論文(단행본單行本)

- 高崎直道, 釋元旭 譯, 「華嚴教學과 如來藏 思想」, 『華嚴思想論』, 서울: 雲舟社, 1990.
- 金光植, 「日帝下 佛教界의 總本山 建設運動과 曹溪宗」, 『韓國近代佛教史 研究』, 서울: 民族社, 1996.
- _____, 「朝鮮佛教曹溪宗의 成立과 歷史的 意義」, 『曹溪宗史 研究論集』, 서울: 中道, 2013.
- _____, 「吞虛 스님의 生涯와 教化活動」, 『吞虛禪師의 禪教觀』, 平昌: 五臺山月精寺, 2004.
- 木村淸孝, 鄭舜日 譯, 「Ⅶ. 華嚴宗의 成立-그 사상사적 고찰」, 『華嚴思想』, 서울: 經書院, 1996.
- 朴海鐺, 「8. 朝鮮 前期의 好佛論과 三教論」, 『資料와 解說, 韓國의 哲學思想』, 서울: 藝文書院, 2010.
- 辛奎卓, 「漢岩 禪師의 〈僧伽五則〉과 曹溪宗의 信行」, 『曹溪宗史 研究論集』, 서울: 中道, 2013.
- 兪瑩淑, 「眞覺國師 千熙의 生涯와 信仰」, 『韓國佛教文化思想史-伽山 李智冠 스님 華甲紀念論叢 上』, 서울 : 伽山佛教文化研究院, 1994.
- 李慈郎, 「律藏에 나타난 不同住에 관하여」, 『戒律 研究 論文集』, 서울: 정우서적, 2011.
- 許興植, 「高麗 科擧制度의 成立과 發展」, 『高麗科擧制度史 研究』, 서울: 一朝閣, 1981.
- 孝本貢編, 「大正·昭和期의 國家·旣成佛教教團·宗教運動」, 『論集日本佛教史』, 東京: 雄山閣出版株式會社, 1988.

8. 학술논문學術論文(학회지學會誌 소논문小論文)

- 강경희, 「〈採菊圖〉와 陶淵明 문학작품의 상호텍스트성 연구」, 『美術史論壇』 제46호(2018).

- 강석근,「鏡峰 靖錫 禪師의 悟道頌과 僧侶 交遊詩」,『韓國詩歌研究』
  제42권(2017).
- 강은경,「高麗後期 辛旽의 政治改革과 理想國家」,『韓國史學報』
  제9호(2000).
- 姜好鮮,「忠烈·忠宣王代 臨濟宗 수용과 高麗佛教의 變化」,『韓國史論』
  제46집(2001).
- 고승학,「華嚴 教學에서의 緣起 개념」,『佛教學研究』제37호(2013).
- 高榮燮,「曹溪宗의 戒定慧 三學 修行 전통–龍城·映湖·漢巖·慈雲을
  중심으로」,『佛教學報』제70집(2015).
- _____,「浮休 善修系의 禪思想과 法統認識」,『韓國佛教史研究』
  제4권(2013).
- _____,「吞虛의 周易觀과 佛教觀」,『韓國佛教學』제66집(2013).
- _____,「漢巖과 吞虛의 佛教觀–解脫觀과 生死觀의 同處와 不同處」,
  『宗教教育學研究』제26권(2008).
- _____,「漢巖의 一鉢禪」,『漢岩思想–胸襟(藏蹤)과 把拽(巧語)의 凝縮과
  擴散』제2집(2007).
- 구미숙,「王弼의 得意忘象에 관한 연구」,『大同哲學』제42집(2008).
- 權奇完(文光),「現代 韓國 禪思想의 두 지평–性徹의 '徹'적 家風과 吞虛의
  '吞'적 家風」,『東아시아佛教文化』제27집(2016).
- 權奇完(文光),「吞虛宅成과 東洋思想」,『韓國佛教學』제78집(2016).
- 권덕영,「唐 武宗의 廢佛과 新羅 求法僧의 動向」,『精神文化研究』
  제54호(1994).
- 琴章泰,「〈敬齋箴圖〉와 退溪의 居敬修養論」,『退溪學論集』제68집(1991).
- _____,「〈夙興夜寐箴圖〉와 退溪의 修養論的 實踐 課題」,『退溪學論集』
  제109집(2001).
- 김경숙(志恩),「圭峰宗密의 知思想 研究」,『韓國佛教』제51집2008).
- 김경집,「滿空 月面의 사상과 활동」,『佛教學研究』제12호(2005).
- _____,「한국 近現代佛教와 普照의 영향」,『普照思想』제27집(2007).
- 金光植,「覺皇寺의 設立과 運營–近代佛教 最初의 布教堂 研究」,
  『大覺思想』제6집(2003).
- _____,「金吞虛의 교육과 그 성격」,『淨土學研究』제6집(2003).

- _____, 「大韓佛敎曹溪宗의 成立과 性格-1941~1962년의 曹溪宗」,
『禪學』제34호(2013).
- _____, 「方漢岩과 曹溪宗團」, 『漢巖思想研究』제1집(2006).
- _____, 「白初月의 삶과 獨立運動」, 『佛敎學報』제39집(2002).
- _____, 「白初月의 의 抗日運動과 津寬寺」, 『韓國獨立運動史研究』
제36집(2010).
- _____, 「普門禪師의 삶과 修行者의 正體性」, 『韓國佛敎學』제79집(2016).
- _____, 「石顚과 漢岩의 문제의식」, 『韓國佛敎學』제70집(2014).
- _____, 「五臺山修道院과 金呑虛」, 『淨土學研究』제4집(2001).
- _____, 「五臺聖地의 중창주, 萬化 喜贊-僧伽五則의 계승과 실천」,
『淨土學研究』제28집(2017).
- _____, 「龍城과 漢岩의 행적에 나타난 정체성」, 『大覺思想』제23집(2015).
- _____, 「曹溪宗團 宗正의 歷史像」, 『大覺思想』제19집(2013).
- _____, 「呑虛의 時代認識과 宗敎觀」, 『韓國佛敎學』제63집(2012).
- _____, 「漢岩과 滿空의 同異, 그 행적에 나타난 불교관」, 『漢岩思想』
제4집(2009).
- _____, 「漢巖의 宗祖觀과 道義國師」, 『漢岩思想』제3집(2008).
- 김명배, 「李承晩의 民族運動에 나타난 基督敎 國家建設論과 社會倫理」,
『基督敎社會倫理』제32집(2015).
- 김방룡, 「知訥 禪思想 형성에 미친 중국불교의 영향」, 『佛敎學研究』
제23호(2009).
- _____, 「한국 근·현대 看話禪師들의 普照禪에 대한 인식」, 『佛敎學報』
제58집(2011).
- 김순석, 「1930년대 후반 朝鮮總督府의 '心田開發運動' 전개와 朝鮮佛敎界」,
『韓國民族運動史研究』제25권(2000).
- 김용태, 「'浮休系'의 系派認識과 普照遺風」, 『普照思想』제25집(2006).
- _____, 「曹溪宗 宗統의 역사적 이해-近·現代 宗名, 宗祖, 宗旨 논의를
중심으로」, 『禪學』제35호(2013).
- _____, 「朝鮮後期·近代의 宗名과 宗祖 인식의 역사적 고찰」, 『禪文化研究』
제8집(2010).
- 김종두(혜명), 「天台에서 본 漢岩 스님의 禪思想」, 『韓國佛敎學』제71집(2014).

546

- 金鍾眞,「寒巖禪師의〈參禪曲〉」,『漢岩思想』제2집(2007).
- _____,「寒巖禪師의〈參禪曲〉연구」,『國際語文』제39집(2007).
- 김진,「韓國佛教의 頓漸論爭」,『哲學研究』제54집(2001).
- 김진흠,「1950년대 李承晩 大統領의 '佛教 淨化' 諭示와 불교계의 정치
  개입」,『士林(成大士林)』제53권(2015).
- 金昌淑(曉吞),「鏡虛惺牛 法脈의 재검토」,『韓國佛教學』제65집(2013).
- _____,「石顚 朴漢永의〈戒學約詮〉과 歷史的 性格」,『韓國史研究』,
  제107호(1999).
- 金鐸,「金剛山의 由來와 그 宗教的 意味」,『東洋古典研究』제1집(1993).
- 金炯錄(印鏡),「漢巖禪師의 看話禪-禪問答 21조를 중심으로」,『漢岩思想』
  제3집(2008).
- 金浩星,「結社의 近代的 展開樣相」,『普照思想』제8집(1994).
- _____,「『바가바드기타』와 관련해서 본 漢岩의 念佛參禪無二論」,
  『漢岩思想』제1집(2006).
- _____,「師孝의 윤리와 출가정신의 딜레마 漢岩의『先師鏡虛和尙行狀』을
  중심으로」,『佛教研究』제38집(2013).
- _____,「漢岩의 道義-普照 法統說-〈海東初祖에 對하야〉를 중심으로」,
  『普照思想』제2집(1988).
- 김홍미(원과),「고따마 붓다의 正覺과 十二緣起」,『佛教學研究』제38호(2014).
- 南東信,「麗末鮮初期 懶翁 顯彰 運動」,『韓國史研究』제139호(2007).
- 閔賢九,「辛旽의 執權과 그 政治的 性格(上)」,『震旦學報』제38호(1968).
- 박인석,「荷澤宗의 傳承과 禪思想 검토-唐 宗密 및 金石文 자료를
  중심으로」,『禪學』제44호(2016).
- 박재현,「鏡虛 法脈의 傳承에 관한 書誌學적 검토」,『普照思想』
  제37집(2012).
- _____,「方漢岩의 禪的 지향점과 역할 인식에 대한 연구」,『哲學思想』
  제23호(2006).
- _____,「普照知訥의『華嚴論節要』연구-믿음[信]과 바람[願]을 중심으로」,
  『哲學』제70권(2002).
- _____,「漢岩을 통해 본 한국 근대불교에서 知訥의 위상」,『普照思想』
  제55집(2019).

- 박종석,「服制 禮訟에서 나타난 宗統에 대한 인식」,『歷史와 社會』
  제32권(2004).
- 朴贊洙,「高麗後期 國學의 變遷」,『泰東古典研究』제10집(1993).
- 박태원,「頓漸 論爭의 독법 구성」,『哲學論叢』제69집(2012).
- 박희승,「朝鮮佛教曹溪宗의 主役 연구-宗正과 宗務總長을 중심으로」,
  『淨土學研究』제4집(2001).
- 白道守,「漢岩의 戒律認識 考察」,『大覺思想』제23집(2015).
- 변희욱,「漢岩의 格外關門과 看話」,『漢岩思想』제4집(2009).
- 孫麗任,「楓巖 金終弼의〈採菊〉詩 연구-陶淵明의〈飮酒〉시편과의 비교를
  중심으로」,『東洋古典研究』제52집(2013).
- 손성필,「『真心直說』판본 계통과 普照知訥 撰述說의 출현 배경」,
  『韓國思想史學』제38집(2011).
- 서왕모(정도),「鏡峰禪師의 사상적 교류 고찰-普照國師, 漢岩禪師와
  龍城禪師를 중심으로」,『普照思想』제32집(2009).
- _____,「漢岩과 鏡峰의 悟後保任에 대한 연구」,『禪學』제39호(2014).
- 辛奎卓,「南宗禪의 地平에서 본 方漢巖 禪師의 禪思想-返照와 看話」,
  『漢岩思想』제2집(2007).
- _____,「漢岩禪師의 僧家五則과 曹溪宗의 信行」,『漢岩思想』
  제3집(2008).
- 안효순,「千古의 말 없는 鶴-方漢岩 禪師」,『文學·史學·哲學』제4호(2006).
- 安厚相,「佛教總本山 曹溪寺 創建考」,『普照思想』제15집(2001).
- _____,「韓國佛教 總本寺 建設과 李鍾郁」,『大覺思想』제10집(2007).
- 양태호,「王陽明의 '致良知說'에 관한 研究」,『東西哲學研究』제8권(1991).
- 廉仲燮,「〈戒箴〉의 분석을 통한 漢岩의 禪戒一致적 관점」,『大覺思想』
  제23집(2015).
- _____,「고려 말 功夫選의 시행과 의미 고찰-恭愍王과 懶翁의
  상호관계를 중심으로」,『圓佛教思想과 宗教文化』제64집(2015).
- _____,「功夫選의 전개양상과 功夫十節目」,『溫知論叢』제41집(2014).
- _____,「功夫十節目의 禪思想 고찰」,『東洋哲學研究』제80집(2014).
- _____,「懶翁의 功夫十節目에 대한 漢巖의 답변과 관점」,『韓國佛教學』
  제78집(2016).

- _____,「懶翁의 浮沈과 관련된 指空의 영향-指空에 대한 인식의 변화를 중심으로」,『國學研究』제24집(2014).
- _____,「懶翁의 붓다化에 대한 고찰」,『史學研究』제115호(2014).
- _____,「懶翁 出家의 문제의식과 그 해법」,『震旦學報』제122호(2015).
- _____,「魯英 筆 高麗 太祖 曇無竭菩薩 禮拜圖의 타당성 검토」,『國學研究』제30집(2016).
- _____,「붓다의 사회변화 수용과 승려의 威儀 문제 검토」,『圓佛教思想과 宗教文化』제60집(2014).
- _____,「붓다의 和合精神 강조와 그 현대적 의의-律 制定의 의미와 정신을 중심으로」,『大覺思想』제19호(2013).
- _____,「石顚과 漢岩을 통해 본 불교와 시대정신」,『韓國佛教學』제71집(2014).
- _____,「世祖의 上院寺 重創과〈上院寺重創勸善文〉에 대한 검토」,『韓國佛教學』제81집(2017).
- _____,「新羅五臺山의 정립에 있어서 文殊信仰과 華嚴」,『淨土學研究』제29집(2018).
- _____,「五臺山 文殊華嚴 신앙의 특수성 고찰」,『韓國佛教學』제63집(2012).
- _____,「五臺山史庫의 立地와 四溟堂」,『東國史學』제57집(2014).
- _____,「慈藏의 生沒年代에 대한 종합적 검토」,『東아시아佛教文化』제29호(2017).
- _____,「提婆達多 5法의 성립 배경 고찰-5법의 내포 의미와 관점 차이를 중심으로」,『哲學研究』제112집(2009).
- _____,「指空의 家系주장에 대한 검토-高麗에서 指空의 성공요인을 중심으로」,『震旦學報』제120호(2014).
- _____,「指空의 戒律觀과 티베트불교와의 충돌양상 고찰」,『溫知論叢』제44집(2015).
- _____,「指空의 戒律意識과 無生戒에 대한 고찰」,『韓國佛教學』제70집(2014).
- _____,「指空의 教·禪修學 주장에 대한 검토와 문제점」,『東洋哲學研究』제82집(2015).

- _____, 「『地藏經』의 중국 유행시기와 인도문화권 撰述의 타당성 검토」, 『東아시아佛教文化』 제37호(2019).

- _____, 「淸代의 학문 특징과 呑虛의 圓融論적 가치」, 『韓國佛教學』 제93집(2020).

- _____, 「漢江의 시원 정립에 관한 불교적인 영향 고찰」, 『禪學』 제25호(2010).

- _____, 「한국불교 戒律觀의 근본문제 고찰-중국문화권의 특수성을 중심으로」, 『宗教研究』 제72집(2013).

- _____, 「한국불교의 戒律 변화에 대한 타당성 모색」, 『宗教文化研究』 제24호(2015).

- _____, 「韓國佛教의 戒律的인 특징과 현대사회-日帝强占期와 曹溪宗을 중심으로」, 『佛教學研究』 제35호(2013).

- _____, 「한국불교 聖山인식의 시원과 전개-五臺山·金剛山·寶盖山을 중심으로」, 『史學研究』 제126호(2017).

- _____, 「漢岩과 呑虛의 僧伽教育 방향과 실천양상」, 『國學研究』 제39호(2019).

- _____, 「韓龍雲과 白龍城의 帶妻에 관한 관점 차이 검토」, 『東아시아佛教文化』 제36호(2018).

- _____, 「幻庵混脩의 嗣法 정황과 法系에 대한 인식변화 II」, 『東아시아佛教文化』 제32호(2017).

- 吳錫源, 「退溪의 聖學에 관한 고찰-《聖學十圖》를 중심으로」, 『大同文化研究』 제24집(1995).

- 오용석, 「看話와 返照에 대한 일고찰-大慧와 漢巖을 중심으로」, 『禪學』 제41호(2015).

- _____, 「『禪門寶藏錄』에 나타난 禪思想과 韓國禪에 미친 影響」, 『東西哲學研究』 제81호(2016).

- 元永常, 「暖庵 柳宗黙의 修行教化와 日本行蹟에 대한 試論적 考察」, 『韓國佛教學』 제79집(2016).

- 尹善泰, 「呑虛 스님의 求道過程과 人材養成」, 『韓國佛教學』 제66집(2013).

- 尹暢和, 「鏡虛의 酒色과 三水甲山」, 『佛教評論』 통권 52호(2012).

- _____, 「鏡虛의 知音者 漢岩」, 『漢岩思想』 제4집(2009).

- _____, 「附錄-漢岩禪師 年譜」, 『漢岩思想』 제3집(2008).
- _____, 「漢岩과 呑虛의 同異점 고찰」, 『韓國佛教學』 제63집(2012).
- _____, 「漢岩禪師와 奉恩寺」, 『文學·史學·哲學』 제47호(2016).
- _____, 「漢岩 禪師의 公案과 禪問答」, 『2014韓國佛教學 春季세미나 資料集』(2014).
- _____, 「漢岩禪師의 書簡文 考察」, 『漢岩思想』 제2집(2007).
- _____, 「漢岩의 自傳的 求道記〈一生敗闕〉」, 『漢巖思想研究』 제1집(2006).
- _____, 「話頭參句의 두 가지 방법과 漢岩禪」, 『大覺思想』 제23집(2015).
- 이경구, 「湖洛論爭을 통해 본 철학논쟁의 사회정치적 의미」, 『韓國思想史學』 제26권(2006).
- 李啓杓, 「辛旽의 華嚴信仰과 恭愍王」, 『歷史學研究』 제1호(1987).
- _____, 「華嚴寺의 歷史」, 『佛教文化研究』 제9권(2002).
- 이덕주, 「李承晚의 基督教 信仰과 國家建設論」, 『韓國基督教와 歷史』 제30호(2009).
- 李德辰, 「漢岩의 禪思想과 戒律精神」, 『韓國佛教學』 제71집(2014).
- 이동희, 「朱子學 形成에 관한 一考察」, 『東西文化』 제29집(1997).
- 이병욱, 「韓國近代佛教思想의 세 가지 유형-근대적 종교상황에 대응하는 새로운 종교활동이라는 관점에서」, 『新宗教研究』 제20집(2009).
- 이상하, 「『鏡虛集』 編纂, 刊行의 경위와 변모 양상」, 『東洋學』 제50집(2011)
- _____, 「『鏡虛集』 編纂, 刊行의 경위와 변모 양상」, 『漢岩思想』 제4집(2009).
- _____, 「漢巖 重遠의 普照·鏡虛 계승과 그 의미」, 『大覺思想』 제23집(2015).
- 이성운, 「漢岩과 智庵의 護法 觀」, 『2016韓國佛教學 春季세미나 資料集』(2016).
- 李元錫, 「출가 이전 呑虛의 傳統學術 修學과 求道入山의 軌迹」, 『韓國佛教學』 제66집(2013).
- _____, 「漢巖 스님의 不出洞口와 現實觀」, 『韓國佛教學』 제92집(2019).
- _____, 「漢巖의 上院寺 移居와 시기 검토」, 『淨土學研究』 제28집(2017).
- _____, 「漢巖의 出家 過程과 求道的 出家觀」, 『禪學』 제50호(2018).

- _____,「漢巖 重遠과 呑虛 宅成의 佛緣-呑虛의 出家 背景」,
『韓國佛敎學』제79집(2016).
- 李慈郎,「律藏의 根本理念에 입각한 曹溪宗 淸規制定의 방향-制戒十利를
중심으로」,『大覺思想』제19호(2013).
- 이재헌,「李承晩 大統領의 諭示와 佛敎淨化 운동의 전개」,『大覺思想』
제22집(2014).
- 李哲憲,「淸虛系의 禪思想과 法統認識」,『韓國佛敎史硏究』제4권(2013).
- 이해영,「李滉의 修養論-聖學十圖와 敬을 중심으로」,『退溪學』
제7집(1995).
- 李洪滿,「法藏에 있어 如來藏緣起說의 發展形態」,『열린정신 人文學硏究』
제1호(2000).
- 林明熙,「中國哲學史上的"系統說"與"道統"觀念」,『哲學과 文化』
제18집(2009).
- 정희경,「知訥의『華嚴論節要』에 대한 연구 현황 및 과제」,『南道文化硏究』
제29집(2015).
- 조성운,「『佛敎時報』를 통해 본 心田開發運動」,『韓國民族運動史硏究』
제67호(2011).
- 趙性澤,「近代韓國佛敎에서 漢岩의 역할과 불교사적 의의-萬海 그리고
鏡虛 와의 비교를 통해」,『韓國佛敎學』제71집(2014).
- 조영록,「崛山祖師 梵日 新傳」,『韓國史學史學報』제33집(2016).
- 전재강,「寒巖 禪師 參禪曲 구조의 역동성」,『우리말글』제48권(2010).
- 鄭盛準,「『時輪딴뜨라』성립의 密敎史的 의미」,『韓國佛敎學』
제32집(2002).
- 趙明濟,「高麗末 元代 看話禪의 수용과 그 사상적 영향-蒙山, 高峰을
중심으로」,『普照思想』제23집(2005).
- _____,「高麗後期『蒙山法語』의 受容과 看話禪의 展開」,『普照思想』
제12집(1999).
- 조성운,「『佛敎時報』를 통해 본 心田開發運動」,『韓國民族運動史硏究』
제67호(2011).
- 宗梵,「漢岩禪師의 禪思想」,『漢巖思想硏究』제1집(2006).
- 陳啓智,「朱子, 退溪와 佛道思想」,『退溪學論集』제80권(1993).

- 천병준, 「退溪의《聖學十圖》에 나타난 主敬의 眞意」, 『韓國의 哲學』 제38호(2006).
- 천봉(정명옥), 「慧諶의 話頭參究法-法語와 書答, 그리고 그 속의 禪詩를 중심으로」, 『韓國禪學』 제10권(2005).
- 첸용거(陳永革), 「从明末时期"祖师禅"与"狂禅"之辨看中国禅法的晚景」, 『東아시아佛教文化』 제16집(2013).
- 최근덕, 「朝鮮朝 禮訟의 배경과 발단에 관한 연구」, 『東洋哲學研究』 제24권(2001).
- 최동순, 「天台 圓融論의 立體的 分析」, 『韓國禪學』 제10호(2005).
- 최민자, 「宋·明代 新儒學의 思想的 系譜와 政治哲學的 含意 및 影響」, 『國家와 政治』 제17집(2011).
- 崔柄憲, 「朝鮮時代 佛教法統說의 問題」, 『韓國史論(金哲埈博士停年紀念號)』 제19호(1989).
- _____, 「韓國佛教 歷史上의 曹溪宗-曹溪宗의 歷史와 해결과제」, 『佛教評論』 통권 51호(2012).
- 최석원·김보경, 「南宋 文人의 三國 역사관 고찰-蜀漢 正統論과 인물 담론을 중심으로」, 『中國語文論叢』 제75집(2016).
- 崔鈆植, 「知訥 禪思想의 思想史的 檢討」, 『東方學志』 제144집(2008).
- _____, 「眞覺國師 千熙의 生涯와 思想」, 『文化史學』 제39호(2013).
- _____, 「『眞心直說』의 著者에 대한 새로운 이해」, 『震檀學報』 제94호(2002).
- 한긍희, 「1935~37年 日帝의 '心田開發' 정책과 그 성격」, 『韓國史論』 제35권(1996).
- 許興植, 「指空의 無生戒牒」, 『慶北大學校論文集』 제22집(1990).
- _____, 「指空의 無生戒牒과 無生戒經」, 『書誌學報』 제4호(1991).
- _____, 「指空의 遊歷과 定着」, 『伽山學報』 제1호(1991).
- 慧炬, 「三學兼修와 禪教融會의 漢巖思想」, 『淨土學研究』 제8집(2005).
- 홍현지, 「鏡虛의 三水甲山과 償債」, 『大覺思想』 제18집(2012).
- 黃仁奎, 「高麗後期 禪宗山門과 元나라 禪風」, 『中央史論』 제23집(2006).
- _____, 「懶翁과 五臺山 北臺」, 『佛教學研究』 제62호(2020).
- _____, 「懶翁과 幻庵의 불교계 활동과 五臺山 北臺」, 『曹溪宗 中興祖와 五臺山 北臺-2019年 佛教學研究會 秋季 學術大會 資料集』(2019).

- _____,「麗末鮮初 懶翁門徒의 五臺山 中興佛事」,『佛教研究』
  제36집(2012).
- _____,「修禪寺 16國師의 位相과 追念-松廣寺의 僧寶宗刹 설정과
  관련하여 試攷함」,『普照思想』제34집(2010).
- _____,「遍照 辛旽의 佛教界 行蹟과 活動」,『萬海學報』통권 제6호(2003).
- _____,「幻庵混脩의 生涯와 佛教史的 位置」,『慶州史學』제18집(1999).

9. 학술논문學術論文(외국外國)

- 田賀龍彥,「提婆達多の五法について」,『日本佛教學會年報』제29호(1964).

10. 잡지雜誌

- 姜大蓮,「佛教擁護會와 法侶의 覺悟」,『朝鮮佛教總報』제4호(1917).
- 具萬化,「その罪三千大天世界に唾棄する虛無し」,『朝鮮佛教』
  제28집(1926).
- 金九河,「謹告諸方」,『朝鮮佛教總報』제2호(1917).
- 四佛山人,「朝鮮佛教의 朝鮮律宗」,『朝鮮佛教叢報』제3호(1917).
- 山下眞一,「池田警務局長方漢巖禪師訪をふ」,『朝鮮佛教』제101호(1934).
- 安龍伯(總督府囑託),〈心田開發指導原理の再吟味(下)〉,『朝鮮』
  제235호(1936).
- 宇垣一成,「精神界のために貢獻せよ」,『朝鮮佛教』제99호(1934).
- 津田榮,「心田開發の根本的用意」,『朝鮮』제250호(1936).

- 『大衆佛教』.
- 『法輪』.
- 『佛光』.
- 『佛教』.
- 『佛教思想』.

- 『佛教時報』.
- 『佛教(新)』.
- 『禪苑』.
- 『現代文學』.
- 『現代佛教』.

11. 신문新聞

- 《大韓佛教》.
- 《東亞日報》.
- 《每日新報》.
- 《佛教新聞》.
- 《佛教新聞(續)》.

부록

1. 「一生敗闕」
－24세(1899)부터 37세(1912)까지 총 13년간의 求道 旅程으로 1913년 가을
무렵 撰述됨

余二十四歲 己亥(1899)七月 日에 在金剛山神溪寺普雲講會에서 偶閱普照
國師『修心訣』타가, 至 "若言心外有佛이요 性外有法이라하야 堅執此情하야 欲求
佛道者댄, 縱經盡劫토록 燒身煉臂(云云)하고 乃至 轉讀一大藏教하며 修種種苦
行이라도, 如蒸沙作飯하야 只益自勞處라."하야는, 不覺身心悚然하야 如大恨(限)
當頭라. 又 聞長安寺海雲(恩의 誤)庵이 一夜燒盡하야는 尤覺無常如火하야, 一切
事業이 皆是夢幻이라.

解夏後에 與同志含海禪師로 束裝登程하야 漸次南行하야 至星州靑岩寺修
道庵하야, 參聽鏡虛和尙이 說, "凡所有相 皆是虛妄이니, 若見諸相非相이면 卽見
如來라."하야는, 眼光忽開하여 盖盡三千界하니 拈來物物이 無非自己라.

留一宿하고 隨和尙하야 陜川海印寺路中에
問余曰, "古云호대, '人從橋上過에 橋流水不流라.'하니 是甚麼意志오?"
余答云호대, "水是眞이요 橋是妄이니, 妄則流而眞不流也니이다."
鏡虛和尙이 曰, "理固如是也나 然이나, 水是日夜流而有不流之理요 橋是日
夜立而有不立之理라."하시다.
余問호대, "一切萬物은 皆有終始本末이로되, 而我此本心은 廓然하야 無始
終本末이니, 其理畢竟如何닛고?"
和尙이 答云, "此是圓覺境界라. 經云호대, '以思惟心으로 測度如來圓覺境
界댄, 如取螢火로 燒須彌山하야 終不能着이라.'하시다."
又問, "然則如何得入이닛고?"
答호대, "擧話頭究之하면 畢竟得入이니라."

(又問호대,) "若知是話頭亦妄이면 如何오?"

答호대, "若知話頭亦妄이면, 忽地失脚이니 其處卽是 仍看'無字話'하라."

過寒際於海印寺禪社라가 一日作一偈云호대, '脚下靑天頭上巒하니 快活
男兒到此間이면, 跛者能行盲者見이리라 北山無語對南山이로다.'

和尙이 見而笑曰, "脚下靑天與北山無語句는 是나, 而快活男兒與跛者能行
句는 非也라."하시다.

過寒際後에 和尙發行하여 向通梵等寺나, 余則仍留라가 而偶得病하여 幾
死僅生이라.

過夏後에 卽發程하야 到通度寺白雲庵하야 留數朔이라가, 一日入禪次에
打竹篦에 又有開悟處하다.

而爲同行所牽하야 往梵魚寺安養庵하야 過冬하다.

翌春에 又到白雲庵하야 過夏次에 和尙住錫於靑岩寺祖堂할새 馳書招余어
늘, 余卽束裝하야 進謁하여 過一夏하고, 秋에 又 來海印寺禪院하야, 至癸卯(1903)
夏에 自寺中으로 請邀和尙할새, 和尙은 時在梵魚寺라가 來到하여 而禪衆二十
餘人과 同結夏矣라.

一日喫茶次에 有僧이 擧『禪要』云호대, "如何是實參實悟底消息이닛고?' 答
호대, '南山起雲北山下雨니라.' (有僧이) 問호대, 是甚麽意旨오?"

和尙이 答호대, "譬如尺蠖虫一尺之行一轉이라."하시고, 仍問大衆호대, "此
是甚麽道理오?"하시다.

余答호대, "開軒而腷坐하니, 瓦墻在前이니다."

和尙이 翌日에 陞座하야 顧大衆曰, "遠禪和의 工夫가 過於開心이라. 然雖
如是나 尙未知何者爲體하고 何者爲用이니라."

又 擧洞山云호대, "夏末秋初에 兄弟家가 各自散去하야 向萬里無寸草處去
라.'하나, 余則不然하야, '夏末秋初에 兄弟家가 各自散去할새, 路上雜草를 一一
踏着이라야 始得다.'하리니, 與洞山語로 是同가? 是別가?"

衆皆無對할새, 和尙云호대, "衆旣無對하니 余自對去하리라."하고는, 遂下堂
하야 歸方丈하시다.

解夏後에 和尙은 過梵魚寺하고 衆皆散去로되, 而余病하야 不能適他라.

一日에 看『傳燈錄』타가 至藥山對石寶云, "一物不爲處라."하야는, 驀然心路忽絶이 如桶底脫相似라.

而其冬에 和尙이 入北地하야 潛跡하시니 更不拜謁矣라.

甲辰(1904)坐通度寺하야 得錢治病이로대 而病亦不愈라. 隨緣度了六年光陰하고, 而庚戌(1910)春에 入妙香山하야 過熱際於內院(庵)하다. 秋에 往金仙臺하야 過熱寒二際하고, 而秋來孟山牛頭庵하야 過寒際하고, 而翌年(1912)春에 同居 ▨梨가 包粮次出去로대, 余獨在廚中着火타가 忽然發悟하니, 與修道開悟時와 少無差異라. 而一條活路가 觸處分明이라.

嗚呼라! 喁吟聯句하다.

時當末葉하야 佛法衰廢之甚하야 難得明師印證이라. 而和尙은 長髮服儒하야 來往於甲山江界等地라가 是歲(1912)入寂하시니, 餘恨可旣로다! 故로 書這一絡索葛藤하야 自責自誓하노라, 期其一着子明白하노라. 咄! 是何言歟아?!

着火廚中眼忽明,　　　從玆古路隨緣淸.
若人問我西來意,　　　岩下泉鳴不濕聲.

村尨亂吠常疑客,　　　山鳥別鳴似嘲人.
萬古光明心上月,　　　一朝掃盡世間風.

2. 〈禪院規例〉

– 1922년(47세) 乾鳳寺 萬日院 禪院의 籌室로 禪院運營의 원칙을 제시한 문건

學道에 非處衆이면 難以琢磨成器요, 處衆에 非模면 無以勸獎進業이니라. 其勸獎進業也는 禪家之急先務라. 故로 玆陳幾條規則하야 以爲將來龜鏡하노니, 唯願同志高士는 銘咸心腑하야 而互相勸勉이요, 莫輕忽, 莫輕忽이어다.

一. 依古叢林淸規하야 置首座二人호대, 而擇其德高行潔하야 爲衆模範者가 當之矣요. 若不具二人則只置一座로 可也니라. 若無則只存悅衆而已니 不必苟充事라.

一. 悅衆은 擇其事理明白하고 賞罰公正하여 能悅可衆心者하야 當之로대, 而若無如是人則擇其臘高工熟하고 善順衆意者하야 充任事라.

一. 院主는 擇其知因果, 識事理하고 信願이 堅固하야 處欲無染者하야 當之로대, 而若無如是人則當揀其信深有忍力하야 恒順衆議하고 毋營私己者하야 充任事라.

一. 知殿與書記, 看病及供司, 別座 等 各所任은 擇其可爲者하야 爲之하야 而各其當任이요. 亦自柔和誠勤하야 善治執務요, 毋至慢忽淸衆事라.

一. 衆中에 有乖角, 諍鬪, 惱亂諸衆者면, 悅衆은 當以慈心으로 敎導再三하야 期於改習이로대, 而若終不改過하고 如前頑悖者는 當檢擧告衆하야 擯出院外事라.

一. 上堂說法은 當以初一日十五日로 爲定하되, 而隨時請益이니, 任學者勤怠요, 不拘常準事라.

一. 旣發大心하야 參入此莊인댄, 當念無常하야 如火精進也요. 如救頭燃하야 期欲究竟이니, 此大事矣니라. 若無如是決烈之心이요, 而我慢懈怠로 等閒過日이면, 末梢頭에 未免惡業所牽矣리라. 如是人은 非徒埋沒自己라, 亦惱他人行道矣리라. 此乃自欺欺人하야 苟安衣食而已者也니, 切不得參入事라.

一. 普請(衆役)時에 當一齊聚會하야 同心均力이요, 而勿爲遲緩缺鬪하야 動搖衆心事라.

一. 如上規例外에 更有詳定事目이로대, 而似不便宜於禪院初創之日이라, 故로 姑俟法化隆盛之時에 隨機定規호대, 而不必宗主擅自裁定이요, 與衆協議하야 公明正大요, 而勿爲妄自專執하야 違於衆和事라.

已上九條 竟.

559

3. 〈禪衆芳啣 幷任員〉
- 1922년(47세) 乾鳳寺 萬日院 禪院의 龍象榜

第一回 冬安居 禪衆芳啣 幷任員(橫順)

籌 室: 寒巖重遠
第一座: 祥雲順悟
第二座: 海峰法仁
悅 衆: 尾友李礫
秉 法: 映海文哲
獻 食: 萬應尙律
知 殿: 河淡啓惺, 聖岩道典, 中庵法融, 月海宜水, 箕城海融, 錦仙坦法,
慧海普仁, 道明完悟, 船湖壁天, 海月世壎, 圓照修一
掃 地: 石丈能法
知 客: 龍湖道三
書 記: 東山慧日
院 主: 戒奉, 幸緣
茶 監: 利變
別 座: 順容
侍 者: 守日
供 司: 相念
米 監: 永洲
磨 糊: 指擧
淨 桶: 在爽
鍾 頭: 永湖
看 病: 鍾吃
火 臺: 池德玄

世尊應化, 二千九百四十八年, 辛酉(1922) 冬安居.

4. 「禪問答二十一條」

- 1922년^(47세) 乾鳳寺 萬日院 禪院의 동안거 결제 때, 悅衆이었던 李礫과 問答한 禪論으로 1933년에 『寒岩禪師法語』 속의 글로 간행됨

此 二十一問을, 老婆心切로 委曲提示하소서.

第一問: 參禪은 人生에게 有何關係乎잇가? 不爲라도 亦無妨乎잇가? 不得不爲之關係가 有乎잇가?

第一答: 達摩祖師云하사대, "心卽是佛이오, 佛卽是道오, 道卽是禪이라."하니, 是知禪者는 卽衆生心也라. 大凡衆生心에 有二種差別하니, 一者는 淨心이오, 二者는 染心이니, 染心者는 卽無明三毒之心也오, 淨心者는 卽無漏眞如之性也라.

念無漏眞如而隨順不二者는 等諸佛而不動解脫하고, 縱無明三毒而釀成諸業者는 落六趣而長劫輪廻하나니, 則淨心者는 是人之正路也며 安宅也오, 染心者는 是人之險途也며 火坑也라.

豈有智者가 捨正路, 曠安宅而趣險途, 墮火坑하야 欲受萬劫苦辛哉아? 公은 其深思之어다.

參禪者는 不是別件物事也라. 參者는 合也니, 合於自性하야 保養淨心而不外馳求也라.

唯願! 一切衆生이 同發眞正信心하야 悟入於無上大道하야 更不墮於邪網中하고, 速證佛果를 幸甚矣하노라.

第二問: 旣欲參禪인댄, 判何等心乎잇가?

第二答: 夫參學人이 欲明此一段大事因緣인댄, 最初頭에 信自心是佛이며 自心是法하야 究竟無異하야 徹底無疑니, 若不如是自判이면 雖萬劫修行이라도 終不得入於眞正大道矣리라.

故로 普照禪師云하사대, "若言心外有佛하고 性外有法이라하야 堅執此情하야 欲求佛道者댄, 縱經塵劫토록 燒身燃臂하며, 敲骨出髓하고 刺血寫經하며, 長坐不臥하고 一食卯齋하며, 乃至轉讀一大藏敎하야 修種種苦行이라도, 如蒸沙作飯하야 只益自勞爾라."하니, 是知自悟自修하야 自成佛道가 爲第一要妙也라.

設或 心外有佛이라도 佛是外佛이니 於我에 何有哉리오? 故云 "諸佛이 非我道라." 하니라.

第三問: 旣判初心인댄, 如何히 用工하여야 爲眞實參究乎잇가?

第三答: 上根大智는 於一機一境上에 把得便用이라 不必多言이어니와, 若論參究인댄, 當以 '趙州無字'와 '庭前栢樹子'와 '洞山麻三斤'과 '雲門乾屎橛' 等 無味之語로 疑來疑去하며, 擧來擧去하되, 如蚊子上鐵牛하야 下觜不得處하야 和身透入이니, 若有些毫差別念과 纖塵計較量이 動乎其間이면, 古所謂 "雜毒이 入心하야 傷乎慧命"이니, 學者第一深誡者也니라.

懶翁祖師云하사대, "念起念滅을 謂之生死니, 當生死之際에 盡力提起話頭하면 生死卽盡하리니, 生死卽盡處를 謂之寂이라. 寂中에 無話頭를 謂之無記오. 寂中에 不昧話頭를 謂之靈이니, 只此空寂靈知가 無壞無雜하면 不日成之라." 하시니, 學者는 當以斯語로 爲指南이니라.

第四問: 旣如實參究인댄, 如何한 것이 爲如實得力乎잇가?

第四答: 古德云하사대, "省力處가 便是得力處也라." 하니, 話頭가 到不疑而自疑하며 不擧而自擧하야, 六根門頭가 自然虛豁豁地하며 孤逈逈地하며 平安安地하야, 比如透照月華가 在灘浪中하야 觸不散蕩不失時에 大悟近矣리니, 到這裏하야 若生毫釐知覺心이면 卽斷純一之妙하야 不得大悟하리니, 切須誡之어다.

第五問: 旣如實得力인댄, 必爲悟徹이니 如何한 것이 爲如實悟徹境界乎잇가?

第五答: 古德云하사대, "明明無悟法이언정 悟法이면, 却迷人이라." 하고, 又云하사대, "悟了에 還同未悟時라." 하니, 若有悟徹境界면 便不是悟徹也라.

然則 '靈雲桃花'와 '香嚴擊竹'과 '玄沙趯指'와 '長慶捲簾' 等 諸大宗師所悟徹事는 皆傳虛也耶아? 仰山云하사대, "悟則不無나 爭奈爲第二頭리오." 하니, 道得一半了也라.

玄沙云하사대, "敢保老兄猶未徹이라." 하나니, 實老婆心切이로다. 到這裏하야 道有悟徹境界是아? 道無悟徹境界是아? 如何得諦當去오?!

良久云, '海天明月初生處에 巖岫啼猿正歇時니라.'

第六問: 旣悟徹後에는, 如何한 것이 爲如實修養乎잇가?

第六答: 古云, "已過關者는 不必問津이라."하니, 旣云悟徹인댄 何論修養이리오? 雖然如是나 雲月是同이나 溪山各異하니, 且聽下文註脚하라.

'一把柳條를 收不得하야, 和風搭在玉欄干이니라.'

第七問: 旣修養後에는, 如何한 것이 爲如實證得乎잇가?

第七答: 僧이 問趙州호대, "栢樹子還有成佛也無잇가?"

州云, "有니라."

僧云, "幾時에 成佛이닛고?"

州云하사대, "待虛空이 落地니라."

僧云, "虛空이 幾時에 落地오?"

州云하사대, "待栢樹子成佛이라."하시니,

此是 古人이 徹證無生하야 倒用橫拈底時節이어니와 卽今에 作麼生고? 速道速道하라. 虛空이 落地乎否아? 栢樹子成佛否아? 切不得作虛空이 不落地想이며, 栢樹子不成佛想이어다.

彈指一下云, '幾乎錯下註脚이로다.'

第八問: 旣證得後에는, 如何한 것이 爲如實圓滿克終乎잇가?

第八答: 古德云하사대, "目前에 無闍梨하고 此間에 無老僧하니, 不是目前法이며 非耳目之所到라."하니, 諸方善知識이 將此語하야 謂'什麼人境界오?'하나, 我到這裏에 總忘却了也로다.

第九問: 自初發心으로 至克終히, 何心이 爲第一緊要하오며 爲有力寶箴乎잇가?

第九答: 石頭和上『參同契』末句云하사대, "謹白參玄人하노니 光陰을 莫虛度라."하야늘, 後來에 法眼이 擧此語云하사대, "實恩大難酬라."하나니, 吾亦實恩大難酬로다.

雖然如是나 如何是 不虛度底消息고?

噓一噓云, '不喫甘桃柿하고 緣山摘醋梨니라.'

第十問: 看話與返照가 有何差異乎잇가? 每見今之學者 互相諍論하오니, 幸

垂詳細辨明하소서?

第十答: 余笑云, 上來所問은 依俙似曲繞勘聽이어니와, 此之問意는 又被風吹別調中이로다.

雖然如是나 聽吾一言하라.

'香象이 渡河에 能截流하나니, 莫關兎馬未窮底로다.

會麽아? 若未會댄, 吾今日與公으로 仔細說호리라.

昔에 仰山이 問潙山호대, "如何是眞佛住處잇고?"

潙山云하사대, "以思無思之妙로 返思靈焰之無窮하라. 思盡還源하면 性相이 常住하야 事理不二오, 眞佛이 如如니라."

仰山이 於言下에 大悟하시다.

後來에 心聞賁이 擧此話云하사대, "以思無思之妙로 返思靈焰之無窮하야 思盡還源이라."하시니, 這裏에 脫得去하면 更有什麽淨潔病이리오. 恁麽入囂塵逆順하면, 敎誰로 嗔喜染着이리오. 然後에 打徹明暗兩頭하고 向不明不暗處하야, 看'大悲院裏有齋話'하야사 方知來由며, 方知落着하리니, 恁時에 一隻眼으로 照破山下大地호대, 如倚天長劒할새, 誰敢當頭覷着고, 爾有如是筋骨이라사 方能向列聖叢中入作하야 因行掉臂하야 成就悲智願力하며, 己他兼利法門도 亦只從遮一條路去오, 別無道理라하니라.

'返思靈焰之無窮'이 非返照乎아?! 看'大悲院裏有齋話'가 非話頭乎아?!

仰山이 於'返思靈焰'之言下에 旣大悟어늘, 心聞賁이 何故로 更敎看話頭耶아? 發悟人이 皆如仰山則已어니와, 若未及於仰山所證處則知見이 未忘하야 生死心不破矣니, 生死心이 不破則何言大悟리오? 此賁禪師가 特爲返照中未徹者하야 言之也요.

又 高峰이 "'擧萬法歸一 一歸何處'하다가, 觸破打'死屍句子'하사 大地平沈하고 物我俱忘하야 把得定, 作得主어늘, 而被雪巖和尚의 '問正睡着時에 無夢無想▨(무슨 字인지 알 수 없음)[1150] 主在甚處오?'하야, 直得無言可對하며 無理可伸하야,

---

1150_ 일반적으로는 四集科 敎材 중 하나인 高峰和尚『禪要』의 '無見無聞' 네 글자가 들어가는 것이 맞는데, 여기에는 글자 수가 맞지 않는 문제가 존재한다.
『高峰和尚禪要』全1卷,「通仰山老和尚疑嗣書」(『卍新纂續藏經』70, 712b), "又問正睡著時, 無夢無想, 無見無聞, 主在甚麽處."

更教看我者‘一覺主人公이 在甚處하야, 安身立命고?’하야, 畢竟於同宿道友가 推枕作聲之下에, 如網羅中跳出하야 一念無爲하야 天下太平이라. 依前只是舊時人이오, 不改舊時行履處라.”하시니, ‘一歸何處’가, 非話頭乎아?! ‘看一覺主人公’이 非返照乎아?! 高峰이 旣於‘一歸何處’上에 把得定, 作得主어늘, 而雪岩이 因甚詰問而更教‘看一覺主人公’乎아? 此는 特爲看話中未徹者하야 教之也라. 果何優何劣이며 何圓何偏之差異乎아? 是知悟之徹不徹이 在於人之眞實與虛僞와 究竟與不究竟이오? 不在於方便之優劣淺深也라. 愼莫於佛祖正法上難生二見하야 自作障難焉이어다.

且 杲禪師가 答榮侍郞書云하사대, “但向日用應緣處하야 覰捕호대, 我自能與人으로 快斷是非曲直底는 承誰恩力고, 畢竟에 從甚麼處流出고, 覰捕來, 覰捕去하면, 平昔에 生處路頭는 自熟하리니, 生處旣熟則熟處却生矣리라. 那箇是熟處오? 五陰, 六入, 十二處, 十八界, 二十五有가 無明業識으로 思量計較하며 心識이 晝夜焰焰호대, 如野馬하야 無暫停底가 是라.

遮一絡索이 使得人으로 流浪生死하며 做不好事하니, 遮一絡索이 旣生則菩提涅槃과 眞如佛性이 便現前矣리라. 當現前時하야 亦無現前之量이니, 故로 古德이 契證得了코 便解道하사대, ‘應眼時에 若千日하야, 萬象이 不能逃影質이오. 應耳時에 若幽谷하야, 大小音聲이 無不足이니라.’ 如此等事는 不假他求요 不借他力이라. 自然向應緣處하야 活潑潑地니, 未得如此댄, 且將這思量世間塵勞心을 回在思量不及處하야 試思量看호대, 那箇是思量不及處오?

僧이 問趙州호대, ‘狗子還有佛性也無잇가?’ 州云 ‘無라.’하시니, 只這一字는 儘爾有什麼伎倆고? 請安排計較看하라. 計較安排를 無處可以頓放이오. 只覺得肚服裏悶하고 心頭煩惱時가 正是好底時節이니, 第八識이 相次不行矣리라. 覺得如此時에 莫要放却하고, 只就這無字上提撕하야 提撕來, 提撕去하면, 生處自熟하고 熟處自生矣리라.”하니, 大抵向日用應緣處하야 覰捕來, 覰捕去가, 非返照乎아? 將思量塵勞底心하야 回在無字上하야 提撕來, 提撕去가, 非話頭乎아? 然則杲禪師도 亦教人以返照法式而兼示以擧話大略하나니, 非特教示其法式大略而已라.

明明道하사대, “菩提涅槃眞妙如佛性이 便現前하면 生處自熟하고 熟處自生이라.”하니, 推此觀之則看話與返照兩箇做工上에 得其效力이 有何淺深也耶아? 古人之如斯教示機緣을 不可一一校擧而皆以返照與看話로 不存差別想이어늘, 今之學者가 互相攻擊하야 以爲杜撰者는 從甚麼處學得來오.

或依本分話頭하야 如法參究하다가, 小有休歇處則便以爲足而更不進步하고, 纔見涉理路者는 卽欲掃除하야 使滅蹤跡하나니, 殊不知佛祖化門中에 無限機權이 全從義理中出來하야 入泥入水하야 爲人徹困底大方便이니, 此人은 滯在冷淡無爲深坑中하야 動彈不得者也니라.

或以返照法門으로 如實看實究하다가, 小有凝閒意味則自以爲得而更不細審하고, 便作奇特想하야 逢人에 輒說道理呈知見하나니, 殊不知衲僧家本分正令이 烹佛烹祖하며 徹骨徹髓하야 七穿八穴하야 斷盡命根底活手段이니, 此人은 認門頭戶口光影하야 爲究竟安樂處也니라.

若如是乃已(爾)則吾佛正宗이 幾墜地矣리니, 可不痛惜哉아!

言念及此에, 公之所問이 正識時務而發起也라. 余雖淺識薄學이나, 豈可無一言辨明하야 以救其末流之弊痼也哉아! 故로 不覺打葛藤如此하노라.

然이나 古人이 云하사대, "學者가 但參活句언정 莫參死句니, 死句者는 有理路語路聞解思想故也오. 活句者는 無理路語路沒滋味摸 故也라." 하니, 學道人이 莫論返照與看話하고 如實參究者댄, 如一團火相似하야 近之則燒却面門이라. 都無佛法知解措着之處어니, 何暇에 論及於話頭也, 返照也, 同別也, 許多之乎者也아! 但現前一念하야 照徹無餘則百千法門과 無量妙義를 不求而圓得하야, 如實而見하며 如實而行하며 如實而用하야 出生入死에 得大自在矣리라.

深願은 在玆焉이니라.

※ 此下十問은 懶翁祖師 垂問을 仍用함.

第十一問: 盡大地人이 見色不超色하고 聞聲不越聲하나니, 作麽生超聲越色去오?

※ 此下十問은 懶翁祖師 垂問工夫十節目故로 但着語而已로다.

第十一答: 用超越聲色하야 作什麽오!

第十二問: 旣超越聲色이라도 要須下工(功)이니, 作麽生下箇正工(功)고?
第十二答: 早是邪了也로다.

第十三問: 旣下工인댄 要須熟工이니, 正熟工時에 如何오?

第十三答: 飯之熟은 似是나, 工之熟은 未是로다.

第十四問: 旣能熟工(功)인댄, 更加打失鼻孔이니 打失鼻孔時如何오?

第十四答: 熟工之前에 還有鼻孔也無아?

第十五問: 鼻孔을 打失하면 冷冷淡淡하야 全無滋味하며 全無氣力하야 意識不及하고 心路不行時에 亦不知有幻身이 在人間하리니, 到這裡하야 是什麼時節고?

第十五答: 幻化空身이 卽法身이오, 無明實性이 卽佛性이니라.

第十六問: 工夫旣到動靜無間하고 寤寐恒一하야 觸不散蕩不失하야, 如狗子見熱油鐺相似하야 要舐又舐不得하야 要捨又捨不得時에 作麼生合殺오?

第十六答: 切莫自慢이어다.

第十七問: 驀然到得如放百二十斤擔子相似하여, 崒地便折하며 崒地便斷時에, 那箇是你自性고?

第十七答: 張翰이 江東去하니, 正値秋風時로다.

第十八問: 旣悟自性인댄, 須知(自性)本用과 (隨緣)應用이니, 作麼生是本用과 應用고?

第十八答: 直須藏身處에 沒踪跡이요, 沒踪跡處에 莫藏身이어다.

第十九問: 旣知性用인댄 要脫生死니, 眼光落地時에 作麼生脫去오?

第十九答: 莫寐語어다.

第二十問: 旣脫生死댄 須知去處니, 四大各分에 向什麼處去오?

第二十答: 日面佛 月面佛이니라.

第二十一問: 旣脫生死댄 須知去處니, 正當恁麼人來하야는 如何提接乎잇가?

567

第二十一答: 且教伊體會大道니라.

又問: 旣是恁麽人이어니, 教什麽大道오?
答: 只這一縫을 尙不奈何로다.

更問: 已上 二十一答이 徹困徹困이어니와, 此後一棒은 作麽生商量잇고?
答: 以養化柄으로 打之云, 起着什麽所見고?!

又問: 莫錯打某甲하소서.
答: 住住不須說하라. 我法은 妙難思니라.

5. 〈戒箴〉
   - 漢巖이 스스로를 경계하기 위해 적어 놓은 글로 1942년 이전에 撰述됨

禪定宜以八法而得淸淨
一. 常居蘭若 宴寂思惟
二. 不共衆人 群聚雜說
三. 於外境界 無所貪着
四. 若身若心 捨諸榮好
五. 飮食少欲
六. 無攀緣處
七. 不樂修飾 音聲文字
八. 轉教他人 令得聖樂

又
持戒以具足八法而得淸淨
一. 身行端直
二. 諸業淳淨
三. 心無瑕垢
四. 志尙堅貞
五. 正命自資
六. 頭陀知足
七. 離諸詐僞不實之行
八. 恒不忘失菩提之心

又
不放逸以八法而得淸淨
一. 不汚尸羅
二. 恒淨多聞
三. 具足神通
四. 修行般若

五. 成就諸定

六. 不自貢高

七. 滅諸爭論

八. 不退善法

諸佛境界, 當求於一切眾生煩惱中, 諸佛境界, 無來無去, 煩惱自性, 亦無來無去, 若佛境界自性, 異煩惱自性, 如來則非平等正覺矣.

6. 「海東初祖에 대하야」
– 『佛教』제70호(1930. 4)에 '方寒岩'의 이름으로 발표한 글

法王法王이 出世出世에 心法을 傳授하시되, 반드시 '衣鉢'로써 表準을 삼으사 兩處傳授가 있으시니, 一은 佛의 相授이니, 前佛이 後佛에게 傳授하심이오. 二는 祖祖가 相傳이니, 法王滅度後에 祖師祖師가 서로 傳하야 道法不斷케 하심이라. 이러므로 我等本師 釋迦世尊께서 四十九年間에 說法度生하시고, 眞歸祖師께 받으신 祖師禪을 教밖에 別로 傳하사 摩訶迦葉에게 付囑하시고, 兼하야 衣鉢을 傳하사 三十三祖師가 代代相承케 하사 祖祖相傳의 意를 表示하시고, 또 衣鉢을 부치사 迦葉으로 하여금 가지고 鷄足山에 들어가 入定하였다가 彌勒佛 出世時에 가졌던 衣鉢을 드리게 하사 佛佛相授의 意를 表示하시고, 또 阿難으로 하여금 一代教義를 聽受하야 多聞第一이 되게 하시고, 畢竟 迦葉의 言下에 悟道케 하사 第二祖가 되고, 迦葉으로 第一祖가 되게 하셨으니, 이는 곧 後來 學佛者로 하여금 먼저 教意를 達한 後에, 다시 祖門에 들어가 明心通宗하야 祖師의 淵源을 繼嗣하야 佛祖慧命을 永不斷絕케 하신 命義시니, 누가 敢히 其間에 異議를 存하리오!

第三 第四로 次第傳授하사, 第二十八代 達磨祖師에 至하여, 祖道가 東土에 流傳할 時機를 觀察하시고, 震旦으로 오시사 宗旨를 擧揚하시되, 먼저 相을 斥하시고 바로 心을 指하시니, 教法流入한 後에 未曾有의 一大變革問題라. 見者聞者가 다 驚怖하야 退하는 者 全部였지만, 오직 慧可大師가 斷臂求法하사 言下에 知歸하시고 畢竟 祖師께서 所以를 言하라 하시는 命令下에 三拜依位하사, 得髓의 印可하심을 받으사 震旦에 第二祖가 되시고 達磨는 初祖가 되신지라, 第六祖 慧能大師에 至하야 聞經悟道하사 大丈夫 天人師 佛의 印可를 黃梅山 五祖 弘忍大師께 받으시고, 또 佛法이 由汝大行이라 하시는 記를 주시니, 自此로 祖門에 들어와 心法을 學하는 者 稻麻竹葦와 如한지라.

傳法悟道者를 不可勝記로대, 而其中에 南岳讓과 靑原思가 最高한 嫡子이오. 其餘 慧忠, 永嘉, 荷澤 等 諸大師도 다 廣大하게 正宗을 通達한 知識이라. 이로부터 衣鉢을 不傳하심은 다 各其 一方宗主가 되야 祖道를 光揚함에 對하야 뉘게 다 特別히 傳할 수 없는 사실이오. 또 爭端이 되야, 正法에 도리어 妨害가 있을까 預

測하심이라.

讓의 下에 馬祖道一禪師가 出하시니, 이는 곧 西天 第二十七祖 般若多羅尊者께서 達摩의 東來함에 對하야 一馬駒가 出하야 天下人을 踏殺하리라는 預記에 符合한 一大偉傑의 人格이라.

其下에 八十四人의 善知識이 同時 輩出하였으니, 西堂, 百丈, 南泉, 麻谷, 歸宗, 章敬, 鹽官 등 諸大禪師가 是也라. 自爾로 法化大暢하야 見者聞者가 다 觀感興起하는 心을 發하나니, 無上大法이 海外諸國에 流布하지 아니할 수 없는 時節因緣이 到來하였다.

其時에 新羅 道義大師가 望風西泛하사 西堂智藏和尙을 首謁하시고 法印을 得하야 東歸하심이 傳記가 昭昭하니, 그러면 達摩가 震旦에 初祖됨과 如히 道義가 海東에 初祖됨은 智者를 不待하고 可히 判定할 것이 아닌가! 뿐만 아니라 洪陟, 慧徹은 同 西堂에게, 梵日은 鹽官에게, 無染은 麻谷에게, 哲鑑은 南泉에게 玄昱은 章敬에게 得法한 先後는 差異가 不無하나, 다 同一히 馬祖下 知識에게 心印을 得하여 왔은즉 同是 六祖의 五世孫이라.

道義大師가 六祖를 景仰하야 曹溪宗이라 稱할 時에 洪陟, 慧徹 등 諸大師도 따라서 同心景仰할 것은 定한 理致가 아닌가!

또 『月報』 第五十八號에 退耕和尙의 曹溪宗에 對한 辯論을 看讀한 즉 〈祖師禮懺文〉中에 '迦智山祖師海外傳燈道義國師'라 稱한거와, 〈歌詠〉中에 '曹溪門扇是誰開' 句와 『三國遺事』에 '曹溪宗迦智山下'라 稱한 等, 文이 有力하게 證明하야 曹溪宗을 道義國師로부터 創立한 것이 조금도 疑問될 것이 없다.

西堂이 卽是 六祖의 四世孫인즉 其門下에 得法한 者가 그 偉大하신 祖師의 聖德을 어찌 慕悅敬愛치 아니하였으리오! 慕悅敬愛하는 本心片片中에서 曹溪宗이라는 名稱이 自然히 湧出하였다.

嗚呼라! 星曆이 蒼茫하고 傳史가 塵昏하야, 中間淵源은 誰某誰某가 繼嗣하였는지 詳細히 辯明할 수 없으나, 普照國師가 梵日의 後裔로서 大法幢을 松廣寺에 建立하사 最上宗乘을 開演하사 當世를 利益케 하시고, 또 『修心訣』, 『眞心直說』, 『看話決疑』, 『圓頓成佛論』 등 直截徑要의 法門을 著述하사 將來를 普覺케 하시니, 於是乎에 祖道大興하고 佛日重輝한지라. (熙宗의) 朝旨를 奉하여 山名을 曹

溪로 變改하셨으니, 이는 곧 멀리 六祖를 敬慕하고 다시 海東 諸國師의 曹溪宗 創立한 淵源을 繼承함이 아닌가! 不然하면, 何必更名曹溪하야 煩弊케 하였으리오.

또 國師의 出家한 事實은 同〈碑銘〉에 "年甫八歲에 投曹溪雲孫宗暉禪師 祝髮受具戒"라 하였으니, 宗暉가 卽是 曹溪雲孫이라 하였은즉, 淵源이 斷絶하지 아니한 것도 可히 追想할지라. 自後로 眞覺, 慈明 等 十六國師가 繼出하야, 道統淵源의 光明正大함이 西天四七과 唐土五宗에 比할지라.

或 말하기를 國師中에 모두 普照의 直孫이 아니라고 하겠지마는, 此人은 祖門의 道統淵源이 國家의 王位繼統과 如함을 不知함이라. 某派遠孫을 勿論하고 王位에만 오르면 곧 繼統이 되나니, 明心通宗하야 國師位를 繼封하야 第幾世第幾世라고 赫赫하게 稱함에 對하야 어찌 直孫아님을 議論하리오. 如此한 坦坦大路를 버리고 傍蹊曲徑으로 찾아가는 言說은 置之莫論할 것이로다.

그런데 近來 文學上에 太古普愚國師로 海東初祖를 定함이 班班이 現露되니, 이는 自違함이 너무 甚한 듯하다. 太古가 中興祖라 함은 或 그럴는지 모르나, 어떻게 初祖가 되리요? 太古의 道德이 비록 廣大高明하나, 初祖라는 '初'字에는 대단히 不適當하지 아니한가!

新羅諸國師의 首入祖門하야 得法東歸하신 것이, 今日 太古가 初祖라는 問題下에 歸於虛地가 되었으니 어찌 可惜지 아니하리오! 또 淵源繼統을 正直하게 辯明할 것 같으면, 今日 我等 兄弟가 太古淵源이 아니라고 斷言하고 싶다. 왜 그러냐 하면, 龜谷覺雲禪師가 曹溪宗 第十三國師 覺儼尊子의 孫弟子됨은 分明히 李能和先生 所著 『佛教通史』에 記載되었는데, 太古國師의 孫弟子라는 文句는 古來傳記與碑銘에 '都無하다.' 하였은즉, 何를 據하야 太古로써 龜谷의 法祖를 定할까 생각해 볼 것이다.

堂堂한 海東 曹溪宗 第十三國師의 孫弟子로서, 다시 臨濟宗後孫石屋에게 得法하여온 太古의 孫弟子가 될 必要가 無하다. 그러면 後人이 太古下에 龜谷을 繼續한 理由가 무엇인가? 이에 對하여 좀 憑據가 無한 比量을 하여보자.

高麗已墟하고 李朝初創에 高麗時人을 崇仰한다면, 某事를 勿論하고 必然的으로 沮毀할 것이오. 또 僧侶에게 壓迫을 내리는 時代라, 各宗을 禪教兩宗으로 合宗시킨 法令下에 다시 曹溪宗이라 稱할 수 없는 事實이다. 或 이렇게 말하리라. 虛應, 清虛, 松雲 等 諸禪師는 李朝時人이로되 '判曹溪宗宗事'가 되었다 하겠지

마는, 그것은 다 아시는 바와 같이 오랜 동안 壓迫을 내리든 끝에, 曹溪宗 三字를 添入한들 무슨 그다지 興味있는 것은 아니다. 그러나 宗門中에서는 慇懃히 舊日 曹溪宗을 追慕한 意思가 보인다. 그렇지 아니하면 判禪宗敎宗事라 아니하고, 曹溪宗宗事를 判한다는 言義를 表示하였으리오.

또 李朝에서 더욱이 支那를 崇拜한지라 僧侶가 支那淵源을 繼嗣한다면, 마치 儒者가 程朱를 思慕하는 것과 如히 國人이 或以爲然하야 僧侶行世에 좀 活動할 希望이 有하야 그러한 것 같다.

또 高麗末에 太古, 幻庵, 龜谷이 次第로 曹溪宗大禪師를 封하게 되었은즉, 臨濟宗淵源으로부터 太古, 幻庵을 嗣法하더라도 그다지 妄發되지는 않을 줄로 생각한 것이다. 또 〈太古國師碑銘〉에, 李太祖께서 弟子의 列에 올랐으니 잠깐 威權을 依賴한 것도 같다.

이렇게 여러 가지로 推究해 보건대, 後人이 時勢를 따라서 宗脈을 變更하는 同時에 海東의 赫赫한 曹溪宗이 없어지고 말았다.

또 碧溪正心禪師가 臨濟後孫 總統和尙께 得法而來하야, 다시 龜谷을 遠嗣함은 반드시 理由가 有하다. 龜谷이 心印을 傳치 못하시고 遷化하였은즉, 海東曹溪宗의 淵源이 斷絶됨을 慨惜히 여겨 龜谷이 第十三國師 覺儼尊者의 孫弟子인 故로, 그를 遠嗣하야 曹溪淵源을 復活케 하심은 事實이다. 不然이면 碧溪가 太古로 더불어 同是 臨濟後孫의 嗣法으로 다시 太古의 曾孫弟子될 必要가 무엇인가! 이리 생각해 보고 저리 생각해 보더라도, 我等 兄弟의 海東 曹溪宗 普照國師로부터 第十三國師 覺儼尊者의 孫弟子인 龜谷禪師와, 龜谷을 遠嗣하야 曹溪宗을 復活케 하신 碧溪禪師의 淵源이요, 太古의 淵源은 아니라고 아니하지 못할 줄로 斷言한다.

그런즉 自今爲始하야 道義國師로 初祖를 定하고, 次에 梵日國師로, 次에 普照國師로 第十三國師 覺儼尊者에 至하야, 拙庵甿衍, 龜谷覺雲, 碧溪正心, 이렇게 淵源을 定하야 다시 海東曹溪宗을 復活하는 것이 正當합니다.

만일 그렇지 아니하야 古人이 이미 오랜동안 施行한 것을 猝然히 改正하기 難하다 하야 太古國師를 繼嗣하더라도, 初祖는 반드시 道義國師로 定하고, 次에 同時得法而來하신 洪陟, 慧徹, 梵日 等 諸國師로, 次에 普照國師로 乃至 十六國

師로 爲首하고, 次에 曹溪宗大禪師를 封한 次序로 太古普愚國師를 繼續하야 太古, 幻庵, 龜谷, 碧溪, 碧松, 이렇게 繼統을 定하야 海東曹溪宗淵源을 正當하게 드러내어서, 첫째는 道義國師의 曹溪宗 首創하신 功德을 讚仰하고, 둘째는 普照國師의 上乘을 開演하야 祖道를 光輝하고 後來에 利益을 주신 恩義를 敬慕하고, 셋째는 海東曹溪宗이 繼承流通케 하신 諸大宗師의 盛德을 褒揚하고, 넷째는 碧溪禪師가 龜谷을 遠嗣하야 曹溪宗을 復活케 하신 本意를 發現하야 億百世 無窮토록 正法이 流通하기를 바라고 바라는 바이다.

7. 〈五臺山釋尊頂骨塔廟讚仰會 趣旨書・五臺山釋尊頂骨塔廟讚仰會 規約〉

第四章 會ノ組織

第四條 本會ハ本會ノ趣旨ニ贊同スル若男善女ヲ以テ組織ス

第五章 會員

第五條 本會ノ會員ハ左ノ六種ニ分ツ
一、普通會員
二、協成會員
三、贊助會員
四、維持會員
五、特別會員
六、名譽會員

第六章 機關

第六條 本會ノ業務ヲ處辨セシムル爲會ニ理事部及法要部ヲ置ク

第七條 理事部ニ於テハ庶務及會計ノ事務ヲ處理シ法要部ニ於テハ本規約第十五條及十七條第二號ニ規定スル勤務ヲ掌理ス

第七章 任員

第八條 本會ノ任員ハ左ノ如シ
一、會長 一人
二、法主 一人
三、顧問 若干人
四、幹事 若干人
五、書記 若干人

第九條 本會ノ事務ヲ掌理セシムル爲左ノ任員ヲ置ク

第十二條 會員ノ選定方法 左ノ如シ
一、會長ハ名望アル會員中ヨリ普通會員ニ於テ之ヲ選定ス
二、法主ハ出家會員中ヨリ評議員ニ於テ之ヲ選定ス
三、顧問ハ會員中ノ名望アル人士中ヨリ會長之ヲ推薦ス
四、幹事ハ會員中ヨリ法主ニ協議シテ會長之ヲ任命ス
五、書記ハ幹事ノ推薦ニヨリ會長之ヲ任命ス

第十三條 本會ノ重要事項ヲ評議セシムル爲ニ評議員三十一人ヲ置キ住持ヲ以テ之ニ充ツ

第十四條 本會ノ目的ヲ達成スル爲ニ會員ノ入會ノ際左ノ會費ヲ寄進スルモノトス
普通會員 金壹圓
協成會員 金五圓
贊助會員 金五圓
維持會員 金拾圓
　　　　 金貳拾圓

第十五條 …ル職務ニ從事スルトキハ其ノ實費ヲ支給ス
二、會員死亡シタル時ハ八幡魂ヲ應度セシムル爲四十九齋ヲ寂滅寶宮ニ於テ左ノ通リ擧行ス
普通會員 一日
協成會員 二日
贊助會員 三日
維持會員 七日
特別會員 七日
名譽會員 十日

第十六條 會員ノ芳名ハ八テ名簿ニ記載シテ永久ニ之ヲ保存ス 特ニ協成、贊助、維持、特別、名譽會員ノ芳名ハ別ニ板ニ揭ゲ永久ニ之ヲ紀念ス

第十七條 本會ノ目的ヲ完全ニ達成スル爲ニ左ノ事業ヲ必行ス
一、寂滅寶宮ヲ守護スル爲ニ月精寺ニ窮狀ヲ助力ス
二、寂滅寶宮ヲ守護スル爲ニ上院寺ニ禪院ヲ設備シ爲ニ且ツ佛願ヲ設備シ隆命ヲ紹介スルコトヲ得

第十八條 本規約ハ評議員ノ評議ヲ經テ之ヲ變更スルコトヲ得

發起人（承諾順）

	數正	方漢巖
中央佛教專門學校長		方漢巖
中央敎務院	理事	李混惺
中央禪院	理事	柳錦雲
大本山夢先寺	住持	張河應
大本山金龍寺	住持	崔允虛
大本山海南寺	住持	李鐘默
大本山楡岾寺	住持	楊漢海
大本山成鳳寺	住持	李乘昕
大本山傳燈寺	住持	梁漢奎
大本山慶州寺	住持	柳震應
大本山孤雲寺	住持	陳震庵
大本山醫王寺	住持	羅晴湖
大本山華嚴寺	住持	李權 月霞
大本山海印寺	住持	白景倚
大本山大興寺	住持	林印衒
大本山貝葉寺	住持	崔葉山

	數正	李普仁
大本山普門寺	住持	金普蓮
大本山神勒寺	住持	李寶蓮
大本山普賢寺	住持	姜大蓮
大本山釣魚寺	住持	張石巖
大本山松廣寺	住持	金鐵雲
大本山麻谷寺	住持	李寶潭
大本山成佛寺	住持	安香德
大本山通度寺	住持	金擎山
大本山華藏寺	住持	李擎山
大本山佳智寺	住持	金月峯
大本山龍珠寺	住持	黃瑾應
大本山法興寺	住持	李黃月
大本山永明寺	住持	金普賢
大本山自雲寺	住持	朴月泳
大本山白羊寺	住持	金普山
大本山佛影寺	住持	李普仁

朝鮮佛教禪教兩宗 中央教務院 理事		吳梨山
同		黃耕雲
內金剛長安寺	住持	玄雪峯
佛教社	社長	權相老
中央教堂	會主	白龍城
大慈院		白龍城
楡岾寺京城布教所		宋滿空
佛影寺禪院院主		吳性月
佛教博士		李性空
哲學博士		金法輪
報恩寺	住持	趙曇源
三和寺	住持	金曇曇
大本山月精寺	住持	李鐘郁

五臺山釋尊頂骨塔廟讃仰會趣旨書

釋尊頂骨塔廟即寂滅寶宮ハ大本山江原道平昌郡五臺山月精寺ノ疆內ニ在リ抑モ五臺山ノ開基ハ新羅無比ノ高僧大國統(國師)ナリ國師ハ姓金氏新羅二十七代善德王ノ近親武林公ノ第二子ニシテ(俗名ヲ善宗公)法名ヲ慈藏法師ト稱ス幼ニシテ父母ヲ喪ヒ人世ノ無常ヲ感ジ沙門ニ志シ田地家庄ヲ喜捨シテ精舍トナス時ニ大臣死シテ後繼ナシ王公ヲ大臣ニ擧ゲントシ切ニ勸メ賜ヒシガ公ハ志願ノ有ル所頗ル深ク名爵ヲ嫌ヒ固辭シテ受ケズ王怒リテ公ヲ殺サントス公曰ク「百年戒ヲ破リテ生キンヨリ一日戒ヲ守リテ死スルニ如カズ」ト王公ノ決心ノ堅キニ感ジ遂ニ公ノ志望ヲ容ル則唐ノ貞觀十年入唐シ律宗ノ名刹南山ノ雲際寺ニ入リ求聞持法律宗ノ玄秘ヲ悟得シ博ク諸宗ノ敎義ヲ究メ後佛陀ノ遺蹟タル唐ノ五臺山ニ入リ文殊菩薩ノ眞身ニ謁シ釋尊ノ頂骨ト佛舍利及袈裟ヲ受得歸國セシガ其當時緇徒ノ風儀大ニ紊レ戒律頗ル弛廢ス師之ヲ嘆キ上奏シテ僧政ヲ整頓シ弛廢セル戒律ヲ興振シ以テ佛敎ノ面目ヲ一新ス新羅ヲシテ眞ノ佛敎國タラシメタルハ全ク師ノ功勞ニ外ナラザルナリ王深ク歸依シテ大國統(國師)ノ法號ヲ賜フ

師一夜夢ニ文殊菩薩ニ謁ス江陵府ノ西百餘里人跡未到ノ蓬谷ニ佛緣深キ五臺ノ勝地アリ此地ニ佛骨ヲ奉安スベシト告ゲ賜フ師大嶽ニ登リ踏査スルニ果セル哉諸山ノ冠嵬蜿蟺磚磅トシテ唐ノ五臺山ニ髣髴タル靈岳アリ於是乎此山ヲ開キ中臺ヲ地盧東臺ヲ滿月西臺ヲ長嶺南臺ヲ麒麟北臺ヲ象王ト稱ス即中臺清淨ノ勝地ヲトシ塔廟ヲ建テ釋尊ノ頂骨ヲ奉祀ス寂滅寶宮即是ナリ故ニ寂滅寶宮ハ實ニ全世界ニ於ケル佛敎祖宗ノ靈場ナリ故ニ爾來靈驗ノ顯著ナル不可思議ナル靈異ノ多キコト擧テ縷述スルニ遑アラザルモ就中新羅ノ神文王ノ太子寶川孝明昆季ガ當山ニ入リ結茅修道至誠虔禱ノ際於東臺一萬體ノ觀世音菩薩於南臺一萬體ノ地藏菩薩於西臺一萬體ノ勢至菩薩於北臺一萬體ノ彌勒菩薩於中臺一萬體ノ文殊菩薩ヲ親見セル事蹟ハ五萬眞身ト稱シ千載ノ下歷史ノ傳フル所ナリ若シ夫レ天下唯一ノ名山靈場ニアラズンハ豈如斯靈異アランヤ是卽五萬菩薩ガ佛陀ノ聖廟ヲ守護シ賜フニ外ナラサルナリ當山ハ實ニ如斯緣起ヲ有スルガ故ニ昔者當山ニ登ル者一歩一拜瞻仰景慕シテ尊敬セシ靈場ナルヲ以テ李朝ニ至リ漸次尊儒排佛ノ聲昂マリ佛敎ハ政府及儒生ノ非常ナル壓迫ヲ受ケ殆ント滅亡セントスルガ如キ狀況ニ陷リシモ獨ク當山ノミハ歷代王家ノ信仰淺カラズ太祖高皇帝當山中臺ニ御親臨七晝夜奉佛供進アラセラレ亦世祖大王身患ノ爲當山上院寺ニ行幸文殊菩薩尊像ノ前ニ百日祈禱ノ功德ニ依リ平癒アラセラレシコトハ賜牌文蹟ニ昭然タル所ナリ亦宣祖大王ノ時國家ノ至寶タル國譜ト史記ヲ當山ニ格納アラセラレ守護ヲ命令ゼラレシニ依リ當山ニ於テハ每年一囘此寶物ヲ曝曬手入ヲ爲シ鄭重ニ保管シ來リシガ大正三年中政府ノ命ニ因リ古今ノ至寶トシテ東京ニ移送セラレタリ當山ハ如斯無比獨特ノ歷史ヲ有スルガ故ニ緇徒間ニ在リテハ大本山中ノ大宗本山ト稱シツツアル名刹ナリ然ルニ距今約十年前時ノ住持世事ニ通ゼザリシ故多額ノ負債ヲ生ジ爲ニ永代供養料トシテ王家ヨリ下賜セラレタル田地ヲ全部競賣處分ニ附セラレシニ依リ止ムヲ得ズ其事情ヲ總督府當局ニ上申ノ結果當局ニ於テモ朝鮮無比ノ名刹ヲ廢滅セシムルニ忍ビズトナシ整理會ヲ設ケ目下江原道當局ニ於テ整理中ナリ月精寺ガ如斯非運ニ陷リシ爲從來ノ如ク同寺ニ於テ寂滅寶宮ヲ保護シ香火ヲ繼續スルコト能ハザルニ至レリ故ニ若シ此儘同寺ニ一任スルニ於テハ佛陀ノ遺蹟タル千古ノ靈場寂滅寶宮モ遂ニ風雨ニ朽滅スルヤ必セリ今ニシテ之ガ保存ノ方法ヲ講ゼザレバ悔ヲ千載ニ貽ス虞アルヲ慮リ同志相謀リ此塔廟ヲ修理保存シ永遠ニ香火ヲ絕タザル爲メ一面朝鮮唯一ノ大宗本山タル月精寺ノ復興ヲ計ル目的ヲ以テ茲ニ本會ノ設立ヲ發起スルニ至レリ

願クハ普ク天下ノ同志諸彥官民ノ別ナク道俗ヲ問ハズ老若男女ヲ論ゼズ本會ノ趣旨ニ贊同アラセラレ入會アランコトヲ切ニ希フ

昭和六年一月　日

五臺山釋尊頂骨塔廟讃仰會規約

第一章　名稱

第一條　本會ハ五臺山釋尊頂骨塔廟讃仰會ト稱ス

第二章　位置

第二條　本會ノ事務所ハ江原道平昌郡月精寺ニ之ヲ置ク但シ必要ニ應シ出張所ヲ京城ニ置クコトヲ得

第十條　任員ノ職務左ノ如シ

一、會長ハ本會ヲ代表シ會務ヲ總理ス

二、法主ハ會長ヲ補佐シ法要事務ヲ主管シ且ツ會長事故アル時ハ其ノ職務ヲ代理ス

三、顧問ハ會長ノ諮問ニ應

特別會員　金五拾圓

名譽會員　金百圓

第九章　業務

第十五條　本會ハ會員ノ美誠ヲ報恩スル爲メ左ノ通其ノ幸福ノ增進及冥福ヲ祝禱ス

一、[illegible]

本會役員

會長　中樞院副議長勳一等　侯爵　尹德榮

法主

顧問
中樞院顧問勳一等　男爵　朴泳孝
中樞院顧問勳一等　校正　李用爽
中樞院顧問勳一等　子爵　閔丙奭
中樞院參議勳一等　子爵　李夏榮
中樞院顧問勳一等　子爵　有田豐志一耶
朝鮮殖產銀行頭取　和田一郎
朝鮮商業銀行頭取　部田豐盛
朝鮮總督府農產局長　松武欽一
朝鮮總督府殖産局長　今村武志
朝鮮總督府內務局長　村相範喆
朝鮮銀行副頭取　李範昇
朝鮮銀行頭取　松村喆龍
朝鮮生命保險會社長　韓相龍

評議員
朝鮮生命保險會社長　姜大蓮
朝鮮信川郡貝葉寺住持　羅晴湖
朝鮮黃海道信川郡貝葉寺住持　中允仁
大本山黃海道成佛寺住持　李普潭
大本山京畿道傳燈寺住持　李普潭
大本山京畿道楊州郡希星寺住持　崔普山
大本山京畿道龍珠寺住持　中晴仁
大本山京畿道水原郡龍珠寺住持　李賽潭
大本山同　黃州郡成佛寺住持

中樞院參議　男爵　沈鎭河
中樞院參議　男爵　金漢睦
中樞院參議　朴齊璜
中樞院參議　柳陽河
中樞院參議　李重世
中樞院參議　秦喜葵
中樞院參議　李敬植
中樞院參議　朴濟惠

江陵商事株式會社
京城道知事
朝鮮佛敎振興會長
專務取締役
黃海道知事
黃海道知事
京畿道評議員
中樞院參議

李根字
韓榮達
崔能達
中村遽太
村本市
山本卽
李永市
韓圭復
崔滑集
李浩耶
李浩忍浩字

大本山平南　平壤府永明寺住持　金寶蓮
大本山平北　平安郡法興寺住持　黃應峯
大本山威南　安邊郡釋王寺住持　張碧應
大本山威南　安邊郡釋王寺住持　宋碧霜
大本山忠南　公州郡麻谷寺住持　李月宗德
大本山忠南　報恩郡法住寺住持　陳石德
大本山全北　金堤郡金山寺住持　甘月船
大本山全南　順天郡松廣寺住持　許仁岳
大本山全南　求禮郡華嚴寺住持　金雲月立
大本山全南　長城郡白羊寺住持　金大蓮山
大本山慶北　達城郡桐華寺住持　崔大錦郁
大本山慶北　永川郡銀海寺住持　楊滿蓮
大本山慶北　義城郡孤雲寺住持　黃仁澤燆
大本山慶北　陜川郡海印寺住持　權衍澤
大本山慶南　東萊郡梵魚寺住持　楊虛舟
大本山慶南　陜川郡海印寺住持
大本山原州郡　月精寺住持
大本山同　高城郡楡岾寺住持
大本山同　平昌郡月精寺住持

五臺山釋尊頂骨塔廟讚仰會趣旨書

8. 漢岩 關聯 單行本과 論文 目錄

1) 단행본(논문집 포함)

(1) 원서
- 寒岩 撰, 尾友李礫 編, 『寒岩禪師法語』, 1922, 프린트본.
- 漢巖重遠 撰, 金知見 校勘, 延南居士 編著, 『先師鏡虛和尙行狀』, 서울: 大韓傳統佛敎硏究院出版部, 1982.
- 釋明正 編譯, 『漢岩集』, 梁山: 通度寺 極樂禪院, 1990.
- 漢巖門徒會 編, 『漢岩一鉢錄』, 平昌: 漢巖門徒會, 1995.
- _____, 『修訂增補版 漢岩一鉢錄』, 平昌: 漢巖門徒會, 1996.
- 漢岩 編著, 『(影印本) 漢岩禪師肉筆本 鏡虛集(全)』, 서울: 民族社, 2009.
- 漢巖門徒會·五臺山 月精寺 編, 『定本-漢岩一鉢錄 上·下』, 平昌: 漢巖門徒會·五臺山 月精寺, 2010.
- 漢巖門徒會 編, 『精選 漢岩一鉢錄』, 平昌: 五臺山 月精寺, 2013.

- 國立中央博物館 編, 『月精寺의 漢岩과 呑虛』, 서울: 國立中央博物館, 2013.
- 五臺山 月精寺 編, 『漢岩·呑虛禪師 書簡文 上·下』, 서울: 民族社, 2014.

(2) 증언집
- 漢巖門徒會·金光植 編, 『그리운 스승 漢巖 스님(韓國佛敎 25人의 證言錄)』, 서울: 民族社, 2006.

(3) 2차 자료 - 생애
- 金浩星 著, 『方漢岩禪師』, 서울: 民族社, 1995.
- 임혜봉 著, 『宗正列傳2-千古에 자취를 감춘 鶴처럼』, 서울: 가람기획, 1999.
- 漢岩大宗師 著, 홍신선 註解, 『할』, 서울: 휴먼앤북스, 2003.
- 남지심 著, 『(小說) 漢岩』, 서울: 民族社, 2016.

(4) 3차 자료 - 논문집

- 玆玄 外 著, 『石顚과 漢岩, 韓國佛教의 時代精神을 말하다』, 서울: 曹溪宗出版社, 2015.
- 漢岩思想研究院 編, 『漢岩禪師研究』, 서울: 民族社, 2015.
- 玆玄 外 著, 『漢岩과 龍城, 현대불교의 새벽을 비추다』, 서울: 쿠담북스, 2016.
- _____, 『漢岩의 禪思想과 제자들』, 서울: 쿠담북스, 2017.
- _____, 『漢岩·呑虛 研究 論集』, 서울: 民族社, 2020.

2) 학회논문

(1) 직접적인 연구

① 선사상 연구

- 慧炬, 「三學兼修와 禪敎融會의 漢巖思想」, 『淨土學研究』 제8집(2005).
- 宗梵, 「漢岩禪師의 禪思想」, 『漢岩思想』 제1집(2006).
- 金浩星, 「『바가바드기타』와 관련해서 본 漢岩의 念佛參禪無二論」, 『漢岩思想』 제1집(2006).
- 辛奎卓, 「南宗禪의 地平에서 본 方漢巖 禪師의 禪思想-返照와 看話」, 『漢岩思想』 제2집(2007).
- 高榮燮, 「漢巖의 一鉢禪-胸襟(藏蹤)과 把拽(巧語)의 凝縮과 擴散」, 『漢岩思想』 제2집(2007).
- 金炯錄(印鏡), 「漢巖禪師의 看話禪-禪問答 21조를 중심으로」, 『漢岩思想』 제3집(2008).
- 尹暢和, 「鏡虛의 知音者 漢岩」, 『漢岩思想』 제4집(2009).
- 변희욱, 「漢岩의 格外關門과 看話」, 『漢岩思想』 제4집(2009).
- 박재현, 「方漢岩의 禪的 지향점과 역할 인식에 대한 연구」, 『哲學思想』 제23호(2006).
- 서왕모(정도), 「漢岩과 鏡峰의 悟後保任에 대한 연구」, 『禪學』 제39호(2014).
- 김종두(혜명), 「天台에서 본 漢岩 스님의 禪思想」, 『韓國佛教學』

제71집(2014).

- 尹暢和,「漢岩 禪師의 公案과 禪問答」,『2014韓國佛敎學 春季세미나
資料集』(2014).

- _____,「話頭參句의 두 가지 방법과 漢岩禪」,『大覺思想』제23집(2015).

- 오용석,「看話와 返照에 대한 일고찰-大慧와 漢巖을 중심으로」,『禪學』
제41호(2015).

- 이상하,「漢巖 重遠의 普照·鏡虛 계승과 그 의미」,『大覺思想』
제23집(2015).

- 廉仲燮,「懶翁의 功夫十節目에 대한 漢巖의 답변과 관점」,『韓國佛敎學』
제78집(2016).

- 박재현,「漢岩을 통해 본 한국 근대불교에서 知訥의 위상」,『普照思想』
제55집(2019).

② 생애 연구

- 尹暢和,「漢岩의 自傳的 求道記〈一生敗闕〉」,『漢岩思想』제1집(2006).

- 안효순,「千古의 말 없는 鶴-方漢岩 禪師」,『文學·史學·哲學』제4호(2006).

- 尹暢和,「漢岩禪師와 奉恩寺」,『文學·史學·哲學』제47호(2016).

- 李元錫,「漢巖 重遠과 呑虛 宅成의 佛緣-呑虛의 出家 背景」,
『韓國佛敎學』제79집(2016).

- _____,「漢巖의 上院寺 移居와 시기 검토」,『淨土學研究』제28집(2017).

- _____,「漢巖의 出家 過程과 求道的 出家觀」,『禪學』제50호(2018).

- _____,「漢巖 스님의 不出洞口와 現實觀」,『韓國佛敎學』제92집(2019).

③ 종단 및 시대 인식 연구

- 金浩星,「漢岩의 道義-普照 法統說-〈海東初祖에 對하야〉를 중심으로」,
『普照思想』제2집(1988).

- 박희승,「朝鮮佛敎曹溪宗의 主役 연구-宗正과 宗務總長을 중심으로」,
『淨土學研究』제4집(2001).

- 金光植,「方漢岩과 曹溪宗團」,『漢岩思想』제1집(2006).

- 辛奎卓,「漢岩禪師의 僧家五則과 曹溪宗의 信行」,『漢岩思想』
제3집(2008).

- 金光植,「漢巖의 宗祖觀과 道義國師」,『漢岩思想』제3집(2008).
- _____,「石顚과 漢岩의 문제의식」,『韓國佛敎學』제70집(2014).
- 廉仲燮,「石顚과 漢岩을 통해 본 불교와 시대정신」,『韓國佛敎學』
　　　　제71집(2014).
- 趙性澤,「近代韓國佛敎에서 漢岩의 역할과 불교사적 의의–萬海 그리고
　　　　鏡虛와의 비교를 통해」,『韓國佛敎學』제71집(2014).
- 金光植,「龍城과 漢岩의 행적에 나타난 정체성」,『大覺思想』제23집(2015).
- 이성운,「漢岩과 智庵의 護法 觀」,『2016韓國佛敎學 春季세미나
　　　　資料集』(2016).

④ 계율 연구
- 李德辰,「漢岩의 禪思想과 戒律精神」,『韓國佛敎學』제71집(2014).
- 廉仲燮,「〈戒箴〉의 분석을 통한 漢岩의 禪戒一致적 관점」,『大覺思想』
　　　　제23집(2015).
- 白道守,「漢岩의 戒律認識 考察」,『大覺思想』제23집(2015).
- 高榮燮,「曹溪宗의 戒定慧 三學 修行 전통–龍城·映湖·漢巖·慈雲을
　　　　중심으로」,『佛敎學報』제70집(2015).

⑤ 문학 연구
- 金鍾眞,「寒巖禪師의〈參禪曲〉」,『漢岩思想』제2집(2007).
- _____,「寒巖禪師의〈參禪曲〉연구」,『國際語文』제39집(2007).
- 전재강,「漢岩 禪師 參禪曲 구조의 역동성」,『우리말글』제48권(2010).

⑥ 기타
- 金浩星,「結社의 近代的 展開樣相」,『普照思想』제8집(1994).
- 尹暢和,「漢岩禪師의 書簡文 考察」,『漢岩思想』제2집(2007).
- _____,「附錄–漢岩禪師 年譜」,『漢岩思想』제3집(2008).
- 金光植,「漢岩과 滿空의 同異, 그 행적에 나타난 불교관」,『漢岩思想』
　　　　제4집(2009).
- 이상하,『鏡虛集』編纂, 刊行의 경위와 변모 양상」,『漢岩思想』
　　　　제4집(2009).

- 高榮燮,「漢巖과 呑虛의 佛敎觀-解脫觀과 生死觀의 同處와 不同處」,
  『宗敎敎育學硏究』제26권(2008).
- 이상하,「『鏡虛集』編纂, 刊行의 경위와 변모 양상」,『東洋學』제50집(2011).
- 尹暢和,「漢岩과 呑虛의 同異점 고찰」,『韓國佛敎學』제63집(2012).
- 金浩星,「師孝의 윤리와 출가정신의 딜레마 漢岩의『先師鏡虛和尙行狀』을
  중심으로」,『佛敎硏究』제38집(2013).
- 廉仲燮,「漢岩과 呑虛의 僧伽敎育 방향과 실천양상」,『國學硏究』
  제39호(2019).

(2) 간접적인 연구

① 제자와 주변인 연구에서 드러나는 한암

- 權奇完(文光),「呑虛 宅成의 四敎會通思想 硏究」, 城南:
  韓國學中央硏究院 博士學位論文, 2018.
- 金光植,「金呑虛의 교육과 그 성격」,『淨土學硏究』제6집(2003).
- 서왕모(정도),「鏡峰禪師의 사상적 교류 고찰-普照國師, 漢岩禪師와
  龍城禪師를 중심으로」,『普照思想』제32집(2009).
- 金光植,「呑虛의 時代認識과 宗敎觀」,『韓國佛敎學』제63집(2012).
- 尹善泰,「呑虛 스님의 求道過程과 人材養成」,『韓國佛敎學』제66집(2013).
- 李元錫,「출가 이전 呑虛의 傳統學術 修學과 求道入山의 軌迹」,
  『韓國佛敎學』제66집(2013).
- 강석근,「鏡峰 靖錫 禪師의 悟道頌과 僧侶 交遊詩」,『韓國詩歌硏究』
  제42권(2017).
- 金光植,「五臺聖地의 중창주, 萬化 喜贊-僧伽五則의 계승과 실천」,
  『淨土學硏究』제28집(2017).

② 간접적인 연구에서 드러나는 한암

- 김경집,「한국 近現代佛敎와 普照의 영향」,『普照思想』제27집(2007).
- 이병욱,「韓國近代佛敎思想의 세 가지 유형-근대적 종교상황에 대응하는
  새로운 종교활동이라는 관점에서」,『新宗敎硏究』제20집(2009).
- 김방룡,「한국 근·현대 看話禪師들의 普照禪에 대한 인식」,『佛敎學報』

제58집(2011).

- 金光植,「大韓佛敎曹溪宗의 成立과 性格-1941~1962년의 曹溪宗」,
　　『禪學』제34호(2013).

- _____,「曹溪宗團 宗正의 歷史像」,『大覺思想』제19집(2013).

9. 〈한암중원漢岩重遠 연보年譜〉[1151]

01_ 1876년(1세): 음력 3월 27일에 강원도 화천에서 부父 방기순方箕淳과 모母 길吉해성의 3남 중 장남으로 탄생함.

02_ 1880년(5세): 한학자인 부친에게 한문 교육을 시작함.

03_ 1884년(9세): 서당書堂에 입교하여 수학하던 중『십팔사략十八史略』의 '반 고씨盤古氏 이전'에 대한 의문을 가짐. 이 의문은 한암의 출가로 연결되는 철학적 문제인 동시에 1912년 맹산孟山 우두암牛頭庵의 확철대오廓徹大悟 를 통해서 타파됨.

04_ 1886년(11세)~1892년(17세): 가세가 기울어 부친이 선향先鄕인 평안남도平 安南道 맹산군孟山郡으로 이주함.

05_ 1893년(18세)~1894년(19세): 부모의 사망 후 결혼을 추진하는 과정에서 가 난이 문제가 되어 성사되지 못함.

06_ 1894년(19세): 금강산金剛山 장안사長安寺에 입산入山함.

07_ 1897년(22세): 장안사에서 금월행름錦月幸(혹 行)凜을 은사恩師로 득도得度 함. 이때 〈출가서원시出家誓願詩〉를 찬술함.

08_ 1899년(24세): 음력 7월에 금강산 신계사神溪寺의 보운강회寶雲講會(강원講 院)에서 보조普照의『수심결修心訣』을 보다가 선수행으로 마음을 전환함.

09_ 1899년(24세): 음력 7월 15일의 해제 후, 김천金泉 청암사靑巖寺 수도암修道 庵에서 경허鏡虛에게『금강경金剛經』가르침을 듣는 과정에서 1차 개오開悟 함(해오解悟).

1151_ 漢岩 年譜는 ①釋明正 編譯,『漢岩集』(梁山: 通度寺 極樂禪院, 1990)·②金浩星 著,『方漢 岩禪師』(서울: 民族社, 1995)·③漢巖門徒會 編,『漢岩一鉢錄』(平昌: 漢巖門徒會, 1995)·④漢巖 門徒會 編,『修訂增補版 漢岩一鉢錄』(平昌: 漢巖門徒會, 1996)·⑤임혜봉 著,『宗正列傳2-千古 에 자취를 감춘 鶴처럼』(서울: 가람기획, 1999)·⑥漢巖門徒會·金光植 編,『寶鏡』,『그리운 스승 漢 巖 스님(韓國佛教 25人의 證言錄)』(서울: 民族社, 2006)·⑦尹暢和,「附錄-漢岩禪師 年譜」,『漢 岩思想』제3집(2008)·⑧漢巖門徒會·五臺山 月精寺 編,『定本-漢岩一鉢錄 上』(平昌: 漢巖門徒 會·五臺山 月精寺, 2010)·⑨漢岩門徒會 編,『精選 漢岩一鉢錄』(平昌: 五臺山 月精寺, 2013)에 수록되어 있다.

10_ 1903년(28세): 해인사 퇴설선원堆雪禪院에서 하안거 해제 무렵에 경허에게 인정을 받음.

11_ 1903년(28세): 해제 후 해인사에서 『전등록傳燈錄』(혹 『조당집祖堂集』)을 보다가 "일물부위一物不爲" 구절에서 2차 개오함. 가을에 해인사 퇴설선원에서 경허에게 〈전별사餞別辭〉와 〈전별시餞別詩〉를 받고, 〈이별시離別詩〉를 올림.

12_ 1904년(29세)~1910년(35세): 통도사 내원선원內院禪院(혹 내원암內院庵)의 조실祖室(혹 방장, 혹 강사)로 추대되어 6년간 대중을 지도함. 한암의 통도사 주석에는 석담石潭에게 건당建幢(1904년 추정)하는 측면이 존재함.

13_ 1911년(36세): 가을에 함경남도 맹산군의 우두암으로 와서 동안거를 보냄.

14_ 1912년(37세): 동안거 해제 후 부엌에서 홀로 불을 지피는 과정에서 3차 개오 즉 확철대오 함. 이때 〈오도송悟道頌〉을 남기고 있으며, 이 깨달음은 경허에 의한 1차 개오 때와 같은 경험의 증오證悟임. 가을 무렵, 깨달음에 이르는 13년간의 기록인 「일생패궐一生敗闕」을 찬술함.

15_ 1913년(37세)~1921년(46세): 우두암과 금강산 일대에서 8년간의 오후보임悟後保任에 들어감.

16_ 1917년(41세): 통도사에서 실시된 법계시험法階試驗에서 대선사大禪師에 품수됨.

17_ 1921년(46세): 음력 9월 금강산 건봉사乾鳳寺 주지 이대련李大蓮이 새롭게 만일원萬日院 선원禪院을 개설하고 한암을 초대 주실籌室(조실祖室)로 초빙함. 하안거 결제일인 음력 10월 15일에 〈선원규례禪院規例〉를 제정·공포함.

18_ 1921년(46세)~1922년(47세): 음력 10월 15일부터 1월 15일까지의 동안거 기간에 열중悅衆이었던 미우尾友 이력李礫과 「선문답禪問答 21조條」를 문답함. 해제 후에 「선문답 21조」가 주축이 되어 〈참선곡參禪曲〉 등을 포함하는 『한암선사법어寒岩禪師法語』가 프린트본으로 간행됨.

19_ 1923년(48세): 광주廣州 봉은사奉恩寺 주지 김상숙金相淑에 의해서 판전선원板殿禪院의 조실로 모셔짐. 이때 박한영朴漢永·최남선崔南善·오세창吳世昌·정인보鄭寅普·변영만卞榮晚 등의 많은 명사와 교류하면서 한암의 명망이 높아짐.

20_ 1925년(50세): 1924년 6월에 봉은사 주지는 나청호羅晴湖로 변경되며, 1925년 7월 을축년乙丑年 대홍수大洪水가 발생함. 이때 한암은 나청호에게 지시하여 인명 구제에 10원씩의 상금을 내거는 방식으로 총 708명을 구제하여

활불活佛이라는 최고의 칭탄을 들음.

21_ 1925년(50세): 오대산五臺山 월정사月精寺의 부채 위기 속에서, 이종욱李鍾郁의 간청으로 오대산 이거移居를 승낙함.

22_ 1926년(51세)일 3월에 〈귀산시歸山詩〉를 남기고 봉은사를 출발해 40일 만인 5월 초에 월정사에 도착함. 5월 19일(음력 4월 8일)인 부처님오신날에 조실로 추대됨. 조실로 추대된 직후에 〈승가오칙僧伽五則〉을 제정·선포하여 위기의 산 오대산을 안정시키고자 함.

23_ 1928년(53세)~1949년(74세): 이때부터 총 19년간 통도사 극락암極樂庵의 경봉鏡峰과 총 24편의 서신書信을 교환함.

24_ 1929년(54세): 1월 5일에 조선불교선교양종朝鮮佛教禪教兩宗에서 일제강점기 최초로 진행된 교정敎正 선정에서 7명 중 1명으로 선출됨. 1차 교정.

25_ 1930년(55세): 『불교佛教』 제70호(1930. 4.)에 방한암方漢岩의 이름으로 「해동초조海東初祖에 대하야」를 수록함. 원본에는 "교정敎正 방한암方漢岩"으로 되어 있으나, 여기에서의 '교정'은 편집자가 임의로 추가한 것이었으므로 한암은 이를 후에 인지하고 교정 표기를 빼달라고 요청함. 경허의 제자인 만공滿空에게 『경허집鏡虛集』의 편찬을 의뢰받음.

26_ 1930년(55세): 5월에 오대산석존정골탑묘찬앙회五臺山釋尊頂骨塔廟讚仰會가 발족되어 法主로 추대됨. 7월에는 이종욱(47세)이 월정사 주지로 취임함. 〈오대산석존정골탑묘찬앙회취지서五臺山釋尊頂骨塔廟讚仰會趣旨書〉에는 법주 한암과 월정사 주지 이종욱이 명기되어 있음.

27_ 1931년(56세): 음력 3월 15일에 『경허집』 편찬을 완료하고 「선사경허화상행장先師鏡虛和尚行狀」을 찬술함.

28_ 1932년(57세): 『불교佛教』 제95호(1932. 5.)에 편집자가 번역한 「경허화상행장鏡虛和尚行狀」이 '방한암方漢岩'의 이름으로 수록됨. 「경허행장鏡虛行狀」의 한문본은 1982년에 발견되며, 한암본 『경허집』 원본은 2009년 김민영에 의해 월정사에 기증됨.

29_ 1935년(60세): 월 7~8일에 걸쳐 진행된 선학원禪學院의 수좌대회首座大會 결과로 3명의 종정宗正이 선출되는 과정에서 1명으로 추대됨. 2차 종정.

30_ 1936년(61세)~1940년(65세): 1936년 1월에 한암의 의지에 의해 삼본사승려연합수련소三本寺僧侶聯合修練所가 상원사 선원에 설치되어 운영됨. 이때 1934년 9월 5일 입산入山하여 10월 15일에 득도得度하는 탄허呑虛가

삼본사수련소三本寺修練所의 중강中講이 됨.

31_ 1936년(61세): 삼본사수련소의 교재로 사용하기 위해『금강경』에 육조혜능六祖慧能의「구결口訣」·야보도천冶父道川의「송頌」·예장종경豫章宗鏡의「제강提綱」·함허득통涵虛得通의「설의說誼」를 합본한『금강경사가해金剛經四家解』의 편집과 현토懸吐에 착수함.

32_ 1937년(62세): 음력 1월 29일에『금강경사가해』의 현토 편찬을 완료하고,「금강반야바라밀경중간연기서金剛般若波羅密經重刊緣起序」를 찬술함. 음력 8월 28일에『보조법어』의 현토를 완료하고「보조선사어록찬집중간서普照禪師語錄纂集重刊序」를 찬술함.

33_ 1941년(66세): 6월 4일에 일제에 승인을 받은 유일한 종단인 조선불교조계종朝鮮佛教曹溪宗의 단독 종정으로 추대됨과 아울러 총본산總本山 태고사太古寺(현 조계사)의 주지가 됨. 한암은 불출산不出山을 조건으로 수락함. 3차 종정. 종무총장宗務總長에는 이종욱이 선출됨.

34_ 1942년(67세): 봄에 조선총독朝鮮總督 미나미(南次郎)를 대신한 부총독副總督 격인 정무총감政務總監 오노로구이치로(大野綠一郎)의 예방을 받음. 이때 오노가 "태평양전쟁에서 어느 나라가 이길 것 같습니까?'라고 묻자, 한암은 "덕 있는 자가 이긴다(덕자승덕자勝)."라고 답함.

35_ 1942년(67세): 금성錦城(장도환)이 〈계잠戒箴〉을『불교佛教(新)』제38호(1942년 7월)와『불교佛教(新)』제41호(1942년 10월)에「상원사행上院寺行」이라는 큰 제목 속에서 각각 나누어 게재함.

36_ 1943년(68세): 석대은釋大隱에 의해 〈계잠〉이『불교시보佛教時報』제90호(1943년 1월)에 재게재됨.

37_ 1945년(70세): 8월 15일 일본의 폐망과 조선의 광복으로 인해, 8월 20일에 조선불교조계종의 종정 한암과 종무총장 이종욱 등 집행부가 일괄 사퇴함. 12월 28일에 조선불교조계종이 조선불교로 명칭이 변경되고 1대 교정에 박한영이 추대되고 종무총장에는 김법린金法麟이 선출됨.

38_ 1947년(72세): 음력 1월의 동안거 해제 직후에 상원사에 화재가 발생해서 전소됨. 이때 탄허가 보기 위해 가지고 있던『일발록一鉢錄』도 함께 소실됨.

39_ 1947년(72세): 화재 직후 한암의 원력과 월정사 주지 이종욱의 도움 등으로 늦가을에 상원사의 중건이 완료됨.

40_ 1948년(73세): 2월 29일에 조선불교의 1대 교정인 박한영이 정읍 내장사內

藏寺 벽련암碧蓮庵에서 77세를 일기로 입적入寂하자, 6월 30일 한암이 2대 교정으로 추대됨. 4차 종정.

41_ 1949년(74세): 통도사 극락암의 경봉이 해동수도원海東修道院의 종주宗主 로 초청하였으나 음력 8월 15일 사양하는 편지를 보냄. 탄허 등의 피난 요 구에 불출동구不出洞口와 좌당생사坐當生死를 말하며, 문도들을 통도사로 피난시킴.

42_ 1950년(75세): 한암을 위해 시자侍者를 자청한 희찬喜贊과 상원사 인근에 거처했던 평등성平等性 보살, 그리고 피난에 실패한 희섭喜燮과 범룡梵龍과 함께 한국전쟁(6·25)을 함께함. 범룡은 중대의 적멸보궁을 담당했음. 1950 년 10월 19일에 중공군이 개입하면서 1951년 서울이 재점령되는 1·4후 퇴가 벌어짐. 이 과정에서 월정사를 비롯한 오대산의 사찰들이 국군에 의 해서 전소되고, 상원사의 소각 시도는 한암이 죽음을 각오하면서 막아짐.

43_ 1951년(76세): 3월 15일(음력 2월 8일, 출가재일) 미질이 시작되어 7일 후인 3 월 22일(음력 2월 15일, 열반재일) 오전 8시에 좌탈입적坐脫入寂함. 세수 76세 법랍 55세.

| 입적 이후 |

44_ 1951년 5월 8일: 부산 토성동의 묘심사妙心寺에서 49재 겸 '고교정방한암 대종사봉도법회故教正方漢岩大宗師奉悼法會'가 봉행됨. 봉도법회奉悼法會는 총무원장總務院長인 통도사의 김구하金九河가 주관하고 월정사 주지 이종 욱이 주도함.

45_ 1959년 3월 27일: 탄허택성呑虛宅成이 〈대한불교조계종종정한암대종사 부도비명병서大韓佛教曹溪宗宗正漢岩大宗師浮屠碑銘幷序〉를 찬술함. 문도들 에 의해서 상원사에 부도浮屠와 비석이 건립됨.

46_ 1995년: 문도들에 의해 한암대종사문집 편집위원회가 발족되어 『한암일 발록漢巖一鉢錄』이 간행됨. 이후 『한암일발록』은 1996년의 수정증보판을 거쳐 2010년 『정본定本-한암일발록漢岩一鉢錄 상·하上·下』로 완성됨.

47_ 2006년: 한암 스님 관련 25인의 증언집인 『그리운 스승 한암漢巖 스님』이 간행됨.

48_ 2013년: 국립중앙박물관에서 근현대 고승 최초로 '월정사月精寺의 한암漢 岩과 탄허呑虛' 특별전이 개최되고, 전시도록인 국립중앙박물관 편編, 『월

정사의 한암과 탄허』(서울: 국립중앙박물관, 2013)가 발행됨.

49_ 2009년: 당시 부산저축은행장이었던 김민영이 한암이 1931년 편찬한 『경허집』의 원본을 오대산 월정사에 기증하여, 영인본影印本 『한암선사육필본漢巖禪師肉筆本 경허집鏡虛集 (전全)』(서울: 민족사, 2009)이 간행됨.

50_ 2014년: 한암과 탄허의 서간書簡을 묶은 오대산 월정사 편, 『한암·탄허선사漢巖·吞虛禪師 서간문書簡文 상·하上·下』(서울: 민족사, 2014)가 간행됨.

51_ 2020년 8월에 문손門孫 자현玆玄에 의해 동국대학교 국어교육학과에서, 「한암중원의 선불교와 교육사상 연구」로 최초의 박사학위논문이 통과됨.

시대를 초월한 성자, 한암

조계종의 초석을 정립하다

2020년 9월 1일 초판 1쇄 발행
2020년 9월 9일 초판 2쇄 발행

지은이 자현
발행인 박상근(至弘) • 편집인 류지호 • 상무이사 양동민 • 편집이사 김선경
편집 이상근, 김재호, 양민호, 김소영 • 디자인 쿠담디자인
제작 김명환 • 마케팅 김대현, 정승채, 이선호 • 관리 윤정안
펴낸 곳 불광출판사 (03150) 서울시 종로구 우정국로 45-13, 3층
　　　　대표전화 02) 420-3200 편집부 02) 420-3300 팩시밀리 02) 420-3400
　　　　출판등록 제300-2009-130호(1979. 10. 10.)

ISBN 978-89-7479-840-6 (93220)

값 30,000원

이 도서의 국립중앙도서관 출판예정도서목록 (CIP)은
서지정보유통지원시스템 홈페이지 (http://seoji.nl.go.kr)와
국가자료종합목록 구축시스템 (http://kolis-net.nl.go.kr)에서 이용하실 수 있습니다.
(CIP제어번호: CIP2020032211)